BOOK
도서전쟁
WARS

존 B. 톰슨 지음 | 전주범 옮김 | 출판유통진흥원 감수

BOOK
도서 전쟁
WARS

출판계의 디지털 혁명

한울
아카데미

BOOK WARS (1st Edition)
The Digital Revolution in Publishing

by John B. Thompson
Copyright © John B. Thompson 2021
Korean translation copyright © HanulMPlus Inc. 2022
All rights reserved.
This edition is published by arrangement with Polity Press Ltd., Cambridge

차 례

머 리 말

　지난 수십 년 동안 우리는 인류의 긴 역사에서 이전 어느 시대보다 급진적이고 광범위한 기술 혁명을 겪으며 살고 있다. 이런 새로운 혁명은 우리의 정보와 통신 환경을 변혁시키고 있으며, 20세기와 그 이전의 대부분 동안 이런 환경을 형성하는 데 중심적인 역할을 해왔던 많은 산업을 붕괴시키고 있다. 오래된 아날로그 기술이 디지털 코드화와 기호 콘텐츠의 전송에 기반을 둔 새로운 기술에 의해 밀려나면서 신문, 라디오, 텔레비전, 음악, 영화 같은 전통적인 매체 산업은 모두 변화의 소용돌이에 휩싸였다. 아날로그 시대 동안 핵심 주체였던 많은 매체 기관은 디지털로의 변화로 인해 매출이 폭락했고 그 결과 한때 지배적이었던 위상이 약화되었다. 한편 강력한 새로운 참가자들의 등장으로 정보 공간의 윤곽은 재구성되기 시작했다. 오늘날 우리는 정보와 통신의 형태나 채널 면에서 볼 때 불과 반세기 전에 존재했던 세상과는 근본적으로 다른 세상에 살고 있다.

　도서출판산업도 예외가 아니다. 도서출판산업 역시 디지털 혁명이 가져온 소용돌이에 휩싸여 있다. 어떤 면에서는 다른 매체 산업보다 더 많이 위태롭다. 도서출판산업은 매체 산업 중에서 가장 오래되었다. 그뿐만 아니라 현대 유럽의 초기 과학 혁명에서부터 오늘날의 삶과 사회에 중요한 부분이 된 풍부한 문학과 지식의 형태에 이르기까지 현대 문화를 형성하는 데서 중심적인 역할을 해왔다. 그렇다면 매체 산업의 최연장자인 도서출판산업이 이 시대의 위대한 기술 혁명과 충돌하면 어떤 일이 벌어질까?

500년 이상을 우리와 함께하면서 우리의 역사와 문화에 깊이 자리 잡은 매체 산업이 수세기 동안의 관행과 사업 모델을 뒷받침하던 기술과는 근본적으로 다른 새로운 기술 조합에 직면하고 위협을 받으면 어떻게 될까? 당신이 21세기의 첫 10년 동안 도서출판산업에서 일하고 있다면 당신의 미래에 대해 걱정하는 이유를 멀리서 찾을 필요도 없을 것이다. 음악산업은 자유 낙하했고, 신문산업은 급격한 매출 하락을 경험했으며, 일부 대형 기술 회사는 도서를 디지털화하는 데 진지하게 관심을 갖게 되었다. 이런 상황에서 어떻게 도서산업이 디지털 혁명이 촉발한 대혼란에 휩쓸리지 않겠는가? 아무리 무능력한 관리자 또는 분석가라 하더라도 도서산업이 디지털 혁명과의 만남에서 별 탈 없이 살아남을 가능성에 대해 낙관적이지는 않을 것이다.

도서산업이 겪는 디지털 혼란은 정확히 어떤 형태를 띠게 될까? 음악의 물리적 포맷이 디지털 다운로드로 바뀜에 따라 생산과 유통을 지배하던 주요 음반 회사들이 매출의 극적인 몰락을 겪고 있는 음악산업처럼, 도서산업 역시 뿌리부터 가지까지 변화를 겪을까? 전자책이 독자들이 선택하는 새로운 매체로 부상함에 따라 종이 인쇄책은 역사의 쓰레기통으로 버려지게 될까? 독자와 작가를 도서출판산업이라는 전통적인 문지기의 방해 없이 인터넷으로 직접 연결시키는 기술적 혁명으로 인해 서점은 사라지고 출판사들은 무너지게 될까? 2000년대 초반에는 출판업계의 고위 관리자들이나 단절의 벼랑 끝에 서 있는 것처럼 보이는 출판업계의 미래를 전망하려는 많은 평론가와 컨설턴트 모두 이 모든 가능성을 심각하게 심사숙고하고 있었다.

　세월이 흐르면서 매체 산업 중 가장 오래된 출판산업과 이 시대의 위대한 기술 혁명 사이에 이루어진 대단한 만남은 점차 모양을 갖추고 있으며, 평론가들이 거의 예상하지 못했던 결과를 만들어내고 있다. 평론가들이 무조건 틀린 것은 아니지만, 많은 경우 평론가들의 전망은 대체로 들어맞지 않고 있다. 평론가들은 기술이 기존 산업들을 혼란에 빠뜨릴 때 일어나는 현상을 판단할 때면 기술 자체의 분석에, 그리고 일반적으로 묵시적이고 거의 입증되지 않은 믿음—새로운 기술은 그 기술이 지닌 본질적이고 이로운 특징 때문에 결국은 시장에서 이길 것이라는 믿음—에 너무 많이 의존하는 경향이 있다. 새로운 기술을 개발하는 것, 그리고 그 기술을 적용하거나 경우에 따라 적용하지 않는 것은 항상 기존의 사회 기관, 관행, 그리고 선호를 조합하는 데 근거한다. 또한 이는 개인과 조직이 경쟁적이고 때로는 무자비한 투쟁에서 상대를 이기기 위해 각자의 이익과 목적을 추구하는 역동적인 사회적 과정의 일부이기도 하다. 하지만 평론가들의 설명에서는 여기에 대한 진정한 자각이 거의 보이지 않는다. 즉, 대부분의 평론가에게는 이 기술들이 개발되고 전개되는 특정한 사회적 공간에 대한 이해나 '시장'을 만드는 역학에 대한 진정한 이해가 부족했다. 그들은 기술 자체에만 초점을 두었다. 그들은 이 기술들이 내재되고 사회의 일부가 되는 복잡한 사회적 과정을 고려하지 않은 채 기술이 자신 앞의 모든 것을 쓸어버리는 돌연변이인 것처럼 여겼다. 물론 사회적 과정을 소홀히 하는 것은 평론가들의 일을 훨씬 쉽게 만들었다. 사회적 세상은 복잡한 곳이지만 현재의 복잡함을 무시하면 미래를 예측하기가 매우 쉽다. 그러나 그것은 예측의 정확도를 떨어뜨리며, 기술 존재의 맥락을 형성하는 사회적·경제적·정치적 요인을 무시함으로써 기술 변화를 이해하는 데 도움을 주지 못한다.

이 책은 디지털 혁명이 도서출판 같은 산업에―그리고 모든 산업과 매체 등등에―끼친 영향을 이해하기 위해서는 혼란스러운 사회 세계에 몰두해야 하며, 특정한 목적을 추구하는 개인과 조직이 특정한 환경에서 특정한 선호도에 따라 어떻게 기술을 개발하고 전개했는지, 그리고 이 기술을 어떻게 채택하고 제외했는지 알아야 한다는 가정을 기반으로 하고 있다. 기술은 무에서 유를 창조하는 것과 같은 효과를 내는 것이 아니다. 기술은 이익과 목적을 추구하기 위해 자신의 시간과 정력을 투자하기로 결정한 개인 또는 조직과 항상 연관이 있다. 사회 세계의 혼란스러움은 기술 여정을 방해하는 것이 아니라 기술 여정 그 자체이다. 왜냐하면 새로운 기술이 영향을 미치는 정도나 기존 제도와 관행을 파괴하는 정도는 신기술의 어포던스(이러한 기술이 가능하게 하는 것)와 사회 세계의 혼란스러움 간의 상호작용으로 결정되기 때문이다.

출판산업이라는 어지러운 세계에 내가 몰입하기 시작한 것은 20년 전이다. 당시는 내가 현대 도서출판산업의 구조와 변화를 연구하기 시작했을 때이다. 나는 미국과 영국의 학술 출판academic publishing 세계를 연구하면서 5년을 보냈으며, 또 다른 5년은 영미 시판용 출판trade publishing의 세계에 더 깊이 몰두했다. 그런 후 이들 세계에 관한 두 권의 책, 즉 학술 출판에 관한 『디지털 시대의 책Books In the Digital Age』, 시판용 출판에 관한 『문화 상인merchants of Culture』을 저술했다. 이 두 권의 책에서 나는 도서출판산업의 매우 다른 이 두 분야에 디지털 혁명이 미치는 영향에 대해 많은 주의를 기울였다. 디지털 혁명은 1990년 중반 이후 출판산업의 이 두 분야에서 핵심 이슈였고, 이 시점의 출판산업에 대한 진지한 연구는 디지털 혁명을 무시할 수 없었다. 그러나 디지털 혁명이 도서산업에 미친 영향을 이해하는 것이 이들 초기 연구에서 나의 유일하거나 주된 관심은 아니었다. 나의 주된 관심은 이들 분야의 핵심적인 구조적 특성—또는 내가 '장field'이라고 부르는 것—을 이해하는 것, 그리고 시간이 지남에 따라 이러한 장의 진화를 만들어내는 역학 관계를 분석하는 것이었다. 디지털 혁명이 도서출판의 세계에서 존재감이 느껴지기 시작했을 때는 이미 존재하고 있고 어느 정도 구조화되어 있는 일련의 제도, 관행, 사회적 관계를 기반으로 했으며, 어떤 경우에는 이들을 교란했다. 기성 조직은 디지털 기술과 개혁을 통해 기존의 일을 새로운 방식으로 수행할 수 있었으며, 일부 새로운 일도 수행할 수 있었다. 예를 들면, 조직의 효율을 향상시키는 일, 작가, 독자, 고객에게 더 좋은 서비스를 제공하는 일, 콘텐츠를 재포장하는 일, 신제품을 개발하는 일, 수없이 다양한 방식으로 이 장에서 사람들의 입장을 발전·강화하는 일 등을 할 수 있었다. 그러나 또한 디지털 혁명은 신참자들이 이 장에 진입해 새로운 제품과 서비스를 제공하면서 기존의 참가자에게 도전할 수 있도록 만들기도 했다. 신참자와 가능성이 확산되자 이 장에서는 흥분, 경고, 두려움이 혼재되었고, 그 결과 새로운 시도, 발전, 갈등도 많아졌다. 이는 신참자들이 이제까지 출판산업의 기성 참가자들이 지배해 오던 장에서 자신들의 발판을 만들려고 했기 때문이다.

물론 출판산업의 갈등과 변화가 전혀 새로운 일인 것은 아니다. 과거에도 출판산업은 많은 혼란과 격변의 시대를 겪었다. 그러나 디지털 혁명이 전개되면서 출판산업에서 일어난 격변은 그 구체적인 특성과 제기된 도전의 규모 면에서 전례가 없는 일이었다. 500년 이상 존재해 오던 산업의 기초가 이전과 전혀 다르게 갑자기 의문의 대상이 되었다. 오래된 도서출판산업은 세상을 매우 다른 방식으로 바라보는 강력한 신기술 회사들을 포함한 신참자들과 출판사들 사이에서 분출된 격렬한 갈등으로 인해 세상의 이목을 끌었다. 국지전이 여론 속에서 싸워야 하는 전쟁이 되었으며, 때로는 법정까지 갔다. 도서 전쟁은 막이 올랐다.

책은 문화의 일부이므로 도서 전쟁을 문화 전쟁이라고 볼 수도 있다. 하지만 도서 전쟁이 일반적으로 지칭되는 문화 전쟁의 한 종류는 아니다. '문화 전쟁'이라는 용어는 일반적으로 낙태, 차별 철폐, 성적 지향, 종교, 도덕, 가정생활처럼 분화되고 깊이 유지되는 가치관과 신념을 기반으로 하는 사회적·정치적 갈등을 가리키는 데 사용된다. 이러한 갈등은 사람들의 가치관에 깊이 뿌리를 두고 있을 뿐 아니라 사람들의 관심사나 정체성과도 관련이 있어서 개인과 집단으로서의 우리는 누구인가, 우리에게 중요한 것은 무엇인가에 대한 다양한 생각을 건드린다.

하지만 도서 전쟁은 문화 전쟁처럼 열정을 불러일으키지 않으며, 아무도 거리에서 행진하거나 항의의 표시로 책을 불태우지도 않았다. 문화 전쟁의 기준으로 보자면 도서 전쟁은 특출나게 조용하다. 실제 '도서 전쟁'라는 표현은 폭력이 극명하게 표출되지 않고 거리에서 데모를 하지 않는 사안으로는 다소 극적인 용어처럼 보인다. 그러나 폭력이 극명하게 전개되지 않는다고 해서 갈등이 실재하지 않다거나 그 갈등이 중요하지 않다고 오도해서는 안 된다. 이와는 반대로 평온한 출판 세계에서 지난 수십 년간 터져나온 투쟁들은 매우 사실적이다. 출판 세계와 관련된 사람들은 이러한 투쟁이 자신들에게 매우 중요한 이해관계와 관련되며 원칙의 문제가 걸려 있는 매우 중요한 투쟁이라는 확신을 가지고 싸워왔다. 동시에 도서 전쟁은 도서산업이 심각한 변혁을 겪고 있다는 것을 보여주는 현상들이다. 이 변혁은 도서산업이라는 장을 혼란에 빠뜨렸고, 지금까지 당연시되어 온 작업 방식에 대해 의문을 표하게 했으며, 기존의 참가자들을 새로운 참가자들과의 갈등 속으로, 그리고 기술적 변화가 열어준 새로운 기회를 알아채고 다른 이들의 손해를 감수하고서라도 그 기회를 붙잡았던 고참들과의 갈등 속으로 밀어 넣었다.

이 책에서 나의 목적은 디지털 혁명이 도서출판의 세계에 확고히 자리 잡을 때 실제로 일어났던 일과 앞으로 일어날 일을 검토하는 것이다. 당연하게도 이것은 많은 다른 참가자들 및 발전에 대한 복잡한 이야기이다. 기존의 조직들이 자신의 입장을 방어하고 향상시키려고 하는 동안 많은 새로운 참가자들은 이 장에 들어오려고 노력하거나 우리가 '도서'라고 생각하는 것을 만들고 보급하는 새로운 방식을 실험하기 위해 노력했기 때문이다. 도서출판의 세계는 그 자체가 각각의 참가자와 관행을 가진 많은 다른 세계들로 구성되어 있기 때문에 엄청나게 복잡하다. 나는 이 사실을 전제로 포괄적이지 않도록 하기 위해 노력했다. 나는 『문화 상인』에서처럼 영국과 미국의 시판용 출판 세계에 초점을 맞춤으로써 복잡성을 줄이고 시야를 좁혔다.

'시판용 출판trade publishing'이란, 소설과 비소설 모두에서 일반 독자들을 대상으로 반스 앤 노블Barnes & Noble, 워터스톤스Waterstones 같은 서점이나 아마존Amazon 같은 온라인 책방을 포함한 기타 소매점을 통해 판매되는 책을 출판하는 산업 섹터를 뜻한다. '영미' 시판용 출판은 미국과 영국을 기반으로 영어로 된 책을 출판하는 것을 의미한다. 다양한 역사적 이유로 미국과 영국을 기반으로 하는 출판산업은 오랫동안 영어를 사용하는 시판용 출판의 국제적인 장에서 지배적인 역할을 해왔다. 디지털 혁명이 학술 출판, 참고서 출판 같은 출판의 다른 분야나 다른 언어 및 다른 나라에서 운영되는 출판산업에 미친 영향을 이해하는 것은 또 다른 연구를 필요로 하는데, 이는 그 과정과 참가자들이 동일하지 않기 때문이다. 이 책에서의 나의 초점은 영미 시판용 출판의 세계이지만 이 장의 전통적인 참가자에게만 국한하지는 않았다. 전통적인 참가자들은 중요하다. 그 사실에 대해서는 의문의 여지가 없다. 그러나 디지털 혁명이 야기한 혼란의 주요 부분은 다른 참가자들이 이 장에 들어올 수 있도록 문을 열어놓은 것이다. 다른 참가자란 기존의 가장 큰 출판사조차 위축시킬 만한 규모의 자원을 갖추고 있으며 자신만의 과제와 싸워야 하는 대형 기술 회사들을 의미한다. 그러나 도서 전쟁은 이 장의 구석이나 아주 동떨어진 곳에 자리 잡은 수많은 소규모 참가자들과 사업하는 개인도 포함하고 있다. 이들은 출판업계에 직접 지장을 주기도 하고, 도서 세계라고 생각할 수 있는 세상과 간접적으로만 연결된 공존하는 세상에서 근근이 살아가기도 한다.

이 새로운 참가자들과 그들의 몇몇 시도는 실제로 힘을 얻고 실질적인 성과로 발전하는 반면, 다른 시도는 시들시들하다가 소멸한다. 기술의 역사는 실패한 발명들로 점철되어 있다. 그러나 역사학자들이 기술이나 그 기술을 개발한 회사의 역사를 쓸 때에는 주로 성공한 것, 즉 세상을 바꾼 기술과 조직에 초점을 맞추는 편이다. 우리는 성공한 발명품과 회사라는 렌즈를 통해 돌아보는 역사를 읽고 있다. 우리는 구글, 애플, 페이스북, 아마존에 열광한다. 이 기업들은 거의 신화적인 위상을 차지할 만큼 너무 빨리 커져버린 예외적인 '유니콘'이다. 이 과정에서 당시에는 일부 사람들이 좋은 아이디어라고 열광했으나 이런저런 이유로 성공하지 못한 모든 발명과 시도, 그리고 새로운 아이디어는 모두

걸러진다. 아마도 시기가 맞지 않았거나, 자금이 부족했거나, 전혀 좋은 아이디어가 아니었을 수도 있다. 이유가 무엇이든 새로운 벤처의 대다수는 실패한다. 그러나 새로운 벤처가 실패한 역사는 종종 성공한 회사의 역사만큼이나 흥미롭다. 실패하거나 잘못된 창업은 정확한 성공의 조건에 대해 많은 것을 알려준다. 이러한 경험은 성공의 조건들 중 일부가 빠졌을 때 어떤 일이 벌어지는지 강조하고 있기 때문이다. 대다수의 새로운 벤처가 실패로 끝난다면 성공에만 초점을 맞춘 설명은 대단히 편파적일 것이다. 성공에만 초점을 두고 기술의 역사를 적는 것은 전쟁사를 승자의 관점에서 쓰는 것만큼 일방적이고 오해의 소지가 있을 것이다.

물론 우리가 사후평가의 이점을 가지고 있다면, 우리 자신을 2030년, 2040년, 또는 2050년으로 옮겨서 출판산업을 돌아보고 디지털 혁명이 출판산업을 어떻게 바꾸어놓았는지 물을 수 있다면, 출판에서 일어난 디지털 혁명에 대한 역사를 쓰는 일이 훨씬 쉬울 것이다. 우리는 조사할 많은 역사적 데이터를 얻을 수 있을 것이고 변화를 겪었던 사람들 중 일부는 그 변화에 대해 이야기해 줄 수 있을 것이다. 우리가 그 중간에 있을 때는 이러한 역사에 대해 쓰는 것이 훨씬 어렵다. 앞으로 변화의 여지가 더욱 많은 상황에서 오래되고 잘 정립된 산업의 전통적인 관행들을 파괴하기 시작한 아직 너무 미숙한 기술 혁명에 대해 뭐라고 말할 수 있을까? 여전히 많은 것이 불안정하고 업계의 모든 사람이 여전히 자신 주변에 일어나고 있는 일들을 이해하려 애쓰는 상황에서 변화의 진통을 겪고 있는 세상에 대해 어떻게 자신 있게 말하고 쓸 수 있을까? 다시 말해 어떻게 사안의 중심에서 혁명을 말할 수 있겠는가?

이러한 질문에 쉬운 대답은 없다. 우리가 제공하는 모든 설명은 조건 및 전제들과 대비되어야만 할 것이다. 그러나 적어도 2010년이나 2012년, 2015년보다는 2020년이라는 시점이 이런 설명을 하기에 더 유리할 것이다. 2020년에 우리는 10년 동안 전자책이 판매되는 상황을 보았으므로 패턴을 구축할 수 있는 기간이 더 길어졌고 전자책이 시작되었을 때 갖지 못했던 명확성 수준도 달성했다. 디지털 출판의 초기 실험과 보다 급진적인 프로젝트 중 일부는 시도되고 테스트되었고, 그중 일부는 성공하고 많은 것은 실패했으며, 성공과 실패 모두 이 분야에서 실행 가능한 것과 아닌 것에 대해 무언가를 알려주었다. 더욱이 10년이라는 시간이 흐르는 동안 신기함이라는 요소는 어느 정도 사라졌고, 새로운 것이 지닌 매력에 의해 영향을 받았던 초기 발전은 보다 지속적인 선호도와 취향을 반영하는 패턴으로 바뀌었다. 이 모든 것이 여전히 진행 중인 변화에 대해 가치 있는 무언가를 이야기하는 것이 불가능하지 않을 수도 있다고 생각하는 이유이다(타임머신이 있다면 우리의 작업이 훨씬 쉬워지긴 하겠지만 말이다).

아직 진행 중인 과정에 대해 쓸 때 무엇이 가장 중요한지를 구별하는 것은 쉽지 않다. 또한 완전히 최신 상태인 설명을 제공하는 것도 불가능하다. 나는 이 책에서 시간의 스냅샷이 아닌 움직이고 있는 장의 역동적인 초상을 제공하고자 노력했다. 이 장 내의 인물과 조직들은 자신 주변에서 벌어지는 변화를 이해하고 적응하고 활용하고자 노력하고 있기 때문이다. 이 작업을 적절히 수행하기 위해서는 이들 개인과 조직에 대해 정통해야 하고, 불확실성의 중간에서 행로를 찾으려 할 때 그들이 당면했던 선택지와 그들이 내린 선택, 그리고 그들에게 영향을 끼친 발전을 재구성해야 한다. 그러나 그만큼까지만 그들을 쫓을 수 있을 뿐이다. 어느 시점에서는 이야기가 끊어지고 끝이 나게 된다. 역사란 그 역사를 쓰는 행위를 통해 동결된다. 따라서 여기에서 제시하는 설명은 항상 필연적으로 그 설명이 읽히는 시점보다 앞서는 시간을 가리킬 것이다. 문장을 끝내도 세상은 계속 굴러가므로 당신이 그려낸 초상은 묵은 것이 되고 만다. 순식간에 구식이 되는 것은 현재의 모든 연대기가 맞이할 운명이다. 이 운명을 받아들이고 독자들이 적시성을 충분히 이해해 주리라고 희망을 갖는 것 외에 다른 대안은 없다.

이 책의 기반이 된 대부분의 조사는 2013년과 2019년 사이에 진행되었는데, 이 시기 동안 나는 미국과 영국, 주로 뉴욕, 런던, 그리고 실리콘밸리에서 다양한 회사의 고위 임원과 여러 직원을 대상으로 180회 이상의 인터뷰를 실시했다. 여기에는 대형 일반 출판사부터 수많은 창업회사, 자가 출판 조직, 그리고 혁신적인 출판 벤처까지 포함되었다(나의 조사 방법과 출처에 대한 자세한 설명은 부록2 참조). 『문화 상인』을 집필할 때 실시했던 280번의 인터뷰 또한 이용했다. 나는 뉴욕에 있는 앤드류 더블유 멜론 재단에 대단히 고마움을 느낀다. 이들은 2013년부터 2019년까지 나의 연구에 자금을 지원했고(Grant 11300709) 내가 출판이라는 장에서 긴 시간을 보낼 수 있게 했다. 이전의 연구에 자금을 지원해 준 영국의 경제 및 사회 조사협의회에도 감사를 전한다(RES-000-22-1292). 내게 문을 열어준 많은 조직에도 감사드린다. 그들은 자신들의 직원을 접할 수 있게 해주었고, 어떤 경우에는 자신들의 자료에 접속할 수 있는 권한을 주었다.

자료의 출처는 대부분 책에 밝혔으나, 익명을 조건으로 제공된 자료의 경우에는 세심하게 그 약속을 존중했다. 무엇보다도 자신들의 시간을 넉넉히 제공하면서 때로는 수년에 걸쳐 내게 인터뷰를 허용해 준 수많은 개인에게 대단히 감사드린다. 그들의 도움 없이는 이 책을 쓸 수 없었을 것이다. 이 책에서는 이들의 인터뷰 가운데 극히 일부만 직접 인용했고 내가 조사한 조직들의 일부만 사례 연구로 사용했다. 하지만 이들의 인터뷰는 변하고 있는 세상과 그 안의 많은 참가자들에 대한 나의 이해를 심화시키는 데 매우 중요한 역할을 했다. 내가 인터뷰했던 개인은 대부분 익명이며, 개인과 회사를 지칭할 때는 종종 가명을 사용했다. 그러나 인터뷰한 사람이나 회사의 실명을 밝힌 경우도 있는데 그럴 때에는 항상 동의를 얻었다. 왜냐하면 그들의 이야기는 매우 독특해서 익명을 지키면서 그들에 대해 쓰는 것이 불가능했기 때문이다. 개인의 실명이 사용된 경우, 처음 사용할 때 풀 네임을 밝혔다. 그에 반해 익명을 사용할 때는 만든 이름, 즉 톰, 사라 등등을 처음부터 계속 사용했다. 회사에 대해 익명을 사용할 경우에는 '에베레스트Everest', '올림픽 Olympic'과 같이 익명을 작은따옴표 안에 넣었다(이러한 관례와 규율에 대해서는 부록2에서 자세히 설명한다).

실명을 사용한 개인들과의 인터뷰를 인용할 때에는 이들에게 내가 쓴 문장을 보내고 그 문장에 대해 코멘트할 기회를 주었다. 많은 이들이 코멘트를 해주었는데 어떤 경우에는 문장의 말미에 상당히 자세하게 자신의 코멘트를 넣었다. 내가 쓴 문장을 기꺼이 읽고 피드백해 준 개인들에게 감사한다. 나는 또한 전체 글을 읽어준 마이클 캐더Michael Cader, 앵구스 필립스Angus Phillips, 마이클 슈드슨Michael Schudson, 그리고 자신들의 전문 분야를 다루는 챕터를 읽어준 제인 프리드먼Jane Friedman 과 미셸 콥스Michele Cobbs에게 감사한다. 그들은 도움이 되는 코멘트와 제안을 많이 해주었고 많은 오류와 간과로부터 나를 구해냈다. 아직 남아 있는 오류들은 물론 내가 만든 것이다. 세심하게 편집해 준 레이 뮬러Leigh Muller, 그리고 폴리티 출판사의 많은 사람들, 닐 드 코트Neil de

Cort, 레이첼 무어Rachel Moore, 에비 드발Evie Deavall, 줄리아 데이비스Julia Davies, 클레어 안셀Clare Ansell, 수 포프Sue Pope, 새라 돕슨Sarah Dobson, 브레프니 오코너Breffni O'connor, 에이드리엔 젤리넥Adrienne Jelinek, 클라라 로스Clara Ross, 매들린 샤라가Madeline Sharaga, 엠마 롱스태프Emma Longstaff, 리디아 데이비스Lydia Davis, 루카스 존스Lucas Jones에게 고마움을 전한다. 이들은 전 출판 과정을 통해 이 책을 지도해 주었다. 마지막으로 이 책이 잉태되는 동안 평범하지 않은 인내와 이해를 보여주고 일부 조사가 진행되는 동안 뉴욕의 매우 추운 겨울을 이겨낸 미르카와 말렉스에게 고마움을 표한다. 이 책을 쓰는 동안 그들이 치른 많은 희생에 대한 작은 보답으로 이 책을 그들에게 바친다.

서론

앤디 위어Andy Weir는 본인의 행운을 믿을 수 없었다. 그는 항상 작가가 되기를 원했으며 아홉 살 때부터 팬픽션을 쓰기 시작했다. 그러나 현명한 청년이었던 그는 작가로 생계를 꾸려갈 수 있는지 확신할 수 없었으므로 소프트웨어 기술자로 훈련받은 후 컴퓨터 프로그래머가 되었다. 실리콘밸리의 거주자로서 이것은 현명한 결정이었으며 그는 25년 동안 프로그래머로서 성공적인 경력을 가지고 있었다. 그러나 그는 작가가 되는 꿈을 포기했던 적이 없었고 여가 시간에 계속 글을 쓰곤 했다. 그는 1980년대 말에 자신의 책을 출판하기를 원했지만 아무도 관심을 갖지 않았다. "이것은 고생하는 작가 이야기의 표본이었고 아무도 관심을 갖지 않았어요. 출판사들은 관심이 없었고 대리인도 나를 대변해 주려 하지 않았습니다. 그렇게 될 것 같지도 않았어요." 하지만 앤디는 좌절하지 않고 여가 시간에 계속 글을 썼다. 글쓰기는 그의 취미였다. 1990년대 말과 2000년대 초에 인터넷이 널리 보편화되자 앤디는 웹사이트를 만들어서 자신의 이야기를 올리기 시작했다. 그는 사람들이 신청할 수 있는 메일 주소록을 갖고 있었으므로 새로운 이야기를 올릴 때마다 이메일로도 그 이야기들을 보냈다. 10년에 걸쳐 약 3000개의 이메일 주소가 쌓였다. 그런 후 연작 소설을 쓰기 시작했고 자신의 독자들에게 알렸다. 이 이야기들 중 하나가 화성 유인 탐사에 대한 것이었다. 앤디는 소프트웨어 기술자였으므로 문제 풀기에 흥미를 가지고 있었다. "우주에서 무언가 잘못된다면 어떻게 승무원들이 살아남을 수 있을까? 만일 두 가지가 잘못되면 우린 또 무엇을 해야 할까? 그리고 갑자기 이야기가 생각났어요." 저녁과 주말의 여가 시간에 충동을 느낄 때면 그는 글을 썼고 챕터를 끝내면 자신의 웹사이트에 그 글을 올렸다. 그의 독자들은 그 이야기에 매우 빠져들었고 화성 유인 탐사와 관련된 물리학, 화학, 또는 수학의 기술적인 세부사항을 그에게 정리해 주었다. 그러면 앤디는 되돌아가 글을 수정했다. 독자들의 이 같은 적극적인 참여가 그를 계속 자극했다. 그 이야기는 불운한 우주 비행사 마크 워트니가 화성에 도착한 직후 강력한 먼지 폭풍에 의식을 잃자 그의 동료 우주인들은 마크가 죽었다고 생각해 비상 도주를 하고, 의식을 회복한 마크가 음식과 물 공급이 제한되고 지구와 통신할 방법이 없는 외딴 항성에서 살아남는 내용을 다루고 있다.

'마션The Martian'의 마지막 장을 웹사이트에 올린 후 앤디는 다음 프로젝트로 나아가려고 했다. 하지만 그의 몇몇 독자로부터 "나는 '마션'을 정말 좋아하지만 웹브라우저로 읽고 싶지는 않아요. 전자 버전으로 만들 수는 없나요?"라는 이메일을 받기 시작했다. 앤디는 어떻게 할까 따져 보았다. 소프트웨어 기술자에게 전자 버전을 만드는 것은 그다지 어렵지 않았으므로 사람들이 무료로 다운로드할 수 있도록 이펍ePub 파일 및 모비Mobi 파일을 자신의 웹사이트에 올렸다. 그러자 사람들이 "전자 포맷을 올려줘서 정말 고맙습니다만, 기술적으로 잘 알지 못해서 인터넷에서 파일을 다운로드 받아 내 전자 독서기기에 넣는 방법을 모르겠어요. 킨들로 올려줄 수는 없나요?"라고 문의했다. 이에 앤디는 아마존 양식에 맞게 파일을 올려 킨들 전자책으로 활용될 수 있도록 했다. 앤디는 무료로 제공하고 싶었지만 아마존이 전자책에 값을 매기도록 요구했기에 아마존이 허용하는 최저가인 99센트를 선택했다. 그는 자신의 독자들에게 이메일을 보내 "내 글을 내 웹사이트에서 무료로 읽을 수도 있고, 내 웹사이트에서 이펍 또는 모비 버전을 무료로 다운로드할 수도 있으며, 아마존에 1달러를 내고 당신의 킨들에 다운받을 수도 있습니다"라고 알렸다. 놀랍게도 많은 사람들이 무료로 다운로드하기보다 아마존에서 전자책을 구매했다. 이 전자책은 빠르게 아마존의 베스트셀러 목록을 치고 올라가 SF 1위에 도달했고 꽤 오래 1위에 머물렀다. 그의 책은 하루에 300권 정도 팔렸지만 이전에 책을 출판한 적이 없는 앤디는 이것이 좋은 건지 나쁜 건지 몰랐으며 무관심했다. 그는 그저 독자들로부터 좋은 리뷰를 받고 킨들 SF 부문의 1위 자리에 머무는 게 좋았다.

그러고 나서 그가 전혀 기대치 않았던 일이 벌어졌다. 하루는 한 대리인으로부터 이메일을 받았다. "당신의 책을 인쇄할 수 있을 것 같습니다. 대리인이 없다면 당신을 대리하고 싶습니다." 앤디는 믿을 수 없었다. 몇 년 전 전국의 대리인들에게 편지를 보내서 자기를 대리해달라고 했으나 아무도 관심을 기울이지 않았다. 그런데 자신을 대리하겠다는 대리인으로부터 날벼락처럼 이메일을 받았으니 더 알아볼 필요도 없었다. "네, 좋아요."

당시 앤디가 몰랐던 사실이 있다. 랜덤하우스의 임프린트[기존의 출판사가 전문 편집자를 영입해 별도의 브랜드를 주고 경영권과 출판권을 맡기는 제도_옮긴이] 출판사이자 뉴욕에서 3000마일 떨어진 곳에 있는 크라운Crown의 SF 편집자는 가끔 시간이 남을 때 좋아하는 인터넷 SF 사이트를 살펴보곤 했는데, 그러던 중 『마션』에 대한 글 몇 개를 우연히 보게 되었고 이를 검토하기로 결정했다. 그 편집자는 『마션』이 킨들 SF 부문의 베스트셀러 1위이고 독자들의 리뷰가 많은 것을 보고 이 전자책을 한 부 사서 읽어보았다. 그 후 자신도 이 글을 좋아하게 되었지만, 이 글이 진짜 과학적인지는 확신이 없었다. 그는 대리인 친구에게 전화를 걸어 이 글을 아마존에서 찾아냈다고 말하면서 이 글을 한번 보고 어떻게 생각하는지 알려달라고 부탁했다. 대리인의 친구는 그 글을 좋아했고("이 글은 나를 뿅 가게 했어." 자연과학이 그 친구의 기이한 성격에 맞았다), 그 대리인은 앤디에게 연락해서 그와 계약했다. 그 대리인은 온라인에서 새로운 작가들을 찾는 데 익숙했다. 그는 종종 인터넷에서 재미있는 글을 읽고 작가와 연락하기도 했고, 어떤 때는 재미있어 보이는 자가 출판 책을 아마존에서 우연히 접하기도 했다. 그는 이런 세상에서 어떻게 해야 하는지 알고 있었다. 대리인은 자신의 관심을 끌게 만든 편집자에 대한 예의로 그 편집자와 다시 접촉했고 독점 여부에 대해 생각할 시간을 주었다. 편집자는 크라운의 몇몇 동료들에게 『마션』을 돌려보게 하고 주말 동안 생각해 보라고 부탁했다. 월요일이 되자 동료들의 호평 속에 앤디에게 도서 선점에 관해 관대한 제안을 하게 되었다. 앤디는 신이 났고 거래는 성사되었다. "이건 말도 안 되는 일이었습니다. 지금 직장에서 일 년 동안 버는 것보다 더 많은 돈이었는데, 그것은 단지 선금에 불과했어요."

비슷한 시기에 조그만 영화사가 킨들 베스트셀러 목록에서 『마션』을 눈여겨보고 앤디와 접촉했는데, 앤디는 자신의 대리인에게 영화사와 접촉하도록 했다. 그 대리인은 영화 협력 대리인에게 연락해서 이 작은 영화사의 관심을 폭스사의 관심을 끄는 데 활용했다. 폭스사는 영화 판권을 낚아채서 그 영화를 리들리 스콧과 맷 데이먼이 감독한다고 발표했다. 랜덤하우스와 할리우드의 블록버스터에 판권이 판매되자 스카우트들은 외국 출판사들과 마법을 부리기 시작했다. SNS가 소란스러워졌고 그 수가 빠르게 늘어났다. 얼마 지나지 않아 판권은 31개국에 팔렸고 앤디는 책이 출판되기도 전에 상당한 금액의 선금을 벌어들였다.

이 같은 이야기들에 무지했던 앤디에게는 이 책에 대한 갑작스러운 관심이 현실이 아닌 것처럼 여겨졌다. 랜덤하우스 및 폭스사와 계약을 맺던 주간에도 앤디는 직장에서 평소처럼 프로그램실에 있었고, 영화 계약에 대한 통화를 하기 위해 회의실로 가야 했다. "'당신의 꿈이 모두 이루어지고 있습니다.' 너무 믿기지 않아서 나는 정말 믿을 수가 없었습니다. 나는 이들 누구도 만난 적이 없고 그냥 이메일과 전화 통화만 나누었을 뿐입니다. 나는 마음속으로 '이건 그냥 사기일지도 몰라'라고 계속 생각하고 있었어요." 계약서가 결국 집으로 왔고 반송 주소가 뉴욕 브로드웨이 1745 랜덤하우스였으며 선금에 대한 수표도 도착했다. "'이게 사기라면 이 사람들 정말 형편없군'이라고 생각했지요."

랜덤하우스와의 계약이 끝나자 킨들에서 앤디에게 글을 내리라고 요청해 앤디는 그렇게 했다. 문장을 약간 편집해서 여러 유수한 작가에게 출판 전 안내문으로 보냈는데 반응은 놀라웠다. 다수의 저명한 SF 작가들은 자신들의 장르에 새로 추가된 이야기에 대해 격찬했다. 이 모든 것은 편집자가 이 책에 대해 이야기할 수 있는 소재가 되었으며, 판매 대리인들이 주요 소매점의 구매 담당자들과 만났을 때 책을 밀도록 부추기는 데에도 도움이 되었다. 이것은 매주 출판되는 수천 종의 새 책 가운데 앤디의 책을 돋보이게 하는 데 중요한 요소였다. 『마션』의 랜덤하우스판은 2014년 2월 양장본과 전자책으로 출판되었는데, 곧바로 ≪뉴욕타임스≫ 베스트셀러 목록에 올라 6주간 머물렀다. ≪월스트리트 저널≫에는 "완전 흥미롭다. … 이것은 아서 클라크Arthur Clarke조차도 오르지 못한 수준에 도달한 SF이다"라는 극찬이 실렸다. 페이퍼백판은 2014년 10월에 나왔는데, 다시 곧바로 ≪뉴욕타임스≫ 베스트셀러 목록에 올라 1위 자리를 차지한 후 2015년까지 그 목록에 남아 있었다.

앤디의 성공에는 눈에 띄면서도 전례 없는 무언가가 있었다. 한 사람의 개인 웹사이트 블로그에서 시작한 이야기가 몇 번의 변형을 통해 국제적인 베스트셀러와 대박 영화로까지 이어졌고 이와 함께 한 사람의 삶과 경력이 바뀌었다. 한 세대 전에는 이런 일이 가능하지 않았다. 앤디 같은 재능은 아무에게도 알려지지 않은 채 묻혔을 것이다. 이것이 출판에서 일어난 디지털 혁명의 많은 좋은 면 중 하나이다. 인터넷 덕분에 재능이 새로운 방식으로 발굴될 수 있게 되었고 상대적으로 무명이던 작가가 갑자기 국제적인 스타로 떠오를 수 있게 된 것이다. 전 세계의 작가, 출판사, 수백만 명의 독자 모두에게 이득이다. 그러나 앤디의 성공이 대단하긴 하지만 이는 이야기의 한 단면일 뿐이다. 앤디가 어린 시절 간직한 꿈을 실현토록 만든 바로 그 변화들은 모든 사람이 기억하기에 거의 같은 방식으로 운영되어 왔던 산업을 사정없이 파괴하고 있었다. 앤디는 잘 몰랐겠지만 앤디가 기쁘게 몸담게 된 산업은 강력한 새로운 참가자들이 전통적인 관행을 파괴하며 그동안 허용되던 작업방식에 도전하는 전쟁터가 되고 있었다. 이 모든 것은 구텐베르크 이후 5세기 동안 경험해 왔던 그 무엇보다 더 근본적인 기술 혁명에 의해 촉진되었다. 블로그에서부터 베스트셀러에 이르기까지 『마션』이 일으킨 놀라운 성공은 출판 디지털 혁명의 역설을 보여주는 전형이다. 전례 없는 새로운 기회가 개인과 조직 모두에게 열리고 있는 반면, 표면 밑에서는 산업의 구조판이 바뀌고 있다. 이 두 가지 움직임이 어떻게 동시에 일어날 수 있는지, 그리고 어째서 지금과 같은 모양을 갖게 되었는지를 이해하는 것은 출판에서 일어나는 디지털 혁명을 이해하는 핵심이다.

디지털 혁명은 1980년대에 도서출판산업에서 처음 감지되기 시작했다. 당시 영미 시판용 출판 세계는 1960년대 이후 점점 강력해진 세 가지 조합의 참가자가 지배하고 있었다. 바로 소매 체인점, 문학 대리인, 그리고 출판 기업이었다.[1] 미국에서 소매 체인이 부상한 것은 1960년대 말 두 개의 도서 판매 체인 B.돌턴서점B. Dalton Booksellers과 월든북스Waldenbooks가 출현하면서부터이다. 이 두 서점은 중산층이 시 중심부를 떠나 확장되던 교외로 옮겨간 이후 당시 점진적으로 성행하던 교외 쇼핑몰에 뿌리를 두고 있었다. 1970년대와 1980년대를 거쳐 이들 몰 기반의 서점은 쇠락해 결국 이른바 도서 슈퍼스토어 체인에 흡수되었다. 특히 반스 앤 노블과 보더스Borders는 미국 전역에 슈퍼스토어를 내고 1980년대와 1990년대에 서로 치열하게 경쟁했다. 몰 기반의 서점과 달리 이들 도서 슈퍼스토어 체인은 재고 보유 용량을 최대화한 거대한 면

---

1   이 세 그룹이 참가자들과 영미 시판용 출판에 끼친 영향에 대해서는 John B. Thompson, *Merchants of Culture: The Publishing Business in the Twenty-First Century*, Second Edition(Cambridge: Polity; New York: Penguin, 2012)에서 자세히 다룬다.

적으로 도심 지역에 위치했다. 서점들은 전통적인 서점을 방문하는 데 익숙지 않았던 사람들을 환영하면서 매력적인 소매 공간으로 탈바꿈했다. 넓고 깨끗했으며, 소파가 놓인 밝은 공간과 커피숍을 갖춰 편안하게 책을 읽을 수 있었다. 서점에 들어오거나 나갈 때 가방 검사를 할 필요도 없었다. 영국에서도 1980년대와 1990년대에 서로 경쟁하던 두 개의 도서 소매 체인 딜런스Dillons와 워터스톤스, 그리고 도심 신문가판 및 문구점인 WH 스미스WH Smith의 등장과 더불어 비슷한 양상이 벌어졌는데, 딜런스는 결국 워터스톤스에 흡수되었다.

이와 유사한 발전의 결과―예를 들어, 대형 판매점과 슈퍼마켓이 책 소매점으로서 담당하는 역할의 증가―로 1980년대 말과 1990년대 초 시판용 출판사들이 출판한 책의 상당 부분은 큰 시장 점유율을 장악하고 있던 소매 체인을 통해 팔리게 되었다. 소매 체인의 시장 점유율은 그들이 출판사들과 흥정을 할 때 우위의 입장에 서도록 만들어주었다. 소매 체인들이 책에 대해 어느 정도의 약속을 하는가, 책을 잘 보이는 곳에 진열하는가, 가격을 얼마로 책정하는가가 책의 노출도와 성공에 큰 차이를 만들 수 있기 때문이었다. 반면 독립 서점들은 가파르게 감소하고 있었다. 대형 소매 체인의 폭넓은 재고와 공격적인 할인에 대항할 수 없어서 수백 개의 독립 서점이 1990년대에 파산했다. 그것이 1995년 7월 시애틀의 교외 차고에서 아마존이라고 불리는 작은 인터넷 회사가 도서 소매를 시작한 배경이었다.

20세기 후반 영미 시판용 출판의 장을 형성시킨 두 번째 핵심 변화는 문학 대리인의 힘이 커졌다는 사실이다. 물론 저작권 대리인은 19세기 말부터 있어 왔으므로 새로운 것은 아니었다. 그러나 대리인은 거의 1세기 동안 자신들의 역할에 대해 작가들과 출판사를 모으고 양쪽이 공정하고 합리적이라고 간주할 거래를 협상하는 중개자라고 이해해 왔다. 저작권 대리인의 이 같은 자기 해석은 새로운 종류의 대리인—나는 이를 슈퍼 대리인이라고 부른다—가 출판이라는 장에 나타나기 시작한 1970년대와 1980년대에 바뀌기 시작했다. 이전에 출판사에서 일했던 사람들로 구성되었던 기존의 대리인들과 달리, 새로운 슈퍼 대리인은 출판계의 국외자였고 저작권 대리인의 전통적인 관행에 집착하지 않았다. 그들은 대리인의 역할을 좀 더 법적으로 이해했다. 그들은 중개인이라기보다는 자신의 고객인 작가의 이해관계를 대변하는 변호인이었다. 슈퍼 대리인들은 자신이 대리하는 작가의 이익을 최대화하기 위해 싸울 준비가 되어 있었다. 그들은 대형 출판사들의 신경을 건드리는 것을 개의치 않았다. 홍보를 잘하는 것은 그들이 이해하는 대리인의 역할이 아니었다. 그들은 특히 소매 체인의 성장으로 도서 판매의 규모가 엄청나게 확장되자 출판산업으로 큰돈을 벌 수 있다는 것을 알게 되었고 작가들이 당당히 자신의 몫을 가져야 한다고 믿게 되었다. 그들은 누군가가 작가를 위해 싸울 준비가 되어 있지 않는 한 출판사들이 작가에게 많은 선금과 좋은 조건을 제공하지 않을 것이라는 것 또한 알고 있었다.

슈퍼 대리인의 공격적이고 전투적인 방식을 모든 대리인이 공유하는 것은 아니다. 실제로 일부는 새로운 형태의 이 대리인이 지닌 관행을 혐오하기도 했다. 그러나 부지불식간에 대리인 행위의 문화가 바뀌기 시작했다. 대리인 행위는 점점 모든 이를 행복하게 하는 계약을 맺기보다 점점 더 작가들을 위해 최선의 계약을 얻어내는 쪽으로 이동했다. 설령 오랫동안 좋은 관계를 가졌던 출판사나 편집자를 종종 당황하게 만들더라도 말이다. 선금의 규모가 어느 출판사와 함께할지를 결정하는 유일한 근거가 되지는 않았다. 출판사의 성격, 편집자와의 관계, 마케팅 면에서의 지원 같은 다른 요인도 항상 고려했을 것이다. 그러나 선금은 중요했고 점점 더 중요해졌다. 선금은 글을 쓰면서 살고 싶어 하는 많은 작가들의 생계 수단이었을 뿐만 아니라 출판사의 약속의 증표로 여겨지기도 했다. 선금이 클수록 출판사는 인쇄 부수, 마케팅 예산, 판매 노력 등등에서 기꺼이 책을 지원하기 마련이다. 기존에는 가장 상을 많이 탄 새로운 작품에 대한 권리를 대리인이 통제했으나, 점차 출판사의 선금 규모는 누가 책에 대한 권리를 가질지를 결정하는 중요한 요인이 되었다. 선금이 높아지자 경매가 일상화되었으며, 가장 인기 있는 작품을 두고 경쟁할 수 있는 것은 결국 주머니가 두둑한 출판사들뿐이었다.

영미 시판용 출판이라는 장을 형성한 세 번째 핵심 변화는 출판 기업의 성장이었다. 1960년대 초 이후 인수합병의 몇 차례 파도가 영미 시판용 출판 세계를 휩쓸고 지나갔다. 그 결과 많은 독립 출판사들—사이먼 앤 슈스터Simon & Schuster, 스크리브너Scribner, 하퍼Harper, 랜덤하우스, 앨프리드 크노프Alfred Knopf, 파라Farrar, 슈트라우스 앤 지루Straus & Giroux, 조너선 케이프Jonathan Cape, 윌리엄 하이네만William Heinemann, 세커 앤 워버그Secker & Warburg, 웨이든펠드 앤 니컬슨Weidenfeld & Nicolson 등—은 대기업의 인쇄소로 바뀌었다. 인수합병의 이유는 복합적이고 경우마다 달랐는데, 인수되는 회사의 상황과 인수하는 회사의 전략에 달려 있었다. 그러나 전반적으로 1990년대 말 영미 시판용 출판의 양상이 극적으로 재편되는 결과를 가져왔다. 이전에는 이 분야에 소유주가 다 다르고 독특한 취향과 스타일을 지닌 편집자들로 구성된 10여 개의 독립된 출판사가 존재했으나, 이제는 겨우 대여섯 개의 대형 출판사가 존재한다. 이 대형 출판사들은 수많은 임프린트를 보유한 우산 조직이었으며, 이들 뒤에는 훨씬 더 큰 멀티미디어 대기업이 자리하고 있었다. 이들 대기업은 대부분 많은 나라 및 산업과 이해관계를 가진 크고 다각화된 다국적 기업이었다. 독일의 베텔스만Bertelsman과 홀츠브링크Holtzbrink 같은 몇몇 회사는 개인이나 가족의 소유였지만, 피어슨Pearson, 뉴스코프NewsCorp, 비아콤Viacom, 라가데르Lagardère 같은 회사는 상장기업이었다. 대부분의 경우 이러한 대기업은 영국과 미국에 있는 시판용 출판 자산을 인수해서 같은 이름을 가진 기업의 우산 밑에 이 출판사들을 모았다. 이러한 회사로는 펭귄, 랜덤하우스(2013년 합병된 이후 지금은 펭귄 랜덤하우스가 되었다), 사이먼 앤 슈스터, 하퍼콜린스, 아셰트Hachette, 맥밀런Macmillan 등이 있다. 하지만 이들 회사는 미국과 영국에서 대체로 독립적으로 운영되었으며, 모기업에 직접 보고했다.

대형 출판 기업은 영미 시판용 출판이라는 장에서 주요 참가자가 되었는데, 2000년대 초반에는 미국과 영국에서 발생하는 총 소매 판매의 절반 정도를 차지했다. 대형 소매 체인들과 고객들, 그리고 각각의 콘텐츠에 대한 접근권을 통제하는 강력한 대리인들로 특징지어진 분야에서는 규모가 크다는 것이 분명한 이점을 지니고 있었다. 규모의 크기가 대형 소매 체인들과의 협상에서 힘을 실어주었는데, 거래 조건은 출판사의 수익성에 실제 차이를 만들 수 있었다. 또한 규모의 크기는 거대한 대기업의 깊숙한 주머니에 접근할 수 있게 해주었고, 경쟁적인 콘텐츠를 놓고 경합할 때면 대기업에 유리한 조건이 형성되었다. 대리인들의 권한이 커짐에 따라 여기서는 선금의 규모가 결정적인 고려사항이 되는 경우가 많았다. 중소 규모 출판사들은 새로운 출판 기업들이 휘두르는 재정적 영향력과 경쟁할 수 없었고, 많은 회사가 결국 백기를 들고 그룹사 중 하나로 편입되었다.

넓게 보면 지금까지 언급한 내용이 1960년부터 2000년대 초까지 20세기의 지난 40년 동안 영미 시판용 출판이라는 장을 형성한 세 가지 전개 방식이다. 물론 이 장을 만드는 데 중요하게 기여한 다른 요인도 많았고, 이 시기 동안 시판용 출판 세계에서 활동적이고 중요한 참가자였던 다른 기관도 많았다. 이것은 불가사의한 관행, 대단히 분화된 공급망, 서로 다른 수많은 일을 하는 셀 수 없는 조직으로 가득 찬 당혹스러울 정도로 복잡한 세계이다. 그러나 1980년대, 1990년대, 그리고 2000년대 초의 영미 출판의 세계가 1950년대 및 그 이전의 시판용 출판 세계와 왜 그렇게 다른지 이해하고 싶다면, 그리고 2000년대 초에 이 업계에서 일반화되고 당연한 것으로 받아들여진 가장 중요한 관행, 예를 들어 새 책에 대한 경매, 입이 떡 벌어질 만큼의 높은 선금, 주요 소매점에서 높이 쌓는 도서 전시, 높은 할인과 높은 반품 등에 대해 알기를 원한다면 앞에 언급한 세 가지 변화가 그 열쇠가 될 것이다.

1980년대 초 이후 디지털 혁명의 존재가 감지된 것은 이런 식으로 구조화된 산업의 맥락 안에서였다. 이것은 눈에 띄지 않는 사안이라서 처음에는 외부자들에게는 보이지 않았다. 다른 많은 산업 분야에서처럼 출판산업에서도 디지털 혁명의 초기 영향은 물류, 공급망 관리, 지원 사무실 시스템에서 점진적인 변화를 이끌어냈다. 매주 수천 개의 새로운 제품[책]이 발행되고 그 제품들이 각각 고유한 숫자 인식표 또는 ISBN을 가지는 도서출판 같은 산업에서는 IT를 활용해 공급망을 관리할 때 더 큰 효율을 얻을 수 있는 잠재력이 매우 컸다. 1980년대와 1990년대에 걸쳐 생산, 권리, 저작권에서부터 주문, 창고 관리, 판매, 처리에 이르기까지 출판 공급망의 모든 국면을 관리하는 더 효율적인 시스템을 만들기 위해 대규모 투자가 집행되었다. 개선된 IT 시스템을 통해 출판사는 출판 과정을 더 효율적으로 관리할 수 있었고, 도매업체는 소매업체에게 훨씬 좋은 서비스를 제공할 수 있었으며, 소매업체는 전산화된 판매시점 자료에 따라 일일 기준으로 재고 수준을 파악해 책을 재주문할 수 있었다. 이러한 현장 뒤에서 도서 공급망 전체가 조용하지만 근본적으로 바뀌고 있었다. 이러한 변화가 피나는 노력을 통해 얻은 발전은 아니었지만 출판산업의 운영에 매우 큰 영향을 미쳤다.

하지만 출판계에서 일어난 디지털 혁명이 공급망 관리의 물류나 사무부서의 시스템 개선과 관련된 것만은 아니었다. 이러한 것들이 사업의 일상적인 비즈니스 운영에서 훨씬 중요하더라도 말이다. 디지털 혁명은 이보다 훨씬 더 파괴적일 가능성을 갖고 있었다. 왜 그랬을까? 500년 역사 동안 충분히 자주 영향을 준 많은 다른 기술적 혁신보다 출판산업을 파괴적이고 위협적이게 만든 것은 디지털 혁명의 어떤 면이었을까?

디지털 혁명이 특별했던 이유는 출판 사업의 중심에 있는 콘텐츠를 완전히 다른 방식으로 다룰 수 있는 가능성을 제공했기 때문이다. 매체 산업 및 창조 산업 같은 다른 부문처럼 출판 역시 기호 콘텐츠에 대한 것이다. 즉, 출판은 이야기 또는 다른 종류의 확장된 텍스트 형식을 가진 특정 종류의 정보에 대해서 다루는 것이다. 디지털 혁명이 가능했던 것은 이런 정보 또는 기호 콘텐츠(실제로는 모든 정보 또는 기호 콘텐츠)를 처리·저장·전송할 수 있는 일련의 숫자(또는 비트의 흐름)로 변형했기 때문이다. 정보가 디지털화된 데이터의 형식을 취하면 쉽게 조작되고 저장되며, 다른 데이터와 결합해서 다양한 종류의 네트워크를 이용해 전송할 수도 있다. 이제 우리는 자동차, 냉장고, 그리고 인쇄된 종이

책 같은 물리적 사물의 세계와는 전혀 다른 새로운 세계에 살고 있다. 이것은 완전히 새로운 일련의 프로세스를 거친 뒤 고유한 속성을 가진 네트워크를 통해 전송될 수 있는 무중력 데이터의 세계이다. 그리고 출판이 이 새로운 세상에 끌려 들어올수록 출판은 구텐베르크 시대부터 책의 근거였던 물리적 형태를 지닌 사물이라는 오래된 세계로부터 더 멀어지게 된다. 요컨대 책이라는 기호 콘텐츠는 더 이상 전통적으로 기반을 두었던 종이 인쇄라는 물리적 개체에 묶여 있지 않다.

디지털 혁명이 출판산업과 매체 산업 및 창조 산업의 여러 부문에 지대한 영향을 미치는 것은 이 때문이다. 디지털화로 인해 기호 콘텐츠가 데이터로 변형되었고, 이로 인해 기호 콘텐츠는 물질적 매체로부터 또는 이제까지 심어져 있던 기층으로부터 분리될 수 있었다. 이런 점에서 출판산업은 예를 들어 자동차산업과 아주 다르다. 자동차산업 역시 디지털 기술을 적용함으로써 많은 방식으로 변형될 수 있고 변형되어 왔다. 하지만 자율주행과 같이 더 이상 운전자가 없는 경우라 할지라도 자동차 자체는 항상 하나의 엔진, 바퀴, 문, 창문 등등을 가진 물리적 사물일 것이다. 책은 그렇지 않다. 500년 이상 동안 우리가 잉크, 종이, 풀로 만들어진 물리적 사물의 형태로 책을 연상해 왔다는 사실은 그 자체가 역사적 가정이지, 책이 그래야만 하는 특성은 아니다. 종이에 인쇄된 책은 특정한 종류의 기호 콘텐츠—예를 들어 이야기—를 구현하거나 포함할 수 있는 물질적 매체이다. 그러나 과거에 다른 매체도 있었고(점토판과 파피루스 같은) 미래에 또 다른 매체가 나올 수도 있다. 그리고 콘텐츠가 디지털로 코드화될 수 있으면 그 콘텐츠를 종이에 인쇄하는 방식으로 특정한 물질적 기반에 포함할 필요가 없어진다. 이제 콘텐츠는 0과 1의 특정 배열인 코드로서 가상으로 존재하고 있다.

그러나 디지털 혁명은 이보다 훨씬 많은 일을 해냈다. 디지털 혁명은 이 시대의 모든 정보 및 커뮤니케이션 환경을 바꾸어놓았다. 정보 기술, 컴퓨터, 그리고 통신을 합침으로써 디지털 혁명은 계속 늘어나는 디지털화된 정보를 엄청난 속도로 전송시켰고 그럼으로써 전례 없는 규모의 소통과 정보 흐름이라는 새로운 통신망을 만들어냈다. 일반인의 정보 생활은 이전과 전혀 다르게 변하고 있다. 사람들은 주머니나 가방 속에 전화이자 지도이자 컴퓨터로 작동하는 작은 기기를 갖고 다니게 되었다. 이 기기는 다른 사람들과 계속 연결되어 있도록 하고, 다른 사람의 위치를 찍어주며, 화면을 터치하면 방대한 양의 정보에 접속하게 한다. 출판산업 같은 전통적인 창조 산업은 변화의 소용돌이에 휘말리게 되었다. 이러한 변화는 그들의 사업에 깊이 영향을 미치고 있지만 그들은 아무런 통제를 할 수 없다. 이러한 변화의 과정은 영미 시판용 출판의 심장부에서 멀리 떨어진, 주로 미국 서부 해안가에 근거를 둔 대형 기술 회사들에 의해 주도되었다. 이 회사들은 서로 다른 원칙에 따라 운영되고 전통적인 출판업계와는 동떨어진 기풍에 의해 활기를 띠었지만, 그들의 활동은 기존 출판 세계가 적응해야만 하는 새로운 종류의 정보 환경을 만들어내고 있었다.

하지만 디지털 혁명의 혼란스러운 영향을 처음 경험한 도서출판 분야는 소비 쪽이 아니었다. 생산 쪽이었다. 일반적으로 작가로부터 타자기로 작성한 원고를 받은 다음 이를 교열하고 조판하던 출판산업의 전통적인 방식은 전체 생산 과정이 단계적으로 디지털 작업 방식으로 바뀜에 따라 사라졌다. 실제로 점점 더 많은 작가가 펜과 종이 또는 타자기를 사용해서 글을 작성하는 대신 컴퓨터의 자판으로 글을 썼기 때문에 텍스트가 만들어지는 순간부터 디지털 파일이 되어버렸다. 디지털로 태어나 컴퓨터의 저장기능 속에 저장된 0과 1의 배열로 존재하는 것이다. 글쓰기의 물질적 형식이 변화하고 있었고,[2] 그 시점부터 우리가 '책'이라고 부르는 사물의 생성으로 이어지는 텍스트의 변형은 적어도 원칙적으로는 완전히 디지털 포맷으로 수행될 수 있었다. 화면에서 편집·수정·교정해서 조판기에 걸 수 있고, 화면에서 디자인할 수 있었다. 제작 과정의 관점에서 보면 책은 디지털 파일인 데이터베이스로 재구성되었다. 출판사의 생산 관리자에게 이제 책은 특정 방식으로 조작되고 코딩되고 태그된 정보 파일일 뿐이다. 책을 디지털 파일로 재구성하는 것은 내가 '숨겨진 혁명'이라고 부르는 것의 결정적인 부분이다.[3] 즉, 나는 '제품에서의 혁명'이 아닌 '과정에서의 혁명'을 말하는 것이다. '종이에 잉크로 인쇄된 물리적 책'이라는 최종 제품은 이전과 똑같아 보일지라도 이 책이 생산되는 과정은 이제 완전히 다르다.

생산 과정 속 이 모든 단계가 원칙적으로는 디지털화될 수 있었지만 실제로는 절대 쉽지 않았다. 숫자화가 항상 일을 단순화하지는 않는다. 오히려 종종 더 복잡하게 만든다. 파일의 형태와 포맷, 프로그래밍 언어, 하드웨어, 소프트웨어, 지속적인 업그레이드의 과잉 때문에 디지털 세상은 여러 면에서 이전 아날로그 인쇄 때보다 더 복잡해졌다. 1980년대 초 이후 출판산업 역사에서 핵심은 도서 생산의 다양한 단계에 디지

---

2   1960년대 이후 문학 작가들이 워드 프로세싱 기술을 활용하는 것으로 점차 옮겨간 역사에 대해서는 Mathew G. Kirschenbaum, *Track Changes: A Literary History of Word Processing* (Cambridge, Mass.: Harvard University Press, 2016)을 보라.

3   John B. Thompson, *Books in the Digital Age: The Transformation of Academic and Higher Education Publishing in Britain and the United States* (Cambridge: Polity, 2005), ch. 15를 보라.

털 혁명을 단계적으로 적용하는 것이었다. 이로부터 영향을 받은 첫 번째 분야 중 하나는 조판이었다. 1970년대와 그 이전에 조판의 표준 방식이었던 오래된 리노타입 기계는 1980년대에 커다란 IBM 중앙 처리 조판 기계로 대체되었고, 1990년대에는 데스크톱 출판으로 대체되었다. 그러자 조판 비용이 급락했다. 20년 동안 인플레이션 때문에 달러의 가치가 낮아졌는데도 불구하고 1970년대에는 원고에서 도서 조판까지 페이지당 일반적으로 10달러가 든 데 반해, 2000년에는 페이지당 4~5달러가 들었다. 변화는 결정적이고 극적이었지만 변화 속에 살아야 하는 사람들에게는 혼돈의 시간이었고, 이들은 일을 하는 새로운 방식에 적응해야 한다고 느꼈다. 조판공의 직무가 다시 정의되고 책임 소재가 모호해졌다. 이전에 조판공들이 수행하던 작업의 일부가 없어지고 어떤 업무는 사무실 생산 직원에게 던져졌는데, 이들은 갑자기 출판 디지털 혁명의 최전선에 서게 되었고 끊임없이 바뀌는 새로운 기술과 프로그램들을 배워야만 했다.

1990년대 중반까지 조판 및 디자인을 포함한 도서 제작의 많은 기술적인 면이 디지털 기술의 적용으로 완전히 바뀌었다. 편집, 인쇄 같은 다른 분야에서의 진전은 더 불규칙했다. 여기에서도 아날로그에서 디지털로 일방적으로 전환되기보다 작업공정이 더 복잡한 방식으로 점차 디지털화되는 측면이 있었다. 많은 작가가 컴퓨터로 글을 써서 디지털 파일을 만들어냈지만 그 파일들은 종종 출판사들이 사용하기에는 너무 많은 오류로 차 있었다. 출판사들이 텍스트를 출력하고 출력한 페이지를 편집·교정한 다음 그 원고를 아시아에 있는 조판공에게 보내면 그 조판공들이 텍스트를 다시 입력하고 페이지 레이아웃에 꼬리표를 붙였다. 그러므로 원칙적으로 작가가 글을 입력하는 것이 시판용 출판에서는 디지털 작업이 시작되는 지점이었지만, 실제로는 편집·교정된 원고를 조판공이 재입력해 추가된 기능을 포함한 파일을 출판사에 보내는 후반에 디지털 작업이 시작되었다.

인쇄 역시 디지털화가 엄청난 영향을 미친 또 다른 분야이다. 하지만 인쇄에서의 변화는 아날로그에서 디지털로 간단하게 한 방향으로 옮겨가는 것보다 더 복잡한 방식으로 이루어졌다. 1990년대 말까지 대부분의 출판사는 책을 출판할 때 전통적인 오프셋 인쇄를 이용했다. 오프셋은 인쇄의 질이 높고, 삽화가 고급 수준으로 재생되며, 많이 인쇄할수록 부수별 가격이 저렴해지는 규모의 경제를 지니는 등 장점이 많다. 그러나 단점도 있다. 가장 눈에 띄는 것은 세팅하는 데 비용이 상당히 많이 들기 때문에 소량을 인쇄하는 것은 비경제적이라는 점이었다. 따라서 일 년에 수백 권 또는 더 적게 팔리는 기간既刊도서backlist 서적은 많은 출판사에 의해 절판되었고, 대형 시판용 출판 회사들은 종종 하한선을 더 높게 그렸다. 이러한 책들을 인쇄해서 보관하는 것은 창고의 공간만 차지하며 재고가 떨어졌을 때는 소량을 재인쇄해야 하므로 경제적이지 않았다.

디지털 인쇄의 등장은 이 모든 것을 바꾸었다. 디지털 인쇄의 기본 기술은 1970년대 말부터 있긴 했지만, 전통적인 오프셋 인쇄에 진지한 대안이 될 수 있는 방식으로 기술이 개발된 것은 1990년대이다. 재생산의 품질이 향상되었고, 비용이 줄었으며, 다양한 신참자가 이 장에 진입해서 출판사들에게 디지털 인쇄 서비스의 폭을 보여주었다. 이제는 소량을 재인쇄할 수 있는 디지털 인쇄업자에게 파일을 보내 전통적인 오프셋 방식을 사용할 때보다 훨씬 적은 부수인 10부, 20부, 100부, 200부 단위로 기간도서 서적을 인쇄하는 것이 가능해졌다. 단위 비용은 전통적인 오프셋 방식으로 인쇄할 때보다 비싸지만 소매가격을 기꺼이 올릴 수 있다면 출판사들에게는 할 만했다. 기존의 출판 이행 모델을 완전히 뒤집는 것도 가능했다. 정해진 수량의 책을 인쇄해서 창고에 넣은 후 주문을 받아 팔리기까지 기다리는 것이 아니라 출판사가 라이트닝 소스Lightning Source 같은 주문형 인쇄 공급자에게 파일을 주고 파일을 서버에 가지고 있다가 주문이 들어올 때만 한 권씩 인쇄하게 하는 것이다. 이런 방식으로 출판사는 창고에 재고를 보관할 필요 없이 판매할 수 있게 되었다. 물리적 재고가 '가상 창고'로 대체되었던 것이다.

2000년대 초에는 영어권의 많은 출판사들이 회전율이 낮은 기간도서 서적에 대해 단기 디지털 인쇄이든 주문형 인쇄이든 간에 디지털 인쇄 버전을 적용하고 있었다. 학술 분야 및 전문 출판 쪽의 장에 있던 회사들이 가장 먼저 이 새로운 기회의 덕을 보았다. 그들 책 중 상당수는 높은 가격에 적은 양만 팔리는 전문적인 서적이었으므로 디지털 인쇄에 매우 적합했다. 많은 시판용 출판사들은 오프셋 인쇄로 찍는 것이 이상적인 대량 인쇄 물량에 익숙했지만, 그들 역시 디지털 인쇄 기술을 이용함으로써 오래된 기간도서 서적에 묶여 있는 가치를 활용할 수 있다는 사실을 깨닫게 되었다(이는 어쩌면 2004년 크리스 앤더슨Chris Anderson이 처음으로 제시한 롱테일Long Tail 개념에 의해 자극을 받았을 것이다).[4] 학술 출판사, 전문 출판사, 그리고 시판용 출판사들은 자신들이 저작권을 보유하고 있는 오래된 서적을 스캔하고 PDF로 변환한 다음 디지털 인쇄책으로 재출간하기 위해 자신들의 기간도서 서적을 발굴하기 시작했

---

4   Chris Anderson, *The Long Tail: Why the Future of Business is Selling Less of More* (New York: Hyperion, 2006)를 보라.

다. 여러 해 전에 절판되었던 서적들이 되살아났다. 디지털 인쇄 덕분에 출판사들은 더 이상 절판할 필요가 전혀 없게 되었다. 소량을 재인쇄하거나 주문형 인쇄 프로그램에 파일을 넣음으로써 서적을 영원히 활용할 수 있게 되었다. 이것은 출판 디지털 혁명의 첫 번째 커다란 역설 중 하나였다. 디지털 혁명은 인쇄된 책들을 죽이는 것이 아니라, 책에 새로운 생명을 불어넣어서 디지털 이전 세상에서는 죽어야 했던 수명 이상으로 잘 살도록 만들었다. 이제부터는 많은 책이 절판되지 않을 것이었다.

인쇄 기술의 이러한 변화는 조판 및 책 디자인의 디지털화와 관련된 비용을 상당히 절감했으며, 출판이라는 장에 들어오려는 신규 업체들에게 진입장벽을 크게 낮추어주었다. 출판사를 만드는 것, PC 또는 맥북의 조판 소프트웨어를 사용해서 책을 조판 및 디자인하는 것, 디지털 인쇄기 또는 주문형 인쇄print-on-demand(POD) 서비스를 사용해서 소량으로 또는 한 번에 한 권씩 인쇄하는 것이 그 어느 때보다 쉬워졌다. 디지털 혁명은 소규모 출판 작업을 확산시켰다. 또한 디지털 혁명은 자가 출판self-publishing의 길을 열기도 했다. 자가 출판은 1990년대 말과 2000년대 초 주문형 인쇄 기술을 사용하는 다양한 조직의 등장과 함께 진지하게 시작된 작업이었는데, 너무 많은 신참자가 자가 출판이라는 장에 들어오자 2010년경부터는 새로운 양상이 전개되었다.

이러한 발전은 나름 극적이었지만, 영미 시판용 출판업의 기존 구조와 참가자들에게 훨씬 더 도전적인 형태로 드러날 변화의 과정에서는 첫 단계일 뿐이었다. 1990년대에 인터넷이 부상함에 따라 정보와 통신기술이 결합되었고 고속 인터넷 연결이 가능한 개인용 컴퓨터와 이동식 기기들의 가용성이 증가했다. 이는 공급망, 사무실 시스템, 생산 과정만 변화시킨 것이 아니라 고객, 즉 독자가 책을 구매하는 방법과 형태, 그리고 독자와 책을 쓴 사람이 관계를 맺는 방법도 혁신했다. 전통적인 종이 인쇄책에서는, 그리고 대략 500년의 기간에 걸쳐 이 물건을 만들고 소매점 네트워크를 통해 독자들에게 배급하며 성장해 온 출판산업에서는 사실상 다음과 같은 대화 채널이 적용되어 왔다. 즉, 한 그룹의 개인[작가]과 또 다른 그룹의 개인[독자]이 특정 매체[책]와 조직 및 중개인[출판사, 인쇄업자, 도매상, 소매상, 도서관 등등]을 통해 의사소통하는 대화 채널이 적용되어 왔다. 디지털 혁명이 출판 같은 창조적인 산업에 제기한 가장 큰 도전은 창작자와 소비자 사이에 있던 중개인을 우회하는 완전히 새로운 소통 채널을 만들 수 있는 가능성을 열었다는 것이다. 전통적인 중개인은 완전히 공급망에서 '빠질 수' 있었다. 다시 말해 잘릴 수 있었다.

디지털 혁명의 이런 파괴적인 잠재력을 가장 극적으로 보여준 것은 음악산업이었을 것이다. 수십 년 동안 소수의 대형 음반 회사가 지배했던 음악산업은 전통적으로 LP판이라는 물리적 매체에 녹음된 음악을 새기고 소매점을 통해 판매하는 경제 모델을 기반으로 했다. 1980년대에 CD가 개발된 것은 디지털 혁명이 음악산업에 미친 첫 번째 중요한 영향 가운데 하나였으나, 이 모델을 근본적으로 흔들지는 않았다. 오히려 물리적 매체를 그저 다른 형태로 바꾸었고, 소비자들이 LP판과 카세트테이프를 CD로 대체함에 따라 판매 급증으로 이어졌다. 그러나 1996년 MP3가 개발되고 1990년대 말과 2000년대 초에 개인용 컴퓨터와 인터넷이 결합됨에 따라 음악을 획득하고 공유하고 소비하는 방식에 갑작스럽고 극적인 변화가 일어났다. 레코드음악의 세계는 소비자가 매장에서 앨범을 사서 종종 친구들과 공유하던 방식에서 음악을 다운로드하거나 업로드함으로써 인터넷에서 모든 사람과 공유하는 방식으로 아주 빠르게 변했다.

이런 변화의 폭발적인 의미는 1999년에 출범한 파일 공유 서비스 냅스터Napster를 통해 생생하게 드러났다. 이 사이트는 수백만 사용자들의 음악 파일을 목록화했으므로 누가 어떤 음악을 갖고 있는지 볼 수 있었고 멀리 있는 PC에서도 매끄럽게 그리고 돈을 주고받지 않고도 파일을 다운로드할 수 있었다. 냅스터는 기하급수적으로 성장해 전성기에는 전 세계에 가입한 사용자가 8000만 명에 달했다. 음반 판매가 줄어들기 시작하자 미국의 음반산업협회(RIAA)는 냅스터를 저작권 침해로 소송을 제기했고 2001년에 문을 닫게 하는 데 성공했다. 그러나 지니는 요술램프에서 나와버렸고 냅스터의 짧은 생은 온라인 유통에 묵직하고 파괴적인 잠재력을 가져왔다. 냅스터가 몰락한 이후 수많은 P2P 파일 공유 서비스가 번성했는데, 대부분 하나의 서버에서 파일을 다운로드하는 대신 여러 개의 호스트에서 비트를 모으는 비트토렌트BitTorrent라는 프로토콜을 사용했으므로 문을 닫게 만들기가 훨씬 어려워졌다.

2000년대 초에는 P2P 파일 공유와 아주 다르게 음악을 온라인으로 유통하기 위한 합법적인 채널이 빠르게 성장했다. 이들 중 가장 중요한 애플은 아이팟iPod MP3 플레이어를 내놓은 2001년에 아이튠즈iTunes 뮤직 플레이어를 시작했고, 2003년에는 아이튠즈 뮤직 스토어를 추가했다. 이제 소비자들은 완벽하게 합법적으로 트랙당 99센트에 음악을 다운로드할 수 있었다. 2008년 애플은 월마트Walmart, 베스트바이Best Buy, 타깃Target을 제치고 미국에서 1등 음악 소매업체가 되었다. 같은 시기 동안 미국에서 CD의 판매는 1999년 9억 3800만 장에서 2009년 2억

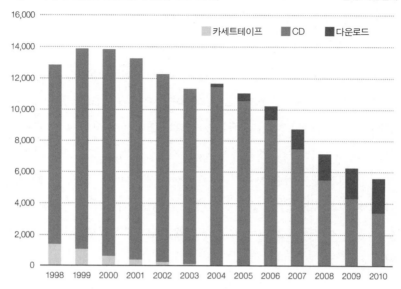

그림 1 | 미국의 포맷별 레코드음악 매출(1998~2010)　　　　　　단위: 백만 달러

주: 카세트테이프, CD, 다운로드(싱글과 앨범)의 매출만 산정함
자료: The Recording Industry Association of America(RIAA)

9600만 장으로 10년 전에 판매되던 양의 1/3에도 못 미치게 무너져버
렸다.[5] 미국 레코드음악의 총 매출 역시 곤두박질해 1999년 146억 달러
에서 2009년 78억 달러로 떨어졌다.[6] 매출 붕괴는 〈그림 1〉에서 보듯
이 격변했다.

　음악을 구매하는 소비자들은 CD가 압도적으로 지배적인 포맷이던
1990년대 말에 지불하던 돈보다 훨씬 적은 돈을 내게 되었다. 1999년에

5　　RIAA, US Sales Database, at www.riaa.com/u-s-sales-database.
6　　같은 자료.

는 9억 3800만 개의 CD가 판매되어 128억 달러 또는 CD 하나당 13.66 달러의 매출을 올렸다. 당시에는 다운로드 판매는 없었다. 2009년에는 CD 판매량이 2억 9600만 장으로 떨어졌다. CD 하나당 14.58달러의 매출을 창출했으나 판매되는 제품의 양이 10년 전보다 1/3 이하였으므로 CD에서 창출되는 총 매출은 43억 달러로 떨어졌다. 반면에 2004년 이후 음악 다운로드는 극적으로 성장해서 2009년에는 11억 2400만 번의 싱글 다운로드와 7400만 번의 앨범 다운로드가 실시되었다. 하지만 이들 다운로드는 합쳐서 19억 달러의 매출밖에 창출하지 못했으므로 CD 판매에서 발생한 85억 달러의 매출 손실을 메우기에는 턱없이 부족했다.[7] 더욱이 많은 사람들이 아이튠즈 같은 합법적인 채널을 통해 다운로드에 대한 대가를 지불했지만 음악을 공짜로 다운로드하는 사람 또한 그 수를 알 수 없을 만큼 많았다. 온라인 다운로드 추적회사 빅샴페인BigChampagne의 추산에 따르면, 불법 다운로드는 2010년 음악 시장의 약 90%에 달했다.[8]

출판산업계에서는 음악산업에서 일어난 격동적인 전개를 어깨 너머로 보면서 음악이 도서의 미래를 예언하는 것이 아닌가 걱정하는 사람들이 많았다. 불법 복제가 만연해지고 총 도서 수익이 반으로 줄어든다면 도서출판업계는 어떻게 될까? 500년 이상 출판업계의 기반이 되어온 검증된 모델을 대체할 수익 모델은 무엇이며 이 새로운 모델은 얼마

---

7   RIAA. 이 기간 동안에는 레코드판, 뮤직비디오 같은 추가 수익원이 있었고 2005년부터는 벨소리, 컬러링, 서비스 이용 등의 추가 수익원이 발생했지만, 수익 하락의 전반적인 패턴을 실질적으로 바꾸지는 못했다.

8   David Goldman, "Music's lost decade: Sales cut in half," *CNN Money* (3 February 2010), at http://money.cnn.com/2010/02/02/news/companies/napster_music_industry.

나 단단할까? 도서산업은 음악 세계에서 일상화되어버린 걷잡을 수 없는 파일 공유로부터 스스로를 지켜낼 수 있을까? 점점 많은 책이 파일로 다운로드된다면, 또는 책을 일반 서점에서 구매하는 대신 온라인으로 주문한다면 실제 서점은 어떻게 살아남을까? 서점들이 사라지거나 또는 심각하게 줄어든다면 독자들은 어떻게 새 책을 찾아낼까? 1990년대 말과 2000년대 초에 음악산업을 휩쓸고 간 쓰나미로 인해 도서출판산업에도 큰 타격을 입을 수 있다고 보는 데에는 그다지 많은 상상력이 필요하지 않았다. 맨해튼의 고층 빌딩에서 유리창 너머를 내다보는 고위 임원들은 그런 파노라마 풍경을 볼 수 있는 날이 손으로 꼽을 만큼 적게 남은 건 아닌지 궁금해 할 만했다.

하지만 새천년의 처음 몇 년 동안 도서출판산업에서 실제로 벌어질 일에 대한 징표들은 확실해졌다. 1990년대 말과 2000년대 초에는 임박한 전자책 혁명에 대한 예측이 적지 않았다. 2000년 다국적 회계 컨설팅기업 프라이스워터하우스 쿠퍼스Pricewaterhouse Coopers가 발간한 보고서에서는 전자책에 대한 소비자 지출이 폭발할 것으로 예견하면서, 2004년 전자책에 대한 소비자 지출이 54억 달러에 이르고 전자책이 시장의 17%를 차지할 것이라고 예측했다. 스티븐 킹Stephan King이 디지털 출판 초기에 시도한 하나의 실험이 놀라운 성공을 거두자 이러한 기대가 높아졌다. 2000년 3월 킹은 66쪽짜리 소설 『총알차 타기Riding The Bullet』를 전자식으로 출판했는데, 이 소설은 2.5달러에 다운로드할 수 있는 디지털 파일로만 구할 수 있었다. 이는 압도적인 반응을 얻어 첫 24시간 동안 40만 번 다운로드되었고, 첫 2주 동안 60만 번의 다운로드가 진행되었다. 그러나 킹의 행운에도 불구하고 프라이스워터하우스 쿠퍼스의 예상은 적어도 기간 면에서 지나치게 낙관적이었음이 밝혀졌다. 2000년대 초반 전자책을 활발하게 실험했던 출판사들은 전자책의 활용 수준이 극히 낮고 실제로 미미하다는 것을 누구나 알게 되었다. 개별 전자책 판매는 수십 권, 때로는 수백 권에 불과했으며, 수많은 사람들이 기대했던 수백만 권은커녕 수십만 권 근처에도 가지 못했다. 출판산업에서 무슨 일이 벌어지고 있든지 간에 음악산업에서와 같은 갑작스럽고 극적인 변화 비슷한 것은 적어도 아직 일어나지 않은 것처럼 보였다.

전자책 등장에 관한 이야기는 대부분의 평론가들이 생각했던 것보다 훨씬 더 복잡한 것으로 밝혀졌으며, 21세기의 첫 10년과 두 번째 10년 동안 펼쳐진 바에 따르면 몇 년 전에 매우 확신에 차서 이야기되던 수많은 예상이 빗나간 것으로 판명되었다. 실제로 일어난 일을 정확하게 예측한 사람은 거의 없었는데, 이 이야기의 모든 단계에서는 앞으로의 전개가 항상 불분명했다. 무슨 일이 일어날지 진짜 아는 사람은 아무도 없었다. 출판업에 종사하는 모든 사람은 여러 해 동안 지금이 벼랑 끝인지 아닌지 알 수 없고 벼랑 끝에 다다른다면 무슨 일이 벌어질지 전혀 알 수 없는 깊은 불확실성 상태에서 살고 있었다. 출판산업 내부의 몇몇 사람과 그 주변에 있는 많은 사람에게 전자책은 불가사의한 관행과 비효율적인 시스템을 지닌 출판계를 마지막으로 끌고 갈 혁명적인 신기술이었다. 한편 다른 이들에게는 전자책이 500년 동안 번성했고 다른 어느 것보다 우리 문명에 크게 공헌했던 산업이 종말을 맞을 조짐이자 조종弔鐘이었다. 하지만 실제로 전자책은 이 둘 중 그 어느 것도 아니었다. 석학들과 비평가들 모두는 전자책의 흥미로운 진행에 말문이 막혔다.

전자책의 불안한 증가

전자책의 역사를 설명하려는 모든 시도는 전자책이 무엇인지에 대한 이해를 전제로 하고 있다. 앞서 언급했듯이 책이 무엇으로 구성되어 있는지에 대한 우리의 이해는 구텐베르크 이후 책에 대해 가정했던 특정한 형태에 의해 수백 년 동안 굳어져 왔다. 책은 잉크로 인쇄한 여러 장의 종이를 한 쪽 끝을 따라 (풀칠 또는 재봉으로) 묶어 한 번에 한 페이지씩 넘기면서 읽을 수 있게 했다는 점에서 전통적인 코텍스와 비슷하지만, 종이와 잉크, 인쇄기를 사용해 변형되었다. 이런 형태는 책으로 취급할 수 있는 것과 없는 것에 대해 일정한 한계를 지었다. 예를 들어 20개의 단어로 된 텍스트는 책으로 취급하기 어려울 것이다. 한 페이지 이상을 채울 만큼 텍스트가 충분하지 않기 때문이다(한 페이지에 한두 개의 단어만 넣는 특별한 디자인이 아니라면 말이다). 마찬가지로 텍스트는 무한정으로 또는 수백만 개의 단어로 계속될 수 없으며 이러한 텍스트는 직접적인 의미에서의 '책'으로는 생산될 수 없다(시리즈 책으로는 생산될 수 있지만 말이다). 다르게 말하면 전통적인 종이 인쇄책은 내용물과 형태를 결합하는 데서 책으로 취급될 수 있는 것과 없는 것에 대한 특정한 조건적 한계를 안고 있다. 그러나 내용물을 형태에서 분리하면 책이 정확히 무엇인지 더 이상 명확하지 않게 된다. 처음부터 끝까지 훌륭하고 간결하게 이야기를 풀어낸다면 넘길 페이지가 없더라도 20개의 단어로 된 텍스트가 책이 될 수 있을까?

유네스코는 국가별 도서 생산량 통계를 수집하기 위해 책에 대해

"표지를 제외하고 최소한 49페이지 이상인 비정기 간행물로, 한 국가 내에서 출판되어 대중에게 공개된 것"이라고 정의했다.[1] 유네스코가 비교 가능한 국가별 통계를 모으기 위해 명확한 기준을 제시하려 한 것은 이해할 수 있지만, 책을 개념화하는 방법으로서는 이것은 분명 임의적인 숫자이다. 왜 49페이지인가? 48페이지, 45페이지, 35페이지, 심지어 10페이지는 안 되는 이유가 무엇인가? 49페이지의 텍스트가 책으로 간주된다면 45페이지의 텍스트는 왜 책으로 간주될 수 없는가? 반면에 만일 페이지를 인쇄할 필요가 없고 형태에 제한이 없으면 수백만 개의 단어로 된 텍스트는 한 권의 책이 될 수 있는가? 내용물과 형태가 더 이상 종이 인쇄책에 묶여 있지 않으면 책이 무엇인지, 책과 텍스트를 구별하는 것이 무엇인지 명확하지 않게 된다. 전자책은 단순히 전자 텍스트인가, 아니면 구별되는 특징적인 속성을 지닌 전자 텍스트의 일종인가? 전자 텍스트의 일종이라면 그 속성은 무엇인가?

이것들은 모두 디지털 혁명이 시작된 이후 평론가, 혁신가, 학자들을 괴롭혀온 완벽하게 정당한 질문이다. 우리는 이후의 장에서 이에 대해 다룰 것이다. 그러나 지금은 좀 더 실용적이고 역사적인 접근 방식을 취하려 한다. 여기서는 '전자책'이라는 용어와 그 유사어가 언제 우리의 어휘로 들어왔는지, 누가 이 용어를 사용했는지, 무엇을 언급하기 위해 이 용어들을 사용했는지에 대해 살펴볼 것이다.

---

1   UNESCO, "Recommendation Concerning the International Standardization of Statistics Relating to Book Production and Periodicals"(19 November 1964), at http://portal.unesco.org/en/ev.php-URL_ID=13068&URL_DO=DO_TOPIC&URL_SECTION=201.html.

전자책의 기원과 부상

'전자책electronic book', 'e-북e-book', 'e북ebook'이라는 용어는 1980년대에 일반에 유통되었다. 미국의 컴퓨터 과학자이자 컴퓨터그래픽 전문가인 안드리스 반담Andries van Dam이 '전자책'이라는 용어를 만들었다고 일반적으로 알려져 있다. 하지만 전자 문서 시스템의 특성에 관한 연구는 일찍이 1960년대에 테오도르 넬슨Theodore Nelson, 더글러스 엥겔바트Douglas Engelbart 등에 의해 수행되었다.[2] 실제 전자책이 최초로 제작된 것은 1971년 7월 일어난 우연한 사건에 기인한다.

일리노이대학교의 신입생인 마이클 하트Michael Hart는 집까지 걸어갔다가 다음날 다시 되돌아오느니 차라리 대학 내 재료 연구소에 있는 제록스 시그마V 메인 프레임에서 밤을 보내기로 했다.[3] 마이클은 실험실로 가는 길에 저녁식사를 위해 장을 보려고 가게에 들렀고 그곳에서 미국 독립선언문의 모조 양피지 사본으로 식료품을 포장해서 가방에 넣었다. 그날 밤 실험실에서 마이클은 컴퓨터 사용 가능 시간이 거의 무제한인 컴퓨터 운영자의 계정을 우연히 받았다(이는 1억 달러에 상당했다). 장 본 물건들을 풀면서 이 컴퓨터 시간으로 무엇을 할까 생각하고 있을 때 독립선언문의 모조 양피지 사본이 떨어졌고, 이것이 그에게 아이디

---

2   Nicole Yankelovich, Norman Meyrowitz and Andries van Dam, "Reading and Writing the Electronic Book," *Computer*, 18, 10(October 1985), 15~30.

3   Michael Hart, "The History and Philosophy of Project Gutenberg," at www.gutenberg.org /wiki/Gutenberg:The_History_and_Philosophy_of_Project_Gutenberg_by_Michael_Hart; Marie Lebert, *A Short History of eBooks* (NEF (Net des études françaises / Net of French Studies), University of Toronto, 2009), pp.5ff., at www.etudes-francaises.net/dossiers/ebookEN.pdf를 보라.

어를 주었다. '독립선언문을 입력해서 가능한 한 많은 사람들이 볼 수 있게 할까?' 그것이 구텐베르크 프로젝트Project Gutenberg의 시작이었다.

그 계획은 공공 영역public domain 가운데 일반적으로 관심사가 될 만한 책과 문서를 찾아서 컴퓨터에 입력한 후 쉽게 공유할 수 있도록 가능한 가장 간단한 전자 포맷인 '플레인 바닐라 ASCIIPlain Vanilla ASCII'로 제공하는 것이었다. 책은 페이지의 조합 대신 연속된 텍스트 파일로 바뀌었고, 인쇄된 텍스트에서 이탤릭체, 굵은 글씨체, 밑줄 친 곳이 나오면 대문자를 사용했다. 독립선언문을 입력한 후 마이클은 권리장전을 입력했고, 한 자원봉사자는 미국 헌법을, 그다음에는 성경과 셰익스피어를 한 번에 한 편씩 입력했다. 그 과정이 텍스트별로 계속되었고 결국 1997년 8월까지 구텐베르크 프로젝트는 킹 제임스 성경King James Bible과 『이상한 나라의 앨리스』에서부터 이탈리아어로 된 단테의 『신곡』에 이르기까지 1000권의 전자책을 만들어냈다.

구텐베르크 프로젝트는 무료로 다운로드할 수 있는 전자책의 공개 아카이브였으며 지금도 여전히 남아 있다. 하지만 1990년대에 이르자 많은 출판사들 또한 일부 책을 전자책으로 이용할 수 있는 가능성에 대해 탐색하기 시작했다. 구텐베르크 프로젝트와 전자책이라는 신흥 세계에 진출한 출판사 간의 주요한 차이는 출판사는 공공 영역의 문서가 아닌 저작권에 묶여 있는 자료를 대부분 취급했으므로 출판사는 자신들의 서적을 전자 포맷으로 내놓기 전에 이것이 가능한지를 확실히 해야만 했다는 것이다. 1994년 이전에는 대부분의 출판사 계약에 전자책, 전자 포맷, 디지털 편집에 대한 언급이 전혀 포함되어 있지 않았으므로 간단한 문제가 아니었다. 이러한 포맷은 출판사들이 어느 시점에 악용할 수 있는 것으로 보이지 않았으므로 출판사가 작가 및 대리인과 협상하고 계약한 계약서에는 이들 포맷에 대한 명시적인 사항이 들어 있지 않았다.

이러한 상황은 1994년경에 바뀌었다. 이 시점부터 많은 출판사들이 전자 포맷이나 디지털 편집에 대한 명시적인 사항을 추가했다. 조항에 대한 구체적인 표현, 수익 분할 방식, 계약의 변경 시기는 출판사마다 달랐고 같은 출판사라도 시간이 지남에 따라 달라졌다. 랜덤하우스가 1994년 계약에 대한 변경사항을 최초로 도입했으며, 다른 출판사들이 그 뒤를 따랐다. 하지만 출판사가 1994년 이전에 계약이 체결된 책에 대해 전자판을 발행하려면 작가와 대리인에게 가서 전자판을 출시하는 데 대한 명시적인 권리를 부여할 수 있도록 원 계약에 추가 사항을 협상해야 했다. 작가들이 말을 잘 듣는 경우에도 이것은 시간이 많이 걸리고 힘든 과정이었다. 더욱이 디지털 혁명을 둘러싼 불확실성과 디지털 혁명이 출판산업에 미칠 잠재적인 영향을 고려하면, 어떤 경우에는 논쟁적이고 갈등에 시달리는 과정이기도 했다. 인쇄판에 대한 이전 규범이 신뢰할 수 있는 지침으로 해석될 수 없는 상황에서 다양한 집단은 새롭고 더 좋은 조건을 협상하기 위해 모든 힘을 동원하려 했기 때문이다.

그리고 전자 포맷으로 배포된 책이 실제로 어떻게 읽힐 것인지에 대한 문제도 작지 않았다. 물론 데스크톱이나 랩톱에서 텍스트를 읽을 수 있었고 다양한 도서 응용 프로그램을 이들 기기에서 사용할 수도 있었다. 그러나 데스크톱과 랩톱은 종이 인쇄책에 비해 편의성과 휴대성이 결여되어 있었다. 1980년대와 1990년대에는 다양한 휴대용 기기와 개인용 디지털 기기Personal Digital Assistant(PDA)가 등장했고 이들 기기에서는 전자책을 읽을 수 있는 소프트웨어도 나왔다. 하지만 화면 크기가 작고 해상도가 상대적으로 낮았다.

1998년에는 처음으로 두 개의 전용 전자책 리더기가 실리콘밸리에서 출시되었다. 그중 하나인 로켓 e북Rocket eBook은 10권의 책을 넣을 수 있는 페이퍼백 크기의 기기로, 무게는 1파운드, 가격은 270달러였으며, 캘리포니아주 팰로알토의 누보 미디어Nuvomedia에서 출시되었다. 또한 250권의 책을 넣을 수 있는 소프트북SoftBook은 무게가 3파운드, 가격은 약 600달러였으며, 캘리포니아주 멘로파크의 소프트북 프레스 SoftBook Press에서 출시되었다. 이 기기들은 혁신적이었고 많은 관심을 끌었지만 그 둘 모두 5만대 이하로 판매 실적이 저조했다. 2000년에 누보 미디어와 소프트북 프레스 두 회사 모두 젬스타Gemstar(케이블과 위성 TV 방송사를 위한 양방향 프로그램 가이드 기술을 개발한 대형 기술 회사)에 인수되었다. 로켓 e북과 소프트북이 사라진 후 2000년 11월에 두 가지 버전의 새로운 젬스타 전자책으로 대체되었는데, 하나는 흑백 화면이고 다른 하나는 컬러였으며, RCA가 제조해 젬스타에 의해 사용허가되었다. 그러나 판매는 실망스러웠고 2003년 젬스타는 전자책 리더와 전자책 판매를 중단했다.

다른 많은 독서기기도 1990년대 말과 2000년대 초에 등장했다가 사라졌다. 이는 지금은 현존하지 않는 소비자 기술을 위한 조그만 박물관을 채울 수 있을 정도이다. 그러나 최초의 진정한 돌파구가 열린 것은 2004년 4월 소니가 일본에서 리브레Librié 1000-EP를 출시했을 때였다. 리브레 1000-EP는 전자잉크 기술을 사용하는 최초의 독서기기였다. 후면 발광 화면과 달리 전자잉크는 반사광을 사용해서 인쇄된 페이지를 보이게 자극한다. 화면은 전하가 들어 있는 작은 캡슐들로 채워져 있다. 전기 부하가 가해지면 각 캡슐이 조정되어 그 모양이 바뀌면서 디스플레이를 변경시켜 텍스트 페이지를 만들어낸다. 화면은 부하가 다시 조정되어서 새로운 페이지를 만들 때까지 해당 디스플레이를 유지한다. 전자잉크는 후면 발광 화면보다 눈에 훨씬 부드러우며 직사광선 아래에서 읽기 쉽다. 그리고 페이지가 변경될 때만 전기를 사용하므로 배터리 사용 측면에서도 훨씬 경제적이다. 소니 리더Sony Reader는 2006년 10월 미국에서 출시되어 대략 350달러에 판매되었으며, 160권의 책을 넣을 수 있었다. 전자책은 최대 1만 종의 서적을 제공하는 소니의 전자책 도서관에서 구매할 수 있었다.

소니 리더는 중요한 진전이었지만, 진정한 게임 체인저는 1년 후인 2007년 11월에 출시된 아마존 킨들이었다. 소니 리더처럼 킨들은 후면 발광 대신 전자잉크 기술을 사용했다. 하지만 소니와 다르게 아마존은 독자가 무료인 무선 3G에 연결해서 아마존 킨들 스토어에서 직접 전자책을 다운로드할 수 있게 했다. 이제 독자는 컴퓨터에서 온라인으로 전자책을 다운로드한 다음 USB 케이블을 통해 독서기기로 전송할 필요 없이 자신의 독서기기에서 직접 전자책을 구입할 수 있게 되었다. 전자책 구매가 클릭 한 번으로 될 만큼 간편해진 것이다. 킨들은 처음에는 399달러에 판매되었고 200권의 책을 담을 수 있었다. 또한 킨들 스토어는 ≪뉴욕타임스≫의 베스트셀러 목록에 있는 대부분의 책을 포함해 9만 종의 서적을 보유하고 있다고 주장했다. 2007년 11월 19일 킨들이 출시되자 다섯 시간 반 만에 매진되었고 5개월 동안 품절 상태였다. 아마존은 킨들을 얼마나 많이 생산했는지 공개하지 않았기 때문에 실제 판매 측면에서 이것이 정확히 무엇을 의미했는지는 미스터리로 남아 있다. 2009년 아마존은 킨들2를 출시했는데, 킨들2는 훨씬 더 많은 내부 저장 용량을 갖추어 대략 1500권의 책을 담을 수 있었으며 300달러 이하로 값이 낮아졌다(킨들의 발전에 대해서는 제5장에서 더 자세하게 다룬다).

2009년 말 아마존은 반스 앤 노블과의 새로운 경쟁에 직면했다. 반스 앤 노블은 2009년 11월 자체 전자책 리더기인 누크Nook를 출시했다. 반스 앤 노블은 아마존이 문을 열고 난 2년 후인 1997년에 온라인 서점 반스앤노블닷컴barnesandnoble.com을 만들어 온라인 도서 시장에 일찍 진입했다. 그러나 반스앤노블닷컴은 더 창의적이고 효율적인 경쟁자와 경쟁하기 위해 고군분투해야 했다. 누크의 출시는 떠오르는 전자책 시장에 발판을 마련하고 킨들과 정면 승부를 벌이려는 반스 앤 노블의 시도였다. 킨들과 마찬가지로 누크도 전자잉크 기술을 사용했으며 무선 3G 연결을 통해 독자들이 반스 앤 노블 스토어에서 직접 전자책을 구입할 수 있도록 했다. 누크의 소매가는 259달러였는데, 이는 아마존이 2009년 10월 킨들2를 할인한 것과 같은 가격이었다.1년 후 반스 앤 노블은 7인치 풀컬러 LCD 터치스크린이 장착된 누크 컬러Nook Color를 249달러에 출시했다. 반스 앤 노블은 전자 리더기 시장에 비교적 늦게 진입했지만 자신만의 중요한 이점을 완벽하게 활용했다. 미국 전역에 700개 이상의 서점을 보유하고 있던 반스 앤 노블은 자신의 많은 매장에서 누크를 전시·시연함으로써 이들 매장을 누크를 판매하기 위한 주요 공간으로 삼았던 것이다. 그리고 아마존과 마찬가지로 반스 앤 노블 또한 이미 자신의 서점에서 책을 사는 데 익숙한 독자들로 구축된 고객 기반을 보유하고 있었다.

2010년 4월, 첫 번째 아이패드iPad의 출시와 함께 애플이 마침내 전자책 시장에 진출했다. 애플은 이미 미국의 양대 도서 소매업체인 아마존과 반스 앤 노블이 주요 지분을 차지하고 있는 시장에 진입했던 것이다. 하지만 애플이 한 일은 고해상도 LCD 터치스크린을 보유한 매우 세련된 최첨단 다목적 태블릿 컴퓨터 환경에 전자책 독서 경험을 통합시키는 것이었다. 킨들이나 누크와 달리 아이패드는 독서 전용 기기가 아니었지만 앱 스토어에서 아이북iBook 앱을 다운로드해 전자책을 읽을 수 있는 옵션을 사용자에게 제공했다. 이 앱에는 애플의 아이북스토어iBookstore에서 구입할 수 있는 전자책 콘텐츠 및 기타 콘텐츠가 표시된다. 아이패드는 엄청난 성공을 거두었다. 처음 8일 동안 300만 대의 기기가 팔렸으며, 2011년 3월 아이패드2가 출시될 때까지 전 세계적으로 1500만 대 넘게 판매되었다. 아이패드는 킨들이나 누크보다 훨씬 더 비쌌지만(초기 모델은 용량과 기능에 따라 499달러에서 829달러 사이에 판매되었다) 아이패드는 독서기기 그 이상이었다. 책은 아이패드와 함께 새로운 세상으로 들어섰다. 독서는 조그만 휴대용 컴퓨터에서 할 수 있는 많은 일 중 하나에 불과했다. 아이패드를 통해 사람들은 새로운 종류의 콘텐츠를 생성하는 잠재력을 지닌 세상, 새로운 방식으로 읽고 소비할 수 있는 가능성을 지닌 세상, 킨들이나 누크, 그리고 다른 전용 독서기기들에서 가능했던 모든 것을 훨씬 뛰어넘는 세상으로 들어갔다.

2000년대 초반의 전자책 리더기보다 훨씬 세련되고 사용자 친화적인 차세대 독서기기가 등장한 것, 그리고 대규모의 확고한 고객층을 보유한 주요 서점이 전자책을 공격적으로 홍보한 것은 2008년 이후 전자책 판매가 급격하게 증가하도록 뒷받침한 결정적인 요인이었다. 이 놀라운 성장 패턴은 2008년과 2012년 사이에 미국 시판용 도서에서 전자책이 차지하는 판매량을 보여주는 〈표 1.1〉과 〈그림 1.1〉에서 볼 수 있다.[4] 2006년까지는 전자책 판매가 매우 저조했고 거의 정체되어 있

표 1.1 | 미국 시판용 도서에서 전자책이 차지하는 매출(2008~2012)　　　　　　　단위: 백만 달러

연도	매출
2008	69.1
2009	187.9
2010	502.7
2011	1095.1
2012	1543.6

자료: Association of American Publishers(AAP)

그림 1.1 | 미국 시판용 도서에서 전자책이 차지하는 매출(2008~2012)　　　　　단위: 백만 달러

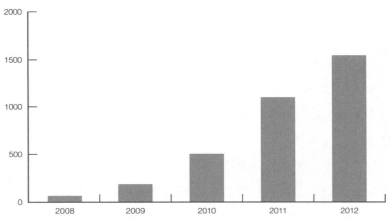

자료: Association of American Publishers(AAP)

었다. 아마도 1000만 달러 미만이었을 것이다. 이는 연간 총 매출이 대략 180억 달러인 부문에서 1%에 해당하는 아주 낮은 비율에 불과했다.

4　미국출판협회(Association of American Publishers: AAP)의 자료는 2011년 이후 약 1200개의 출판사에 대한 기본 자료를 근거로 한다. 2008년부터 2010년까지의 자료는 참가자와 정의 변화를 설명하기 위해 조정되었다.

전자책 판매는 부분적으로는 소니 리더 덕분에 2006년과 2007년에 약간의 성장을 보였으나, 2007년 말까지 전자책의 판매는 여전히 5000만 달러 미만이었다. 그러나 2008년부터 전자책 판매가 급격히 증가하기 시작했다. 킨들이 출시되고 나서 첫 해인 2008년에는 매출이 6900만 달러에 이르렀고, 2009년에는 1억 8800만 달러로 한 해 만에 거의 3배 증가했다. 2012년까지 전자책의 매출은 15억 달러가 넘었는데, 이는 불과 4년 만에 22배 증가한 수치였다. 그야말로 어지러울 정도의 성장이었다.

미국의 대형 시판용 출판사들에게 전자책 판매의 급증은 양장본이든 페이퍼백이든 상관없이 전통적인 인쇄책이 아닌 전자책이 자신들의 매출의 증가분을 차지한다는 것을 의미했다. 정확한 수치는 회사마다 달랐지만, 2006년부터 2012년까지 총 매출에서 전자책 매출이 보인 전반적인 성장 패턴은 대략 〈그림 1.2〉와 같았다. 미국의 많은 대형 출판사들에서 전자책은 2006년에는 총 매출의 약 0.1%를, 2007년에는 0.5%를 차지했다. 2008년에 이 비율이 약 1%로 증가했고, 2009년에는 약 3%까지 증가했다. 2010년에는 약 8%로, 2011년에는 약 17%로, 그리고 2012년에는 출판사와 도서 목록의 성격에 따라 20~25%까지 증가했다. 이것은 더 이상 무시할 만한 숫자가 아니었다, 전혀.

2008년부터 2012년까지 4년 동안 전자책 판매의 급격한 증가는 업계의 많은 사람들에게 극적이고 불안한 일이었다. 많이 예고되었던 전자책 혁명이 한동안 헛된 기대처럼 여겨졌으나 몇 년 후 갑자기 이것은 의심할 여지없는 현실이 되었다. 더욱이 엄청난 성장률을 감안하면 끝이 어딘지 알 수 없었다. 당신이 출판업자로서 이런 일이 벌어지는 것을 2010년, 2011년, 2012년에 보고 있었다면 이 산업에 앞으로 무슨

표 1.2 | 미국 주요 시판용 출판사의 총 매출에서 전자책 매출이 차지하는 비율(2006~2012)

연도	비율
2006	0.1%
2007	0.5%
2008	1.1%
2009	2.9%
2010	7.6%
2011	17.3%
2012	23.2%

자료: Association of American Publishers(AAP)

그림 1.2 | 미국 주요 시판용 출판사의 총 매출에서 전자책 매출이 차지하는 비율(2006~2012)

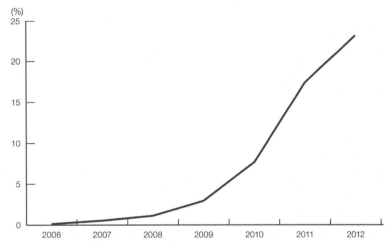

자료: Association of American Publishers(AAP)

일이 벌어질까 매우 궁금했을 것이다. 공황상태였을 수도 있다. 출판
업이 음악산업과 같은 길을 가지 않을까 걱정했을 게 틀림없다. 전자책
의 판매가 이런 극적인 속도로 계속 성장하면 수년 내에 전자책이 출판
사업의 40~50%, 어쩌면 80~90%를 차지하게 되지 않을까? 책은 CD나

LP판처럼 가파른 하락 곡선을 그린 후 디지털 다운로드에 의해 퇴색되어 버리지 않을까? 이것은 물리적 책의 종말이 시작된 것일까? 당시 출판산업계에 있던 대부분의 사람들은 마음속에 이러한 의문을 품고 있었다. 그들은 심각하게 걱정했고, 또 그럴 만했다.

그러나 똑같이 극적인 일이 벌어졌다. 성장이 갑자기 멈추었던 것이다. 전자책 판매가 2013년과 2014년에 멈추었다가 하락하기 시작했다. 당시 아무도 이런 일을 예상하지 못했다. 가장 흔들리지 않는 비평가들조차도 이런 갑작스러운 반전에 놀랐다. 2013년 전자책 매출은 〈표 1.3〉과 〈그림 1.3〉이 보여주듯 2012년 15억 4300만 달러에서 2013년 15억 1000만 달러로 2.1% 하락하면서 실제로 조금 감소했다. 2014년에는 소폭 성장했으나, 2015년에는 더 크게 떨어져서 13억 6000만 달러로 15%로 감소했고, 이듬해에도 비슷한 하락세를 보였다. 그림 〈1.3〉은 한 해에서 그 다음해로의 성장률을 보여준다. 2009년과 2010년에는 매년 약 170%로 성장률이 대단히 높았지만 2013년에는 0%에 조금 못 미치는 수준까지 가파른 감소를 시작했다. 2014년에는 성장률이 소폭 상승했으나 2015년과 2018년 사이에는 마이너스에 머물렀다.

총 매출에서 인쇄된 책과 전자책이 차지하는 비율로 보면, 전자책은 2012년, 2013년, 2014년에 23~24% 수준으로 떨어졌다가 점차 감소해 2017년, 2018년에는 약 15%로 떨어졌다(〈표 1.4〉와 〈그림 1.4〉). 반면 인쇄책은 계속해서 판매의 가장 큰 부분을 차지했으며, 2012년, 2013년, 2014년에는 총 매출의 약 75%로 떨어졌지만 2015년부터 2018년 사이에는 다시 반등해 80~85%까지 올라갔다.

전자책의 비율을 추출하고 이 그래프의 세로축을 다시 지정하면 이 기간 동안 전자책의 성장이 고전적인 기술 S곡선의 패턴을 보인다는

표 1.3 | 미국 시판용 도서에서 전자책이 차지하는 매출과 전자책 매출 성장률(2008~2012)

연도	매출(백만 달러)	성장률(%)
2008	69.1	
2009	187.9	171.9
2010	502.7	167.5
2011	1095.1	117.8
2012	1543.6	41
2013	1510.9	-2.1
2014	1601.1	6
2015	1360.5	-15
2016	1157.7	-15
2017	1054.3	-8.9
2018	1016.1	-3.6

자료: Association of American Publishers(AAP)

그림 1.3 | 미국 시판용 도서에서 전자책이 차지하는 매출과 전자책 매출 성장률(2008~2012)

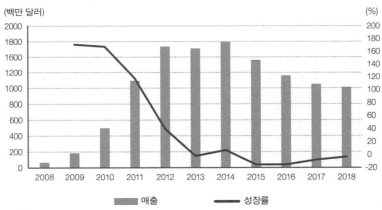

자료: Association of American Publishers(AAP)

표 1.4 | 미국 시판용 도서의 총 매출에서 인쇄책과 전자책이 차지하는 비율　　　단위: %

연도	인쇄책	전자책
2008	98.9	1.1
2009	97.1	2.9
2010	92.4	7.6
2011	82.7	17.3
2012	76.8	23.2
2013	76.6	23.4
2014	75.9	24.1
2015	79.3	20.7
2016	83.2	16.8
2017	84.3	15.7
2018	85.3	14.7

자료: Association of American Publishers(AAP)

그림 1.4 | 미국 시판용 도서의 총 매출에서 인쇄책과 전자책이 차지하는 비율　　　단위: %

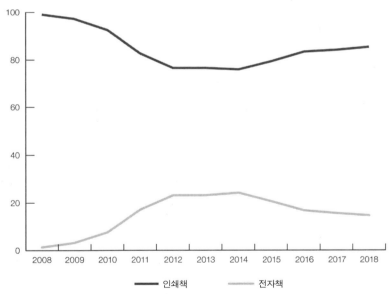

자료: Association of American Publishers(AAP)

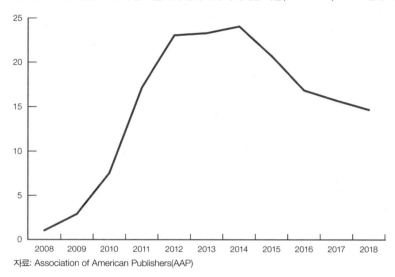

그림 1.5 | 미국 시판용 도서의 총 매출에서 전자책이 차지하는 비율(2008~2018)　　　단위: %

자료: Association of American Publishers(AAP)

것을 알 수 있다(〈그림 1.5〉). 기술 S곡선이란 처음 도입될 때에는 느리게 이룩했다가, 어떤 돌파구가 있을 때 빠르게 성장하고, 시장이 포화되거나 기능의 한계에 도달하면 수평을 유지하는 것을 의미한다.

어떤 경우에는 기술이 더 이상 향상되지 않거나 시장 점유율을 빼앗기거나 대체 기술이 등장하거나 신선함이 사라져 수요가 감소하거나 등의 여러 이유로 이 시점 이후로 S곡선이 감소할 수도 있다. 전자책의 경우에는 2008~2009년 킨들이 등장한 이후 도약을 이루었고, 2012년까지 판매가 가파르게 상승하다가, 안정세를 보인 후 다시 하락했다.

물론 이것이 미국 시판용 출판계에서 전자책의 판매가 앞으로도 약 15%에 머물거나 계속 감소하거나 이 수준 이상으로 증가하지 않을 것이라는 의미는 아니다. 앞으로 무슨 일이 생길지 모를 뿐이다. 그러나 돌이켜보면 우리는 지금 2007년 11월 킨들이 도입된 이후 뒤따랐던 극적인 성장이 잠시 지속되다가 2012년에 급작스럽게 중단되었음을 알고 있다. 미래는 예측할 수 없지만, 우리가 지금 아는 것을 알고 있으면서도 주요 시판용 출판사들이 가까운 미래에 전자책 판매의 강력한 부활을 경험할 가능성이 있다고 제안하는 사람은 대담한 영혼일 것이다. 오늘까지의 증거로 본다면 그런 전망은 멀어 보인다.

전자책 판매의 차별화된 패턴

그러나 문제는 언뜻 보이는 것보다 좀 더 복잡하다. S곡선은 전반적인 추세를 깔끔하게 보여주지만 종류가 서로 다른 책들을 하나의 평균적인 숫자로 축소했기 때문에 오해의 소지가 있다. 우리는 서로 다른 종류의 책들이 같은 방식으로 작동한다고 가정해선 안 되며, 또 그렇지도 않다. 책이 인쇄물에서 디지털 포맷으로 옮겨가는 정도는 책의 종류마다 엄청나게 다양했다. 우리는 이것을 내가 '올림픽Olympic'이라고 부를 미국의 한 대형 시판용 출판사의 판매 자료 일부를 보면 알 수 있다. 〈표 1.5〉, 〈그림 1.6a〉, 〈그림 1.6b〉는 2006년부터 2016년까지 '올림픽' 총 매출에서 전자책 매출이 차지한 비율을 보여준다. 모든 자료는 순 부수와 순 매출액을 기반으로 한다. 즉, 반품을 제외한 순 판매를 기반으로 한다. 우리는 이들 자료가 산업 전반을 대표한다거나 모든 시판용 출판사가 이와 동일한 경험을 갖고 있다고 가정해서는 안 된다. 각 출판사의 자료는 고유하며 각 출판사가 발행했던 특정 서적을 어느 정도 반영할 것이다. 그러나 '올림픽'은 서적의 수가 많고 종류도 다양한 주류 시판용 출판사이기 때문에 왜곡을 최소화하기 위해 가끔 진정 예외적인 서적은 자료에서 제외했다. 따라서 각 출판사의 경험이 고유하긴 하지만 다른 주요 시판용 출판사의 판매 패턴이 '올림픽'이 경험한 패턴과 근본적으로 다를 것 같지는 않다.

이들 자료에 대해 확인해야 하는 또 다른 중요한 조건이 있다. 이 자료들은 2006~2016년 기간에만 해당하므로 이 자료를 기준으로 2017년 및 후속 연도에 대한 판매 패턴을 추정할 수는 없다. 그 이후 연도의 판매 패턴은 바뀔 수 있다. 이 문제는 뒤에서 다시 다룰 것이다. 그러나 지금은 2006년부터 2016년까지의 중요한 10년 동안 실제로 무슨 일이 일어났는지에 초점을 맞춰보자.

〈표 1.5〉와 〈그림 1.6a〉는 '올림픽'의 총 매출에서 전자책이 차지하는 비율을 부수와 매출 양쪽으로 보여주고 있다. '올림픽'의 전자책 판매는 2006년과 2007년에는 미미했지만 2008년 이후 급격히 성장하기 시작했고, 2012년에는 정점에 도달해 전자책의 판매가 '올림픽' 총 매출의 26% 조금 밑돌았다. 그 시점부터 전자책의 판매가 총 매출에서 차지하는 비율이 감소하기 시작해 2015년에는 23%에서 2016년에는 17%로 감소했다. 예상한 대로 패턴은 부수와 매출 둘 다 아주 비슷하다. 〈그림 1.6b〉와 같이 그래프의 y축의 눈금을 변경하면 전자책 판매의 정체가 더 생생하게 나타난다. 여기서 우리는 다시 '올림픽'에서 전자책 판매의 패턴이 전형적인 기술 S곡선을 나타내는 것을 볼 수 있다.

하지만 전자책이 총 매출에서 차지하는 비율을 파악할 때 모든 전자책을 대상으로 하는 것은 서로 다른 범주의 책들 간의 차이를 드러내지 않기 때문에 무슨 일이 일어났는지에 대해 아주 부분적인 견해만 제공할 뿐이다. 2000년대 초 전자책이 본격화되기 전에 많은 평론가들은

표 1.5 | '올림픽'의 총 매출에서 전자책이 차지하는 비율   단위: %

연도	전자책 부수 비율	전자책 달러 비율
2006	0.1	0.1
2007	0.1	0.1
2008	0.5	0.5
2009	1.9	2.6
2010	6.2	8.6
2011	16.4	19.5
2012	22.2	25.9
2013	20.7	23.8
2014	19.8	23.7
2015	19.7	22.6
2016	16.4	17.1

그림 1.6a | '올림픽' 총 매출에서 전자책이 차지하는 비율   단위: %

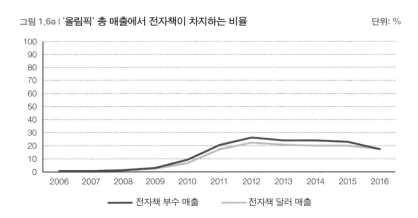

전자책 혁명이 시작되면 출장 중에 비즈니스 관련 책을 가지고 다니면서 공항과 비행기에서 읽기 원하는 사업가들이 이 시장을 주도할 것이라고 생각했다. 즉, 그들은 성인용 비소설, 특히 비즈니스 서적과 아이디어 관련 책이 전자책 혁명을 주도할 것으로 생각했다. 그들이 맞았을

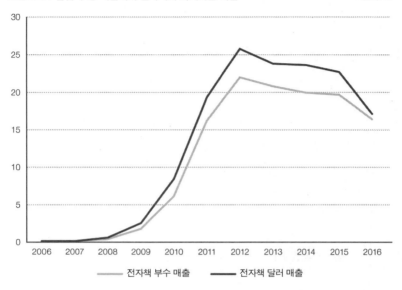

그림 1.6b | '올림픽' 총 매출에서 전자책이 차지하는 비율　　　　　　　단위: %

전자책 부수 매출　　　　전자책 달러 매출

까? 그러한 일이 실제로 일어났을까?

　〈표 1.6〉과 〈그림 1.7〉은 전자책을 세 가지의 광범위한 범주, 즉 성인 소설, 성인 비소설, 청소년물(청소년물juvenile[18세 이하 도서_옮긴이]에는 영 어덜트young adult물[12~18세 도서_옮긴이]뿐 아니라 아동 도서도 포함된다)로 분류한다. 이 그림은 이들 각 범주가 '올림픽' 총 매출에서 차지하는 비율을 매출과 부수 면에서 보여준다(〈그림 1.6b〉에서와 같이 y축은 S 곡선을 표시하도록 조정되었다). 가장 큰 변화가 일어난 범주는 비소설이 아니라 성인 소설이었다. 매출 면에서 보면, 성인 소설의 총 매출에서 전자책이 차지하는 비율은 2008년 1.0%에서 2014년 43.4%로 증가했다가 2015년에 37.4%로 떨어졌으며, 2016년에는 38.9%로 다소 반등했다. 이것은 성인 비소설과 극명하게 대비된다. 성인 비소설의 총 매

표 1.6 | '올림픽'의 범주별 총 매출에서 전자책이 차지하는 비율　　　단위: %

연도	성인 소설 부수 매출	성인 소설 달러 매출	성인 비소설 부수 매출	성인 비소설 달러 매출	청소년물 부수 매출	청소년물 달러 매출
2006	0.2	0.1	0.1	0.1	0	0
2007	0.2	0.2	0.1	0.1	0	0
2008	0.9	1	0.4	0.4	0.1	0.1
2009	4	4.7	1.5	1.8	0.2	0.4
2010	12.6	14.3	4.4	4.9	0.9	1.4
2011	29.1	30.4	12.2	12.6	3.5	5.3
2012	37.2	38.2	15.9	15	5	8.4
2013	40.9	40.2	16	15.3	5.9	9.2
2014	42.6	43.4	16.6	15.8	7.5	12.2
2015	40.6	37.4	18.2	16.6	4	7.4
2016	35	38.9	16.4	13.2	6	6

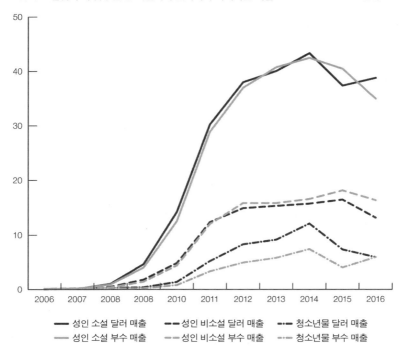

그림 1.7 | '올림픽'의 범주별 총 매출에서 전자책이 차지하는 비율　　　단위: %

성인 소설 달러 매출　　성인 비소설 달러 매출　　청소년물 달러 매출
성인 소설 부수 매출　　성인 비소설 부수 매출　　청소년물 부수 매출

출에서 전자책이 차지하는 비율은 2008년 0.4%에서 2015년 16.6%로 증가했다가 2016년에 13.2%로 하락했으며, 이 기간 내내 20% 미만을 유지했다. 청소년물은 이보다 훨씬 더 뒤처졌다. 청소년물 총 매출에서 전자책이 차지하는 비율은 2008년 0.1%에서 2014년 12.2%로 증가했다가 2015년에는 7.4%로, 2016년에는 6%로 하락했다.[5]

각각의 넓은 범주는 S곡선을 보여주지만 곡선의 모양은 각 범주마다 다르다. 성인 소설은 거의 45%에 도달한 후 하락하기 시작하고, 성인 비소설은 약 15% 수준에서 감소하며, 청소년물의 경우에는 약 12%에서 정점을 찍은 후 떨어진다. 성인 소설과 청소년물 모두 2015년에 급격한 하락세를 보인 반면, 성인 비소설은 2016년 하락하기 전까지 매우 완만하게 성장을 계속했다. 하지만 우리는 여전히 아주 광범위한 범주로 작업하고 있다. 표준 BISAC 주제명 표목이라는 선별된 숫자를 사용해서 다양한 범주에 대한 패턴을 좀 더 자세히 조사해 보자.[6] 〈그림

---

5   미스터리물과 SF 같은 청소년물 일부 및 일부 성인물의 범주에서는 매출 비율과 부수 비율 사이에 커다란 격차가 있다. 여기서는 달러 계정에서의 전자책 판매가 부수 계정에서의 전자책 판매보다 더 높은 비율을 차지하고 있다. 전자책 가격이 일반적으로 인쇄책 가격보다 낮기 때문에 이것은 반직관적으로 보일 수 있고, 따라서 순 달러의 비율이 순 부수의 비율보다 낮을 것으로 예상할 수 있다. 이런 반직관적인 차이를 어떻게 설명할 수 있을까? 이에 대한 설명은 가격 담합 소송이 벌어지던 와중에 법무부가 출판사들에 내린 합의문에 담겨 있다(제5장 참조). 합의문은 관련된 출판사들에게 2년간 대행 모델(agency model) 사용을 금지하고 대리인 권리(Agency Lite)라고도 불리는 가격 책정 모델을 사용하도록 했다. 이는 대행 모델과 비슷한데, 총 할인 금액이 출판사의 일 년간 전체 목록의 원가보다 적지 않으면 소매업체들이 할인을 하도록 허용하는 것을 뜻한다. 이는 소매업체가 특정 서적을 특별 할인할 수 있다는 뜻으로, 실제로 한 베스트셀러 서적의 전자책을 2.99달러라는 저렴한 가격에 판매하기도 했다. 휴가철, 연말연시, 새 영화 개봉 같은 다양한 성수기에는 한 소매업체가 가격을 인하해서 특별할인을 하면 다른 소매업체들이 이를 좇아가는데, 이것은 청소년물, 미스터리 SF 같은 일부 범주의 책에서 특히 일반적이다. 수백만 종의 전자책이 아주 저가에 팔렸지만 대리인 권리 조건하에서 출판사는 정가로 지불받았다. 그러므로 대리인 권리 모델에서는 전자책 판매의 달러 비율이 높아지는 경향이 있다.

1.8〉과 〈그림 1.9〉는 전자책을 '올림픽'에서 주제에 따라 총 매출 비율로 분류한 것이다(이 수치의 기반이 되는 자료는 부록1 참조). 〈그림 1.8〉은 순 달러 비율이고 〈그림 1.9〉는 순 부수 비율이다(다시 말하지만, y축은 S곡선을 표시하도록 조정되었다).

이들 그래프는 도서의 여러 범주에 걸쳐 전자책 활용에 엄청나게 차이가 있음을 생생하게 보여주며, 이 모든 범주를 '전자책'이라는 하나의 범주로 합치는 것이 얼마나 잘못된 것인지를 강조한다. 여기에서 우리는 도서의 각 범주가 고유한 S곡선을 표시하는 거대한 궤적의 스펙트럼을 볼 수 있다. 각 S곡선은 고유한 방식으로 상승하고 해당 범주의 특정한 지점에서 특정한 방식으로 수평이 되기 시작한다. 어떤 경우에는 성장이 멈추다가 그 수준에서 대체로 정체한다. 어떤 경우에는 성장이 멈추다가 다시 떨어지기 시작한다. 또 어떤 경우에는 성장이 멈추다가 감소한 후 다시 회복한다. 그리고 또 어떤 경우에는 성장이 전혀 이루어지지 않는다. 우리는 또한 많은 오르내림을 볼 수 있다. 각 범주의 수치는 해마다 변동하기 때문에 선이 이리저리 뛰고, 하락 후에 상승하고, 상승 후에 하락이 이어진다.

이것은 그다지 놀랄 일이 아니다. 이들 그래프는 특정 연도에 어느 한 범주에서 제한된 수의 책을 보유하고 있는 한 대형 시판용 출판 회사의 판매 수치를 기반으로 한다. 따라서 전자책으로 잘 팔리는 한두 권이(또는 인쇄물을 인수하거나 처분하는 등의 특수한 상황이) 해당 범주에

---

6   BISAC 주제명 코드라고도 하는 BISAC 주제명 표목은 BISG(Book Industry Study Group)가 만든 것이다. 이는 도서 공급망의 많은 출판사가 주제에 따라 도서를 구분하는 데 사용된다. 주제명 표목의 전체 목록은 www.bisg.org/bisac-subject-codes에서 찾을 수 있다.

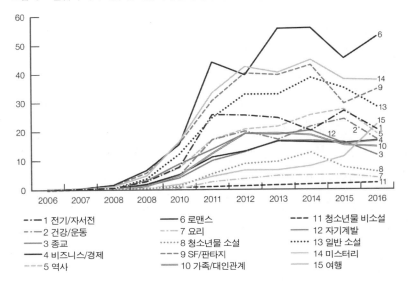

그림 1.8 | '올림픽'의 주제별 총 매출에서 전자책이 차지하는 순 달러 비율　　　　단위: %

- –·–· 1 전기/자서전
- –·–· 2 건강/운동
- ── 3 종교
- ── 4 비즈니스/경제
- ––– 5 역사
- ── 6 로맨스
- ––– 7 요리
- ···· 8 청소년물 소설
- ––– 9 SF/판타지
- ── 10 가족/대인관계
- ––– 11 청소년물 비소설
- ── 12 자기계발
- ···· 13 일반 소설
- ── 14 미스터리
- ── 15 여행

서 전자책의 상승과 하락을 일으킬 수 있다. '올림픽' 같은 대형 출판사라 하더라도 한 출판사에서 판매 수치를 산출한 것이므로 이런 종류의 특이점을 보일 것이다. 그러므로 이것을 업계 전체를 대표하는 것으로 간주할 수는 없다. 그러나 연도별 변동보다 광범위한 패턴과 추세에 초점을 맞추면 시간이 지남에 따라 다양한 범주의 도서가 어떻게 수행되어 왔는지 잘 이해할 수 있다.

　이 자료들로 분명히 알 수 있듯이, 전자책 활용 면에서 가장 실적이 좋은 범주는 비즈니스 도서가 아니라 로맨스 소설이다. 로맨스 소설은 모든 다른 범주를 큰 차이로 따돌렸다. 로맨스 소설은 2008년부터 2011년까지 가파르게 성장했다. 당시 전자책은 전체 '올림픽'에서 판매되는 로맨스 소설 가운데 44.2%를 차지했다. 이듬해에는 전자책 판매

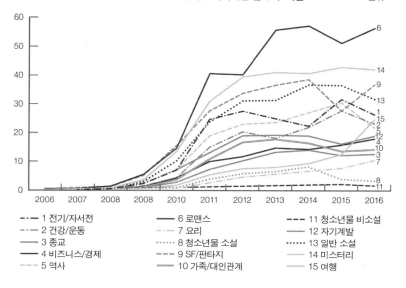

그림 1.9 | '올림픽'의 주제별 총 매출에서 전자책이 차지하는 순 부수 비율   단위: %

- --·- 1 전기/자서전
- --·- 2 건강/운동
- --- 3 종교
- —— 4 비즈니스/경제
- --- 5 역사
- —— 6 로맨스
- --- 7 요리
- ····· 8 청소년물 소설
- --- 9 SF/판타지
- --- 10 가족/대인관계
- --- 11 청소년물 비소설
- —— 12 자기계발
- ····· 13 일반 소설
- —— 14 미스터리
- —— 15 여행

량이 떨어졌지만 2013년과 2014년에는 다시 올라서 전체 로맨스 판매
의 약 55%를 차지했다. 2015년에는 다시 45%로 떨어졌으나 2016년에
다시 반등해 전체 '올림픽' 로맨스 판매량의 약 53%를 차지했다. '올림
픽'에서 발행하는 다양한 범주의 도서 중 로맨스는 총 매출에서 전자책
이 차지하는 비중이 절반 이상으로 가장 높은 부문이며, 다른 부문의
하락에도 불구하고 전자책 판매가 높은 수준을 유지하는 부문이다.

척도의 다른 한편인 청소년물 비소설은 전자책 이용률이 아주 낮은
수준을 보였다. 이 범주의 선은 평평하며 그래프의 바닥에서 좀처럼 올
라가지 않는다. 전자책은 2015년 청소년물 비소설 범주에서 '올림픽'
매출의 2%만 차지했는데, 2016년 약간 상승해 2.6%가 되었다. 여기서
는 S곡선을 볼 수 없다. 이 범주의 전자책 판매 면에서는 눈에 띄는 도

약이 없었기 때문이다. 2016년에는 매출의 97%가 여전히 인쇄책에서 발생했다.

맨 위에 있는 로맨스와 제일 아래에 있는 청소년물 비소설 사이에는 전자책을 수용하는 측면에서 커다란 폭과 변동이 있다. 각 범주는 각기 고유한 족적을 남긴다. 그러나 궤적은 모두 고유하지만 선은 특정 그룹에서 함께 묶인다. 맨 위 네 개의 선은 모두 소설 범주를 나타내는데, 그중에서도 맨 위 세 개는 모두 장르 소설로, 로맨스가 최상, 그다음이 미스터리/탐정물, 그다음이 SF/판타지이다. 일반 소설은 전자책이 강력하게 작용하는 이 범주 집합에 속하지만, 일반 소설의 선은 장르 소설 선보다 낮다.[7] 네 개의 범주 모두에서 전자책 판매는 2008년과 2012년 사이에 가파른 성장을 보여 책의 다른 범주보다 훨씬 높은 수준에 도달했다. 로맨스는 55% 근처에서 정체했다가 그 이후 변동하지만, 다른 세 소설 범주는 30~40% 사이에서 정체되어 있다. 이 범주들은 대부분 2012~2014년 정점을 찍은 후 약간의 감소를 보이지만, '올림픽'에서 로맨스의 전자책 판매는 2016년 새로운 급증을 경험했다.

그래프의 중간에 있는 다음 단계의 선은 모두 비소설 범주를 나타낸다. 이들 범주는 전기/자서전, 역사, 비즈니스/경제, 가족/대인관계, 건강/운동, 종교, 자기계발이다. 다시 한 번 이 모든 선은 2008년부터 2011년 사이에 가파르게 상승한 후 정체되기 시작하지만 소설 범주보다는 낮은 수준이다. 전기/자서전, 역사는 2011년 이후 상승세를 이어

---

7 여기서 일반 소설은 미스터리, 로맨스, SF, 판타지를 제외한 모든 범주를 포함하며, 각 범주는 별도로 분류된다. 따라서 일반 소설에는 BISAC 범주 문학소설, 일반소설, 역사소설 등이 포함된다. 여기에는 수십 개의 범주가 있는데, 여기에 포함되지 않는 유일한 범주는 미스터리, 로맨스, SF, 판타지이다.

가다가 2015년 27%에 도달한 후 이후 가파르게 떨어졌다. 건강/운동은 2015년 24%에 도달한 후 떨어지기 시작했다. 비즈니스/경제, 가족/대인관계, 종교, 자기계발 같은 기타 비소설 범주는 15~20% 사이에서 정체기에 도달했으며, 그 수준에서 정체되거나 떨어지기 시작했다. 따라서 2011년과 2015년에 이 모든 비소설 범주는 16~27% 사이에서 정체된 것처럼 보인다. 더 대략적으로 말하자면 전기/자서전, 역사를 이 대역의 최상부에 둔 채 15~25%에서 정체되었다.

그래프의 바닥에는 전자책이 지금까지 전혀 의미 있게 상승하지 못했던 범주가 있는데, 이들 범주는 2016년에도 여전히 총 매출의 작은 부분만 차지했을 뿐이다. 요리는 전자책 매출이 5% 이상으로 올라간 적이 없고, 청소년물 비소설은 3% 이상을 넘은 적이 없으며, 청소년물 소설은 전자책 매출이 2014년 12.7%까지 올라갔다가 2016년 6%로 떨어졌다.[8] 여행 역시 이 대역에 속한다. 여행 분야의 전자책 매출은 '올림픽'에서 한 번도 급증한 적 없이 일반적으로 총 매출의 12% 미만을 유지했다. 2016년 급증한 것은 당시의 특수한 환경에 의한 이례적인 일로 설명되었다. 전자책이 이들 범주(영 어덜트물은 제외)에서 의미 있는 상승을 보이지 않았다는 점을 감안할 때 2008년 이후의 성장선은 고전적인 S곡선의 패턴을 보이지 않는다. 성장선은 위쪽으로(간혹 아래쪽

---

8 청소년물 소설의 범주에는 아동 도서와 영 어덜트 소설이 모두 포함되는데, 이 두 하위 범주는 아주 다른 양상을 보인다는 점에서 주목할 만하다. 청소년물 소설을 영 어덜트(young adult) 소설과 논 영 어덜트(non young adult) 소설로 구분하면 영 어덜트 소설의 비중은 20%대쯤이며 논 영 어덜트 소설의 비중은 그보다 훨씬 낮아서 5% 이하일 것이다. 영 어덜트 소설은 성인을 위한 일반 소설처럼 보인다. 실제로 스테파니 메이어(Stephanie Meyer)의 소설 『트와일라잇(Twilight)』시리즈와 『헝거게임(Hunger Games)』3부작처럼 영 어덜트물로 분류된 책은 많은 성인을 포함한 다양한 연령대가 읽을 수 있다.

으로) 기울어지는 완만한 경사를 지닌 평평한 선처럼 보인다.

도서 범주에 따라 전자책 판매가 차이 나는 이유

'올림픽'의 자료는 다양한 범주의 도서에서 전자책이 수용되는 데 엄청난 차이가 있음을 확실히 보여준다. 다른 대형 일반 출판 회사의 자료 또한 이와 거의 유사한 패턴을 보여줄 것이다. 동일하지는 않겠지만 전반적인 패턴은 대체로 비슷할 것이다. 이러한 차이를 어떻게 설명할 수 있을까? 왜 일부 범주는 총 매출 대비 전자책 매출 비율 및 e/p 비율 (즉, 인쇄책print 매출 대비 전자책ebook 매출)이 다른 범주보다 더 높을까?

전자책과 일반적으로 관련된 요소의 관점으로는 여기서 나타나는 차이점을 설명할 수 없다. 즉, 전자책은 언제 어디서나 쉽고 빠르게 구입할 수 있다는 편의성, 어디를 가든지 여러 권을 휴대할 수 있다는 편의성(작은 페이퍼백보다 무게나 부피가 더 나가지 않으면서도 작은 도서관 하나를 가지고 다닐 수 있다는 편의성), 글자 크기를 바꿀 수 있다는 편의성, 그리고 일반적으로 인쇄책보다 저렴한 가격(뒤의 장들에서 보듯이 얼마나 저렴한지는 많은 요인에 따라 달라지지만)을 특징으로 하는데, 이러한 요소는 모든 전자책에 공통적이기 때문에 범주 간 차이를 설명하지 못한다. 여행 책이나 요리 책은 로맨스나 스릴러만큼 전자책 포맷으로 구입하기 쉽고 가볍기도 하다. 그러므로 다른 요소로 설명해야 한다.

전자책으로 잘 팔리는 범주와 그렇지 않은 범주의 가장 눈에 띄는 차이는 전자는 서술식의 선형 텍스트로 구성되어 있고 후자는 그렇지 않다는 것이다. 로맨스나 스릴러는 단순한 서술식 텍스트이다. 일반적으로 1페이지에서 읽기 시작해서 끝까지(또는 포기할 때까지) 계속 읽는다. 텍스트는 한 번에 한 단계씩 순차적으로 펼쳐지는 플롯의 이야기로 구성되며, 독자는 그 순서를 따른다. 반면에 요리책이나 여행 책, 실용서적은 일반적으로 처음부터 끝까지 읽는 책이 아니다. 특정 레시피를 얻거나, 방문하려는 도시나 나라에 대한 정보를 얻거나, 실용적인 과제를 수행하는 등의 특정 목적을 위해 정보를 찾는 데 사용되는 참고서에 가깝다. 이것은 매우 다른 방식으로 읽고 사용하고 참조하는 매우 다른 종류의 책이다.

전자책의 활용 수준에서 이것이 왜 중요한지는 사용자 경험과 연결시켜 보면 이해할 수 있다. 사용자의 관점에서 보면 킨들 같은 전자 독서기기에서는 서술식의 선형 텍스트를 읽기 좋다. 한 페이지에서 다음 페이지로 쉽게 이동할 수 있고, 텍스트는 부드럽게 흐르며, 독자는 처음부터 끝까지 같이 흘러간다. 이것은 소설 장르에 특히 효과적이다. 빠르고 몰입감 있게 읽을 수 있다. 또한 텍스트가 화면에 표시되는 방식이므로 플롯을 따라 결말을 향해 이동할 때 독자를 방해하거나 읽는 속도를 느려지게 할 만한 것이 전혀 없다. 업계 관계자들이 이야기하듯이 '폼팩터form factor'가 좋다. 여기서 '폼팩터'란 특정 기기에서 특정 책을 읽는 경험의 질을 가리킨다. 킨들 같은 전자 독서기기에서 장르 소설을 읽는 경험은 종이에서 동일한 텍스트를 읽는 경험만큼 좋을 것이다. 활자 크기 변경 기능 등을 감안하면 더 좋을 수도 있다.

그러나 그림이 많거나 실용적인 성격의 비선형 텍스트에서는 폼팩터가 그다지 좋지 않다. 비선형 텍스트는 처음부터 끝까지 읽을 필요가 없다. 이러한 텍스트는 독자들이 페이지별로 순차적으로 따라가도록 이야기를 들려주지 않는다. 요리책이나 여행 책, 실용서 같은 비선형 텍스트는 독자나 사용자가 앞뒤로 왔다 갔다 하면서 필요한 정보를 얻은 다음 텍스트의 다른 지점으로 빠질 수 있다. 비선형 텍스트는 독자가 텍스트의 같은 지점이나 다른 부분을 몇 번이고 되풀이해서 보는 참고서로 더 많이 사용될 수 있다. 이런 종류의 비선형 텍스트의 경우 킨들 같은 전자 독서기기에서 읽고 사용하는 경험이 단순한 선형 텍스트보다 훨씬 덜 매력적이다. 만일 삽화를 넣는다면 그 매력이 좀 더 감소할 것이다. 특히 킨들처럼 흑백 전자잉크 기술을 사용하는 전자 독서기기를 보유한 독자라면 말이다.

　비선형 텍스트를 위한 폼팩터가 선형 텍스트를 위한 폼팩터만큼 좋지 않다고 해서 비선형 텍스트를 위한 폼팩터가 좋지 않다는 것은 결코 아니다. 언젠가는, 아니 실제로도 이미 어떤 기기와 어떤 형태의 콘텐츠에는 좋을 수도 있다. 예를 들면 아이패드를 위해 개발된 맞춤형 앱을 사용하는 것이 특정 종류의 콘텐츠에는 모범적인 사용자 경험이 될 수 있다. 이 앱 포맷을 활용하면 비선형적인 탐색 경험을 할 수 있다. 즉, 맞춤형 사용자 인터페이스를 활용해 탐색하고 이동할 수 있다. 또한 고해상도의 컬러 일러스트레이션, 고품질 사운드, 훨씬 더 높은 수준의 상호작용도 가능하다. 선형 텍스트를 읽는 것과는 완전히 다른 종류의 사용자 경험이 될 수 있는 것이다. 그러나 이런 종류의 콘텐츠를 만드는 것은 그 자체로 도전과 문제를 수반하므로 현재 단계에서는 이것이 실행 가능한 사업인지 분명치 않다. 이것들은 다음 장에서 다시 다룰 문제이다.

　전자책 활용의 여러 수준을 설명하는 데 중요한 또 다른 요소는 내가 콘텐츠의 '소장 가치'라고 부르는 것이다. 즉, 어떤 책은 콘텐츠를 소비하는 것이 독자의 목적이기 때문에 콘텐츠가 소비되면 그 책 자체는 쓸

모없어진다. 이때 독자는 책 자체를 갖고 싶은 욕구를 가지지 않는다. 시판용 출판사의 선임인 제인은 이것을 "일회용 소설", 즉 '서가에 놓을 필요가 없는' 종류의 책이라고 설명했다. 반면 독자들이 소유하고 싶어 하고 보관하고 싶어 하고 서가에 놓고 싶어 하고 훗날 다시 보고 싶어 하고 거실에 상징물로 전시하고 싶어 하는 책이 있다. 이러한 책은 자신이 누구인지에 대한, 그리고 자신이 좋아하고 가치 있게 생각하는 책의 종류에 대한 상징적인 표시이다. 이런 책은 독자에게 훨씬 높은 소장 가치를 갖는다. 소장 가치가 낮은 책이라면 전자책이 이상적이다. 콘텐츠를 소비하고 나면 전자책은 삭제할 수 있다. 또는 물리적 공간을 차지하지 않는 디지털 저장소에 소량의 저장 용량만으로 보관할 수도 있다.

하지만 소장 가치가 높은 책의 경우에는 인쇄책이 훨씬 더 매력적이다. 인쇄책은 디지털 파일에는 없는 일종의 영속성을 가지고 있다. 시간이 지남에 따라 파일의 포맷과 독서기기는 바뀌지만, 인쇄책은 기술의 변화와 상관없이 미래에 다시 읽을 수 있다. 또한 다른 사람에게 제한 없이 빌려주거나 제공할 수도 있으며, 다른 사람이 보고 감탄하도록 책상 위나 서가에 전시할 수도 있다. 또한 미학적 특성인 아름다운 표지, 잘 디자인된 조판, 감각적인 재질 등은 인쇄책을 단순히 콘텐츠를 전달하는 것 이상의 무언가로 만들며, 책의 콘텐츠 및 콘텐츠를 전달하는 물질적 형태 모두를 가치 있는 미학적 대상으로 만든다.

제인은 다음과 같이 말했다. "진정한 질문은 어떤 책을 소유해야 하고 어떤 책을 삭제해야 하는가 하는 것입니다. 그리고 진정한 재주는 일회용 책과 서가에 보관하고 싶은 책을 가려내는 것입니다." 각 독자는 자신에게 다양한 방식으로 영향을 끼칠 다양한 요인에 따라 이를 가려낼 것이다. 또한 자신의 사무실, 서재, 또는 집에 있는 서가의 공간에 맞는 상징물로서 특정 책을 가치 있게 생각하는 정도에 따라 자신의 방식으로 이를 가려낼 것이다.

기술은 또한 다양한 수준의 전자책 활용을 설명하는 중요한 요인이다. e/p 비율이 높은 책의 범주는 다양한 기기에 대한 디지털 파일을 만들기 쉽고 관련된 판매 회사 시스템에 업로드하기 쉬우며 상대적으로 저렴하다. 오래된 기간도서 서적들은 OCROptical Character Recognition(광학 문자 인식) 소프트웨어를 이용해 텍스트를 스캔해서 XML 파일로 바꿔주는 제3기관에 책을 보내면 상대적으로 쉽고 저렴하게 디지털 파일로 변환할 수 있다. 전 과정에 소요되는 비용은 300페이지 미만일 경우 책 한 권에 200달러 이하일 것이다. 새 서적일 경우 대부분의 출판사는 제작 과정의 표준 산출물로서 복수의 파일 포맷을 만들어내는 디지털 작업 과정을 거친다. 전자책은 PDF 및 출판사가 보유하고 있고 인쇄소에서 실제 책을 인쇄하는 데 사용하는 다른 파일들과 함께 저장되는 또 다른 파일 세트일 뿐이다. 시스템을 갖추기만 하면 제작 과정의 추가 출력을 통해 전자책 파일을 생성하는 것이 매우 저렴하다. 그러나 일부 비선형적이고 삽화가 많은 책의 경우에는 긍정적인 사용자 경험을 제공할 만한 디지털 버전을 생산하는 것이 훨씬 더 복잡하고 비용이 많이 들 수 있다. 처음으로 다시 돌아가 책을 다른 종류의 디지털 경험으로 재창조해야 할지도 모른다. 예를 들면 완전히 다른 방식으로 구성된 앱으로 말이다. 이것은 쉬운 일이 아니고 성공이 결코 보장되지 않으며, 적절한 디지털 포맷으로 특정 범주의 책을 제공하는 과정을 지연시켜 왔다.

〈그림 1.10〉은 우리가 '전자책 활용 모델'이라고 부를 수 있는 주요

그림 1.10 | 전자책 활용 모델

특성	e/p 비율이 높은 책	e/p 비율이 낮은 책
텍스트 문자	• 서술식의 선형 텍스트	• 비선형적이고 삽화가 많은 책
사용자 경험 (폼팩터)	• 빠르게 읽기 • 지속적으로 읽기 • 몰입형 읽기 경험	• 천천히 읽기 • 불연속적으로 읽기 • 참고용으로 사용
소장 가치	• 높은 매출 • 일회용	• 낮은 매출 • 소유용, 전시용, 재독서용
기술	• 적절한 포맷으로 디지털 파일을 생성해서 공급업체 시스템에 업로드하는 것이 쉽고 상대적으로 저렴	• 더 복잡하고 생산 비용이 많이 듦 • 전문적인 생산 팀과 프로세스가 필요할 수 있음

| 장르
소설 | 일반
소설 | 선형적
비소설 | 여행 | 요리 | 청소년물 |

특성을 요약한 것이다. 이 모델에 따르면 다양한 범주에 걸쳐 있는 전자책 활용의 변화를 설명하는 핵심 요인은 네 가지인데, 바로 텍스트 문자, 사용자 경험(또는 폼팩터), 소장 가치, 기술이다.

종합하면 이 네 가지 요인은 가능성의 스펙트럼을 만들어낸다. 스펙트럼의 한 쪽 끝에는 소설이 있는데, 일반 소설(로맨스, 미스터리, SF 등)과 장르 소설 모두를 포함한다. 장르 소설은 디지털로 가장 빠르고 극적으로 변화했다. 이 범주의 책들은 서술적인 선형 텍스트를 특징으로 한다. 이러한 범주의 책은 전자 독서 폼팩터가 우수한 몰입형 독서 환경 속에서 연속적으로 그리고 빨리 읽힌다. 회전율과 소비율이 높으며 책을 읽은 후에는 보관하지 않는 경우가 많다(또는 물리적 사본으로 보관하지 않는다). 또한 디지털 파일은 쉽고 저렴하게 생산할 수 있다.

소설은 '올림픽' 총 매출 비율에서 전자책이 최고 수준에 도달한 범주로, 2014년에 40~60% 사이였다. 대부분 30~40% 수준으로 떨어졌지만 로맨스는 여전히 50~60% 범위로 상당히 높은 수준이었다.

일반 소설의 경우에는 디지털로의 전환이 장르 소설만큼 빠르거나 극적이지 않았지만 아주 뒤떨어지지는 않았다. 2014년 '올림픽'에서 일반 소설의 전자책이 차지하는 비율은 SF, 판타지, 미스터리와 비슷했으나 로맨스 소설보다는 훨씬 낮았다. 일반 소설 범주에 포함되는 책은 장르 소설과 많은 속성을 공유한다. 이러한 책은 몰입형 독서 경험하에 연속적으로 읽는 서술식 선형 텍스트로, 킨들 같은 전자 독서기기에서 읽기 쉽다. 즉, 폼팩터가 좋다. 디지털 파일 또한 쉽고 저렴하게 생산할 수 있다.

문학 소설 같은 일반 소설의 일부 형태와 장르 소설을 구분할 수 있는 하나의 요소는 그 작품의 소장 가치 여부이다. 일부 독자에게 문학 소설, 그리고 특정 책과 작가는 장르 소설보다 소장 가치가 더 높을 수 있다. 즉, 독자들은 특정 책 또는 특정 작가들이 쓴 책을 소유하고 싶어 하고 서가에 보관하고 싶어 한다. 이것은 자신이 누구인지를 알리고 자신의 문화적 취향을 표시하는 또 다른 방식이기도 하다. 독자들은 또한 이러한 책을 선물로 주려 할 수도 있는데, 이것은 책의 소장 가치를 보여주는 또 다른 방법이다. 선물은 다른 사람이 갖고 싶어 할 것이라고 생각하는 물건으로, 실제로 물리적 책은 전자책이 갖지 못한 선물로서의 기능을 담당한다. 전자책은 그리 좋은 선물이 되지 못한다. 이러한 요인은 왜 문학 소설을 포함한 일반 소설이 장르 소설보다 조금 늦게 전자책으로 전환되었는지, 그리고 2015년에 도달한 비율(38.7%)이 왜 로맨스 소설보다 훨씬 낮았는지를 설명하는 데 도움을 준다.

스펙트럼의 또 다른 쪽 끝에는 여행, 요리, 그리고 청소년물 책이 있다. 이 범주의 책은 비선형적이고 삽화가 많이 포함된 경향이 있다. 이 책들은 일반적으로 좀 더 천천히 그리고 불연속적으로 읽힌다. 대부분의 경우 처음부터 끝까지 선형 방식으로 읽히지 않고 몇 번이고 다시 찾아보는 참고서처럼 사용된다. 회전율이 낮아 책을 다시 사용할 수도 있고 다시 읽을 수도 있으며 훗날 다시 참고할 수도 있다. 삽화가 아주 많은 책의 경우 서가나 커피 테이블에 올려놓기도 한다. 단순한 서술식 텍스트와 달리 이러한 책을 매력적이고 사용하기 쉬운 디지털 포맷으로 제공하는 것은 대체로 더 어려우며 비용도 더 많이 든다. 이들 책은 총 매출에서 전자책이 차지하는 비율이 가장 낮은 수준을 유지하는 도서 범주로, '올림픽'에서는 12% 미만이었다(2016년 여행 도서에서 나타난 비정상적인 수치는 제외했다).

이 두 극단 사이에는 서술식 비소설 범주가 있다. '서술식 비소설'이라는 딱지는 역사, 전기/자서전에서부터 건강/운동, 종교, 자기계발에 이르기까지 다양한 범위의 BISAC 비소설 주제를 포함하는 느슨한 개념이다. 우리는 이러한 모든 범주가 동일한 전자책 패턴을 보여준다고 기대해서는 안 되며, 그렇지도 않다. 이들 범주는 주로 전기, 자서전, 서술식 역사 작품처럼 서술식 선형 텍스트로 구성되며, 더 높은 수준의 전자책 활용을 보일 것으로 기대된다. 그리고 실제로도 그렇다. 전자책을 활용하는 속도는 소설보다 서술식 비소설에서 더 느렸지만, 2015년 '올림픽'에서는 전기/자서전, 역사의 비율이 일반 소설, SF를 포함한 일부 소설 범주의 비율보다 5~10%만 낮았다. 맬컴 글래드Malcom Gladwell의 책이나 재런 래니어Jaron Lanier의 책처럼 아이디어 관련 책 또한 주로 단순한 서술식 텍스트로 구성되어 있기 때문에 앞에서 분석했던 BISAC 범주에 딱 들어맞지는 않지만 전자책 활용 수준이 상대적으로 높을 것이다. 반면 자기계발, 가족/대인관계처럼 불연속적으로 읽히고 가끔

들여다보는 참고 서적에 가까운 책은 전자책 활용 수준이 낮을 것으로 예상된다. 이것이 우리가 알아낸 것이다. 하지만 대부분의 경우 서술식 비소설 책은 서술식 소설(장르 소설과 일반 소설 모두)보다 낮은 전자책 활용 수준을 보인다. 이것은 장르 소설과 일반 소설의 범주에는 다음과 같은 종류의 책이 더 많다는 사실로 설명할 수 있다. 즉, 삽화 없이 순수한 서술식 텍스트의 성격을 가진 책, 몰입형 읽기를 경험하면서 빠르고 지속적으로 읽을 수 있는 책, 독자가 새로운 독서 경험으로 빨리 옮겨 갈 수 있는 책의 비율이 더 높은 것이다. 이에 비해 서술식 비소설의 범주에는 삽화가 포함된 책, 독자가 앞뒤로 텍스트를 왔다 갔다 해야 해서 천천히 불연속적으로 읽는 책, 독자가 나중에 다시 읽을 목적으로 책을 갖고 있으려 하기 때문에 회전율이 낮은 책의 비율이 더 높을 것이다.

다른 범주와 관련해 비즈니스/경제 책에 대해 잠시 생각해 볼 가치가 있다. 앞서 언급했듯이 2000년대 초반에 많은 평론가들은 전자책 혁명이 시작되면 디지털 기기로 비즈니스 서적을 읽는 사업가들이 이 시장을 주도할 것이라고 예상했다. 이들은 기술에 정통한 사람이자 공항에서 여유 시간에 사업 트렌드에 대한 최신 자료를 확인하는 국제선 여행객일 것으로 예측되었다. 실제로 비즈니스/경제 서적은 전자책의 활용 면에서 매우 완만한 성과를 거두었다. 이 범주는 상대적으로 더디게 성장해서 2014년에 20% 상승했다가 2015년에는 15%로 다시 하락했다. 이는 소설, 전기/자서전, 역사 같은 서술식 비소설의 다른 범주가 도달한 수준보다 훨씬 낮다. 이것은 2000년대 초반 평론가들의 예상을 크게 벗어난 것이었다. 전자책이 마침내 부상하자 공항 라운지에서 비즈니스 책을 읽는 사업가보다는 킨들에서 로맨스 소설을 읽는 여성들이 이 시장을 주도했다(로맨스 소설의 독자는 대부분 여성이다). 여기에서 개발된 모델의 렌즈를 통해서 보면 비즈니스 서적의 전자책 활용도가 상대적으로 낮다는 것은 그다지 놀랍지 않다. 많은 비즈니스/경제 관련 서적은 일반적으로 몰입형 독서 경험을 토대로 빠르고 지속적으로 읽는 종류의 책이 아니다. 그러한 책은 좀 더 천천히 그리고 불연속적으로 읽는 책일 가능성이 더 높으며, 책에서 제공하는 정보나 앞부분에서 언급한 요점을 상기하기 위해 텍스트를 앞뒤로 이동하기 원하는 책일 수 있다. 빨리 읽고 버릴 수 있는 책이라기보다는 나중에 다시 찾아보고 다시 참고하고 참고서처럼 활용하고 싶은 책이기도 하다. 이러한 속성은 비즈니스/경제 책이 소설보다는 자기계발 책이나 가족/대인관계 관련 책처럼 움직일 것임을 보여준다. 그리고 이러한 일이 실제로 일어났다.

형태 대 포맷

2008년 이후 겪은 전자책 판매 경험은 디지털 혁명이 책의 형태에 미칠 수 있는 영향에 대해 무엇을 말해주고 있는가? 이것은 디지털 혁명이 책의 기호 콘텐츠를 그것이 전통적으로 내장되어 있던 종이 인쇄책 매체로부터 분리시킴으로써 인쇄라는 제약에서 책을 해방시켰음을 의미하는가? 우리가 '책'으로 알아왔던 실체와 매우 다른 성격을 지닌 텍스트의 실체로서의 책을 완벽하게 재창조하는 길을 닦았음을 의미하는가? 1990년대 말과 2000년대 초에는 책이 이런 식으로 재창조될 것이라고 예측하는 사람이 많았다. 즉, 사람들은 인쇄라는 매체에 의해 부과되었던 제약(예를 들면 일련의 챕터로 배열되는 텍스트 구성 방식 등)이 사라지고 디지털 시대에는 책의 형태가 획기적으로 재작업될 수 있으며 또 그렇게 될 것이라고 예측했다.

이러한 종류의 사고방식에 대해 잘 알려져 있는 하나의 사례는 로버트 단턴Robert Darnton의 학술책 피라미드 모델이다. 이 모델에서 책은 더 이상 단순한 선형 텍스트로 쓰이지 않으며, 다층 구조로 구성된다. 이 다층 구조에서는 선형 텍스트가 단순히 더 많은 층을 포함하는 복잡한 디지털 구조의 최상의 층일 뿐이다. 독자는 표지의 요약문과 그 아래 층의 풍부한 문서 및 그림 자료 사이를 왔다 갔다 할 수 있다.[9] 시판용 출판 세계에도 이러한 사례가 많다. 디지털 책은 더 이상 200~300페이지라는 인쇄된 텍스트의 물리적 형태에 포함된 콘텐츠 캡슐이 아니라 디지털 매체로서만 완전히 그리고 독점적으로 존재하는 책이자 디지털로 태어나 디지털적으로 고유하게 존재하는 책이다. 디지털 책은 물리적 등가물을 가지지 않으며, 물리적 등가물을 가지더라도 디지털 매체와 관련해서 고안되고 만들어진 콘텐츠를 부분적이고 후속적으로 실현한 것에 불과할 것이다.

다음 장에서 책을 디지털 실체로 재창조하기 위해 일반 출판업계에서 이루어진 몇 가지 시도를 자세히 살펴보고 그 결과를 조사할 것이지만, 여기서는 2008년부터 현재까지 주류 시판용 출판에서 이루어진 전자책 판매의 패턴으로부터 배울 수 있는 바를 반영하고자 한다. 이러한

---

9   Robert Darnton, "A Historian of Books, Lost and Found in Cyberspace," *Chronicle of Higher Education*, 12 March 1999; Robert Darnton, "The New Age of the Book," *New York Review of Books*, 18 March 1999. 두 권의 책 모두 Robert Darnton, *The case for books: Past, Present, and future* (New York: Public Affairs, 2009)로 재인쇄되었다.

패턴은 책의 '형태form'가 디지털 매체에서 재창조되고 있음을 시사하는 것일까? 아니면 디지털 매체가 출판사들에게 책의 또 다른 '포맷format'—책의 조직적 특성, 즉 독자에게 제공될 수 있도록 포장되고 만들어지는 특성은 크게 변하지 않은—만을 제공했음을 시사하는 것일까?

지금까지 우리가 본 것은 과격한 전자책 혁명 지지자들이 약속했던 것만큼 새로운 형태로서의 책의 창조가 아니라, 기본적인 구조적 특성은 디지털 혁명에 의해 크게 변하지 않은 새로운 포맷으로서의 책의 창조였다. 물론 새로운 포맷의 창조도 덜 중요한 것은 아니며, 도서출판업계와 그 안의 많은 참가자에게 중요한 시사점을 갖는다. 그러나 이는 책의 형태가 재창조되는 것만큼 그렇게 파괴적이지 않을 수 있다. 이 차이를 조금 더 살펴보자.

책의 '형태'란, 책을 구성되는 기호 콘텐츠가 구조화되는 방식을 의미한다. 예를 들어 특정한 방식으로 조직된 일련의 장, 길이 연장 등을 들 수 있다. 책의 '포맷'이란, 책이 포장되어 독자에게 제공되는 방식을 의미한다. 같은 방식으로 구조화된 책이라 하더라도 그 형태를 바꾸지 않은 채 많은 다른 포맷으로 포장되고 제시될 수 있다(제12장에서 이 차이를 좀 더 자세히 설명할 것이다). 지금까지의 디지털 혁명으로 책의 새로운 포맷은 만들어졌지만 그 형태는 바뀌지 않았다는 것은, 책은 대체로 디지털 혁명 이전과 같은 방식으로 구조화되어 있지만 새로운 방식으로—새로운 포맷인 전자책으로—포장되어 독자에게 제공되고 있음을 뜻한다.

도서출판의 역사는 새로운 포맷의 발명(또는 이전에 발명된 포맷의 재출시)이 반복된 것으로 특징지어진다. 이것의 고전적인 사례는 1930년대에 앨런 레인Allen Lane이 저렴한 6펜스짜리 페이퍼백 책 시리즈를 출시한 것이었다. 이 책들은 다른 출판사들이 이전에 양장본으로 출판했던 것인데, 일반적으로 소설의 경우 7실링 6펜스, 전기 또는 역사책의 경우 12실링 6펜스에 판매되었다. 이들 책을 레인이 사용허가를 얻어 독특하고 눈에 띄는 상표인 펭귄의 새 시리즈 중 하나로 단 6펜스에 재출간했다. 페이퍼백 자체는 물리적 개체이므로 레인이 발명한 것은 아니다. 페이퍼백 책은 일반적으로 '저렴한 유형의 개체'로 간주되기는 했지만 19세기 말과 그 이전부터 존재해 왔다.[10] 레인의 천재성 가운데 하나는 페이퍼백을 도서 시장과 책의 수명주기에서 합법적이고 가치 있는 위상을 지닌 세련된 새 포맷으로 재상품화한 것이었다. 레인은 "우리는 멋있고 깨끗하며 두 개의 핀처럼 반짝이는 제품, 까다로운 식자층을 거스르지 않을 정도로 충분히 현대적이면서도 간단하고 허세를 부리지 않는 제품을 만드는 데 목표를 두었다"라고 회고했다.[11] 레인은 어느 정도 가처분 소득을 지니고 있는 중산층이 확장됨에 따라 책이 적당한 가격에 판매된다면 좋은 책을 읽는 데 관심을 가지는 새로운 시장이 부상하고 있음을 감지했고, 이 시장을 위해 책을 재포장하는 새롭고 효과적인 방식을 만들었다.

이 항해에서 모든 것이 순조로웠던 것은 아니다. 당시 레인은 많은 저항에 직면했는데, 특히 출판사 및 서점은 책 가격을 너무 저렴하게 책정하면 사람들이 책에 돈을 덜 쓰게 될 것이라고 생각했다. 하이네만 출판사의 찰스 에반스Charles Evans는 "6펜스 책으로는 아무도 생계를 유

---

10   Jeremy Lewis, *Penguin Special: The Life and Times of Allen Lane* (London: Penguin, 2005), p.74.
11   같은 책, p.96 인용.

지할 수 없다. 펭귄 출판사와 아마도 그들의 인쇄소를 제외하고는 아무도 그 책으로 돈을 벌 수 없을 것이다"라고 말했다.[12] 에니드 바그놀드Enid Bagnold는 자신의 베스트셀러 소설 『녹원의 천사National Velvet』를 펭귄에 사용허가하도록 반복해서 요청했으나 에반스는 이를 거절했다. 그러나 시간이 지남에 따라 레인이 옹호하고 펭귄에 의해 요약된 저렴한 페이퍼백판은 합법적인 포맷으로 자리 잡았다. 즉, 페이퍼백은 동일한 콘텐츠를 다시 포장하고 가격을 다시 책정해서 소비자에게 전달할 수 있는 또 다른 방법이 되었다.

페이퍼백 포맷은 이후 크기와 속성이 서로 다른 세 가지 포맷으로 나뉘었다. 대중시장용 페이퍼백으로 불리는 A포맷은 110mm×178mm로, 폭넓은 독자층을 겨냥하는 책에 이용된다. A포맷은 값싼 종이에 인쇄해 낮은 가격에 판매하며, 서점뿐 아니라 슈퍼마켓, 약국을 포함한 다양한 소매점을 통해 유통된다. B포맷은 130mm×198mm로 A포맷보다 약간 크며, 문학 작가들에게 주로 이용된다. 135mm×216mm의 C포맷은 많은 양장본과 같은 크기이다. B, C 두 가지 포맷은 일반적으로 고품질 종이에 인쇄되며 대중시장용 페이퍼백보다 높은 가격에 판매된다. 대중시장용 페이퍼백인 A포맷과 구분하기 위해 B, C 두 가지 포맷은 일반적으로 시판용 페이퍼백이라고 부른다.

소비자에게 동일한 콘텐츠를 제공하는 데 사용할 수 있는 포맷이 한 가지 이상이고 포맷 간 가격이 상당히 차이나면 포맷이 출시되는 타이밍과 단계화가 중요하다. 사업에서는 이를 '윈도잉windowing'이라고 한

---

12   같은 책, p.94 인용.

다. 영미 시판용 출판에서는 책 한 권이 세 가지의 단계 또는 창을 통해 움직일 수 있다. 일반적으로는 책은 처음에는 일반 양장으로 출간되는데, 책의 크기와 종류에 따라 25~35달러에 가격이 매겨진다. 12~18개월이 지나면 책의 유형에 따라 B포맷 또는 C포맷의 일반 페이퍼백으로 출간되며, 14~17달러에 가격이 매겨진다. 그런 다음 다시 어떤 종류의 책이냐에 따라 A포맷의 대중시장용 페이퍼백으로 출간되는데, 가격은 10달러 미만이다. 그러나 모든 책이 이런 패턴을 따르는 것은 아니다. 어떤 책은 시판용 양장본에서 시판용 페이퍼백으로 출간되지만 대중시장용 페이퍼백으로는 출간되지 않을 수 있다. 또는 시판용 양장본에서 대중시장용 페이퍼백으로 바로 갈 수도 있다. 또는 양장본으로는 출간되지 않은 채 처음부터 시판용 페이퍼백으로 출간될 수도 있다(주로 '페이퍼백 원본'이라고 불린다). 여기에는 많은 조합이 있을 수 있다. 출판사는 매출과 수익을 최대화하기 위해 여러 포맷을 이용할 수 있으며, 다양한 독자층을 대상으로 삼거나 책의 판매 수명을 연장할 수도 있다.

2008년부터 2012년 사이에 영미 시판용 출판 시장에서 전자책이 부상하기 시작했을 당시에는 전자책이 적어도 일부 범주에서는 인쇄책을 완전히 능가할지, 만약 그렇다면 그것이 책이라는 형태에 어떤 영향을 미칠지, 즉 일부 분야에서 책이 근본적인 방식으로 재구성되는 길을 전자책이 열어줄지 분명치 않았다. 하지만 밝혀진 바와 같이, 전자책은 인쇄책에 연결되어 있었다. 전자책 파일은 인쇄소를 위해 생산된 인쇄용 파일과 함께 생산 과정의 또 다른 산출물일 뿐이었다. 콘텐츠는 근본적으로 같았으며, 다른 점은 포장, 배송 메커니즘, 그리고 가격이었다. 많은 출판사들은 콘텐츠가 여러 가지 방식으로 수정된 전자책을 만드는 실험을 했으나(다음 장에서 이러한 실험 중 일부를 살펴볼 것이다), 이들 실험은 대부분 성공적이지 못한 것으로 판명되었다. 또한 보급된 전자책은 인쇄된 책의 콘텐츠를 복사했으나, 종이에 인쇄되는 것이 아니라 화면에서 읽을 수 있게 디지털 파일로 제공되었다. 즉, 전자책은 또 다른 포맷이 되었다.

실제로 전자책이 책의 새로운 형태가 아닌 책의 또 다른 포맷이라면, 이것이 출판산업에 미치는 영향은 상당하다. 출판사들은 포맷과 작업하는 방식을 알고 있다. 우리가 보아왔듯이 새로운 포맷을 창조하는 데서는 새로운 것이 없다. 초기의 높은 저항과 불안에도 불구하고, 출판사들은 일반적으로 콘텐츠를 포장해서 소비자에게 전달하는 데 사용할 수 있는 일련의 선택지로 새로운 포맷을 통합시키는 것에 능숙하다. 전자책은 출판사들이 이전 수십 년 동안 수행했던 방식과 정확히 같은 방식으로 이용할 수 있는 또 다른 수익원이 되었다. 출판사들은 값싼 페이퍼백판(대중시장용 페이퍼백이든 시판용 페이퍼백이든 간에)에 의해 창출된 새로운 매출 흐름을 활용한 바 있다.

전자책이 책의 또 다른 포맷일 뿐이라는 사실을 제대로 이해한다면, 전자책은 일련의 특수한 기능을 지닌 새로운 포맷이며 그중 일부는 출판사들에게 실질적인 이점을 가졌음을 아는 것 또한 중요하다. 첫 번째이자 가장 중요한 이점은 인쇄해서 창고에 쌓아둘 필요가 없고 운송 비용도 들지 않기 때문에(실제로는 유통 비용이 들긴 하지만 이는 업계 외부에 있는 사람들이 종종 간과하는 사실이다) 인쇄책보다 판매 비용이 훨씬 낮다는 것이다. 중요한 것은 반품이 없다는 것이다. 전통적인 시판용 출판 공급망의 낭비적인 측면인 반품이 전자책 세상에는 존재하지 않는다. 전자책은 일반적으로 인쇄책보다 가격은 더 낮고 로열티는 더 높지만, 절감되는 금액이 낮은 가격과 높은 로열티를 상쇄하고도 남아서

표 1.7 | '올림픽'에서 책의 포맷에 따른 부수 및 달러 매출 비율 　　　　　　　　　　단위: %

연도	전자책		양장본		시판용 페이퍼백		대중시장용 페이퍼백	
	부수	달러	부수	달러	부수	달러	부수	달러
2006	0	0	24	40	38	35	24	15
2007	0	0	23	36	38	37	24	15
2008	0	1	24	38	40	37	23	15
2009	2	3	26	41	39	35	20	13
2010	6	9	23	36	40	35	18	12
2011	16	19	22	33	36	30	14	9
2012	22	26	18	25	39	35	10	6
2013	21	24	23	32	33	27	11	7
2014	20	24	22	29	36	30	10	7
2015	20	23	25	32	33	28	9	6
2016	20	20	32	43	38	31	10	6

출판사들의 수익성이 향상되는 결과를 낳는다. 더욱이 이제 7일 24시간 내내 쇼핑이 가능하기 때문에 독자는 화면으로 책을 읽을 용의만 있다면 서점이 열기를 기다리거나 책이 우편으로 배달되기를 기다릴 필요가 없이 거의 즉시 책을 구매할 수 있다.

　'올림픽'에서의 인쇄 포맷과 관련해서 전자책의 판매 패턴을 살펴보면 전자책이 새로운 형태가 아닌 새로운 포맷이라는 생각에 대한 몇 가지 근거를 얻을 수 있다. 〈표 1.7〉 및 〈그림 1.11a〉, 〈그림 1.11b〉는 2006년에서 2016년 사이 '올림픽'에서 나타난 책의 포맷별 판매량을 보여주는 것으로, 처음에는 부수별로, 그다음에는 달러별로 총 매출에 대한 비율을 보여준다. 이 수치가 보여주는 것은, 2008년과 2012년 사이의 기간 동안 전자책이 가파르게 상승하자 대중시장용 페이퍼백의 판매가 부수 및 매출 양쪽에서 모두 크게 감소했다는 것이다. 대중시장용 페이퍼백은 2006년과 2007년에는 전체 부수에서 24%, 매출에서 15%

그림 1.11a | '올림픽'에서 포맷별 부수 매출 비율(2006~2016)　　　　　　　단위: %

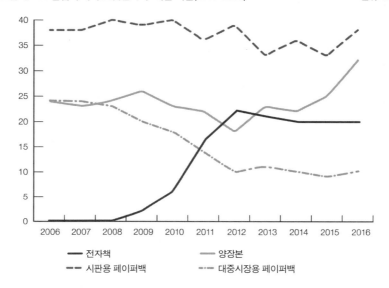

전자책　　　　　　　　　　양장본
시판용 페이퍼백　　　　　　대중시장용 페이퍼백

그림 1.11b | '올림픽'에서 포맷별 달러 매출 비율(2006~2016)　　　　　　　단위: %

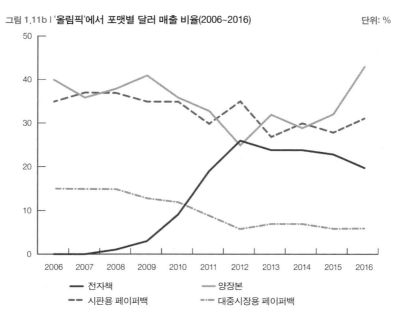

전자책　　　　　　　　　　양장본
시판용 페이퍼백　　　　　　대중시장용 페이퍼백

를 차지했으나 2016년에는 전체 부수에서 단 10%, 매출에서 6%를 차지하는 것으로 떨어졌다. 반면에 양장본과 시판용 페이퍼백 포맷은 그렇게 심각한 하락을 겪지 않았다. 양장본 부수는 약 25%로 상당히 안정적으로 유지되었는데, 2012년에는 18%까지 내려갔다가 다시 회복되어 2015년에는 25%, 2016년에는 32%까지 올라갔다. 이는 이전 10년 어느 때보다 높은 수치였다. 양장본의 매출은 2006년 총 매출의 40%를 차지했는데, 2012년에는 25%로 떨어졌다가 2015년에 32%, 2016년에 43%로 반등했다. 이 역시 이전 10년의 어느 때보다 높은 수치였다. 시판용 페이퍼백의 부수 매출은 2008년 40%에서 2013년 33%로 떨어졌지만 다시 반등해서 2016년에는 38%까지 올라갔다. 마찬가지로 시판용 페이퍼백의 달러 매출은 2008년의 37%에서 2013년 27%로 떨어졌다가 2016년 31%로 다시 상승했다.

'올림픽'의 자료는 전자책의 부상으로 인해 시판용 및 대중시장용 모두에서 페이퍼백 시장이 잠식되었지만 대중시장용 페이퍼백에 특히 강한 타격을 주었다는 것을 매우 분명하게 보여준다. 전자책이 사실상 매출이 없던 상태에서 '올림픽' 매출의 20%로까지 증가한 10년 동안, 대중시장용 페이퍼백이 '올림픽' 매출에서 차지하는 비율은 15%에서 6%로 떨어졌다. 대중시장용 페이퍼백의 하락은 새로운 현상이 아니다. 대중시장용 페이퍼백 판매는 1980년대 이후 감소하고 있었고 그 시장은 여러 가지 이유로 인해 위축되고 있었다. 그 이유 중 하나가 슈퍼스토어 체인과 대형 매장들이 양장본판을 대폭 할인한 것이었다. 제임스 패터슨이나 노라 로버츠의 새 소설 양장본을 출간되자마자 20달러 이하로 살 수 있다면 왜 대중시장용 페이퍼백을 위해 1년을 기다리겠는가? 전자책의 부상은 대중시장용 페이퍼백의 관에 몇 개의 대못을 더 박았다.

전자책이 인쇄 포맷에 따라 서로 다른 영향을 미친 이유와 대중시장용 페이퍼백에 특히 큰 타격을 입힌 이유를 이해하기 위해서는 윈도잉에 대한 관점으로 돌아가야 한다. 인쇄물의 세계에서는 시판용 출판의 서로 다른 포맷이 일반적으로 다음과 같이 윈도잉된다. 책은 처음에는 양장본으로 비교적 높은 가격에 출판되고, 1년 정도 지나면 페이퍼백으로 시판용 또는 대중시장용으로 상당히 낮은 가격대에 다시 출판된다. 윈도잉은 새로운 책을 빨리 구매하기 위해 기꺼이 높은 가격을 치르는 사람과 책을 훨씬 낮은 가격에 구매하기 위해 1년여를 기꺼이 기다리는 사람으로 소비자를 나눈다. 그러나 전자책은 일반적으로 윈도잉을 하지 않는다. 전자책은 대개 인쇄판보다 가격이 저렴하지만 일반적으로 초판과 동시에 출판된다.

2009년과 2010년 전자책 출시 초기에 출판사들은 양장본 판매의 잠식을 최소화하기 위해 전자책을 윈도잉하려는 시도를 했지만 이러한 시도는 오래가지 못했다. 출판사들은 아마존과 애플을 포함한 전자책 소매업체들로부터 전자책 윈도잉을 금하도록 엄청난 압력을 받았고 모든 주요 출판사는 곧 그렇게 했다. 그러나 전자책이 인쇄의 초판과 동시에 출시된다는 사실, 그리고 일반적으로 인쇄판보다 가격이 낮게 책정된다는 사실은 남아 있는 인쇄판에 대한 윈도잉 설정 근거가 상당히 약화되었음을 의미한다. 비록 디지털 포맷이기는 하지만, 양장본과 더 저렴한 페이퍼백을 같은 시점에 사용할 수 있다면 더 저렴한 페이퍼백을 위해 1년 이상 기다려야 하는 이유가 무엇인가? 포맷 면에서 보자면 윈도잉이 없는 전자책의 등장으로 가장 큰 타격을 받은 것은 나중에 더 낮은 가격으로 출시되던 더 저렴한 페이퍼백판이었다.

따라서 전자책은 시판용 페이퍼백이나 대중시장용 페이퍼백과 그다지 큰 차이가 없는 것으로 판명될 수 있다. 새로운 포맷은 그 자체로 매우 중요하지만, 새로운 형태는 아닌 것이다. 이 사실이 밝혀진다면 전자책은 많은 평론가들이 예측했던 것이나 출판업 내부자들이 두려워했던 것보다 출판업계에 덜 파괴적일 가능성이 높다. 전자책이 출판업계에 훨씬 더 급진적인 파괴를 가져올 전조일 수 있다는 초기의 우려에도 불구하고, 업계의 많은 사람들은 전자책이 특별한 속성을 지니긴 했지만 내가 여기에서 설명한 의미에서의 또 다른 포맷일 뿐이라는 견해에 이르게 되었다. 2017년 한 대형 시판용 출판사의 CEO는 이렇게 말했다.

앨런 레인이 페이퍼백을 발명한 지 50년 후 우리는 새로운 포맷의 선물을 받았습니다. 그 선물과 함께 갑자기 사람들은 책을 손에 갖고 있지 않아도 책을 읽을 수 있는 기기를 가지게 되어 어디서나 책을 읽을 수 있게 되었습니다. 그리고 사람들이 자신의 경험에 대해 기꺼이 비용을 지불할 정도로 매력적인 생태계를 누군가가 개발했다는 것 또한 하나의 선물이었습니다. 이 생태계는 음악과 냅스터 경험처럼 무료로 시작된 것은 아니었습니다. 그래서 우리는 그 편리함을 고려할 때 사람들에게 합리적이라고 확신시킬 수 있는 유료 생태계를 갖게 되었습니다. 이 생태계에서는 책을 훔치는 것이 아니라 디지털 포맷으로 책값을 지불합니다.

이 출판사는 항상 전자책이 업계에 위협보다 득이 된다는 견해를 갖고 있었다. 이러한 유료 생태계를 창조하는 비용은 다른 사람이 지불했고 이로써 소비자는 불법적으로 디지털 콘텐츠를 구할 필요가 없어졌으며 출판사에게는 새로운 수익원을 열렸기 때문에 출판사로서는 행운이었다.

 그러나 결국 이것은 형태의 혁명이 아닌 포맷의 혁명으로 끝날 것인가? 이 질문에 아직 확실하게 대답할 수 없는 이유가 두 가지 있다. 그리고 우리가 이제까지 그린 그림이 기껏해야 불완전한 이유도 한 가지 있다. 첫째 이유는 현재 전자책 판매 패턴의 정체, 특히 인쇄책 판매 대비 전자책 판매의 정체가 현재의 소매 환경이 지속되는지 여부에 달려 있기 때문이다. 현재의 소매 환경은 2011년 보더스가 파산하고 많은 반스 앤 노블 매장이 폐쇄되었음에도 불구하고 체인 서점과 독립 서점 둘 다 오프라인 매장이 많다는 것으로 특징지을 수 있다. 아마존이 많은 시판용 출판사의 단일 최대 고객이 되었지만, 지속적으로 존재하는 다수의 서점은 출판사의 책을 진열할 수 있는 중요한 창구가 되고 있다. 그리고 이것은 출판사들의 인쇄책이 서점의 전시 공간과 서가 덕분에 소매점에서 계속 노출될 수 있음을 의미한다. 이런 소매 환경은 향후 몇 년 동안 크게 바뀔 것인가? 예를 들어 반스 앤 노블 또는 워터스톤스가 극적으로 규모를 줄이거나 심지어 문을 닫게 될 것인가, 아니면 서점들이 다른 이유로 문을 닫을 수밖에 없게 될 것인가? 그렇게 되면 물리적 책의 판매에 중요한 영향을 끼칠 수 있다. 그런 경우 물리적 책 판매와 전자책 판매 사이에 어떤 일이 벌어질지, 이 변화로 책의 다양한 범주가 어떤 영향을 받을지 우리는 알지 못한다.

 이 질문에 분명하게 답할 수 없는 둘째 이유는 서점들의 미래가 어떠할지 모르기 때문이다. 지금까지의 증거를 바탕으로 전자책은 책의 새로운 형태가 아닌 책의 또 다른 포맷으로 이해하는 것이 가장 낫다는 좋은 가설이 있긴 하지만, 이 판단이 장기적으로 유지될지는 미래만이 답할 수 있다. 이제까지 우리가 그린 그림은 한 가지 아주 중요한 점에서 불완전하다. 우리는 한 대형 시판용 출판사의 자료에 의존해 왔다. 그리고 이 출판사의 중심성과 출간 목록의 특성을 고려할 때 이 출판사의 경험이 다른 대형 시판용 출판사들의 경험과 비슷할 것이라고 가정하는 것은 합리적이다. 그러나 도서 시장은 대형 시판용 출판사의 상품으로만 채워져 있지 않다. 도서 시장은 많은 소규모 출판사 및 중간 규모 출판사의 출판물들로 채워져 있다. 그리고 결정적으로 아마존의 킨들 다이렉트 퍼블리싱Kindle Direct Publishing(KDP)에서부터 수많은 다른 플랫폼에 이르기까지 다양한 종류의 자가 출판 플랫폼을 사용하는 많은 자가 출판사와 많은 작가들의 출판물들로 차 있다(여기에 대해서는 제7장에서 더 자세히 살펴볼 것이다).

많은 중소 규모 출판사의 경험은 '올림픽' 같은 대형 시판용 출판사의 경험과 크게 다르지 않을 수 있다. 하지만 자가 출판의 세계는 완전히 다른 문제이다. KDP를 포함한 많은 자가 출판 플랫폼은 전자책으로만 출판을 하고 있으며,[13] 일부 자가 출판 전자책은 베스트셀러가 되기도 했다.[14] 따라서 자가 출판 세계의 패턴은 대형 시판용 출판사의 패턴, 즉 인쇄책과 전자책 두 가지 포맷으로 출판하고 있으며 인쇄책이 주요 수익원인 패턴과 상당히 다를 것이다. 자가 출판 세계의 패턴은 또한 미국출판협회Association of American Publishers(AAP) 같은 전문 기관이 제공하는 자료에 나타나는 패턴과도 다를 수 있다. AAP의 자료는 전통적인 출판사들로부터 산출한 것이므로 자가 출판을 고려하지 않았기

---

13   아마존이 크리에이트 스페이스(CreateSpace)라는 인쇄 전문 자가 출판 플랫폼을 병행해서 개발했지만, KDP를 통해 출판하는 많은 작가들은 인쇄판을 출시하지 않았다. 여기에 대해서는 제7장에서 다룬다.

14   이에 대한 자세한 내용은 제7장에서 다시 다룬다.

때문이다. 따라서 전자책으로 출판된 비율이 높음에도 불구하고 전자책 판매 패턴에 대한 계산에는 고려되지 않은 자료가 상당히 많을 수 있다. 실질적인 차이가 얼마나 클까? 그것은 아무도 모른다. 그 규모를 추산하려고 노력할 수는 있지만(제7장에서 이에 대해 다시 다룰 것이다) 어떤 추산도 매우 대략적인 추측이 될 것이다. 다만 자신 있게 말할 수 있는 것은 그 차이가 작지 않다는 것이다. 자가 출판은 물에 잠겨 있는 대륙과도 같아서, 그 진정한 규모를 알게 된다면 이제까지 우리가 했던 모든 계산을 매우 다른 관점에서 바라보게 만들 것이다.

이 점이 중요한 또 다른 이유가 있다. 2012년 법무부가 애플 및 다섯 곳의 대형 시판용 출판사를 상대로 소송을 제기한 이후(제5장 참조), 이 출판사들은 2년 동안 소매업체가 전자책을 어느 정도 할인하도록 허용하는 대행 계약agency agreement의 수정된 버전을 채택해야 했다. 2014년 이 요구 사항이 만료되자 모든 대형 시판용 출판사는 완전한 대행 계약으로 옮겨갔다. 이는 합의된 범위 내에서 전자책의 가격을 책정하고 소매업체에게는 더 이상 할인을 허용하지 않는다는 것을 뜻했다. 이것은 특히 2014년부터는 대형 시판용 출판사들에서 출간된 새로운 전자책이 일반적으로 자가 출판 전자책보다 훨씬 비싼 가격에 판매되었음을 의미했다. 그 차이를 보면, 자가 출판한 작가의 새 전자책은 3.99달러나 2.99달러, 또는 그 이하인 데 비해 대형 시판용 출판사에서 새로 출간한 전자책은 13~14달러 정도였다. 그리고 킨들 언리미티드Kindle Unlimited에 가입할 경우 킨들에서 자가 출판된 대부분의 책을 월 9.99달러(30일 무료 평가판 포함)에 무료로 이용할 수 있다는 사실을 고려하면, 킨들에서 자가 출판된 책의 부수당 비용은 전통적인 출판사들이 발행한 전자책의 부수당 비용보다 매우 적었다. 물론 얼마나 저렴하든지 간에 독자들이 그 자료를 읽기 원하는지 여부에 대한 의문은 있다. 그러나 현재 가격 차이가 그렇게 크다는 사실은, 자가 출판 전자책이 전자책 케이크(그 케이크가 크든 적든 간에)의 점유율을 더 크게 차지하게 되면 전통적 시판용 출판사들의 전자책 판매를 축소시키는 효과를 초래할 가능성이 높다는 것을 의미한다.

특정 연도에 자가 출판 도서를 포함해 미국에서 발행되고 판매된 모든 책을 고려할 수 있다면 이 단계에서 도서 총 매출에 대한 전자책 판매의 총체적인 그림이 부수나 달러 양쪽으로 어떻게 바뀔지, 그리고 도서 범주에 따라 그 그림이 어떻게 달라질지 우리는 알지 못한다. 우리는 여전히 고원 효과[일정 기간 성장을 지속하다가 어느 순간 발전 없이 평평한 모양을 보이는 현상_옮긴이]를 볼 수도 있다. 하지만 자가 출판 세계에서 인기 있는 로맨스나 미스터리 같은 특정 도서 범주에서는 전자책이 정체되기 시작하는 수준이 훨씬 더 높을지도 모른다. 실제로 로맨스와 미스터리 같은 특정 범주에서 전통적인 출판사들의 전자책 판매가 하락하는 것은 전자책 판매의 전반적인 하락이라기보다는 전통적인 출판사에서 자가 출판사로 수익이 이동했음을 입증하고 있다. 이는 독자들이 전통적인 출판사들이 발행한 고가의 전자책에서 KDP 및 기타 자가 출판 플랫폼을 통해 출판된 훨씬 저렴한 전자책으로 옮겨갔기 때문이다. 여기에 대해서는 적절한 때에 다시 다룰 것이다.

영국 및 다른 국가의 전자책 판매 패턴

이제까지 우리는 미국 시판용 출판에서 나타난 전자책 판매 패턴을 살펴보았다. 하지만 미국의 경우는 다소 예외적이다. 이제까지 미국에서는 전자책 판매의 활용도가 다른 곳보다 훨씬 강력했다. 북미 이외의 시장을 보면 영국의 전자책 판매 패턴이 미국과 가장 유사하다. 이것은 전혀 놀라운 일이 아니다. 영국과 미국의 도서 시장은 많은 유사성을 공유하고 있다. 양쪽 시장의 대형 시판용 출판사는 동일한 대형 다국적 기업에 속해 있으며, 아마존은 영국과 미국 양쪽에서 주요 소매업체이다. 하지만 시간상의 차이는 있다. 2010년 이전에는 영국에서 전자책 판매가 미미했으나, 2011년부터 크게 증가하기 시작했다. 이렇게 지체된 이유는 아마존이 미국에서 킨들을 출시하고 나서 거의 3년 후인 2010년 8월까지도 영국에서 킨들을 출시하지 않았다는 사실로 부분적으로 설명할 수 있다. 당시 소니 리더와 아이패드 모두 이미 영국에서 사용 가능했지만(소니 리더는 2008년 9월, 아이패드는 2010년 5월 영국에서 출시되었다) 영국에서 전자책 판매가 급증한 것은 킨들이 도입된 이후의 일이었다.

그렇다면 이것은 영국의 전자책 판매 패턴이 미국의 패턴보다 단순히 1~2년 뒤처진 것이며 결국은 미국을 따라잡을 것임을 의미할까? 이렇게 생각한 사람들이 많았지만 증거에 따르면 이런 가정이 전적으로 맞지는 않다. 〈표 1.8〉과 〈그림 1.12a〉, 〈그림 1.12b〉, 〈그림 1.12c〉는 닐슨Nielsen과 영국출판협회Publishers Association(PA)의 자료를 근거로 2008년부터 2018년까지 영국의 전체 도서 매출에서 전자책 매출이 차지한 비율을 보여준다.[15] 이들 수치는 영국의 전자책 급증이 미국과 아주 유

---

15 *PA Statistics Yearbook 2015* (London: The Publishers Association, 2016)와 *PA Statistics Yearbook 2018* (London: The Publishers Association, 2019)에서 관련된 자료들을 찾을 수

표 1.8 | 영국 시판용 도서에서 전자책이 차지하는 매출 및 비율(2008~2018)

표 1.8 | 영국 시판용 도서에서 전자책이 차지하는 매출 및 비율(2008~2018)

연도	도서 총계 (백만 파운드)	전자책 (백만 파운드)	전자책 (%)	성장률 (%)
2008	1717	0.7	0	
2009	1684	3.1	0	342.9
2010	1727	22.5	1.3	625.8
2011	1700	106.7	6.3	374.2
2012	1847	250	13.5	134.3
2013	1766	296	16.8	18.4
2014	1709	312	18.3	5.4
2015	1751	299	17.1	-4.2
2016	1872	276	14.7	-7.7
2017	1912	256	13.4	-7.2
2018	1910	251	13.1	-2

자료: Publishers Association(PA)

그림 1.12a | 영국 시판용 도서에서 전자책이 차지하는 매출(2008~2018)　　　단위: 백만 파운드

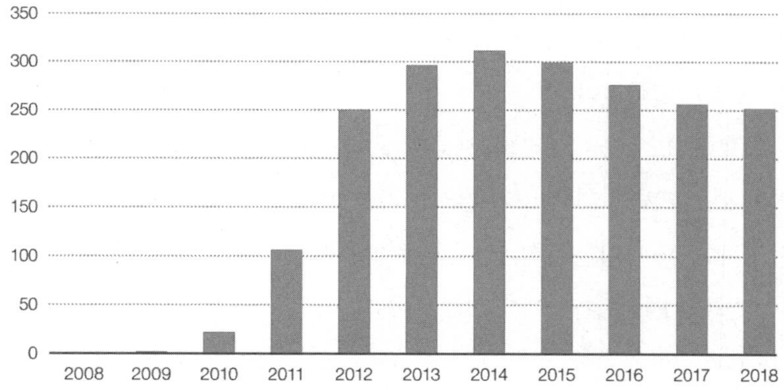

있다. 하지만 『출판통계연감(PA Statistics Yearbook)』에서 '디지털 판매'는 전자책 이상의 것을 포함한다. '디지털 판매'에는 전자책, 오디오북 다운로드, 책의 전체/일부 다운로드, 온라인 도서출판물에 대한 구독 및 접근, 온라인 또는 CD를 통해 배급되는 기타 온전한 디지털 자료가 포함된다(*PA Statistics Yearbook 2018*, Technical Appendix A, p.83). 나의 수치는 닐슨과 영국출판협회가 제공한 추가 자료를 근거로 하는데, 이들 자료에서는 소비자용 전자책 판매를 '디지털 판매'라는 넓은 범주와 구분하고 있다.

그림 1.12b | 영국의 시판용 도서 매출에서 전자책 매출이 차지하는 비율

단위: %

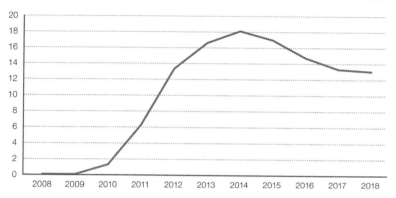

그림 1.12c | 영국의 전자책 매출 및 전자책 매출 성장률

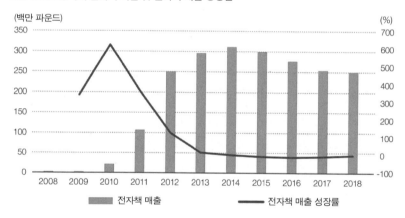

사한 패턴을 따랐음을 보여준다. 전자책 판매는 2010년 8월 킨들이 출시된 후 빠르게 증가해 2010년의 2200만 파운드에서 2011년 1억 600만 파운드, 2012년 2억 5000만 파운드로 급증했으며, 2011년에는 약 375%, 2012년에는 135%의 성장률을 보였다. 그 후 성장은 빠르게 둔화

되었고 전자책 판매는 2014년 3억 1200만 파운드로 정점을 찍은 후 다시 하락해서 2015년에는 4%, 2016년과 2017년에는 7% 감소했다.

전체 도서 판매에서 차지하는 비중을 보면, 전자책은 2011년 영국 총 매출에서 6.3%를 차지했다. 이는 2012년에 13.5로 급증한 다음 2014년 18.3%에 도달할 때까지 계속 증가했는데 2017년과 2018년에 약 13%로 다시 떨어졌다. 따라서 초기에 급증하다가 정체된 후 완만하게 하락하는 패턴이라는 점에서 미국과 대체로 비슷하다. 하지만 두 가지 중요한 차이가 있다. 첫째, 시간상의 차이가 있다는 점이다. 영국에서는 시작과 정체가 미국보다 1~2년 늦었다. 미국에서는 2009~2010년에 전자책이 부상해 2012년 정점에 이른 후 2014년까지 정체되다가 그 후에 하락하기 시작했다. 반면 영국에서는 2010~2011년에 전자책이 부상해 2014년에 정점을 찍은 후 그 후에 하락하기 시작했다.

둘째, 전자책 판매가 정체되기 시작했을 때 정체되는 수준이 영국은 미국처럼 높지 않고 낮았다는 점이다. 영국은 2014년 18.3%에서 정체되었다가 2017~2018년에 약 13%로 떨어졌다. 이는 미국에서 도달했던 최고점보다 훨씬 낮은 것으로, 미국에서는 전자책 판매가 2014년 24.1%에서 정체하다가 2017년과 2018년 약 15%로 다시 하락했다.

영국출판협회의 자료는 전자책 판매를 도서의 넓은 범주에 따라 분류하는데, 여기서 우리의 목적과 관련 있는 범주는 소설, 비소설/참고서, 그리고 아동 도서이다. 〈표 1.9〉와 〈그림 1.13〉은 이 세 범주의 각각에서 인쇄책과 디지털을 합한 총 도서 판매 가운데 전자책이 차지하는 비율을 보여준다. 우리는 소설 분야에서 전자책의 급증이 훨씬 더 진행되었음을 알 수 있다. 소설 분야에서의 전자책 판매는 정체되기 전인 2014년과 2015년에 총 소설 판매의 40% 이상을 차지했다. 비소설/

표 1.9 | 도서 범주별 영국의 전자책 판매량(2008~2018)　　　　　　　　　　　단위: 백만 파운드

연도	소설	비소설/ 참고서	아동 도서	전체 소설 (인쇄책+ 디지털)	비소설/ 참고서 (인쇄책+ 디지털)	아동 도서 (인쇄책+ 디지털)	소설의 전자책 비중(%)	비소설/ 참고서의 전자책 비중(%)	아동 도서의 전자책 비중(%)
2008	2.8	1.6	0.1	524.8	868.9	323.0	0.6	0.2	0.0
2009	7.6	1.8	0.5	568.9	781.7	333.7	1.3	0.2	0.1
2010	22.0	8.0	1.8	570.5	823.6	332.8	3.9	1.0	0.5
2011	85.0	25.0	9.0	576.7	807.6	315.9	14.7	3.1	2.8
2012	205.0	47.0	14.4	710.1	814.2	324.0	28.9	5.8	4.4
2013	233.0	64.0	18.5	632.7	817.0	316.3	36.8	7.8	5.8
2014	248.0	63.0	25.0	611.5	745.6	353.0	40.6	8.4	7.1
2015	249.0	63.0	19.0	616.1	817.9	317.8	40.4	7.7	6.0
2016	234.0	65.0	18.0	593.7	908.3	370.0	39.4	7.2	5.0
2017	220.0	69.0	18.0	605.9	946.7	358.7	36.3	7.3	5.0
2018	229.0	75.0	17.0	588.0	953.8	368.4	38.9	7.9	4.6

자료: Publishers Association(PA)

그림 1.13 | 도서 범주별 영국 총 매출에서 전자책 매출이 차지하는 비율(2008~2018)　　단위: %

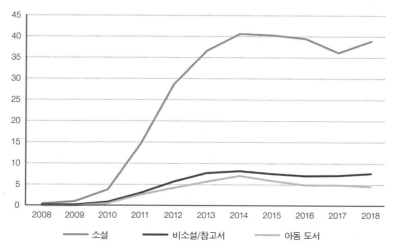

제1장 | 전자책의 불안한 증가　107

참고서 범주에서는 전자책 판매가 2014년 총 매출의 8.4%로 상승했다가 이후 소폭 떨어졌다. 전자책 활용이 가장 낮은 부문은 아동 도서 범주였는데, 전자책 판매는 2014년 전체 판매의 7.1%를 차지했다가 2016년 이후에는 5% 이하로 떨어졌다.

이들 각 범주에서는 고전적인 S곡선이 나타나는데, 그중에서도 소설에서 가장 분명하게 나타난다. 전자책 판매는 2011년과 2013년 사이에 빠르게 성장하고 2014년에 정점에 이르렀다가 2015년부터 정체되기 시작했다. 이 패턴은 미국과 매우 비슷하지만 약 1년 뒤로 시간이 늦춰졌으며 미국에서보다 낮은 수준으로 정체되었다.

미국과 영국 외의 국가에서는 전자책의 활용이 이보다 훨씬 더 적었다. 미국이나 영국과 엄격히 비교할 만한 정확한 자료를 얻기가 어려웠는데, 자료를 수집하는 데 사용되는 방법이 나라마다 다르기 때문이다. 뤼디거 비센바르트Rüdiger Wischenbart와 그의 동료들은 전자책 시장 추세에 대한 아마도 가장 완벽한 비교 분석을 내놓았으며, 그들의 분석은 매년 「글로벌 전자책Global eBook」 보고서에 정기적으로 업데이트되었다.[16] 〈표 1.10〉은 유럽 5개국의 전체 시판용 도서 시장에서 전자책이 차지하는 비율을 보여주는 일부 결과를 요약한 것이다. 비센바르트와 그의 동료들의 연구 결과에 따르면, 많은 유럽 국가에서 전자책은 시판용 판매의 약 5%를 차지하고 있다. 하지만 이런 종류의 전체 비율은 책의 범주나 출판사 간에 나타나는 큰 차이를 은폐한다. 미국과 영국에서처럼 전

---

16 Rüdiger Wischenbart, Carlo Carrenho, Javier Celaya, Yanhong Kong and Miha Kovac, *Global eBook 2017: A Report on Market Trends and Developments*, at www.global-ebook.com.

표 1.10 | 일부 유럽 시장에서 전자책이 차지하는 점유율 추정(2016)

국가	전체 시판용 시장에서 전자책이 차지하는 비율
독일	4.6%
프랑스	3.1%
이탈리아	4%
스페인	6%
네덜란드	6.6%

자료: *Global eBook 2017*

자책 판매 비율이 가장 높은 범주는 일반 소설과 로맨스 소설, 미스터리, SF, 판타지 같은 장르 소설이다.

전자책의 성장이 일부 비영어권 시장에서 느려지고 있으며 아마도 미국이나 영국보다 상당히 낮은 수준에서 정체되고 있음을 보여주는 증거도 있다. 〈그림 1.14〉는 2010~2016년 독일 시판용 시장의 총 매출에서 전자책이 차지하는 비율을 보여준다.[17] 이 그림은 전자책이 독일에서 2011년에 시작되었으며 2011년 1% 미만에서 2014년에 약 4%로 증가했음을 보여준다. 그런 다음 정체되어 2016년까지 4.6%까지만 증가했다. 독일출판서적상협회Börsenverein des Deutschen Buchhandels가 2013년에 조사한 일부 출판사는 전자책 판매를 더 높게 보고하기도 했다(총 매출의 10%에 가까웠다). 하지만 어떤 경우이든 그 수치는 미국이나 영국에서 전자책 판매가 정체되기 전에 도달했던 비율보다 훨씬 낮았다.[18] 2015년 말까지 독일의 모든 시판용 출판사는 전자책 판매가 대체로 더 정체되었다고 느꼈다.

---

17   Börsenverein, p.65.
18   같은 자료.

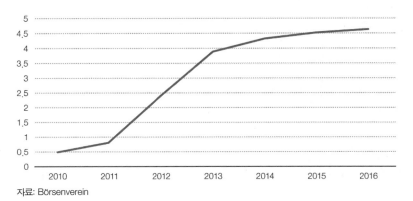

그림 1.14 | 독일 시판용 시장의 총 매출에서 전자책 매출이 차지하는 비율(2010~2016)　단위: %

자료: Börsenverein

　　세계 다른 지역의 패턴은 비교하기 어려운데, 이는 자료를 수집하는 근거가 다를 수 있기 때문이기도 하고, 하부구조와 시장이 종종 매우 다르기 때문이기도 하다. 예를 들어 브라질에서는 디지털 판매가 아마도 2016년 시판용 출판사 매출의 약 3%를 차지했을 것이다.[19] 인도와 중국 같은 다른 대규모 시장의 경우 신뢰성 있고 비교 가능한 자료를 얻기가 어렵다. 비셴바르트와 그의 동료들은 인도에서는 전자책 판매가 2015년 총 매출의 1% 미만일 것으로 추산했으며,[20] 중국에서는 시판용 도서에서 전자책 판매가 차지하는 비중이 2014년 약 1%일 것으로 추산했다.[21] 하지만 이러한 추정치가 얼마나 정확한지는 알 수 없다.

19　Wischenbart et al., *Global eBook 2017*, p.100.

20　Rüdiger Wischenbart, Carlo Carrenho, Dayou Chen, Javier Celaya, Yanhong Kong, Miha Kovac and Vinutha Mallya, *Global eBook 2016: A Report on Market Trends and Developments*, pp.107, 110, at www.global-ebook.com.

21　Rudiger Wischenbart, Carlo Carrenho, Javier Celaya, Miha Kovac and Vinutha Mallya,

중국에서 가장 일반적인 독서기기는 전용 독서기기가 아닌 스마트폰이며, 중국의 2대 통신사 중 하나인 차이나모바일은 가장 큰 온라인 이동식 독서 플랫폼을 보유하고 있다. 중국은 2018년까지 스마트폰 이용자가 7억 명 이상이며 미국에 이어 세계에서 두 번째로 큰 도서 시장을 갖고 있다. 따라서 중국에서의 전자책 매출이 지금까지는 미미했더라도 디지털 독서의 성장 잠재력은 상당할 것으로 보인다.

유럽 및 다른 지역의 패턴을 대략적으로만 보더라도 디지털 혁명이 세계 여러 국가와 지역에서 도서출판산업에 영향을 끼친 방식에는 엄청난 차이가 있으며 미국의 경험을 일반화할 수 없다는 것을 분명히 알 수 있다. 실제로 미국의 경험은 전 세계적으로 미래 발전의 조짐과는 너무 멀어서 하나의 예외로 판명될지도 모른다. 전자책이 전통적인 인쇄 종이책을 대체하는 정도는 책의 종류에만 좌우되는 것이 아니라 다수의 요인에 달려 있다. 이러한 요인으로는 아마존 같은 대기업의 역할, 대기업이 플랫폼과 배급 시스템을 개발하는 데 투자한 정도나 투자할 의향의 정도, 현지 사람들에게 매력적이고 저렴한 독서기기의 가용성, 적절한 언어와 포맷으로 이루어진 바람직한 콘텐츠의 가용성, 다양한 가격 정책과 적용 가능한 과세제도, 특히 도서 할인을 금지하거나 제한하는 도서정가제의 존재 여부 등을 들 수 있다.

도서정가제만으로도 전자책의 매력도에 커다란 차이를 만들 수 있다. 그리고 독자들의 문화적 취향, 선호도, 관행은 말할 것도 없고 정부와 입법부, 관행을 통제하고 분쟁을 판결하는 사법 당국의 역할 모두

Global eBook 2015: A Report on Market Trends and Developments, p.118, at www.global-ebook.com.

국가, 지역 문화, 언어 체제에 따라 상당히 다를 수 있다. 디지털 혁명이 기술 쓰나미처럼 휩쓸고 지나간 모든 곳에서 동일한 방식으로 출판 산업이 혼란에 빠질 것이라고 가정할 이유는 없다. 그리고 이제까지의 증거는 이러한 일이 실제로 벌어지지 않고 있다는 것을 보여준다. 시판용 출판은 디지털 활용 수준에서 하나의 일관된 패턴을 보이기보다 엄청난 차이를 보인다. 미국, 그리고 좀 더 작은 정도로 영국은 전자책이 주요 매출 흐름을 보인 국가이지만 적어도 당분간은 급증이 진정된 국가이기도 하다.

제 2 장

책을 다시 창조하다

앞 장에서 나는 전자책이 책의 새로운 형태라기보다는 또 다른 포맷으로 보인다고 주장하면서 디지털 혁명이 '책'을 다시 창조할 수도 있는 좀 더 급진적인 가능성은 한편으로 제쳐놓았다. 전자책은 일반적으로 물리적 사물이 아닌 디지털 파일로 독자에게 전달되는 것으로, 그리고 인쇄된 종이책의 물리적 페이지를 넘기는 것이 아닌 화면 위에서 읽는 것으로 이해되고 있다. 이런 면에서 전자책은 인쇄된 종이책의 물리적 특성에서 파생된 것이라 할 수 있으며 이러한 특성에 의해 제약을 받는다. 왜냐하면 전자책은 인쇄된 책과 동일한 콘텐츠 및 동일한 핵심 파일을 기반으로 하고 있으며, 또한 전자책 판매 회사 및 독서기기가 설정한 파일의 요구에 맞게 단순히 변환된 것이기 때문이다. 이런 면에서 전자책은 앵거스 필립스Angus Phillips가 '바닐라 전자책vanilla ebook'이라고 부른 인쇄된 텍스트의 복제물일 뿐이다.[1] 복제물로서의 전자책은 모든 면에서 인쇄된 텍스트와 반드시 동일하지는 않다. 표지, 페이지 매김, 활자체 같은 일부 세부 사항이 다를 수 있으며, 헌사, 명구, 삽화, 장 제목, 주석의 스타일과 위치 같은 기타 준텍스트 기능도 다를 수 있다. 이러한 차이 중 일부가 문학 및 서지학자들에게는 의미 있을지 모르지만 복제물로서의 전자책이 인쇄책의 텍스트 내용에 묶여 있다는 사실을

---

1   Angus Phillips, *Turning the Page: The Evolution of the Book* (Abingdon: Routledge, 2014).

바꾸지는 않는다.

그러나 전자 형태로 만들어지고 전달되며 읽히는 책이 인쇄 종이책의 물리적 특성과 텍스트 내용에서 파생되어야 하는 것은 아니다. 그러한 책은 다른 방식으로 만들어질 수 있고 일련의 서로 다른 속성을 부여받을 수도 있다. 이 작업을 수행할 수 있는 방법은 많다. 그 방법 중 일부는 이미 시도되었고 일부는 아직 발명되지 않았다.

새로운 종류의 책을 만드는 간단한 방법 중 하나는 전자책을 선형 텍스트로 개발하되 디지털 형태로만 개발해서 텍스트의 속성을 시험해 보는 것이다. 예를 들면 텍스트를 1만 개의 단어 정도로 짧게 만들어 그 속성을 시험할 수 있을 것이며, 그 텍스트를 '디지털 단편' 또는 'e-싱글'이라고 불리는 전자책 유형 가운데 하나로 저렴한 가격에 판매할 수 있을 것이다.

새로운 종류의 책을 만드는 또 다른 방법은 소설이든 비소설이든 기존의 책으로 시작하는 것이다. 여기에 오디오 클립, 영상 클립, 팝업 그래픽, 애니메이션 등 다양한 종류의 멀티미디어 기능을 추가함으로써 전자책 버전을 풍부하게 만드는 것이다. 비즈니스에서는 이것을 일반적으로 '기능 향상 전자책'이라고 지칭한다. 멀티미디어 기능을 재생할 수 있는 아이패드와 킨들 파이어Kindle Fire, 누크 태블릿Nook Tablet, 구글 넥서스Google Nexus 같은 컬러 태블릿이 널리 보급되면서 기능 향상 전자책은 많은 출판사들이 추구해야 하는 약속의 땅으로 보였고 실제로 2011년부터 이러한 종류의 실험이 아주 많이 일어났다.

책을 재창조하는 세 번째 방법은 좀 더 급진적이다. 이 방법은 깨끗한 상태에서 다음과 같이 묻는 것으로 시작한다. 디지털 매체, 기존 운영체계, 독서기기가 제공하는 기능과 가능성을 모두 활용해서 책을 만

그림 2.1 | 책의 실험적 형태

인쇄된 텍스트를 복제한   디지털 단편   기능 향상 전자책   완전히 재창조된
복제물로서의 전자책   앱 형태의 책

드는 방법은 무엇일까? 이 방법은 기존의 인쇄책에서 출발해서 디지털 독서 경험을 향상시키기 위해 노력하는 대신, 디지털 독서 경험에서 출발해서 그 경험을 향상시키기 위한 책을 만들려고 할 것이다. 여기서 책은 인쇄매체를 위한 텍스트가 아닌 완전히 다른 어떤 것으로서 삶을 시작할 것이다. 예를 들면 앱에서는 텍스트가 디지털 매체에만 있고 화면에만 존재하는 읽기 및 사용자 경험의 일부이며, 종이에 직접 인쇄된 등가물은 없다.

복제물로서의 전자책과 앱 형태의 책이라는 양 극단 사이에는 수많은 변형과 순열이 있다. 실제로 여기에는 가능성의 완전한 스펙트럼이 존재하는데, 한쪽 끝은 인쇄된 텍스트를 단순히 복제한 전자책에서부터 다른 쪽 끝은 완전히 재창조된 디지털 책에 이르기까지 다양하다. 그 중간 영역은 디지털 단편, 기능 향상 전자책 및 기타 실험적인 형태가 차지한다(〈그림 2.1〉 참조).

이 장에서 나는 이들 책에 대한 실험적 형태, 즉 바닐라 전자책이 아니라 딸기 전자책, 레몬 셔벗 전자책, 체리 초콜릿 전자책 등을 탐색하기를 원한다. 나는 주류 출판사들이 수행해 온 몇 가지 시도를 살펴볼 예정이다. 주류 출판사들은 업계 외부의 많은 사람들이 생각하는 것보다 새로운 형태를 실험하는 데 좀 더 적극적이었다. 그러나 나는 또한 많은 창업회사 중 일부에 대해서도 살펴보려 한다. 이 창업회사들은 디지털 매체의 독특한 특성과 행위 유도성에 적합하면서 이를 활용하는 새로운 종류의 책을 만들려는 목적을 가지고 출범했다. 어떤 면에서 보면 창업회사는 기존 인쇄 기술에 투자하지 않았고 따라서 깨끗한 상태에서 자유롭게 실험할 수 있었기 때문에 주류 출판사보다 제약이 덜했다. 그러나 주류 출판사와 달리 창업회사는 새로운 사업이 성공하지 못할 경우 후퇴할 인쇄 사업을 갖고 있지 않았다. 따라서 재정적 상황이 더 불안정했다.

이런 실험적 형태를 조사하면서 나는 물론 형태 자체의 독특한 특성에 관심을 기울일 테지만 이들 형태의 특성에만 관심을 제한하지는 않을 것이며 기술적 행위 유도성에 기반해 할 수 있는 것을 추상적으로 추측하지도 않을 것이다. 이러한 종류의 탈맥락화된 분석이 일반적이지만 이러한 분석은 이 영역에서 실제로 일어났던 일, 그리고 가까운 장래에 일어날 수 있는 일을 이해하는 데에서는 제한된 가치만 지닌다. 내 접근법은 다르다. 나는 이처럼 혁신적인 새로운 형태의 책을 개발하려 하거나 개발했던 조직 내부로 들어가서 그 책을 개발하는 데 관여한 사람들과 이야기를 나누고, 그들이 달성하려고 했던 바가 무엇인지, 왜 그것을 하려고 했는지, 그들이 성공했는지, 성공하지 못했다면 그 이유는 무엇인지 알아낸다. 그래야만 디지털 시대에 책이 정말 재창조되고 있는지, 책의 형태가 인쇄 매체의 형태를 유지하기보다 디지털 매체에 맞게 새로 디자인되고 있는지, 디지털 시대에 발명될 수 있는 새로운 형태가 짧은 실험 과정을 넘어 살아남을 가능성이 있는지를 이해하게 될 것이다.

훌륭한 아이디어를 가지는 것과 새로운 디지털 기술을 사용해서 만들 수 있는 새로운 문학적 형태를 꿈꾸는 것은 별개의 일이다. 이 형태를 구현하는 실행 가능한 제품을 고안하는 것, 이 형태를 생산하는 안정된 조직 구조를 구축하는 것, 이 형태가 지속가능한 문화적 산출물이 될 수 있도록 충분한 수익원을 찾는 것 또한 아주 다른 일이다. 위대한 아이디어를 생각해 내는 것과 그 아이디어가 실제로 작동하게 만드는 것은 완전히 다른 문제이다.

디지털 단편의 생애와 수명

톰은 영국의 대형 시판용 출판사에서 디지털 출판을 맡고 있다. 그는 2011년에 이 회사에 입사했는데, 이전에는 소규모 기술 혁신 독립 회사에서 일하면서 디지털 전략을 개척했으며, 디지털 미래에 대한 혁신가이자 최첨단 사고를 가진 사람으로 업계에서 명성을 얻은 바 있다. 훨씬 큰 출판사의 디지털 담당자로 영입된 톰은 이제 맨션 하우스 Mansion House를 새로운 발전의 최전방에 세우기 위해 새로운 디지털 시도들을 창의적으로 사고해야 하는 책임을 지고 있었다. 그가 가장 먼저 한 일 중 하나는 각각 1만 개의 단어로 된 단편 시리즈를 전자책으로만 발행하도록 의뢰한 것이었다. 톰은 "이는 장문의 저널리즘으로, 나는 이것을 기회의 영역으로 보았습니다"라고 설명했다. 이 단편들은 대부분 시사 문제를 다루는 비소설 책으로, 매우 빠르게 출판될 수 있었고, 당시 2.99파운드 또는 5달러 미만으로 가격이 저렴했다. 이러한 단편은 꽤 잘되어서 대부분 수천 부씩 팔렸다. 유명한 작가가 쓴 한 작품은 5000부 이상 팔렸다. 그런 후 톰은 맨션 하우스의 기록 보관소에 있는 자료를 찾아서 시리즈를 확대하기 시작했다. 대부분 저명한 작가들이 쓴 작품 가운데 디지털 단편으로 재포장할 수 있는 책을 소액의 재계약 선금을 지불하고 전자책으로 출간하는 것이었다. 이 책들 중 일부는 아주 좋은 성과를 거두었다. 한 책은 1만 부 이상 판매되었다. 비소설 디지털 단편의 경우 톰이 경험한 범위에서는 안 팔리면 수천 부였고 잘 팔리면 1만 부였다. 이것은 선금과 재계약금이 낮다면 실행 가능했으나, 전반적인 매출은 제한되어 있었고 특히 낮은 가격을 고려하면 수익이 소소했다.

하지만 소설에서는 달랐다. 톰이 장문의 저널리즘으로 시리즈를 개발하던 것과 같은 시기에 맨션 하우스의 한 사업 부문의 동료들은 저명한 소설 작가 몇 명의 단편을 디지털 전용 전자책으로만 출시하는 계획을 진행하고 있었다. 그 구상은 수십만 권을 판매하는 유명 작가(예를 들면 범죄 스릴러 작가)에게 가서 7500~1만 개의 단어로 된 짧은 이야기를 쓰도록 요청하는 것이다. 가급적이면 앞으로 나올 책의 주제를 다루는 예고편이나 스핀오프[원작을 바탕으로 새롭게 파생된 작품_옮긴이]가 바람직했다. 그들은 선주문으로 연결되는 새 책에 대한 예고편을 추가했다. 이 예고편은 새로운 소설이 출간되기 몇 달 전에 공개되고 99펜스에서 1.99파운드 사이에 팬들에게 판매되어 앞으로 나올 책에 대한 관심을 자극하는 수단으로 사용되었다. 톰은 "이것은 수익화 마케팅의 일종으로, 대단히 효과적인 전략입니다. 이 예고편을 10만 개 이상 판매하고 나서 선주문을 받습니다. 그러면 선주문 수가 세 배에 달합니다"라고 주장했다. 이것은 윈윈 상황이다. 이것은 인쇄 세계에서는 없었던 상당한 규모의 새로운 수익원을 창출하는 동시에 새로운 소설을 위한 펌프를 준비하는 것이다. 이는 결국 책의 판매 증가로 이어지는 선주문을 만들어낸다.

다른 출판사들도 2010년대 초에 디지털 단편으로 비슷한 실험을 수행했고 대략 유사한 결과를 얻었다. 분명 전자책으로만 출판되고 매우 저렴하게 판매되는 단편 책 시장이 있었다. 이러한 책은 대부분 7500~1만 개의 단어로 구성되어 있어 영어 인쇄책으로 출판하기에는 분량이 너무 짧았기 때문에 인쇄 세계에는 존재하지 않았을 책이다.[2] 이것이 새로운 종류의 출판, 즉 디지털 단편을 기반으로 세워진 새로운 출판 사업의 기반이 될 수 있을까?

존 태이먼John Tayman은 2006년 말과 2007년 초 이러한 생각을 마음속에 잉태하고 있었다. 존은 출판업자가 아닌 작가였는데, 그는 기존의 비소설 책은 조사하고 저술하는 데 일반적으로 수년씩 걸린다는 사실 때문에 좌절하고 있었다. 그는 경력 초기에 잡지 편집인이었기 때문에 발전할 수 있는 흥미로운 아이디어 폴더를 유지하는 습관이 있었다. 하지만 이러한 아이디어는 대부분 아무도 찾지 않는 일종의 문학이 되어 버렸다. 그 아이디어들은 짧은 잡지 기사로는 너무 복잡했지만 제대로 된 책을 만들 만큼 시간이나 노력을 소요할 가치는 없었다. 존은 독서광이기도 했지만 자신이 구매해서 침실용 탁자 위에 쌓아둔 책들 대부분은 한 번도 읽지 않은 것이었다. 책을 한 권 읽는 데에는 7~8일 또는 열흘 정도 걸렸고, 그는 모든 책을 읽을 시간이 없었다. 존은 '이보다 더 빨리 읽을 수 있는 이야기가 있었으면 좋겠다. 독서도 영화를 보는

---

2 프랑스어나 스페인어 같은 다른 언어에서는 1만 개의 단어로 된 아주 짧은 단편 또는 그 이하의 초단편이 드물지 않다. 하지만 영어 시판용 출판에서는 인쇄책 가운데 1만 개의 단어 이하인 책이 드물다.

것처럼 하고 싶다. 이야기를 시작, 중간, 결말까지 한번에 볼 수 있으면 좋겠다'라고 생각하기 시작했다. 그리고 이것이 바이라이너Byliner의 싹이 트기 시작한 시점이다.

하지만 시기가 너무 빨랐다. 당시는 2006년 말 2007년 초였는데, 킨들은 아직 출시되지 않았으며 아이패드가 출시된 것도 3년 뒤였다. 이런 종류의 단편을 독자들에게 제공할 수 있는 방법이 없었다. 검색 및 유통 체계가 존재하지 않았던 것이다. 그래서 존은 다른 일을 하는 동안 이 구상을 잠시 제쳐두었다. 2007년 11월 킨들이 나왔지만 킨들은 아마존 전용 기기라서 최선의 방법처럼 보이지 않았다. 아이패드의 첫 번째 버전이 2010년 초 등장하자 존은 적시라고 판단하고 시제품을 만들기 시작했다. 존은 작가, 친구, 투자자들을 설득해 초기 자금을 확보한 다음 수차례 추가 자금을 모금했고, 그 결과 벤처캐피털(VC) 자금으로 총 1100만 달러 가까이 유치했다.

존이 이야기를 나눈 작가들 중 한 사람은 도서출판사나 잡지 출판사가 제대로 제공하지 않는 프로젝트를 자신이 가지고 있으며 이 프로젝트는 도서출판사와 잡지 출판사의 중간 성격인 이 일에 완벽히 들어맞는다고 말했다. 따라서 그들은 완전한 플랫폼이 구축되기 전, 이 타이틀을 자신들의 첫 번째 책으로 만들어 출판했다. 이것이 2만 2000개의 단어로 된 존 크라카우어Jon Krakauer의『세 잔의 속임수Three Cups of Deceit』였다. 이 책은 큰 인기를 끌었다. 이 책은 그레그 모텐슨Greg Mortenson이 베스트셀러 회고록『세 잔의 차Three Cups of Tea』에서 자신의 변화와 자선에 대해 허위 진술한 내용과 문학적 위조를 폭로한 것이었다. 타이밍이 이보다 더 좋을 수는 없었다. 이 전자책은 2011년 4월 17일 CBS에서 모텐슨에 대한 60분짜리 기록 영화가 방영된 다음 날 출판되었고, 72시간 동안 무료 다운로드로 볼 수 있었다. 첫 3일 동안에는 7만 5000개의 사본이 다운로드되었다. 이것은 존이 기대했던 바를 훨씬 뛰어넘는 결과로, 바이라이너의 미래에 대한 좋은 예고였다. 이러한 순조로운 출발과 함께 바이라이너는 큰 성공을 거둘 프로젝트처럼 보였다.

다음 해에 존과 그의 동료들은 생산을 늘렸다. 그리고 주요 전자책 소매업체, 특히 아마존, 애플, 반스 앤 노블, 코보 등을 통해 책을 구매할 수 있도록 열심히 노력했다. 이 전자책 소매업체들은 앉은 자리에서 읽을 수 있는 단편 전자책 전용 서점이라는 특별 공간을 열었다. 바이라이너는 존이 'e-싱글'이라고 즐겨 부르는, 5000~3만 개의 단어로 된 단편을 위한 공간을 개척했다. 이들 단편은 빨리 쓰고 빨리 읽을 수 있었으며, 전자책으로만 출판되었다. 이것이 e-싱글의 원래 개념이었다. 존은 이렇게 설명했다. "우리는 작가 입장에서는 1~2년이 아니라 한두 달만 시간을 투자하면 자신의 책상에서 시작하고 끝낼 수 있는 책을, 그리고 독자 입장에서는 하룻밤이나 한나절만 시간을 투자하면 자신의 탁자에서 시작하고 끝낼 수 있는 책을 출판하기를 원합니다." 존은 벤처캐피털 자금을 사용해서 처음에는 3명을 고용했다(2명은 편집과 운영 담당, 1명은 기술 담당이었다). 그 후 더 많은 책을 출판하고 플랫폼을 구축하고 마케팅 및 기타 작업을 하게 됨에 따라 팀은 총 20명 정도로 커졌다. 그들은 일주일에 한 권씩 책을 출판하는 것을 목표로 삼았다. 하지만 이것은 너무 야심찬 목표로 판명되었고, 결국 열흘에서 2주 사이에 한 권씩 출간하는 패턴으로 정착되었다. 저자들은 전자책 판매 회사가 판매가의 30%를 가져가고 난 실제 수입에 대해 정확히 50 대 50으로 배당을 받았다. 또한 바이라이너는 저자들에게 0달러부터 3000~5000달러 범위에서 '선임료assignment fee'를 지불했다(바이라이너는 선금

advance이라는 용어보다 이 용어를 선호한다. 존은 "우리는 전통적인 출판 전문용어를 사용하지 않으려 합니다"라고 말했다). 바이라이너가 지불한 최고 금액은 2만 달러였지만, 이는 예외적인 경우였다. "아주 훌륭한 저자들을 찾아내어 훌륭한 책을 출판하는 일을 매우 훌륭하게 수행했습니다. 첫 해에는 베스트셀러 작가가 32명이었습니다"라고 존이 말했다. 이러한 작가에는 마가릿 앳우드Margaret Atwood, 닉 혼비Nick Hornby, 앤 패칫Ann Patchett, 조디 피코Jodi Picoult, 척 팔라닉Chuck Palahniuk, 리처드 루소Richard Russo, 에이미 탄Amy Tan 같은 많은 기성 작가가 포함되어 있었다. 마침내 바이라이너는 『세 잔의 속임수』의 사본을 16만 개 판매했으며, 이보다 더 많이 팔린 타이틀도 몇 개 있었다.

디지털 출판이라는 이 혁신적인 새로운 사업은 2011년 모든 일이 원하는 대로 순조롭게 진행되는 밝은 미래를 가진 듯 보였다. 기술 담당 기자인 로라 오언Laura Owen은 e-싱글에 대해 "우리 시대의 포맷"이라고 말했다. "e-싱글은 아이패드로 시간을 보내는 현상과 완벽하게 맞아떨어진다. e-싱글은 10분 안에 다 읽지는 못할 만큼 길지만 대부분 한 시간 안에 읽을 수 있다."[3] 그 놀라운 데뷔 성공과 함께 출시된 지 3년이 지난 후 바이라이너에 문제가 생겼다. 매출이 정체되었고, 마진이 축소되었으며, 관리자들은 비용을 절감할 방안을 찾고 있었다. 꿈은 끝났다. 무엇이 잘못된 걸까?

존의 견해로는 바이라이너가 약화된 데에는 두 가지 주요 요인이 있었다. 한편으로는, 시장이 e-싱글로 넘쳐났다. 바이라이너가 개척한 포

---

3   Laura Hazard Owen, "Why 2012 Was the Year of the E-Single," Gigaom(24 December 2012), at https://gigaom.com/2012/12/24/why-2012-was-the-year-of-the-e-single.

맷을 다른 이들이 베끼면서 e-싱글의 양이 기하급수적으로 증가했지만, 이처럼 증가하는 제품은 대부분 품질이 고르지 못했다. 유용한 제품과 무익한 제품의 비율이 잘못된 방향으로 움직였고, 소비자들은 전자책 소매업체에서 e-싱글 전용 섹션으로 이동하는 것을 멈추었다.

다른 한편에서는, 가격이 곤두박질쳤다. 바이라이너는 전자책 가격을 2.99달러에서 4.99달러 사이로 책정해 왔지만, 시장에서는, 특히 아마존에서는 전자책의 가격을 99센트로 내리라는 엄청난 압력이 가해졌다. 존은 이렇게 설명했다. "아마존이 등장했을 때 아마존은 가격 책정에 대한 분명한 한계를 정했는데, 99센트에서 4.99달러 사이여야만 했습니다. 우리는 언제나 더 높게 가격을 매기기를 원했습니다. 이는 제품의 품질 때문이기도 했고, 우리의 저자들이 자신의 작품이 99센트에 팔리기를 원치 않는다고 생각했기 때문이기도 했습니다. 우리는 이것에 대해 아마존과 계속해서 싸웠습니다." 그러나 e-싱글로 출판된 아주 많은 책의 가격이 99센트로 책정되어 있으면 가격에 대한 하향 압력에 저항하기가 어려웠다. 시장에서의 홍수, e-싱글 스토어에서의 소비자 활동 감소, 가격에 대한 강한 하향 압력 때문에 수치들이 멈추어 섰다. "매우 많은 책을 99센트로 책정해야 했는데, 30%를 판매 회사에 할당하고 나면 수익이 날 수 없었습니다."

바이라이너가 또 다른 수익 모델을 찾아야 한다는 사실은 곧 자명해졌다. 즉, 99센트에 개별 거래를 하고 30%의 수수료를 판매 회사에 부과하는 것으로는 살아남는 사업을 만들기에 충분한 수익을 창출하지 못할 것이었다. 그래서 바이라이너는 소비자들이 월 구독료 5.99달러만 내면 웹사이트와 모바일 앱을 통해 모든 콘텐츠에 접속할 수 있는 구독 모델을 실험하기 시작했다. 그러나 그들은 이 사업을 하기에 충분한 구독자를 모으지 못했다. 아마도 구독 모델로는 너무 빨랐고, 소비자들은 이러한 방식으로 읽을거리에 돈을 지불하는 데 익숙지 않았기 때문일 것이다. 존은 "나는 그 수준에서 구독을 위한 실행 가능한 비즈니스 모델이 있다고 아직 확신이 서지 않습니다. 만약 그런 모델이 있다면 아마도 2~4년 후에 나올 것입니다. 그래서 우리는 그다지 성공을 거두지 못하고 있습니다"라고 말했다.

바이라이너의 궤적은 실리콘밸리에서 벤처캐피털 자금의 지원을 받는 창업회사에게 드문 일이 아니었다. 이런 대부분의 창업회사처럼 바이라이너도 어느 범주를 '소유'할 수 있을 만큼 성장을 추구하고 있었다. 초기 단계에는 수익성이 바이라이너의 고위 관리자나 재정 후원자들에게 핵심 관심사가 아니었다. 존이 약간 익살스럽게 이야기했다. "그들은 우리를 가리켜 '수익 전 단계'라고 말했습니다. 우리가 성장을 보이고 있는 한 수익성을 달성해야 하는 엄청난 압력이 없었습니다. 수치가 올라가는 한 그 성장에 기대기만 하면 됩니다."

벤처투자자들은 일반적으로 결국은 수익성에 도달하거나 인수될 것임을 암시하는 성장 궤적을 보고 싶어 한다. 그들은 월 경비가 얼마인지, 수익이 얼마인지에 주목한다. 바이라이너는 일곱 자리의 매출을 창출하고 있었지만 벤처캐피털 자금을 지원받은 회사에게 그 숫자는 흥미롭지 않았다. 따라서 벤처캐피털들은 바이라이너가 합병되기를 희망하고 있었다. 존은 "벤처캐피털의 돈을 받는다는 것은 이 사업에서 나갈 때에는 그 돈이 몇 배수가 된다는 것을 가정하는 것입니다"라고 말을 이었다. 실리콘밸리의 투자자들은 그러한 배수를 자신이 투자하는 금액의 20배, 50배, 100배만큼 높게 설정할 수도 있지만, 그런 배수는 드물다. 투자자들은 대부분의 투자가 실패한다는 것을 알고 있다.

그들은 10개의 투자 중 1개에서 수익을 기대하고 있으므로 그 1개는 다른 9개에서 발생한 손실을 메울 배수에 도달해야 한다. 바이라이너에 투자했던 벤처캐피털은 괜찮은 배수로 나갈 수 없음을 알아차렸지만, 그럼에도 불구하고 무언가를 받고 나가기를 원했다. 이는 벤처캐피털 전문 용어로 연착륙이라고 완곡하게 묘사된다.

2014년 초, 바이라이너는 중요한 갈림길에 있었다. 바이라이너는 당시 인원 수준에서 사업을 지속할 만큼 충분한 수익을 창출하지 못하고 있었고, 그들의 성장 궤도를 보면 벤처캐피털 자금을 더 이상 조달할 수도 없을 것 같았다. 바이라이너는 규모를 축소하고 인원과 관리비를 줄이고 e-싱글을 전문으로 하는 소규모 부티크 출판업으로 사업을 재편할 수 있었을까? 아마도 가능했을 것이다. 그것이 선택지 중 하나였을 수도 있다. 그러나 규모를 축소하고 부티크 사업으로 전환하는 것은 벤처캐피털 투자 회사들을 위한 대본이 아니었다. 이것은 투자자들의 관심을 끌 만한 선택지가 전혀 아니었다.

이러한 선택은 창업자에게도 매력적이지 않았다. 존은 이미 4년 동안 이 특별한 꿈을 추구하는 데 모든 것을 바쳤으므로 사업의 쇠퇴를 관리한다는 생각은 그다지 매력적인 전망이 아니었다. 더욱이 그는 자신의 직원들, 특히 소프트웨어 기술자들을 붙잡고 있기가 어렵다는 것을 알게 되었다. "기술 쪽에 있는 사람들 누구에게나 초과열된 성장 환경이었으므로 소규모의 실용적 출판 사업을 하는 것보다 더 좋은 기회가 훨씬 많았습니다. 따라서 직원을 확보하고 유지하기가 어려웠습니다. 왜냐하면 그들은 제품 출시부터 수억 달러의 인수까지 몇 년이 아닌 몇 달이 걸리는 회사에서 일하는 사람들과 점심 식사를 하기 때문입니다."

직원들이 떠나기 시작했고 존 자신도 지쳤다. "나는 작가이지만 4년 동안 아무것도 쓰지 못했습니다. 회사를 운영하고 있어 매일 사무실에 출근하지만 성장에 대한 기대가 없다는 걸 알았습니다." 존은 뒤로 물러났고 회사를 운영할 다른 사람을 들여와 다른 일들을 하기 시작했다. 2014년 9월 바이라이너가 작가와 조직에게 디지털 출판 서비스를 제공하는 뉴욕 기반의 회사 북Vook에 매각되었다는 발표가 나왔다.[4] 이것은 존이 원했던 출구가 아니었다. 존은 "우리 팀이 대규모 투자 회수를 했더라면 좋았을 겁니다"라고 고백했다. 그러나 연착륙도 부끄럽지는 않았다.

3년간에 걸친 바이라이너의 부침은, 전자책만 출판하는 단편 책 시장이 있을 수는 있지만 독자적인 출판 사업을 지원할 만큼 충분히 튼튼하지는 않다는 것을 시사한다. 콘텐츠로 넘쳐나는 시장과 99센트가 표준이 된 가격 하락 압력은 e-싱글만으로는 매출 성장 및 수익성 달성이 어렵다는 것을 의미했다. 바이라이너는 벤처캐피털들의 도움으로 e-싱글의 개발을 개척할 수 있었지만, 실리콘밸리의 벤처캐피털 세계에서 의미 있는 성장이나 규모를 달성하지는 못했다. 바이라이너는 부티크 독립 출판사로 부상할 수 있는 수익성에도 도달하지 못했다. 바이라이너의 사업 모델은 짧은 기간에 눈에 띄고 성공적인 책을 몇몇 출판했지만 장기적으로 지속할 수는 없었다.

그러나 바이라이너가 너무 보수적이었을 수도 있다. 바이라이너는 디지털 출판에 대해 생각하는 방식에서 좀 더 과감해야 했을 수도 있

---

4 북은 프로나운(Pronoun)으로 개명되었고 프로나운은 2016년 5월 맥밀런이 인수했다.

다. 기존의 인쇄책보다 짧은 전자책만 만들 것이 아니라 책의 형태를 보다 근본적인 방식으로 실험해서 디지털 매체에서 가능한 멀티미디어 기능을 통합한 전자책을 만들어내야 했을 수도 있다. 만일 좀 더 급진적인 과제를 가진 창업회사였다면 성공할 가능성이 더 높았을 수도 있다. 과연 그러했을까?

과감한 실험

2012년 미디어 사업가인 배리 딜러Barry Diller와 영화제작자인 스콧 루딘Scott Rudin은 빈티지 앤 피카도르 출판사Vintage and Picador의 전 사장 프랜시스 코디Frances Coady에게 새로운 종류의 출판사를 시작하자는 아이디어를 들고 접근했다. 배리는 프랭크 게리Frank Gehry가 설계한 빌딩에 본부를 둔 대형 디지털 미디어 회사 IACInternet Active Company의 회장이었다. 그들은 데일리 비스트Daily Beast와 온라인 소개팅 서비스 매치닷컴match.com을 포함해 폭넓은 인터넷 기반 비즈니스를 소유하고 있었으며, 디지털 영역을 확대할 새로운 아이디어를 찾고 있었다. 그들은 디지털 시대를 위한 새로운 종류의 출판물을 창조하는 데 생각이 이르렀다. 그들이 생각한 바는, 출판에 대해 아는 게 많은 똑똑한 사람을 찾아서 상당한 금액(예를 들면 2000만 달러)을 투자하고 난 뒤 무슨 일이 일어나는지 지켜보는 것이었다. 10년, 20년, 30년 후에는 책이 어떤 모습일지 상상하고 이를 지금 만듦으로써 미래를 실험하는 것이었다. 때는 2012년이었고 디지털 혁명은 완전히 들어서 있었다. 전자책은 부상하고 있었고 미래는 확실히 디지털이었다. 여기에는 오래된 출판업과 하이테크의 신세계를 결합할 기회가 있었으며 지금도 충분했다.

책을 사랑하고 모험을 좋아하는 사람에게 이 기회는 참을 수 없었다. 프랜시스는 싫다고 말할 수 없었다. 프랜시스는 배리와 스콧에게 인터넷 창업회사인 애타비스트 매거진The Atavist Magazine과의 협력을 고려하라고 제안했다. 브루클린에 기반을 둔 애타비스트 매거진은 온라인 환경에서 새로운 종류의 스토리텔링을 실험하기 위한 플랫폼을 구축한 회사였다. 이 플랫폼은 시각적으로 아름답고 사람들이 혁신적인 방식으로 이야기에 참여할 수 있는 훌륭한 플랫폼이었다. 그들은 완벽한 파트너가 되었다. 프랜시스와 그녀의 동료들은 플랫폼을 이용하고 기술력의 혜택을 누릴 수 있었으며, 애타비스트 매거진은 어려운 창업회사라서 현금 투입을 반겼다. 그리하여 2012년 9월 애타비스트 북스 Atavist Books가 탄생했다.

프랜시스의 계획은 디지털 출판을 가능한 한 근본적으로 실험하는 것이었다. "나는 최초로 최상의 아름다운 전자책을 만들기를 원합니다." 애타비스트 매거진은 디지털 매체가 지닌 미학적 잠재력을 보여주었는데, 프랜시스는 전자책에도 이와 비슷한 일을 하고 싶었다. 즉, 전자책을 아름다운 것으로 바꾸고 싶었다. 기존의 전자책에 몇 가지 기능을 추가해서 전자책을 '향상'시키는 것이 아니라, 전자책을 디지털 프로젝트로 생각해서 당시에는 거의 존재하지 않았던 소리와 움직임을 지닌 완전히 새로운 전자책을 만들고 싶었다. 프랜시스가 보기에 이러한 디지털 책 또는 디지털 프로젝트는 짧아야만 했다. 이는 당시 바이라이너가 이미 가동해서 그러한 방식의 전자책이 성원을 얻고 있기 때문이기도 했고, 애타비스트 매거진이 비슷한 포맷으로 작업을 하고 있기 때문이기도 했다. 비록 애타비스트 매거진은 자신들의 이야기를

'장문의 저널리즘'으로 생각했지만 말이다. 그러나 짧다는 것 외에는 아무런 제약이 없었다. 어디에서도 책이라고 부르지 않을지 모르지만, 책의 새로운 형태를 발명해야 했다.

하지만 프랜시스가 단지 아름답기만 한 전자책을 만들고자 한 것은 아니었다. 그녀는 또한 인쇄 작업을 하고 인쇄와 디지털 간의 관계를 실험하고자 했다. 가격, 출시 시점, 인쇄책과 전자책 간의 연관관계, 인쇄 자체의 포맷 등을 실험하기 원했던 것이다. 예를 들어 양장본을 인쇄하는 대신 겉장이 달린 값비싼 페이퍼백을 인쇄하고 어떻게 되는지 보는 식이었다. 하지만 이 계획은 바로 난관에 부딪혔다. 프랜시스는 훌륭한 저자들과 계약하고 싶었다. 그녀는 출판업 경험자로서 이렇게 하려면 대리인과 이야기해야 하고 대리인이 자신의 계획에 동의하도록 설득해야 한다는 것을 알고 있었다.

그래서 프랜시스는 대리인들에게 프레젠테이션을 실시했다. 프랜시스가 경쟁력 있을 만큼 많은 액수를 선금으로 지불하겠다고 하자 대리인들은 매우 좋아했다. 높은 선금은 대리인들에게 희소식이었다. 대리인들은 프랜시스가 제안한 전자책의 로열티도 좋아했는데, 이는 전통적인 출판사 대부분이 지불하는 실제 수입의 25%보다 상당히 높은 수준이었다. 대리인들은 또한 배리 딜러와 스콧 루딘이 참여하는 것과 IAC가 상당한 자금을 후원하는 것도 반겼다. 그러나 프랜시스가 디지털로 우선 출판하고 인쇄는 나중에 하기를 원한다고 말하자 신음이 흘러나왔다. 대리인들은 윈도잉이 바뀌기를, 즉 인쇄를 먼저하고 디지털은 나중에 하기를 원했다. 프랜시스는 이러한 방법이 시도되었지만 잘되지 않았음을 대리인들에게 상기시켰다. 그러나 그럼에도 불구하고 많은 저항이 있었고 그녀는 그 아이디어를 즉시 접어야 했다("훌륭한 아이디어가 모두 하수구로 버려지고 있었어요"). 인쇄 출판권을 획득하는 것은 간단하지 않았다. 대리인들은 몇몇 저자에 대해서는 인쇄 출판권을 관리했으나 좀 더 잘 알려진 일부 저자의 경우 인쇄본에 대한 권리를 전통적인 출판사들에게 팔아버렸다.

애타비스트 북스는 2014년 3월 첫 번째 서적을 출판했다. 캐런 러셀 Karen Russel이 쓴 『수면 기부Sleep Donation』라는 제목의 책으로, 110페이지 분량의 디지털 전용 소설이었다. 러셀은 2011년 크노프Knopf에서 출판한 데뷔 소설 『늪세상Swamplandia』이 오렌지 상에 오랫동안 올라 있었던 유명 작가이다. 『수면 기부』에서 그녀는 미국 전역을 휩쓴 불면증 확산에 대해, 건강한 기부자의 '수면 기부금'을 모아야만 치료되는 불면증에 대해 이야기한다. 기부금은 수면 은행에 저장되어 불면으로 사망할 지경에 이른 불면증 환자에게 수혈로 제공된다. 유명한 그래픽 디자이너 칩 키드Chip Kidd가 소리가 나고 움직이는 형태로 디자인한 표지가 인상적인 이 책은 아주 좋은 반응을 얻었다. ≪뉴욕타임스≫, ≪로스앤젤레스 타임스≫ 및 다른 곳에서 찬사를 받았고, 2만 부 이상 판매되면서 큰 성공을 거두었다. 첫 번째 책의 성공이 새로운 사업에 힘이 되었으나, 얼마 지나지 않아 문제가 생기기 시작했다.

『수면 기부』는 중요한 상업적인 성공이었지만, 매우 간단한 전자책이기도 했다. 이 책은 아마존에서 3.99달러에 사서 킨들에서 읽을 수 있는 일반 텍스트였다. 인터랙티브 표지 외에는 전자책 자체에 대해 기술적으로 복잡하거나 실제로 실험적인 것은 없었다. 애타비스트 북스가 좀 더 복잡한 무언가를 하려고 하자 문제에 부딪혔다. 2014년 5월 애타비스트 북스는 해리 컨즈로Hari Kunzro의 『트와이스 어폰 어 타임: 뉴욕 듣기Twice upon a Time: Listening to New york』를 출간했다. 이 책은 '뉴욕의 소리에 대한 아름다운 산문 에세이와 문도그Moondog의 비범한 음악 및 뉴욕시 자체의 입체음향 녹음을 결합한 것으로, 독특하고 다층화된 디지털 경험'이라고 묘사되었다.

영국의 소설가인 해리 컨즈로는 2008년 런던에서 뉴욕의 이스트 빌리지로 이사한 후 거리의 소음이 숨 막힌다고 느꼈다. 밤에 잠을 들 수 없었다. 그는 귀를 막는 대신 그 소음에 귀를 기울이기로 결심했다. 그는 녹음할 때 소리를 증폭시키는 입체음향 마이크를 가지고 거리를 배회했다. 그는 또한 루이스 루딘이라고도 불리는 길거리 연주자 문도그의 음악을 재발견했다(문도그는 1940년대 말부터 1972년까지 바이킹 복장을 하고 식스 애비뉴의 모퉁이 및 53번가 또는 54번가에서 활동한 시각장애인 타악기 연주자이다). 해리는 문도그의 음악을 뉴욕 거리의 입체음향 녹음과 결합해서 사운드트랙과 독서 경험이 동기화된 풍부한 전자책 콜라주를 제작했다.

의심할 여지없이 이것은 실험적이었지만, 문제는 유통이었다. 독자들이 이 멀티미디어 전자책을 어떻게 읽을 것인가? 아마존이나 애플도 이런 종류의 멀티미디어 전자책을 호스팅하지 못했으므로 그들은 애타비스트 앱을 사용하기로 했다. 전자책을 읽고 싶으면 우선 애타비스트 앱을 깔고 로그인해야 했다. 그런 다음 전자책을 구매하면 앱에서 책을 읽을 수 있었다. 그것이 해결 방법이었지만 번거로웠다. 단계가 너무 많고 장애물도 많아서 사람들은 이렇게 하려 하지 않았다. "한 번의 클릭으로 되는 것이 아니라면 솔직히 그만둡시다." 프로젝트가 기술적으로 복잡해질수록 프로젝트를 작동시키기는 더 어려워졌다. 유통이 지나치게 복잡해서 시장이라는 것이 없었다.

그런 다음 또 다른 문제에 직면했다. 바로 전자책의 인지도를 높이는 것이었다. 이런 면에서 『수면 기부』는 문제가 없었다. 이 책은 많은 서평 보도를 얻었는데, 저자가 매우 유명했기 때문이기도 했고, 새로운 유명 디지털 출판 벤처의 첫 전자책이라는 참신함 때문이기도 했다. 또한 애타비스트 북스가 새로 나온 책뿐 아니라 새 사업도 홍보하기 위해 광고에 투자를 많이 했기 때문이기도 했다. 그러나 『수면 기부』는 기본적인 사례가 아닌 예외로 판명되었고 그때부터 훨씬 더 어려워졌다. 인쇄본이 없으므로 평론가들은 알려고 하지 않았다. 진지한 평론을 얻은 것은 파라 슈트라우스 앤 지루Farrar, Straus and Giroux 같은 기존 출판사에서 인쇄본을 출간했을 때였다. "책이 우리가 편집하고 작업한 인쇄본으로 나왔을 때 극찬하는 평가가 나왔습니다. 책이 디지털로 나왔을 때에는 사람들이 충격을 받았거나 혼란스러워했고, 그것이 뭔지 아무도 몰랐기 때문에 전혀 평가를 받지 못했습니다." 더욱이 서점에 인쇄본이 없으면 사람들은 책이 존재하는지조차도 알기 어려웠다. 애타비스트는 이 책들을 위해 마케팅을 대거 실시했다. "우리는 엄청난 양의 홍보를 했고, 페이스북, 이것저것 등등 상상할 수 있는 모든 일을 했어요"라고 프랜시스가 설명했다. "하지만 그 책은 서점에도 없고, 내가 의지하는 정보원에게서 들은 바도 없으며, 어디에서 볼 수도 없어요. 그런데 이제 앱으로 가야 한다고요? 장난해요? 그게 뭔지도 모르는데 그 무언가를 위해 그 모든 일을 해야 한다고요?"

2014년 9월이 되자 디지털 출판을 하는 이 훌륭한 사업이 성공할 수 없다는 것이 프랜시스에게 명확해졌다. 단순히 인쇄된 텍스트를 복제하는 것이 아니라 독창적인 디지털 프로젝트인 아름다운 전자책을 만든다는 멋진 생각은 전혀 평가를 받을 수 없었고 과도하게 복잡한 전달 시스템이라는 격랑으로 내달리고 있었다. 어떻게 난파를 피할 수 있을까?

두 가지 가능성이 나왔다. 하나는 시청각 자료가 대거 포함된 멀티미디어 전자책을 만드는 구상을 접고 아마존에서 사서 킨들에서 읽는 『수면 기부』 같은 간단한 e-싱글을 만드는 것이었다. 그러나 이것은 애타비스트 북스를 떠받히는 당초의 구상, 즉 디지털 출판을 보다 획기적이고 창의적으로 실험해 보자는 구상과는 거의 일관성이 없었다. 더욱이 당시 바이라이너는 곤경에 처해 있었기 때문에 그들이 개척한 e-싱글 모델이 약간 덜 매력적으로 여겨지고 있었다. 바이라이너의 운명과는 별개로 프랜시스는 처음에는 좋은 방법처럼 보였던 e-싱글이 저자들에게 돈을 지불하고 성장을 창출할 수 있을 만큼 충분한 수익을 일으키지 못할 것이라고 스스로 생각하게 되었다. "e-싱글을 정말 열심히 들여다보았지만 사업 모델로는 작동하지 않습니다. 성장하기가 너무 어려워요. 사람들은 이 작은 책에 돈을 쓰고 싶어 하지 않습니다."

또 다른 가능성은 인쇄 쪽 사업을 늘리는 것이었다. 인쇄는 적어도 논평과 좋은 유통을 얻을 수 있었으며, 디지털 실험이 작동하는 방법을 살펴보는 동안 회사를 끌고 갈 수 있는 수익 모델을 시도하고 시험해 볼 수 있었다. 이 단계에서 바이라이너는 계약된 인쇄책이 꽤 많았으며 조금 더 추가할 수도 있었다. 이는 IAC와 사업을 하지 않았다면 현명한 방법이었을 것이다. IAC는 디지털 회사로, 뉴스 웹사이트 데일리 비스트와는 다른 인터넷 기반의 회사들을 소유하고 있었다. 그들이 왜 자원을 창고와 재고에 묶어두고 싶겠는가? 그것은 IAC에게 맞는 사업 전략이 아니었고 디지털 출판을 실험하려는 애타비스트 북스에 투자했던 원래의 목적에도 맞지 않았다.

첫 책이 출판되고 6개월이 지나자 애타비스트 북스는 막다른 골목에 도달했음이 분명해졌다. 디지털로 공들인 전자책은 조만간 작동하지 않을 것이고 e-싱글은 자생력이 있을 만큼 충분한 매출을 만들어내지 못할 것이었다. 한편 인쇄 쪽 사업을 늘리는 것은 IAC에 의미가 없었다. 이제 포기할 시간이었다. 2014년 10월, 애타비스트 북스는 연말에 문을 닫을 것이라고 발표했다. 아직 책을 출판하지 못했던 저자들은 다른 출판사를 찾았다. 애타비스트는 총 여섯 권의 전자책을 출간했고 그중에는 매우 창의적이고 아름다운 전자책도 있었지만 디지털 출판에 대한 이 대담한 실험은 시작한 지 얼마 되지 않아 너무 짧게 끝났다.

바이라이너와 애타비스트 북스의 실패는 디지털 혁명이 열어놓은 출판업에서 무언가 새로운 것을 창조하는 것이 얼마나 힘든지를 입증한다. 디지털 매체는 텍스트를 만들고 그 텍스트를 다루는 새로운 방식, 즉 그것이 무엇이든 간에 '책'을 만들어내는 새로운 방식을 가능케 했고, 바이라이너와 애타비스트 북스는 이런 상황에서 대담하게 실험을 감행했다. 그러나 바이라이너와 애타비스트 북스의 짧은 생은 새롭고 지속 가능한 무언가를 만들어내는 것, 즉 조직적이고 재정적인 지원이 충분해서 새로운 발명을 반기는 초기의 설렘을 넘어 끝까지 살아남을 수 있는 무언가를 만들어내는 것이 어렵다는 사실을 증명한다. 바이라이너와 애타비스트 북스는 새로운 형태를 만들었지만 지속 가능하지 않았고, 이 새로운 형태는 생명력 있는 사업 모델을 설계하고 작동시킬 만큼 충분히 많은 독자를 갖추지 못했다.

물론 바이라이너와 애타비스트 북스가 실험했던 새로운 형태가 지속적인 가치가 없다거나 디지털과 인쇄가 혼합된 생태계에서 그리고 다양한 출판 프로그램 안에서 수행할 역할이 없다는 것을 의미하지는 않는다. 반대로 맨션 하우스에서 일했던 톰의 경험에서 알 수 있듯이 디지털로만 된 단편은 다른 목적, 예를 들면 유명 저자들의 새 책을 위한 '수익 창출 마케팅' 같은 데서는 잘 작동한다. 그러나 이 경우 디지털 단편은 출판업계의 기존 구조와 포맷에 기생한다. 디지털 단편은 기존의 출판사들이 추가적인 매출 흐름을 일으키고 베스트셀러 저자들의 새 책에 대한 수요를 만드는 데 사용할 수 있는 새롭고 혁신적인 출판 포맷이다. 이런 식으로 이해하면 디지털 단편은 '책'이라는 것을 획기적으로 재창조한 것이라기보다는 전통적인 포맷을 지원하면서 앞으로 나올 책을 위해 펌프를 달고 기존 팬들에게 어필하는 예고편 같은 역할을 한다. 마찬가지로 애타비스트 북스의 경험은 최소한 현재 환경에서는 인쇄물 없이 혁신적인 전자책을 작동시키기가 얼마나 어려운지를 보여주었다. 신생 출판 벤처 가운데 애타비스트 북스만 이런 사실, 즉 디지털 출판 프로그램을 지속하려면 도구를 다시 발명하고 인쇄 사업을 만들어야 한다는 사실을 발견한 것은 아니었다.[5]

---

5   또 다른 사례는 브루클린에 위치한 레스트리스 북스(Restless Books)이다. 앰허스트대학의 인문학 및 라틴아메리카 문화 교수인 일란 스태반스(Ilan Stavans)가 2013년 설립한 레스트리스 북스는 멕시코 등에서 출간된 책을 영어로 번역해서 전자책으로 출판하기 시작했다. 처음에는 우호적인 후원자에 의해 자금이 지원되었지만 그의 야망은 자립적인 회사가 되는 것이었다. 전자책 전문 출판사가 되는 것은 당시로서는 좋은 구상 같았다. 한 직원은 "싸고 쉬워요. 인쇄업자나 유통업체 없이 전자책을 그냥 출판만 하면 됩니다"라고 설명했다. 그러나 레스트리스 북스는 전자책 전문 출판사가 되기란 대단히 어렵다는 것을 곧 알게 되었다. 그들은 2013년 10월 대여섯 권의 책으로 시작했다. 하지만 책은 아무데도 가지 않았으므로 아무도 그 책에 대해 몰랐고 서점에도 없었고 서평도 받지 못했다. 판매는 가혹할 정도로 저조했다. 판매량은 수천 권은커녕 수백 권도 아닌 수십 권에 불과했다. "책들은 그냥 사라져 버렸습니다." 첫 번째 책을 출판한 지 6개월이 지난 후 레스트리스 북스는 방향을 바꾸어 실물을 인쇄해야 한다는 것을 알아차렸다. "우리는 혁신적이고 새롭고 신선하며 국경과 지역을 넘나드는 한 방편으로서 정보를 디지털적으로 전달하는 방법을 레스트리스 북스의 초기 사명으로 생각했습니다. 그것은 여전히 그렇습니다. 그러나 흥미롭게도 혁신적이기 위해서는 기존의 방식으로 가야만 했습니다. 우리는 인쇄 출판사가 되어야 했습니다." 애타비스트 북스와 다르게 레스트리스 북스는 살아남았고 판매의 90%가량을 인쇄물이 차지했다.

하지만 애타비스트 북스는 특정한 기술적 문제 때문에 고전했다고 말할 수 있다. 그 기술적 문제란 애타비스트 북스의 전자책은 디지털적으로 정교하기 때문에 전자책을 사서 읽으려면 독자들이 또 다른 응용 프로그램인 애타비스트 앱을 다운로드하고 그 앱에 가입해야 한다는 것이었다. 이 같은 다단계 구조는 사용자에게 너무 복잡해서 반감을 샀다. 아이패드 시대에 책 자체를 앱 스토어에서 직접 구매하고 다운로드할 수 있는 앱을 만드는 것은 어떨까? 그러면 훨씬 간단할 것이다. 그것이 더 성공 확률이 높지 않을까?

앱 형태의 전자책

맨션 하우스에서 일하던 톰은 맨션 하우스에서, 그리고 이전에 일했던 최첨단의 소규모 독립회사에서도 앱 개발에 대한 실험을 많이 수행했다. 두 회사에서 수행했던 과정은 거의 같았다. 자체적으로 또는 사내 편집자와 논의해서 앱에 대한 구상이 나오면 프로젝트 범위를 지정한 다음 대행사나 앱 개발자에게 입찰에 거는 방식이었다. 톰은 '버치트리BirchTree'라는 한 작은 개발사와 좋은 관계를 맺고 있어서 앱 개발 작업을 많이 맡겼다. '버치트리'는 영세한 사업체로, 게임 회사에서 잠깐 일했던 30대 초반의 독학 프로그래머 두 명이 회사에 환멸을 느낀 뒤 스스로 회사를 설립해서 재택근무로 일하고 있는 업체였다. 하루는 그들 중 한 명이 출판사로부터 전화를 받았는데, 과학자와 함께 앱을 개발할 생각이 있는지 문의하는 전화였다. 아이패드가 출시된 직후인 2010년이었다. 그들은 iOS 작업을 많이 수행했으므로 앱을 만들 수 있다는 것을 알고 있었고 흥미를 가졌다. "그는 얼마면 되겠냐고 물었고 나는 그냥 숫자를 골라 2만 파운드라고 답했습니다. 그랬더니 그는 좋다고 하면서 대강 맞는 것 같다고 말했어요." 그렇게 거래는 성사되었다.

출판업자인 톰은 그 당시 작은 독립회사에서 일하고 있었다. 그리고 당시 요청한 앱은 인터넷의 미래를 다루는 젊은 미국 과학자가 디지털 전용으로 발행하는 출판물을 위한 것이었다. 텍스트는 미리 존재하지 않는데 톰은 앱이 개발되는 동안 텍스트를 작성했다. '버치트리'의 두 사내는 앱을 만들어내는 데 두 달가량 걸렸다. 그들은 독특한 비선형 탐색 인터페이스를 구축했고, 인터랙티브 3D 모델, 동영상, 이미지, 그리고 인터넷에서 끌어온 기타 콘텐츠로 저자의 텍스트를 향상시켰다. 이 앱은 앱 스토어에서 4.99파운드에 구매할 수 있었다. 톰은 앱이 나온 방식에 만족했고 '버치트리'의 두 친구에게 칭찬을 아끼지 않았다 ("그들은 정말 똑똑합니다"). 그러나 그는 판매는 실망스러웠다고 고백했다. "1000권 정도 판매되었는데, 그것으로 끝이었습니다." 개발비가 2만 파운드이고 애플 수수료를 제한 후의 수익이 4000파운드 미만인 점을 감안하면 심각한 손실이었다. 그리고 이는 저자에게 지불하는 수수료나 로열티는 고려하지 않은 것이었다.

하지만 항상 그런 것은 아니었다. 이번에 톰은 맨션 하우스의 상업용 인쇄물 중 하나를 위해 자신이 만든 또 다른 앱을 설명했다. 저자는 대중적인 과학에 대한 책을 많이 저술한 유명한 과학자였다. 그의 새 책은 과학이 자연 현상을 어떻게 설명할 수 있는지 젊은이들에게 보여 주기 위해 삽화가 많이 들어가 있었다. 톰과 맨션 하우스에 있는 그의 출판 동료들은 책 출간과 동시에 출시될 수 있는 앱을 만드는 아이디어를 생각해 냈다. 그들은 다양한 대행사와 개발자에게 그 프로젝트를 입찰했고 관심 있는 사람들은 자신의 아이디어를 이야기했다. 톰과 그의 동료들은 '팬텀Phantom'이라는 대행사와 함께 일하기로 결정했다. '팬텀'은 다양한 플랫폼과 산업에 걸쳐 일하고 있었고 사내에 앱 개발팀을 보유하고 있었다. 그들은 '팬텀'에게 프로젝트를 위한 금액은 4만 파운드로 한정되어 있으며 책의 출판일자까지 앱이 출시되어야 한다고 말했다. 이 금액은 '팬텀'이 염두에 둔 종류의 앱을 개발하는 데 필요한 금액보다 상당히 적었다. 정상적이라면 그들은 적어도 그 금액의 두 배를 원했을 것이다. 그러나 '팬텀'은 이 프로젝트를 좋아했고 출판사들과의 공동 작업을 발전시키는 이점이 있었으므로 조건을 유연하게 적용했다. '팬텀'은 생산 비용을 충당하는 데서 출판사가 4만 파운드를 내고 대리인이 수익의 일부를 갖는 선에서 거래에 동의했다.

'팬텀'에게는 세 달의 시간이 주어졌다. '팬텀'은 프로젝트에 다섯 명의 정규 인원을 투입했고 필요할 때 전문가와 프리랜서를 데려왔다. 그들은 책의 텍스트를 사용했고, 특별히 제작한 삽화, 애니메이션, 저자의 오디오와 동영상 클립, 그리고 다양한 인터랙티브 활동과 게임으로 보완했다. '팬텀'의 주요 기술적 과제는 많은 양의 텍스트를 단일 이미지에 연결하는 방법을 찾는 것이었다. 그들은 앱에서 축약된 버전이 아닌 전체 텍스트를 사용하고 있었다. 커다란 책자에서는 하나의 삽화를 둘러싸고 많은 텍스트를 넣을 수 있지만 가로 모드의 태블릿에서는 이 작업을 수행할 수 없었다. '팬텀'의 해결책은 화면을 훑을 때 이미지와 텍스트가 서로 다른 속도로 움직이도록 다양한 콘텐츠 레이어를 개발하는 것이었다. 그것은 게임 설계에서 빌려온 기술로, 입체감에 대한 착시를 만들어내는 데 사용되었다. 예를 들면 앞에 있는 사물이 빠르게 움직이는 동안 배경의 구름은 느리게 움직여서 입체감에 대한 착시를 만들어내는 것이었다. 개발자 누구도 이전에 이러한 작업을 수행해 본 적이 없었기 때문에 즉석에서 프로세스를 발명한 다음 돌아가서 작동하지 않는 것들을 수정해야 했다. 이러한 어려움에도 불구하고 그들은 시간에 맞춰서 작업을 끝냈다. 앱은 2011년 9월 양장본이 출판되고 나서 일주일 후에 출시되었는데, 앱 스토어에서 9.99파운드와 13.99파운드에 구매할 수 있었다.

이것은 효과가 있었다. '팬텀'의 프로젝트 매니저인 스티브는 "매우 전통적인 앱 판매 곡선, 즉 초기에 크게 점화한 이후 지속적인 판매를 보인다는 롱테일 법칙을 따랐습니다"라고 설명했다. "그래서 우리는 처음 몇 달 만에 1만 5000개, 2만 개를 팔았고, 그 후 몇 년에 걸쳐 비슷한 양을 팔았습니다." 이 앱은 전체적으로 3만 5000개 정도 판매되었는데, 그중 절반은 북미에서, 1/4은 영국에서, 나머지 1/4은 전 세계 다른 지역에 판매되었다. 스티브는 "참여했던 모든 사람이 돈을 벌었어요. 정말 놀라운 일이었습니다"라고 덧붙였다. 스티브가 그렇게 말한 이유는 쉽게 알 수 있다. 산수로 계산하면 간단하다. 애플의 30% 수수료를 제하면 순수익은 23만 파운드 또는 36만 달러이다. 제작 비용이 4만 파운드였음을 고려하면 이 앱은 상업적으로 큰 성공을 거둔 것이었다. 이 성공을 무엇으로 설명할 수 있을까?

스티브는 사용자 경험에 초점을 맞춘 소프트웨어 기술자의 입장에서 대답했다.

당시의 많은 앱은 해야만 해서가 아니라 할 수 있기 때문에 작업을 수행했습니다. 그 앱들에서는 책을 집어 들고 책 속에 몰입하는 과정이 빠져 있었습니다. 그 앱들에는 이걸 누르세요, 저걸 누르세요 등 많은 '잠깐

만요'가 있었습니다. 우리의 기본 원칙은 책을 집어 들고 읽기 시작하면 인터페이스가 사라지고 콘텐츠에 빠져야 한다는 것이었습니다. 우리는 디지털 책에 그 원칙을 적용하고 싶었고 아주 현명한 방식으로 적용했다고 생각합니다. 가벼운 터치 애니메이션과 텍스트 콘텐츠를 섞어서 진지한 과학도 실제 독서 경험으로 만들어내고 싶었습니다. 그건 게임도 아니고 앱도 아니고 그냥 책이었습니다.

스티브의 설명에는 의심의 여지가 없지만, 앱의 세련된 기술적 설계와 유연한 인터페이스는 이야기의 일부일 뿐이다. 앱 성공의 상당 부분은 시판용 출판의 전통적인 측면과 보다 직접적으로 연결되어 있는 요인들, 즉 책의 인쇄본 출판에 맞춘 앱 출시, 책과 앱을 위한 막대한 마케팅 예산, 출판사의 집중적인 홍보 캠페인, 국제적 명성과 성공적인 도서 판매 기록을 보유한 저자 등에 기인한다. 이 앱은 인쇄책에 기반을 두고 만들어졌고 인쇄책을 훨씬 뛰어넘는 매우 혁신적인 제품이었지만, 그 성공은 부분적으로는 출판업의 전통적인 구조와 과정에 기인했다. 이러한 구조와 과정을 없애고 책과의 동시 출간, 마케팅 예산, 홍보 캠페인 없이 독립형 앱으로 출시했다면 덜 인상적인 성과를 거두었을 수도 있다.

'버치트리'와 '팬텀'의 사례가 보여주듯이, 이 분야의 활동 중 많은 부분은 하이브리드 출판으로 설명할 수 있다. 하이브리드 출판은 전통적인 시판용 출판업체(소규모 최첨단 독립 회사이든 대형 회사이든 그 중간의 무엇이든 간에)가 앱 개발을 위탁해서 출판의 혁신적인 형태를 실험하는 것으로, 전자책을 독립형 제품으로 출시하거나 인쇄책으로부터 가져온 텍스트를 여러 가지 방식으로 수정해서 강화·보완한 뒤 출시한다. 이러한 종류의 하이브리드 출판에서 혁신은 전통적인 도서출판사들에게 크게 의존하고 있다. 이들 출판사는 디지털 출판 형태를 실험하고 새로운 가능성을 탐색하면서 추가적인 투자를 정당화할 수 있는 충분한 수요가 있는지 시장을 확인한다. 앱 개발자는 앱이 구축되는 방식을 개념화하는 데 결정적인 역할을 할 수 있다. 앱 개발자는 기술적인 면에서 무엇을 할 수 있는지 알고 있으며 종종 출판사에게 자신의 아이디어를 전달한다. 그러나 이런 경우 주도권은 출판사가 쥐는데, 출판사는 개발 자금을 지원하고 개발자에게 고정 수수료 또는 수익의 일부를 지불한다 (경우에 따라서는 이 둘을 혼합한다). 출판사의 주도와 이러한 종류의 실험적 형태에 대한 투자 의지가 없었다면 이 같은 하이브리드 형태의 출판은 존재하지 않았을 것이다.

그렇다면 출판사 입장에서는 그렇게 할 만한 가치가 있는가? 엄격히 경제적 관점에서만 보면 출판사 대부분의 경험은 확실히 엇갈렸다. 앞에서 서술한 것과 같은 몇 가지 눈에 띄는 성공이 있었고 일부 앱은 이보다도 훨씬 더 잘 수행되어 10만 개, 20만 개, 또는 그 이상을 판매했다. 그러나 이런 종류의 성공에도 불구하고 판매가 실망스러울 정도로 낮은 앱도 많았다. 매출이 수백 개 또는 수천 개에 불과한 경우도 드물지 않다. 저조한 판매와 가격 하락 압력 때문에 이러한 종류의 앱을 개발하고 전자책을 발전시키는 타당성에 대해 의문을 제기하는 출판사가 많았다. 특히 기존의 서술식 텍스트를 가져와서 다양한 종류의 디지털 보충물을 추가하는 경우에 더욱 그러했다.

2011년 런던도서전시회 디지털 컨퍼런스에서 당시 블룸베리의 영업 담당 이사였던 에반 슈니트먼Evan Schnittman은 "몰입형 서술적 독서 과정을 혁신하려는 생각은 전혀 쓸모없는 것이다"라고 말하면서 많은 사람들의 의문을 요약했다.[6] 단순한 서술식 텍스트에 대해서는 슈니트먼이 맞았을지도 모른다. 대부분의 경우, 기존의 텍스트를 가져온 뒤 다양한 종류의 오디오-디지털 보충자료를 추가하고 디지털 매체에서 다른 것으로 바꿈으로써 얻을 수 있는 것이 많을지는 확실치 않다. 그러나 요리책, 여행, 아동 도서 등과 같은 다른 범주의 책에서는 디지털 혁신을 위한 다른 종류의 기회가 있을 법했다. 그리고 기존의 서술식 텍스트를 출발점으로 삼을 필요가 없다. 책이 무엇인지에 대한 우리의 선입견을 접어두고 깨끗한 상태에서 새로 시작하면 어떤 일이 일어나는지 살펴보도록 하자.

책을 앱으로 재창조하기

터치 프레스Touch Press는 런던 서부에 있는 오래된 산업 공단의 조용한 막다른 골목인 와플 뮤스의 작은 2층 건물에 자리 잡고 있었다. 비어 있던 공장의 많은 건물은 소상공인과 다양한 종류의 창업회사를 위한 사무실 공간으로 바뀌어 있었다. 터치 프레스는 와플 뮤스에서 두 개의 공간을 쓰고 있었는데, 하나는 직접 소유했고 또 하나는 임대한 것으로, 벽에 구멍을 내어 두 곳을 연결했다. 30여 명의 직원에게는 빡빡한 공간이었다. 대부분 개방형 구조로 맥 작업을 하는 프로그래머들의 책상이 줄 지어 있었다. 한 방의 맨 끝에는 넓은 원형 테이블이 놓이

---

6   Evan Schnittman, London Book Fair 2011 Digital Conference, at www.youtube.com/watch?v=fiUapEUGRhY.

고 채광이 풍부한 회의 공간이 있었는데 유리 스크린과 문으로 방의 나머지 공간과 분리되어 있었다. 터치 프레스는 앱 시장의 롤스로이스 같은 고급 앱 개발자로서 명성을 얻고 있었다. 그러나 그들은 스스로 앱 개발자라고 생각하지 않고 있었다. 터치 프레스는 스스로를 출판사로 생각했으며 자신들이 만든 것을 책이라고 생각했다. 그 회사의 창업자 중 한 명인 맥스 휫비Max Whitby는 "누군가에게 '앱 개발자'라고 말하면 사람들은 책을 앱으로 바꾸기 위해 출판사들이 이용하는 순전히 기술적인 회사를 생각합니다. 우리는 분명 그런 사업을 하고 있지 않습니다"라고 말했다.

우리는 그 자체가 사물인 무언가를 만들려고 합니다. 나는 또한 우리 스스로를 도서출판사라고 생각하는 것이 우리가 만드는 것을 성공시키는 데 중요하다고 생각합니다. 그래서 목소리를 낼 수 있는 작가를 원하면 우리는 작가가 자신을 표현할 수 있도록 매체를 제공합니다. 조판술에 관심을 갖고 올바르게 철자되고 문법에 맞는지 신경을 쓰면서 정보를 다듬습니다. 이것은 출판사들이 하는 일입니다. 그리고 당신은 필터입니다. 즉, 당신은 선택하고 결정합니다. 그리고 문화 속에서 헤엄치면서 변화를 가져올 것들을 고르는 역할을 합니다.

많은 창업회사와 마찬가지로 터치 프레스는 환경이 우연히 융합한 덕분에 탄생했다. 전 BBC 텔레비전 PD였던 맥스 휫비와 화학 전공의 소프트웨어 기술자이자 작가이며 시카고 남쪽 2시간 거리에 살았던 테오 그레이Theo Gray는 주기율표에 대한 취미를 우연히 공유하게 되었다. 그들은 이베이에서 동일한 원소 샘플에 입찰하면서 서로 알게 되어 만나기로 했고, 2002년에 만남이 이루어졌다. 그렇게 둘은 친구가 되었다. 그리고 협력을 맺어 '일종의 주기율표 제국'이라는 원소에 대한 공통된 관심을 바탕으로 소규모 사업을 시작했다. 당시 테오는 애플로부터 아이패드용 소프트웨어 일부를 공급하도록 위탁받은 한 소프트웨어 회사에서 일하고 있었다. 아이패드는 여전히 개발 중이었지만 테오와 맥스는 주기율표에 대해 자신들이 모아온 엄청난 양의 자료를 바탕으로 무언가 새로운 일을 할 수 있는 기회를 즉각 찾아냈다.

테오는 원소에 대한 책을 준비하는 과정에서 360도 영상의 조합을 얻기 위해 턴테이블에서 각 원소를 촬영했다. 그러다 불현듯 테오에게 자신들이 아이패드에 공급하려고 하는 소프트웨어를 활용할 수도 있겠다는 생각이 떠올랐다. 이 소프트웨어는 테오가 프로그램 개발에 기여한 매스매티카Mathematica라는 기술 프로그램으로, 아이패드에서 손가락으로 개체를 '회전'시킴으로써 사진들을 합치는 방식이었다. 독특한 경험이었다. 이는 실제로 해보기 전에는 어떤 느낌인지 상상하기 어려운데, 손가락으로 사물을 360도 회전시키는 것은 매혹적이었다. 손가락을 빨리 돌리면 더 빨리 돌고 터치하면 정지한다. 평면 스크린에서 이처럼 강력하고 역동적인 3D 효과를 낼 수 있다고는 상상하지 못했을 것이다.

이제 테오와 맥스는 심각한 도전에 직면했다. 바로 원소에 대한 앱을 60일 안에 만들어서 2010년 4월 첫 번째 아이패드가 출시될 때 동시에 출시할 수 있는가 하는 것이었다. 매스매티카를 사용해서 회전 효과를 생성하기 위해서는 사진들을 통합하면서 크기를 조정하는 방법, 회전하는 개체를 페이지에 배치하는 방법, 개체를 텍스트 및 라벨과 개체를 결합하는 방법을 프로그램에 알려주는 알고리즘을 찾아내야 했다.

테오와 맥스는 또한 자신들이 만들고 있는 것은 화면에 고정된 텍스트 조각이 아니라 새로운 것임을 애플에 설득해야 했다. 그들은 아이패드에 대해 따라붙는 질문들 중 하나가 킨들과 비교해 무엇이 다른가라는 것임을 알고 있었다. 아이패드가 전자책 독서기로 간주된다면 그다지 호의적이지 않을 것이었다. 아이패드는 배터리 수명이 몇 주가 아닌 몇 시간이고, 햇빛 아래에서 읽을 수 없으며, 킨들보다 훨씬 비쌀 것이다. 만일 전자책에 대한 정의가 화면에서 읽는 정적인 텍스트 조각이라면 킨들이 아이패드보다 더 나은 전자책 독서기기일 것이다. 따라서 테오와 맥스가 애플에게 제안한 내용은 전자책이 무엇인지 다르게 생각할 수 있는 이 기회를 잡자는 것이었다. 그들은 애플에게 이렇게 말했다. "대화의 내용을 전자책의 미래가 무엇인지에 대한 것으로 바꾼다고 가정해 봅시다. 그게 당신이 이길 수 있는 대화입니다. 킨들이 수백만 종의 책을 갖고 있다한들 누가 관심이 있을까요? 그것은 수백만 종의 낡은 책일 뿐입니다. 이 놀라운 물건을 보십시오. 이것이야말로 전자책이 가야 할 방향입니다. 또한 이것이 킨들에서는 작동할 수 없는 이유에는 대여섯 가지가 있는데, 화면이 형편없고, 프로세서가 필요한 것 같지 않으며, 저장 용량이 충분하지 않은 등의 이유였습니다. 전자책의 미래가 킨들에 존재할 수 없는 이유는 수없이 많습니다. 현재에 신경 쓰지 말고 빛나는 미래를 바라보십시오." 애플은 설득되었다. 테오와 맥스가 만든 앱 엘리먼츠Elements는 제때에 완성되었고 아이패드가 공식 출시되기 며칠 전에 언론에 배포된 적은 양의 비공개용 아이패드에 설치된 수십 가지 앱 가운데 하나였다. 평론가들의 반응은 열광적이었다. 스테판 프라이Stephen Fry는 자신의 트위터에 "최고의 앱이다. … 모든 것이 생동감 있고 선명하다. 아이패드만으로도 충분히 가치가 있다"라고 썼다.

홍보는 탁월했다. 앱은 출시 첫 날 3600개가 팔렸으며, 가격은 13.99 달러, 그리고 9.99파운드였다. 계속해서 100만 개 이상 판매되었는데, 일본어, 프랑스어, 독일어를 포함한 14가지 다른 버전이 출시되어 300만 달러 이상의 순수익을 올렸다. 테오는 2009년 9월 뉴욕에 있는 소규모 출판사인 블랙 도그 앤 리벤설Black Dog & Leventhal과 함께 『엘리먼츠The Elements』라는 책을 실제로 출판했다. 이 책은 여러 언어로 번역되었으며 앱이 출시되기 전까지 7만 부 정도 판매되었다. 앱이 출시되자 인쇄책의 판매는 치솟았다. 2012년까지 모든 언어에서 판매된 양이 58만 부 이상이었다. 앱으로도 책으로도 놀라운 성공을 거두었던 것이다.

엘리먼츠의 성공은 터치 프레스가 설립된 근거였다. 엘리먼츠가 출시되고 몇 달 후인 2010년 여름, 회사가 설립되었다. 그들은 약 50만 달러를 모금해(그중 일부는 두 명의 앤젤투자자[기술력은 있으나 자금이 부족한 창업 초기 벤처기업에 자금을 지원하는 개인 투자자_옮긴이]로부터 투자받았다) 회사를 출범시켰다. 그들은 스스로 '앱 형태의 책'이라는 새로운 종류의 출판을 개척했다고 생각했다. 그들이 볼 때 이런 매체를 실험하고 있는 회사는 세 종류였는데, 전통적인 도서출판사, 동영상 및 텔레비전에 대해 전문성을 지닌 전통적인 미디어 회사, 그리고 비디오 게임 회사였다.

이들 각 회사는 새로운 매체에 기여할 수 있는 중요한 무언가를 갖고 있었지만 이 새로운 매체가 작동하는 데 필수적인 것의 일부분만 이해하고 있었다. 전통적인 도서출판사는 스토리텔링 및 저자의 중요성을 이해하고 있었으나 동영상에 대한 전문 지식과 앱 형태의 책을 개발할 만한 기술력이 부족했으므로 이 개발을 일반적으로 전문 회사에 외주를 주어야 했다. 영화 및 텔레비전 회사는 재능, 스토리텔링, 시각 매체를 이해했지만 좋은 앱을 만들 수 있는 소프트웨어 기술이 없었다. 한편 게임 회사는 훌륭한 인터랙티브 동영상 게임 경험을 제공할 수 있는 기술적 역량을 가지고 있었지만 스토리텔링 및 저자의 가치를 이해하지 못했다. 따라서 터치 프레스가 하려고 한 것은 다른 종류의 회사에서는 해낼 수 없는 방식으로 이 세 가지 조합의 역량을 합치는 것이었다.

이 작업의 핵심은 소프트웨어 기술자가 앱 개발에 참여하는 다른 집단과 동일한 급이라는 사실을 확인하는 것이었다. "하려고 하는 일을 결정한 다음에는 기술자를 들이지 않습니다. 기술자는 하려는 일을 결정하는 과정의 일부가 되어야 하기 때문입니다." 고위 관리팀에는 기술자 존 크로미John Cromie가 포함되어 있었다. 그는 2010년 엘리먼츠를 60일 안에 만들어내도록 돕기 위해 참여했고 그 후 최고기술경영자cto가 된 인물이었다. 존은 기술 팀을 관리하면서 새로운 프로젝트가 수행해야 하는 모든 주요 결정에 참여했다.

일단 경영진이 새로운 프로젝트에 착수하기로 결정하면, 최고기술경영자와 몇몇 프로그래머가 참여하는 개발 회의에서 도서 앱의 기획과 개발이 진행되었다. 벽에 대형 스크린이 있었고 테이블을 둘러싼 기술자들은 노트북을 연결해서 무엇을 해야 할지 이야기했는데, 이야기를 나누는 동안 화면의 이미지와 텍스트를 조작할 수 있었다. 견본 페이지가 비춰지고, 선택 사항이 탐색되고, 기술적 한계가 논의되고, 비용이 고려되고, 수행할 수 있는 것과 없는 것에 대한 결정이 내려졌다. 이것은 책이 집필되는 동안 소프트웨어 기술자의 기술적 입력을 고려한 창의적인 과정이었다. 이는 텍스트가 개발되는 방식과 텍스트가 앱의 시각 및 오디오 요소와 결합되는 방식을 형성한다.

터치 프레스는 기술적 역량과 (맥스 휏비가 텔레비전에서 쌓은 경력을 기반으로) 시청각 전문성에서 강했다. 하지만 출판 측면에서는 경험이 적었다. 주요 주주 가운데 어느 누구도 도서출판에 대한 이력을 갖고 있지 않았으며, 테오는 성공적인 작가였지만 출판 과정에 대한 그의 지식은 뉴욕의 소규모 출판사와 어깨너머로 거래한 게 다였다. 출판에 대한 관점이 그들의 역량에서 가장 약한 부분이었다. 더욱이 그들은 엘리먼츠 외에는 기존의 출판사들이 가지고 있는 종류의 지식재산권을 갖고 있지 않았으며 저자나 대리인과 거래한 경험도 부족했다. 따라서 그들이 새로운 프로젝트를 개발하는 방법으로 출판사 및 기타 창의적인 조직과 협력했다는 것은 놀라운 일이 아니다. 때로는 출판사들이 터치 프레스를 찾았고, 때로는 터치 프레스가 구상안을 마련한 뒤 함께 협력할 조직을 찾았다. 맥스는 "엘리먼츠 이후 우리가 수행한 거의 모든 프로젝트는 신중하게 선택된 지식재산권 소유자, 전문지식 소유자, 종종 마케팅 부문을 지닌 상표 소유주와 파트너십을 맺었습니다. 우리는 파트너십을 21세기 출판 방식으로 생각합니다"라고 말했다.

터치 프레스의 파트너에는 파버Faber, 하퍼콜린스HarperCollins, 에그몽 Egmont, 베어풋 북스Barefoot Books, 시카고대학교 출판사 같은 전통적인 출판사, BBC의 〈공룡 대탐험Walking with Dinosaurs〉 TV 시리즈를 제작한 팀인 와이드 아이드 엔터테인먼트Wide-Eyed Entertainment 같은 TV 제작 회사, 필하모니아Philharmonia(런던에 기반을 둔 오케스트라이다)와 도이치 그라모폰Deutsche Grammophon을 포함한 고전 음악 단체, 월트 디즈니 애니메이션 스튜디오 같은 대형 미디어 기업이 있었다. 각 경우마다 이익 배분은 앱 개발자인 터치 프레스, 지식재산권과 저자를 주로 통제한 출판사 또는 기타 동업자, 앱을 개발하는 데 투자한 업체가 순수익(애플의

30% 수수료와 판매세를 차감한 후의 금액)을 나누는 것으로 진행되었다. 예를 들어 전형적인 배분은 실제 수입의 50%는 터치 프레스, 동업자, 저자가, 나머지 50%는 투자자가 갖는 식이었다. 그리고 터치 프레스, 동업자, 저자 사이에서는 50%는 터치 프레스가, 50%는 동업자와 저자가 갖거나, 아니면 50%는 터치 프레스가, 30%는 동업자가, 20%는 저자가 갖는 식이었다. 만일 터치 프레스나 동업자가 투자 자금의 전부 또는 일부를 투입하면 실제 수입의 비율이 비례해서 증가한다.

출판사 중에서는 터치 프레스와 파버 간의 파트너십이 특히 유익한 것으로 판명되었다. 이에 따라 2010년 12월 출시된 솔라 시스템Solar System을 시작으로, 2011년 6월 T. S. 엘리엇T. S. Elliot의 황무지Wasteland, 2012년 6월 셰익스피어의 소넷Sonnets까지 많은 관심을 끈 도서 앱 시리즈를 내게 되었다. 파버 목록의 왕관자리를 차지한 황무지는 엘리엇의 상징적인 시를 사용해서 인쇄 매체에서는 절대 가능하지 않았을 방식으로 살아났다. 독자들은 그 시를 읽을 수 있었을 뿐만 아니라 시가 낭독되는 것을 들을 수 있었다(7편 이상의 낭독 중 2편은 엘리엇이 직접 낭독했다). 또한 앱을 위해 특별히 촬영된 피오나 쇼Fiona Shaw의 매력적인 공연으로 시가 낭독되는 것을 볼 수도 있었다. 시의 인쇄본을 짓누르고 있던 지나친 주석들은 화면을 한 번 터치하는 것으로 켜거나 끌 수 있는 측면 패널로 편리하게 격하되었고, 독자들은 시인에서부터 팝 가수에 이르기까지 다양한 사람이 황무지에 대해 이야기하는 것을 보고 들을 수 있었다. 그 결과 90년 동안 지면 위에 인쇄로 존재해 왔던 시가 새로운 매체로 재구성되었고, 독자들은 텍스트 읽기와 시 낭독 및 시에 대한 감상을 결합하는 독특하고도 전례 없는 방식으로 시를 경험할 수 있게 되었다.

이 앱은 놀랄 만한 성공을 거두었다. 황무지 앱은 전 세계 베스트셀러 도서 앱 가운데 1위를 차지했으며 첫 해에 약 2만 개 정도 판매되었다. 그것은 대단히 중요한 성공이었으며 리뷰 또한 극찬이었다. 한 문학 교수는 "황무지 앱을 사용하기 시작하면서 나는 왜 그렇게 많은 사람들이 이 앱을 구매하는지 알게 되었다. 이 앱은 같은 시를 보여주지만 아주 다른 빛으로 보여준다. … 내가 이해하기로는, 황무지 앱의 경이로운 위업은 거의 한 세기 동안 인쇄 매체에 매장되어 가려져 있던 강렬하고도 역동적인 시를 구조해 냈다는 것이다"라며 환호했다.[7]

황무지 앱은 이전에 인쇄물로 존재해 왔던 시를 디지털 매체로 재구성한 것이었지만, 터치 프레스가 만든 많은 앱은 독특한 디지털 창작물이었다. 즉, 이전에 인쇄물로 존재한 적이 없었던 것을 아이패드를 위해 특별히 제작한 앱이었다. 음악 앱은 이에 대한 좋은 예이다. 필하모니아 오케스트라와 뮤직 세일즈 그룹The Music Sales Group이 공동으로 제작한 앱 디 오케스트라The Orchestra가 2012년 12월에 출시되었고 2013년 5월에는 베토벤 9번 교향곡Beethoven's 9th Symphony이 출시되면서 그 뒤를 이었다. 스테판 휴Stephen Hough의 리스트 소나타 B단조The Liszt Sonata in B Minor가 2013년 7월에 출시되었고, 막스 리히터Max Richter의 비발디 사계 Vivaldi's Four Seasons가 2014년 5월에 출시되었다. 이들 앱 가운데 최초의 앱인 디 오케스트라에서는 하이든 교향곡 6번과 베토벤 교향곡 5번에서부터 살로넨의 바이올린 콘체르토에 이르기까지 250년에 걸쳐 작곡

7   Adam Hammond, "How Faber's App Rescues Eliot's Masterpiece from the Waste Land of Print," *The Toronto Review of Books*, 17 April 2012, at www.torontoreviewofbooks.com /2012/04/how-faber-and-fabers-ipad-app-rescues-t-s-eliots-masterpiece-from-the-waste-land-of-print.

된 여덟 곡의 오케스트라 작품을 보고 들을 수 있다.

음악은 하이파이로 재생되고 오케스트라의 동영상은 자신의 악기를 연주하는 음악가 개개인의 클로즈업 영상을 제공한다. 또한 깜박이는 점으로 오케스트라의 각 연주자의 연주를 나타내는 비트맵을 선택할 수도 있다. 비트맵으로 보면 음악이 다른 부문 및 다른 악기와 어떻게 연관되는지 볼 수 있다. 음악을 듣거나 동영상 또는 비트맵을 보면서 악보를 보려면 화면 하단을 스크롤하면 된다.

디 오케스트라 앱은 오케스트라의 각 부문과 악기에 대해 백과사전식 안내를 제공하기도 한다. 악기 중 하나를 터치하면 악기의 작동 방식에 대한 설명이 제공되는데, 음악가가 직접 악기가 무엇을 할 수 있는지 설명해 준다. 악기를 터치하면 악기가 확대되어 앞으로 튀어나오며, 손가락으로 움직이면 엘리먼츠에 있는 개체들처럼 360도 회전한다. 지휘자 에사 페카 살로넨Esa-Pekka Salonen을 터치하면 지휘 기술에 대한 개인적인 설명을 들을 수 있다. 여기에는 텍스트도 있는데, 오케스트라의 짧지만 상세한 역사와 ≪로스앤젤레스 타임스≫의 음악 평론가인 마크 스웨드Mark swed가 작성한 오케스트라 음악 듣기 및 악보 읽기에 대한 안내서가 포함되어 있다. 디 오케스트라 및 그 후속 앱들은 음악, 음성, 영상, 이미지, 그리고 텍스트를 유려하게 결합했다. 이는 앱이 제공하는 디지털 매체에서만 존재할 수 있는 작품들이다.

터치 프레스에서 제작한 앱이 창의적인 성공을 거두었다는 것은 부인하기 어렵다. 터치 프레스는 앱이라는 새로운 매체를 최대한 활용해서 이전에는 인쇄된 지면에서만 존재했던 텍스트에 새로운 생명을 불어넣었고, 텍스트가 시청각 자료와 함께 결합된 완전히 새로운 작품을 만들어냈다. 이는 인쇄매체에서는 가능하지 않았던 일종의 사용자 경험이었다. 물론 터치 프레스만 이 작업을 수행한 것은 아니다. 이 분야에는 재택근무를 하는 한두 명의 개인에서부터 대형 출판 기업을 포함한 훨씬 큰 조직에 이르기까지 다른 많은 참가자들이 있었고 지금도 있는데, 그들은 앱으로 활발하게 실험을 수행한다. 그러나 터치 프레스가 그들 중에서 가장 완성도 높은 회사 가운데 하나로 눈에 띄었다. 터치 프레스는 프리미엄 앱 시장에서 선두로서의 위치를 확립했다. 프리미엄 앱이란 아이패드의 고해상도와 기능성을 최대한 살린 최고급 제품으로 제작된 앱을 뜻한다. 터치 프레스의 앱은 앱 스토어에서 '에디터의 선택Editor's Choice' 및 '금주의 앱App of the Week'으로 정기적으로 채택되었으며, 언론에서 열광적인 평가를 받았다. ≪선데이 타임스≫는 문화면의 첫 페이지를 황무지에 할애했으며,[8] ≪가디언≫은 디 오케스트라에 대해 "즉석 고전 음악. … 이제까지 본 것 중 가장 인상적인 앱 가운데 하나"라고 묘사했다.[9] 비평가의 찬사를 이처럼 지속적으로 받은 앱 개발자는 거의 없었다.

터치 프레스가 최고 품질의 앱을 만든다는 데에는 의심의 여지가 거의 없었다. 하지만 터치 프레스는 중장기적으로 지속가능한 창의적인 조직을 구축했을까? 이것은 터치 프레스에 있던 모든 사람의 뇌리를 사로잡은 의문이었다. 그들은 자신들의 생계가 여기에 달려 있었으므로 자신들의 사업이 생존력이 있는지를 알고 싶었다. 그들의 앱 중 일부는 단지 의미 있는 성공이 아니라 상업적인 성공이기도 했다. 물론 엘리먼츠, 솔라 시스템, 황무지, 디 오케스트라 등도 마찬가지였다. 그

---

8   *The Sunday Times*, 26 June 2011.
9   *The Guardian*, 7 December 2012.

앱들은 비용을 제하고도 수익성이 좋은 출판물이 되었다. 그러나 이런 종류의 성공적인 앱과 함께 때로는 1000개 이하를 판매한 실패한 앱도 있었다. 이는 이런 종류의 프리미엄 앱을 개발하는 데 소요되는 시간과 비용을 감안하면 소기업에게 심각한 손실이다. 이런 작업을 수행하려면 성공적인 앱들의 정기적인 흐름에 의존할 수 있어야 한다. 일부 프로젝트에서는 위험 부담을 감수할 수 있지만 충분히 높은 매출로 그 비용을 충당하고 사업을 유지하려면 충분한 수익성을 제공하는 다른 프로젝트에 의존할 수 있어야 한다. 이것이 가능할까?

2012년 터치 프레스가 이 질문에 답해야 할 시점에 도달했다. 특히 투자 자금이 고갈되었기 때문에 사업이 생존력 있는지를 확인할 필요가 있었다. 터치 프레스는 2010년에 회사를 정상화하기 위해 모금했던 첫 50만 달러 외에 사업을 계속 꾸려가기 위해 200만 파운드의 투자 자금을 추가로 확보했지만 2012년 말 자금이 부족해졌다. 운 좋게도 바로 그 시점에 자신들의 사업 모델을 시험해 볼 수 있는 엄청난 기회가 찾아왔다. 황무지를 보고 감명을 받은 디즈니의 한 고위 임원이 애니메이션의 역사에 대한 앱을 만들기 위해 터치 프레스를 접촉했던 것이다. 이것은 그 자체로 대단한 프로젝트였다. 애니메이션의 역사를 풍부하게 설명하는 수단으로 앱보다 더 적합한 매체가 어디 있겠는가? 이런 프로젝트에서 디즈니보다 더 좋은 동업자가 어디 있겠는가? 애니메이션 역사를 다루는 도서 앱을 만들기 위해 동업자를 찾으려 한다면 애니메이션 역사에서 중심적인 역할을 하고 있고 상징적인 인물에 대해 비교할 바 없이 풍부한 아카이브를 가지고 있으며 1920년대까지의 저작권 자료를 보유한 디즈니가 첫 번째일 것이다. 그런데 이제 디즈니가 터치 프레스의 문을 두드리고 있었다. 더욱이 디즈니의 강력한 마케팅 조직이 뒷받침된다면 이 앱은 모든 것을 할 수 있게 될 것이었다. 재정적인 측면에서 이 앱을 성공시킬 수 없다면 다른 동업자와 협업할 수 있을까?

2012년 가을, 터치 프레스는 월트 디즈니 애니메이션 스튜디오와 계약을 맺었고, 12월부터 열심히 앱을 개발하기 시작했다. 하지만 실은 그 이전에 많은 준비 작업이 완료되어 있었다. 터치 프레스의 상당한 인원이 이 앱에 배치되었는데, 터치 프레스 측에서 이 프로젝트에 기여한 사람은 총 10명 정도였고 디즈니 측 사람들도 프로젝트에 기여했다. 8개월간의 치열한 작업이었다. 예산 역시 상당해서 약 40만 파운드였다. 테오는 작가로서의 역할을 맡아 앱이 개발되는 동안 텍스트를 작성했다. 이 앱은 디즈니의 애니메이션 역사를 주제별로 재구성했는데, 이들 주제는 줄거리, 캐릭터, 애니메이션 기법, 시각 효과, 사운드 등을 챕터 또는 섹션으로 나누었다. 텍스트는 손가락으로 터치하면 살아나는 풍부한 동영상 자료들과 함께 연결되어 있었다. 텍스트와 이미지의 결합은 디자인에서 매우 중요하므로 캐릭터에 생동감을 부여하기 위해 화면을 터치하면 텍스트가 쪼개져 나와 캐릭터를 위한 길을 마련해주는 페이지로 재편되었고, 그러면 캐릭터는 중앙 무대를 차지했다.

이 앱에는 1928년에 발표된 최초의 미키 마우스 만화 〈증기선 윌리〉로 시작하는 디즈니 만화를 비롯해 〈백설 공주와 일곱 난쟁이〉, 〈밤비〉, 〈라이온 킹〉, 〈곰돌이 푸〉, 〈겨울왕국〉 등등의 모든 위대한 디즈니 애니메이션 영화의 클립이 있다. 인터랙티브 도구를 사용해 애니메이션의 원리를 설명하며 젊은 사용자들이 레이어 추가 및 제거, 움직임 생성 같은 간단한 애니메이션 효과를 만들어낼 수 있도록 한다. 이 앱은 2013년 8월 8일 13.99달러에 출시되었으며, 애플에서 바로 '에디터의 선택'으로 뽑혀 앱 스토어의 첫 페이지에 소개되었다.

이 앱은 8월 9~11일 캘리포니아 애너하임에서 열리는 공식 디즈니 팬클럽의 격년제 박람회인 D23 엑스포에 맞춰 출시되었다. 이는 디즈니 팬 커뮤니티에서 앱의 가시성을 높이는 데 도움이 되었고 출시 후 첫 몇 주 동안 매출이 급증하는 데 이바지했다. 그런 다음 앱 판매의 정상적인 패턴을 따라 꽤 빨리 판매가 하락해 소소한 수준에 머물렀지만 애플은 디즈니 애니메이티드Disney Animated를 2013년 올해의 아이패드 앱으로 선택했다. 12월 16일 이 사실이 발표되자 또 다시 판매가 가파르게 상승해 12월 말까지 지속되었는데, 이 기간 동안 2만 개 정도가 판매되었다. 1월에 디즈니 애니메이티드는 또 다른 상을 받았다. 디지털 북 월드Digital Book World 컨퍼런스의 일부로 해마다 주어지는 상인 2014년 디지털 북 어워즈Digital Book Awards에서 학술 분야의 최고 앱으로 선정되었던 것이다. 또한 인터랙티브: 각색Interactive: Adapted 부문에서 아동용 BAFTA 상을 받았으며, 영국의 출판 전문지 북셀러the Bookseller가 주관하는 미래의 책 혁신 어워즈Future Book Innovation Awards에서 최고의 성인용 디지털 도서Best Adult Digital Book로 선정되었다. 인지도와 수상 면에서 디즈니 애니메이티드는 더 이상 이룰 것이 없었다. 이것은 도서 앱의 세계에서 압승에 가까웠다.

그러나 이 모든 것에도 불구하고 디즈니 애니메이티드가 상업적인 면에서 무조건적인 성공을 거둔 것은 아니었다. 앱 개발 비용, 8개월 이상의 기간 동안 참여한 직원 수, 마케팅에 투입한 추가 노력과 비용, 동업자 간의 수익 배분을 고려하면 터치 프레스는 비용을 회수하기 위해 10만 개를 판매해야 했고 회사에 재정적으로 기여하려면 이보다 상당히 많은 30만 개 또는 50만 개를 팔아야 했다. 앱이 잘되긴 했지만 이런 종류의 프리미엄 앱을 개발하는 사업이 중장기적으로 생존력 있고 지속가능하다는 것을 입증할 만큼은 아니었다. 맥스는 이렇게 회고했다. "디즈니 애니메이티드는 우리에게 중요한 리트머스 테스트 같은 것이었습니다. 우리가 영혼을 쏟아부었고 사람들이 밤과 주말에도 일했으며 이보다 더 잘 만들 수 없을 만큼 훌륭하게 만들어진 앱이었기 때문입니다. 이 앱은 또한 대중문화에 깊은 뿌리를 둔 대중적인 주제에 관한 것입니다. 애니메이션의 역사는 많은 사람들에게 관심을 끄는 주제입니다. 그리고 디즈니라는 보기 드문 대규모 마케팅 조직이 그 뒤에 있었습니다. 그런데도 첫 대여섯 달 동안 7만 개를 파는 것으로 끝났습니다. 이것이 우리에게 말하는 바는 우리 사업 모델이 작동하지 않는다는 것입니다." 맥스는 이어서 말했다. "우리는 엘리먼츠 같은 앱을 되풀이할 수 있다는 가정하에 이 회사를 설립하고 투자를 유치했습니다. 즉, 매우 만들기 어려운 훌륭한 타이틀을 만들어서 많은 수를 판매하면 수익성 있고 흥미로운 사업이 될 것이고, 이를 다시 반복하고 규모를 키우면 많은 가치를 지닌 회사를 갖게 될 것이라는 가정이었습니다. 그러나 아니었습니다."

'아니었다'라는 분명한 현실로 전달된 실망감이 고스란히 느껴졌다. 맥스와 그의 동료들은 앱과 아이패드라는 새로운 매체를 최대한 활용할 수 있는 30여 명의 재능 있는 직원으로 구성된 팀을 만들어서 새로운 종류의 디지털 책을 발명하는 데 전념하는 야심찬 프로젝트를 출범하고 4년을 보냈다. 그리고 이제 그들은 그것이 모두 허사가 될 엄중한 현실에 직면했다. 좋은 아이디어였지만 그 아이디어가 작동하지는 않았던 것이다.

왜 안 되었을까? "부분적으로는 우리가 일하고 있는 동안 발밑에서 지반이 움직이고 있었기 때문입니다"라고 맥스가 설명했다. "엘리먼츠가 나왔을 때 그것은 당시 몇 안 되는 게임 중 하나였습니다. 하지만 이제 앱 스토어에는 100만 개가 넘는 앱이 있고 대부분 무료입니다." 앱의 수는 증가하고 있고 평균 가격은 시간이 지날수록 낮아지고 있다. 수치가 그 증거이다. 2015년 1월 애플은 앱 스토어에 140만 개 이상의 앱이 있고 이들 중 72만 5000개 이상이 아이패드용이라고 발표했다. 매달 4만~5만 개의 새로운 앱이 추가되고 있다. 대부분의 분석에 따르면 앱 스토어의 대다수의 앱, 즉 2/3 이상이 무료이다. 많은 무료 앱에는 인앱In-App 광고가 포함되어 있으며, 일반적으로 '프리미엄(무료)' 모델이라고 불리는 다양한 방식의 인앱 구매를 제공하고 있긴 하지만 다운로드 시점에서는 무료이다. 무료 앱 다음으로 가장 일반적인 가격대는 아주 저렴한 99센트로, 모든 유료 앱의 50% 미만을 차지한다. 1.99달러 앱은 그다음으로 가장 대중적인데, 모든 유료 앱의 거의 20%에 해당한다. 1.99달러 이하로 가격이 매겨진 앱은 앱 스토어에 있는 모든 앱의 89%이고 모든 유료 앱의 66%, 즉 2/3를 차지한다.[10] 소비자의 관점에서 보면 앱을 구매하는 것은 위험을 부담하는 것이다. 만일 10달러를 지불했는데 마음에 들지 않으면 하수구에 10달러를 버린 것과 똑같다. 한 앱 개발자는 "그런 이유 때문에 앱은 낮게 가격을 매겨서 더 많이 판매하거나 아니면 무료로 배포한 뒤 인앱 구매를 유도하는 경향이 있습니다"라고 설명했다.

이런 양상은 터치 프레스 같은 출판사에게 두 가지 커다란 문제를

---

10   Thomas Sommer, "App Store Stats Bonanza"(7 August 2014), at www.applift.com/blog/app-store-stats-bonanza.html을 보라.

안겼다. 첫째는 가시성('발견 가능성'이라고도 한다)의 문제인데, 이는 출판계에서 자주 사용하는 용어이다. 매장이 단 하나뿐인데 100만 개가 넘는 앱으로 가득 차 있고 매달 4만~5만 개의 앱이 새로 추가된다면 이런 세계에서 어떻게 당신의 앱을 눈에 띄게 할 수 있을까? 도서출판업자들은 오프라인 서점 수가 줄어들면서 서점 진열대나 매장 앞 가판대의 공간도 감소하고 있다고 종종 불평하지만, 앱 개발자들이 직면하고 있는 도전에 비하면 출판사들의 소매 환경은 부자들의 불평처럼 들린다. 앱 개발자들은 단 하나의 매장에 단 하나의 진열대만 있는 곳에서 한 명의 플레이어가 자신의 재량에 따라 매주 몇 개의 앱만 선택해서 제공하는 세계에 자신들의 앱을 출시하고 있다. 이 매장은 이미 100만 개 이상의 앱을 갖고 있는데 매달 수만 개의 새로운 앱이 추가되고 있다. 당신은 그 진열대에 당신의 앱이 올라가기를, 나아가 에디터의 선택으로 뽑히기를 희망하고 기도해야 한다. 그렇지 않으면 콘텐츠의 바다에서 길을 잃은 작은 조각에 불과해지기 때문이다. 물론 새로운 앱의 인지도를 높이는 데 도움이 되는 리뷰를 얻을 수 있는 공간이 있긴 하지만, 출판사가 이용할 수 있는 것만큼 리뷰 공간이 많거나 다양하지 않다.

또한 가격 문제도 있다. 모든 앱의 2/3가 무료로 다운로드할 수 있고 거의 90%가 1.99달러 이하인 상황에서 하나의 앱에 13.99달러를 쓰도록 어떻게 소비자를 설득하겠는가? 정보 관련 상품이 점점 더 무료가 되거나 아주 저렴해지는 세계에서 소비자로 하여금 어떻게 위험 요인을 극복하고 품질에 대해 대가를 지불하도록 하겠는가?

이 두 가지 문제점, 즉 가시성(또는 오히려 비가시성)과 가격(또는 오히려 가격 하향 압력)이 터치 프레스처럼 앱 시장의 최고 품질 쪽으로 스스로를 포지셔닝한 출판사를 괴롭혔다. 터치 프레스는 프리미엄 앱을 개발하는 일에 꽂혀 있었는데, 이는 시간과 전문성, 그리고 생산 비용이 대거 소요되는 일이었다. 디즈니 애니메이티드의 경우 약 10명이 40만 파운드의 개발 비용으로 이 앱을 위해 8개월에 걸쳐 거의 온종일 일했다. 그들은 이 앱을 수십만 개 판매할 수 있어야 했으며, 대부분의 앱이 판매되는 아주 낮은 가격보다 훨씬 높은 가격으로 판매할 수 있어야 했다. 이 경우 그들은 모든 일이 순조로웠지만 비용을 충당하고 사업을 운영하는 데 필요한 추가 자금을 제공하기에 충분한 매출을 일으킬 수는 없었다. "우리는 사업 모델을 아주 정교하게 시험했으나 잘 작동하지 않았습니다."

그러면 그들은 여기에서 어디로 갈 수 있었을까? 그들의 선택은 무엇이었을까? 한 가지 방법은 규모를 축소하고, 직원 일부를 내보내고, 훨씬 낮은 품질의 앱을 만들고, 훨씬 낮은 가격을 매기는 것이다. 그리하여 더 적은 예산으로 사업을 운영할 수 있기를 희망하는 것이다. 그러나 맥스와 테오에게 그것은 실패를 인정하는 것처럼 느껴졌다. 그들은 완전히 새로운 무언가를 창조할 수 있다는 믿음 속에서, 그리고 디지털 기기에서 풍부한 오디오, 영상 및 텍스트를 경험함으로써 중요한 작품에 생명을 불어넣는 새로운 종류의 출판 및 도서 앱이라는 새로운 종류의 책을 발명하는 데 도움을 줄 수 있다는 믿음 속에서 이 사업을 시작했다. 이제 규모를 줄이는 것은 이런 종류와 품질의 앱을 만들어내는 그들의 능력이 심각하게 손상되었다는 것을 의미했다. 여기저기서 절감한다면 아마도 10~20% 싸게 앱을 만들 수 있겠지만 그 이상 줄이면 자신들의 상표와도 같았던 이런 품질의 앱을 만들 수 없었다. 작동은 하지만 진정한 미적 가치는 없는 싸구려 앱을 만드는 것은 그들이 원하는 종류의 사업이 아니었다. 그들은 또한 최고의 직원을 잃는 위험을 져야 했다. 최고의 직원이라면 규모를 축소하고 최고의 임금을 지불할 수 없는 회사에 머무르기를 원치 않을 것이기 때문이다.

또 다른 선택 가능성은 사업을 재구상하는 것이었다. 창업 세계의 용어로는 '피벗pivot'하는 것이었다. 예를 들어, 개별 소비자를 위한 앱을 개발하는 것이 아니라 다른 사업에 서비스를 판매함으로써 대행사 업무로 좀 더 깊이 들어갈 수 있었다. 그들은 제품을 홍보하거나 브랜드를 구축하려는 회사 및 기타 조직을 위한 앱을 개발하는 데 사용할 수 있는 일련의 기술력을 개발했다. 이것은 실제 비용에서 50% 이상의 상당한 이윤을 기준으로 수수료를 부과할 만큼 협상 위치가 강력하다면 상당한 수익을 창출하고 높은 마진을 남길 잠재력을 갖고 있었다. 그들은 최고급 앱 개발자로서 구축한 명성을 기반으로 축적된 상징적 자본을 '현금화'함으로써 수익성 있는 회사로 탈바꿈할 수 있었다.

이익의 잠재력은 재정적으로 일리가 있으므로 그 이익은 조직을 수익성 있는 사업으로 전환하기에 충분한 마진을 남기는 충분한 수익을 창출할 것이다. 단점은 창의적 통제력을 상실하게 될 것이라는 점이었다. "일단 이런 주문 중 하나를 맡으면 선택의 자유는 전혀 없어지고, 프로젝트를 가능한 한 최고의 품질로 제시간에 전달해야 하며, 그 일을 하기 위해 최고의 직원을 투입해야 합니다"라고 맥스는 말했다. "궁극적으로는 고객이 원하는 것을 제공해야 합니다. 따라서 우리가 시도해왔던 완전히 다른 종류의 새로운 작업을 수행할 공간이 거의 없을 것입니다. 그런 종류의 작업에서는 황무지 비슷한 무언가가 나올 수 없습니다."

2014년을 지나면서 회사가 무언가를 해야 한다는 것이 점점 더 분명해졌다. 계속해서 영혼을 담아 이 훌륭한 앱을 만들면서 성공을 기대하고 있을 수만은 없었다. 그러면 현금이 마를 것이었다. 이사회는 사업 개발에 이력을 지닌 새로운 CEO를 영입했다. 그녀의 임무는 손실을 줄이고 수익성 있는 사업을 만드는 것이었다. 회사는 건물을 런던 중심부에 있는 세련된 사무실로 이전하고 상호를 터치 프레스Touch Press에서 터치프레스touchpress로 미묘하게 바꾸면서 대행사 쪽 사업을 구축하려고 노력했다. 이전 터치 프레스의 수장과 새로운 경영진 간의 관계가 냉각되자 맥스는 이사회에서 물러났고, 그는 테오와 함께 다른 일에 에너지를 쏟기 시작했다.

대행사 사업은 새로 이름을 바꾼 터치프레스에 유리하게 전개되지 않았으며, 2016년 초 회사는 심각한 문제에 봉착했다. 새 CEO는 해고되었고 회사는 과학 및 문학 앱의 포트폴리오를 교육 콘텐츠 시장에서 새로운 벤처캐피털이 지원하는 출판사인 주식회사 터치 프레스Touch Press Inc.에 판매했다. 주식회사 터치 프레스는 아일랜드 디지털 출판사인 스토리 토이즈Story Toys와 교육용 게임 전문회사인 앰플리파이 게임즈Amplify Games의 협력으로 탄생한 회사였다. 브랜드를 앰피오Amphio로 변경한 이 새로운 사업은 교육 및 문화 기관을 위한 인터랙티브 도구와 콘텐츠를 개발하는 데 초점을 맞춘다고 발표했다. 이로써 아이패드가 열어놓은 기술적 가능성을 충분히 활용해 일반 소비자를 위한 훌륭한 앱을 구축함으로써 새로운 종류의 출판을 만들려는 과감한 시도는 사실상 끝이 났다.

터치 프레스의 창조적인 추진력이었던 맥스와 테오에게 이것은 실망스러운 현실이었다. 그들은 6년 전 완전히 새로운 종류의 전자책을 만드는 것, 즉 인쇄책과는 완전히 다른 방식으로 작동하고 독자/사용자를 풍부하고 다양한 멀티미디어 환경에 참여시키는 도서 앱을 만들되 이런 창의적인 활동을 지속할 수 있는 사업을 구축하는 것을 목표로 시작했다. 그들은 전자의 목적은 달성했으나 후자의 목적은 달성하지 못했다. 맥스는 "우리는 미디어를 통해 주제와 독자 사이에 매우 강력한 연대를 만들어낼 수 있다는 것을 보여주었습니다. 나는 이러한 소재가 어떤 주제에 관심을 갖고 있는 누군가에게 영감을 주고 그 영감을 탐구하는 최선의 방법을 제공할 수 있다는 것을 보여주었다고 생각합니다"라고 회고했다. 그러나 그는 사업 모델이 결국 잘 작동하지 않았음은 인정해야 했다. 아이패드가 출시되고 나서 2~3년의 짧은 기간 동안에는 훌륭한 앱을 만들면 사람들이 10달러 또는 15달러를 지불했고 이를 중심으로 출판 사업을 구축할 수 있었다. 그러나 이제는 그러한 순간이 끝났다. "열렸다 닫힌 잠깐의 순간이었지만 그러한 순간이 있었던 것을 기쁘게 생각합니다. 대화형 매체를 개발하는 장기적인 관점에서 우리가 몇 걸음 전진할 수 있게 해주었기 때문입니다. 그러나 그것은 사업으로서는 작동하지 않았습니다."[11]

---

11 다른 사람들도 비슷한 결론에 도달했다. 데이브 애디(Dave Addey)는 앱 개발사인 에이갠트(Agant)를 2002년에 설립했으며, 아이폰용으로 2009년에 출시한 내셔널 레일 인콰이어리스(National Rail Enquiries) 앱으로 큰 성공을 거두었다. 그는 계속해서 출판사들을 위한 다수의 앱을 만들었는데, 그중에는 영국 출판사 파버를 위한 몇 개의 앱도 포함되어 있다. 그중 하나인 '맬컴 터커: 사라진 아이폰(Malcolm Tucker: The Missing iPhone)'은 『더 식 오브 잇: 사라진 DoSAC 파일(The Thick of It: The Missing DoSAC Files)』이라는 책의 앱 버전으로, 2011년 영국 영화 및 텔레비전 예술상(British Academy of Film and Television Arts: BAFTA) 후보로 지명되었다. 데이브는 레밍턴 스파에 위치한 고급 사무실로 이전하고 직원 몇 명을 충원할 만큼 충분한 프로젝트를 갖고 있었다. 그러나 터치 프레스를 무너뜨린 것과 동일한 압력(앱 스토어에서 가시성을 확보하는 어려움과 가격 하향 압력 같은)이 에이갠트도 아주 어렵게 만들었다. 결국 그는 포기하고 2013년 사업을 접었다. "앱 개발은 위험을 감수할 만한 제품이 아닙니다. 그 위험을 내가 부담할 때는 특히 그렇습니다."

아직 먼 새벽

2010년부터 2015년까지의 기간 동안 디지털 혁명의 파도를 타고 디지털 시대를 위한 책을 재창조하기 위한 다양한 방법을 찾는 야심찬 새로운 출판 벤처들이 대거 등장했다. 터치 프레스는 이들 중에서 가장 본격적이고 야심찬 회사 중 하나였을 뿐이다.

'책의 재창조'가 의미하는 바는 벤처 기업마다 크게 달랐다. 당시 일어난 흥분 가운데 일부는 책의 재창조가 의미할 수 있는 순수한 개방성 때문이었다. 누군가에게는 이 말이 일반적으로 '책'으로 간주되는 것의 길이를 실험하는 문제였다. 일반적인 물리적 책을 만들기에 충분할 만큼 긴 텍스트를 작성해야 하는 필요성에서 해방되어 이제는 책을 훨씬 짧은 것으로, 앉은 자리에서 빨리 쓰고 읽을 수 있는 것으로, e-싱글 또는 디지털 단편처럼 짧은 이야기나 긴 기사에 훨씬 더 가까운 것으로 재창조하는 것이 가능해보였다.

다른 이들에게는 책을 재창조한다는 것이 좀 더 획기적인 의미를 지녔다. 이 말은 '디지털 책'을 인쇄책에 대한 디지털 복제물 이상의 것, 종이 대신 화면에서 읽을 수 있도록 정적인 텍스트를 디지털로 이미지화한 데 불과한 것이 아닌 것, '바닐라 전자책'이 아닌 것으로 생각한다는 것을 의미했다. 이들에게 책을 재창조한다는 것은 텍스트의 길이뿐만 아니라 텍스트의 형태 자체를 실험한다는 것을 의미했다. 이들은 디지털 매체와 그 매체가 제공하는 모든 기술적 가능성을 활용해서 '책'이란 무엇인지에 대해 새로운 방식으로 생각했다. 500년 동안 우리가 물려받은 형태, 즉 종이에 인쇄된 형태를 당연하게 여기지 말라. 디지털 혁명이 책에 미친 영향은 물리적 개체가 아닌 화면에서 텍스트를 읽도록 만든 데 그친 것이 아니다. 디지털 혁명으로 인해 텍스트는 음악, 낭독, 이미지 및 동영상과 결합되어 더 이상 정적이지 않고 유동적이게 되었고, 독자는 자신이 읽고 있는 바로 그 이야기의 일부가 되었으며, 이야기는 인쇄된 텍스트의 오래되고 정적인 세계에서는 불가능했던 방식으로 생생하게 살아났다. 디지털 혁명은 완전히 새로운 것을 창조한 것이다. 그것이 바로 디지털 혁명의 약속이었다. 책의 오랜 역사 속에서 책의 형태 자체와 '책'의 본질이 처음부터 다시 창조될 수 있는 새로운 시대의 새벽이 도래했다.

이 용감한 새로운 세계로의 첫 몇 발자국은 생각보다 훨씬 더 어려운 것으로 판명되었다. 새로운 가능성을 상상하는 것 또는 그 가능성을 창조해 내는 것은 그리 어렵지 않았다. 이 모든 것이 가능했고 2010년부터 2015년 사이의 기간에는 정확하게 이를 수행한 새로운 실험과 창업회사들로 넘쳐났다. 우리는 디지털 창의성의 풍요로움에 흠뻑 젖었었다. 훨씬 더 어려운 것은 이러한 새로운 디지털 산출물을 지속적이고 생존력 있는 방식으로 생산할 수 있도록 조직 구조와 사업 모델을 만드는 것이다.

새로운 디지털 개체가 멋들어지게 만들어졌다. 어떤 이는 이를 '책'이 무엇인지 그리고 무엇이 될 수 있는지에 대한 우리의 이해를 확장하는 책의 새로운 형태라고 부르기도 했다. 하지만 그런 창조를 만든 과정은 대부분 지속가능성이 없었으며, 이러한 과정에 포함된 대부분의 조직은 실패했다. 이런저런 이유로 그들은 창의적인 활동을 지속하기에 충분한 수익을 창출하지 못했다. 그들은 한두 번 또는 몇 번의 큰 성공을 거두었지만 시장이 바뀌고 기회의 창이 닫히면서 생존할 수 있는 수익원을 확보하는 능력이 줄어들었다. 성공은 실패로, 희망은 절망으로 바뀌었고, 디지털 혁명이 새로운 포맷과는 구별되는 새로운 형태의 책의 발명으로 이어질 수 있다는 생각은 덜 가능해 보이기 시작했다. 이것은 거짓 새벽으로 밝혀졌다.

우리는 물론 디지털 시대의 초기 단계에 있으며 지금까지 벌어진 일을 근거로 미래의 발전에 대해 성급히 결론을 내리는 것은 현명하지 못할 것이다. 2010년부터 2015년까지의 기간 동안 진행된 실험은 당시 사용 가능했던 기술과 배급 시스템에 의해서뿐만 아니라 유동적인 정보 환경의 광범위한 기능에 의해서도 제약을 받았다. 이 환경이 계속 진화하고 새로운 기술과 배급 시스템이 등장함에 따라 책을 재창조하는 새로운 기회가 생길 수도 있을 것 같다. 그러나 그러면 이전과 마찬가지로 지속 가능성에 대한 동일한 의문이 제기될 것이다. 새로운 형태는 그 형태를 존재케 하는 과정과 조직이 살아남아 이러한 형태를 초기 시작 단계 이상으로 유지할 수 있어야만 지속될 것이다.

제 3 장

기간도서 전쟁

새 책이 출판의 화려한 면이라면, 기간旣刊도서backlist는 여러 면에서 사업의 재정적 핵심이다. 책이 신간 목록에서 빠진 후 기간도서로 이동하면 언론의 관심을 훨씬 덜 받고 훨씬 적은 마케팅 노력을 기울이게 된다. 하지만 그 책이 계속 팔린다면 출판사에는 훨씬 더 큰 이익이 될 것이다. 이 단계에서는 제작비는 회수되었을 가능성이 높고, 선금은 모두 회수되거나 소멸되었을 것이며, 마케팅 비용은 훨씬 낮아진다. 따라서 판매로 인한 실제 수입이 출판사의 수익에 훨씬 크게 공헌할 것이다. 그러므로 기간도서가 많은 출판사는 시장에서 훨씬 강력한 위치에 서게 된다. 만일 수익의 50%가 기간도서 매출로 채워진다면 그들은 새로운 회계연도가 시작할 때 이미 산 중턱에 있게 되며, 새 도서 목록으로 나머지 절반만 올라가면 된다. 이것도 여전히 어렵겠지만 회계연도마다 산의 밑바닥(또는 낮은 언덕)부터 다시 시작하는 것보다는 훨씬 덜 부담스럽다.

그러나 문제는 기간도서를 구축하는 데 오랜 시간이 걸린다는 것이다. 해마다 지난해의 신간 목록이 올해의 기간도서가 됨으로써 천천히 그 규모를 키워나간다. 이것은 1960년부터 금세기 말까지 40년 동안 대형 출판 기업들이 다른 출판사들을 왜 그렇게 인수하려 했는지를 부분적으로 설명한다. 이것은 시간이 오래 걸리고 고된 기간도서 구축 과정을 단축시킬 수 있는 유일한 길이다. 이것은 또한 디지털 혁명이 몇몇 창업회사를 위한 공간을 열어주었을 때 출판사들이 왜 그렇게 격노

했는지를 설명한다. 이들 창업회사는 기간도서 서적에 대한 디지털 출판권을 낚아채어 전자책으로 출시할 기회를 엿보았는데, 이는 기존 출판사들의 기간도서를 잠식하고 기간도서 전쟁을 촉발했다.

기간도서 전쟁을 가능케 한 두 시기가 있다. 바로 1923년과 1994년이다. 그중에서도 1994년이 중요하다. 표준 저자 계약서에 전자책을 다루는 조항 및 전자책 출판권을 출판사에게 명시적으로 할당하는 조항이 추가된 것이 1994년이기 때문이다. 그 이전에는 대부분의 저자 계약서에 전자책 출판권 또는 디지털 출판권이 명시적으로 거론되지 않았다. 몇몇 계약에는 '저장 및 검색 시스템'에서의 사용을 다루는 조항이 포함되기도 했고 '현재 알려져 있거나 향후 발명될 컴퓨터, 기계적 또는 기타 전자적 수단을 통한' 저장 및 검색이 언급되기도 했다. 하지만 전자책에 대한 명시적인 언급이 없었기 때문에 이런 조항이 저작물을 전자책으로 판매하는 것까지 포함하는지 여부는 분명치 않았다. 하지만 1994년부터 대부분의 출판사는 여기에 잠재적인 위험 소지가 있다고 보고, 전자책 출판권을 출판사에게 위임한다는 조항과 판매되는 모든 전자책의 실제 수입에 대해 합의된 로열티를 지불하는 조항을 저자 계약에 명시적으로 추가함으로써 허술함을 메꾸었다.

1923년이 중요한 이유는 1923년 이전에 출판된 모든 책은 공공 영역 public domain이기 때문이다. 1923년 이후에 출판된 책은 여러 가지 고려 사항에 따라 공공 영역일 수도 아닐 수도 있다. 미국 저작권법의 일반 규정은 저자의 사후 70년 동안 저작권이 유지된다는 것이다(하지만 이 규정에 영향을 미치는 조건은 다양하다).[1] 따라서 1923년부터 1993년까지 70년 동안 출간된 책은 전자책 출판권을 여전히 잠재적으로 사용할 수 있는 거대한 기간도서의 바다를 형성했다. 이들 콘텐츠를 전자책으로 활용하는 권리는 인쇄책에서처럼 여전히 저자 또는 저자의 재산으로 남아 있을 수도 있었다. 그리고 이론적으로는 인쇄된 책의 출판사가 아닌 다른 회사에 그 권리가 위임될 수도 있었다. '남아 있을 수도 있었다'라고 하는 이유는, 많은 출판사들이 위험요소를 인지하고 저자, 대리인, 재단에 선제적으로 연락을 취해서 1994년 이전에 체결된 계약에 대해 전자책 출판권을 출판사에 명시적으로 위임한다는 추가 조항에 합의하도록 했기 때문이다. '이론적으로는'이라고 하는 이유는, 2001년의 유명한 로제타북스RosettaBooks 사건이 있기 전까지는 아무도 법원에서 이 문제로 다투지 않았기 때문이다.

일제 사격 개시

로제타북스는 대리인에서 출판사로 전환한 아서 클레바노프Arthur Klebanoff의 아이디어에서 시작되었다. 아서는 2000년에 두 명의 동료와 함께 이 회사를 설립했다.[2] 법학을 공부한 문학 대리인이었던 아서는 출판 계약서에서 전자 출판권에 대해 언급하지 않았다면 전자 출판권

---

1   예를 들면 1978년 이전에 저작권을 부여받은 작품은 보호 기간을 연장하려면 작품이 28년째 되는 해에 갱신해야 했다. 1992년 '저작권개정법'에 따라 저작권을 갱신할 필요는 없어졌지만 갱신하지 않아 공공 영역으로 들어간 저작물은 다시 저작권 보호를 받을 수 없었다. 따라서 1964년 이전에 출판되고 저작권을 갱신하지 않은 작품은 공공 영역에 속해 있다. 저작권 기간에 영향을 미치는 여러 가지 조건을 유용하게 요약한 것으로는 Peter B. Hirtle, "Copyright Term and the Public Domain in the United States"(1 January 2015), at https://copyright.cornell.edu/resources/publicdomain.cfm을 보라.

2   아서 클레바노프는 자신의 회고집 *The Agent: Personalities, Politics, and Publishing* (New York: Texere, 2001), pp.1~29에서 로제타북스 설립에 대해 밝히고 있다.

이 저자에게 있다고 확신했다. 그래서 그는 선별된 기간도서 서적에 대한 독점적인 전자 출판권을 확보하는 데 초점을 두는 전자 출판 회사를 설립하기로 결정했다. 이것이 1990년대 후반이었다. 아서는 많은 출판사들이 핵심 기간도서 서적 및 저자에 대한 전자 출판권을 제한하기 위해 적극적으로 움직이고 있다는 것을 잘 알고 있었다. 그러나 그는 작은 독립 전자 출판업자로서 자신이 어떤 이점을 가질 수 있다고 생각했다.

아서는 출판사들이 대부분의 기간도서 서적에 대해 더 이상 적극적으로 홍보를 하지 않고 있고 많은 저자와 대리인이 이에 대해 분노한다는 사실을 알고 있었다. 또한 많은 출판사들이 인쇄책의 판매를 감소시키고 출판사의 수익을 잠식할지 모른다는 두려움 때문에 전자책의 가격을 너무 저렴하게 책정하지 않도록 주의하고 있다는 사실도 알고 있었다. 따라서 전자 출판업자로서 기간도서 서적에 대한 전자 출판권을 많이 확보하면 아서는 가격 책정에 더 많은 유연성을 갖게 될 것이었다. 아서는 또한 많은 출판사들이 전자 출판권에 대한 선금을 지불하지 않고 있으며 저작권 기간 동안 이러한 권리를 공여받기를 기대한다는 것도 알고 있었다. 따라서 약간의 선금과 함께 5년 또는 심지어 3년의 단기 라이선스를 제안하는 것은 매력적인 주장일 수 있었다.

반스 앤 노블의 스티브 리지오Steve Riggio는 당시에는 대체로 존재하지 않았던 전자책 시장에서 반스 앤 노블이 자리 잡는 데 도움이 될 만한 전자책 포트폴리오를 갖기 원했다. 이런 기대에 고무된 아서와 그의 동료들은 유명한 기간도서 서적에 대한 전자 출판권을 확보하기 시작했다. 아서와 그의 동료들은 미국의 가죽 양장 출판사인 이스턴 프레스Easton Press의 대리인이자 저작권 담당자로서 구축한 연락처를 활용해 올더스

헉슬리Aldous Huxley 재단으로부터 『멋진 신세계Brave New World』와 그 속편의 전자 출판권을 확보했다. 또한 커트 보니것Kurt Vonnegut의 『제5 도살장Slaughterhouse Five』과 다른 네 권의 서적, 팻 콘로이Pat Conroy의 『사랑과 추억The Prince of Tides』과 다른 세 권의 서적, 애거사 크리스티Agatha Christie의 『그리고 아무도 없었다And Then There Were None』와 다른 두 권의 서적, 시어도어 드라이저Theodore Dreiser의 『미국의 비극An American Tragedy』, 조지 오웰George Orwell의 『1984』, 윈스턴 처칠Winston Churchill의 여섯 권으로 된 『제2차 세계대전The Second World War』에 대한 전자 출판권을 확보했다. 다른 많은 책도 뒤따라 진행해 그들은 곧 소설, SF, 미스터리, 비소설에서 거의 100종의 서적에 대한 전자 출판권을 획득했다.

로제타북스는 2001년 2월 26일에 출범했다. 바로 같은 날 아침에 로제타북스는 랜덤하우스의 변호사로부터 랜덤하우스에서 출판한 세 명의 작가, 커트 보니것, 윌리엄 스타이런William Styron, 로버트 파커Robert Parker의 책 여덟 권을 즉각 내리도록 요구하는 서신을 직접 받았다. 랜덤하우스는 로제타북스가 응하지 않으면 소송을 제기할 것임을 분명히 했다. 아서와 그의 동료들은 의표를 찔렸다. 자신들이 하는 일을 출판사들이 좋아하지 않을 것임을 알고는 있었지만 소송을 당할 것이라고는, 그것도 출범 첫 날에 그럴 것이라고는 예상치 않았다. 그들은 싸울 것인가 사업을 접을 것인가 빨리 결정을 내려야 했다. 그리고 그들은 싸우기로 결정했다.

랜덤하우스는 계약에 의해 확보된 기본 출판권(즉, '도서 형태의 저작물을 인쇄·출판·판매할 수 있는 권리')에는 전자책이 포함된다고 주장하면서, 뉴욕의 연방 지방법원에 금지명령을 내려달라고 요구했다. 2001년 7월 시드니 스타인Sidney Stein 판사는 랜덤하우스의 예비적 금지명령

요청을 기각했다. 그리고 계약서에 명시된 '도서 형태의 저작물을 인쇄·출판·판매할 수 있는' 랜덤하우스의 권리에는 '전자책이라고 알려진' 포맷이 포함되지 않는다고 결론지었다. 랜덤하우스는 항소했고 2002년 3월 연방 항소법원은 만장일치로 이전 판결을 유지했다.

양측은 이 문제를 더 이상 법원에서 다투지 않기로 결정했다. 그리고 2002년 12월 합의에 도달해, 소송을 야기했던 여덟 권의 서적을 로제타북스가 전자적으로 계속 출판하고 공식적으로 로제타북스에 사용 허가된 다른 수십 종의 랜덤하우스 서적에 대한 전자판도 로제타북스가 출시할 수 있도록 했다. 이 사건은 재판까지 가지 않았고 랜덤하우스는 자신들의 계약서에 전자책 출판권을 부여했다는 입장을 유지했다. 그러나 판례가 만들어졌다. 출판사들은 이제 아주 조심해야 한다는 것을 알게 되었다. 출판사들은 '도서 형태의 저작물을 인쇄·출판·판매할 수 있는 권리'에 전자 포맷으로 도서를 출판하는 권리가 자동적으로 포함된다고 가정할 수 없었다. 그들은 저자, 대리인, 재단과 접촉해야 했고, 자신들이 이러한 권리를 갖고 있음을 확실히 하기 원할 경우 따로 전자책 합의 계약을 체결해야 했다.

로제타북스의 아서와 그의 동료들은 판사들의 결정으로 정당성을 회복했다고 느꼈다. 아서는 "판사의 기본 판결은 출판사에게 디지털 출판권을 구체적으로 부여하지 않으면 디지털 출판권은 저자가 보유한다는 것입니다"라고 말했다. 이것이 항상 아서의 견해였는데, 이제는 사법적 지지를 얻은 것으로 보였다. 아서와 그의 동료들은 기간도서 서적에 대한 라이선스를 확보하고 이를 전자책으로 출판하는 프로젝트에 박차를 가하면서 자신들이 사용할 수 있는 서적을 확대했다. 서적을 새로 확보하는 작업은 잘 진행되었다. 유일한 문제는 아무도 전자책을 사지 않는다는 것이었다. 그들은 시장보다 최소한 5년은 앞서 있었다. 아마존이 2007년 11월 킨들을 출시할 때까지 사업은 아무런 성과를 내지 못했다.

일단 킨들이 출시되자 아마존은 전자책으로 판매할 수 있는 더 잘 팔리는 서적을 원했다. 아마존의 관점에서는 더 많을수록 좋았다. 그러나 출판사들은 여전히 전자책 출판권을 제한하기 위해 저자 및 재단과 접촉하고 있었다. 이러한 작업이 느리게 진행되었으므로 아마존은 서둘러야 했다. 그래서 2009년 킨들의 콘텐츠팀은 아서에게 연락해 로제타북스의 강력한 기간도서 서적들을 갖는 데 관심이 있다고 알렸다. 더욱이 아마존이 1년 동안 서적에 대해 독점권을 갖는다면 아마존은 저자와 대리인에게 매력적일 수 있는 사이트 광고 면을 지원할 수 있었다.

이것을 염두에 두고 아서는 스티븐 코비Stephen Covey의 두 권의 책, 『성공하는 사람들의 7가지 습관The 7 Habits of Highly Effective People』과 『원칙 중심의 리더십Principle-Centered Leadership』에 대한 전자 출판권을 킨들 독점용으로 확보했다. 『성공하는 사람들의 7가지 습관』은 엄청난 베스트셀러였다. 1989년에 사이먼 앤 슈스터에서 처음 출판된 이 책은 1500만 부 이상 판매되었으며, 여전히 사이먼 앤 슈스터의 기간도서에서 비소설 서적 중 1위였다. "사이먼 앤 슈스터는 화가 났습니다"라고 아서는 회상했다. "그들은 소송하겠다고 위협했으나 소송하지는 않았습니다. 반스 앤 노블도 화가 났고 온갖 것으로 위협했지만 아무 일도 하지 않았습니다." 이 전자책은 2009년 로제타북스에서 출판되었고, 킨들 스토어에서 곧바로 1위를 차지했다. 이로 인해 저자에게는 상당한 로열티가 돌아갔다. 로제타북스는 이 건으로 발생하는 실제 수입의 50% 이상을 로열티로 지불하고 있었기 때문이다.

킨들 출시 이후 전자책 판매가 급증하면서 로제타북스의 수익이 갑자기 뛰었다. 로제타북스는 몇 년 만에 아무것도 없는 상태에서 400만 달러까지 성장했다. 그들의 시대가 도래했다. 2013년부터 전자책 판매가 정체되었지만 당시 그들은 생존력 있어 보이는 사업을 이미 구축한 상태였다. 아서는 랜덤하우스에 대항해서 자신에게 유리한 판결을 두 번 받음으로써 기간도서를 전자책 출판권을 채굴할 수 있는 커다란 무법의 대륙으로 여기는 이들이 그 문을 열 수 있도록 도와주었다.

전자책으로 소생시킨 위대한 작품들

제인 프리드먼Jane Friedman이 그런 이들 가운데 한 사람이었다. 제인은 하퍼콜린스의 CEO로 부임하기 이전에는 랜덤하우스와 크노프의 부사장이자 빈티지Vintage의 출판인이었다. 따라서 그녀는 시판용 도서의 세계를 아주 잘 알고 있었다. 2008년 하퍼콜린스를 떠난 후 그녀는 벤처캐피털의 투자를 받아 오픈 로드 인터그레이티드 미디어Open Road Integrated Media를 시작했다. 로제타북스처럼 오픈 로드도 1994년 이전에 출판된 대부분의 책은 인쇄본의 출판사가 저자, 대리인, 또는 재단과 접촉하고 전자책 출판권에 대한 별도의 계약을 체결하지 않은 한 전자책 출판권이 출판사에 위임되지 않는다는 가정을 전제로 하고 있었다. 제인은 1994년 이전에는 대부분의 출판사 계약이 전자책 출판권을 명시적으로 다루지 않았다는 것을 잘 알고 있었다. 당시 그녀는 랜덤하우스에서 일하고 있었으므로 그 계약 내용을 알고 있었기 때문이다. 그녀는 또한 2001년 랜덤하우스가 로제타북스에 대해 요청한 예비적 금지 명령에 대한 승인을 스타인 판사가 거절했고 그 사건이 법정 밖에서 해결되었다는 것을 다른 모든 사람과 마찬가지로 알고 있었다.

아서 클레바노프처럼 그녀도 '도서 형태의 저작물을 인쇄·출판·판매할 수 있는 권리'라는 일반 조항, '전자적 수단을 통한 저장 및 검색'이라는 일반 조항, 비경쟁 조항에 의해 전자 출판권이 출판사들에게 묵시적으로 허용된다는 생각을 갖고 있지 않았다. 제인의 견해로 봤을 때, 계약서에 전자 출판권이 구체적으로 언급되어 있지 않으면 그 권리는 출판사에 위임되지 않았으며, 인쇄본의 원래 출판사나 다른 당사자가 아직 그 권리를 독점하지 않았다면 오픈 로드가 합법적으로 확보할 수 있었다. 그러나 모든 계약을 면밀히 조사하고 모든 단어를 신중하게 검토해야 했다. 계약이 애매하거나 전자책 출판권이 자유롭다고 변호사들이 확신하지 않으면 그냥 지나치기로 했다.

2008년 오픈 로드가 설립될 당시 킨들이 출시되었고 미국에서 전자책은 본격화되기 시작했다. 당시에는 전자책 출판권이 소중한 자산이라는 사실에 대한 인식, 그리고 출판사가 저자, 대리인, 또는 재단과 명시적인 계약 또는 부수조항에 아직 합의하지 않았다면 재빨리 움직여야 한다는 인식이 널리 퍼져 있었다. 그래서 제인은 또 다른 사업자인 로제타북스가 이미 활발하게 활동하고 있는 장이자 기존의 출판사들이 책의 인쇄본을 출판함으로써 실질적인 이점(명확히 법적인 이점은 아니더라도)을 지니고 있는 장에 진입했다. 그렇다면 오픈 로드는 원본 출판사들이 제공할 수 없거나 제공하고 싶어 하지 않는 무엇을 제공할 수 있었을까?

제인은 네 가지로 생각했다. 첫째, 열정이 넘친다는 것이다. 제인은 기간도서의 가치를 알고 있었고, 자신이 추구하는 많은 서적은 출판사에서 여러 해 동안 심지어 수십 년 동안 관심을 주고 있지 않다는 것을 알고 있었다. 그녀의 메시지는 간단했다. "우리는 위대한 작품을 소생시키고 싶습니다." 그녀는 저자나 저자의 재단으로 가서 자신은 그 저자의 책에 진심으로 관심 있으며 자신의 회사가 전자책으로 재출판하고 활발하고 혁신적인 방식으로 홍보하면 그 작품에 새로운 생명을 불어넣을 수 있다고 말할 수 있었다. 만일 저자의 작품 문집이 있으면 더 좋았다. 문집은 재포장해서 전체를 다시 홍보할 수 있었다. 신간 베스트셀러로 지나치게 선점된 세계에서 이것은 강력한 메시지였다.

둘째, 제인은 매력적인 로열티 분할을 제시할 수 있었다. 2008~2009년까지 일반 시판용 출판계에서는 출판사가 모든 전자책 판매에 대해 실제 수입의 25%에 해당하는 로열티를 지불하는 것이 관례였다. 이것은 논쟁의 여지가 없었다. 물론 많은 대리인은 특히 기간도서의 서적에 대해서는 그 비율이 더 높아야 한다고 믿었으며, 어떤 경우에는 실제 수입의 25%에서 시작해 특정 한계점을 넘으면 더 높은 비율로 늘어나는 슬라이드제에 합의하기도 했다. 그러나 실제 수입의 25%라는 비율은 적어도 당분간은 일종의 산업 표준으로 자리 잡았다. 하지만 제인은 생각이 달랐다. 그녀는 디지털화하는 비용이 확보되면 실제 수입을 50 대 50으로 나누겠다고 제안했다. "아주 깨끗한 방식입니다. 당신은 콘텐츠를 제공하고 우리는 마케팅을 제공합니다. 모든 것이 50 대 50입니다." 일반적인 책의 디지털화 비용은 아주 소소해서 보통 400달러를 넘지 않으므로 이는 꽤 빨리 회수된다. "저자는 대략 60번 다운로드되는 시점에서 돈을 받기 시작합니다"라고 제인이 설명했다.

셋째, 그녀는 한정된 기간 동안만 전자책 출판권을 갖겠다고 제안했다. 처음에 그녀는 5년 라이선스를 협상했다. 제인은 "나는 5년이면 책을 얻어내기가 더 쉬울 것이라고 생각했습니다"라고 말했다. 이것은 대부분의 주류 출판사들의 관행과 크게 대비되었다. 주류 출판사들은 일반적으로 전자책 출판권이 자신들의 인쇄 출판권과 일치하는지 확실히 하려고 했다. 이는 대부분의 경우 전자책 출판권이 저작권의 전 기간 동안 부여된다는 것을 의미했다. 저자, 대리인, 또는 재단에게는 전자책 출판권을 5년 동안 부여하는 것이 저작권의 전 기간에 대해 부여하는 것보다 훨씬 더 매력적으로 보일 것이다. 전자책 판매가 끝나는 시점이 어디인지에 대한 불확실성을 감안하면 특히 그렇다. 하지만 나중에 제인은 라이선스가 더 길었다면 오픈 로드에 더 좋았을 것이라고 인정했다.

넷째이자 제인의 관점에서 가장 중요한 것은, 그들이 공동 마케팅 캠페인을 할 수 있다는 것이었다. 제인의 개념에서 오픈 로드는 무엇보다도 마케팅 조직으로 설계되었다. 오픈 로드는 '위대한 마케팅 기계'였다. 전체 조직은 마케팅을 중심으로 구축되었다. 오픈 로드는 마케팅 부서가 있는 전통적인 출판사처럼 보이는 것이 아니라 출판 부문이 붙어 있는 마케팅 회사처럼 보였다. 대부분의 직원이 마케팅에 관여했다. 2012년 당시 맨해튼 소호에 위치한 개방된 사무실에는 약 40명의 직원이 일하고 있었는데, 대부분 30세 이하였고 80%가 마케팅 종사자였다. 대부분의 편집 작업은 아웃소싱했다. 편집자 한 명과 기간도서 확보 작업을 하는 사람이 한 명 있었지만 대부분의 직원은 마케팅에서 일하고 있었다. 제인은 "우리는 저자에 대한 정보 바이블을 구축합니다. 저자들은 살면서 이렇게 대접을 받은 적이 없다고 말합니다. 우리의 전제는 라이선스 기간 동안 1년 365일 마케팅한다는 것입니다"라고 설명했다. 대부분의 저자는 자신의 기간도서가 출판사로부터 무시당하고 있다고 느꼈다. 저자들은 전통적인 도서출판사들이 새로운 책의 마케팅에만 관심이 있다고 느꼈고 오래된 책은 마케팅하지 않으면 잊힐 것이라고 생각했다. 그들의 생각은 대체로 맞았다. 따라서 수십 년 전에 출판되었던 책을 구제해서 다시 포장한 뒤 신중하고 혁신적인 마케팅을 추진한다는 구상은 많은 저자, 대리인, 그리고 재단에게 매력적이었다. 자신의 책이 한 번 더 각광 받는 것을 누가 원하지 않겠는가?

제인이 로제타북스와 달랐던 점은 선금을 제안하지 않았다는 것이다. 그녀는 선금에 대해 거의 망가진 오래된 출판 모델의 일부라고 생각했으므로 이 새로운 디지털 영역으로 가져오고 싶지 않았다. 그녀는 디지털화 비용이 회수되면 실제 수입을 50 대 50으로 나누는 동업자 관계의 새로운 모델을 원했다. 그것은 간단하고 이해하기 쉬우며 나름 매력적이다.

이런 주장들로 무장하고 수백만 달러의 벤처캐피털 자금을 지원받은 제인은 목록을 빠르게 만들기 시작했다. 속도가 필수적이었다. 이는 충분한 양이 필요했기 때문이기도 했고, 벤처캐피털의 후원을 받았으므로 빠른 수익 성장을 보여야 했기 때문이기도 했다. 주요 목표는 '유명 저자들'을 확인하고 그들의 문집을 확보하는 것이었다. 즉, 한 권의 독립된 서적이 아닌 그들 기간도서 전체 모음을 확보해야 했다. 2010년 5월에 오픈 로드는 첫 번째 전자책인 윌리엄 스타이런의 『소피의 선택Sophie's Choice』을 출시했다. 『냇 터너의 고백The Confessions of Nat Turner』, 『어둠 속에 눕다Lie Down in Darkness』, 『보이는 어둠Darkness Visible』을 포함한 다른 스타이런의 서적들이 바로 뒤따랐다. 랜덤하우스가 스타이런의 책을 인쇄본으로 출판했었지만 랜덤하우스는 스타이런 가족이 이들 서적과 다른 서적들에 대해 오픈 로드와 별도로 거래하는 것을 막을 수 없다는 사실을 받아들였다. 이 모든 책은 계약서에 전자책 출판권을 취급하는 조항이 포함되기 전에 랜덤하우스가 계약했던 작품이었다. 윌리엄 스타이런의 미망인 로즈 스타이런은 마케팅 계획과 50 대 50이라는 이익 배분에 끌렸다고 말했다. 그녀는 ≪뉴욕타임스≫와의 인터뷰에서 "내 아이들과 나는 그 사람을 대중에게 다시 각인시키는 좋은 기회라고 느꼈어요"라고 말했다.[3] 많은 다른 저자와 책이 뒤따랐는데, 오픈 로드는 바로 팻 콘로이, 앨리스 워커Alice Walker, 제임스 존스 James Jones, 펄 S. 벅Pearl S. Buck 및 기타 여러 저자의 서적에 대한 전자책 버전을 출시했다. 2011년 8월까지 그들은 780종의 서적을 출판했으며, 출범한 지 겨우 2년 후인 2012년 8월까지 거의 3000종을 출판했다.

랜덤하우스와 대부분의 출판사는 오픈 로드가 점점 많은 수의 기간 도서 서적을 출시하는 것을 물러서서 지켜보고 있었지만 이를 우려했다. 그러나 계약 상태가 매우 불분명해서 법률적으로 도전하기에는 위험하다는 사실 때문에 일반적으로 체념하고 있었다. 반면 제인이 이전에 CEO로 있던 하퍼콜린스는 덜 관대한 견해를 갖고 있었다.

2011년 12월 23일 하퍼콜린스는 진 크레이그헤드 조지Jean Craighead George의 베스트셀러 아동 도서인 『줄리와 늑대Julie of the Wolves』의 전자책 출판에 대해 오픈 로드를 상대로 저작권 침해 소송을 제기했다. 하퍼콜린스는 1971년에 조지와 맺은 계약에 따라 『줄리와 늑대』를 '도서 형태로' 발행할 수 있는, 그리고 '현재 알려져 있거나 향후 발명될 컴퓨

---

3 Motoko Rich, "Random House Cedes Some Digital Rights to Styron Heirs," *The New York Times*, 25 April 2010, at www.nytimes.com/2010/04/26/books/26random.html?_r=0.

터, 기계적 또는 기타 전자적 수단을 통해' 발행할 수 있는 독점적 출판사로서의 권리가 자신들에게 부여되었다고 주장했다. 또한 저자와 전자책 출판권을 맺고 오픈 로드에서 출시한 전자책은 하퍼콜린스의 계약권을 침해하고 있다고 주장했다.

2014년 3월 미국 지방법원의 나오미 라이스 버치왈드Naomi Reice Buchwald 판사는 하퍼콜린스의 승소를 판결했다. 로제타북스 사건과 다르게 조지의 계약에는 비록 저자의 허락이 필요하긴 하지만 하퍼콜린스에게 도서의 전자판에 대한 독점적 권리가 부여되었다고 주장할 수 있는 특별한 조항이 포함되어 있었다. 더욱이 계약서에 전자적 활용에 대한 언급이 없는 로제타북스 건과는 다르게, 조지의 계약서 제20조는 '현재 알려져 있거나 향후 발명될' 미래의 컴퓨터 기반 기술에 대해 구체적으로 언급하고 있었다. 버치왈드 판사는 "'현재 알려져 있거나 향후 발명될' 기술에 대한 미래 지향적 언급을 포함하는 이 표현은 전자책 출판의 범위 안으로 끌어올 수 있을 만큼 충분히 폭넓다"라고 말했다. 버치왈드 판사는 이것이 '새로운 용도'의 판례와 일치한다고 보았다. 즉, 계약 이후에 발명된 기술을 포함하는지 여부를 평가하는 절차를 구축했던 관련 산업의 이전 사례와 일치한다고 본 것이다. "계약서 초안을 만들 당시에는 전자책에 대한 상업적 시장이 존재하지 않았지만, 전자책 기술은 제20조에서 제시한 '컴퓨터, 기계적 또는 기타 전자적 수단'이라는 것의 이후 발명된 버전을 구성한다."[4]

---

4   Naomi Reice Buchwald, *HarperCollins Publishers LLC v. Open Road Integrated Media, LLP*, United States District Court, S. D. New York, 7 F. Supp. 3d 363(SDNY 2014), p.7, at https://casetext.com/case/harpercollins-publishers-llc-v-open-rd-integrated-media.

오픈 로드의 제인과 그녀의 동료들은 이 판결에 동의하지 않았다. 그들의 견해로는 '현재 알려져 있거나 향후 발명될 컴퓨터, 기계적 또는 기타 전자적 수단'은 전자책이 아니라 전자 데이터베이스를 지칭했다. 하지만 버치왈드 판사는 새로운 용도 판례에 근거해 더 포괄적인 견해를 취했다. 그러나 어쨌든 이 표현은 이 계약에 특정되어 있었고 실제로 출판사가 아닌 대리인에 의해 삽입되었기 때문에 다른 많은 계약서에는 등장할 것 같지 않았다. 오픈 로드는 소송에서 졌지만 그들의 공격적인 확보 전략은 조금도 방해받지 않고 계속되었다. 그 시점부터 그들은 '전자적 저장 및 검색' 같은 문구를 포함한 계약서는 피하려 했다. 왜냐하면 이 표현이 '전자책'을 의미한다고 믿었기 때문이 아니라 (그들의 견해로는 '전자적 저장 및 검색'은 데이터베이스를 의미했다) 이런 종류의 또 다른 판결로 괴롭힘을 당하는 위험 부담을 감수할 필요가 없었기 때문이다.

오픈 로드는 공격적인 확보 전략과 병행해 가공할 만한 마케팅 조직을 구축했다. 구상은 단순했다. 방대한 데이터베이스를 구축해서 그 데이터베이스를 유명 저자와 도서에 대한 콘텐츠로 채우고, 쉽게 찾고 접근할 수 있도록 모든 것에 태그를 붙이며, 적당한 시점에 관련 소셜 커뮤니티(제인의 표현에 따르면 '열정 커뮤니티')에 밀어낼 수 있는 이야기를 만들어내는 것이었다. 제인은 "우리는 이러한 이야기를 웹사이트로, 블로그로, 영상 채널로 밀어내며, 모든 전자 상거래의 마케팅 채널을 통해 밀어냅니다. 따라서 전체적인 개념은 우리가 만들어낸 이러한 이야기를 가지고 소비자가 살고 있는 곳인 온라인에서 소비자에게 도달한다는 것입니다. 그리고 이러한 이야기는 클릭 한 번으로 책을 구매할 수 있는 동영상으로까지 그들을 끌고 갑니다"라고 설명했다.

예를 들어 오픈 로드는 어버이날을 맞아 자신들의 저자 중 한 명이 자신의 아버지에게 쓴 편지를 소개하면서 그 저자가 이제 막 집필을 마친 책에 대해 이야기한다. 그리고 이것을 아버지의 날 홍보의 중심으로 만들어서 많은 웹사이트와 블로그에 영상 링크로 전송한다. 그러면 이 내용은 마더로드Motherlode[≪뉴욕타임스≫의 블로그_옮긴이]와 ≪뉴욕타임스≫에 의해 선택되어 수백만 명이 보게 된다. 마찬가지로 우울증 인식의 달, 흑인 역사의 달, 여성 역사의 달, 교사의 날, 왕따 예방의 달, 아동 데려가기의 날 등등은 데이터베이스에서 풍부하고 재미있는 이야기를 만들어내어 관련 열정 커뮤니티로 이 이야기를 밀어낼 수 있는 기회이다. 이러한 기회는 저자와 책에 대한 인지도를 높이고 독자들에게 책을 쉽게 구매할 수 있는 방법을 제공한다.

마케팅 조직에서 중요한 것은 고유의 고품질 영상 콘텐츠를 만들어내는 능력이었다. 제인은 "영상은 우리의 비밀 양념입니다"라고 말했다. 오픈 로드는 사내 영상제작팀을 보유하고 있었는데, 그들은 저자와 함께 영상을 촬영하는 데 많은 시간과 노력, 생각을 쏟았다. 많은 출판사들이 출판하는 책을 위한 도서 시판용 짧은 예고편을 제작하긴 했지만, 그것은 오픈 로드의 접근법이 아니었다. 그들은 저자에게 초점을 맞춘 더 풍부하고 혁신적인 무언가를 만들기 원했다. 오픈 로드의 영상제작팀을 책임졌던 전 영화 제작자 루크는 "저자가 언제나 브랜드입니다"라고 설명했다. 그들의 목적은 저자가 완벽하게 편안하다고 느끼는 상황에서 자신의 인생의 어떤 면모에 대해 자연스럽게 말할 수 있는 환경을 조성하는 것이었다. 영상제작팀은 촬영을 시작하기 전 저자의 삶에 대해 조사를 많이 했으며, 촬영을 위해 소규모 제작팀을 저자의 고향으로 보냈다. 그들은 6~7시간 또는 그 이상의 촬영을 통해 많은 콘텐츠를 수집했다. 이 중 3~4시간은 저자와의 인터뷰 자료였고, 나머지는 집, 정원, 현지 풍경 등을 촬영한 보조영상이었는데, 이는 동영상을 만드는 데 사용될 수 있었다.

이들 자료의 대다수는 태그가 지정된 콘텐츠로 아카이브에 들어갔다. 오픈 로드의 웹사이트에 게재되고 다른 사이트에 퍼뜨릴 수 있는 짧은 영상을 만드는 데 사용되는 자료는 소량이었다. 여기서 '짧다'라는 것은 아주 짧아서 정확히는 1분 49초였다. 1분 49초는 그들이 보기에 온라인으로 영상을 볼 때 집중할 수 있는 범위였다. 인터넷의 산만함을 전제로 할 때 그 시간만큼 사람들의 집중을 잡아둘 수 있으면 아주 잘하는 것이다. 1분 49초 안에 3막 구조로 호감 가는 이야기를 전달하는 것은 도전이었다. 루크는 "우리는 모든 것을 3막으로 쪼갭니다. 이것은 영화를 구성하는 오래된 방식입니다. 따라서 요점은 도입, 전개, 종결까지 1분 49초 안에 마무리하는 것입니다"라고 설명했다. 이런 맥락으로 해석된 3막 구조는 '저자를 소개하는 것, 사람들이 몰랐거나 우리가 생각하기에 매력적인 저자에 대해 사람들에게 말하는 것, 저자에 대해 더욱 많은 것을 갈망하게 만드는 무언가로 마무리하는 것'으로 구성된다. 분위기와 흐름을 만드는 데 도움이 되도록 음악도 삽입된다.

그 결과는 설득력 있었다. 각 영상은 시청자를 사로잡기 위해 공들여 제작되었으므로 시청자는 잠깐이라도 저자와 연결될 수 있었고 아마도 자신이 몰랐을 이 저자에 대한 무언가를 이야기할 수 있었다. 그리고 이 짧은 영상에서 사용되지 않은 많은 양의 영상 자료는 콘텐츠 데이터베이스의 일부가 되어 부호화되고 조직되었다. 이 데이터베이스는 언제라도 끄집어낼 수 있었고 웹사이트, 블로그, 그리고 다양한 열정 커뮤니티에 사용할 수 있었다.

로제타북스처럼 오픈 로드도 기간도서 서적에 대해 위임되지 않은 전자책 출판권을 확보함으로써 새로운 출판 사업을 구축할 수 있다는 사실을 보여주었다. 오픈 로드는 인터넷이 만들어낸 새로운 정보 환경을 활용한 혁신적인 마케팅 활동과 이 사실을 접목시켰다. 이 조합은 아주 인상적인 성장을 가져왔다. 오픈 로드는 첫 전자책을 출판한 지 불과 4년 후인 2014년에 대략 9000종의 서적 목록을 갖게 되었고 약 50명의 직원을 고용했으며 약 1500만 달러의 매출을 올렸다. 로제타북스처럼 오픈 로드도 때때로 법률적인 도전에 직면했다. 그러나 디지털 이전 시대에 체결된 저자와의 계약은 대체로 전자 출판에 대해 아무 말이 없었거나 법률적으로 도전하는 것이 위험해 보일 정도로 충분히 모호했다. 따라서 1923년부터 1994년까지 출판된 도서의 세계에는 전자책 출판권이 위임되지 않은 채로 남아 있는 서적이 많은 것 같았다.

오픈 로드 같은 출판계 창업회사에게 진정한 도전은 법률적인 것이기보다는 경제적인 것이었다. 그 도전은 오래된 것으로, 상당한 매출을 창출하는 성장하는 사업을 수익성 있는 사업으로 바꾸는 것이었다. 제인은 "이익을 내기는 어렵습니다"라고 인정했다. 문제는 두 가지였다. 하나는 높은 간접비였고 다른 하나는 가격에 대한 하향 압력이었다. 오픈 로드는 간접비가 높았는데, 특히 마케팅 쪽에서 직원을 공격적으로 확대했기 때문이다. 제인은 회사가 성공하려면 집중적인 마케팅이 필수라는 견해를 갖고 있었다. 그리고 그녀가 개발한 마케팅 모델은 사이트에 올릴 영상 원본을 촬영하는 것을 포함했으므로 결코 저렴하지 않았다. "우리는 간접비가 높으며, 높아야만 합니다"라고 제인은 단호하게 말했다. "우리가 약속한 것을 이행하지 않으면 저자를 가질 수 없고 수익도 얻지 못할 것이기 때문입니다."

다른 한편으로 전자책 시장에서는 가격 하향 압력이 심하다. 제인은 "디지털 세상에서는 돈을 버는 것이 가장 어려운 부분입니다. 매우 빠른 가격 하락은 사업에서 나를 곤란하게 만드는 요소입니다. 내 사업 모델은 특정 판매 가격에 근거를 두고 있기 때문입니다"라고 말을 이어갔다. 그녀는 전자책을 약 14달러[5]에 판매하면 7달러를 받을 것이고 이 중 절반은 저자에게 전달하므로 자신들의 판매당 수익은 3.5달러가 될 것이라고 가정했다. 그러나 실제로는 그렇게 풀리지 않았다. 가격이 훨씬 많이 낮아졌다. "이 사업이 판촉 사업이라서 가격이 너무 낮아졌습니다. 이것이 이 세대의 대중시장입니다. 사람들은 싼 것을 원해요." 아마존의 데일리 딜Daily Deals은 특히 인기 있었는데 제한된 시간대 동안 가격이 1.99달러로 떨어졌다. 이런 종류의 특별 프로모션은 매출의 불꽃을 일으키지만 판매당 수익은 매우 낮았다. 따라서 판매당 3.5달러를 버는 것이 아니라 50센트 또는 그 이하를 벌 수도 있었다. 데일리 딜 같은 프로모션은 전자책 시장에 약간의 탄력성이 있음을 보여준다. 가격을 크게 낮추면 더 많이 판매할 수 있을 것이다. 그러나 오픈 로드 같은 출판사의 경험에 따르면 부수 매출이 증가한다고 해서 부수당 수익 감소가 보상되지는 않는다.

---

5 이것은 '디지털 정가'로서 출판사가 그 모델에 부여한 가격이었다. 그러나 전자책은 도매 모델과 약 50%의 거래 할인으로 아마존 같은 소매업체에 공급되었기 때문에 아마존 및 기타 여러 소매업체는 일반적으로 소비자들에게 할인의 일부를 전가했고, 전자책을, 예를 들어, 9.99달러에 팔았다. 14달러짜리 책이라면 출판사는 14달러의 50%인 7달러를 받는다.

기간도서 전용 전자책 출판의 한계

그러면 앞으로 나아갈 길이 있는가? 로제타북스와 오픈 로드가 추구했던 것처럼 기간도서 서적에 대한 전자 출판권 확보를 기반으로 생존력 있는 출판 사업을 구축할 수 있을까? 물론 이 두 회사는 서로 다른 철학과 전략을 가진 두 개의 매우 다른 조직이다. 로제타북스는 외부투자가 없었으며, 700종의 적지만 엄선된 목록을 구축했고, 2015년에 8명의 직원을 두고 약 400만 달러의 매출을 올렸다. 이에 반해 오픈 로드는 벤처투자 자금을 사용해 자신의 목록과 조직을 공격적으로 확대했고, 2015년까지 약 1만 종의 서적, 50명 이상의 직원, 약 1500만 달러의 매출을 달성했다.

이 두 회사는 기간도서 서적에 대한 전자 출판권을 각기 다른 방법으로 확보함으로써 생존력 있는 사업을 구축하려고 했다. 그 과정에서 세 가지 사실을 보여주었다. 첫째, 그들은 세상에는 여전히 저작권 아래에 있는(즉, 1923년 이후에 출판된) 많은 양의 자료가 있으며 이 자료들은 아직은 전자 포맷으로 제공되지 않는다는 것을 보여주었다. 그리고 로제타북스와 오픈 로드 같은 조직이 저자, 대리인, 재단과의 직접 협상을 통해 이러한 권리를 확보하기에는 이러한 많은 책에 대한 전자 출판권의 법적 지위가 매우 불분명하다는 것을 보여주었다. 1994년 이전에 출판사와 저자 간에 이루어진 대부분의 계약은 전자 포맷으로 책을 출판하는 가능성에 동의하지 않았으며 이 문제를 명시적으로 밝히지 않았다. 이전 계약에 사용된 표현에는 많은 차이가 있었는데, 일부 출판사와 대리인은 가능한 미래의 발전을 예상하기 위해 단어, 구절, 조항을 도입해서 다소 복잡한 계약 상황을 만들어냈다. 그러나 계약이 전자 출판권, 디지털 출판권, 전자책 출판권에 대해 완전히 침묵하고 있는 경우에는 이러한 권리가 저자에게 남아 있어서 저자 또는 그의 재단이 합의된 조건에 따라 원본 인쇄책의 출판사나 또 다른 집단에게 그 권리를 위임할 수 있다는 강력한 사례가 만들어질 수 있다. 로제타북스와 오픈 로드 두 회사 모두 기간도서 서적의 경우 위임되지 않은 전자책 출판권은 계약상 달리 가정하도록 유도하는 특정한 문구가 없는 한 저자에게 남아 있다는 가정하에 사업을 구축했고, 그러한 가정은 이제까지 법원에서 뒤집어지지 않았다.

둘째, 로제타북스와 오픈 로드는 기간도서는 손 대지 않은 가치를 여전히 많이 지니고 있으며 이들 가치 중 일부는 기간도서 서적을 다시 전자책으로 만듦으로써 실현될 수 있다는 것을 보여주었다. 이 두 회사가 2010년부터 2014년 사이의 기간 동안 성취한 매출 증대는 어떤 식으로든 인상적이었다. 사실 그들은 낮은 데서(오픈 로드의 경우 0에서) 시작했으나, 보다 전통적인 종류의 많은 소규모 출판사들을 뛰어넘는 매출을 창출하는 위상으로까지 빠르게 올라갔다. 2008년부터 2014년까지의 기간을 특징짓는 전자책 판매의 광범위한 급증은 이런 면에서 큰 도움이 되었다. 어떤 면에서 그들은 전자책 성장의 파도를 타고 있었고, 자신들 주변에서 일어나고 있는 폭넓은 변화를 활용할 수 있는 적기에 그곳에 있었다. 그러나 이것은 또한 2014년 이후 이러한 성장의 둔화 및 정체가 매출 흐름을 하향시키는 압력이 되었고 앞으로 계속 그럴지도 모른다는 것을 의미한다(여기에 대해서는 뒤에서 다시 다룰 것이다).

셋째, 이 두 회사는 각자의 방식으로 온라인 환경이 제공하는 기회를 활용하는 혁신적인 마케팅의 가치를 보여주었다. 오픈 로드는 특히 이런 면에서 상상력이 풍부했다. 오픈 로드는 오래 전에 동시대 문화의 후미로 밀려난 저자와 도서의 인지도를 높이는 새로운 방법을 발견해 이들 저자와 책을 다시 볼 수 있게 만들었으며, 이들 저자와 책을 되살려 지금도 온라인에서 행해지고 있는 대화와 토론으로 밀어넣었다. 로제타북스 역시 혁신적인 온라인 마케팅을 강조했다. 로제타북스는 독자들에게 전자책에 대한 특별 할인을 제공하는 구독 기반 서비스인 북버브BookBub와 긴밀하게 협력했다(자세한 내용은 이후에 다시 다룰 것이다). 또한 잠재적인 독자와 온라인으로 연결하고 전자카드 및 전자 암호를 발송해서 전자책을 전달하는 등 다양한 도구를 만들었다. 하지만 로제타북스의 마케팅 투자는 오픈 로드만큼 대단하지는 않았다. 두 회사는 또한 기간도서 서적을 전자 포맷으로 재포장하는 데 많은 생각과 창의성을 쏟아부었다. 예를 들면 물리적인 책에서보다 화면에서 더 잘 작동하도록 표지를 완전히 다시 디자인해서 저자의 기간도서 전체 문집을 일관성 있게 만드는 등의 방식이었다.

그러나 이러한 종류의 출판이 중장기적으로 생존력이 있을까? 이 조직들에게 나쁘게 작용했던 몇 가지 요인이 있었다. 여기서는 다섯 가지를 언급하겠다.

첫째, 전자책 판매의 정체이다. 전자책 매출 성장이 둔화되고 정체되기 시작했으므로 모든 배를 띄웠던 밀물에 더 이상 의존할 수 없었다. 2008년부터 2012년까지의 기간 동안에는 전자책 급증으로 이들 조직이 빠르게 성장했으나 전자책 매출이 대체로 정체되거나 심지어 줄어들자 성장을 유지하기가 어려웠다. 전자책이 도서의 여러 가지 포맷 중 하나에 불과한 전통적인 출판사들과 달리 이 조직들은 전자책 출판권이 유일한 자산이었으므로 전자책 시장의 침체에 특히 취약했으며 인쇄책 판매를 통해 이런 하락을 상쇄할 수도 없었다.

둘째, 전자책 가격의 하향 압력, 그리고 데일리 딜, 북버브 같은 특별 프로모션에 대한 강조로 인해 부수 판매당 매출이 줄어들 가능성이 있었다. 전자책 시장에는 분명 약간의 탄력성이 있긴 하지만 판매 부수를 늘린다고 해서 서적당 매출의 하락이 완전히 보상될 것 같지는 않다.

셋째, 이러한 요인들이 결합되어 매출과 수익성 양쪽에 점점 더 많은 압력을 가할 가능성이 높다. 로제타북스처럼 인원이 적은 조직은 수익성에 대한 압력과 싸우는 데 더 유리한 위치에 있었다. 오픈 로드처럼 직원이 많은 대규모 조직은 직원 수준을 동결하거나 감축함으로써 간접비를 줄여야 하는 압박에 직면할 가능성이 높다.

넷째, 이 회사들의 주 자산인 전자책 출판권을 부여하는 계약은 한시적이라서 5~7년 후에는 이를 갱신하거나 재협상해야 한다. 따라서 새로운 잠재적인 비용이 발생할 수 있으며(재계약 선금 형태가 될 것이다), 계약 조건 개정으로 라이선스 사용자에게 덜 유리해지거나 가장 가치 있는 서적을 잃을 수도 있다.

다섯째, 저작권이 보호되지만 전자책 출판권은 위임되지 않은 기간도서 서적의 수가 제한적이거나 줄어든다. 이러한 권리 가운데 점점 많은 부분이 원본 인쇄 출판사에게 묶이거나 로제타북스나 오픈 로드 같은 전자책 기간도서 출판사에 위임되기 때문이다. 따라서 전자책 출판권이 위임되지 않은 아주 가치 있는 기간도서 서적을 확보함으로써 성장할 수 있는 가능성은 시간이 지남에 따라 감소할 것으로 보인다. 하지만 이것이 오픈 로드의 제인을 지나치게 괴롭힌 생각은 아니었다. "이것은 무한한 공간입니다"라고 제인은 말했다. 여전히 재발견해서 확보할 수 있는 기간도서 서적과 저자가 수천에 달할 뿐 아니라 지금은 다른 출판사가 라이선스를 보유하고 있지만 기간이 만료되면 오픈 로드로 이전될 수 있는 한시적인 라이선스도 있었다. 제인은 연못이 마르는 것에 대해 걱정해 본 적은 없었다. 하지만 다른 사람들은 덜 낙관적이어서 로제타북스의 아서의 경우 "연못이 많이 줄어들었습니다"라고 말했다. 만일 기간도서의 서적이나 저자를 단지 출판하는 데 그치지 않고 독자들이 높이 평가할 만한 가치 있는 작품을 출판하는 것이 목적이라면(제인의 말처럼 "위대한 작품들을 소생시키는 것"이 목적이라면) 가용한 확보 대상이 헤아릴 수 없을 정도로 많은지는 그다지 분명치 않다.

기간도서 서적에 대한 전자책 출판권을 확보함으로써 사업을 구축한 조직은 이런 압력에 직면해 수익원을 다양화할 방법을 찾고 있었다. 로제타북스의 경우 이러한 모색이 두 가지의 전략으로 진화했다. 그중 하나는 신간 목록을 구축하고 저자들에게 전자책뿐만 아니라 인쇄까지 전 부문에 걸친 출판 서비스를 제공함으로써(아서는 이를 '전 부문 출판'이라고 칭했다) 자신들의 기간도서 출판 프로그램을 보완하는 것이었다. 그러나 이렇게 하려면 로제타북스가 이제 주류 출판사들과 직접 경쟁해야 했다. 로제타북스는 더 이상 다른 연못의 물을 마시지는 않을 테지만, 전자책 출판권뿐만 아니라 모든 출판 권한을 로제타북스에 위임하도록 저자들을 설득해야 했다. 물론 로제타북스는 선금 면에서는 대형 출판사들과 경쟁할 수 없었지만 다른 방식으로 매력적인 조건을 제시할 수 있었다. 로제타북스는 저자들에게 전자책 로열티를 50 대 50 합작 투자로 제시했다. 제작비가 회수되면 저자는 전체 수익의 50%를 받게 될 것이었다. 이것은 전통적인 출판사의 표준인 전자책 로열티 25%보다 훨씬 높다. 로제타북스는 또한 저자들에게 엄청난 열정과 높은 수준의 관리를 제공할 수 있었다. 로제타북스는 자신들이 출판하는 모든 책은 최우선순위로 취급될 것이며 대형 출판사의 신간 서적 목록 하단 1/3 같은 곳에서 없어지지 않을 것이라고 말했다. 그리고 저자들에게는 최대한의 편집 자율권이 주어질 것이었다. "우리는 저자들에게 이렇게 말합니다. 이 책을 최고의 책으로 만들기 위해 할 수 있는 것에 대해 우리의 의견을 제시하겠지만 궁극적으로는 당신의 결정에 따를 것이다, 우리가 출판하는 데서는 당신과 독자 사이에 가림막이 없다는 것을 보게 될 것이다라고요." 로제타북스의 야심은 소소해서 일 년에 15~18권의 새로운 서적을 계약할 수 있다면 괜찮았다. 그러면 그들 간접비의 일부를 상쇄할 새로운 수익원을 만들어질 것이고 어떤 책이 뜨면 매출과 수익성 양쪽에서 실질적인 차이가 만들어질 것이었다.

로제타북스 전략의 두 번째 갈래는 기업 및 기관과의 협력을 확대하는 것이었다. 예를 들어 로제타북스는 메이오 클리닉Mayo Clinic과 함께 다이어트와 가족 건강에서부터 알츠하이머 질병에 이르기까지 다양한 주제에 관해 20권 이상의 시리즈 책을 개발했으며 이는 매우 성공적이었다.

오픈 로드의 직원과 간접비 수준을 감안할 때 자신들이 직면한 압력에 효과적인 대응을 개발하는 과제는 항상 힘든 일이었다. 사실상 오픈 로드의 원래 사업 모델은 회사가 세 가지의 수익원을 가질 것이라는 가정에 기반을 두고 있었다. 하나는 기간도서의 서적을 전자책으로 출판하는 것이었다. 둘째는 다른 출판사들과의 파트너십에서 비롯되는 것으로, 인쇄본 도서만 갖고 있는 출판사에게 오픈 로드가 전자책 출판 서비스를 제공하는 것이었다. 셋째는 소량의 전자책 원본에서 비롯되는 것으로, 2만 개 단어 이하의 단편 도서를 전자책으로만, 즉 디지털 단편으로만 출판하는 것이었다.

이 세 가지 가닥의 분배는 45 대 45 대 10으로 의도되었지만 실제로는 시간을 두고 60 대 35 대 5로 변해갔다. 이는 다른 출판사들도 알고 있었듯이 디지털 단편의 시장이 약한 것으로 판명되었기 때문이다. 수익에 대한 새로운 압박으로 인해 오픈 로드는 원본 책을 출판하려는 당초의 계획에서 멀어졌다. 그리고 마케팅 능력을 혁신적인 방식으로 구축하는 것을 더욱 강조하게 되면서 일련의 커뮤니티 사이트나 소비자들에게 직접 마케팅하는 데 목적을 둔 '버티컬 포털vertical portal'[특정 사용자 집단에 전문적인 정보를 제공하는 수직형 포털 사이트_옮긴이]을 출시했다. 시제품은 실제 범죄와 공포를 좋아하는 사람들을 겨냥한 사이트로, 더 라인업The Lineup이라고 불렸다. 더 라인업에서는 범죄와 미스터리 팬들의 관심에 맞춘 콘텐츠를 실시간으로 방송했고 오픈 로드와 다른 출판사들이 출판한 관련 전자책을 선보였다. 이것의 목적은 미스터리와 스릴러, SF와 판타지, 로맨스 등의 여러 분야에서 비슷한 사이트를 출시해서 소비자에게 직접 도달하는 오픈 로드의 능력을 확장하는 것이었다.

새로운 고위 관리자가 들어오면서 비용과 수익 사이의 격차를 메꾸고 회사를 수익성을 향한 길로 들어서게 하는 과업을 맡았다. 몇몇 직원은 해고되었고 다른 이들은 다른 역할로 옮겼으며 새로운 서적 확보는 중단되었다. 제인은 결국 회사의 회장 및 수석발행인에서 물러났다. 그녀는 자신의 주된 목적을 성취했다고 느꼈다. "우리는 1만 종의 책을 확보했고 재충전해서 그 책들을 소생시켰습니다." 그러나 회사는 이제 다른 방향으로 움직이고 있었다. 주로 기간도서 서적에 대한 디지털 출판권을 획득하고 확장된 전자책 출판에 기반을 둠으로써 수익성 있고 성장하는 사업을 창출하려던 원래의 구상은 부분적으로만 성공했다. 로제타북스는 실제로 상당한 수의 서적을 확보했으며 새로운 디지털 환경 속에서 기간도서 서적을 다시 홍보할 수 있는 혁신적인 마케팅 조직을 구축했지만, 이런 기반 위에서 수익성을 달성하지는 못했다. 수익성을 추구하는 과정에서 오픈 로드는 위대한 책들을 부활시키는 혁신적인 마케팅 방법을 사용하는 디지털 출판 회사에서 다른 출판사에 마케팅 도구 모음을 제공하는 디지털 마케팅 회사로 변모했다.

로제타북스와 오픈 로드가 기간도서 서적에 대한 전자책 출판권을 확보해서 새로운 사업을 구축하려 했던 유일한 창업회사는 아니었지만,[6] 그들이 가장 눈에 띄었다. 또한 그들은 디지털 혁명이 기간도서에 활력을 불어넣을 수 있다는 사실, 그리고 많은 경우 가치 있는 자산으로 여겨지지 않는 오래된 서적으로부터 새로운 가치를 뽑아낼 수 있다는 사실을 효과적으로 보여주었다. 대체로 잊혔던 책과 저자들은 디지털 이전 시대에서는 일어나지 않았을 방식으로 회복되고 재포장되고 재판촉되어 동시대의 문화의 장으로 다시 들어왔다. 완전히 잊히지는

6　기간도서 서적의 전자책 출판권을 확보하는 구상에 기반을 둔 다른 창업회사로는 이리즈 (E-Reads)와 스타트 퍼블리싱(Start Publishing)이 있다. 이리즈는 1999년 리처드 커티스 (Richard Curtis)에 의해 설립되었으며, 2014년 1200권 이상의 전자책 목록이 오픈 로드에 인수되었다. 스타트 퍼블리싱은 2012년 스타트 미디어의 분사로 설립되었다. 스타트 퍼블리싱은 대규모 공공 영역의 도서관을 확보하기 시작했고 나이트 셰이드 북스(Night Shade Books), 샐보 프레스(Salvo Press), 클리스 프레스 앤 비바 에디션즈(Cleis Press & Viva Editions) 같은 여러 출판사로부터 전자책을 확보하면서 빠르게 성장했다. 2017년 이들 출판사는 16개의 임프린트와 7300여 개의 서적 목록을 보유했는데, 대부분 SF, 스릴러, 역사 소설, 기독교 소설 등의 특정 장르 또는 틈새 장르였다. 로제타북스, 오픈 로드와 다르게 스타트 퍼블리싱의 모델은 시간 제약이 있는 라이선스를 확보하는 것이 아니라 저작권 기간 동안 타이틀을 확보하는 것을 기반으로 한다. 또한 로제타북스, 오픈 로드와 달리 상대와 법적 분쟁을 일으킬 만한 어떤 것도 피하려고 했다. 대표자 중 한 명은 "누군가 자신에게 무언가에 대한 권리가 있다고 주장할 경우 항상 주의해야 합니다"라고 말했다.

않았던 책과 저자들까지도 새로운 방식으로 제공되었고 새로운 독자들에게 소개되어 새로운 삶을 살게 되었다.

1994년 이전에 체결된 대부분의 계약이 전자책의 가능성을 예상하지 못했다는 점을 감안하면 원본 인쇄물로 출판하던 출판사들과 때때로 갈등과 법적 다툼이 벌어진 것은 놀라운 일이 아니다. 계약에 정통한 일부 기업가는 일부 전통적인 출판사가 자기들의 권리라고 가정했던 권리에 도전할 만했다. 뒤늦게 깨달은 것이긴 하지만, 오늘날 가용한 콘텐츠 대상이 고갈되고 전자책 급증 현상이 가라앉기 시작하면서 이러한 갈등의 긴급성과 강도가 수그러진 것 또한 놀라운 일이 아니다. 기간도서 전쟁은 그 시대의 산물이었다. 즉, 기간도서 전쟁은 디지털 혁명으로 인해 사업가적인 개인과 창업회사가 잡을 수 있는 새로운 기회가 열리고 있던 시기에, 그리고 출판산업의 법적인 장치가 새로 등장하는 기술 역량을 아직 쫓아가지 못했던 특정한 시기에 일어난 논란이었다. 이러한 논란은 일부 창업회사를 주요 출판사들과의 갈등으로 밀어넣었고, 신참자들로 하여금 이 분야의 기존 참가자들과 갈등을 겪게 했으며, 어떤 경우에는 이제까지의 협조자들을 서로 충돌하게 했다.[7]

---

7   이전 협력자들 간의 분쟁 중 눈에 띄는 사례는 2010년 앤드루 와일리(Andrew Wylie)라는 대리인이 오디세이 에디션(Odyssey Editions)을 출시한 것이다. 주류 출판사들이 기간도서 서적의 전자책 판매에 대해 높은 로열티를 지불하는 것을 망설이는 데 실망한 와일리는 솔 벨로(Saul Bellow), 존 업다이크(John Updike), 필립 로스(Philip Roth) 같은 자신의 고객들의 기간도서 서적에 대한 전자판을 출간하기 위해 출판 벤처를 설립했다. 이러한 움직임은 출판사들이 전자책 기간도서 판매에 높은 로열티를 지급토록 압박하는 방편으로 구상되었으므로 출판사들의 분노를 일으켰고, 오디세이 에디션이 출시된 직후 랜덤하우스는 더 이상 와일리와 거래하지 않을 것이라고 발표했다. 평소 눈치가 빠른 와일리는 대형 출판사들의 갑작스러운 반응에 당황했다. 와일리와 랜덤하우스의 CEO는 일련의 회합 이후 만족스러운 합의에 이르렀고 랜덤하우스의 서적들은 오디세이 목록에서 빠졌다. 오디세이 에디션을 출시한 것은 새로운 출판 사업을 시도한 것이라기보다는 출판이라는 장에서 확고한 위치에 있

당시에는 이런 논란이 걱정투성이였으나 다른 곳에서 발생하고 있는 일부 갈등과 비교하면 소소한 충돌이었다.

기간도서 전쟁은 기간도서의 중요성과 기간도서가 디지털 시대에 다시 활성화될 수 있다는 것을 강조했지만, 몇 년 전에 출판되었던 책을 전자적 포맷으로 재출판하는 데 기반을 둔 출판 프로그램이 출판 생태계에서 틈새 활동 이상이 될 것 같지는 않아 보였다. 활기 찬 출판 생태계는 옛 것을 재포장해야 할 뿐 아니라 새로운 것도 끊임없이 창조해야 한다. 그러려면 새로운 일에 대한 위험을 기꺼이 짊어지고자 하는 출판사, 매출의 상당 부분을 기간도서 판매에 의존함으로써 새 책을 출판하는 위험을 상쇄할 수 있는 출판사가 필요하다. 기간도서 서적의 전자책 출판권을 확보하는 데 초점을 둔 출판사는 오래된 작품에 새로운 삶을 불어넣음으로써 동시대의 문학 문화를 확실히 풍부하게 할 수 있을 테지만, 이전에 존재하지 않았던 작품을 추가함으로써 이 문화를 확장시키지는 않을 것이다. 이들은 새로운 것을 창조하는 자가 아니라 옛 것을 새롭게 하는 자이다.

는 참가자들의 오래된 행태에서 일어난 새로운 움직임일 뿐이었지만 '기간도서 서적의 전자책 판매에 지불되는 로열티'라는 새로운 것이 걸린 게임이 시작되었다.

제 4 장

구글이라는 문제

2001년 2월, 뉴욕의 한 작은 창업회사가 전자책 버전을 출판한 것은 랜덤하우스를 비롯한 여러 출판사에게 매우 성가신 일이자 실질적인 걱정거리였다. 출판사들은 이들 책에 대한 출판권이 자신들에게 있다고 믿고 있었기 때문이다. 그런데 2004년 12월 실리콘밸리에서 부상하고 있는 크고 가장 강력한 기술 거인 중 하나인 구글이 하버드대, 스탠퍼드대, 미시간대, 옥스퍼드대의 도서관 및 뉴욕 공립도서관과 파트너 관계를 맺고 그들의 서고에 보관 중인 수백만 종의 책을 스캔하고 디지털화하기로 했다고 발표하자 더욱 더 걱정스러워졌다. 12년간 계속된 대하소설은 이렇게 시작되었다. 이 일련의 사건 때문에 동부 해안의 오래된 출판계가 서부의 새로운 하이테크 세계에 대항해 법정과 회의실을 드나들었으며 법률비용으로 수백만 달러를 날렸다.

세상의 모든 책을 대학 도서관에 모으는 꿈은 고대 알렉산드리아 도서관에서부터 아르헨티나의 작가 호르헤 루이스 보르헤스Jorge Luis borges가 묘사한 바벨의 도서관에 이르기까지 인간 상상의 한 단면이었다. 그러나 세상에서 출판되는 책의 수가 엄청나게 늘어남에 따라 이 꿈은 현실에서 점점 더 멀어지는 것처럼 보였다. 하지만 디지털 시대에 이런 오랜 꿈이 새로운 빛으로 돌연 나타나기 시작했다. 세상 책의 전부는 아니더라도 상당한 부분을 디지털화해서 물리적 도서관 공간의 아주 작은 부분만 차지하는 데이터베이스에 저장하면 세상 누구라도 가상으로 그리고 원격으로 접속하는 것이 가능하지 않겠는가? 마침내 보편적인 도서관, 디지털 시대를 위한 알렉산드리아 도서관을 짓는 것이 가능하지 않겠는가?

이런 고상한 아이디어는 많은 이들의 상상력에 불을 질렀다. 1971년 여름밤에 구텐베르크 프로젝트를 시작했던 마이클 하트, 그리고 1996년 인터넷 아카이브Internet Archive를 만들고 이것을 모든 사람에게 무료로 제공하는 인터넷 도서관으로 확장하려 했던 컴퓨터 과학자 브루스터 케일Brewster Kahle은 디지털 혁명을 통해 모든 이가 무료로 이용할 수 있는 보편적인 도서관의 꿈을 드디어 실현할 수 있다는 희망을 키우던 많은 사람 중 두 사람에 불과했다. 그러나 사실 구글 라이브러리 프로젝트Google Library Project의 기원은 훨씬 더 별 볼 일 없었다.

검색 엔진 전쟁

2000년대 초반 구글은 고전적인 실리콘밸리의 창업회사로서 몇 년 전에 출범한 검색 엔진이라는 장의 신참자였다. 래리 페이지Larry Page와 세르게이 브린Sergey Brin은 1995년 스탠퍼드의 대학원생으로 만나 페이지랭크PageRank라는 검색 알고리즘 하나를 함께 개발했다.[1] 페이지랭크의 독특한 특징은 링크에 대한 정보(즉, 사이트를 가리키는 링크의 수와 중요성)를 사용해서 사이트의 순위를 매겼다는 것이다. 따라서 만일 야후 홈페이지처럼 매우 인기 있는 사이트 A가 또 다른 사이트 B와 연결하

---

[1] 구글의 기원에 대해서는 David A. Vise with Mark Malseed, *The Google Story* (New York: Bantam Dell, 2005)를 보라.

면 B가 순간적으로 더 중요해지고 검색 결과에서 더 높게 자리 잡았다. 사이트를 가리키는 링크의 수와 중요성을 계량화함으로써 페이지의 순위를 매기는, 수학적으로 철저한 방법을 만들었던 것이다. 이런 기본적인 통찰력은 여러 가지 방식으로 개선되었고 단어 및 링크에 대한 다른 많은 변수와 결합해서 점점 더 나은 검색 결과를 생성했다.

1998년 페이지와 브린은 검색 결과 순위를 매기는 페이지랭크가 사업으로서 개발할 가치가 있다고 앤젤투자자 한 명을 설득했다. 그리고 10만 달러를 가지고 스탠퍼드를 떠나 멘로 파크에 있는 친구의 차고에서 가게를 열었다. 1년 후 그들은 클라이어 퍼킨스Kleiner Perkins와 세쿼이아 캐피털Sequoia Capital에서 2500만 달러의 벤처캐피털 자금을 얻어냈다. 회사는 빠르게 성장했고 2001년 3월 구글은 미국 검색 엔진 시장에서 12%를 차지하게 되었다. 그러나 여전히 검색 엔진 시장의 36.5%를 점유하고 있는 압도적인 회사 야후와 15%를 점유하고 있는 마이크로소프트의 MSN에게는 뒤처져 있었다.[2] 어떻게 구글을 키우고 주요 경쟁 상대, 특히 최대 라이벌인 마이크로소프트를 따라 잡을까 하는 것이 페이지와 브린의 뇌리를 사로잡은 문제였다. 점점 더 가열되는 검색 엔진 전쟁에서 우위를 점하기 위해 구글은 무엇을 할 수 있을 것인가?

검색 엔진이 작동하는 방식은 다음과 같다. 자동화된 봇bot, 즉 스파이더spider를 사용해 웹을 샅샅이 훑으며 정보를 수집한 다음 검색 질문에 응답하는 근거로 사용되는 대규모 데이터베이스에 목록화하고 저장한다. 검색 엔진의 알고리즘은 사용자의 질문과 가장 관련성이 높은

---

2   "Search Engine Market Shares," Frictionless Data, at http://data.okfn.org/data/rgrp/search
     -engine-market-shares#readme.

문서로 간주되는 항목을 보여준다. 검색 결과의 품질은 알고리즘의 정교함과 데이터베이스에 저장된 자료의 품질 양쪽에 달려 있으므로 알고리즘을 개선하고 데이터베이스 내 자료의 품질을 향상시키면 결과를 향상시킬 수 있다. 페이지랭크 알고리즘은 링크를 고려하고 그 링크들의 상대적인 중요성을 평가한 뒤 검색 결과를 정렬하는 방식을 사용하기 때문에 아주 효과적인 방법으로 판명되었다. 따라서 사용자들은 페이지 및 결과 페이지를 자세히 살피지 않고도 원하는 것을 찾을 수 있게 되었다.

그러나 데이터베이스의 자료 품질은 어떻게 향상시킬 수 있을까? 데이터베이스 내에 있는 정보가 단순히 웹을 크롤링해서 수집한 정보라면 그 품질은 웹에서 콘텐츠를 갖고 머물러 있던 수백만 명의 사용자와 조직이 제공한 자료의 품질에 달려 있다. 이러한 자료는 일부는 좋지만 많은 부분은 상당히 불량해서 매우 고르지 않을 것이다. 그러나 웹에 나와 있는 정보에만 의존하지 않으면 어떻게 될까? 왜 다른 콘텐츠, 즉 디지털화되어 데이터베이스에 추가될 수 있으며 지속적으로 고품질일 가능성이 높은 콘텐츠를 찾지 않을까?

페이지와 브린이 생각해 낸 이 아이디어는 구글 데이터베이스에 있는 자료의 품질을 향상시키고 그럼으로써 검색 결과를 향상시키는 아주 좋은 방법 중 하나였다. 그 방법이란 책의 콘텐츠를 디지털화하고 그 콘텐츠를 데이터 저장소에 추가하는 것이었다. 구글의 한 고위 관리자는 이렇게 설명했다. "우리가 책을 디지털화하는 데 투자한 첫째, 둘째, 셋째 이유는 검색의 품질을 향상시키는 것과 관련이 있습니다. 책은 매우 권위가 있고 수백만 종이 있으며 웹을 사용하는 최종 사용자에게는 대부분 보이지 않습니다. 따라서 우리는 구글을 사용하는 사람들을 위한 더 나은 짝을 제공하고자 했습니다. 전 세계의 모든 책을 모든 언어로 검색할 수 있다는 아이디어는 분명 검색 엔진에게 엄청난 경쟁 우위 요소입니다. 검색 엔진은 샅샅이 찾아내는 만큼만 우수하기 때문입니다."

예를 들어 자궁경부암에 대한 정보를 검색할 때 웹사이트뿐 아니라 해당 주제에 대한 최고의 과학 및 의학 서적으로부터도 정보를 얻을 수 있다면 사람들이 얻는 정보의 질은 크게 향상될 것이다. 지식과 고품질 콘텐츠의 저장소로서 책을 이기기는 어렵다. 구글의 책임자들은 모든 지식을 온라인에서 사용할 수 있는 보편적인 도서관을 만들고자 하는 자신들의 꿈을 잘 실현시켰다(페이지는 스탠퍼드의 대학원생일 때 디지털 라이브러리 프로젝트에서 일했다[3]). 그러나 책의 콘텐츠를 디지털화하기로 마음먹은 것은 무엇보다 검색 엔진 전쟁에서 야후와 마이크로소프트에 대항해 경쟁 우위를 강화시키려는 구글의 각오에 깊이 뿌리내리고 있었다.

이 전략을 추구하기 위해 구글은 2004년 두 가지의 야심찬 도서 디지털화 프로그램인 파트너 프로그램Partner Program과 라이브러리 프로젝트Library Project를 시작했다. 이 두 프로젝트는 서로 다른 조합의 고객들을 위해 별도로 개발되었지만 합쳐서 구글북스 프로그램Google Books program을 구성했다(구글북스Google Books라고도 한다). 2004년 10월 프랑크푸르트 도서전에서 '구글 프린트Google Print'라고 공식적으로 발표된

---

3   David A. Vise and Mark Malseed, *The Google Story*, pp.36, 230. 페이지는 "구글을 시작하기 전부터 우리는 사서들이 멋있게 정리해 놓은 믿을 수 없는 양의 정보를 온라인에서 검색할 수 있도록 만드는 것을 꿈꾸었다"라고 회고했다. Vise and Malseed, p.230에서 인용.

파트너 프로그램에는 구글이 출판사들과 협력해서 출판사들의 책을 스캔하고 스캔한 텍스트를 구글의 데이터베이스에 저장하는 권한을 구글에 부여하도록 설득하는 작업이 포함되어 있었다. 사용자가 검색 질문을 입력하면 관련 텍스트에 대한 링크가 나타나고 링크를 클릭하면 해당 페이지의 앞뒤 몇 쪽뿐만 아니라 검색어가 포함된 모든 페이지를 볼 수 있는 방식이었다.

출판사가 얻는 이점은 책이 사용자의 관심의 대상이 된다는 것이다. 사용자는 책 검색을 통해 몇 페이지를 살펴볼 수 있고, 아마존, 출판사의 웹사이트, 또는 다른 소매업체로 연결되는 링크를 클릭해 책을 구매할 수도 있다. 이것이 사실상 무료 온라인 마케팅의 형태였다. 출판사는 텍스트를 볼 수 있는 조건을 규제하고 출판사가 언제라도 어느 서적이든 삭제할 수 있도록 구글과 계약을 맺었으므로 대부분의 출판사는 이 프로그램을 편안하게 생각했다. 참여를 거부한 출판사도 있었다. 이는 자신들의 책이 온라인에서 검색되는 방식에 대한 통제권을 자신이 계속 갖기를 원했기 때문이기도 했고, 자신들의 가장 귀중한 자산인 도서 콘텐츠를 크고 강력한 기업에 넘기는 것이 신경 쓰였기 때문이기도 했다. 구글이 이런 프로젝트를 추진하는 동기가 도서출판산업의 장기적인 안녕을 향상시키고자 하는 열망에서 비롯된 것 같지 않아 보였던 것이다.

많은 출판사가 책을 갑자기 좋아하게 된 기술 회사에 대해 의심스러워했으나 대부분은 출판사와 기술 회사 간의 계약에 의해 통제되는 프로그램에 기꺼이 참여했다. 이 계약은 출판사에게 무료 검색에 활용할 수 있는 콘텐츠의 양을 통제할 수 있는 권한을 부여했다. 그리고 온라인으로 빠르게 옮겨가고 있는 세상 속에서 자신들의 책에 대해 더 많은 가시성과 더 많은 판매를 창출할 가능성을 제시했다.

한편 라이브러리 프로젝트는 이와는 완전히 다른 문제였다. 구글은 출판사들과 작업하면서 출판사들이 파트너 프로그램에 참여토록 설득하는 동시에 출판사들 모르게 몇몇 도서관의 사서들과 별도의 대화를 진행하고 있었다. 구글은 페이지의 모교인 미시간대학교와 시작했다. 페이지는 2002년과 2004년 사이 어느 때 대학을 방문했을 당시 사서를 만나 모든 장서를 디지털화하자고 제안했다.[4] 비슷한 시기에 페이지와 브린이 대학원생이었던 스탠퍼드대학교의 사서에게도 비슷한 제안을 했다. 미시간과 스탠퍼드 양쪽 모두 긍정적인 반응을 보였다. 스탠퍼드의 사서인 마이클 켈러Michael Keller는 이렇게 회고했다. "래리는 세상에 있는 모든 책을 디지털화하고 싶다고 말했다. 그는 스탠퍼드대가 그렇게 하고 싶은지 물었고 나는 좋다고 했다."[5] 대학 도서관의 모든 장서를 대학의 비용부담 없이 디지털화하자는 것은 거절할 수 없는 제안이었다.

미시간과 스탠퍼드의 협력을 확보한 후 구글은 몇 개 다른 대학을 함께하도록 진행했다. 2004년 12월 14일 구글은 미시간대, 스탠퍼드대, 하버드대, 옥스퍼드대의 보들리언 도서관, 뉴욕 공립도서관 등 다섯 개의 도서관과 계약을 맺었으며, 그들 문고의 책을 스캔해서 데이터베이스에 넣기로 했다고 발표했다. 합의의 자세한 사항은 도서관마다 달랐다.[6] 미시간대는 처음부터 700만 종의 모든 장서를 디지털화하는 데 전

---

4   Deanna Marcum and Roger C. Schonfeld, *Google Comes to the Library: Access to Information through Technology, Competition, and Collaboration* (Princeton: Princeton University Press, 2021).

5   Michael Keller, 같은 책에서 인용.

넘한 유일한 도서관이었다. 스탠퍼드대는 처음에는 200만 종의 책을 디지털화하기로 다소 보수적으로 약속했으나 800만 종의 전체 장서로 프로그램을 확장하는 것을 목표로 했다. 하버드대의 초기 약속은 4만 종이라는 아주 적은 양의 공공 영역 책을 먼저 디지털화하는 것이었다. 옥스포드대는 19세기 자료만 구글에게 디지털화하는 것을 제안했고, 뉴욕 공립도서관은 저작권이 없는 자료만 이용하는 것을 제안했다.

구글은 도서관 내부에 스캐너를 설치해서 책을 스캔하고 목록을 만들어서 데이터베이스에 디지털화된 콘텐츠를 추가했다. 구글에서 검색을 수행하는 사용자는 검색 결과에서 자신의 검색어와 관련된 책에 대한 링크를 볼 수 있었다. 링크를 클릭하면 구글 프린트 페이지가 제공되는데, 사용자는 이곳에서 공공 영역 작품이라면 전체 텍스트를, 여전히 저작권이 있는 책이라면 간략한 발췌문(검색 용어 주변에 있는 몇 문장으로, 구글은 이를 '스니펫snippet'이라고 부른다)을 볼 수 있다. 각 도서관은 그 대가로 자신의 장서에서 스캔된 책의 디지털 사본을 받는다. 페이지는 라이브러리 프로젝트를 발표하면서 "구글의 사명은 전 세계의 정보를 조직하는 것이다. 그리고 이 사명을 현실화하기 위해 도서관들과 협력하게 된 것을 기쁘게 생각한다"라며 자만심에 찬 전형적인 구글 말투로 말했다.[7]

많은 출판사와 저자는 이 문제를 다르게 보았다. 그들에게 이것은 대규모이자 전례 없는 규모로 저작권을 조직적으로 침해하는 것처럼

---

6   Marcum and Schonfeld, *Google Comes to the Library*.

7   "Google Checks Out Library Books," *News from Google*, 14 December 2004, at http://googlepress.blogspot.co.uk/2004/12/google-checks-out-library-books.html.

보였다. 사서들과의 논의가 은밀하게 진행되었으므로 대부분의 출판사와 저자는 이러한 계획이 진행 중이라는 사실을 몰랐다. 그렇기에 라이브러리 프로젝트가 발표되었을 때 무척 놀랐다. 미국대학언론협회는 2005년 5월 구글에 편지를 보내, 프로그램에 대해 반대하는 한편 구글이 저작권을 보호하기 위해 계획한 방법에 대한 추가적인 해명을 요구했다. 미국출판협회는 6월 구글에 편지를 보내, 저작권 문제를 고려할 추가 시간을 갖기 위해 도서 디지털화 프로젝트를 6개월간 중단할 것을 요청했다. 2005년 9월 20일, 미국에 있는 8000명의 저자를 대표하는 뉴욕 기반의 조직인 작가길드Authors Guild는 저작권 침해로 구글에 집단 소송을 제기했다. 한 달 후인 10월 19일 미국출판협회는 오랜 토론 끝에 맥그로힐McGraw-Hill, 피어슨 에듀케이션Pearson Education, 펭귄, 사이먼 앤 슈스터, 존 와일리 앤 손즈John Wiley & Sons 등 5개의 출판사를 대신해 구글을 상대로 소송을 제기했다. 미국출판협회의 소송은 저작권을 갖고 있는 모든 책을 스캔함으로써 구글이 침해를 저질렀다는 법원의 결정을 기대한 것이자 구글이 저작권자의 허락 없이는 책을 스캔하지 못하도록 하는 법원 명령을 기대한 것이었다. 로제타북스에 대한 소송은 작은 충돌이었지만, 이제 도서 전쟁이 무르익었고 실제로 시작되었다.[8]

---

8 구글 라이브러리 프로젝트에 대한 자세한 설명과 법적인 문제들은 Jonathan Band, "The Google Library Project: The Copyright Debate"(American Library Association, Office for Information Technology Policy, January 2006), at www.policybandwidth.com/doc/googlepaper.pdf; "The Google Library Project: Both Sides of the Story"(University of Michigan Library, 2006), at http://quod.lib.umich.edu/p/plag/5240451.0001.002/--google-library-project-both-sides-of-the-story?rgn=main;view=fulltext; "A Guide for the Perplexed: Libraries and the Google Library Project Settlement"(American Library Association and

구글은 스니펫 표시가 미국 저작권법에 따른 공정 사용 원칙과 일치하기 때문에 라이브러리 프로젝트가 저작권 침해가 아니라는 견해를 항상 가지고 있었다. 하지만 미국출판협회와 작가길드로부터 제기된 비판에 대한 응답으로 2005년 8월 구글은 저작권자가 라이브러리 프로젝트에서 빼기를 원하는 서적의 목록을 제공하면 라이브러리 프로젝트에서 삭제하는 탈퇴 선택 정책을 발표했다. 구글은 또한 저작권자가 프로젝트에서 도서를 뺄지 여부를 결정할 기회를 주기 위해 11월 1일까지 스캐닝 프로그램을 일시 중단한다고 발표했다. 하지만 많은 저작권자에게 구글의 탈퇴 선택권은 저작권의 기본 원칙을 뒤바꾸는 것이었다. 저작권 자료를 사용하려면 사용자가 저작권자에게 허가를 구하고 승인을 받아야 하는데(가입 선택 시스템), 구글은 저작권자가 저작권이 있는 자료가 사용되기 원치 않는다고 구글에 알리도록 요구했던 것이다(탈퇴 선택 시스템). 이것은 구글이 허가를 구하는 것이 아니라 저작

Association of Research Libraries, 13 November 2008), at www. arl.org/storage/documents/publications/google-settlement-13nov08.pdf; "A Guide for the Perplexed Part II: The Amended Google-Michigan Agreement"(American Library Association and Association of Research Libraries, 12 June 2009), at www.arl.org/storage/documents/publications/google-michigan-12jun09.pdf; "A Guide for the Perplexed Part III: The Amended Settlement Agreement"(American Library Association and Association of Research Libraries, 23 November 2009), at www.arl.org/storage/documents/publications/guide-for-perplexed-part3-nov09.pdf; "A Guide For the Perplexed Part IV: The Rejection of the Google Books Settlement"(American Library Association and Association of Research Libraries, 31 March 2011), at www.arl.org/storage/documents/ publications/guide-for-perplexed-part4-apr11.pdf의 논문 시리즈들을 보라.
Jonathan Band, "The Long and Winding Road to the Google Books Settlement," *The John Marshall Review of Intellectual Property Law*, 9, 2(2009), 227~329, at https://repository.jmls.edu/ripl/vol9/iss2/2. There are also many other useful publications listed on the Google Books page of the Association of Research Libraries website: www.arl.org/component/taxonomy/term/summary/75/135#.V6im28_rvmH 또한 보라.

권자가 행동을 해야 하는 책임 부담을 지웠다. 출판사와 저자들이 보기에 구글의 탈퇴 선택 정책은 앞뒤가 바뀐 것이었다.

출판사들과 구글 간 합의 과정

원고측 대표와 구글은 논의 절차에 들어갔고 수개월 간의 협상 끝에 2008년 10월 28일 합의를 발표했다.[9] 이 합의문은 구글이 책을 보이게 하는 대가로 저작권 보유자에게 비용을 지불하는 BRR Books Rights Registry (도서 권리 등록)이라는 새로운 시스템을 만드는 것을 제안했다. 구글은 1억 2500만 달러를 지불할 것인데, 그중 일부는 허가 없이 스캔한 책의 저작권 보유자에게 돌아가고 또 다른 일부는 BRR에 자금을 지원할 예정이었다. 원고의 법정 비용은 구글이 감당하기로 했다. 구글은 또한 전체 텍스트를 보고 책을 인쇄할 수 있는 기능을 저작권 보유자가 책정한 가격으로 판매함으로써 수익을 창출할 수 있게 되었다(이렇게 하지 않으면 구글은 가격 알고리즘을 통해 가격을 정한다). 이런 식으로 창출된 모든 수익은 구글과 BRR 사이에 37 대 63으로 배분되며, BRR은 저작권 보유자에게 해당 몫을 배분한다. 합의는 세 가지 범주의 도서로 구분되었다. 첫째, 저작권이 있고 상업적으로 가용한 도서(대체로 인쇄물 또는 주문형 인쇄를 통해 이용 가능한 책을 의미한다), 둘째, 저작권이 있으

---

9   합의서 전문은 www.googlebooksettlement.com/agreement.html에서 볼 수 있다. 요약은 Band, "A Guide for the Perplexed: Libraries and the Google Library Project Settlement"를 보라.

나 상업적으로 가용하지 않은 도서, 셋째, 공공 영역 도서였다. 그리고 이것은 저작권을 지닌 두 가지 범주의 책에 대해 구글이 할 수 있는 작업의 기본 규칙을 설정했다. 저작권 보유자는 특정 도서를 구글 데이터베이스에서 빼거나 기본 규칙을 변경하거나 완전히 탈퇴할 수 있었다. 따라서 합의문의 기본 규칙에 의해 가장 영향을 많이 받는 범주는 저작권이 있으나 더 이상 상업적으로 가용하지 않은 도서였다(구글은 출판된 모든 저작물의 약 70%가 이 범주에 해당되며, 나머지 30% 중 20%는 공공영역 도서이고 10%는 저작권이 있고 상업적으로 가용한 도서라고 추산했다).

제안된 합의문은 저작권 보유자의 많은 우려를 해결함으로써 오랜 법적 분쟁에서 벗어나 라이브러리 프로젝트를 진행시킬 수 있는 기발한 방법을 제공했다. 이는 많은 참가자와 관찰자에게 훌륭한 결과인 것처럼, 또는 적어도 만족스러운 결과물인 것처럼 보였다. 그러나 합의문은 미국 안팎의 엄청난 비판 속에서 도출되었고 미국 사법 시스템에서 호된 시련을 겪었다. 2009년 9월 미국 법무부는 합의문에 대한 반대를 제기하면서 관련자들에게 당초의 합의를 파기하고 개정본을 제출하도록 촉구했고, 관련자들은 2009년 11월 13일에 이를 실행했다. 개정본은 주로 고아 저작물(저작권이 살아 있지만 저작권 보유자를 알 수 없는 저작물)을 처리하는 메커니즘과 미국, 영국, 호주, 캐나다에서 출판된 도서들에 대한 합의문 제한을 주로 다루었다. 후자의 제한은 프랑스 정부와 독일 정부의 반대에 부응하기 위한 것이었는데, 이들 정부는 합의문이 자국의 저작권법을 준수하지 않는다고 주장했다. 구글과 파트너 관계를 맺고 있는 도서관 책 가운데 상당 부분은 영어로 되어 있지 않았으므로(아마도 50%쯤 됐을 것이다) 이것은 합의문의 범위가 상당히 축소된다는 것을 의미했다.[10]

집단 소송에 대한 합의문이었기 때문에 개정된 합의문은 뉴욕 남부 지방법원의 승인을 받아야 했는데, 2011년 3월 22일 미국 순회 판사 데니 친Denny Chin은 "공정하지 않거나 적절하지 않거나 합리적이지 않다"라는 이유로 합의문을 기각한다고 발표했다. 친은 이 합의문이 저작권자에게 자신의 권리를 보호하기 위해 나서야 할 책임을 부여하고 있으므로 저작권법의 기본 원칙에 일치하지 않는다고 주장했다. 이런 면에서 친은 많은 출판사가 항상 생각했던 바에 동의하고 있었다. 친은 또한 이번 합의문이 구글에게 '주인 없는 저작물에 대한 사실상의 독점' 권한을 부여해서 구글이 도서를 무단 복사하는 데 관여한 것에 대해 보상하고 구글에게 모든 잠재적 경쟁자보다 중요한 이점을 제공한다고 주장했다. 친의 판결은 합의를 이끌어낸 사람들에게는 의심할 여지없이 심각한 타격이었지만, 친은 합의가 탈퇴 선택 합의에서 가입 선택 합의로 바뀐다면 반대의 일부가 충족될 수 있다고 언급하면서 문을 열어두었다. 친의 견해에 따르면 고아 저작물의 경우 사적인 이해당사자 간의 합의가 아닌 의회 입법에 의해 별도로 처리되어야 했다.[11]

친 판사가 개정된 합의문을 기각한 후 구글과 5개 출판사를 대신한 미국출판협회는 협상을 재개했으며, 2012년 10월 4일, 7년간의 법적 분쟁을 종결한다고 발표했다. 이것은 소송 당사자 간의 사적 합의였으

---

10   수정 합의문에서 변경된 주요 내용에 대한 자세한 설명은 Band, "A Guide for the Perplexed Part III: The Amended Settlement Agreement"를 보라.

11   전체 판결문은 *The Authors Guild et al. v. Google Inc.*, 05 Civ.8136(2011), at www.nysd.uscourts.gov/cases/show.php?db=special&id=115를 보라. 기각에 대한 자세한 설명은 Band, "A Guide For the Perplexed Part IV: The Rejection of the Google Books Settlement"를 보라.

므로 법원의 승인이 필요하지 않았으며 그 조건은 기밀로 유지되었다. 보도자료에 따르면, 출판사들은 구글이 라이브러리 프로젝트를 위해 디지털화한 모든 자료에 대해 자신들의 도서와 잡지를 제공하거나 빼도록 선택할 수 있게 되었다고 한다.[12] 이 합의는 또한 구글이 판매할 라이브러리 프로젝트의 일부인 책에 대한 새로운 경로를 제공했다. 출판사들은 라이브러리 프로젝트에서 구글이 스캔한 책을 구글북스 내에 포함시킬 수 있었고(사용자는 최대 책의 20%까지 살펴볼 수 있었다), 사용자는 2012년 3월에 출범한 디지털 유통 서비스와 미디어 스토어인 구글 플레이를 통해 디지털 사본을 구매할 수 있었다. 그러나 이전의 합의와 달리 구글이 저작권 보유자에게 배상금을 지급하기로 합의했다는 신호는 없었다.

이는 구글과 미국출판협회 간의 사적 합의였으므로 구글이 스캔한 책에 대한 권리를 갖고 있는 저자와 외국 출판사를 포함한 다른 당사자는 별도로 조치를 취해야 했다. 미국출판협회와의 합의에도 불구하고 작가길드는 집단 소송을 진행했다. 2013년 11월 14일 친 판사는 구글 승소를 판결하면서 저작권이 있는 저작물을 구글이 활용하는 것은 미국 저작권법에 따라 '공정 사용'이었다고 주장했다.[13] 이런 판결에 이르는 과정에서 친은 공정 사용 원칙에 대한 피에어 러발Pierre Leval의 영향력 있는 해석에 크게 의존했다.[14] 공정 사용 원칙은 비판, 연구 같은 다

---

12 "Publishers and Google Reach Agreement," at http://googlepress.blogspot.co.uk/2012/10/publishers-and-google-reach-agreement.html.

13 *The Authors Guild et al. v. Google, Inc.*, 05 Civ. 8136(2013), at www.nysd.uscourts.gov/cases/show.php?db=special&id=355.

14 Pierre N. Leval, "Toward a Fair Use Standard," *Harvard Law Review*, 103(March 1990),

른 형태의 창조성이 위축되지 않도록 저작권법에 따라 지식재산권의 창작자에게 주어지는 독점권의 범위를 제한하는 방식으로 고안되었다.

공정 사용에 대한 단순한 기준은 없다. 각 경우마다 그 장점에 따라 고려되어야 한다. 그러나 미국 저작권법 제107조는 특정 경우에 저작물의 사용이 공정 사용인지 결정할 때 고려해야 하는 네 가지 요인을 적시하고 있다.

1. 상업적 성격인지 비영리 교육 목적인지를 포함하여 사용의 목적과 성격
2. 저작권이 있는 저작물의 성격
3. 저작권이 있는 저작물 전체와 관련해 사용된 부분의 양과 중요성
4. 사용이 저작권이 있는 저작물의 잠재적 시장 또는 가치에 미치는 효과

공정 사용 원칙에 대한 설명에서 러발은 이 요인들 중 2차 사용자의 공정 사용이 정당했는지를 판단하는 데서 결정적인 것으로 첫째 요인을 특별히 강조했다. "정당성 문제에 대한 답변은 주로 문제되는 사용이 변형적인지 여부와 그 정도에 달려 있다고 믿는다. 사용은 생산적이어야 하며 인용된 내용을 원본과 다른 방식이나 다른 목적으로 사용해야 한다."[15] 친은 구글이 저작권이 있는 자료를 사용하는 것이 바로 이런 의미에서 '변형적'이라고 주장했다. 단순히 원본 자료를 복제하는

1105, at www.yalelawtech.org/wp-content/uploads/leval.pdf.
15   같은 글, p.4.

것이 아니라 다른 목적, 즉 검색을 용이하게 하기 위해 단어를 사용한다는 것이었다. 구글의 사용은 데이터 마이닝을 포함한 실질적인 연구를 위해 책의 텍스트를 데이터로 변환했고 이를 통해 새로운 장을 개척하고 있다는 점에서 또한 변형적이다.

친은 러발을 인용해 "구글북스는 책을 읽는 데 사용되는 도구가 아니기 때문에 구글북스가 책을 대신하거나 대체하지는 않는다. 그 대신 구글북스는 '원본에 가치를 추가하고' '새로운 정보, 새로운 미학, 새로운 통찰력, 이해의 생성'을 가능하게 한다"라고 주장했다. "따라서 그 사용은 변형적이다."[16] 더욱이 구글의 스캔이 책 시장에 부정적인 영향을 미친다는 증거가 없다. 친은 "이와 반대로 합리적인 진상조사에 따르면 구글북스가 저작권 보유자의 이익을 위해 책의 판매를 증진시킨 것으로 나타났다"라고 언급했다.[17]

작가길드의 관점에서 볼 때 이것은 공정 사용 원칙을 의문스럽게 확장한 것이었으며 저자들에게 일어날 수 있는 실질적인 피해에 대한 오해였다. 작가길드는 그 판결에 대해 미국 항소법원에 항소했지만, 2015년 10월 항소법원은 만장일치로 구글 승소 판결을 확정했다. 작가길드는 이에 단념하지 않고 대법원에 항소법원의 결정을 검토하도록 상고했으나 2016년 4월 대법원은 상고를 기각했다.

일련의 개발 과정에서 작가길드는 하티트러스트HathiTrust를 포함해서 별개이긴 했지만 관련된 논쟁에도 휘말렸다. 하티트러스트는 학술 도서관 콘텐츠를 위한 디지털 저장소이다. 그 명칭은 힌두어로 코끼리

---

16   *The Authors Guild et al. v. Google, Inc.*, p.21.
17   같은 판결, p.25.

를 뜻하는 하티에서 왔는데, 코끼리는 절대로 잊지 않는 동물로 평판이나 있다. 하티트러스트의 시작은 2008년으로 거슬러 올라간다. 당시는 구글 라이브러리 프로젝트에 참여한 도서관 중 일부가 라이브러리 프로젝트 참여로 생성된 수백만 개의 스캔 파일을 저장·관리·보관하는 저장소를 만들기로 결정했을 때였다. 프로젝트의 일환으로 구글은 스캔된 각 작업의 디지털 사본을 해당 저작물을 보관하고 있는 도서관에 제공했고, 도서관들은 검색 가능한 공유 디지털 저장소인 하티트러스트 디지털 도서관에 그 사본을 저장했다. 사용자들은 검색 기능을 통해 저장소 내의 모든 저작물에서 특정 용어에 대한 전체 텍스트를 검색할 수 있었다. 하지만 공공 영역이 아니거나 저작권 보유자가 허용하지 않은 저작물의 경우 전체 텍스트 검색은 특정 용어가 나오는 페이지 번호와 각 페이지에 해당 용어가 나오는 횟수만 보여주었다.

라이브러리 프로젝트 참가자 중 하나인 미시간대학교의 주도로 진행된 이 움직임에는 처음에 캘리포니아대 도서관 시스템, 빅 텐Big Ten 대학교[미국 중부 지방에 소재한 10대 명문 주립대학교_옮긴이]와 시카고대학교의 컨소시엄인 기관협력위원회의 12개 도서관이 참여했다. 코넬대, 다트머스대, 프린스턴대, 예일대를 포함한 다른 기관도 곧 합류했다. 2011년에는 이 저장소에 저장된 책이 760만 종을 넘어섰다. 이 저장소의 핵심은 구글 라이브러리 프로젝트에서 스캔된 자료로 구성되었지만, 데이터베이스에는 다른 자료도 포함되어 있었다. 2011년 9월 작가길드와 다른 작가협회 및 저자들은 하티트러스트와 참여 도서관들을 저작권 침해로 고소했다.

2012년 10월 10일 미국 지방법원의 해럴드 베어Harold Baer 판사는 하티트러스트의 승소를 판결했다.[18] 친 판사가 후에 작가길드 대 구글의 사건에서 주장하듯이, 베어 판사는 디지털화된 콘텐츠에 대한 하티트러스트의 사용은 변형적이며 따라서 공정 사용 원칙하에서 정당화된다고 주장했다. 도서관은 디지털화된 콘텐츠를 통해 검색 가능한 목록을 만들 수 있고, 자연재해 및 다른 재앙의 위험에 대비해 자신들의 장서를 보존할 수 있으며, 학자는 저작권 있는 자료를 노출시키지 않은 채 많은 양의 자료를 검색해서 관련 저작물을 찾을 수 있다. 또한 인쇄장애print-disabled[시각적·신체적·인지적 장애 또는 학습 장애로 인해 인쇄물을 제대로 읽을 수 없는 경우를 일컫는 말_옮긴이] 개인이 정상 시력인 개인과 동등한 위치에서 도서관 장서에 접속할 수 있다. 베어의 견해로는 이 모든 요인이 공정 사용 방어에 유리하게 기울어져 있었다.

베어는 또한 하티트러스트로 인해 매출 손실이 발생해 시장이 피해를 입는다는 원고 측의 주장도 기각했다. 이 주장은 추가 사본 구매는 전체 텍스트 검색 또는 인쇄 장애 개인을 위한 접속을 허용하지 않는다는 사실을 무시하고 있었다. 이 두 가지 변형적 사용은 대량 디지털화 프로젝트(MDP)(이 용어는 구글 라이브러리 프로젝트와 관련된 대규모 도서 스캐닝을 지칭하기 위해 베어 판사가 사용한 것이다)의 핵심이었다. 베어의 결론은 명백했다. "나는 피고의 대량 디지털화 프로젝트가 수행한 변형적 사용을 포함하지 않은 채 미국 장애인법이 옹호하는 이상을 실현하는 과학의 발전과 예술 진작에 대한 이 같은 귀중한 공헌을 끝낼 것을 요구하는 공정 사용의 정의를 상상할 수 없다."[19]

---

18 *The Authors Guild et al. v. HathiTrust et al.*, 11 CV 6351(HB), at http://cases.justia.com/federal/district-courts/new-york/nysdce/1:2011cv06351/384619/156/0.pdf?ts=1428708650.

19 같은 판결, p.22.

작가길드는 2014년 6월 10일 순회 항소법원에 항소했고, 순회 항소법원 역시 하티트러스트의 승소를 판결했다. 이 판결은 저작권 있는 저작물의 전체 텍스트에 대해 검색 가능한 데이터베이스를 유지하고 해당 저작물을 인쇄 장애 개인이 접속할 수 있는 포맷으로 만들 수 있는 권리를 인정했다.[20]

하티트러스트 결정은 도서관의 장서를 디지털화하고 콘텐츠를 검색할 수 있도록 하는 도서관의 권리를 확인했다는 점에서 중요했다(하티트러스트의 경우 주로 구글 라이브러리 프로젝트 때문에 대체로 가능해졌다). 하지만 그 결정은 전체 텍스트 접속의 문제를 인쇄 장애의 맥락에서만 다루었다. 인쇄 장애를 지니지 않은 다른 개인에게도 전체 텍스트 접속이 공정 사용 원칙하에서 정당화되는지 여부는 의문으로 남겨놓았는데, 이 의문은 틀림없이 관심의 초점이 될 것이고 언젠가는 아마도 논쟁의 대상이 될 것이다.[21]

하지만 구글에 대해 행동을 취한 것은 저자, 출판사 및 그들의 전문 협회뿐만이 아니었다. 2010년 4월 사진작가, 그래픽 디자이너, 그리고 그들의 전문 협회인 미국미디어사진가협회(ASMP), 미국전문사진작가(PPA), 그래픽디자이너조합(GAG) 등이 구글을 상대로 집단 소송을 제기했다. 원고는 처음에는 구글과 미국출판협회 간의 불운한 합의로 끝나버린 협상에 참여하기 위해 2009년 11월 신청서를 제출했다. 하지만

---

20   *Authors Guild v. HathiTrust*, 121-4547-cv, at http://law.justia.com/cases/federal/appellate
      -courts/ca2/12-4547/12-4547-2014-06-10.html#.

21   Jonathan Band, "What Does the HathiTrust Decision Mean for Libraries?" 7 July 2014, at
      www.librarycopyrightalliance.org/storage/documents/article-hathitrust-analysis-7jul2014
      를 보라.

당시 친 판사는 별도의 조치를 제기하라고 조언해 주었다. 구글과 사진작가, 그래픽 디자이너 및 전문 협회 사이의 논의는 수년간 계속되었다. 2014년 9월 그들은 사적 합의에 도달했다고 발표했는데 그 조건은 공개되지 않았다.

이토록 긴 법적 대하소설의 우여곡절을 감안한다면 누가 누구에게 소송을 제기했는지, 누가 합의를 했으며 누가 합의하지 않았는지를 추적하지 못한 것에 대해 용서받을 수 있을 것이다. 세부적인 사항이 이미 사라지기 시작했다는 것을 발견한 사람에게는 조너선 밴드Jonathan Band가 제시한 '소송 가계도'를 기반으로 작성한 〈그림 4.1〉이 유용한 알림이 될 것이다.[22]

스니펫의 범위는 얼마나 넓어야 하는가

2016년 4월 대법원의 판결과 함께 이 길고 복잡한 갈등이 마침내 끝이 났다. 이 단계까지 구글은 라이브러리 프로젝트를 통해 2000만 종 이상의 책을 스캔했는데, 그중 약 400만 종은 아직 저작권이 남아 있었고 검색 결과를 풍부하게 하기 위해 데이터베이스에 디지털 사본을 넣어두었다. 10년간의 법적 다툼 끝에 구글은 승리한 것으로 보였다. 구글의 견해는 줄곧 스니펫을 표시하는 것이 공정 사용 원칙에 부합하기

---

22 Jonathan Band, "Google Books Litigation Family Tree," 16 October 2015, at www.library copyrightalliance.org/storage/documents/google-books-litigation-tree-16oct2015.pdf에서 인용.

그림 4.1 | 구글 라이브러리 프로젝트 관련 소송

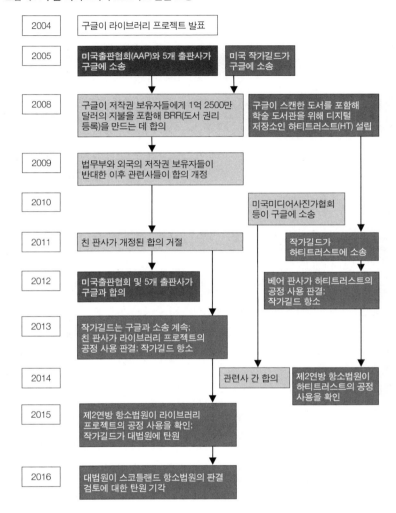

때문에 라이브러리 프로젝트는 저작권 침해가 아니라는 것이었다. 그리고 친 판사의 판결은 대법원의 판결과 함께 구글의 견해를 옹호하는 듯 보였다. 그러나 사실 이것은 너무 많은 대가를 치르고 얻은 승리였다. 이런 결과를 만드는 데 들어간 시간과 비용이 거의 확실히 소득을 초과했기 때문이다. 구글은 라이브러리 프로젝트가 출범하기 1년 전인 2003년에 선두 검색 엔진으로서 이미 야후와 마이크로소프트를 넘어섰고, 2005년에는 야후의 15%, 마이크로소프트의 10%와 비교해 시장 점유율 65%로 압도적인 위치에 있었다.[23] 구글은 수백만 종의 책을 디지털화함으로써 제공받을 수 있는 추가적인 무기의 도움 없이 검색 엔진 전쟁에서 승리했다. 그리고 이러한 모든 스니펫을 사용할 수 있는 검색의 효과는 결국 그다지 크지 않을 수 있었다.

출판사들에게는 이 대하소설이 결국 자신들에게 나쁘게 결론 난 것으로 보일지 모른다. 그것은 많은 시간과 돈을 들인 고투였고, 구글이 상당한 금액을 지불하도록 어렵게 얻은 합의는 법원에 의해 거절되었다. 그러나 많은 출판사는 이것을 그렇게 보지 않는다. 2012년 구글과 출판사 간에 도달한 사적 합의의 조건은 기밀로 유지되었지만 일부 출판사는 이것을 일종의 승리로 본다. 한 대형 출판사의 수석 출판인 톰은 다음과 같이 말했다. "우리는 구글을 울타리에 가두었습니다. 더 중요한 것은 도서관을 가두었다는 것입니다. 내게 위험은 구글이 아니었습니다. 나는 구글이 검색에서 책을 사용하기 위해 책을 복사하는 것 이상의 것을 원한다고 생각한 적이 없습니다. 나를 두렵게 한 것은 그

---

23   "Search Engine Market Shares."

들이 디지털 사본을 도서관에 다시 제공하고 있었고 도서관은 가능한 한 많은 이용자에게 이를 무료로 제공하고 있다는 것이었습니다. 그러므로 나에게 위험은 항상 구글이 중개인이라는 것이었습니다. 도서관이 위험이었습니다."

이런 위험은 주립 대학 도서관들이 주정부의 일부이고 금전적 손해배상을 요구하는 소송에서 대법원이 주에 주권면제를 부여하는 것으로 수정헌법 제11조를 해석했다는 사실(일반적으로 미국의 주권면제원칙이라고 지칭된다)로 인해 악화되었다.[24] 그 결과 미시간대학교와 다른 주립대학의 공무원들은 구글과 야심찬 거래를 할 만큼 대담해졌다. 그들은 공정 사용 방어에 실패하더라도 저작권 침해로 소송당하지 않을 것임을 알고 있었기 때문이다(하버드대, 스탠퍼드대 같은 사립대학은 참여가 더 제한되었다). 이는 주립대학의 도서관이 파일로 수행하는 작업을 제한하기 위해 출판사들이 취할 수 있는 유일한 법적 조치는 구글을 고소하는 것뿐임을 뜻했다. 더욱이 모든 디지털 콘텐츠가 노출되는 것, 그리고 사람들이 모든 언어의 모든 책이 온라인에서 무료로 제공되어야 한다고 생각하기 시작하는 것은 출판사뿐 아니라 저자에게도 위험한 선례일 것이다. 따라서 많은 것이 걸려 있었다.

출판사와 구글 간 합의는 구글이 앞으로 할 수 있는 일과 도서관들이 구글로부터 받은 디지털 사본으로 할 수 있는 일에 제한을 두었다. 그리고 구글 라이브러리 프로젝트로 모든 일이 일어난 후인 지금은 비슷한 프로젝트를 시작하려는 사람 누구나 한 번 더 생각하게 될 것이다.

---

24 Pamela Samuelson, "The Google Book Settlement as Copyright Reform," *Wisconsin Law Review*, 479 (2011), 479~562.

톰이 말했다. "예를 들어 세상에 있는 모든 책을 다시 스캔하는 프로젝트에 100억 달러를 쏟아붓기 전에 지난번에 벌어진 일을 살펴볼 테지요. 하지만 발견할 것은 많지 않습니다." 이런 프로젝트를 하려면 화가 난 출판사들과 7년여 동안 실랑이를 벌여야 하고 엄청난 위험 부담을 감수해야만 한다. 소송을 당해서 지면 각 도서에 대해 벌금을 내야 할 수도 있고, 얻을 수 있는 것도 명확하지 않다. 출판사들이 구글에 맞섰던 경험은 다른 이들로 하여금 전례를 따르려는 의욕을 강력하게 저하시켰다. "결국은 한 순간이었고 그 당시 우리가 했던 일로 인해 우리는 그것을 테이블에서 치워버렸다고 생각합니다. 나는 어느 누구도 그 일을 다시 시도할 것이라고 생각하지 않습니다."

그러나 구글에 유리하고 작가길드에 불리한 공정 사용 판결이 출판사들에게도 불리하지 않았을까? 어느 정도는 그랬다. 그리고 구글과의 사적 합의에 임박했을 때 작가길드가 왜 생떼를 부렸는지 이해하기 어렵다는 출판업계의 의견도 일부 있다. "출판사는 합의했는데 작가길드는 계속했습니다. 어째서인지 난 모르겠어요"라고 톰은 말했다. "나는 그들에게 뭘 하고 있는지 물었습니다. 출판사와 저자 모두 필요로 하는 것을 얻었는데 왜 소송을 계속하는지 물었습니다. 그들은 소송을 계속하면서 절대 합의하지 않았습니다. 그들은 계속했고 패배했습니다."

출판사들은 여전히 구글과의 거래를 유지하고 있다. 공정 사용에 대해서 작가길드에 불리한 판결이 내려졌음에도 불구하고 이 관계는 그대로 남아 있다. 그러나 법적 상황은 이제 출판사들 입장에서 볼 때 덜 우호적이다. 톰은 이렇게 말했다. "우리는 현재 스니펫을 만들기만 한다면 책을 복사할 수 있다는 어려운 법을 가지고 있습니다. 나는 그것이 우리를 해친다고는 생각하지 않아요. 스니펫을 제공하기 위해 책을 복사하는 것이 우리의 사업을 망친다고는 생각하지 않습니다. 그러나 문제는 스니펫의 범위가 얼마나 넓은가 하는 것입니다. 그들은 그 점에 저항하기 시작할 겁니다."

스니펫이 한 문장이면 대부분의 경우 문제가 안 되겠지만 스니펫이 한 페이지이면 어떻게 될까? 또는 두 페이지나 세 페이지라면? 스니펫은 저작권법에서 분명하게 정의된 개념이 아니라서 더 많은 텍스트를 제공하기를 원하는 사람들에 의해 분량이 늘어날 수 있었다. 그러나 성격상 사전, 백과사전, 기타 참고 자료처럼 주로 사실적이고 참고 성격의 정보를 담고 있는 저작물의 경우는 어떠한가? 구글은 사전 같은 특정 참고 저작물에 대해서는 스니펫을 표시하지 않기로 결정했다. 이들 도서의 시장에서는 스니펫이라 하더라도 해를 끼칠 수 있다고 인식했기 때문이다. 그렇다면 왜 다른 회사들이 이런 면에서 구글을 따라야 하는가? 요리책, 핸드북, 연감처럼 직접적인 참고 서적으로 분류하기는 쉽지 않지만 담겨 있는 정보 때문에 가치를 인정받는 책은 어떻게 할 것인가? 정보가 스니펫 형태로 자유롭게 제공될 수 있다면 이러한 책의 가치를 유지하기는 어려울 것이다.

구글북스는 어디로 향하는가

2014년 친 판사가 구글에 유리한 판결을 내리면서 시작된 이러한 문제는 의심할 여지없이 앞으로 여러 해 동안 법률학자와 아마도 법원을 사로잡을 것이다. 구글북스 논란은 해결되었지만 이 문제가 마침내 끝났을 무렵에는 많은 사람들에게 이 문제가 덜 긴급한 것으로 보였다.

이것은 친 판사가 마지막 평결을 내릴 즈음 일부 당사자가 이미 법정 밖에서 합의했기 때문이기도 했고 출판계에서 디지털 혁명이 진행되고 있었기 때문이기도 했다. 당시에는 구글이 라이브러리 프로젝트를 발표한 2004년에 출판사와 저자들의 우려를 샀던 많은 걱정이 배후로 사라지고 다른 문제들이 더욱 시급해졌다. 2010년에는 많은 출판사가 구글을 쳐다보면서 조금은 아이러니하게도 구글이 전자책을 좀 더 진지하게 다루기를, 그리고 구글이 소매 분야에서 더욱 공격적인 참가자가 되기를 원했다. 출판사들은 애플과 함께 구글이 아마존의 힘에 대항할 규모와 영향력을 갖기를 원하고 있었다. 많은 출판사는 아마존을 자신들 가운데 놓인 500파운드 무게의 새로운 고릴라로 보고 있었다.

그러나 책에 대한 구글의 관심은 결코 책을 판매하는 것이 아니었다. 구글의 주요 사업이 검색이고 광고로 돈을 벌 수 있는데 왜 아주 작은 마진을 가진 도서 소매 사업에 뛰어들겠는가? 구글은 책의 텍스트를 통해 검색 결과의 가치를 높인다는 또 다른 목표를 위해 도서 시장에 진출했던 것이다. 그들은 도서 소매업체인 적이 없었다. 전자책을 구매하는 능력을 추가한 것은 다른 관심사에 의해 촉발한 프로젝트의 연장이었을 뿐이다.

구글이 구글 플레이를 내놓고 전자책 스토어를 멀티미디어 디지털 유통 서비스로 통합시켰을 당시, 전자책 시장은 아마존에 의해 완전히 장악되어 있어 새로운 참가자가 상당한 시장 점유율을 차지하기 어려웠다. 할인 능력은 대행 계약으로 제한되었는데(이에 대해서는 제5장에서 자세히 다룬다) 전략적·경제적 주요 관심이 다른 곳에 있는 경우에는 특히 더 그러했다. 물론 정말 원했으면 구글은 진지한 소매 경쟁자가 될 수 있었을 것이다. 구글은 확실히 그렇게 할 만한 자원을 갖고 있었고 수익성도 아마존보다 훨씬 더 높았다. 그러나 구글의 주요 초점은 언제나 다른 데 있었고 수익 창출의 주요 메커니즘이 소매보다는 광고였다. 구글이 이 방향으로 움직일 이유가 없었다. 책에 대한 10년간의 논쟁을 바로 옆에서 지켜본 구글의 한 내부자는 이렇게 말했다.

이 모든 것의 아이러니는 우리는 지금 상자 안에 갇혀 있고 우리가 앞으로 어떻게 나아갈지 아주 알기 어렵다는 것입니다. 이는 우리로 하여금 사업을 그만두고 이 사업을 아마존에 넘기게 만들 수도 있고, 사업에 진입해서 아마존과 경쟁하게 만들 수도 있습니다. 아무려면 어떤가요? 우리는 다른 데서 많은 돈을 벌고 있습니다. 우리에게 이것이 사업으로서 정말로 필요한가요? 그리고 이 사업이 그렇게 어렵다면 언젠가는 '그만둬'라고 말할 것입니다. 또는 우리는 시장에 뛰어들어 몇 년 전에 출판사들 모두가 우리에게 기대했던 큰 사업자가 될 수도 있습니다. 이 시점[2016년]에서 이것은 동전 던지기와도 같습니다. 그러나 우리가 지금 가고 있는 길이 이 회사에 장기적으로 좋지는 않을 것임을 나는 알고 있습니다.

구글은 검색 엔진 전쟁에서 자신의 위상을 강화시켜 줄 새로운 콘텐츠를 찾기 위해 2004년 도서 세계에 들어왔다. 2005년에는 이 콘텐츠의 도움 없이 사실상 이 전쟁에서 승리했다. 일단 검색 엔진 전쟁에서 승리하자 저작권 보유자의 완강한 반대에도 불구하고 더 많은 책을 스캔하자는 주장과, 회사에 아주 적은 재정적 공헌만 할 것 같은 도서 소매 운영에 막대한 자금을 투자하자는 주장이 점점 덜 매력적으로 보였다. 페이지와 브린은 구글이 도서관의 물리적 콘텐츠를 보유해서 모든

사람이 접근할 수 있는 보편적인 도서관을 만드는 구상에 끌렸던 시기
가 있었다. 하지만 그것이 라이브러리 프로젝트를 출범한 주요 동기는
아니었으며, 구글이 압도적으로 지배적인 검색 엔진으로서의 위상을
구축하자 그 구상은 무산되었다.

제 5 장

아마존의 부상

"오늘날 출판계의 가장 큰 이슈는 아마존이 가진 힘입니다."
_미국의 한 대형 시판용 출판사 CEO

　도서출판산업의 전통적인 구조를 혼란시키는 데 가장 큰 역할을 한 것은 바로 디지털 혁명이다. 이러한 디지털 혁명에 의해 야기된 것 가운데 한 가지만 꼽으라고 한다면 그것은 전자책이 아닐 것이다. 그것은 바로 아마존일 것이다.

　1995년 7월 시애틀의 한 교외 차고에서 초라하게 시작해 오늘날 물리적 책과 전자책 모두에서 가장 중요한 단일 도서 소매업체이자 세계 최대의 소매업체라는 위치에 이르기까지, 아마존은 출판업계에 있는 모든 참가자의 의식 속에 각인되었다. 아마존의 압도적인 시장 지배력을 감안할 때 출판사들이 아마존 없이 무언가를 하기는 대단히 힘들다. 많은 출판사에게 아마존은 가장 중요한 단일 거래처가 되었다. 그리고 아마존이 더 지배적으로 될수록 아마존과 사업을 하는 것이 더 힘들어진다. 아마존은 계속 커져가는 자신의 시장 점유율을 출판사와의 협상에서 더 좋은 조건을 뽑아내는 도구로 사용하기 때문이다. 이러한 협상은 때로 부담이 되기도 하고 공공연한 논쟁거리가 되기도 한다.

　이로 인해 아마존이 도서 판매의 본질에서 일으킨 놀라운 변화는 다소 빛이 바랬다. 아마존 웹사이트는 사실상 이용 가능한 도서를 기록한 카탈로그가 되었다. 아마존은 독자들에게 아마존 이전의 세계에 존재했던 그 무엇보다 훨씬 폭넓은 도서(신간뿐 아니라 기간도서까지)에 접속할 수 있도록 해주었고, 다른 소매업체가 맞추기 어려운 고객 서비스 수준을 제공했다. 오늘날 돌이켜보면 아마존의 등장은 현대 출판산업의 역사에서 분수령 같은 일이었고, 아마존 이전의 도서 세계는 우리가 지금 알고 있는 세계와는 다른 종류의 장소였다.

아마존이 가져온 소매업의 변화는 디지털 혁명으로 가능해졌다. 디지털 혁명이 없었다면 아마존은 존재하지 않았을 것이다. 그리고 이것은 킨들이 나오기 훨씬 이전에 시작된 변화였다. 킨들은 아마존이 출판업계에 미친 변혁적인 영향에서 중요한 부분을 차지했지만, 변화는 이보다 훨씬 광범위하고 근본적이었다. 이러한 변화는 전자책뿐 아니라 인쇄책도 아우르며 출판에서 이루어진 디지털 혁명의 다른 많은 측면을 반영하고 있다. 오늘날 영어권의 많은 독자와 출판사는 아마존 이전에는 책을 어떻게 판매하고 구매했는지 제대로 기억하거나 상상할 수 없다. 이 조직은 도서 세계에서 이제 아주 중심이 된 것이다.

어떤 면에서 아마존이 가져온 소매 혁명은 1950년대 이후 도서 판매 환경을 변화시킨 일련의 발전 가운데 가장 최신의 것일 뿐이다. 하지만 그 장기적인 결과는 이전의 발전보다 좀 더 근본적이고 광범위할 것이다. 영미 세계에서 도서 판매의 전통적인 방식—한편으로는 수많은 소규모 독립 서점을 통해 책을 판매하고, 다른 한편으로는 약국, 백화점, 신문가판대 같은 비도서 소매점을 통해 책을 판매하던 방식—이 처음으로 혼란을 겪은 것은 1960년대에 미국 전역의 쇼핑몰에 서점을 연 B.돌턴서점과 월든북스 같은 대형 서점 체인이 등장했을 때였다.[1] 쇼핑몰에 기반을 둔 서점은 1980년대와 1990년대에 반스 앤 노블과 보더스 등 도서 슈퍼스토어 체인의 등장으로 자취를 감추었다. 1990년대는 도서 슈퍼스토어 체인의 전성기였다. 미국 전역에 체인을 깔고 주요 대도시에 더 많은 슈퍼스토어를 열면서 지배권을 놓고 경쟁함에 따라 소규모 독립 서점과 소규모 체인은 점점 더 폐업하지 않을 수 없게 되었다. 1980년대와 1990년대에 워터스톤스와 딜런스가 서로 경쟁하면서 영국에서도 아주 비슷한 양상이 벌어졌는데, HMI미디어 그룹이 두 회사 모두를 인수해 워터스톤스 브랜드로 합병했다.

1990년대의 도서 판매 풍경은 소수의 도서 슈퍼스토어 체인(미국에서는 반스 앤 노블, 보더스, 영국에서는 워터스톤스, 딜런스 같은)에 의해, 그리고 미국에서는 대형 판매점(월마트, K마트, 타깃, 그리고 프라이스클럽, 샘스 앤 비제이스Sam's and BJ's 같은 도매 클럽)에 의해, 영국에서는 슈퍼마켓(테스코Tesco, 아스다Asda, 세인즈버리즈Sainsbury's)에 의해 지배되었다. 이들은 일반 독자층을 겨냥한 책에서 점점 더 중요한 채널이 되었다.

아마존의 등장

아마존이 1995년 여름 도서 판매에 첫 걸음을 내디딘 것은 이런 상황하에서였다. 1990년대 초반 제프 베이조스Jeff Bezos는 D.E. 쇼D. E. Shaw라는 뉴욕 헤지 펀드에서 일하고 있었다. 그는 1994년 그곳에서 '뭐든지 파는 가게The Everything Store', 즉 고객과 제조업체 사이의 중개자가 되

---

1   미국 도서 판매의 발전에 대한 훌륭한 설명으로는 Laura J. Miller, *Reluctant Capitalists: Bookselling and the Culture of Consumption* (University of Chicago Press, 2006), 2장을 보라[한국에서는 『서점 VS 서점: 미국의 도서판매와 소비문화의 역사』(한울, 2014)로 번역 출간되었다_옮긴이].

어 거의 모든 종류의 제품을 전 세계에 판매하는 인터넷 기반 회사를 구상하게 되었다.[2] 당시는 인터넷 초창기였고 베이조스와 그의 동료들은 인터넷의 급속한 성장을 활용하는 새로운 벤처 사업에 대한 아이디어를 이리저리 구상하고 있었다. 베이조스는 모든 것을 가지고 시작할 수 없다는 것을 깨닫고 컴퓨터 소프트웨어에서부터 의류와 음악에 이르는 20개의 제품 범주 목록을 만들었다. 그리고 그 출발점으로 도서에 뛰어들기로 결정했다.

　　종합적이기를 지향하는 인터넷 매장에서 책이 이상적인 출발점인 이유는 다음 세 가지였다. 첫째, 책은 어디에서 샀는지에 관계없이 각 사본이 모두 똑같다는 점에서 '순수한 상품'이었다. 둘째, 미국에는 주요 도서 도매업체가 두 개였으므로 많은 출판사들과 거래하지 않고도 대부분의 책을 도매업체에서 구할 수 있었다. 셋째, 인쇄책은 300만 종이었는데, 이는 오프라인 서점이 보유할 수 있는 양보다 훨씬 많았다. 인쇄책의 수가 엄청나게 많다는 것은 온라인 서점에서는 실제 서점에서 절대 제공할 수 없는 것, 즉 완전한 선택권을 제공할 수 있다는 것을 의미했다.[3] 베이조스는 책을 출발점으로 선택하면서 도서 문화에 참여하고 이바지하려는 뿌리 깊은 욕망을 채우려고 하지는 않았다. 그는 무엇보다 미래에 눈을 둔 진정한 사업가였고 책을 선택하면서 인터넷 시대에 소매 조직의 성장과 성공의 기회를 극대화할 수 있는 의사결정을

2　Brad Stone, *The Everything Store: Jeff Bezos and the Age of Amazon* (New York: Little, Brown, 2014), p.24. 나는 이 장에서 줄곧 아마존에 대한 브래드 스톤의 훌륭한 설명에서 도움을 받았다. Robert Spector, *Amazon.com: Get Big Fast* (London: Random House, 2000)도 보라.

3　Stone, *The Everything Store*, p.26.

내리고 있었다. 그것이 아마존의 시작이었다.

베이조스는 시애틀로 옮기고 자금을 모은 뒤 개조한 차고에 상점을 차렸으며 몇몇 프로그래머를 고용해 웹사이트를 만들기 시작했다. 그 웹사이트는 1995년 7월 16일에 가동되었다. 그 단계에서는 회사에 물리적 재고가 없었다. 고객이 책을 구매하면 아마존은 도매업체 중 한 곳에 주문을 하고, 책이 도착하면 지하에서 포장해서(당시에는 시애틀 시내에 있는 건물로 이사한 상태였다) 고객에게 배송했다. 전 과정은 최소 일주일 걸렸고, 희귀한 서적은 2주 이상 걸렸다. 그들은 출범 후 첫 주에 1만 2436달러의 주문을 받았고 846달러 상당의 책을 배송했다.[4] 작은 시작이었지만 성장은 빨랐다.

1996년 초 베이조스와 그의 동료들은 실리콘밸리에서 기술 신생 기업에 자금을 대던 벤처투자자와 토론을 벌였다. 그들은 실리콘밸리의 기업가 문화를 뒷받침하는 원칙을 이해하기 시작했는데, 그것은 '빠르게 성장한다get big fast'였다. 아이디어는 간단했다. 인터넷은 지배적인 시장 위상을 구축할 수 있는 참가자들에게 궁극적으로 큰 보상을 제공하는 새로운 기회의 공간을 열고 있었고, 지배적인 위상을 구축하기 위해서는 다른 사람이 먼저 그곳에 도달하지 못하도록 빨리 움직여야 했다. 수익성에 대해서는 이제 걱정하지 않아도 된다. 성장이 핵심인 것이다.

넷스케이프의 공동 창업자이자 실리콘밸리의 권위자이며 영향력 있는 벤처캐피털인 안드레센 호로위츠Andreessen Horowitz를 공동 창업한 마크 안드레센Marc Andreessen은 이렇게 말했다. "기본적인 교훈 가운데 하

---

4   같은 책, p.39; Spector, *Amazon.com*, p.93.

나는 지금의 시장 점유율이 나중의 수익이며, 지금 시장을 차지하지 못하면 나중에 수익을 갖지 못한다는 것이다. 또 다른 기본적인 교훈은 많은 양을 갖는 자가 결국에는 이긴다는 것이다. 그냥 평범한 것이 승리하는 것이다."[5] 그것이 '마이크로소프트의 교훈'이었다고 안드레센은 말했다. "편재성ubiquity을 갖게 되면 그로부터 혜택을 얻어낼 수 있는 선택지와 방법은 많다."

1996년 봄 베이조스와 그의 동료들은 실리콘밸리의 선도적인 벤처캐피털 회사인 클라이너 퍼킨스 커필드 앤 바이어스Kleiner Perkins Caufield & Byers로부터 800만 달러의 자금을 확보하고 최대한 빨리 회사를 성장시키는 과업에 착수했다. 속도가 핵심이었다. 다른 회사보다 지배적인 위치(안드레센의 용어로는 '편재성')를 구축할 수 있으면 그 장악력을 통해 공급업체로부터 더 나은 가격을 확보할 수 있고 고객에게 더 좋은 서비스를 제공할 수 있으며 궁극적으로 수익성 있는 사업을 구축할 수 있다.

아마존의 매출은 1990년대 후반에 경이로운 속도로 성장해 1996년 1575만 달러에서 2000년에는 20억 7600만 달러로 증가했다. 2000년까지 인터넷 도서 판매는 미국 성인용 일반 도서 판매의 10% 미만을 차지했으며, 아마존이 가장 큰 온라인 서점이었다.[6] 2000년에도 반스 앤 노블, 보더스 같은 대형 체인점이 지배적인 도서 소매점이었고 성인용 일반 도서 판매의 30% 미만을 차지하고 있었지만[7] 이것은 곧 바뀌었다.

---

5   Robert H. Reid, *Architects of the Web: 1,000 Days that Built the Future of Business* (New York: John Wiley & Sons, 1997), p.31에서 인용.

6   Stephanie Oda and Glenn Sanislo, *The Subtext 2002~2003 Perspective on Book Publishing: Numbers, Issues and Trends* (Darien, Conn.: Open Book Publishing, 2003), p.80.

7   같은 책.

반스 앤 노블의 판매가 정체되어 있는 동안 아마존의 매출은 계속 성장했다. 보더스는 2011년 매출 감소로 부채가 너무 많이 쌓여 더 이상 서비스를 할 수 없게 되어 파산했고 그 해 9월까지 모든 상점이 문을 닫았다. 2010년 아마존은 시장에서 지배적인 위상을 가졌다. 아마존의 북미 미디어 매출(도서, 음악, 영화, TV 쇼, 비디오 게임, 소프트웨어 및 디지털 다운로드 포함)은 68억 8000만 달러에 달했고 가파르게 성장하고 있었다(전년 대비 15% 상승). 반면 반스 앤 노블의 매장 매출은 45억 달러 미만이었고 하락하고 있었다. 더욱이 2007년 킨들의 성공적인 출시와 함께 2008년 이후 전자책 판매의 빠른 성장, 그리고 전자책 시장에서의 아마존의 압도적인 지배력으로 아마존은 자신의 입지를 더욱 강화했다.

킨들의 기원은 2004년 애플이 아이튠즈 뮤직 스토어를 출시한 직후로 거슬러 올라간다. 애플이 음악 사업을 성장시키고 아마존 및 기타 음악 소매업체를 따라잡은 속도는 베이조스를 비롯한 하이테크 분야의 많은 사람을 놀라게 했다. 당시 도서, 음악, 그리고 영화의 매출이 아마존 연매출의 74%를 차지했다는 점을 고려하면, 애플이나 다른 경쟁자가 아마존의 핵심인 도서 사업에 아이튠즈 같은 효과적인 디지털 유통 시스템을 갖고 들어올 경우 위험하다는 것을 베이조스는 알고 있었다. 미디어가 점점 더 디지털 포맷으로 옮겨가는 세상에서 핵심 사업을 보호하기 위해 아마존은 애플이 음악 사업을 통제하는 방법으로 전자책 사업을 통제해야 했다. 이것이 아이튠즈의 경이적인 성공으로부터 베이조스가 얻은 교훈이었다.[8] 애플이 음악에 대해 그랬듯이 아마

---

8   Stone, *The Everything Store*, p.231.

존도 세련된 하드웨어와 사용하기 쉽고 포괄적인 범위의 디지털 서점을 결합한 통합된 소비자 경험을 만들어내야 했다. 아마존은 도서계의 아이튠즈가 되어야 했다.

비즈니스 세계의 많은 사람들과 마찬가지로 베이조스와 그의 동료 책임자들은 클레이턴 크리스텐슨Clayton Christenson의 책『혁신기업의 딜레마The Innovator's Dilemma』를 읽었고, 회사들의 가장 큰 위험 중 하나는 파괴적인 변화를 받아들이면 자신들의 전통적인 사업을 약화시킬 수 있다는 두려움 때문에 새로운 시장을 여는 것을 꺼리는 것이라는 생각에 감명 받았다.[9] 그들은 이런 위험을 피할 가능성이 가장 높은 회사는 핵심 사업으로부터 완전히 독립된 자율적인 조직을 만들고 이 조직에 기존 사업을 약화시킬지 여부에 대한 걱정 없이 파괴적인 기술을 중심으로 새로운 사업을 구축할 수 있는 재량권을 주는 회사라는 크리스텐슨의 관찰을 받아들였다. 베이조스는 이것이 정확히 아마존이 해야 할 일이라고 결정했다. 그들은 실리콘밸리에 랩126이라는 비밀 연구 그룹을 만들고 새로운 독서기기의 개발을 포함해 책을 위한 아이튠즈 솔루션을 만들어내는 과제를 부여했다.[10] 그들은 신속하게 조치를 취할 필요가 있었다. 베이조스는 아마존이 당시 시장에 나와 있던 투박한 전자 독서기기보다 소비자 친화적이고 훨씬 세련된 독서기기를 통해 매력적인 전자책 솔루션을 앞장서서 개발하지 않는다면 애플이나 구글이 자신들을 이길 것이라고 확신했다.

---

9   Clayton M. Christensen, *The Innovator's Dilemma: When New Technologies Cause Great Firms to Fail* (Boston, Mass.: Harvard Business Review Press, 1997).

10   Stone, *Everything store*, pp.234~239.

3년간의 집중적인 개발 끝에 2007년 11월 19일 마침내 킨들이 출시되었다. 아마존은 킨들이 지원하는 독점적인 파일 포맷인 모비 파일로 서적을 만들도록 출판사들을 설득하고 회유했다. 출범 당시 아마존은 킨들 스토어에 많은 신작 베스트셀러를 포함해 9만 종 이상의 서적을 보유하고 있었다. 하지만 아마존이 전자책을 판매하는 가격은 극비로 유지되었다. 베이조스가 ≪뉴욕타임스≫의 베스트셀러 및 많은 신간을 킨들에서 9.99달러에 판매할 것이라고 발표한 것은 맨해튼의 W호텔에서 17분간 제품을 소개한 출시 당일이었다. 많은 출판사는 경악했다. 그들은 이런 일이 도래할 것이라고는 생각해 본 적이 없었다.

　베이조스는 얼마 전 아이튠즈의 싱글에 대해 99센트로 책정한 애플의 가격 전략을 본떠서 이 가격을 정했다. 그러나 출시 전까지 출판사들에게 알리지 않기로 했다. 9.99달러라는 가격표는 아마존이 많은 전자책을 손실을 보고 판매하고 있음을 의미했다. 아마존은 표준 도매 모델에 따라 정가의 50% 가격으로 출판사로부터 책을 구매했는데, 이는 출판사들이 기존의 인쇄본에 일반적으로 고정한 비율이었다. 그러므로 정가가 26달러인 신간 양장 도서를 전자책으로 판매할 때마다 아마존은 3달러 이상을 손해보고 있었다(이것은 출판사가 전자책을 양장본의 정가에 고정한 경우를 전제로 하지만, 항상 그런 것은 아니다. 어떤 때는 출판사들이 '디지털 정가'를 인쇄본 정가보다 20% 낮은 가격으로 고정했는데 이 경우 아마존의 손실은 41센트로 줄었다).

　출판사들이 걱정한 것은 아마존이 전자책에서 손해를 보는 것이 아니었다. 그것은 아마존의 문제였다. 출판사들은 두 가지 다른 이유로 걱정했다. 첫째, 아마존의 대담한 가격 정책이 소비자들의 마음에 전자책은 9.99달러의 '가치'라는 기대를 심어줄 것이라고 우려했다. 마치 애플이 음악 한 곡이 99센트의 '가치'라는 기대를 만들어낸 것처럼 말이다. 그러나 이 숫자는 임의적이었다. 그것은 마케팅 전략의 가공물로, 가치사슬의 어느 곳에서 실제로 발생하는 비용과 거의 관련이 없다. 베이조스는 베스트셀러와 신간을 10달러라는 상징적인 임계값 이하의 가격으로 정하고 싶었다. 아마존은 이를 통해 소비자들을 킨들로 끌어들일 수 있다는 것을 알았고 당분간의 손실은 받아들일 준비가 되어 있었다. 그러나 시장에서 이 임계값이 표준으로 정립되어 소비자들의 기대치를 형성하면 업계 전체의 가격이 새로운 표준으로 맞춰지면서 가차 없이 내려갈 것이라고 출판사들은 걱정했다. 출판사들의 수익은 극심한 하향 압력을 받을 것이고 그들의 낮은 이익은 점점 더 줄어들어 미지급 선금의 상각충당금이 증가할 것이었다.

출판사들은 또한 새로운 가격이 유행이 되고 아마존이 전자책에서 지배적인 시장 점유율을 차지해서 사실상 시장을 독점하면 아마존은 시장의 힘을 이용해서 전자책 가격을 낮추도록, 그리고 자신들이 9.99 달러에 손실 없이 전자책을 계속 판매할 수 있게끔 더 나은 조건을 제공하도록 출판사에게 강한 압력을 가할 것이고 출판사의 이익은 더욱 줄어들 것이라고 두려워했다. 앞으로 보겠지만 출판사들의 두려움이 완전히 잘못된 것은 아니었다.

킨들이 대단한 성공을 거둔 것은 많은 이들에게 놀라운 일이었다. 그들은 전자 독서기기들이 등장했다가 사라지는 것을 봐왔지만 그중 어떤 것도 인쇄된 지면으로 읽는 것을 선호하는 독서 대중에게 강한 인상을 남기지 않았다. 그러나 킨들은 달랐다. 그렇게 많은 이들이 실패했던 곳에서 아마존은 왜 성공했을까?

킨들은 여섯 가지 장점을 갖고 있었다. 첫째, 아마존은 좋은 기술을 얼마간 보유하고 있었다. 킨들은 작고 가벼우며 사용하기 쉬웠다. 애플 제품처럼 세련되지는 않았지만 이전에 개발되었던 많은 전자 독서 기기보다는 훨씬 멋있었다. 킨들은 소니의 전자 독서기기처럼 전자 잉크 기술을 사용해 눈에 편안했고 눈부심을 없애 직사광선 아래에서도 읽을 수 있었으며, 배터리 수명이 며칠에서 일주일까지 길었다.

둘째, 킨들 스토어는 좋은 콘텐츠를 가졌으며 그 수도 많았다. 베이조스는 전자책 독자들이 그간 적었던 것은 읽을 수 있는 서적이 매우 적었기 때문이라는 것을 알고 있었다. 따라서 킨들이 출시될 때까지 킨들 스토어를 유용한 책들로 충분히 채우기 위해 많은 노력을 기울였다. 킨들 스토어에는 ≪뉴욕타임스≫의 현 베스트셀러 및 신간 112권 가운데 101권이 포함되어 있었다.

셋째, 가격이 매력적이었다. 최소한 가장 눈에 띄는 서적에 대한 가격은 그러했다. ≪뉴욕타임스≫ 베스트셀러와 많은 신간 서적에 대해 9.99달러라는 눈길을 끄는 가격을 책정한 것은 효과적인 마케팅 전략이었고, 다른 많은 전자책이 아마존에서 더 높은 가격에 팔리고 있었음에도 불구하고 전자책 가격이 저렴하다는 인상을 남겼다. 킨들에 대한 초기 비용은 상당했지만(첫 번째 킨들은 399달러에 판매되었다) 많은 책을 저렴한 가격에 판매하자 초기 지출의 얼마간을(전부는 아니라도) 시간을 두고 회수할 수 있었다.

넷째, 킨들은 아마존 위스퍼넷Amazon Whispernet이라는 무선 통신망으로 사전 연결되어 있었으므로 킨들 스토어에서 직접 전자책을 찾아 구매할 수 있었다. 와이파이 연결을 하거나 킨들을 컴퓨터에 연결할 필요가 없었고 무선 통신망 요금을 지불할 필요도 없었다. 통신망 비용은 도서 비용에 포함되었다. 이는 구매 과정을 크게 단순화했다. 집, 기차,

사무실, 여행지 어디서든지 간에 1분 이내에 전자책을 구입해서 킨들에서 볼 수 있었다.

다섯째, 킨들은 시간을 두고 구축된 높은 수준의 신뢰를 특징으로 하는 기존의 사회적 관계 웹으로 출시되었다. 이것이 결정적이었다. 많은 독자에게 아마존은 잘 알려져 있었다. 그들은 여러 해에 걸쳐 아마존에서 책을 구매했고 신용카드 정보를 제공했으며 아마존을 신뢰할 수 있는 도서 공급업체로 믿게 되었다. 전자 독서기기를 구입하는 것은 신뢰의 행동이었다. 실제로 이것은 많은 신뢰를 필요로 했다. 고객은 그 기기가 작동하고 사용하기 쉬울 뿐 아니라 읽고 싶은 책을 찾을 수 있으며, 신용카드 정보가 도난당하거나 오용될 염려 없이 전자적으로 책을 구입할 수 있다고 가정해야 했다. 그리고 기기와 그 기기에 있는 책들이 1~2년 내에 고물이 되거나 사용할 수 없게 될까 걱정할 필요가 없어야 했다. 가정할 것이 너무 많았다. 이 모든 믿음을 누군가에게 주려면 그동안 책에 대한 약속을 보여주었고 이미 믿음직한 서점으로 신임을 얻은 조직보다 나은 선택이 어디 있겠는가?

여섯째이자 마지막으로, 아마존은 자신의 웹사이트에서 킨들을 공격적으로 직접 홍보할 수 있었고, 수백만 명의 고객에게 그리고 기존 구매에 대한 데이터를 토대로 이전의 독자들에게도 킨들을 홍보할 수 있었다. 어떤 기술 중심 회사도 최신 독서기기에 관심을 가질 만한 특정 인구 집단, 즉 책을 구입한 적 있는 소비자들에게 직접적으로 마케팅하는 능력 면에서 아마존과 겨룰 수 없었다.

전자책 판매의 성장과 킨들의 성공은 불가분하게 엮여 있었다. 반스 앤 노블이 2009년 11월 누크 출시와 함께 전자 독서기기 시장에 진입했을 때 아마존은 2년째 킨들을 판매하고 있었고 난공불락처럼 보이는 선두를 구축했다. 전자책 시장은 시판용 도서 판매의 3% 미만을 점하며 여전히 그 규모가 작았지만 당시 아마존의 시장 점유율은 대략 90%로 추산되었다. 출판사들은 전자책 시장이 계속 성장하고 아마존이 압도적인 시장 점유율을 유지한다면 시장 지배력을 이용해서 더 낮은 가격과 더 나은 조건을 요구할까 봐 두려워했다. 출판사들은 전자책이 점점 더 중요해져서 인쇄책의 판매를 점점 더 대체하는 상황, 대부분의 전자책 판매가 가격을 낮추려는 한 소매업체를 통해 이루어지는 상황에 처하게 된 것을 알게 되었다. 이것은 두려운 전망이었다. 출판사들은 아마존과 치열하게 경쟁할 수 있는 더 많은 참가자와 더 많은 기기를 가진 좀 더 다각화된 시장을 보고 싶었다. 따라서 출판사들은 반스앤 노블이 전자 독서기기 시장에 뒤늦게 진입한 것을 환영했으며, 애플이 2010년 봄에 출시할 예정이지만 여전히 비밀에 싸여 있던 아이패드라는 새로운 기기를 위한 콘텐츠를 얻기 위해 2009년 말 출판사들에게 접근했다는 사실을 환영했다.

2010년 1월 27일 샌프란시스코에서 아이패드가 마침내 공개되었을 때 애플은 6개 대형 출판사 중 5개사와 아이북스토어에서 전자책을 판매하기로 계약에 사인했다. 아이북스토어는 2010년 4월 3일 아이패드 출시와 동시에 출시될 예정이었다. 아마존과 달리 애플은 출판사들이 가격을 정할 수 있고(대체로 애플이 미리 설정한 특정 가격대 내에서여야 했지만) 애플이 판매 대행으로서 30%의 수수료를 떼는 대행 모델agency model을 이용했다. 이는 애플이 앱 스토어에 적용한 것과 동일한 모델이었다. 모든 출판사는 논란의 여지가 있는 가격단합조항[이른바 최혜국조항Most Favoured Nation clause(MFN)]을 포함한 계약을 애플과 체결했다. 이 계약은 경쟁자가 전자책을 더 저렴하게 판매하는 경우 출판사는 동일하게 낮은 가격을 아이북스토어에서 제시해야 한다고 적시하고 있었다. 이 조항은 사실상 출판사들이 전자책 가격을 할인할 수 없도록 다른 소매업체들을 대행 모델로 전환시키는 강력한 동기를 갖게 되며 출판사들이 낮은 가격의 70%만 받을 수 있는 아이북스토어에서 더 낮은 가격에 맞춰야 한다는 것을 의미했다.

출판사들 또한 전자책 판매를 위해 전통적인 도매 모델보다 대행 모델을 선호하는 이유가 있었지만 MFN 조항이 이를 더 강화했다. 따라서 한쪽에서는 6개 대형 출판사 중 5개사와 아마존 사이에 일련의 힘겨운 협상이 시작되었고, 다른 쪽에서는 홀츠브링크Holzbrinck가 소유한 미국 그룹 맥밀런Macmillan의 대표이사 존 사전트John Sargent가 아마존에게 대행 모델을 기준으로 새로운 거래 조건을 제시하기 위해 2010년 1월 28일 시애틀로 날아간 역사적인 출장을 시작으로 힘겨운 협상이 시작되었다. 논의는 잘 진행되지 않았다. 아마존은 제안을 거절하고 사전트를 무례하게 내쫓았다. 사전트가 금요일 저녁에 뉴욕에 돌아왔을 때, 아마존은 아마존 사이트에서 모든 맥밀런 도서(인쇄판과 킨들판 모두)의 구매 버튼을 제거했다. 이는 출판사들이 오랫동안 두려워했던 공격적인 행동과 정확히 일치했다.

2010년 1월 말의 긴 주말 동안 출판업계의 많은 사람은 컴퓨터 화면을 주시했다. 이들은 여러 달 동안 표면 밑에 머물던 갈등이 공개적인 전쟁으로 갑자기 터져 나오는 것을 보고 놀랐다. 양쪽 당사자는 입장문을 내놓았고, 저자, 독자, 블로거들이 각각의 진영에 끼어들었다. 이틀 후 아마존은 방향을 바꾸기로 했다. 아마존은 6개사 중 다른 4개사로부터 대행으로 이전하는 문제에 대해 비슷한 요구에 직면하리라는 것을 깨달았는데 5개사 모두의 책 판매를 거부할 수는 없었다. 2010년 1월

31일 일요일, 아마존은 패배를 인정하는 메시지를 웹사이트에 게재했다. 아마존은 "우리는 맥밀런 서적들의 판매를 임시 중단함으로써 우리의 강한 의견불일치와 그 의견불일치의 심각성을 표명했습니다. 하지만 맥밀런이 그 서적들에 대한 독점권을 갖고 있기 때문에 궁극적으로 우리가 굴복하고 맥밀런의 조건을 받아들여야 한다는 것을 독자에게 알립니다. 그리고 전자책으로서는 지나치게 비싸다고 생각하는 경우에도 우리는 그 서적들을 독자에게 제공하고 싶어 한다는 것을 알리는 바입니다"[11]라고 발표했다. 사전트는 전자책을 둘러싸고 벌어진 새로운 가격 전투에서 승리했지만 전쟁은 이제 막 시작되었을 뿐이었다.

법무부의 개입

이것이 현대 도서출판 역사에서 가장 신랄한 에피소드 중 하나, 즉 미국 법무부가 애플과 6개 대형 일반 출판사를 상대로 전자책 가격 담합에 대한 독점 금지 소송을 제기한 배경이다. 아마존은 맥밀런과의 대치 직후에 연방거래위원회에 서한을 보내 사건 경위를 설명하고 출판사들과 애플이 전자책 가격을 고정하기 위한 불법적인 음모를 꾸미고 있다는 우려를 표명했다. 법무부가 이 사건을 이어받았다. 2년 후인 2012년 4월 11일 법무부는 애플과 5개 출판사에 민사 독점 금지 소송

---

11 www.amazon.com/tag/kindle/forum/ref=cm_cd_et_md_pl?_encoding=UTF8&cdForum=Fx1D7SY3BVSESG&cdMsgNo=1&cdPage=1&cdSort=oldest&cdThread=Tx2MEGQWTNGIMHV&displayType=tagsDetail&cdMsgID=Mx5Z9849POTZ4P #Mx5Z9849POTZ4P.

을 제기했는데, 법무부는 이들이 전자책 가격 인상과 전자책 판매에서의 경쟁 제한을 위해 공모함으로써 셔먼 독점금지법 제1조를 위반했다고 주장했다.[12] 법무부는 출판사들이 맨해튼에 있는 고급 레스토랑의 단독 룸에서 가진 회의를 포함해 이메일, 전화, 대면을 통해 개인적으로 소통하면서 대행 모델을 채택하고 아마존에 전자책 가격을 인상하도록 강요하는 공동 전략을 논의하면서 수평적인 음모에 가담했음을 입증하기 위해 증거들을 수집했다.

이 소송이 제기한 혐의에 따르면, 애플은 출판사들이 원하는 것(즉, 전자책에 대한 더 높은 가격 책정)을 제공할 수 있는 기회를 포착해서 대행 모델을 제안함으로써 소매가격 경쟁으로부터 자신을 보호했으며 그 계약에 '최혜국' 조항을 추가하고 각 출판사에게 다른 출판사와의 협상 상태를 알려주고 고발된 공모자들의 집단적 행동을 지휘하면서 '주요 음모 가담자'로서의 역할을 했다. 한 당사자가 수많은 공모자의 행동을 통제하고 지휘하는 이런 종류의 방식을 독점금지법에서는 '허브 앤 스포크hub-and-spoke' 음모라고 일컫는다. 경쟁자들 사이에서 제품의 소매가격을 고정하려는 음모는 그 자체로 셔먼 독점금지법 제1조를 위반하는 것이며 수평적 가격 음모의 수직적 조력자인 애플 또한 법을 위반했다고 소송에서 주장되었다.

이런 법적 도전에 직면하자, 그리고 소송에 이의를 제기했다가 패소할 경우 시간이 오래 걸리고 비용이 많이 들 것이라는 전망에 직면하자

---

12 www.justice.gov/file/486986/download. 이 사건과 관련된 법적 문제들에 대한 자세한 설명은 Chris Sagers, *United States v. Apple: Competition in America* (Cambridge, Mass.: Harvard University Press, 2019)를 보라.

5개 출판사 중 3개사는 재빨리 법무부와 합의했다. 그리고 법무부가 보기에 실질적으로 출판사들이 아마존을 포함한 모든 소매업체에게 대행 모델을 강요해 가격 경쟁을 없애도록 만든 말썽 많은 조항인 '최혜국' 조항을 포함해 기존의 대행 방식을 종료하기로 합의했다. 법무부가 대행 모델 자체를 불법으로 간주하지는 않았으므로 출판사들은 대행 모델을 계속 사용할 수 있었다. 그러나 2년 동안 소매업체가 전자책 가격을 어느 정도까지 할인할 수 있도록 허용해야 했다(소매업체는 할인을 받을 수는 있지만 1년 동안 출판사 전 목록의 판매로 얻은 수수료를 초과할 수는 없다. 즉, 수수료를 할인 예비용으로 사용할 수는 있으나 그 이상 할인할 수는 없다는 것으로, 이는 '대리인 권리Agency Lite'[13]라고 불리는 방식이었다).

그들은 또한 2010년 4월 1일부터 2012년 5월 21일 사이에 전자책을 구매한 독자들에게 보상하는 데 사용할 자금으로 6900만 달러를 모으는 데 동의했다. 애플과 다른 두 출판사는 저항했지만, 펭귄은 랜덤하우스와의 합병에 앞서 2012년 12월에 법무부와 합의했다고 발표했으며, 2013년 2월 맥밀런 역시 합의했다고 발표했다. 각 출판사가 합의하면서 불리한 결과가 발생할 경우 남아 있는 피고 측이 감당해야 할 비용이 커졌으므로 합의 내용에 대한 동의 여부와 관계없이 합의에 대한 압력이 늘어났다. 맥밀런의 대표이사인 존 사전트는 온라인에 게재한 편지에서 "몇 주 전 최대 가능한 손해액의 추정치를 받았습니다. 기가 막히는 그 금액을 알려줄 수는 없지만 우리 회사의 전체 지분보다 훨씬

---

13 Michael Cader, "Hurry Up, Wait, and What the … !? Life Under Agency Lite," *PublishersLunch*, 7 September 2012, at http://lunch.publishersmarketplace.com/2012/09/hurry-up-wait-and-what-the-life-under-agency-lite.

많았습니다"라고 말했다.[14] 사전트는 자신과 맥밀런이 가격을 인상하는 음모에 가담했다는 사실을 단호하게 부인했지만 그 사건과 계속 싸우기에는 위험 부담이 너무 높았다.

애플은 단독으로 소송을 진행하기로 결정했다. 재판은 2013년 6월 맨해튼에 있는 미국 지방법원에서 진행되었다. 데니스 코트Denise Cote 판사는 애플이 소매가격 경쟁을 없애고 전자책 가격을 인상하는 음모를 조장하는 데 중심적인 역할을 수행했다고 판단해 애플의 패소를 판결했다. 코트 판사는 "애플은 기회를 포착하고 훌륭하게 손을 놀렸다. 그것은 출판사 피고인들에게 비전, 포맷, 일정 및 전자책 가격을 인상하는 데 필요한 협조를 제공했다"[15]라고 말했다. 애플은 항소했다. 2015년 6월 미국 제2순회 항소법원은 2013년 판결을 인정했는데, 세 명의 판사 중 두 명이 2013년 판결을 지지했고 다른 한 명의 판사 데니스 제이콥스Dennis Jacobs는 반대했다.[16]

제이콥스의 반대의견에 따르면 지방법원과 항소법원의 그의 동료들이 애플의 입장을 오해했다. 제이콥스의 견해로는 법원은 애플이 다른 경쟁 영역에서 운영되고 있다는 점을 충분히 이해하고 있지 않았다. 애플은 '소매업체들의 독특한 수평적 평면'에서 경쟁하는 한편, 전자책 시장의 대략 90%를 차지하면서 실질적인 독점권을 가지고 있는 또 다른 참가자 아마존이 있는 시장에 진입하려 시도하고 있었다. 이런 식으로 보면 제이콥스의 견해로는 애플의 행위가 반경쟁적이지 않았다. 반

---

14 www.cnet.com/news/macmillan-reaches-e-book-pricing-settlement-with-doj.

15 *United States v. Apple*, 12 Civ. 2826(SDNY 2013), p.11, at www.nysd.uscourts.gov/cases/show.php?db=special&id=306.

16 *United States v. Apple, Inc.*, 13-3741-cv (L), at www.justice.gov/file/628971/download.

대로 "애매하지 않게 그리고 압도적으로 친경쟁적이었다. 애플은 90%의 독점이 지배하는 시장에서 잠재적인 주요 경쟁자였으며, 판매 손실을 보장하거나 그 명성에 먹칠을 하는 조건으로 시장에 진입하는 것을 당연히 꺼렸다." 제이콥스는 애플의 행동이 아마존의 독점을 깨뜨렸고, 아마존의 시장 점유율을 (적어도 일시적으로라도) 약 90%에서 약 60%로 하락시켜 전자책 시장의 반집중화를 이끌었으며, 다른 회사의 진입장벽을 제거했다고 결론 내렸다.

제이콥스의 반대는 소수 의견이었고 다수를 대변했던 순회 판사 데브라 앤 리빙스턴Debra Ann Livingston은 이를 강력하게 거부했다. 리빙스턴은 "강력한 경쟁자의 존재가 수평적 가격 담합 음모를 정당화한다는 '반대편의 이론'은 독점금지법과는 완전히 다른 시장 자경주의自警主義 개념을 지지하는 것이다"라고 주장했다. 그녀는 계속해서 다음과 같이 말했다.

애플은 가격 담합 음모를 조직함으로써 아이북스토어를 여는 쉬운 길을 찾았지만, 이는 시장 전반의 전자책 가격이 자사와 출판사 피고인들이 공동으로 합의한 수준으로 상승하도록 함으로써 그렇게 한 것이었다. 간단히 말하면, 한 시장 진입자에게 진입 조건으로 가격 경쟁을 없애도록 허용하는 것은 경쟁에 도움이 되지 않으며, 모든 전자책 가격에 대한 통제권을 도서출판사 카르텔에 넘기는 대가로 새로운 전자책 소매업체 한 곳을 얻는 것은 소비자들에게 달갑지 않은 위안일 뿐이다. 출판사들은 애플의 협조로 전자책의 가격을 인상하기 위한 새로운 가격 모델에 집단적으로 합의했고, 이로 인해 새로운 기술이 만든 강력한 역풍에 직면해 자신들의 이윤과 시장에서의 생존을 보호할 수 있었다.[17]

리빙스턴은 애플이 가격 경쟁을 없애고 소비자에게 더 높은 가격을 제공하는 음모에 가담함으로써 셔먼 독점금지법을 위반했다는 견해를 갖고 있었다. 반면 제이콥스는 시장의 조건이 실질적인 고려사항이며 90%라는 사실상의 독점을 가진 기존의 참가자가 있는 시장에서 애플은 독점을 깨뜨리고 경쟁사에게 시장을 개방하기 위해 이성적으로 할 수 있는 유일한 방식으로 행동했다고 주장했다. 그 결정에서 리빙스턴은 2 대 1로 이겼고, 애플은 합의의 일부로 4억 5000만 달러를 지불해야 했다. 이 금액은 대부분 전자책 구매자들에게 지급되었다. 애플은 대법원에 상고했지만 2016년 3월 7일 대법원은 상고를 기각한다고 발표해 이전 법원의 판결을 지지했다. 사건은 마침내 종결되었다.

이렇게 길고 불미스러운 사건이 법원을 통해 진행되는 동안 아마존은 기대치 않았던 혜택을 누렸다. 코트 판사가 부과한 합의 법령에 따라 출판사들은 기존의 대행 계약을 종료하고 전자책을 다시 할인하도록 허용했는데, 이는 아마존에 잘 맞았다. 전자책 시장에서 애플의 시장 점유율은 많은 사람들이 기대한 만큼 빠르게 성장하지 않았고, 전자책 시장의 세 번째 주요 업체인 반스 앤 노블은 누크를 가지고도 초기의 성장 이후 시장 점유율을 잃고 있었다. 구글은 2012년 3월 구글 플레이를 출시하면서 게임 후반부에 전자책 시장에 뛰어들었으나 아직 대단한 침투를 하지 못하고 있었다. 2014년 초까지 전자책에서 아마존이 차지하는 시장 점유율은 대체로 반스 앤 노블 때문에 다시 증가하고 있었고 애플의 점유율은 15~20%대에 소소하게 머물러 있었다.

---

17   같은 판결, pp.9~10.

더욱이 아마존은 디지털 판매뿐 아니라 인쇄본에서의 위상도 계속 강화하고 있었다. 많은 출판사에게 아마존은 인쇄책 판매와 전자책 판매 양쪽에서 가장 중요한 단일 고객이 되었다. 2014년 3월 한 조사는 미국에서 아마존이 인쇄와 디지털을 합쳐서 미국 전체 신간의 41%를 점하고 있으며, 전자책 시장의 67%를 점하고 있다고 발표했다.[18] 아마존은 또한 온라인, 인쇄, 디지털로 판매되는 모든 신간 도서의 65%를 차지했다. 그리고 2013년에 온라인 매장은 도서 구매의 41%를 차지해 22%를 차지한 서점 체인과 대비되었다.[19] 다른 추정치에 따르면 2016년에 아마존은 미국에서 유료 전자책 판매 부수의 74%를 차지해, 애플 아이북스의 11%, 반스 앤 노블 누크의 5%, 코보의 3%, 구글 플레이북스의 2%, 그리고 여러 다른 회사들의 2%와 대비되었다(〈그림 5.1〉 참조).

하지만 이것은 아마존 전자책 구독 서비스인 킨들 언리미티드Kindle Unlimited(제9장에서 자세히 설명한다)에 접속해서 읽는 전자책을 감안하지 않았기 때문에 아마존이 전자책에서 실제로 차지하는 시장 점유율을 덜 보여주고 있다.[20] 어떤 소매업체도 전자책에서 아마존의 시장 점

---

18   Research conducted by the Codex Group, reported in Jim Milliot, "BEA 2014:Can Anyone Compete with Amazon?" *Publishers Weekly* (28 May 2014), at www.publishersweekly. com/pw/by-topic/industry-news/bea/article/62520-bea-2014-can-anyone-compete-with-amazon.html.

19   같은 글.

20   2016년 저자 수익의 점유율 추정치를 작성한 폴 아바시(Paul Abbassi)에 따르면, 아마존의 전자책 시장 점유율은 2016년 이후 계속 증가한 데 반해 반스 앤 노블 누크의 시장 점유율은 아마존에게 점유율을 빼앗기면서 계속 하락했다(오늘날에는 약 3%이다). 더욱이 아마존 킨들 언리미티드 프로그램이 확장됨에 따라 아마존의 시장 점유율이 더욱 증가되었다. 아바시는 2019년 5억 4000만 권에 이르는 전자책 판매 가운데 아마존이 킨들 언리미티드의 전체 읽기를 포함해 91%를 차지하고 있다고 추산했다. 하지만 대부분의 전통적인 출판사들의 경우 킨들 언리미티드에 참여하고 있지 않기 때문에 아마존은 2019년 전자책 판매의 약 75%

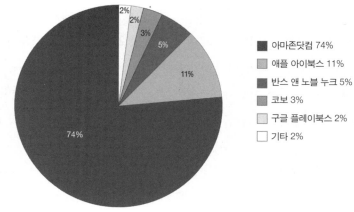

그림 5.1 | 미국 유료 전자책 판매 부수에 대한 소매업체별 시장 점유율 추정(2016)

- 아마존닷컴 74%
- 애플 아이북스 11%
- 반스 앤 노블 누크 5%
- 코보 3%
- 구글 플레이북스 2%
- 기타 2%

자료: Author earnings

유율 근처에 오지 못했고 많은 출판사들에게 아마존은 인쇄책에서도 가장 큰 소매업체가 되었다. 아마존이 20년 전에는 존재조차 하지 않았던 조직임을 감안할 때 이것은 소매 환경의 경이로운 변화였다.

그러나 그것이 전부가 아니었다. 아마존의 가격 전략을 둘러싼 논란이 일고 있고 출판사들이 대행 모델로 전환하는 중이던 2010년 1월 20일, 아마존이 킨들 디지털 텍스트 플랫폼Digital Text Platform(DTP)에서 직접 출간하는 저자들에게 70%의 로열티를 제공하겠다고 발표했다. DTP는 자가 출판 도구로, DTP를 이용하면 저자나 출판사 누구라도 직접 아마

만 점할 것이다. 킨들 언리미티드와 저가 전자책 판매에서는 아마존이 우세하기 때문에 부수 매출 시장에서의 아마존의 점유율은 달러 매출의 점유율보다 상당히 높다. 인쇄책과 전자책에서 아마존이 차지하는 시장 점유율에 대한 추가 논의는 제12장 참조.

존에 자신의 텍스트를 올려 킨들 스토어에서 팔 수 있었다. DTP는 2007년 11월 킨들과 동시에 출시되었으며 누구든지 최소한의 수고로 자가출판을 할 수 있게 만들었다. 필요한 것은 제목, 저자의 이름, 그리고 텍스트였다. 저자는 99센트와 200달러 사이에서 아무 가격이나 선택할 수 있었고 텍스트를 올리는 순간 거의 즉시 킨들에 떴다. 아마존은 그동안 모든 판매 수입의 65%를 자신이 갖고 35%는 저자 또는 출판사에게 넘겼다. 그러나 2010년 1월 애플이 출판사들에게 제시한 대행 모델은 애플이 판매의 30% 수수료를 갖고 출판사에 70%를 넘기는 70 대 30 분배를 기반으로 했다. 이 사실을 알게 된 아마존이 특정 조건을 충족할 경우 DTP로 출간된 책에 대해 70%의 로열티를 제공하겠다고 발표했던 것이다.[21] 저자는 2.99달러와 9.99달러 사이에서 정가를 선택하고 이 가격이 책의 모든 인쇄판에 대한 최저 정가보다 20% 이상 낮은지 확인해야 한다. 하지만 이러한 조건과 몇 가지 다른 조건이 충족되면 저자는 순 배송비를 제외한 정가의 70%를 받게 된다. 이는 출판사들이 대행 모델을 통해 애플로부터 받았던 수익과 동일한 비율이다.

아마존이 출판사들의 불안을 부추기려고 한 것이라면 이 발표를 하기에 이보다 더 좋은 시기는 없었을 것이다. 출판사들은 진즉부터 아마존의 공격적인 전자책 가격 책정 전략이 출판사들의 수익을 악화시키고 업계에 장기적으로 해로운 결과를 초래할 것이라고 걱정하고 있었는데, 이제 아마존을 두려워할 새로운 근거가 생겼다. 아마존은 더욱더 많은 저자를 직접 출판하려고 할 것이고, 저자들에게 전통적인 출판

21   http://phx.corporate-ir.net/phoenix.zhtml?ID=1376977&c=176060&p=irol-newsArticle.

사에서 출판할 경우 받는 전자책 로열티(일반적으로 실제 수입의 25%)보다 훨씬 높은 로열티를 제공함으로써 출판사들을 완전히 배제할 것이다. 이 시점에 70%라는 새로운 로열티율을 도입한 것은 전자책 가격을 둘러싸고 출판사와 벌이고 있는 전쟁에서 아마존이 대담하고 공격적으로 반격한 것이었다. 이는 또한 이 시기에 활발하게 진행되고 있던 자가 출판 움직임에 거대한 활력소가 되는 효과도 발휘했다.[22]

이후 KDP Kindle Direct Publishing로 다시 명명된 킨들DTP는 모양을 갖춰 가고 있던 아마존의 다면적 출판 프로그램 가운데 한 가닥일 뿐이었다. 2009년 5월에 아마존은 그동안 간과되었던 책과 저자들을 확인해서 재출판하고 이를 아마존(북 스토어와 킨들 스토어) 및 다른 소매업체에서 판매하는 데 목적을 둔 출판 프로그램 아마존앙코르AmazonEncore를 출시했다. 1년 후에는 출판 프로그램을 번역으로까지 확장한 새로운 임프린트 아마존크로싱 AmazonCrossing을 발표했다. 그런 다음 2011년 5월 아마존은 두 가지 장르의 임프린트를 발족했는데, 바로 몬트레이크 로맨스Montlake Romance와 미스터리에 초점을 둔 토머스 앤 머서Thomas & Mercer였다. 그리고 10월에는 판타지, SF, 공포를 위한 임프린트 47노스 47North를 발족했다. 2011년 5월에는 타임워너 북 그룹의 전 CEO이자 출판계의 저명인사이며 문학 대리인인 래리 커슈바움Larry Kirshbaum이 문학 및 상업 소설, 영 어덜트 서적, 비즈니스 및 일반 비소설을 개발하는 임무를 맡으면서 아마존 퍼블리싱Amazon Publishing의 뉴욕 사무소를 책임진다고 발표했다.

---

22 제7장 참조.

이제 아마존은 실제로 전통적인 출판사들과 직접 경쟁하는 야심을 가진 듯 보였다. 아마존은 작가들과 계약을 맺고 작가들에게 편집부터 마케팅, 판매, 유통에 이르기까지 포괄적이고 완전히 통합된 출판 서비스를 제안했다. 출판사들은 전자책 판매의 60% 이상을 차지하고 인쇄책 판매의 큰 부분을 차지하는 가장 중요한 소매 고객이 이제 고유의 출판 프로그램을 확장함으로써 자신들과 직접 경쟁하게 되었을 때 무슨 생각을 하고 있었을까? 아마존이 출판사들의 밥그릇을 빼앗을 계획일지 모른다고 생각하는 것은 더 이상 음모론이 아니었다.

아셰트 출판사와 아마존의 대치

아마존과 아셰트 간 분쟁이라는 재앙이 터져 나온 것은, 미국에서 지배적인 도서 소매업체가 된 아마존과 아마존에 도서를 공급하고 있으며 합의 법령의 처벌 조건 때문에 상처받은 출판사들 간의 관계가 점점 더 복잡해지고 있던 배경과 관련 있다. 주요 출판사들과 아마존 간에 이루어진 많은 합의 이후 계약은 2013년까지 지속되었으며 2014년 중에 만료될 예정이었다. 따라서 새로운 계약을 논의해야 했는데 프랑스의 대형 출판사 아셰트가 첫 번째 대상이었다. 아셰트와 아마존 간 계약은 2014년 3월까지였으므로 2014년 1월 아마존은 뉴욕에 있는 아셰트 사무실을 방문해 이전에 합의했던 조건과는 상당히 다른 조건을 제안했다. 아셰트의 고위급은 아마존이 요구하는 규모에 깜짝 놀랐다. 아셰트의 반응은 응답하지 않는 것이었다. 새로운 계약이 준비될 때까지 30일마다 자동으로 계약이 갱신되므로 아셰트는 시간을 벌기로 했다. 3월의 끝자락이 되었다. 논의가 시작되었지만 당사자들 간 입장 차이가 너무 커서 새로운 합의에 언제 도달할지 또는 도달할 수 있을지조차 확실치 않았다. 아마존은 다양한 수단을 이용해 아셰트에 압력을 가하기 시작했는데, 고객들이 아셰트 도서를 구매하지 못하도록 하기 위해 곧 출시될 책에 대한 선주문을 받지 않거나 배송을 지연하거나 할인을 줄이는 식의 방법을 사용했다.[23]

사업 관계가 악화되었고 아셰트의 매출이 고전하기 시작했다. 분쟁이 여름까지 이어지면서 작가들은 점점 우려의 목소리를 내기 시작했다. 데이비드 프레스턴David Preston이 작성하고 900명 이상의 작가(여기에는 존 그리섬John Grisham, 스티븐 킹, 폴 오스터Paul Auster, 도나 타트Donna Tartt 같은 많은 유명 작가도 포함되었다)가 서명한 공개서한이 8월 《뉴욕타임스》의 일요판에 두 페이지 광고로 게재되었다. 이 서한은 아마존에게 아셰트 도서에 대한 제재를 중단하라고 촉구하면서 "세계에서 가장 큰 소매업체가 되는 데 도움을 준 바로 그 작가들에게 피해를 끼치는 데 대해" 비난했다.[24] 휴 하위Hugh Howey, 배리 아이슬러Barry Eisler처럼 자가 출판 분야에서 저명한 인물에 의해 동원된 다른 작가들은 아마존을 강력하게 옹호하면서 아셰트에 대해 대단히 비판적인 자체 탄원서를 발표했다.[25] 분쟁은 이제 아주 공공연해졌고 아주 추해졌다.

---

23   David Streitfield, "Writers Feel an Amazon–Hachette Spat," *The New York Times*, 9 May 2014, at www.nytimes.com/2014/05/10/technology/writers-feel-an-amazon-hachette-spat.html; David Streitfield and Melissa Eddy, "As Publishers Fight Amazon, Books Vanish," The New York Times, 23 May 2014, at http://bits.blogs.nytimes.com/2014/05/23/amazon-escalates-its-battle-against-hachette.

24   http://authorsunited.net.

25   www.change.org/p/hachette-stop-fighting-low-prices-and-fair-wages.

몇 주 동안의 추가 협상 끝에 아셰트와 아마존은 11월에 발표된 합의에 결국 도달했다. 아셰트는 전자책 판매를 위한 대행 모델을 유지하는 데 성공해서 전자책의 가격을 정할 수 있었지만 아마존에 수수료로 더 많은 비용을 지불해야만 했다. 이 합의가 성사되기까지 거의 1년이 걸렸고, 특히 아마존에 대해 많은 나쁜 평판을 낳았다. 많은 사람들이 보기에 아마존은 기업 권력을 볼썽사납게 과시함으로써 그 명성을 훼손했다. 어째서 아마존은 한 공급업체와의 거래 조건을 흥정하는 데 그렇게 많은 언론의 혹평을 받는 위험을 감수하려 했을까? 그리고 미국 최대의 도서 소매업체와 최대의 시판용 출판사 사이의 관계가 왜 그렇게 복잡해졌을까?

고객 중심이라는 구상을 기반으로 전체 사업을 구축한 아마존은 최저 가격을 포함해 고객에게 최고의 서비스를 제공하고자 했다. 아마존에게 가격 경쟁은 매우 중요하다. 가격 경쟁은 고객에게 좋은 가치를 전달하는 동시에 경쟁업체보다 싸게 공급하는 데서 필수적인 방법이었기 때문이다. 아마존에게 대행 모델이 매력적이지 않은 이유는, 다른 소매업체들과 경쟁하고 시장 점유율을 구축하기 위해 자신들이 체계적으로(때로는 무자비하게) 사용해 온 핵심 도구 중 하나를 대행 모델이 없애기 때문이었다. 법무부의 가격 담합 소송 이후 출판사들에 부과된 특별 조건으로 인해 소매업체는 특정 조건(대리인 권리Agency Lite)하에서 제한된 시간 동안 전자책을 할인할 수 있었지만, 이 기간 동안 소매업체가 실시한 모든 할인은 소매업체의 비용이었다. 이러한 할인은 전자책을 판매하는 대가로 받는 수수료를 잡아먹고 있었기 때문이다. 따라서 아마존의 마진은 큰 압박을 받았다. 할인을 포기하지 않고 고객에게 더 많은 비용을 지불하도록 요구하지 않으면서 이익을 개선할 수 있는 유일한 길은 공급업체를 쥐어짜는 것이었다. 아마존은 더 높은 수수료를 요구할 수 있었고 전자책 판매를 위한 코업Co-op을 요구할 수 있었다.[26] 이런 방법(그리고 다른 여러 가지 방법)은 아마존의 이익을 개선시킬 것이고 전자책을 계속 할인할 수 있게 해줄 것이다. 반면 출판사는 압박을 받을 것이다. 아마존이 엄청난 규모의 요구를 한 것(아세트의 경영진이 협상에 참여하기를 꺼려했던 것은 넘어야 할 산이 너무 높았기 때문이다)은 이 같은 적대 관계가 어째서 그렇게 길어지고 씁쓸해졌는지를 설명해 준다.

아마존의 시장 지배력

이 분쟁의 특수한 여건 외에도 더 큰 문제가 걸려 있다. 출판업계의 많은 사람들은 아마존이 인쇄책과 전자책의 핵심 소매업체로서 행사하고 있는 시장 지배력의 규모에 대해 상당한 불안을 느끼고 있으며 일부에서는 아마존이 시장 지배력을 남용하는 독점 기업이라는 우려가 있다. 경제적 측면에서 구매 독점은 독점의 거울 이미지이다. 독점은 소비자에게 부과하는 가격을 인상할 수 있을 만큼 강력한 시장 지배력

---

26 공동 광고(co-operative advertising)를 줄인 말인 코업(Co-op)은 제조업체 또는 공급업체와 소매업체 간의 재정적 합의로, 공급업체가 소매업체의 광고비 일부를 지불하는 것이다. 코업은 출판산업에서 인쇄책 광고를 위해 일반적으로 사용된다. 코업 자금은 예를 들어 서점 창문과 매장 전면에 책을 전시하는 비용을 지불하는 데 사용된다. 아마존은 웹사이트의 프로모션과 이메일을 통한 고객 기반의 프로모션이 인쇄책과 전자책 판매 모두를 늘리고 있다는 이유로 전자책 판매를 위한 코업도 원했다.

을 지닌 단 하나의(또는 압도적으로 우세한) 판매자인 반면, 구매 독점은 공급자에게 지불하는 가격을 낮출 수 있을 만큼 강력한 시장 지배력을 지닌 단 하나의(또는 압도적으로 우세한) 구매자이다.

구매 독점의 고전적인 예는 구매자가 단 한 명뿐인 농업 시장일 것이다. 예를 들어 소규모 농부들로부터 닭을 구매하는 대형 가금류 처리업체가 하나 있다고 하자. 농부들은 이 구매자에게만 닭을 판매하는 것 외에는 다른 대안이 없다. 따라서 구매자는 닭에 대해 지불하는 가격을 낮출 수 있다. 몇몇 구매자가 공급자에게 지불할 가격을 낮추도록 결탁하는 결탁 구매 독점도 일어날 수 있다. 구매 독점은 권한 남용에 해당하는 만큼 독점금지법의 범위에 속하며, 독점금지법에 따라 기업이나 조직이 독점 혐의로 기소되는 경우도 있다.[27] 이런 면에서 아마존은 구매 독점인가? 만일 그렇다면 독점금지법을 위반하는 방식으로 자신의 권한을 남용하는가?

그렇게 생각하는 사람들도 있다. 아마존과 아셰트 간 대립이 절정에 달했을 때 경제학자 폴 크루그먼Paul Krugman은 "거대한 온라인 소매업체인 아마존닷컴은 너무 많은 힘을 갖고 있으며, 그 힘을 미국을 해치는 방식으로 사용하고 있다"라고 주장했다.[28] 물론 아마존은 소매업 전체는 말할 것도 없고 온라인 소매도 지배하지 않으며, 아마 앞으로도 지배하지 못할 것이다. 그러나 도서에 대해서는 아마존이 스탠더드 오

---

27 관련된 문제를 제대로 살펴보려면 Roger D. Blair and Jeffrey L. Harrison, *Monopsony in Law and Economics* (New York: Cambridge University Press, 2010)를 보라.

28 Paul Krugman, "Amazon's Monopsony is not O.K.," *The New York Times*, 19 October 2014, at www.nytimes.com/2014/10/20/opinion/paul-krugman-amazons-monopsony-is-not-ok.html?_r=0.

일이 해체되기 전 정유 사업에서 한때 가졌던 강도와 같은 시장 지배력을 갖고 있다고 크루그먼이 말한다. "아마존은 스탠더드 오일이 1911년 해체 당시 정유 시장에서 차지한 점유율에 비교될 만한 시장 점유율로 온라인 도서 판매를 압도적으로 지배하고 있다. 전체 도서 매출을 보더라도 아마존은 절대적인 최대 업체이다."[29] 크루그먼은 아마존이 지배적인 시장 위상을 활용해 소비자에게 가격을 올리려고 하지는 않았다는 점은 인정했다. 반대로 소비자에게 가격을 낮게 유지하는 전략으로 종종 다른 소매업체보다 저렴하게 제공했다. "대신 아마존이 한 일은 자신의 시장 지배력을 출판사를 쥐어짜는 데 사용함으로써 사실상 도서에 지불하는 가격을 낮추는 것이다."

문제는 이것이 독점금지법하에서 조치를 취할 수 있는 권한 남용의 구성요건이 되는지 아니면 그저 정상적인 사업 관행인지 여부이다. 아마존이 독점권을 행사하고 시장 지배력을 남용하고 있어 정상적인 사업 관행 이상이라는 주장은 다음과 같이 진행될 수 있다. 아마존이 전체 신간 판매의 40% 이상, 그리고 전자책 시장의 70% 이상을 점하고 있다는 사실을 감안할 때, 아마존은 가격 협상에서 공급업체보다 엄청나게 강력한 위치에 있다. 조건이 합의되지 않는다면 출판사 매출 흐름의 절반 정도를 없앨 수도 있다. 이것은 출판사와 그 출판사에서 출판한 저자에게 심각한 결과를 초래한다. 다른 소매 매장은 아마존을 통해 더 이상 도서를 구할 수 없을 때 발생할 매출 손실을 메울 수 없기 때문이다. 더욱이 아마존이 할 수 있는 수단을 마음대로 사용해서 고객이 그 출판사

---

29 같은 글.

의 책을 구매하지 못하도록 막거나 어렵게 한다면, 이것은 시장 지배력의 남용으로 보일 수 있다. 크루그먼으로서는 의심의 여지가 없었다. "아마존이 소비자에게 필요한 것을 주고 있다고 말하거나 그 위상을 애써서 얻은 것이라고 말하지 말라. 중요한 것은 아마존이 과연 그러한 힘을 가지고 있는지 그리고 그 힘을 악용하고 있는지 여부이다. 그렇다. 아마존은 그러한 힘을 가지고 있고 그 힘을 악용하고 있다."[30] 다른 사람들은 덜 확신할 수도 있다. 그러나 아세트와의 대립으로 인해 아마존의 시장 지배력 문제는 이제 무시하기 힘들 정도로 세상에 드러났다.

그러면 어째서 아마존은 2010~2012년에 애플 및 대형 시판용 출판사들이 받은 것과 같은 종류의 법무부의 독점금지법 조사를 받지 않았을까? 이것을 설명하는 데 도움이 되는 몇 가지 이유가 있다. 우선, 미국의 독점금지법은 기업의 단독 행위와 다자간 행위를 구별하며, 전자보다 후자를 훨씬 더 우려한다.[31] 미국 법원은 단독으로 행동하는 기업은 누군가를 해치기 어려운 반면, 여러 기업이 연합하거나 공모하는 것은 훨씬 심각한 위협이 될 수 있다는 견해를 갖고 있다. 더욱이 수평적 가격 담합 합의는 셔먼법 제1조에 따라 불법이다. 1940년 미국 대법원은 수평적 가격 담합에 반대하는 자체 규정을 만들었는데, 이는 법원이 그러한 합의 자체가 사실상 불법이라고 간주할 것이고 반대하는 주장을 듣지 않을 것임을 의미한다.[32] 따라서 몇몇 회사가 가격을 담합하기

---

30   같은 글.
31   나는 미국 반독점법에 대한 지식을 아낌없이 공유해 준 크리스 새거스(Chris Sagers)에게 이
     절의 여기저기에서 빚지고 있다.
32   *United States v. Socony-Vacuum Oil Co., Inc.*, 310 US 150(1940), at https://supreme.
     justia.com/cases/federal/us/310/150/case.html.

위해 공모한다고 법무부가 의심할 경우 조사할 가능성이 높다. 이것은 독점금지법 용어로 따기 쉬운 과일(쉬운 건)이다.[33] 법무부는 소송을 제기할 수 있고 성공할 가능성이 높다는 것을 알고 있었다. 따라서 애플과 대형 출판사들이 전자책 가격을 담합하는 행위로 보였던 것은 독점금지 당국의 관심을 끌 수밖에 없었다. 반면 경쟁업체보다 낮은 가격에 전자책을 판매하는 독자적인 한 소매업체는 오히려 덜 의심받았다.

이와 연관된 두 번째 이유는 미국의 독점금지법이 구매자보다 판매자에게 주요 초점을 두어왔기 때문이다.[34] 토이저러스Toys "R" Us에 대한 연방거래위원회의 사례처럼 독점금지법 당국이 대규모 구매자를 대상으로 조치를 취한 경우도 있지만,[35] 최근의 미국 독점 금지 집행에서는 구매자에 대한 사건이 판매자에 대한 사건보다 훨씬 덜 일반적이었다. 그렇다고 해서 구매자의 지배력에 대한 관심 부족이 정당하다는 의미는 아니다. 이것은 독점금지법에서 해결해야 하는 심각한 단점일 수 있다. 그러나 독점 금지 당국이 이제까지 왜 아마존 같은 대규모 구매자에 대해 조치하기를 꺼려왔는지 설명하는 데에는 도움이 된다.

셋째 이유는 '구매 독점'을 구성하는 것이 정확히 무엇인지, 그리고 지배력 남용을 구성하는 것이 정확히 무엇인지 설정하기가 쉽지 않기 때문이다. 독점 금지 문헌은 종종 '구매 독점'과 '대항력'을 구별하는데, 독점 금지 정책은 전통적으로 대항력보다 구매 독점에 훨씬 많은 중점

---

33 Sagers, *United States v. Apple*, p.13.

34 John B. Kirkwood, "Powerful Buyers and Merger Enforcement," *Boston University Law Review*, 92(2012), 1488을 보라.

35 *Toys "R" Us, Inc. v. FTC*, 221 F.3d 928(2000), at http://scholar.google.co.uk/scholar_case?case=11480829751523506812.

을 두었지만 대항력이 훨씬 더 일반적이었다.[36] 대략적으로 말하면 구매 독점은 다음 두 가지 조건이 적용되는 경우로만 제한된다. (1) 중대한 시장 지배력이 없고, 공급 비용 상승에 직면해 있는 여러 판매자로부터 구매자가 구매한다. (2) 구매자는 이러한 공급자들에게 경쟁 수준보다 낮은 가격에 자신의 제품을 공급하도록 강요할 만한 충분한 지배력을 가지고 있다.[37] 이 두 가지 조건으로 구매 독점과 좀 더 일상적인 사례인 대항력(공급자들이 상당한 시장 지배력을 가지고 있고 구매자는 경쟁 수준에 더 가까운 가격을 흥정하는 경우를 말한다)이 구별된다고 일컬어진다.

이러한 정의를 사용하면 아마존의 지배력은 구매 독점이 아닌 대항력의 경우처럼 보일 수 있으며, 실제로 일부 법학자는 이러한 입장을 취한다.[38] 그러나 이 두 가지 형태의 지배력을 구분하는 것은 생각보다 명확하지 않다. 판매자가 자신의 지배력을 '중대한' 것으로 간주하려면 얼마나 많은 지배력이 필요한가? 일부 판매자가 '중대한' 지배력을 갖고 있다 하더라도, 구매자의 조건을 수용하거나 사업을 접을 수밖에 없는 소규모 판매자가 많다면 어떻게 할 것인가? 더욱이 강력한 구매자가 요구한 가격이 '경쟁 수준' 이상인지 이하인지를 어떻게 결정하겠는가? 이처럼 실제 시장의 복잡한 현실과 구매자와 공급자 사이의 치열한 협상에서 구매 독점과 대항력 간의 차이를 끌어내기 어렵다면, 경쟁 당국이 대규모 구매자의 지배력을 조사하는 데 더 나서야 하지 않을

---

36 Kirkwood, "Powerful Buyers and Merger Enforcement," p.1490.

37 같은 글, p.1496.

38 John B. Kirkwood, "Collusion to Control a Powerful Customer: Amazon, E-Books, and Antitrust Policy," *University of Miami Law Review*, 69, 1(2014), 1~63을 보라.

까?[39] 그 지배력이 독점에 대한 교과서적인 정의에 부합하는 것으로 보이지 않더라도 말이다.

지배력 있는 구매자에 대한 조치가 왜 드문지를 설명하는 데 도움이 되는 네 번째 이유는 피해에 대해 설득력 있는 사례를 구축하는 것이 어렵기 때문이다. 특히 구매자가 더 낮은 비용의 이점 중 일부를 더 낮은 가격이라는 형태로 고객에게 넘긴다면 지배력 있는 구매자의 협상 전술에 의해 피해를 입는 것은 정확히 누구인가? 지배력 있는 구매자의 행위는 상위 공급자의 수익을 줄이고 마진을 축소함으로써 해를 끼치고, 심지어 구매자의 조건에 동의하지 않으면 사업을 중단시킬 수도 있다고 주장할 수 있다. 이는 결과적으로 공급자가 혁신 및 신제품 개발 투자에 사용할 수 있는 자원을 줄이거나, 또는 전자책의 경우 새 책을 저술할 수 있는 수준의 선금 및 로열티 지급을 포함해 새로운 콘텐츠 개발 투자에 사용할 수 있는 자원을 줄임으로써 하부 고객들에게 잠재적으로 해를 끼칠 수도 있다. 그러나 공급자의 안녕이 피해를 입을 수도 있지만, 아마존과 도서의 경우 고객의 안녕이 공급자들의 힘든 협상으로 인해 피해를 입었는지를 설득력 있게 입증하는 것은 훨씬 힘들다. 특히 아마존이 거의 신뢰의 상징인 자신의 지배력을 이용해 고객에게 낮은 가격을 제공한다면 더욱 그렇다. 고객의 안녕이 가장 중요한 문제로 취급된다면 크고 지배력 있는 구매자에 의해 어느 때보다 강하게 억압받고 있는 공급자들의 외침은 저렴한 가격 축제를 즐기고 있는

---

39 이것이 실제로 존 커크우드(John Kirkwood)의 입장이다. 그는 전자책 가격을 책정하기 위해 모의한 애플과 대형 출판사들을 법무부가 기소한 것은 옳다는 견해를 갖고 있다. 하지만 그는 또한 드물긴 하지만 구매 독점이나 대항력을 소유한 구매자를 통제하기 위한 담합이 정당화되는 경우도 있다고 믿는다.

소비자들의 즐거운 수다 너머로 들리지 않을 것 같다.

마지막 이유는, 현재 미국의 독점 금지 정책하에서는 아마존이 대기업이라는 사실만으로 아마존에 조치를 취할 수 없기 때문이다. 이는 1970년대에 시작된 독점 금지 정책의 폭넓은 변화를 반영한다.[40] 그 이전의 미국 독점 금지 정책은 대기업이 소비자와 중소기업을 해칠 수 있고 바람직하지 않은 경제적·사회적 권력의 집중을 대표한다는 이유로 기업의 규모에 더 큰 관심을 기울였다. 하지만 1970년대 이후 로버트 보크Robert Bork와 리처드 포스너 Richard Posner를 비롯한 법학자 그룹뿐 아니라 조지 스티글러George Stigler 같은 시카고학파의 경제학자들도 신고전파 경제학에 뿌리를 두고 있는 독점금지법에 대한 새로운 접근법을 개발하기 시작했다. 소비자 복지, 자유 경쟁, 무규제 시장에 대한 강조가 증가하면서 집중과 대기업의 규모에 대한 전통적인 독점 금지의 우려는 사그라지고 있었다. 어느 대기업이 시장 지배력을 남용하거나 다른 기업들과 공모함으로써 가격을 올리거나 생산을 줄이는 것에 대해서는 소비자의 복지에 해가 된다고 판단되어 독점금지법 조치 대상이 될 수 있다. 그러나 시카고학파의 사상가들에게 그 자체의 '거대함'은 문제가 되지 않았다. 대기업은 더 효율적이며 소비자에게 더 낮은 가격을 제공할 수 있다. 보크의 견해에 따르면 당시의 많은 독점 금지 정책은 비효율적인 일부 기업을 경쟁으로부터 보호해서 다른 상품을 생산하지 않고도 높은 가격을 유지할 수 있게 도와주었다. 보크는 이를 '반

---

40 이러한 변화에 대해서는 Rudolph J. R. Peritz, *Competition Policy in America, 1988~1992: History, Rhetoric, Law* (New York: Oxford University Press,1996), chs. 5~6; Jonathan B. Baker, *The Antitrust Paradigm: Restoring a Competitive Economy* (Cambridge, Mass.: Harvard University Press, 2019), ch. 2에 잘 정리되어 있다.

독점 역설 The Antitrust Paradox'이라고 칭했다.[41] 보크가 보기에 독점금지법은 최소화되어야 하며, 주로 수평적 가격 담합 계약, 독점 또는 과점을 생성하는 수평적 합병, 제한된 일련의 배제 행위를 포함해서 명백하게 반경쟁적인 행위라는 제한된 범위에 초점을 맞추어야 한다. 이 아젠다는 레이건 시대를 특징짓는 신자유주의와 규제 완화라는 정치적 아젠다에 반향을 일으켰고, 보크와 그의 동료들의 많은 구상은 법무부와 연방거래위원회의 관행으로, 그리고 법원의 판결로 구체화되었다.

이러한 새로운 분위기 속에서 더 크고 강력한 기업(이러한 기업은 그규모 때문에 더 효율적이며 소비자에게 더 낮은 가격을 제공할 수 있다)으로부터 소규모 기업을 보호하는 것은 독점 금지 당국이 크게 관심을 가질 일이 아니다. 독점 금지 정책이 기업의 지배력보다 소비자 복지에 더 초점을 맞추면, 가격을 낮추는 데 전념하는 대기업이 더 낮은 가격을 얻기 위해 공급자들을 압박하더라도 독점 금지 규제 기관의 관심거리가 될 가능성이 낮다. 이러한 다양한 이유는 법무부가 왜 애플과 대형 시판용 출판사에 대해서는 조치를 취했으면서 아마존에 대해서는 (적어도 지금까지는) 조치를 취하지 않았는지를 설명하는 데 도움이 된다.

가격을 올리는 담합 행동에 가담한 것처럼 보이는 복수의 판매자들은 공급자들과 열심히 협상하는 단일 구매자의 행동보다 항상 미국 경쟁 당국의 사무실에서 더 시끄럽게 경고 벨을 울릴 것이다. 가격 담합 합의가 사실상 독점금지법 위반이라는 것을 전제하면, 애플과 출판사들에 대한 사건에서 의문인 점은 법무부가 이 일을 조사하기로 했다는

---

41   Robert Bork, *The Antitrust Paradox* (New York: Free Press, 1978).

것이 아니다. 수수께끼는 고액의 보수를 받는 기업 변호사 부대를 거느린 그토록 많은 대기업이 왜 CEO와 고위 관리자들로 하여금 이 함정으로 걸어 들어가게 내버려두었는가 하는 것이다. 왜 그들은 전자책 가격 책정 및 가격 모델을 놓고 아마존과 치열한 논의를 벌이던 민감한 시기에 경쟁사 CEO 간의 대화나 통신, 식사를 피하는 것이 바람직하다고 더 단호하게 조언하지 않았을까? 또는 그렇게 조언했다면 그들은 어째서 그 조언을 무시했을까?

뉴욕 출판계는 강하게 경쟁하는 장이라기보다는 사적 멤버십 모임 같은 작은 세계이다. 서로 다른 회사의 CEO와 고위 관리자들은 서로 이름을 알고 지내며, 같이 작업하는 작가에서부터 지역 학교의 수준에 이르기까지 여러 문제에 대해 비공식적인 대화를 종종 주고받는 곳이기도 하다. 그러나 이러한 대화와 저녁 식사에서 그들이 실제로 무엇을 이야기했는지와 관계없이, 업계에서 가장 중요한 소매업체와 난감한 일련의 협상을 진행하고 있는 민감한 시기에 이러한 일들이 벌어졌다는 단순한 사실은 최악의 경우를 믿는 경향이 있는 조사관의 마음속에 의심을 불러일으켰다. 그것은 그저 좋게 보이지 않았다. 애플과 출판사들이 음모에 가담했을 수도 있고 가담하지 않았을 수도 있다. 증거의 대부분은 발생한 대화의 실제 내용을 모른 채 정황 증거였다. 그러나 음모 참가자들이 음모의 모든 증거를 은폐하거나 인멸하기 위해 어느 정도 노력을 기울였다는 것을 법원이 아는 이런 종류의 음모 사건에서는 정황 증거 또는 제한된 직접 증거가 유죄를 입증하기에 충분한 것으로 종종 간주되며, 법무부는 이런 종류의 증거를 많이 갖고 있었다.[42] 이러한 상황을 고려하면, 경쟁 대기업의 CEO와 고위 관리자가 가장 중요한 고객 중 한 회사와 긴장된 협상을 벌이고 있는 상황에서 서로 직접적으로 소통한 것은 냉정하게 말하자면 분명 현명하지 못한 일이었다.

그럼에도 불구하고 이 사건의 세부사항에서 물러서서 보면, 누군가는 법무부가 올바른 목표물을 잡았는지 의아해할 수 있다. 공급자들 간에 가격을 담합하는 음모는 분명한 목표물이지만 그것이 맞는 대상이었는가? 출판사들이 대행 모델로 전환하기 전에는 아마존이 전자책 시장의 90%를 차지하고 있다가 대행 모델이 채택된 후 점유율이 60~65%로 떨어졌다면 출판사들의 조치는 결국 정당화되었을 수 있다. 아마도 출판사들은 연합해서 행동함으로써 아마존이 전자책 시장에서 자행하는 명백한 옥죄기를 깨뜨리고 애플을 포함한 다른 소매업체들이 이 장에 진출할 수 있는 여지를 열어서 더욱 다양한 전자책 시장을 만들어낼 수 있었을 것이다. 그것이 가능했을까? 가능했다. 그리고 이런 견해에 동감하면서 아마존을 진정한 위협으로 봤던 관찰자와 평론가도 많았다. 그러나 코트 판사의 주장은 이런 노선이 아니었다. 즉, 코트가 보기에 사안의 특정 상황이 업계에 바람직하지 않고 강력한 소매업체의 관

---

42 Sagers, *United States v. Apple*, pp. 193~197을 보라. 새거스는 음모 사건에서 일반적으로 요구되는 증거 기준으로 볼 때 정부의 입장이 강력하다는 데 대해서는 아무런 의심을 하지 않는다. "정부가 고소했던 양쪽 음모의 증거는 명백했고 압도적이다. 무슨 이유에서든 이 특정 피고인들은 자신들의 행위가 불법임을 알고 있었다는 증거에도 불구하고 비밀을 지키려는 노력을 거의 하지 않았다"(p.194). 하지만 모든 사람이 새거스의 견해를 따르지는 않는다. 2013년 코트 판사가 애플의 패소를 판결하자 반독점 사건을 전문으로 하는 로펌 콘스탄틴 캐논(Constantine Cannon)의 파트너 안쿠르 카푸르(Ankur Kapoor)가 판결에 강한 반감을 표명했다. "판결이 완전히 잘못되었다고 나는 생각한다. 애플이 출판사들과의 음모에 연루되는 것을 보지 못했다." 카푸르의 견해에 따르면, 정부는 애플이 출판사들 간의 고발된 음모에서 중간자 역할을 했다는 충분한 증거를 제공하지 않았다. "출판사들이 다른 유통 모델로 옮기는 것 자체가 어떤 가격을 매길지에 대한 합의는 아니다."(안쿠르 카푸르는 Jeff Bercovici, "Apple Conspired on E-Book Pricing, Judge Rules. But Did It?" *Forbes*, 10 July 2013, at www.forbes.com/sites/jeffbercovici/2013/07/10/apple-conspired-on-e-book-pricing -judge-rules-but-did-it/#351a56433f88을 인용했다.)

행이 해롭거나 불공정하다는 견해는 그 자체로 사안의 상황을 종료시키기 위한 경쟁사 간의 결탁을 정당화할 수 없다. 코트 판사는 "불법 행위에 대한 해결책은 적절한 법 집행 기관이나 민사 소송을 통해 또는 둘 다를 통해 민원을 제기하는 것이다. 다른 회사가 독점금지법을 위반했다는 혐의는 자신이 법 위반에 관여한 데 대한 변명이 될 수 없다"라고 평했다.[43]

코트 판사의 대답은 완벽하게 합리적이었다. 두 번의 오류가 정답이 되지는 않는다. 그러나 우리는 독점 금지 당국, 법원 및 기존의 독점금지법 해석에서 받아들이기 어려운 문제를 여전히 갖고 있다. 시장에서 커다란 점유율을 차지하는 강력한 단일 소매업체는 공급자들 간의 담합 효과만큼이나 치명적인 효과를 장 또는 시장에 미칠 수 있다. 지배적인 시장 점유율을 가진 한 강력한 구매자는 여러 소규모 공급자가 연합해서 행동하는 것처럼 효과적으로 시장 프로세스를 왜곡해서 경쟁을 줄일 수 있다. 더욱이 디지털 시대에는 아마존과 같은 강력한 참가자가 소매업체로서뿐 아니라 플랫폼으로서도 역할하고 있고 지배적인 플랫폼으로서의 위상 덕분에 새로운 형태의 배제를 행사할 수 있으므로 독점금지법과 그 집행의 기본 가정 일부를 다시 긴급하게 살펴볼 필요가 있다. 이전 시대에 구축된 표준은 네트워크 효과로부터 그리고 대량의 고객 데이터에 대한 독점적 통제로부터 이득을 볼 수 있는 기업이 휘두르는 새로운 형태의 지배력을 감안해 개정해야 할 수도 있다. 이러한 조건은 디지털 시대 이전에는 존재하지 않았다. 일부에서는 이러한

---

43 *United States v. Apple*, 12 Civ. 2826(SDNY 2013), p.157, at www.nysd.uscourts.gov/cases/show.php?db=special&id=306.

표준 가운데 일부를 재검토해야 하고 대형 기술 회사에 대한 독점 금지 조사를 강화해야 한다는 인식이 커지고 있었다. 이들 기술 회사는 네트워크 효과와 플랫폼 또는 운영 시스템으로서의 역할 덕분에 반경쟁적이고 유해한 결과를 초래할 수 있는 사실상의 독점이 되었다.[44] 물론 여전히 시카고 접근법을 고수하고 있는 현재의 대법원 구성과 미국 독점 금지 당국의 지도층을 고려하면 이것이 조만간 벌어질 것인지는 또 다른 문제이다. 그러나 개혁에 대한 지적 판례 요구는 강력하다. 이 문제에 대해서는 뒤에서 다시 다룰 것이다.

불안한 휴전

많은 외부 관찰자들이 보기에는 합의 법령에 따른 임시 합의가 진행되고 아마존과 분쟁에 관련된 출판사들 간에 새로운 전자책 계약이 협상되었는데 모든 새로운 계약이 대행 모델에 기반을 두고 있다는 점이 이상할 수도 있다. 아마존은 4년 전에 그토록 맹렬하게 맞서 싸웠는데 이제 어째서 기꺼이 대행 모델을 받아들이게 되었을까? 아마존의 시장 지배력이 그다지 대단하지 않았던 것일까?

사건의 기이한 전환을 이해하기 위해서는 2014년에는 출판사들에게 뿐 아니라 아마존에게도 대행 계약이 매력적으로 보이게끔 시장 상황이 변했다는 사실을 알아야 한다. 대행이 이제 아마존에 적합한 이유는

---

44   특히 반독점 패러다임에서 새로운 기술이 반독점 사고와 정책에 새로운 도전을 제시하는 방법에 대한 Baker의 탁월한 설명을 보라.

적어도 다섯 가지가 있는데, 몇 년 전에는 그렇지 않았다. 우선, 2014년 킨들의 판매는 더 이상 2008년, 2009년, 2010년처럼 성장하지 않았다. 2008~2010년에 고객을 킨들로 끌어들이는 것은 아마존 생태계로 고객을 끌어들이는 좋은 방법이었다. 13달러인 책을 9.99달러에 판매해서 새로운 고객을 얻을 수 있다면 그 신규 고객을 얻는 데 3달러가 든 셈이다. 이는 고객의 평생 가치를 생각하면 대단히 저렴하다. 킨들은 신규 고객을 확보하는 매우 비용 효율적인 방법이었다. 그들은 일단 아마존의 생태계에 들어와 가입해서 신용카드와 다른 세부사항을 제공하고 나면 아마존에 묶이게 되었고, 전자책뿐 아니라 다른 서비스에 대해서도 평생 고객이 될 수 있었다. 사람들을 문 안으로 들어오게 하는 것은 엄청난 가치가 있었고 그들의 시장 점유율을 극대화하는 것이 아마존의 관심사였다. 대행 모델은 할인된 전자책을 제공해서 신규 고객을 유인하는 아마존의 능력을 방해했기 때문에 그 단계에서는 아마존에 심각한 장애물이었다. 그러나 전자책 판매가 정체되면서 킨들 판매 역시 정체되었다. 킨들로 전자책을 읽는 사람들은 킨들을 이미 보유하고 있을 것이므로 더 이상 동일한 신규 고객 효과가 없었다. 이제는 획득할 수 있는 신규 고객이 상대적으로 거의 없으므로 신규 고객을 얻기 위해 전자책마다 3달러씩 손해 볼 필요가 없었다. 킨들 판매가 감소함에 따라 대행 모델은 더 이상 이전과 같은 장애물이 아니었다.

둘째, 2014년 전자책 시장은 성숙했고 아마존은 시장의 약 67%를 차지하는 지배적인 위치에 있었다. 사실상 전쟁에서 이겼고 전자책의 판매가 정체되고 경쟁이 멈추면서 대포를 계속 쏘아댈 필요가 없었다. 2~3%의 시장 점유율을 추가로 얻는 것이 이제 아마존에게 큰 일이 아닌데 왜 책을 손해 보고 팔겠는가? 휴전을 선언하고 대행 모델로 조용히 전환해서 얻을 수 있는 혜택을 누리는 게 더 좋았다.

이것은 셋째 이유와 연결된다. 아마존은 투자자들로부터 수익성에 대한 압력을 점점 더 크게 받고 있었다. 아마존은 새로운 일에 투자할 필요가 있었으므로 주력 사업에서 돈을 벌어야 했다. 책은 아마존의 주력 사업 중 하나였다. 실제로 책은 아마존이 사업을 시작한 곳이었다. 따라서 책을 미끼 상품으로 취급하는 것을 멈추고 실제로 책으로 돈을 벌어야 하는 시기였다. 그리고 소매업체로서 책으로 돈을 벌기 원한다면 대행 모델이 아주 유용했다. 대행 모델은 책이 얼마에 팔리든지 이익의 30%를 보장한다. 아마존은 지배적인 소매업체이고 시장은 더 이상 의미 있게 성장하지 않으므로 대행 모델이 아마존 전자책 사업의 수익성을 보장해 줄 것이었다.

넷째, 2014년까지 아마존은 빠르게 성장하면서 가격과 이익을 포함해 사업의 모든 면에서 훨씬 더 많은 통제권을 가진 완전히 다른 전자책 사업을 보유하게 되었다. 바로 KDP를 통한 자가 출판이었다(자세한 내용은 이후에 다시 다룰 것이다). 주류 시판용 출판사들이 전자책 가격을 12.99달러로 유지하기를 원한다면 아마존으로서는 전혀 문제가 되지 않는다. 사실 아마존에게는 이제 그것이 잘 어울렸다. 왜냐하면 KDP 자가 출판 사업과 킨들 언리미티드 구독 사업은 독자들에게 더 저렴하게 보일 것이기 때문이다. KDP 자가 출판으로 출간된 전자책은 1.99달러 또는 2.99달러였으므로 12.99달러인 주류 출판사의 새 전자책이나 월 9.99달러인 킨들 언리미티드 구독 접속 요금과 비교할 때 훨씬 저렴했다. 그리고 아마존은 자가 출판 도서와 킨들 언리미티드를 통해 벌어들이는 이익을 전적으로 자신이 통제할 수 있다. 촌스러운 뉴욕 출판사들과 지루하고 어려운 협상을 벌일 필요가 없었다.

다섯째, 대행 모델을 채택한다는 것은 경쟁자 또는 새로운 진입자가 크게 할인하고 가격을 낮춤으로써 시장 점유율을 훔쳐갈 수 없다는 것을 의미한다. 시장이 빠르게 확장하고 있을 때에는 아마존에게 할인 능력이 중요했다. 신규 고객을 확보하고 그 고객을 전자책 생태계에 묶어놓아야 하는 시기이기 때문이다. 그러나 시장이 더 확장하지 않고 확보해야 할 신규 고객이 상대적으로 적으면 실제적이든 잠재적이든 간에 경쟁자 중 어느 누구도 당신에게 해롭게 사용할 수 있는 할인 무기를 갖는 것을 원치 않는다. 대행 모델은 이에 대한 완벽한 방어벽이다. 출판사들이 가격을 정하며, 소매업체는 할인할 수 없다. 한때 아마존의 골칫거리였던 것이 경쟁자와 신규 진입자에 대항해 시장 우위를 방어하는 효과적인 수단이 된 것이다.

이런 식으로 볼 때 대행 모델이 그렇게 좋은 것인지 의아해하기 시작한 사람들이 있다는 것이 놀라운 일은 아니다. 아마존과 경쟁할 만한 규모와 영향력은 갖고 있으나 지금 아마존과 경쟁할지 망설이고 있는 대형 기술 회사의 한 고위 관리자는 "출판사들이 아마존을 위해 대단한 일을 했습니다. 출판사들은 아마존에게 월스트리트를 위한 이익을 가져다주었는데 그것은 아마존이 원했던 것입니다. 그리고 출판사들은 아마존의 경쟁자들을 죽였는데, 그것은 아마존에게 아주 유용했습니다. 아마존은 이익을 필요로 했기 때문에 이 휴전을 찾았습니다. 이것은 나쁜 아이디어의 완벽한 폭풍우였어요"라고 말했다. 대행 모델로 되돌아온 것이 2014년 아마존에게는 유리하게 작용했지만, 이제 아마존이 우세해진 주력 시장에서 아마존과 경쟁해 가격으로 시장점유율을 확보하려는 새로운 참가자에게는 넘볼 수 없는 장벽이 만들어졌다.

하지만 다른 전자책 소매업체들 또한 전자책이 대행 모델이 아닌 도매 모델로 판매될 경우 아마존과 효과적으로 경쟁하거나 아마존으로부터 상당한 시장 점유율을 가져오기 어렵다는 것을 알게 되었다. 전자책 소매업체들은 왜 대행 모델을 통해 더 좋은 기회를 가질 수 있을까? 무엇보다 대행 모델은 출판사들에게 실질적인 이점을 지니고 있다. 첫째, 대행 모델은 전자책 할인을 종료하고 할인 가격을 제공함으로써 더 이상 다른 업체보다 저가로 판매할 수 없는 전자책 소매업체들을 위한 공정한 경쟁의 장을 만든다. 둘째, 대행 모델은 책의 인쇄본을 보호한다. 그럼으로써 인쇄본이 훨씬 저렴한 전자책 가격 때문에 손실을 입지 않도록 오프라인 서점도 지원한다. 셋째, 출판사가 저자와 출판사를 위해 충분한 자금을 확보하는 수준에서 가격을 정할 수 있도록 함으로써 지식재산권의 가치를 보호한다. 본질적으로 이것이 대형 시판용 출판사들이 전자책에 대한 대행 모델을 선택한 이유이자, 대행 모델을 유보하고 있는 출판사들도 최소한 가까운 미래에는 이를 채택할 가능성이 높은 이유이다.

애플과 5개 출판사에 대한 법무부 사건은 이제 역사가 되었으며 아마존과 대형 시판용 출판사들 간에 벌어진 대행 모델에 대한 논란도 휴전 중이지만, 전자책의 가격 책정 및 가격 할인을 둘러싼 문제는 사라질 것 같지 않다. 이들 문제는 디지털 혁명에서 위태로운 것의 핵심을 압박하고 있기 때문이다. 정보의 핵심 면모는 우선 정보를 만들어내는 데는 비용이 많이 들 수 있지만 재생산의 한계 비용은 0에 가깝다는 것이다. 정보를 재생산하는 것은 아주 저렴하기 때문에 대형 기술 회사와 소매업체는 시장 점유율을 증가시키고 해당 영역에서 우세해지는 방편으로 정보를 사용할 수 있다. 달리 말하면 정보는 각자의 목적을 추구하는 참가자들 간의 투쟁에서 총알받이가 된다. 따라서 정보 및 온라인의 기호 콘텐츠 가격에 대해서는 하향 압력이 강하다. 정보 및 기호 콘텐츠는 규모를 달성하고 시장 점유율을 늘리며 점점 더 많은 사용자 데이터를 모으는 방법으로 사용되는데, 이 정보가 저렴할수록 이러한 목적을 달성하는 데 더욱 효과적이다.

이것은 한편으로는 정보와 콘텐츠 생산자 사이에, 다른 한편으로는 정보와 네트워크 참가자 사이에 깊은 구조적 갈등을 만들어낸다. 네트워크 참가자에게 정보와 기호 콘텐츠는 목적을 위한 수단인데, 그 목적은 빠르게 성장하는 것과 그 장에서 지배적인 참가자가 되는 것이다. 또는 적어도 상당한 관심을 끌 만큼 충분히 우세해지는 것이다. 그러나 정보 및 콘텐츠 생산자에게는 정보와 기호 콘텐츠가 목적을 위한 수단이 아니라 목적 그 자체이며, 생산하는 데 시간과 노력, 그리고 창의성이 필요한 것이자 그 자체로 가치가 있는 것이다. 네트워크 참가자에게는 정보 및 기호 콘텐츠의 가격을 낮추는 것이 합리적이다. 재생산의 한계 비용이 0에 가까운 데다, 가격을 낮추면 경쟁력이 강화되고 목적을 보다 효과적으로 추구할 수 있기 때문이다. 그러나 정보 및 콘텐츠 생산자에게는 가격 하향 압력이 자신들의 중요한 이익에 해를 끼치고 있다. 가격 하향 압력은 콘텐츠 창출 과정으로부터 가치를 빨아들이기 때문이다. 이는 시간을 내서 콘텐츠를 창조하기 위해 시간과 노력과 상상력을 투자해야 하는 작가와 출판사를 포함한 개인과 조직이 사용할 수 있는 자원을 점점 더 줄어들게 만든다.

대행 모델을 통해 출판사는 디지털 콘텐츠의 가격 책정에 대한 통제권을 유지할 수 있으며, 이에 따라 인쇄책 가격과 조화롭게 작동하는 가격을 설정할 수 있다. 이를 종합하면 창작 과정을 유지하기에 충분한 수익을 창출할 수 있다. 대행 모델을 포기하면 소매업체가 할인을 할 수 있고 다른 참가자들이 아마존의 지배에 도전할 수 있지만, 업계에서 가치가 심하게 빼앗기는 위험이 수반될 것이다(음악산업이 보여주듯이 이는 결코 가설이 아니다). 그렇게 되면 시간이 지남에 따라 양질의 작업을 할 수 있는 산업을 유지하기가 점점 더 어려워질 것이다.

제 6 장

가시성 투쟁

출판이라는 장에서 아마존이 지닌 지배력은 어마어마하지만 그 지배력이 소매업체로서 크고 커져가는 시장 점유율에서만 비롯된 것은 아니다. 그 지배력은 사이트를 이용하는 사람들이 검색하고 구매할 때마다 쌓이는 3억 명 이상의 활성 고객에 대한 풍부한 데이터에서 비롯된 것이기도 하다.[1] 이를 통해 아마존은 디지털 시대에 점점 더 중요해지고 있지만 책을 제공하는 출판사들은 거의 사용할 수 없는 지배력의 원천에 다가갈 수 있게 되었다. 즉, 내가 '정보 자본'이라고 부르는 것의 특정한 한 형태인 사용자 데이터이다.

정보 자본에 대해서는 제12장에서 더 자세하게 다룰 것이므로 여기서는 간단하게 정의를 내리겠다. '정보 자본'이란 수집·저장·처리될 수 있고 다른 정보 조각과 결합될 수 있는 정보 조각으로 구성되어 있으며 특정 목적을 추구하는 힘의 원천으로 사용될 수 있는 특정한 종류의 자원을 뜻한다. 물론 정보가 조직의 자원으로서는 새로운 것이 없다. 조직은 항상 고객, 경쟁자, 시민, 적, 그리고 여러 사람에 대한 정보를 수집해 왔으며, 제품과 서비스를 개선하거나 이점을 확보하거나 위협에

---

1   2016년 1분기 기준 아마존은 전 세계 3억 1000만 개의 활성 고객 계정을 보유하고 있다(www.
     statista.com/statistics/476196/number-of-active-amazon-customer-accounts-quarter 참조).
     2019년 말 아마존 보고에 따르면, 2018년 1분기 말 1억 명이던 전 세계 유료 프라임 회원은 1
     억 5000만 명으로 늘었다(www.statista.com/statistics/829113/number-of-paying-amazon-
     prime-members 참조).

대응하거나 적을 패배시키는 등의 목적을 위해 이 정보를 사용해 왔다. 그러나 디지털 시대에는 정보를 수집하고 저장하는 용량, 수집할 수 있는 정보의 종류, 정보를 적용할 수 있는 용도가 근본적으로 바뀌었다. 개인은 네트워크를 사용할 때마다 디지털 족적을 남기는데, 조직은 자신의 목적을 위해 이 족적을 기록·처리·사용할 수 있다. 이 족적을 사용할 수 있는 한 가지 방법은 그 조직이 제공하는 서비스를 정제하고 개선시킬 수 있는 알고리즘에 이 족적을 넣는 것이다. 이는 구글이 검색 엔진의 효율성 및 향후 검색을 위한 관련 페이지 식별의 정확성을 향상시키기 위해 모든 검색의 결과를 사용할 때 수행하는 작업이다. 사용자가 생성해 놓은 데이터는 알고리즘에 반복적으로 공급되는데, 데이터가 많을수록 이 반복적인 개선 프로세스는 더욱 효과적이다. 사용자 데이터는 조직 성공의 기초가 된다.

아마존을 포함한 많은 온라인 조직의 중요한 부분인 추천 알고리즘에도 동일한 원칙이 뒷받침되고 있다. 데이터는 사용자의 프로필과 그들의 페이지 뷰, 선택 및 구매를 포함한 사용자의 네트워크 행동으로 생성되는데, 이 데이터는 새로운 구매를 위한 추천을 생성하는 데 사용되며 이러한 추천은 시간이 지남에 따라 새로운 사용자 데이터를 통합해서 끊임없이 개선된다. 사용자가 새로 구매할 때마다 추천은 좀 더 정교해져 각 개별 고객의 검색 경험을 변경하고 개인화한다. 이것은 마케팅 메커니즘으로서 엄청나게 강력하다. 추천이 개별 사용자의 실제적·잠재적 구매에 밀접하게 맞춰져 있기 때문이다. 동시에 이것은 알고리즘을 채우고 구동하는 데이터를 소유한 온라인 소매업체가 통제하는 메커니즘이다. 데이터와 이로부터 구성된 추천 알고리즘은 양쪽 모두 철저히 보호되는 비밀이다. 이는 소매업체의 성공의 열쇠이자 고객 앞에 더 관련성 높은 제품을 제공해서 구매를 유도하는 능력의 열쇠이다. 그러나 소매업체의 공급자들(소매업체의 도움으로 책을 판매하는 출판사를 포함해)은 데이터나 추천 알고리즘의 세부사항을 이용할 수 없다.

이런 면에서 디지털 혁명은 항상 도서 공급망에 고유했던 특성을 기반으로 했는데, 디지털 환경의 특징과 네트워크 행동에 기반을 둔 추천 알고리즘에 연관된 지배력을 고려하면 디지털 혁명은 이 특성을 완전히 다른 수준의 중요성으로까지 끌어올렸다. 출판사들이 최종 소비자, 즉 독자에게 직접 책을 판매하는 경우는 드물었기 때문에 출판사는 항상 도서 공급망의 일부였다. 출판사들의 주 고객은 항상 서점, 도매상 같은 중개업체였다. 그러나 오프라인 서점의 세계에서 소매업체는 일반적으로 디지털 시대에 아마존 및 기타 기술 회사가 고객과 고객의 검색 및 구매 행위에 대해 보유한 정보보다 훨씬 적은 정보를 보유하고 있다. 온라인에서는 매우 많은 검색 및 구매 행위가 일어나고 있으며, 그 플랫폼에 들어가면 네트워크에서의 모든 움직임이 그 회사에 의해 캡처·저장·사용된다.

이 새로운 세상에서는 소매업체가 고객에 대해 아는 것과 출판사가 고객에 대해 아는 것 사이의 비대칭이 디지털 이전 시대보다 훨씬 크다. 이제 온라인 소매업체는 소매업체가 과거에 알았던 것보다 훨씬 더 많은 것을 알고 있기 때문이다. 그리고 이는 강력하고 새로운 소매 중개업체, 즉 아마존에 대한 의존성을 더욱 증가시킨다. 아마존은 이제 판매의 커다란 부분을 차지할 뿐만 아니라 고객에 대한 데이터를 보유하고 있으며, 출판사가 아닌 소매업체가 완벽하게 통제하는 강력하고 새로운 마케팅 구조를 만드는 데 이 데이터를 사용하고 있다. 이는 디지털 시대 이전에는 존재하지 않았던 의존성의 일종이다.

사용자 데이터에 기반을 둔 이런 새로운 마케팅 구조의 생성은 이 데이터를 통제하는 소매업체로 힘의 균형이 이동하는 징후일 뿐만 아니라 디지털 시대에 점점 중요해지는 가시성과 발견 가능성이 새로운 형태를 띠는 징후이기도 하다. 도서 사업은 다품종 사업이다. 매년 모든 주요 도서 시장에서는 엄청난 수의 새로운 서적이 출판되고 있다. 더욱이 디지털 기술로 새로운 형태의 출판이 가능해졌기 때문에 ISBN을 근거로 매년 출판되는 신간 수를 산출하는 전통적인 계산 방식은 이전보다 훨씬 더 신뢰할 수 없게 되었다.[2] 이 문제는 많은 자가 출판 도서가 ISBN을 전혀 갖고 있지 않다는 사실로 악화된다. 우리는 미국과 영국 같은 시장에서 매년 얼마나 많은 '신간 도서'가 출판되고 있는지, 실제로 이러한 목적을 위해 무엇을 '신간 도서'로 간주해야 하는지 명확하게 설명할 수는 없다. 하지만 그 수가 대단히 커서 아무리 적어도 수십만 종, 아마도 수백만 종이라는 것은 알고 있다.[3]

---

2   하나 이상의 포맷(즉, 양장본, 시판용 페이퍼백, 대중시장용 페이퍼백 등)으로 출판된 한 권의 책은 몇 개의 ISBN을 갖기 때문에 그러한 계산은 어쨌든 결코 믿을 만하지 않다. 이 문제는 디지털 혁명에 의해 악화되었는데, 각각의 전자책 포맷은 서로 다른 ISBN을 부여받을 것이기 때문이다. 출판 부수를 둘러싼 문제, 그리고 이를 정확히 측정하는 것에 대한 더욱 자세한 논의는 Thompson, *Merchants of Culture*, pp.239~243을 보라.

3   미국의 주요 서지 정보 제공업체이자 공식 ISBN 기관인 보우커(Bowker)에 따르면 '전통적인 출판사'는 2012년에 30만 9957종의 책을 생산했다. 그러나 같은 해에 '비전통적인 출판 부문'은 204만 2840종의 책을 생산했다. 보우커에 따르면 '비전통적인 부문'에는 공공영역의 작업을 전문으로 하는 재판 인쇄소, 자가 출판 및 '미세 틈새' 출판물을 생산하는 출판사가 포함된다. 그러나 이들 수치는 매년 크게 변동하는 것으로 나타나 얼마나 안정적이고 신뢰성 있는지는 알기 어렵다. 예를 들어 2013년 보우커는 전통적인 출판사의 생산량이 2% 줄었고 비전통적인 출판사의 생산량이 46% 줄었다고 보고했다("Traditional Print Book Production Dipped Slightly in 2013," at www.bowker.com/news/2014/Traditional-Print-Book-Production-Dipped-Slightly-in-2013.html). 더욱이 보우커의 수치는 ISBN 등록을 기반으로 하므로 최대

매주 쏟아지는 새로운 콘텐츠 때문에 독자들이 스스로 새로운 서적들을 조사해야 한다면 그들은 압도되어 곧 포기할 것이다. 독자들은 복잡성을 줄이고 자신에게 흥미 있을 만한 책을 찾는 데 필요한 시간을 단축할 방법이 필요하다. 물론 그들은 복잡성을 줄이는 자신만의 방법을 갖고 있다. 신뢰하는 친구의 추천에 의존하는 것, 서평을 읽는 것, 책을 읽은 뒤 좋아하게 된 작가를 고수하는 것 같은 방법은 검증된 방법이다. 작가의 스타일에 대한 친밀성 및 그 작가의 캐릭터에 대한 몰입을 기반으로 한 독자 충성도는 유명 작가로 성공하기 위한 기반이다. 그렇다고 해서 독자들이 복잡성을 줄이는 다른 방법이 없는 것은 아니다. 따라서 출판사들은 콘텐츠의 혼돈 속에서 자신들의 책이 주목받을 수 있는 방법을 찾아서 독자들이 자신들의 책에 관심을 보이고 선택해서 구매하도록 만들어야 한다.

출판사들이 직접적으로나 간접적으로, 물질적으로나 가상적으로 자신들의 책을 눈에 띄도록 독자들 앞에 내놓은 효과적인 방법을 찾지 않는다면 독자들은 새로운 콘텐츠의 홍수 속에서 어떻게 새로운 책을 찾거나 '발견'할 수 있겠는가? 대부분의 경우 출판사는 소비자에게 직접 책을 판매하지 않고 중개업체(즉, 소매업체와 도매업체)에 판매하지만, 그럼에도 불구하고 독자들의 관심을 끌어서 구매를 유도할 방법을 찾아야 한다. 그렇지 않으면 출판사가 중개업체에 판매하는 책이 반품으로 출판사에 반환된다. 소매업체와 도매업체가 출판사의 책을 판매하

자가 출판 채널인 KDP를 통해 자가 출판된 많은 책을 포함해서 ISBN 없이 출판된 책들은 포함하지 않는다. 이 수치는 또한 각 포맷마다 서로 다른 ISBN을 부여받은 서적을 두 번, 세 번, 또는 그 이상 계산하기도 한다.

는 것은 하나의 창고에서 다른 창고로 재고가 이동하는 것이므로 위탁 판매와 다를 바 없으며, 결국에는 팔리지 않은 책의 비용은 출판사가 부담하게 될 것이다. 전통적인 출판업계에서 판매량을 달성하기 위해 사용되는 전략은 마케팅, 홍보, 매장 내 진열[서점 체인이나 기타 소매점 (대형 판매점, 슈퍼마켓 등)의 가시성 높은 물리적 공간에 진열하는 것]을 결합하는 것이었다. 하지만 온라인 세계에서는 가시성이 이와는 다른 형태를 띤다.

오프라인 세계에서의 가시성

디지털 혁명 이전에는 출판사들이 독자에게 책을 알리려면 미디어 가시성과 물리적 가시성 또는 '위치적 가시성'을 혼합하는 데 의존해야 했다.[4] 출판사들은 일반적으로 책의 가시성을 확보하기 위해 광고에서 부터 신문, 잡지, 전문 리뷰 매체 같은 전통적인 인쇄 매체에서의 서평 보도에 이르기까지 다양한 미디어 전략을 사용했다. 그러나 많은 시판용 출판사의 마케팅 예산은 서점 체인 또는 다른 주요 소매업체의 혼잡한 공간에서 물리적 가시성 또는 위치적 가시성을 확보하는 데 상당 부분 쓰이고 있었다. 이곳은 독자들의 눈을 사로잡기 위한 진짜 싸움이 일어나는 곳이다. 이것은 고대의 전쟁과 마찬가지로 시간과 공간이 자리한 물리적인 장소인 전쟁터에서 벌어지는 전투였다. 주요 전장은 매

---

4   가시성 개념에 대한 논의는 John B. Thompson, "The New Visibility," *Theory, Culture and Society*, 22, 6(December 2005), 31~51을 보라.

장 전면 공간으로, 대여섯 개의 테이블이 전략적으로 배치되었다. 이는 고객이 문을 통과할 때 무의식적으로 발걸음을 멈추고 테이블 위에 놓인 책을 골라 페이지를 들춰본 후 하나의 서적에서 다른 서적으로, 하나의 테이블에서 신간 소설, 신간 비소설, 베스트셀러 등등의 다른 테이블로 이동하도록 만들었다. 또한 고객이 주위를 둘러보면서 책으로 넘쳐나는 계단 사다리와 더 밝은 표지의 책들이 늘어서 있는 벽의 서가를 보도록 했다. 일반적으로는 베스트셀러 순위에 따라 순서가 매겨진다. 이 물리적 공간은 책을 알리고 구매를 유도하는 싸움에서 중요한 장소였으며, 지금도 여전히 그러하다.

그 중요성을 고려하면 당연하게도 이 매장 전면 공간은 무료가 아니다. 반대로 대단히 상품화된 공간이다. 이 공간을 상품화하는 데 사용되는 주요 메커니즘은 '코업'이라고 완곡하게 불리는 수수료이다.[5] 기본적으로 코업은 소매업체의 홍보 비용 중 일부를 출판사가 지불하게 만든 것이다. 각 출판사는 고유의 코업 정책을 가질 것이다. 대부분의 시판용 출판사는 특정한 매장에 지출할 금액을 산출할 때 전년도에 해당 매장에서 기록한 순매출에 대한 비율로 계산한다. 그 금액은 출판사에 따라 2~4%이다. 따라서 코업 비용에 대한 출판사의 조건이 '이전 매출의 4%'라면 이 출판사의 책을 전년도에 10만 달러 판매한 소매업체는 금년에 4000달러의 코업을 쓸 수 있다. 이 돈은 서점이나 웹사이트에서 출판사의 책을 홍보할 때 그 매장이 사용할 수 있는 풀로 들어가는데, 책마다 출판사의 판매자 또는 매장 담당자와 구매자 사이에 합의된 방

---

5   제5장 각주26 참조.

식에 따른다. 어떤 경우에는 특정 서적을 '한 권 사면 한 권 무료' 또는 '세 권을 두 권 값으로' 같은 매장의 특별 홍보에 포함시키기 위해 금액이 증액되기도 한다. 대형 시판용 출판사의 경우 1990년대 말과 2000년대 초에 코업에 사용된 총 금액이 엄청나게 증가했다. 1980년대에는 코업 비용이 총 마케팅 비용의 30~35%였으나 2010년에는 많은 출판사에서 이 비용이 절반 이상을 차지하게 되었다.

반스 앤 노블 같은 주요 소매 체인의 경우 매장 전면 진열대에 책을 놓는 것은 출판사의 통제 영역이 아니었다. 일반적으로는 전국 매장을 담당하는 영업 관리자가 소매 체인의 중앙 바이어에게 새로운 서적을 보여주면서 주요 도서에 대한 자신들의 기대치가 무엇인지를, 즉 이 책이 얼마나 대단한지, 소매업체가 얼마나 가져가기를 원하는지 등등을 알린다. 바이어는 책에 대한 자신의 평가, 저자의 이전 책 판매 내역, 표지 및 기타 다양한 요소를 근거로 어떤 서적을 얼마나 사기 원하는지 정하고 종종 그 구매에 코업을 엮어 넣는다. 영업 관리자와 바이어 사이에는 책을 몇 권이나 구매할지, 출판사가 구매를 지원하기 위해 돈을 얼마나 쓸지 결정하기 위해 설전이 오가기도 한다. 영업 관리자와 바이어는 매장 내 어떤 판촉이 적당한지, 즉 매장 전면 테이블에 놓을지, 매장 중간 부분에 놓을지, 양쪽 끝 진열대나 계단 사다리에 배치할지, 몇 주 동안 몇 개의 매장에 배치할지 등을 협상한다. 비용은 배치 형태, 책의 형태(양장본, 시판용 페이퍼백, 대중시장용), 구매 규모, 매장 수, 주일 수 및 시기에 따라 다르다. 가장 비싼 테이블은 가장 앞쪽이고 뒤로 갈수록 가격이 낮아진다. 일반적으로 반스 앤 노블 같은 미국 주요 소매 체인의 중앙 매장 전면 테이블에 2주 동안 책을 배치할 경우 출판사는 전체 매장에 대해 1만 달러의 비용을 지출한다. 주요 매장의 절반(전체 매장의 대략 1/3) 또는 이른바 A급 매장(아마도 매장 수의 10~15%)에 배치할 경우에는 비용이 더 적게 든다. 뒤쪽에 있는 테이블의 경우 3500달러를 지불한다. 계단 사다리는 일주일에 2만 5000달러이다. 이러한 배치는 구매 수량과 연결된다. 대략적인 관행에 따르면 매장 내 배치는 새 양장본 권당 1달러 정도가 든다.

주요 소매 체인에서 매장 전면 진열대에 책을 진열하는 비용을 감안하면 책이 성과를 내는 것이 중요하다. 이는 책을 그곳에 놓는 대가로 추가 금액을 지불하는 출판사에게뿐만 아니라 귀중한 부동산을 묶어 놓는 소매업체에게도 중요하다. 따라서 출판사들이 새 책의 판매를 첫 며칠 동안 그리고 출판 후 몇 주 동안 매우 면밀히 관찰하는 것은 당연한 일이다. 주요 시판용 출판사들은 대형 소매 체인으로부터 일일 판매량을 통보받아 매장 내 판촉을 진행하는 책을 포함해 가장 잘 팔리는 책이 얼마나 빨리 움직이는지 매일 볼 수 있다. 책이 빨리 움직이면 더 많은 자원을 투입해 판촉 활동을 강화한다. 대형 출판사는 성공의 첫 신호에 매우 신속하게 대응하며 화염에 더 많은 연료를 붓는 데 매우 능숙하다. 반면 매장 내 판촉을 하는 책이 잘 팔리지 않으면 책을 그곳에 두는 비용을 정당화하기 어렵다. 처음 몇 주는 주요 서적의 성패를 가르는 시간이므로 책이 움직이지 않으면 값비싼 매장 내 판촉에서 꽤 빨리 끌어내린다. 서점 전면과 기타 주요 소매점의 물리적 공간은 높은 가시성과 높은 매출을 창출할 수 있지만 이 공간을 차지하기 위해 지불하는 대가 역시 높다. 실제로 이러한 고가치, 고가시성 공간에 등장하는 호사를 누리는 책은 매우 드물며, 그곳에서 보내는 시간은 너무나 짧을 수 있다.

매개되는 가시성의 탈바꿈

매장 내 판촉 비용과 부동산의 희소성을 감안하면 다양한 매체를 이용해서 책에 대한 가시성을 확보하려는 시도는 언제나 대부분의 출판사와 대부분의 도서에게 더욱 매력적인 선택지가 될 것이다. 이런 종류의 매개된 가시성을 달성하기 위해 많은 방법이 시도되고 실험되었으며, 모든 출판사에는 마케터, 홍보 담당자, 제품 관리자 등의 전문 직원이 있다. 그들이 하는 일은 다양한 종류의 미디어와 협력해서 자사의 책과 작가에 대해 미디어에서 주목하고 평가하도록 하는 것으로, 이 모든 것은 판매 촉진을 목표로 한다. 그러나 디지털 혁명 덕분에 이 미디어 공간이 근본적으로 바뀌고 있으며, 그 과정에서 매개된 가시성이 변하고 있다. 이러한 변화의 광범위한 윤곽은 대단히 쉽게 식별할 수 있다. 즉, 이른바 전통적인 대중 매체는 중요성이 점차 줄어들고 있으며 소셜 미디어를 포함한 온라인 매체는 점점 더 중요해지고 있다. 그러나 이런 영역에서 이루어진 많은 일반화처럼, 이러한 광범위한 윤곽은 단방향 흐름의 단순한 제안에 깔린 수많은 복잡성을 은폐한다.

전통적인 '대중' 매체가 도서의 가시성을 확보하기 위한 플랫폼으로서 지닌 중요성이 감소하는 이유 중 하나는 이러한 매체가 자체적으로 새로운 압력에 직면하면서 자신들의 부족한 공간을 책에 할당하려고 하지 않기 때문이다. '대중 매체'라는 말은 항상 오해의 소지가 있는 용어였다. 이 용어는 수백만 명의 독자와 시청자로 구성된 어마어마한 청중의 이미지를 연상시키지만, 실제로 많은 미디어 상품의 청중은 이보다 훨씬 적다. 여기에서 중요한 대비는 디지털 혁명 이전에 개발된 매체(즉, 비교적 많은 수의 수신자에게 콘텐츠를 보급하는 데 중점을 두는 것으로, 신문, 잡지, 라디오, 텔레비전이 포함된다)와 디지털 혁명의 와중에 등장한 새로운 매체, 특히 인터넷과 콘텐츠 생성, 보급 및 이에 의해 가능해진 상호작용이라는 독특한 형태에 본질적으로 연결되어 있는 매체 사이의 대비이다.

책의 가시성을 높이는 데 가장 중요한 전통적인 매체 중 하나였던 신문은 한동안 침체에 빠져 있었다. 신문은 그 수와 배급 수가 줄고 있었고 서평을 위한 공간이 줄거나 완전히 없어지고 있었다. 많은 단독 서평 부록은 없어지거나 규모가 작아졌다. 2001년 ≪보스턴 글로브≫는 서평과 논평 페이지를 합쳤다. 2007년 ≪샌디에이고 유니언 트리뷴≫은 서평 섹션을 없앴다. 2008년 ≪로스앤젤레스 타임스≫는 별지의 '일요 서평' 섹션을 없애고 신문의 토요일판에 있는 다른 섹션과 합쳐서 도서에 할애되던 공간의 양을 줄였다. 별지의 서평 섹션을 유지하고 있는 몇 안 되는 미국의 대도시 신문 중 하나인 ≪뉴욕타임스≫조차도 '서평' 부록의 규모를 절반으로, 즉 1980년대 중반 평균 44페이지였던 데서 오늘날 일반적으로 24~28페이지로 줄였다.[6]

이는 주류 텔레비전도 마찬가지이다. 〈투데이 쇼Today Show〉, 〈굿모닝 아메리카Good Morning America〉, 〈얼리 쇼Early Show〉 모두 도서 담당을 두고 도서에 많은 공간을 할애했지만 책은 그들에게 점차 하위순위가 되었다. 15년 동안 다른 미디어 채널과 달리 도서에 가시성을 제공하고 판매를 이끌었던 오프라 북 클럽Oprah's Book Club도 2011년 5월 문을 닫았다. 오프라 북 클럽은 오프라 윈프리 네트워크와 다양한 소셜 미디

---

6 Steve Wasserman, "Goodbye to All That," *Columbia Journalism Review*, September/October 2007.

어에서 오프라 북 클럽 2.0으로 재출시되었지만, 오프라 북 클럽이 전성기 때 보유했던 시청자 수에는 미치지 못했다. 비슷한 운명이 영국의 리처드 앤 주디 북 클럽Richard & Judy Book Club에서도 벌어졌다. 리처드 앤 주디 북 클럽은 2000년대 초 채널4의 〈리처드 앤 주디 쇼The Richard & Judy Show〉의 일부였고 도서의 가시성을 높이고 책 판매를 촉진하는 데 매우 중요한 역할을 했다. 2008년 8월 쇼는 중단되었고, 북 클럽은 문구점이자 서점인 WH 스미스WH Smith와 함께 운영하는 웹사이트 방송으로 바뀌었다.

1990년대 말과 2000년대 초 대부분의 마케팅 관리자가 깨달은 사실은, 책에 대한 가시성을 확보하기 위해 의존해 왔던 전통적인 매체는 쇠퇴하는 자산이며 독자들의 관심을 끌기 위해서는 다른 방법을 찾거나 적어도 추가적인 방법을 찾아야 한다는 것이었다. 2000년대 초반 동안에는 전통적인 매체에 대한 과도한 의존에서 벗어나 책, 저자, 잠재 독자, 출판사의 자원과 노하우에 따라 다양한 방법으로 전통적인 매체와 새로운 매체를 결합하는 보다 다양한 마케팅 전략으로 체계적으로 변화되었다. 정보 환경은 빠르게 변하고 있었다. 온라인 사이트가 확산되고 있었고 2000년대 초 웹 2.0의 개발과 함께 블로그와 소셜 미디어 플랫폼이 뜨고 있었다. 다른 많은 산업처럼 출판사들도 이 멋진 신세계를 어떻게 헤쳐 나갈지, 여기에 마케팅 전략을 어떻게 조정해 갈지 헤아리고 있었다. 온라인 세계에서는 책을 어떻게 노출시킬 수 있을까? 인터넷의 가상공간에서 독자의 관심을 끌기 위해 어떤 도구를 사용할 수 있을까? 빠르게 변화하고 있고 대부분의 출판사들이 이해하기 어려운 세상에서 이루어지는 이 새로운 종류의 마케팅 활동은 마케팅 직원의 전통적인 관행과 어떻게 연관되어 있을까?

많은 출판사에서는 책이 출판되기 1년쯤 전에 마케팅 관리자가 책에 대한 마케팅 예산을 세우고 마케팅 캠페인을 계획하는 회의가 열릴 것이다. 마케팅 예산은 일반적으로 책의 손익 계산을 기준으로 예상 수익의 비율에 따라 수립되는데, 예를 들면 총 매출의 6.5% 같은 식이다. 한 대형 시판용 출판사의 임프린트 중 한 곳의 마케팅 관리자는 이렇게 말했다. "그 예산은 낮으면 5000달러일 수도 있고 3500달러일 수도 있습니다. 많으면 50만 달러일 것입니다. 대부분의 책은 5000달러까지는 아니더라도 그 중간 정도는 됩니다. 우리가 하는 일은 '좋아, 우리에게는 5000달러 또는 50만 달러의 돈이 있어. 독자들에게 다가가기 위해 우리가 해야 할 일은 무엇일까? 누가 독자일까? 어디에 있을까? 그들에게 어떻게 다가가야 할까?'라고 고민하는 것입니다. 이것은 우리 회사에서 사장, 편집자, 홍보 담당자, 영업 관리자, 마케팅팀이 나누는 대화입니다." 도전 과제는 책의 주요 독자라고 생각하는 사람들에게 다가가기 위해서 주어진 금액의 돈으로 무엇을 할 수 있는지를 따져보는 것이다.

인쇄 광고와 작가 투어 같은 전통적인 도서 마케팅 캠페인의 일부 요소는 덜 중요해졌으며 대부분의 출판사에서는 여기에 더 적은 자원을 할당한다. 그 대신 대부분의 마케팅 관리자는 다양한 채널을 이용해서 책의 독자층으로 여겨지는 사람들에게 도달하는 구체적이고 세분화된 방법을 발견하는 데 점점 더 많은 노력을 기울인다. 이러한 채널에는 전통적인 인쇄 및 전자 매체 외에도 메일 목록에서부터 블로그, 웹사이트, 온라인 뉴스 사이트, 소셜 미디어에 이르기까지 다양한 새로운 매체가 포함된다. 그들은 이 책에 관심이 있을 것으로 여겨지는 그룹, 커뮤니티, 개인들의 조합을 확인하려고 노력하는 한편, 그들에게 어떻게 가장 잘 도달할 수 있는지 따져본다. 이를 위해 타깃 이메일 캠페인을 하거나, 회의나 컨벤션에 참석하거나, 소셜 미디어에 게시·광고하거나, 책에 대해 다루어줄 의향이 있는 적절한 위치의 개인에게 책의 사본을 보내는 등의 방식을 사용한다. 마케팅 관리자들은 블로그, 소셜 미디어, 전통적인 인쇄 매체, 전자 매체 등 사용할 수 있는 모든 매체에서 입소문과 이야깃거리를 만들어낸다. 그 입소문이 어떻게 퍼지는지에 대해서는 아무도 관심이 없다.

주류 시판용 출판사에 소속된 대부분의 마케팅 관리자에게는 새로운 매체를 점차 강조하는 상황이 전통적인 매체에서 홍보 및 서평을 확보하기 위한 마케팅 노력과 별개로 추구된 것이 아니라 오히려 이와 함께 진행되었다. 여러 미디어 채널이 뒤섞인 이 시끄럽고 혼합된 세계에서 마케팅 관리자의 과제는 자신들의 책에 대해 주목하고 논의할 수 있는 모든 곳에서 자신들의 책을 주목하고 논의하도록 만드는 것이다. 온라인에서 주목되고 논의되는 훌륭한 방법은 전통적인 인쇄 매체와 전자 매체의 오프라인이 책에 대해 주목하고 논의하도록 만드는 것이다. 이는 그 반대도 마찬가지이다. 온라인과 오프라인은 상호 배타적이지 않으며 잠재적으로 보완적인 채널이다. 그리고 모든 일이 잘 풀리면 서로를 지원하고 강화해서 일종의 입소문 증폭의 선순환을 만들어낼 수 있다. 그리고 대부분의 전통적인 인쇄 매체 및 전자 매체가 이제는 혼합형 매체라는 것을 감안하면(이들 매체의 온라인 콘텐츠는 오프라인 콘텐츠를 반영하고 재생산하며 어떤 경우에는 오프라인 콘텐츠를 크게 뛰어넘기도 한다), 온라인 매체가 전통적인 매체에 연계되는 것은 그 어느 때보다 쉽다. 이는 그 반대의 경우도 마찬가지이다. 매체는 항상 자기 검증적이라서 매체에서 보도되고 언급된 내용에 대해 끊임없이 보도하고 논평한다. 디지털 시대의 도래는 매체의 이러한 근본적인 특징을 바꾸는 것이 아니라 그 특징을 한 차원 더 높이고 있을 뿐이다.

앤디 위어가 블로그에 쓴 글에서 시작해 2014년 크라운사가 출판함으로써 ≪뉴욕타임스≫의 베스트셀러가 된 『마션』의 예를 생각해 보자. 이 경우 사내 홍보 담당자는 전통적인 매체를 담당한 반면, 온라인 미디어 캠페인은 온라인 매체에 전문성을 갖춘 프리랜서 홍보 담당자 안드레아에게 아웃소싱했다. 전통적인 매체와 일하는 홍보 담당자라면 다양한 신문, 잡지, 텔레비전, 라디오 프로그램의 여러 편집자와 PD를 알아야 하고 그들과 신뢰 관계를 구축해서 그들이 무엇에 관심을 갖는지 알아야 하는 것처럼, 온라인 매체와 일하는 홍보 담당자 역시 온라인 공간의 제작법을 이해해야 하고 누가 핵심 참가자인지 파악해서 그들과 관계를 구축해야 하며 홍보하려는 책에 관심이 있을 만한 사람들이 온라인에서 어디에 있는지 알아야 한다. 안드레아는 온라인 공간에 대해, 그리고 자신이 달성하려는 홍보 유형의 핵심 참가자가 누구인지에 대해 자신만의 정교한 인식 지도를 갖고 있다. 그녀는 그들을 '핵심 인플루언서'라고 불렀다. 왜냐하면 "그들은 엄청난 트래픽을 갖고 있으며 사람들은 그들을 선택하고 있기 때문입니다. 사람들은 그들이 대화 개시자임을 알고 있습니다." 온라인 홍보 담당자로서 안드레아가 가치를 지니고 있고 출판사들이 그녀를 고용하기 원하는 이유 가운데 하나는 그녀가 이러한 핵심 인플루언서들이 누구인지 알고 있고 그들과 관계를 맺고 있어서 그들에게 관심 있을 만한 책이 있을 때 그들에게 연락해서 그 책에 대해 이야기할 수 있다는 것이다. 그리고 그녀는 자신이 취급하는 각 책에 대해 정확히 누구에게 다가가야 하는지 알고 있다. 이것이 그녀가 『마션』에 대해 했던 일이다.

그녀는 보잉보잉Boing Boing의 창업자 및 공동 편집자 중 한 명인 마크 프라우엔펠더Mark Frauenfelder와 접촉했다. 보잉보잉은 스스로를 "가장 훌륭한 것들의 디렉토리"라고 부르는 사이트/블로그였다. 안드레아는 마크가 그 책을 좋아한다면 보잉보잉에서 무언가를 할 수도 있지만 책을 위한 다른 일을 할 수도 있다는 것을 알고 있었다. 마크는 종종 쇼에 출연해 대중문화의 최신 흐름에 대해 언급하도록 초대받는 사람으로, 네트워크가 매우 잘 갖춰져 있기 때문이다. 그리고 그러한 일이 진짜 벌어졌다. 마크는 이 책을 좋아했고 자신의 주간 보잉보잉 팟캐스트에서 저자를 인터뷰하기로 결정했다. 이는 많은 다른 사이트에서 선택되어 교차 링크되었다. 그런 다음 안드레아는 마크에게 레딧Reddit[미국의 온라인 커뮤니티_옮긴이]에서 채팅을 하도록 요청했고 그것이 레딧의 첫 페이지에 나갔다. 그런 후 2014년 2월 4일 마크는 미국공영라디오National Public Radio(NPR)가 배포하는 대중문화에 대한 공공 라디오 프로그램인 〈불스아이 위드 제시 손Bullseye with Jesse Thorn〉의 게스트로 초대되었다. 마크는 이를 『마션』에 대해 극찬하는 기회로 사용하면서 "화성에서의 로빈슨 크루소"라고 묘사하고 "환상적인 책이다. 너무 재미있어서 나는 앉은 자리에서 다 읽어버렸다"라고 칭찬했다. 마크의 열정적인 언급은 즉각 소셜 미디어에서 포착되어 트위터와 페이스에 게재되었으며, 소셜 미디어를 통해 전염병처럼 빠르게 퍼졌다. 그리고 2월 7일 ≪월스트리트저널≫에 톰 시피Tom Shippey의 극찬이 실렸고("완전히 매력적이다") 소셜 미디어에 트윗 및 게재되었다. 이는 온라인 매체와 오프라인 매체에서 기사가 점차 커져가는 데 이바지했고, 모든 것이 서로 보강되면서 움직였다.

나와 대화를 나누던 이 지점에서 안드레아는 서류철을 열어서 커다란 종이 한 장을 꺼냈는데, 이 종이는 이러한 주요 매체 이벤트 각각이 온라인과 오프라인 모두에서 다른 매체에 의해 선택되고 재전송된 길을 추적한 것이었다. 이는 온라인 매체와 오프라인 매체가 불가분하게 상호 연결된 세계에서 매우 빠르게 선택되고 재전송되면서 확산되는 이 모든 개별 이벤트가 연결되어 있는 진정한 지도로, 안드레아가 가능한 한 도움을 주긴 했지만 그녀에 의해 통제되거나 조정되지 않은 즉각적인 연합의 한 형태와 같았다. "제가 하고자 한 것은 가능한 한 많은 사람이 보고 듣고 압도당하게 만드는 것입니다. '이 마션이란 게 뭐지?' 싶을 때 어디에나 있도록 만드는 것이죠."

온라인 매체와 오프라인 매체가 혼합된 이 새로운 세계에서는 온라인이나 오프라인이 핵심이 아니다. 그들 사이의 협동적이고 조화로운 상호작용이 핵심이다. 상호작용에서는 모든 일이 잘 풀리면 입소문 증폭의 선순환을 만들 수 있다. 경험 많은 한 마케팅 관리자는 다음과 같이 말한다.

결국 온라인 매체가 오프라인 매체보다 더 효과적이라고 말할 수는 없습니다. 그건 사실이 아니기 때문입니다. 진짜 효과적인 것은 모든 것이 조화롭게 작동하는 것입니다. 그래서 우리는 미국공영라디오 NPR이 책을 움직이는 것을 분명히 봤습니다. 내용에 따라 다르긴 하지만 일반적으로 NPR에 대작을 올리면 불꽃이 튑니다. NPR은 기막히게 좋은 채널이고 우리는 거기에 꼭 들어가고 싶습니다. 그러나 더욱 효과적인 것은 그 콘텐츠를 온라인에 반영하는 것입니다. 사람들은 어떤 소식을 들으면 검색을 하는데, 그러면 그 책에 대한 광고를 보게 됩니다. 그 책이 바로 그가 찾고 있던 책이기 때문입니다. 그러면 애플로 가서 또 다른 것에 빠져든 다음 아이튠즈를 보게 됩니다. 아이튠즈를 보면 특집 타이틀 섹션에 그런 상품들이 너무 많습니다. 각각의 이벤트만 해도 흥미로울 수 있지만 NPR, 온라인, 아이튠즈 이 세 가지가 합쳐지면 훨씬 더 효과적인 판매를 낳습니다. 따라서 우리의 비결은 이 모든 프로그램이 함께 작동하도록 해서 사운드를 증폭시키는 것이 무엇인지 따져보고 시장에서 이를 반복할 방법을 알아내는 것입니다. 우리는 이 프로그램들이 조화롭게 움직이는 것을 보고 있습니다.

알고리즘의 승리

온라인 소매업체, 그중에서도 특히 아마존의 역할이 커짐에 따라 책의 가시성이 또 다른 방식으로 변화하고 있다. 책을 소비자 앞에 내놓고 그들의 관심을 끄는 완전히 새로운 조합의 도구가 만들어진 것이다. 오프라인 서점에서 책을 눈에 띄도록 하는 방법은 많다. 매장 전면 진열대 테이블과 계단 사다리가 가장 눈에 띄지만, 직원 추천에서부터 서점 내 좀 더 전문화된 구역에 표지가 드러나게 책을 전시하는 데 이르기까지 다른 방법도 많다. 이러한 유형의 가시성에는 두 가지 특성이 있다. 첫째, 가시성이 표준화되어 있다. 즉, 매장에 들어오는 모든 사람에게 같은 책이 보인다. 둘째, 가시성이 공간적이다. 즉, 소비자는 책을 보려면 실제로 매장에 들어와야 한다. 다시 말해 표준화된 공간적 가시성이고, 이것이 오프라인 서점에서 할 수 있는 것이다. 이는 강력하고 대단히 잘 작동할 수 있어서 반스 앤 노블 또는 워터스톤의 전면 테이블과 계단 사다리에서는 엄청나게 많은 책을 판매할 수 있다. 그러나 서점의 물리적 속성으로 인해 이 이상 많은 일은 할 수 없다.

하지만 온라인 환경에서는 가시성을 확보할 수 있는 모든 범위의 새로운 기회가 열려 있다. 자, 당신이 어떤 서점에 들어섰는데 그 서점의 모든 책이 당신을 위해 선별되었다고 가정해 보자. 이 서점은 엄선된 개인화된 서점으로, 당신에게 노출되는 책들은 당신이 관심 있을 만한 종류의 책이다. 따라서 당신이 이전에 스릴러를 구매한 적이 없거나 구매에 아무런 관심을 보인 적이 없다면 존 그리섬의 최신 스릴러는 표시되지 않을 것이다. 요점은 무엇인가? 존 그리섬의 책을 당신에게 보여주는 것은 귀중한 당신의 시간과 관심을 낭비시킨다는 것이다. 다른 한편 당신이 일반적으로 구매하거나 검색하는 책이 제1차 세계대전에 관한 정치 전기 및 역사책이라면 서점은 새로운 정치 전기 및 제1차 세계대전에 관한 책들을 보여줄 수 있다. 그것은 당신을 위해 설계된 서점으로 걸어 들어가는 것과 같다. 가시성은 각 개별 방문자의 관심, 취향, 선호에 따라 맞춤화·개인화된다. 또한 집이나 책상을 떠나 실제 매장으로 걸어 들어갈 필요가 없다. 개인화된 가상 가시성은 당신이 어디에 있든지 화면을 통해 전달된다.

각 사용자의 이전 구매에 근거해서 웹사이트 버전을 개인화하는 아이디어는 베이조스가 아마존에 대해 갖고 있던 원래 비전의 일부였다. 1995년 사이트를 개설한 직후 베이조스와 그의 직원들은 이 비전을 현실로 바꾸기 시작했다. 이를 위해서는 이전 데이터 조합을 기반으로 컴퓨터가 추천을 생성할 수 있는 알고리즘을 구성해야 했다. 그렇다면 그들은 어떤 데이터를 사용하려 했으며 알고리즘은 어떻게 구축될 수 있었을까?

웹사이트를 개인화하려는 첫 시도에서 아마존은 제3자인 파이어플

라이 네트워크Firefly Network라는 회사에서 개발한 북매치Bookmatch라는 소프트웨어 프로그램에 의존했다.[7] 고객에게 몇 권의 책에 대한 평가를 매기도록 요청하면 프로그램에서 해당 평가를 기반으로 추천을 생성하는 방식이었다. 그러나 시스템은 잘 작동하지 않았고, 많은 고객은 추천을 생성하는 프로그램에 데이터를 제공하기 위해 책을 평가하는 수고를 하려 들지 않았다. 그래서 아마존은 고객들이 실제로 구매한 책을 기반으로 추천을 생성하는 독자적인 알고리즘을 개발했다. 이 추천 알고리즘의 첫 번째 버전인 시밀래러티Similarity는 유사한 구매 이력을 가진 고객을 그룹화한 다음 각 그룹의 사람들에게 어필하는 책을 찾아냈다.[8] 이는 즉각적인 매출 증가로 이어졌다. 시밀래러티는 북매치를 대체하고 아마존의 개인화 기계로 발전했다.

추천 알고리즘에 대한 아마존의 초기 시도는 '클러스터 모델'의 사용을 기반으로 했다. 이 모델은 고객 기반을 세그먼트로 나누고, 알고리즘이 가장 유사한 고객을 포함하는 세그먼트에 각 사용자를 할당한다. 그런 다음 해당 세그먼트에 있는 고객의 구매 및 평가를 이용해 추천을 생성하는 식이다. 그러나 클러스터 모델은 해당 세그먼트의 고객이 꽤 다양할 수 있기 때문에 상대적으로 품질이 낮은 추천을 생성하는 경향이 있다. 따라서 아마존은 '항목별 협업 필터링'이라고 부르는 알고리즘으로 바꾸었다.[9] 클러스터 모델이 유사한 고객들에게 사용자를 대응시켰다면, 항목별 협업 필터링은 사용자가 구매하고 평가한 항목을 유

7   Stone, *The Everything Store*, p.51.
8   같은 책.
9   Greg Linden, Brent Smith and Jeremy York, "Amazon.com Recommendations: Item-to-Item Collaborative Filtering," *IEEE Internet Computing* (January-February 2003), p.77.

사한 항목과 대응시켰다.

알고리즘은 우선 고객이 함께 구매하는 경향이 있는 항목을 찾고 함께 구매되는 빈도 면에서 항목 간의 유사성을 계산해서 유사 항목 표를 만든다. 각 쌍의 항목 간의 유사성이 결정되고 숫자 값이 주어지면 알고리즘은 상관관계가 가장 높은 항목을 기반으로 추천을 생성한다. 계산 측면에서 매우 까다로운 유사 항목 표를 생성하는 것은 오프라인에서 수행할 수 있으며, 이를 통해 알고리즘을 매우 커다란 카탈로그와 고객 기반으로 확장할 수 있다. 알고리즘의 온라인 구성 요소에는 사용자의 구매 및 평가를 위한 유사한 항목을 찾는 것이 포함되며, 이는 상대적으로 쉽게 수행할 수 있다. 따라서 알고리즘은 매우 빠르며 사용자가 새로 구매할 때마다 사용자 데이터의 변화에 즉각 대응할 수 있다. 알고리즘은 상관관계가 높은 유사 항목을 추천하기 때문에 추천은 관련성이 높은 경향이 있다. 알고리즘은 매우 제한된 사용자 데이터에서도 잘 작동한다.[10]

아마존은 고객 인터페이스의 다양한 영역에서 추천 알고리즘을 출시했는데, 그 예로는 홈페이지 추천, 개인화된 '당신의 아마존', 쇼핑 카트 추천("슈퍼마켓 계산대의 충동구매 품목과 비슷하지만 우리의 충동구매 품목은 개별 고객을 대상으로 한다"[11]), 그리고 아마존이 고객을 대상으로 정기적으로 발송하는 많은 이메일 캠페인을 들 수 있다. 전 세계 3억 명 이상의 고객에 대한 구매 및 검색 데이터를 갖추고 있고 이들에게 직접 마케팅하고 판매할 수 있는 능력을 갖춘 아마존은 소매업체로서

---

10   같은 글, p.79.
11   같은 글, p.78.

엄청난 경쟁 우위를 확보할 수 있었다. 모든 구매, 모든 검색 페이지, 모든 클릭 등 수량과 세부 정보 면에서 전례 없이 풍부한 사용자 데이터를 활용할 수 있었고 이 데이터를 이용해 마케팅 활동을 가급적 효과적으로 조정했다.

이전 세계와 새로운 세계라는 두 가지 세계에서 가시성은 매우 달랐다. 오프라인 서점이라는 이전 세계에서는 가시성이 표준화되고 공간적이며, 적은 수의 서적으로 제한된다. 매장 및 기타 소매점의 전면 테이블과 창문에 전시될 수 있는 서적은 한정되어 있다. 각 서점에서 서로 다른 서적을 전시한다 하더라도(현실은 오히려 그 반대이다) 전시되는 서적의 총 수는 출판된 책 수의 아주 작은 부분일 것이다. 반면, 온라인 서점의 세계에서는 가시성이 개인화되고 가상화 또는 비공간화되며, 이 비공간화된 공간에서는 각 사용자가 자신의 관심사와 취향에 맞는 서적을 선택할 수 있기 때문에 표시될 수 있는 서적의 수가 잠재적으로 무제한이다.

가시성의 형태가 매우 다를 뿐 아니라 가시성을 유발하는 요인도 다르다. 오프라인 서점 전면의 가시성 높은 공간에서 가시성을 확보하는 것은 출판사의 영업 담당자와 서점의 구매 관리자가 전시할 책을 놓고 벌이는 사회적 협상의 결과물이다. 어떤 경우에는 전시를 지원하기 위해 코업 형태로 출판사로부터 적절한 경제적 지원을 받기로 협상하기도 한다. 이것이 대면으로 또는 전화나 이메일로 수행되는 사회적 과정으로, 도서 공급망의 두 핵심 조직인 출판사와 서점을 대표하는 개인이 다수의 잠재적 후보군 중에서 선택한 소수의 서적에 대해 합의하면 이 서적은 매장 전면의 가시성 높은 공간에 전시된다.

이와 대조적으로 온라인 서점의 세계에서는 선택 과정이 주로 알고리즘에 의해 주도된다. 물론 인간이 알고리즘을 작성하고 다양한 요인에 얼마나 많은 가중치를 부여할지 결정하기 때문에 이런 절차에는 인간이 개입되어 있다. 그러나 어떤 서적이 어떤 사용자에게 보일지 선택하는 것은 주로 사용자 데이터에 대한 자동화된 분석—이전에 어떤 책을 구매했거나 검색했는지, 이와 비슷한 책으로는 어떤 책이 있는지에 대한 분석—을 기반으로 한다. 이것은 출판사와 서점 사이에 협상된 계약이 아니다. 이것은 서점이 고유의 사용자 데이터를 사용해서 고객의 온라인 행동을 기반으로 추천을 생성하는 자동화된 프로세스이다. 이 과정은 전적으로 온라인 서점에 의해 통제되며 출판사들은 배제되어 있다. 물론 출판사가 이 과정에 참여할 수 있지만 일정한 대가를 치러야 한다. 전통적인 서점과 마찬가지로 온라인 서점도 온라인 배치와 맞춤 추천의 대가로 출판사와 추가 지불을 협상할 수 있다. 아마존의 경우 이러한 지불은 '코업' 수수료 인상 또는 아마존의 클릭당 지불pay per click(PPC) 광고 캠페인과 연결된 형태일 수 있으며, 이를 통해 출판사들은 아마존 검색 결과 페이지 및 경쟁 도서 페이지에 자신의 책을 광고할 수 있다. 그러나 온라인 공간에서 가시성의 주요 요인은 코업 또는 PPC에 의해 뒷받침되는 서적별 배치가 아니라 사용자 데이터를 기반으로 하는 알고리즘의 활용이다.

〈표 6.1〉은 이 두 가지 가시성 형태의 차이점 가운데 일부를 요약한 것이다. 오프라인 서점은 소비자의 관심을 끌기 위해 표준화된 공간 가시성을 사용한다. 선택된 적은 수의 책은 입구에 있는 테이블과 선반, 매장 전면 창문 같은 가시성 높은 공간에 전시되므로 이 공간에 들어오는 모든 사람에게는 동일한 책이 노출된다. 노출될 서적은 서점이 선택하는데, 어떤 경우에는 코업을 통해 전시에 자금을 대는 출판사와 서점

표 6.1 | 가시성의 형태

	표준화된 공간 가시성	개인화된 가상 가시성
소매점 종류	오프라인 서점	온라인 서점
특성	표준화	개인화
전시 공간	공간적	가상적
전시 범위	제한되어 있음	무제한
가시성 유발 요인	출판사와 서점 간 거래	- 사용자 데이터를 기반으로 한 알고리즘 - 출판사가 비용 지불

간의 합의에 따라 결정되기도 한다. 아마존 같은 온라인 서점은 소비자의 관심을 끌기 위해 개인화된 가상 가시성을 사용한다. 각 소비자에게는 정기적인 이메일 알람, 지속적으로 업데이트되는 홈페이지, 쇼핑 카트 추천을 통해 개인화된 도서 선택을 제시한다. 추천은 각 소비자의 이전 검색 및 구매 행동에 근거한 알고리즘에 의해 생성된다. 어떤 경우에는 이 개인화된 가상 가시성을 출판사가 코업 수수료 또는 PPC 광고 형태로 지불한다.

일반적으로 말하면 온라인 공간에서 책에 대한 새로운 형태의 가시성이 출현하는 것은 책에 좋은 일이다. 책을 잠재적 독자에게 노출할 수 있는 방법이 많을수록 책, 저자, 출판사에게 더 좋기 때문이다. 그러나 동시에 이런 발전과 관련된 위험도 있다. 여기서는 두 가지에 초점을 맞추겠다.

첫째 위험은 아마존이 성장하고 책을 위한 물리적 소매 공간이 쇠퇴함에 따라 책이 얻을 수 있는 가시성의 종류가 매장 전면의 물리적인 가시성에서 온라인 공간의 가시성으로 이동했다는 사실과 관련되어 있다. 장기적 관점에서 보면 이러한 변화는 이미 상당히 진행되었다. 2006년 당시 미국 최대 서점이던 반스 앤 노블은 미국 전역에 723개의 서점을 운영하고 있었는데, 여기에는 695개의 슈퍼스토어와 B.돌턴 브랜드로 운영되는 98개의 쇼핑몰 매장이 포함되었다. 보더스 그룹은 당시 미국에서 1063개의 서점을 운영하고 있었는데, 여기에는 499개의 슈퍼스토어와 564개의 쇼핑몰 기반 월든북스 매장이 포함되었다. 10년 후인 2016년 반스 앤 노블은 여전히 640개의 매장을 운영하고 있었지만 B.돌턴 매장은 모두 문을 닫았고, 보더스는 2011년 파산해 거의 모든 매장이 없어졌다. 이 두 가지 변화만으로도 미국에서 물리적 소매 공간이 극적으로 쇠퇴한 사실을 보여주는데, 이 두 체인이 차지하는 매장의 수는 10년 동안 절반 이상으로 감소했다.[12] 이것은 책을 노출시킬 수 있는 공간이 적어졌다는 것 때문에만 중요한 것이 아니다. 상실된 가시성이 새로운 책을 발견하기 쉽게 만드는 종류의 가시성이었기 때문에 중요하다. 이 점을 조금 더 살펴보자.

서점을 방문하는 사람은 누구나 아마존에서 받는 맞춤 추천으로 접하는 것보다 훨씬 많은 책을 접하게 된다. 서점 앞에 전시된 책은 특정 사용자의 개인적인 관심과 취향에 맞춰져 있지 않기 때문이다. 여기에는 확실히 단점이 있다. 당신이 스릴러에 전혀 관심이 없더라도 매장에 들어서는 순간 당신 앞에 제임스 패터슨James Patterson의 최신작이 놓여 있을 것이다. 그러나 이는 또한 시장에서 다양성과 발견 가능성을 촉진

---

12   반스 앤 노블은 2019년 헤지 펀드인 엘리엇(Elliott Management Corporation)에 매각되었을 당시 627개의 매장을 운영하고 있었는데 매장 폐쇄 여부는 새로운 CEO 제임스 돈트(James Daunt)에게 달려 있었다. 반스 앤 노블과는 별도로 1990년대와 2000년대 초 문을 닫았던 독립 서점들이 최근 되살아나고 있는 데 주목해야 한다. 미국서점협회(American Booksellers Association: ABA)에 따르면, 2009년과 2015년 사이에 독립 서점의 수가 1651개에서 2227개로 35% 성장했다. 하지만 2020년 코로나 바이러스로 인한 일부 서점의 폐쇄가 영구 폐쇄로 이어진다면 이런 추세는 반전될 수도 있다.

한다. 다양성이란 자신의 이전 구매 또는 검색 행동과 일치하는지와 관계없이 개인이 다양한 책에 노출된다는 것을 의미한다. 물론 그러려면 우선 개인이 서점으로 걸어 들어가야 하는데, 이는 사소한 자격 요건이 아니다. 발견 가능성이란 서점으로 걸어 들어가는 개인이 들어갈 때는 찾을 의도가 없었던 책을 발견할 가능성이 있음을 의미한다.

온라인 환경이 갖는 문제는, 추천이 알고리즘을 기반으로 하기 때문에 이전에 구입했거나 검색했던 것과 유사한 일련의 서적으로 다양성이 좁아진다는 것이다. 그것은 마치 이전에 존재했던 그 어떤 도서관보다도 큰 거대한 도서관의 한가운데에 떨어진 것과도 같다. 그것은 칠흑 같은 어둠이고 당신이 가진 것은 손전등뿐이다. 손전등을 켜면 바로 눈앞에 있는 것만 볼 수 있어서 이 방대한 도서관을 채우고 있는 수백만 권의 다른 책은 암흑 속에 빠져 있게 된다. 알고리즘은 손전등이지만 현실은 이 비유보다 더 나쁘다. 알고리즘을 기반으로 하는 추천의 실제 세계에서는 손전등을 통제하는 것(손전등을 언제 켤지, 손전등이 어디를 가리킬지, 언제 다시 끌지를 결정하는 것)이 사용자가 아니라 아마존이기 때문이다. 판매 가능성을 극대화하기 위해 특정 개인에게 제시되는 서적의 범위를 좁히기 때문에 다양성과 발견 가능성은 유사성과 예측 가능성에 의해 희생된다.

이것은 출판사에게 중요한 문제이며, 실제 서점이 사라지지 않도록 하는 것이 출판사를 위해 그리고 더 일반적으로는 도서 문화를 위해 중요한 이유 중 하나이다. 서점은 출판사들과 그들의 책을 위한 진열장일 뿐만 아니라 개인의 이전 검색 및 구매 패턴을 바탕으로 개인의 경험을 미리 결정하지 않는 공간이기도 하다. 물론 서점에서 책을 탐색하는 행위가 완전히 무작위적인 것은 아니다. 매장 전면 공간은 앞서 언급했듯이 코업 자금을 댄 출판사와 서점 간의 거래를 기반으로 서적이 전시되는 상품화된 공간이기 때문이다. 그러나 이 공간에서 책을 탐색하는 것은 개인의 이전 검색과 구매 내역을 기반으로 알고리즘이 추천한 책을 탐색하는 것과는 아주 다른 경험이다. 이것은 개인화되지 않았으며, 바로 그 이유 때문에 더 다양하고 더 개방적이며 사람들로 하여금 예상하지 못한 상황에 직면하게 만들 가능성이 크다.

둘째 위험은 도서의 세계에서 오늘날 존재하는 온라인 가시성을 형성하는 데 압도적인 역할을 하는 기업, 즉 아마존이 있다는 사실에서 비롯된다. 물리적 소매 공간이 쇠퇴하고 시간이 지남에 따라 물리적 가시성이 온라인 가시성으로 전환되었다는 것은, 사람들이 일상생활에서 매일 아마존의 이메일 알림을 받기 때문에 개인이 어떤 책을 볼지 결정하는 데서 가장 강력한 소매업체가 점점 더 많은 권한을 행사하게 된다는 것을 뜻한다("인기 있는 신간", "제인 댄시 안녕하세요, 아마존이 당신을 위한 새로운 추천을 제공합니다", "팀 블레이크 안녕하세요, 당신의 최근 활동을 근거로 이 항목에 관심이 있을 것으로 생각합니다" 등등). 사람들이 주로 이런 방식으로 신간 도서를 접할수록 어떤 책을 봐야 하는지에 대한 결정권은 점점 더 아마존이 쥐게 된다. 아마존은 출판사와 분쟁이 발생할 경우 그 출판사의 책에 대한 판매를 거부할 수 있을 뿐 아니라 아마존의 맞춤 추천을 통한 책의 노출도 거부할 수도 있다. 온라인 가시성의 공간에서 출판사들은 점점 더 아마존의 자비에 의존하게 된다.

책에 대한 온라인 가시성 공간에서 난공불락처럼 보이는 아마존의 지배에 대항하기 위해 출판사들은 무엇을 할 수 있을까? 출판사는 통제권을 빼앗아오기 위해 무엇을 할 수 있을까? 아셰트, 사이먼 앤 슈스터, 펭귄 등 세 개의 대형 시판용 출판사는 힘을 합쳐 아마존에 대한 대안을 제공하는 도서 추천 및 소매 사이트 부키시Bookish를 만들려고 했다. 부키시는 2013년 2월 약간 지체된 끝에 출발한 후 시장에 영향을 미치려 애썼으나 1년도 채 되지 않아 신생 전자책 소매업체인 졸라 북스Zola Books에 매각되었다. 그렇다면 출판사들은 그냥 포기한 채 아마존이 온라인 가시성의 공간을 실질적으로 정복했다고 인정하고 아마존이 자신의 가공할 만한 마케팅 지배력을 공평하고도 자비로운 방식으로 행사할 것을 희망해야만 할까? 아니면 출판사들이 자신들의 도서에 대한 온라인 가시성을 더 많이 통제하기 위해 할 수 있는 구체적인 일이나 열 수 있는 다른 채널이 있을까?

잠시 후 이 중요한 질문들로 돌아오겠지만, 그 전에 이 이야기에 대한 흥미로운 반전을 고려해 보려 한다. 2015년 11월 아마존은 시애틀에 첫 번째 오프라인 서점을 열었다. 또한 2018년 10월까지 뉴욕에서 LA에 이르기까지 미국 전역의 다양한 도시에 총 17개 서점을 운영했으며, 몇 개가 더 계획되었다. 어떤 면에서 이것은 수수께끼 같은 추이로 보일 수 있다. 온라인 소매업체로서 사업을 일구었고 디지털 혁명의 물결을 매우 효과적으로 활용했으며 오프라인 경쟁사들이 쇠락하는 동안 재산이 기하급수적으로 늘어난 회사가 왜 이제 오프라인 서점을 운영하는 사업으로 이전하기로 결정했을까? 오프라인 서점은 도심의 값비싼 부동산 임대, 재고 유지, 반품 처리, 매우 적은 마진 같은 많은 문제를 안고 있는데 말이다.

의심할 여지없이 이것은 부분적으로 책이 아닌 제품, 특히 에코 및 파이어 TV 같은 기술 제품에 대한 마케팅 및 판매를 염두에 두고 있었다. 이는 소비자들이 새로운 기기를 구매하기 전에 직접 보고 실험해 볼 수 있는 방법으로, 애플 스토어가 하고 있는 방식과 유사했다. 그러나 기술을 판매하기 위해 책을 사용하는 것만은 아니다. 아마존 서점은 실제로 책 선반으로 가득 차 있다. 그렇다면 아마존은 미국에서 인쇄책과 디지털을 합쳐서 총 신간 도서 판매량의 40% 이상을 차지하는 엄청나게 효과적인 온라인 서점을 이미 운영하고 있는데 어째서 실제 서점을 여는 것일까? 아마존이 자신보다 앞서서 시도되었지만 너무 자주 실패했던 많은 서점보다 더 성공적으로 실제 서점을 운영할 수 있다고 생각한 이유는 무엇이며, 서점 운영을 통해 얻을 수 있는 것은 무엇일까?

실제 서점을 개점함으로써 아마존은 새로운 종류의 검색 경험을 실험하고 실제로 발명하고 있다. 아마존 온라인 사업의 일부인 개인화된 검색이나 다른 실제 서점의 특징인 일반적인 검색이 아니라 두 가지 모델의 면모를 혼합한 그 중간 형태이다. 오프라인의 아마존 서점은 지금까지 경험했던 것과는 전혀 다른 도서 판매 공간이다. 첫째, 놀랄 만큼 작다. 고객이 선택할 수 있는 책을 100만 권 이상 제공한다는 주장으로 명성을 쌓은 서점("지구상에서 가장 큰 서점")치고는 아마존의 실제 서점은 매우 좁고 진열된 책의 수가 매우 적다는 점이 가장 눈에 띈다. 마찬가지로 인상적인 것은 서점 안의 모든 책이 정면으로 진열되어 있다는 것이다. 서가는 책등만 보이는 셀 수 없이 많은 서적으로 가득 차 있지 않다. 대신 소비자는 표지가 전면으로 진열되고 은은한 조명이 표지를 강조해서 표지를 최대한 활용한 일련의 책을 보게 된다. 좀 더 가까이 가면 각 도서의 아래에 아마존 고객 리뷰의 인용문과 아마존 온라인 고객 리뷰의 순위가 표시된 세련된 카드를 볼 수 있다. "『맨해튼 비치 Manhattan Beach』는 축제이다. 아름답게 쓰이고 잘 구성되어 있으며 특정한 역사적 시대와 '분위기'를 보여주면서 계시와 신비스러움이 완벽하게 균형을 이룬 인물들이 등장한다. 이런 소설을 얼마나 자주 볼 수 있는가? _메리 린스. 별점 3.8. 2018년 5월 4일 기준 840개의 리뷰." 계속 둘러보면 (뉴욕에 있는 아마존 서점 중 한 곳일 경우) '뉴욕에서 소설 부문 최고 판매 서적'이라는 섹션과 '뉴욕에서 비소설 부문 최고 판매 서적'이라는 섹션이 나올 것이다. 코너를 돌면 '당신이 좋아한다면If you like…'이라는 섹션이 있다. 그곳에는 왼쪽으로는 한 권의 책이, 오른쪽으로는 네 권의 책이 전면으로 진열되어 있으며, "이것을 좋아한다면(화살표가 왼쪽을 가리키고 있다) 이것도 좋아할 것이다(화살표가 오른쪽을 가리키고 있다)", "당신이 『부자 아시아인Crazy Rich Asians』을 좋아하면 『펀자비 과부의 성생활Erotic Stories for Punjabi Widows』도 좋아할 것이다" 같은 간이 표지가 있다.

서점을 둘러볼수록 소규모로 선택해 전면으로 전시한 서적들이 결코 마구잡이가 아니라 신중하게 선별되었다는 것을 알게 될 것이며, 전시된 책을 검토할수록 큐레이션이 아마존에만 있는 정보를 기반으로 한다는 것을 깨닫게 될 것이다. 아마존에만 있는 정보란 판매 및 예약 주문에 대한 데이터, 아마존 온라인 사이트의 고객 등급 및 리뷰, 2013년 아마존이 인수한 독자용 소셜 미디어 사이트 굿리즈Goodreads에서의 인기도,[13] 아마존이 보유한 고객 데이터(여기에는 고객 주소 및 우편번호,

---

13 굿리즈는 책을 읽고 리뷰하는 데 초점을 둔 소셜 미디어 플랫폼이다. 2006년에 오티스 챈들러(Otis Chandler)와 엘리자베스 쿠리 챈들러(Elizabeth Khuri Chandler)에 의해 설립되었으며, 목표는 사람들이 자신이 좋아했던 책을 다른 사람에게 소개하고 책에 대해 토의하며 다른 사람들과의 온라인 상호작용을 통해 책을 발견할 수 있는 소셜 네트워크를 만드는 것이었다. 누군가의 집에 가서 책장을 둘러보고 책에 대해 이야기하는 것을 온라인에서 하는 것이다. 굿리즈는 또한 독자들이 책을 평가할 수 있는 대안적인 리뷰 공간을 제공하는데, 독자들은 이곳에서 자신이 읽었던 책에 대해 리뷰할 수도 있고 다른 독자의 평가와 굿리즈 알

온라인 도서 구매 및 검색 기록이 포함된다) 등을 말한다.

핑크빛 머리칼에 코 피어싱을 한 20대의 젊은 점원 앨리스는 서가를 살펴보는 모든 고객을 열심히 도와주려 한다. 그녀는 아마존과 굿리즈의 리뷰와 고객 평점, 현지 사람들의 관심과 취향에 대해 알고 있는 정보를 기반으로 큐레이션 팀이 책을 골랐다고 설명했다. 그녀는 "뉴욕 사람들이 관심 있는 것은 시카고 사람이나 LA 사람들이 관심 있는 것과는 다를 거예요"라고 말했다. 일주일에 한 번씩 큐레이션 팀에서 신간 도서 목록을 받고 주 단위로 일부 서적을 바꾼다. "책을 왜 전면으로 전시하나요?"라고 내가 묻자 앨리스는 "그건 모두 찾아내기와 관련 있어요. 책등이 아닌 표지가 보일 때 훨씬 쉽게 책을 찾을 수 있거든요"라고 앨리스가 대답했다.

몇 가지 추가 질문에 답한 후 이번에는 앨리스가 질문을 했다. "아마존 앱이 있나요?" 나는 없었다. "문제없어요. 무료 와이파이가 있어요. 여기서 보여드릴게요." 앨리스는 내 아이폰을 가져가서 몇 초 안 되어 아마존 앱을 깔았다. 그녀는 내 아이폰에 있는 바코드 리더기를 보더니, 아마존 앱에는 바코드 리더기가 내장되어 있고 그 리더기가 훨씬 좋기 때문에 더 이상 기존의 리더기가 필요치 않다고 설명하면서 몇 차례 빠르게 화면을 터치했다. 그러자 오래된 바코드 리더기가 사라지고 아마존 앱으로 대체되었다(사실 나는 그 바코드 리더기를 써본 적이 없었다). 앨리스는 책의 표지를 스캔해서 가격을 확인하는 방법을 시연하고

고리즘으로 생성된 추천을 통해 자신이 읽고 싶은 책을 발견할 수도 있다. 2012년까지 굿리즈는 1000만 명의 회원과 2000만 명의 월간 방문을 보유하고 있었으며, 3억 3000만 권의 책이 사이트에서 평가되었다. 2013년 아마존은 공개되지 않은 금액으로 굿리즈를 인수해 아마존 생태계로 편입함으로써 선도적인 소셜 미디어 플랫폼으로 통합시켰다.

아마존 프라임 회원으로 가입할 경우의 이점에 대해 알려주었다. 그녀는 프라임 회원에게는 아마존닷컴amazon.com에서와 같이 종종 33%라는 큰 폭의 할인된 가격으로 책을 판매하지만 프라임 회원이 아니면 매장 안의 서적들을 정가로 구매해야 한다고 설명했다. 그녀는 표지를 스캔하면서 "여기 데이브 에거Dave Egger의 『더 리프터즈The Lifters』가 있어요. 프라임 회원이면 가격이 12.03달러이지만 프라임 회원이 아니면 17.99달러예요. 원하시면 지금 프라임 회원이 될 수 있어요." 나는 정중하게 그 초대를 거절했다. 친절하고 열성적이고 똑똑하고 설득력 있는 앨리스는 서점 자체와 마찬가지로 새로운 아마존 서점의 공적인 얼굴이다. 그녀는 실제 서점 안의 매력적인 책 전시와 아마존닷컴의 온라인 세상 사이를 매끄럽게 이동하면서 아마존의 온라인-오프라인 생태계로 거의 저항하지 못하게 사람들을 초대한다.

아마존의 실제 서점은 새로운 종류의 가시성, 즉 맞춤형이자 데이터를 기반으로 하는 공간적 가시성에 대한 실험이다. 이는 전통적인 서점의 표준화된 공간적 가시성과도 다르고 아마존 온라인 운영을 통해 이루어지는 개인화된 가상 가시성과도 다르다. 후자와 같이 아마존의 실제 서점은 아마존 고유의 데이터를 사용해서 어떤 서점에 어떤 책을 전시할지 결정하고 선택 항목을 지리적 위치에 따라 고객 맞춤으로 제공한다. 모든 도서를 전면으로 전시함으로써 서점의 물리적 공간에서의 가시성을 극대화하는데, 이처럼 시각적으로 풍부한 탐색 경험을 제공한다는 점에서 다른 오프라인 서점과 다르다. 데이터를 중심으로 책을 선별하는 작업은 저장된 책의 단순 양보다 더 중요하다. 이는 반스 앤 노블 슈퍼스토어와 가장 대비되는 지점이다. 반스 앤 노블 슈퍼스토어는 재고를 극대화하기 위해 책의 위대한 대성당처럼 설계되었고, 셀 수 없이 많은 서가에는 책이 빽빽하게 꽂혀서 여러 개 층에 걸쳐 펼쳐져 있다. 아마존 생태계로 초대하면서 책과 최신 기술 제품이 전면에 전시되어 있고 프라임 멤버십의 매력을 시시각각 강조하는 아마존 서점은 매력적인 곳이다. 맞춤형의 데이터를 기반으로 하는 가시성에 대한 실험이 어떻게 될지는 두고 봐야겠지만 그 계획의 대담성에 깊은 인상을 받지 않을 수 없다[아마존은 2022년 3월 미국과 영국에 있는 오프라인 서점 68곳을 모두 폐쇄할 계획이라고 발표했다_옮긴이].

독자에게 다가가기

앞서 언급했듯이 아마존은 미국 전자책 시장의 70% 이상을, 그리고 인쇄, 디지털을 합쳐 모든 신간 판매량의 40% 이상을 차지하고 있다. 또한 아마존은 많은 도서 구매자의 검색 및 구매 관행에 대한 독점적인 고유 정보를 가지고 있는데, 이는 이전의 그 어떤 소매 조직이 가졌던 정보보다 훨씬 많다. 이것의 역사적 중요성은 과소평가할 수 없다. 반스 앤 노블은 전성기에도 미국 도서 소매의 25% 이상을 갖지 못했다.[14] 더욱이 실제 서점에서 구매한 많은 책이 고객 계정이 아닌 계산대에서 구매되었고 서점 내에서는 개인의 구매 관행이 추적·기록되지 않았기

---

14 예를 들어 2006년 슈퍼스토어와 쇼핑몰 체인은 약 124억 달러 규모의 미국 도서 소매 시장 가운데 약 45%를 차지했고, 반스 앤 노블이 3개 체인점(보더스와 북어밀리언과 함께) 중 가장 큰 규모로 전체 체인 매출의 절반을 약간 넘었다. Stephanie Oda and Glenn Sanislo, *The Subtext Perspective on Book Publishing 2007~2008: Numbers, Issues & Trends* (Darien, Conn.: Open Book Publishing, 2007), pp.64~66을 보라.

때문에 반스 앤 노블은 그 고객들에 대해 파악하고 저장해 놓은 정보의 양이 아마존보다 훨씬 적었다. 아마존에서는 모든 온라인 고객이 등록된 사용자이므로 그들의 구매 기록뿐 아니라 검색 행위까지 추적·기록·저장된다. 현재 아마존이 보유하고 있는 고객 정보의 양과 세부사항은 역사적으로 전례가 없는 일이며, 이는 도서 소매 공간에서 출판사들과 아마존 사이에 역대 가장 큰 구조적 비대칭을 만들고 있다. 이러한 이유로 출판계에 있는 많은 이들은 아마존의 지배적이고 커져가는 시장 점유율뿐 아니라 아마존의 지배력에 대해서도 우려하고 있다. 제5장의 시작 부분에서 인용한 한 CEO의 말은 결코 혼자만의 걱정이 아니다.

그렇다면 이런 구조적 비대칭을 상쇄하기 위해 출판사들이 할 수 있는 일이 있을까? 이 새로운 디지털 시대에 어째서 출판사들은 책의 최종 고객이자 독자인 개인에게 접근·접촉하는 데서 실질적으로 단절된 오래된 관행을 고수했을까? 어째서 출판사들은 한 소매업체가 책 구매자에 대한 정보를 독점하고 이 정보를 고유 자산으로 바꾼 다음 이 자산을 해당 분야에서 자신의 위상을 강화하는 수단으로 사용하도록, 그리고 때로는 책을 제공하는 출판사를 희생시키도록 내버려둘까?

이는 아마존의 지배력이 커지는 것을 보면서 많은 출판사를 사로잡았던 질문들이다. 자신의 책이 얻는 인기가 자신을 공격하는 데 사용될 수 있다는 아이러니는 출판사 관리자들의 뇌리를 떠나지 않았다. 그러나 그들이 실제로 무엇을 할 수 있었을까? 그들은 아마존 대신 다른 소매업체와 거래하거나 자신들의 책을 고객에게 직접 판매할 수 있었다. 한 작고 급진적인 독립 출판사 OR북스OR Books는 대부분의 책을 고객에게 직접 판매하는 대담한 조치를 취했다. 이러한 방식은 각 판매에서 더 나은 마진을 제공하고(소매업체에게 할인을 제공하지 않기 때문이다) 고객의 세부 정보를 알려주는(책을 직접 구매하기 위해서는 OR북스에 가입해야 하기 때문이다) 두 가지 이점을 가지고 있었다.

그러나 대부분의 기존 출판사에게는 아마존을 배제하는 것이 어려운 조치일 것이다. 아마존은 많은 경우 출판사 매출의 40% 이상을 차지하는 가장 큰 단일 고객이기 때문이다. 그리고 많은 출판사는 자신의 웹사이트에서 소비자에게 직접 판매할 수 있는 능력을 얼마간 가지고 있었지만, 대부분의 경우 제한된 성공을 거두었을 뿐이다. 효율적이고 잘 조직되어 있으며 고객 친화적인 아마존 같은 온라인 소매업체가 있는데, 그리고 타의 추종을 불허하는 범위의 다양한 책을 원스톱 상점에서 아마도 같은 가격에 살 수 있는데(아마존의 할인과 무료 배송 서비스를 고려하면 더 저렴할 수도 있다) 왜 소비자가 출판사에서 책을 직접 구매하겠는가? 잘 알지도 못하고 신뢰할 이유도 없는 여러 출판사에 신용카드 정보를 줄 필요는 없었다. 그렇다고 해서 직접 판매가 아무 소용없었던 것은 아니다. 출판사의 웹사이트에 장바구니를 만드는 것보다 더 효과적인 방법이 있을 수 있다는 것을 일깨웠기 때문이다. 또한 출판사가 자신들의 책에 관심 있는 사람들에게 직접 다가가기 위해 할 수 있는 다른 일이 없었던 것도 아니다.

아마존을 우회하는 과감한 조치를 취하지 않는다면 출판사들은 무엇을 할 수 있을까? 이는 최근 몇 년 멜리사를 포함한 출판사 고위 관리자들이 취하고 있는 새로운 조치 일부의 배경에 숨어 있는 의문이다. 멜리사는 일반 관심 도서의 전체 범위를 보유한 미국의 대형 상사 '타이탄Titan'에서 새로운 종류의 소비자 개발과 관련된 부서를 이끌었다. "내 일은 독자들과의 관계를 구축하는 방법을 알아내는 것입니다. 이를 통해 독자들이 누구인지, 그들에게 어떻게 다가가고 영향을 미칠지, 그들이 어떻게 행동하도록 만들지를 이해하는 것입니다"라고 설명했다. 이것은 '타이탄'과 많은 대형 및 중소형 출판사의 주요 관심사가 되었다. 독자와 직접적인 관계를 구축하려는 노력은 시판용 출판사의 새로운 성배가 되었다. 멜리사는 "시장이 변화하는 방식에 대해 생각하기 시작하는 것은 자연스러운 일입니다"라고 말했다. 물론 슈퍼스토어 체인의 희생을 대가로 아마존이 성장한 것이 큰 변화이지만 아마존의 역동성도 변하고 있다. 이전에는 '타이탄'이 아마존에서의 배치 및 마케팅 유형에 영향을 미치기가 훨씬 쉬웠다. '타이탄'은 홈페이지에서 자리를 확보하고 특정 상품 분야에서 구매 자리를 얻고 특정 이메일을 발송시키는 등의 작업에 영향을 줄 수 있었다. "우리는 플랫폼에서 우리 서적들에 대한 판매를 유도할 수 있는 많은 영향력을 갖고 있었습니다." 물론 그들은 코업, 클릭당 지불 광고, 또는 다른 형태로 비용을 지불했다. 비용이 저렴하지는 않았지만 적어도 아마존 플랫폼에 노출될 수 있었다. 그러나 지금은 상황이 다르다고 멜리사는 설명했다. 아마존은 더 커졌고 다른 우선순위를 갖게 되었으며 도서 분야에서는 자가 출판이 그들 사업의 훨씬 중요한 부분이 되었다. 그러므로 '타이탄'은 더 이상 아마존에 의존해서 판매를 유도할 수 없었다.

아마존은 더 강해졌습니다. 아마존은 자가 출판 작가가 되게끔 사람들을 몰아가고 있으며, 사람들로 하여금 자신이 구축하고 싶은 일을 하도록 몰고 있습니다. 따라서 아마존 플랫폼에서 판매를 유도하는 방법을 찾아야 합니다. 아마존은 여전히 커다란 성과를 내는 거래처이기 때문입니다. 그들이 어떤 책을 밀면 여전히 성과가 납니다. 그러나 우리는 광범위한 목록을 가지고 있고 아마존은 더 크고 다양한 소매 세계를 창조하고 있습니다. 그러므로 잡음을 뚫고 신호를 잡기 위해서는 우리가 그것을 이끌 수 있어야 합니다. 따라서 아마존의 이메일 리스트에 의존하기보다는 우리 것을 자체적으로 구축해야 합니다.

멜리사는 이메일 주소에 대한 고유 데이터베이스를 구축하기 위해 특정 서적들에 대한 마케팅 일부를 다른 곳으로 돌리는 것이 자원을 잘 활용하는 것이라고 동료들을 설득해야 했다. 마케팅 담당자, 편집자, 그리고 출판 조직에 있는 여러 사람은 다음 주와 다음 달에 출판되는 책에 대해 당연히 신경 쓰고 있기 때문에 이는 말처럼 쉽지가 않다. 그들은 이들 책에 대한 관심을 끌어야 하고 움직여야 한다. 해마다 연말이면 이것으로 평가되기 때문이다. 출판 조직의 재정적 요구와 인센티브는 단기 업적주의를 선호한다. 따라서 단기 업적주의를 버리고 재생 가능한 자산으로서 소비자에게 다가가는 데 계속 사용할 수 있는 데이터베이스를 구축하는 것이 장기적으로 엄청난 가치가 있음을 동료들에게 설득해야 한다. "단일 책에 대해 새로운 온라인 광고 비용으로 수천 달러를 쓰는 대신 직접 다가설 수 있는 100만 명에 대한 정보를 갖는 것이 어떨까요? 그래요, 우리는 이메일 서비스 제공업체에 대한 비용과 배포 비용을 지불해야 하지만 1000개당 비용을 기준으로 하면 여전히 훨씬 쌉니다. 그리고 그들에게 직접 연락할 수 있는 권한을 보유했기 때문에 구글과 페이스북을 통해 검색 마케팅을 하는 것보다 훨씬 더 많은 관심을 끌 수 있습니다."

이 전략은 이메일이 많은 사람이 생각하는 것보다 온라인 마케팅 도구로서 훨씬 더 가치 있다는 견해를 전제로 한다. 멜리사는 "2000년 중반에는 이메일이 소셜 미디어만큼 끌리거나 흥미롭지 않은 구식 도구로 인식되던 시기가 오래 있었습니다"라고 말을 이었다. "모든 사람은 페이스북을 통해 모든 이에게 다가갈 수 있도록 페이스북의 좋아요를 받는 데 돈과 시간을 쓰고 있었고, 그것은 지금도 여전히 가치가 있습니다. 그러나 소셜 미디어 플랫폼은 대단히 변덕스러운 것으로 판명되고 있습니다. 페이스북은 알고리즘을 계속 바꾸는데, 페이스북은 당신이 누구인지에 따라 각 브랜드와 서로 다른 관계를 가지며, 이는 실제로 통제할 수 없는 부분이기도 합니다. 반면에 이메일을 사용하면 대단한 통제력을 갖게 됩니다."

이메일을 사용하면 사람들에게 언제 연락할지, 얼마나 자주 연락할지, 그들과 정확히 무엇을 나누고 싶은지 결정할 수 있으며, 여러 가지 방법으로 청중을 분류할 수 있다. 이메일의 상대적인 효과는 여러 산업의 마케터 사이에서 일반적인 지식이 되었다. 멜리사는 이메일이 고객 확보 수단으로서 페이스북과 트위터를 합친 것보다 거의 40배 더 효과적이라고 분석한 매킨지 보고서를 언급했다.[15] 멜리사는 책의 경우 일반 소매업이지만 이메일의 효과는 더 클 수 있다고 설명한다. 사람들은 특정 작가 및 특정 장르와 연결된 이메일을 열어볼 가능성이 더 크기 때문이다. 멜리사는 "기준선은 20%이지만 대니얼 스틸Danielle Steele 같은 유명인에 대한 이메일 오픈율을 보면 믿을 수 없는 수치인 60% 정도입니다. 따라서 이메일을 통해 얻는 참여는 어마어마합니다"라고 말

---

15 Nora Aufreiter, Julien Boudet and Vivian Weng, "Why Marketers Should Keep Sending You E-mails," McKinsey & Company(January 2014), at www.mckinsey.com/business-functions/marketing-and-sales/our-insights/why-marketers-should-keep-sending-you-emails.

했다. 생각해 보면 그다지 놀라운 일은 아니다. 사람들은 좋아하는 책의 작가와 정서적 교감을 갖고 있고, 그 작가에 대해 더 알고 싶어 하며, 그 작가가 이제 막 집필을 끝냈거나 출판한 새로운 책에 대해서도 더 알고 싶어 한다. "사람들은 이 놀랍도록 창의적인 사람들과 연결되고 싶어 합니다. 그리고 우리는 이러한 이점을 갖고 있으므로 이를 최대한 활용해야 합니다. 실제로 이메일은 이를 수행하는 진정 확실한 방법입니다."

이것은 이론이다. 그렇다면 실제로는 어떻게 할까? 어떤 종류의 시스템을 구축하며, 사람들이 이메일 주소를 제공하도록 하기 위해 어떤 방법을 취할까? 멜리사는 그 구조에 대해 많이 생각했다. 그녀는 커다란 도화지를 꺼내서 몇 개의 상자와 화살표를 스케치하고 몇몇 라벨에 재빨리 글을 적었다(〈그림 6.1〉). 핵심은 소비자 데이터베이스로, 모든 이메일 주소와 고객의 관심사를 포함해 기타 정보를 구조화한 데이터베이스이다. 그 위에 있는 것이 이들 데이터와 상호작용하는 방법을 정하는 기술 서비스 층이다. 보고 및 데이터 분석을 다루는 층도 있다. 멜리사는 그림 상단에 있는 일련의 상자를 가리키면서 "이 모든 것은 기본적으로 서로 다른 채널 프로그램을 지원하고 있습니다"라고 말했다. 이러한 채널로는 먼저, 이메일이 있다. 이 이메일은 이메일 서비스 제공업체(ESP)를 통해 독자에게 배포된다. 이 이메일은 분류될 수도 있고, 개인화될 수도 있고, 가변적 가격 책정dynamic pricing에 대한 추천이 될 수도 있다. 이 이메일은 어느 작가의 뉴스레터가 될 수도 있고, 뉴스레터 연재가 될 수도 있고, 손으로 직접 쓰고 사인한 '구식 편지'가 될 수도 있다. 이는 이메일이나 뉴스레터를 고객 맞춤화하고 신중하게 타깃화할 수 있는 다양한 수준(이 수준은 기업 수준, 카테고리 수준, 저자 수

그림 6.1 | 소비자 데이터베이스 만들기

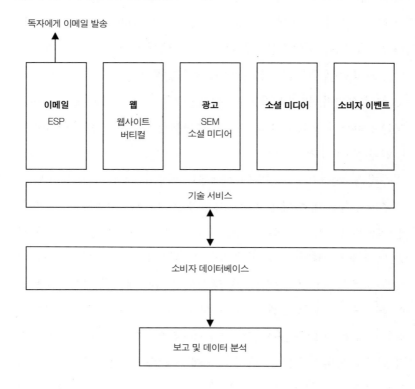

준, 도서 수준 등으로 매우 유연하다)에서 발생할 수 있다.

다음 채널은 웹이다. 여기에는 '타이탄'의 핵심 닷컴뿐만 아니라 다양한 임프린트에 대한 사이트도 포함되는데, 이중 다수는 자체 브랜드의 웹사이트를 보유하고 있다. 그러나 결정적으로 여기에는 '타이탄'이 구축한 다양한 버티컬 포털과 소비자들을 겨냥해서 지금도 구축 중인 다른 카테고리도 포함된다(자세한 내용은 잠시 후 다시 다룰 것이다). 이메일 채널과 웹 채널, 특히 버티컬은 멜리사가 주도하고 있는 시도에서 가장 중요한 채널이다. 이들 채널은 '타이탄'이 많은 통제권을 갖고 있는 곳이자 '타이탄'이 독자에게 직접 다가가서 독자에 대한 데이터를 모으는 곳이기 때문이다.

그다음 채널은 광고이다. 여기에는 구글 애드워즈Google AdWords 같은 검색 엔진 마케팅(SEM)과 페이스북 및 기타 소셜 미디어의 소셜 미디어 광고가 포함된다. 소비자 데이터베이스를 구축함으로써 멜리사는 자신의 광고를 훨씬 더 정확하게 겨냥할 수 있다. 그녀는 광고로 겨냥하고 싶은 사람들의 조합을 미리 선택할 수 있다. 예를 들어, 엄마들을 대상으로 하는 새 책을 출판하고 LA에서 특별 출시한다고 가정해 보자. 이메일 리스트를 가져와서 데이터베이스에서 LA에 있는 모든 엄마를 선택한 뒤 해당 이메일 주소를 직접 소셜 미디어 광고 플랫폼에 로딩해서 LA에 사는 엄마이자 책에 관심 있는 사람들을 직접 겨냥할 수 있다. 소셜 미디어는 목표물 겨냥에 능하기는 하지만 책에 대한 관심을 반드시 필터링하지는 않는다. 멜리사는 "그래서 우리의 지출이 훨씬 더 효과적입니다. 우리는 이미 갖고 있는 데이터를 사용해서 일반 세상에서 어디에 지출하고 있는지 알려줄 수 있기 때문입니다"라고 말했다. 한편, 페이스북, 트위터, 기타 플랫폼에서는 페이지를 생성해서 팔로어를 구축하거나 다양한 종류의 소비자 이벤트를 실시하는 등 소셜 미디어를 활용할 수 있는 다른 방법도 많다. 멜리사는 마지막 두 개의 상자를 가리키면서 "여기에 엄청나게 많은 것이 있어요"라고 말했다.

구조를 파악하고 나면 가장 큰 과제는 이메일 주소와 관련 고객 정보로 데이터베이스를 채우는 것이다. 관련성 높은 고객 데이터로 가능한 한 빠르고 정확하게 데이터베이스를 구축해야 한다. '타이탄' 같은 큰 회사에서는 이미 보유한 고객 데이터로 할 수 있는 일이 많다. 하지만 이들 데이터를 수집해서 새로운 데이터로 통합하는 것은 보기보다 복잡할 수 있다. 우선, 이 데이터로 할 수 있는 일을 규정하는 규칙이 있다. 고객이 허가한 용도 외에는 데이터를 이용해서는 안 되며, 다른 목적으로 데이터를 이용하려면 고객에게 허가를 받아야 한다. 여기서의 핵심 목표는 가능한 한 광범위하게 허가를 받아 데이터를 이용함으로써 수행하는 작업에서 최대한 자유를 얻는 것이다. 데이터 가운데 일부는 오래되었을 수도 있고 일부는 이메일 주소가 중단되었을 수도 있으며 일부 고객은 더 이상 관심이 없을 수도 있다. 정보가 제대로 구성되지 않거나 다르게 구성되어 있을 수도 있어서 오래된 고객 데이터를 정리하는 자체가 큰 일일 수 있다. 이런 목록을 검토해서 응답하지 않는 이메일이나 구독 해지한 고객 이메일을 솎아내고 나면 그 수가 절반으로 줄어들 수도 있다. 자, 이제 시작이다. 그러면 새로운 구독자로 구성된 목록을 어떻게 만들 수 있을까? 웹사이트에 가입하는 양식에서 '더 많은 소식을 듣고 싶으면 메일링 리스트에 가입하세요'라는 항목을 만들 수 있다. "그것이 전통적인 방식이며 쓸 만해요"라고 멜리사는 설명했다. 그렇게 하면 새로운 이메일 주소를 얻을 수 있지만 충분치는 않다. 너무 수동적이다. 고객 확보에 훨씬 더 적극적이어야 한다. 바로 여기에서 버티컬이 등장한다.

멜리사는 이제 새로운 사이트를 개발하는 데 많은 시간을 할애하고 있다. 그 사이트를 굿푸드닷컴GoodFood.com이라고 하자. 멜리사는 "굿푸드닷컴은 웹사이트이지만 이것의 기본 구상은 실제로는 이메일 프로그램입니다"라고 말했다. "이것은 주로 여성을 위한 이메일 구독입니다. 하지만 우리는 아빠들을 소외시키고 싶지 않기 때문에 사이트에서는 그렇게 보이지 않습니다." '타이탄'은 여러 가지 이유로 여성에 초점을 두기로 했다. 여성은 독서량이 많고 책을 많이 구매하며 다양한 채널의 다양한 카테고리에서 구매를 하고 소셜 미디어에서 매우 활발히 활동한다. 따라서 다른 어느 세그먼트보다 더 많이 공유하고 추천에 대해 채팅한다. 멜리사는 야심찬 목표를 세웠다. 바로 12개월 안에 50만 명의 여성을 30% 이상의 오픈율로 구독시키는 것이었다.

'타이탄'은 여성을 사이트로 유도해서 가입시키기 위해 다양한 방법을 사용했는데, 유료 광고, 식품 회사 및 슈퍼마켓과의 파트너십, 누크 또는 아이패드 또는 도서 상품권 경품행사 등이었다. 경품이 특히 잘 작동했다고 멜리사는 설명했다. "우리는 '당신이 선택하는 25권의 책을 증정해 드립니다' 같은 말을 기본적으로 했습니다. '당신이 선택하는'이라는 방식을 취한 이유는 선호도를 파악하고 싶었기 때문입니다. 우리는 고객의 이름뿐만 아니라 고객이 무엇을 좋아하는지도 알고 싶었습니다. 페이스북에 광고를 하면 사람들이 굿푸드닷컴을 클릭해서 '네, 구독하겠습니다'라고 합니다. 그들은 자신의 주소를 알려주고 자신이 좋아하는 것을 지정했습니다. 이는 환상적이고 비용 효과적인 방법이었습니다."

이 사람들 중 일부는 경품에만 관심이 있지만 상당한 비율(절반 이상)은 굿푸드로부터 소식 및 정보를 수신하는 데 동의하고 이 사람들 중 다시 절반은 '타이탄'으로부터 정보를 수신하는 데 동의한다. 일단 누군가가 구독하면 핵심은 겨냥된 이메일을 통해 그들과의 커뮤니케이션을 개인화하는 것이다. 왜냐하면 사람들이 좋아하고 듣고 싶어 하는 것을 파악해야 하기 때문이다. 예를 들어, 정성 들여 음식을 만들 시간은 없지만 아이들을 잘 먹이기 바라는 두 아이의 엄마이자 워킹맘인 어맨다라는 여성이 있다고 하자. 당신의 이메일은 이를 염두에 두고 어맨

다를 겨냥하기를 원한다. 어맨다는 일류 요리에 대해서는 알고 싶어 하지 않지만 빠르고 건강한 음식에 대한 책을 추천한다면 매번 이메일을 열어볼 것이다.

멜리사와 그녀의 팀은 실제로 첫 해에 50만 개의 이메일 주소를 얻으려던 목표를 달성했다. "정보를 받기 위해 신청한 사람은 50만 명입니다. 나는 그중 절반, 아니 절반 이상이 적극적으로 참여하고 있다고 생각합니다." 이러한 이메일 주소와 고객 정보를 자체 데이터베이스에 보관하는 것은 소셜 미디어에 의존하는 것보다 훨씬 효과적이다. "이전에는 페이스북 계정을 개설하고 매일 게시물을 올리면 해당 게시물을 받고 싶은 누구나 게시물을 받고 해당 소식을 얻을 수 있었습니다. 그러나 우리가 확인한 바로는 사람들의 뉴스피드 노출도가 극적으로 떨어졌습니다. 따라서 특정 페이스북 페이지에 10만 명의 팔로어가 있더라도 지금 구성되어 있는 페이스북의 알고리즘 방식 때문에 게시물을 올리면 해당 그룹의 실제 1%에게만 도달합니다"라고 멜리사는 말했다. 페이스북은 고객에게 접근하는 방법으로 대단히 중요한데, 여기서 경품 광고는 매우 좋은 반응을 얻을 수 있다. 그러나 멜리사의 관점에서 볼 때 핵심은 가능한 한 많은 고객을 '타이탄' 자체의 데이터베이스로 이동시켜서 더 많은 통제 권한을 행사하는 것이다.

멜리사와 그녀의 팀은 사이트를 위해 많은 콘텐츠를 제작했는데, 첫해 말까지 500개 이상의 콘텐츠가 제작되었다. 멜리사는 대부분의 콘텐츠("90%나 95%쯤 될 거예요")의 목적은 '자극을 주는 것'이라고 설명했다. 그녀는 이 말이 특정 목적에 어떤 방안이 가장 적합한지, 특정 문제에 잘 대처하는 방법은 무엇인지 등에 대한 짧은 글을 의미한다고 설명했다. "사람들은 지침을 찾고 있습니다. 따라서 '지금 이 책을 구매하세요'라는 말하는 것과는 대조적으로 이것이 우리가 하는 일의 핵심입니다. 이것은 강매가 아닙니다. 이것은 정보, 영감, 그리고 거의 생활방식입니다." 그럼에도 불구하고 멜리사는 이를 통해 책을 판매할 수 있다고 자신한다. "우리는 우리가 하는 모든 일을 추적하고 있기 때문에 책이 판매된다는 것을 알고 있습니다. 이것은 최대한 부드러운 판매입니다. 일부 글에는 구매 링크조차 없습니다. 우리 글의 30%에는 실제로 구매 링크가 있지만 이는 매우 미묘하게 되어 있습니다. 구매 버튼이 있고 이 버튼을 누르면 소매업체로 이동합니다. 여기서는 우리가 운영 중인 다른 프로그램에서보다 더 높은 소매전환율을 보이고 있습니다. 심지어 판매에 훨씬 더 초점을 둔 프로그램보다도 말이죠."

이 성공적인 시제품을 만들고 난 후 멜리사의 목표는 이제 회사 전체로 이 모델을 배포하고 다른 주제에 초점을 둔 일정한 수의 사이트를 구축하는 것이다. 굿푸드닷컴을 개발함으로써 그들은 회사 내의 다른 그룹과 부서에서 전용 고객 데이터베이스를 구축하는 데 사용할 수 있는 일련의 도구, 템플릿, 방법론을 만들어냈다. 이 데이터베이스를 통해 자신들의 책에 관심을 가질 만한 독자에게 직접적이고 효과적으로 다가설 수 있을 것이었다. 이러한 시도는 고객 정보를 담은 '타이탄' 데이터베이스를 확장하려는 광범위한 계획의 핵심이다. 멜리사는 야망이 있는 사람이었다. "내가 생각하는 방식은 다음과 같습니다. 미국 인구는 3억 8000만 명이고 그 인구 중 25%는 실제로 열성적인 독자입니다. 이들은 우리에게 최고의 독자입니다. 그들은 매달 몇 권씩 책을 읽고 있으며, 가치가 높고 핵심입니다. 이들이 우리가 목표로 삼아야 하는 사람들입니다. 현실적으로 절반 미만이 목표로 삼기에 좋은 숫자일 것입니다. 즉, 3000만 명이라고 할 수 있습니다."

그녀는 이것이 야심찬 목표임을 인정한다. 이것은 지나치게 낙관적으로 보일 수 있다. 다른 한편으로 '타이탄'은 이미 데이터베이스에 700만 명의 고객을 보유하고 있으며 그다지 어렵지 않게 전년도에 100만 명을 추가했다. 따라서 3000만 명이 불가능한 목표는 아니다. 그러나 숫자 자체가 핵심은 아니다. 중요한 것은 회사 전체의 사람들이 이제 고객 데이터베이스 구축의 중요성에 집중하고 있으며, 이 데이터베이스의 정보를 활용해서 독자의 관심사에 주의 깊게 맞춤화된 방식으로 다가가는 방법을 열심히 생각하고 있다는 것이다.

멜리사가 이해하고 있듯이, 사람들이 온라인에서 점점 더 많은 것을 배우고 물건을 구매하는 세상에서 고객 데이터베이스를 구축하는 것은 출판사가 무엇인지, 그리고 출판사가 무엇이 되어야 하는지에 대한 중요한 부분이 되었다. 사람들은 이전처럼 서점을 방문하지 않고 실제로 전시된 책을 보지 않는다. 도서 마케팅은 더욱 개인화되고 있고 점점 더 온라인에서 추진되고 있다. 그러나 출판사는 아마존 같은 큰 소매업체가 이러한 마케팅을 수행할 것이라고 가정할 수 없다. "아마존이 우리 대신 이 일을 할 것이라고는 믿지 않습니다. 사실 나는 배제당하는 것에 대해 점점 더 걱정하고 있습니다. 아마존은 그간 출간되는 모든 책에 대해 소개해 주었는데 더 이상 그 작업을 하지 않고 있습니다. 아마존은 많은 이메일 전략을 수익성 높은 제품으로 옮겨가고 있습니다. 따라서 우리에게 중요한 것은 아마존이 제대로 하고 있는가 하는 것이 아닙니다. 그들이 과연 하고는 있는가 하는 것입니다." 멜리사의 견해로는 이러한 근본적인 변화를 감안하면 출판사들은 자신들이 출판하는 책에 관심 있거나 관심이 있을 수 있는 사람들과 직접 소통하는 능력을 개발하기 위해 자신이 할 수 있는 일을 해야 한다. 멜리사는 이렇게 말했다.

지금 시점에서 우리에게 중요한 것은 작가에게 가능한 최고의 서비스를 제공하는 데 목표를 두는 것이며, 가능한 최고의 서비스라 함은 작가를 가능한 한 많은 독자와 연결시키고 가능한 한 많은 독자와 소통하게 하는 것입니다. 그리고 이것은 그 수수께끼의 중요한 부분 중 하나일 뿐입니다. 전통적으로 이는 공급망을 통해 책을 구매 시점까지 가장 효율적으로 공급하는 것이자 소매업체를 지원하는 것이었습니다. 지금도 우리는 계속 그렇게 해야 하지만 작가를 선두에서 쉽게 찾을 수 있도록 독자들에게 다가가 영향을 미칠 수 있는 방법을 스스로 찾아야 합니다. 그것은 현 시점에서 전체 산업을 위한 규모의 게임이라고 생각합니다.

'타이탄'만 이 전략을 추구한 것은 아니다. 많은 출판사가 자체 데이터베이스를 개발하고 있으며, 굿푸드닷컴과 유사한 사이트를 개설했다. 여기에는 어린아이가 있는 엄마를 대상으로 펭귄 랜덤하우스가 운영하는 사이트 브라이틀리닷컴Brightly.com, 10대와 청년을 대상으로 하퍼콜린스가 운영하는 에픽리즈EpicReads, SF와 판타지 독자를 대상으로 맥밀런이 운영하는 토르닷컴Tor.com, 문학 소설의 독자를 대상으로 ESG가 운영하는 사이트 및 뉴스레터 워크 인 프로그레스Work in Progress 등등이 있다. 이들 대부분은 비슷한 방식으로 작동한다. 출판사가 사이트를 만들고 그 사이트를 저자 및 책과 연계된 콘텐츠로 채운다(콘텐츠는 대부분 해당 출판사의 책이지만 다른 출판사에서 출판된 책과 저자를 추천하기도 한다). 그리고 다양한 방법을 사용해서 사람들이 구독하도록 장려하며, 이를 통해 이메일 주소와 기타 정보를 출판사의 데이터베이스에 추가한다. 이러한 모델들은 유사하지만 변형과 치환이 많다. 이 주제를 변형한 것 가운데 특히 흥미로운 것은 리터러리 허브Literary Hub이다.

문학계의 스위스, 그로브 출판사

리터러리 허브는 그로브 애틀랜틱Grove Atlantic의 사장이자 출판인이며 문학 출판계에서 저명한 인물인 모건 엔트레킨Morgan Entrekin의 발명품이다. 모건이 시도한 것은 특정 출판사에 묶여 있지 않고 모두에게 열려 있는 문학 웹사이트를 만드는 것이었다. 목적은 간단했다. 모건은 "발견 가능성입니다. 많은 양의 문학 콘텐츠가 출판되고 있지만 너무 광범위하게 퍼져 있어서 90%는 보이지도 않은 채 사라집니다"라고 말했다. 고급 문학을 읽는 데 관심 있는 사람들 대부분에게 중요한 것은 작가와 책이지, 출판사는 아니라는 것이 그의 생각이었다. 대부분의 독자는 출판사가 어디인지에는 관심이 없고 책에 대해서만 알고 싶어 한다. 그렇다면 출판사의 사이트를 방문하도록 독자를 설득할 게 아니라 누가 출판했든 무관하게 좋은 작가와 좋은 책에만 초점을 둔 사이트를 만드는 것이 어떻겠는가? 어느 한 출판사가 독점한 사이트가 아니라 여러 출판사의 합동 사업인 사이트를 말이다. 많은 출판사의 노력을 결합해서 고급 문학에 관심이 있는 누구나 방문하는 사이트가 되도록 단일 리소스를 만드는 것이다. 어떤 출판사도 독자적으로는 그러한 사이트가 될 수 없을 것이다. 이는 펭귄 랜덤하우스 같은 대형 출판사조차도 한계가 있을 것이다. 펭귄 랜덤하우스에는 ESG, 스크리브너, 에코Ecco, 리틀Little, 브라운Brown, 노턴Norton 같은 다른 많은 출판사에서 출판한 책이 없기 때문이다. 그러나 출판사들의 노력과 책을 합치면 단일 출판사가 독자적으로 할 수 없는 무언가를 함께 만들어낼 수 있을 것이다.

하지만 이와 같은 공공 영역을 만들어내는 것은 쉬운 일이 아니다. 특히 출판사 간의 경쟁의식이 형제적 협력 정신만큼이나(또는 그 이상으로) 강한 출판 같은 장에서는 더욱 그랬다. 그 일을 해내려면 그 장에서 독보적인 위치를 갖고 있고 많은 시간과 노력, 그리고 돈을 기꺼이 투자할 수 있는 누군가가 필요했다. 모건의 견해로는 그로브가 대형 5개 출판사 중 한 곳은 아니었지만 작은 독립 출판사도 아니었기 때문에 그 일을 할 수 있었다. 대형 5개사 중 한 곳이 그 일을 시도했다면 다른 큰 회사들이 경계했을 것이며, 작은 독립 출판사는 이 일을 해낼 만한 자원을 갖고 있지 않았을 것이다. 그러나 그로브는 미국 시판용 출판이라는 장에 남아 있는 몇 안 되는 중간 규모 출판사 중 하나로서 다른 출판사들의 경쟁 불안을 완화하기에 충분히 중립적이라고 볼 수 있었다. "그로브는 문학계의 스위스 같은 곳입니다. 따라서 그 일을 할 수 있고 주재할 수도 있습니다. 우리는 그 일이 그로브의 상품들에게 특권을 부여하지 않는다는 것을 확인시키기 위해 확실히 물러섰습니다. 사실상 나는 그 일이 그로브의 상품들에게 특혜를 주지 않는다고 생각합니다"라고 모건은 말했다.

이 사이트의 모델은 '초청에 의한 크라우드소스'였다. 즉, 다른 출판사 및 콘텐츠 창작가를 매년 합의된 수의 작품(예를 들어 일 년에 14~16개 작품)을 제공하는 파트너로 참여하도록 사이트에 초청한다. 출판사뿐 아니라 문학잡지를 포함해 100~150개의 파트너를 확보하고 각 파트너가 작가나 책, 또는 문학 세계에 관한 내용을 다루는 일정한 수의 작품을 제공한다면 새로운 콘텐츠가 안정된 흐름을 이룰 것이며, 이를 통해 새로운 내용과 초록을 추가해서 사이트를 매일 변경할 수 있을 것이다. 이에 모건은 다른 출판사들을 설득하기 시작했다. 그 작업은 그다지 힘들지 않았다. "나는 출판계를 돌며 그것에 대해 이야기했고 내가 물어본 모든 사람은 알았다고 대답했습니다." 모건이 재정적 수익을 기대하지 않고 3년 동안 사이트에 자금을 조달할 준비가 되어 있다는 사실은 매우 큰 도움이 되었다. "한 출판사로부터 '당신의 수익 모델은 무엇인가요?'라는 질문을 받았습니다. 나는 '글쎄요, 그래요. 무수익 모델입니다. 첫 해 수익 제로, 2년차 수익 제로, 3년차 수익 제로. 그러니까 수익이 조금이라도 생긴다면 예산을 초과하게 되는 것입니다'라고 대답했습니다." 모건은 투자자들의 재정적 기대가 자신을 얽맬 것이기 때문에 외부 자금을 끌어오기를 원치 않았고 다른 출판사에게 이런 종류의 투기적인 사업에 자금을 투자하도록 설득하고 싶지도 않았다. 자기 혼자 그로브 애틀랜틱의 자원을 활용하면서 자금을 대는 것이 깨끗하고 간단했다. 만일 리터러리 허브가 성공으로 판명된다면(즉, 많은 사람들이 사이트를 정기적으로 방문하고 뉴스레터를 신청한다면) 그는 출판사들을 초대해서 사이트의 광고 공간을 구매하도록 하고 이 수익을 재정 지원에 이용할 수 있을 것이었다. 그러나 그것은 나중의 일이었다. 그는 우선 이 아이디어가 제대로 작동하는지부터 확인해야 했다.

그러나 어째서 이 아이디어가 작동할까? 몇 년 전에 아마존에 대한 대안을 제공하는 도서 추천 및 소매 사이트 부키시를 통해 비슷한 일을 시도했지만 실패로 끝나지 않았던가? 그렇다. 하지만 모건은 마음속에 다른 것을 염두에 두고 있었다. 모건은 "부키시가 실패했던 이유는 스펙트럼이 너무 광범위했기 때문입니다. 나는 모든 독자에게 모든 것을 다 할 수 있다고 생각하지 않습니다. 초점을 가져야 합니다. 그리고 우리의 경우에는 주로 문학 분야입니다"라고 말했다. 그러나 '문학 분야'는 좁게 해석되지 않는다. 문학 소설이 주요 초점이지만 진지한 비소설과 특정 종류의 장르 소설까지 다루었다. 그들은 상업적인 대작을 다루지는 않겠지만("그런 작품들은 이미 다른 곳에서 많은 관심을 받습니다") 스티븐 킹이 리터러리 허브를 위해 작품을 쓰고 싶어 한다면 "우리는 환영할 것입니다." 마찬가지로 할리퀸Harlequin[로맨스 소설 출판을 전문으로 하는 캐나다의 출판사_옮긴이]의 로맨스 소설 작가가 할리퀸 로맨스 소설로 제인 오스틴Jane Austen이나 에밀리 브론테Emily Bronte와 비교되는 작품을 쓰고 싶다면 그것도 좋았다. 목표는 포괄적이고 열린 마음을 갖는 것이었다. "우리는 여기에 아무런 경계도 두지 않으려 합니다." 유일하고 진정한 기준은 품질이었다. 이것이 모건이 관심을 갖고 있는 출판의 유형이었다. 모건은 결국에는 이것이 독자를 끌어들이고 돌아오게 만들 것이라고 순수하게 믿고 있었다. 인터넷의 시대에는 온갖 종류의 콘텐츠가 온라인에 폭발하기 때문에 이것은 신선할 정도로 예스러운 견해였다. "내가 믿는 것이 뭔지 아십니까? 아주 좋은 일을 하면 사람들이 모여든다는 것입니다. 그것이 수많은 세월 동안 내 사업을 운영한 논리였습니다. 이 사업에서—특히 우리 업계에서—대단한 것은 품질이 이긴다는 것입니다. 당장은 아니더라도 결국에는 이기게 되어 있습니다."

리터러리 허브는 2015년 4월에 출범했다. 1년 만에 월 45만 명이 사이트를 방문했고, 25만 명이 정기적으로 방문했으며, 3만 명이 뉴스레터를 신청했다. 이 사이트는 매일 대여섯 개의 특집 기사로 새로 채워지는데, 그 대다수는 리터러리 허브를 위해 작성된 원본 데이터이다. 또한 책에 대한 새로운 초록도 매일 업데이트되었다. 그 후 리터러리 허브는 다루는 책의 범위를 넓히기 위해 범죄물이라는 새로운 카테고리를 추가했고 책에 대한 팟캐스트를 위한 플랫폼인 릿 허브 라디오Lit Hub Radio를 만들었다. 릿 허브 데일리Lit Hub Daily라는 뉴스레터는 1주일에 6일 발행되는데, 사이트의 새로운 특집에 대한 간략한 언급과 웹에서 수집한 다른 문학 이야기의 요약을 담고 있다. 그들은 또한 예산의 60~70%를 충당하기에 충분한 후원 패키지를 판매했다. 후원 패키지는 출판사를 상대로 판매하는데, 연회비를 내면 출판사는 사이트의 특정 광고 공간을 쓸 수 있었다. 모든 광고가 책에 대한 것이므로 이는 사이트의 정신에 부합했으며, 뉴욕 리뷰 오브 북스New York Review of Books[뉴욕시에서 발간하는 서평 위주의 문예지_옮긴이]와 다르지 않았다. 모건은 몇 년 안에 수지 균형이 가능할 것이라고 확신했지만 궁극적으로 그것이 요점은 아니었다. 사이트를 만든 것은 결코 돈을 벌기 위해서가 아니었다. 가시성과 발견 가능성의 전통적인 메커니즘이 쇠퇴하고 있는 세상에서 책을 가시화하고 독자가 책을 발견할 수 있는 새로운 방법을 만들기 위해서였다.

"전통적인 문학 매체는 미국뿐 아니라 전 세계적으로 사라지고 있습니다. 리터러리 허브는 이를 해결하려는 시도입니다"라고 모건이 설명했다. 이것은 리터러리 허브의 기능이 ≪뉴욕타임스≫의 서평이나 미국공영라디오 NPR의 저자 출연과 같은 효과를 갖는다는 것은 아니다. "나는 리터러리 허브의 그 어느 것보다도 ≪뉴욕타임스≫의 첫 페이지를 선호할 겁니다. 정말로요." 그러나 그건 양자택일의 문제가 아니다. 문제는 출판사가 문학을 지원하고 강화하는 공간으로서 온라인 세상을 활용하기 위해, 또는 모건이 말했듯이 "문학적 담론에 도움이 되도록 그 디지털 세상을 붙잡기 위해" 실제적이고 구체적으로 무엇을 할 수 있는가 하는 것이다. 만일 각 출판사가 단독으로 고유의 사이트를 만든다면 그들의 노력은 분열되고 비효과적일 것이다. 그러나 하나의 사이트에서 협력하고 함께 작업하면 충분한 범위와 품질을 보유한 사이트를 만들어낼 수 있는 가능성이 높아진다. 다양한 출판사의 책과 저자, 고급 콘텐츠를 계속해서 실으면 독자를 끌어들일 수 있고 재방문을 유도할 수 있을 것이다.

고객 데이터베이스와 웹사이트를 구축하고 타깃 이메일과 뉴스레터를 사용해서 독자에게 신간 및 출간 예정 도서에 대해 직접 알려주는 것은 출판사에게 독자적으로 또는 협력해서 책의 가시성을 높일 수 있는 수단을 제공한다. 또한 전통적인 가시성 메커니즘이 쇠퇴하고 새로운 가시성 메커니즘은 대부분 다른 사람에게 의존해야 하는 세상에서 출판사가 소비자에게 책을 노출하는 방식을 제어할 수 있도록 만들기도 한다. 이러한 계획이 번창할지, 아니면 살아남을 수 있을지조차 말하기에는 너무 이르다. 각자의 독특한 설정과 목표를 가진 계획이 너무 많기 때문이다. 이러한 종류의 계획으로 출판사가 아마존 권력의 일부라도 되찾아올 수 있을지, 그리고 지금 도서 세계에서 아마존이 사용자 데이터 형태로 보유하고 있는 거의 독점에 가까운 정보 자본을 조금이라도 깎아낼 수 있을지를 말하는 것 또한 이르다. 아마존은 정보 자본을 통제하는 투쟁에서 3억 명 이상의 활성 사용자를 보유하고 있다는 엄청난 강점을 갖고 있으며, 그 어떤 출판사보다, 심지어는 출판사들의 컨소시엄이 기대하는 것보다 훨씬 앞서 있다.

그러나 이 게임에서 출판사들이 써볼 카드가 없는 것은 아니다. 대부분의 독자가 아마존과 맺고 있는 관계는 결국 실질적이고 기능적인 관계일 뿐이다. 아마존은 좋은 가격에 훌륭한 서비스를 제공한다. 대부분의 독자는 이런 실질적이고 기능적인 관계 이상으로 아마존과 관계를 맺기를 원하지 않는다. 그러나 읽고 싶어 하는 작가나 구상, 그리고 이야기와 연결되거나 관계를 맺기 원하는 독자는 많다. 이러한 관계는 단순히 기능적인 관계 이상의 것으로, 더 풍부하고 더 참여적이며 더 상호작용적이다. 출판사는 이러한 연결을 활성화하는 데서 아마존보다 훨씬 나은 위치에 있다. 이러한 가능성을 보고 독자에게 다가가기 위해 자신의 디지털 자원을 마음대로 사용한 출판사들은 나름 소소한 방식으로 이런 종류의 관계를 구축하고 촉진하기 시작했다. 출판사들은 과거에는 전혀 몰랐던 자신들의 독자에 대해 배우기 시작했으며, 자신들의 책을 사서 읽는 데 관심 있는 사람들에게 직접 다가가기 위해 이 지식을 어떻게 사용해야 할지 생각하기 시작했다. 이런 방식으로 구축할 수 있는 정보 자본의 양은 아마존이 축적한 엄청난 양의 정보 자본과는 비교가 되지 않는다. 하지만 양이 유일한 미덕은 아니다. 특정 출판사 또는 출판사 그룹에서 출판되는 책과 저자에게 적극적으로 관심을 갖고 있는 독자에 대한 소규모 데이터베이스는 다양한 관심을 가진 고객으로 구성된 대규모 데이터베이스만큼이나 가치가 있을 수 있다. 이런 종류의 데이터베이스를 구축하는 것은 대형 소매업체가 대부분의 카드를 쥐고 있는 게임에서 출판사들이 힘의 균형에 약간의 변화를 만들 수 있는 방법 가운데 하나로 판명될 수 있다.

그러나 이것이 유일한 방법은 아니다. 전자책의 등장은 또한 전자책에만 특화된 새로운 마케팅 기회를 창출해 냈다. 많은 출판사가 이에 대한 실험을 시작했다. 여기서 특히 중요한 전자책의 한 가지 특성은 한계 비용 없이 가격을 인하할 수 있다는 사실이다. 이것은 2011년에 시작된 아마존의 킨들 데일리 딜Kindle Daily Deal 프로그램을 뒷받침하는 특성으로, 특정 책을 하루 동안 엄청나게 할인된 가격으로 구매할 수 있는 기회를 독자에게 제공하는 것이다. 그러나 과도한 할인이 디지털 시대에 특히 효과적인 발견 가능성 도구가 될 수 있다고 본 참가자는 아마존뿐만이 아니었다.

할인을 통한 가시성 확보

2011년 조시 샌커Josh Schanker는 하버드에서 경제학을 전공했고 MIT에서 MBA를 취득한 후 무언가 할 일을 찾고 있던 인터넷 사업가였다. 그런 그에게 학부 시절의 친구가 문제 해결에 도움을 줄 수 있는지 물었다. 그의 친구는 작가였고 그녀의 친구 몇 명은 자신들이 쓰고 출판할 계획인 책을 어떻게 마케팅할지 알아보는 중이었다. 조시는 출판에 대해 잘 몰랐지만 보스턴에서 솜바사 미디어Sombasa Media라는 이메일 마케팅 회사를 만들었으므로 이메일 마케팅에 어느 정도 경험을 갖고 있었다. 조시는 이메일 마케팅에서 배운 기술 일부는 도서에 적용할 수 있다는 것을 얼른 알아차렸다. 조시의 친구는 자신의 책을 전자책으로 자가 출판할 예정이었으므로 서점의 매장 전면 전시 같은 주류 출판사들의 전통적인 관행은 그녀와 관련이 없었다. 더욱이 조시는 출판에 대해 약간의 조사를 진행한 후 업계에 큰 변화가 일어나고 있음을 알았다. 전자책이 더욱 중요해지고 있었고, 아마존은 빠르게 성장하고 있었으며, 오프라인 서점들은 쇠퇴하고 있었고, 도서 발견 가능성은 온라인 공간으로 옮겨가고 있었다. 조시는 '비법은 더 이상 서점 안에서 발견을 만들어내는 것이 아니라 소비자가 어디에 있든 관계없이 당신의 책을 원하게 만드는 것'이라고 생각했다. 경영대학원을 졸업한 후 소셜 네트워킹 회사를 창업하고 매각한 덕에 조시는 약간의 자본이 있었다. 조시와 그의 공동 창업자 니콜라스 키아렐리Nicholas Ciarelli는 작가 친구가 요청한 문제를 해결하기 위한 회사를 시작하기로 결정했다. 그것이 2012년 런칭한 북버브BookBub의 시작이었다.

원래의 구상은 독자에게 전자책에 대한 큰 할인을 제시하고 친구의 책도 거기에 넣는 일일 이메일을 만드는 것이었다. 조시는 솜바사 미디어에서 할인을 이용했기 때문에 그 기술에 익숙했다. 그러나 그는 전자책 출판은 인쇄책과 달리 전자책의 한계 비용이 0이기 때문에 특별한 기회를 제공한다는 것을 알게 되었다. 따라서 전자책을 무료로 주기도 하는 강력한 할인도 가능했는데, 이는 사람들에게 새로운 책과 새로운 작가를 찾을 수 있도록 하는 효과적인 방법이 될 수 있었다. 그들은 이 아이디어를 실험하기로 결정했다. 그들은 또한 제대로 하면 다음 두 가지로부터 수익을 창출해서 생존력 있는 사업을 만들 수 있음을 알 수 있었다. 하나는 작가와 출판사에게 자신들의 이메일에 그들의 책을 포함시키도록 부과하는 것이었고, 다른 하나는 소매업체에 판매에 대한 수수료를 청구하는 것이었다. 그러나 이 작업을 수행하려면 우선 두 가지 작업을 해야 했다. 일일 이메일이 작가와 출판사에 매력적인 제안으로 여겨질 만큼 충분히 커다란 구독자 목록을 만들어야 했고, 일일 이메일로 구독자들에게 보낼 적당한 서적을 선별하는 방법을 찾아야 했다.

그들은 구독자 목록을 만들기 위해 온라인 광고에 돈을 썼다. 구독하는 것은 무료였으므로 구독자 목록은 빠르게 커졌다. 2년 만에 구독자가 200만 명에 이르렀다. 2014년 창업캐피털 펀딩으로 400만 달러를 모금했으며, 2015년에는 추가로 700만 달러를 끌어왔다. 이 중 상당 부분은 회원을 늘리는 데 사용되었고 2017년에는 회원이 1000만 명 이상으로 증가했다. 일일 이메일을 구독한 사람들은 '베스트셀러', '스릴러', '로맨스' 등 자신이 관심 있는 범주를 선택하도록 초대되었다. 그런데 구독자 수가 많아지자 일일 이메일에 서적을 선별하는 작업이 점점 더 어려워졌다. 북버브는 작가와 출판사로부터 할인 가능한 서적으로 매일 200~300권의 책을 제공받았는데 그중 하루에 30~40권 정도만 수락할 수 있었다. 즉, 제출된 책의 10~20%였다. 북버브의 일일 이메일이 지닌 매력 중 일부는 각 구독자에게 적은 수의 서적만 제안한다는 것이었기 때문에(보통 6~7권이었지만 독서량이 많은 독자의 경우 10권까지도 가능했다) 그들은 선별에 아주 신중을 기해야 했다. 그렇다면 어떻게 골라야 했을까? 그들은 제출된 각 책을 보고 책별로 결정을 내려야 한다고 생각했다. "우리 편집 팀은 모든 책을 살펴보고 얼마만큼의 할인이 좋은지, 작가의 플랫폼은 무엇인지, 그것이 들어갈 특정 목록에 얼마나 적합한지 살펴본 후 무엇이 가장 좋은지를 결정합니다"라고 조시는 설명했다. 작가와 출판사는 자신들 책이 포함되는 것으로 선택된 때에만 비용을 지불한다. 독자를 너무 많은 서적으로 압도하고 싶지 않고 선택된 서적을 가능한 한 관심 분야와 일치시키기를 원하기 때문에 선별 과정이 중요했다. "우리가 독자에게 제공하는 가치 중 하나는 선별된 경험을 제공한다는 것입니다. 그렇게 하지 않으면 청중이 우리를 신뢰하지 않을 것이고 우리는 출판산업에 효과적인 마케팅 도구가 아니게 되므로 이 사업 모델은 작동하지 않을 것입니다."

선별하는 서적의 수를 늘리고 선별된 서적을 사용자의 관심에 맞게 조정하기 위해 북버브는 더 많은 범주를 만들고 사용자에게 선택사항을 자세히 기재하도록 요구함으로써 사업 모델을 정교화했다. 따라서 예를 들어 '로맨스'라는 하나의 폭넓은 범주 대신 독자는 이제 '시대 로맨스 소설', '역사 로맨스 소설', '초자연적 로맨스 소설', '시간 여행 로맨스 소설' 등과 같은 하나 이상의 하위 범주를 선택하도록 초대된다. 각이메일은 독자가 선택한 범주를 기반으로 각 회원에게 맞춤화된다. "이것은 대단히 맞춤화된 이메일입니다. 개인화되긴 했지만 너무 개인화되지는 않았습니다. 우리는 수천 권의 책을 살펴보고 당신에게 딱 맞는 세 권을 고르는 것이 아닙니다"라고 조시는 설명했다.

북버브의 놀라운 기능 중 하나는 편집과 관련된 과정이 일상 활동의 중심에 있다는 것이다. 이 과정은 알고리즘과 머신 러닝에 의해 모든 것이 자동화된 작업이 아니다. 편집 선택 과정은 제출된 모든 책을 심사하는 편집팀에 의해 진행된다. 서적 선정은 알고리즘 기반의 추천 엔진에 의해 수행되는 것이 아니다. 일단 서적이 선택되면 북버브의 직원(사내 편집자 또는 프리랜서)은 일일 이메일에 실리는 책에 대한 간략한 소개를 작성한다. 출판사나 작가의 광고 문구를 가져와서 그대로 사용하지 않는다. 조시는 이것이 중요하다고 말한다. 왜냐하면 그들은 회원에게 공감을 불러일으킬 소개문을 원하기 때문이다. "우리는 서평을 읽고 책에 대해서도 많이 읽은 후 청중이 무엇을 좋아하는지 이해합니다. 그리고 청중이 좋아할 책에 대해 강조해야 할 사항은 무엇인지, 이 특정한 책이 특정한 시기에 특정한 청중에게 반향을 일으키는 이유는 무엇인지 이해합니다." 기술적 솔루션에 대한 믿음이 지배하는 기술 창업회사의 세계에서 인간 창의성의 가치에 대한 이런 확고한 믿음은 신선하다. 물론 자동화와 데이터의 활용이 북버브에서 중요한 역할을 하고 있고 일부 기능에 대해서는 알고리즘을 활용해 실험을 하고 있지만 서적 선별 및 소개문 작성 같은 핵심 활동은 절대적으로 인간의 영역이다. 부분적으로 이는 그들이 북버브가 지닌 가치 중 상당 부분이 브랜드에 대한 사용자의 신뢰라는 것을 알고 있기 때문이다. 그리고 서적에 대한 세심한 큐레이션과 사려 깊은 소개는 이 신뢰의 필수적인 부분이다. 핵심은 편집적 판단과 알고리즘 활용 사이에서 인간과 기계 사이의 알맞은 균형을 유지하는 것이다.

북버브는 자가 출판 분야에서 시작되었지만(도움이 필요했던 조시의 대학 친구는 KDP에서 새 책을 출판하려 계획하고 있었고 그녀의 친구들 몇몇도 그렇게 하고 있었다) 전통적인 출판사들은 얼마 지나지 않아 북버브가 타깃이 분명한 독자에 대한 가시성을 향상시키는 아주 효과적인 방법을 만들었다는 사실을 인식하기 시작했다. 초기에는 북버브의 목록이 주로 자가 출판 책으로 구성되었지만, 점차 전통적인 출판사의 책들로 옮겨갔다. 지금은 구성이 대략 반반인데, 전통적인 출판사의 책은 베스트셀러 같은 더 큰 범주에서 과도하게 나타나는 경향이 있었다. 북버브는 무료 도서 및 할인 도서 둘 다 운영하며 자가 출판 작가는 자신의 발판을 구축하는 방법으로 자신의 책을 무료로 제공할 가능성이 더 많다. 전형적인 시나리오는 다음과 같다. 어느 출판사 또는 저자에게 홍보하고 싶은 책이 있다. 이러한 책은 잘 팔리지 않는 기간도서일 수도 있고, 새 책을 방금 출판한 작가가 새로운 책에 대한 인지도를 높이기 위해 홍보하려는 자신의 기간도서일 수도 있다. 그들은 홍보하려는 책을 할인된 서적으로 북버브에 제출한다. 북버브가 그 책을 선택해서 적절한 범주의 독자들에게 일일 이메일로 소개하면 출판사 또는 작가는 종종 갑작스럽게 판매가 급증하는 것을 보게 될 것이다. "그 규모는 보통 수백 권에서 수천 권인데, 어떤 경우에는 하루에 만 권 이상 급증하기도 합니다."

사흘 동안 판매하는 것이 가장 일반적이지만 일부 출판사는 더 오래 판매하기도 한다. 많은 경우 출판사와 저자는 후광 효과를 보게 될 것이다. 책이 더 이상 할인되지 않더라도 판매가 끝난 후 며칠 동안 판매량이 더 높이 지속될 수 있으며, 새로 도달한 정상 상태는 이전보다 더 높은 수준일 수 있다. 만일 홍보 전에는 하루에 5권을 판매했다면 이제는 하루에 10권을 판매할 수도 있는 것이다. 출판사나 저자는 아마존 베스트셀러 목록에서 자신들의 순위가 올라가 주요 온라인 공간에서 책의 가시성이 높아지는 것을 볼 수 있다. "그 책이 베스트셀러 목록에 있고 사람들이 그것을 보고 책을 읽은 사람들이 그 책에 대해 이야기하기 때문에 책에 새로운 생명을 제공합니다." 대부분의 출판사와 저자는 이 방법을 기간도서에 사용했지만 많은 사람들은 이제 다른 종류의 책, 즉 처음에는 잘 팔리다가 판매가 저조해진 최근 도서 같은 책에 대해서도 이러한 실험을 하고 있다. "그런 책에 약간의 부양책을 쓰면 실제로 더 오랫동안 베스트셀러로 지속하는 데 도움이 됩니다."

북버브에서 책을 홍보하는 것은 저렴하지 않다. 출판사와 저자에게 부과되는 수수료는 카테고리, 책 가격, 판매 지역에 따라 다르다[판매 지역에서는 1. 미국만, 2. 전 세계(영국, 캐나다, 인도 및 호주는 포함하되 미국은 제외), 3. 이 모두 중에서 선택 가능하다]. 2019년 범죄 소설 같은 큰 범주의 경우, 모든 판매 지역에서 제공되는 거래에 1달러 미만인 책을 소개하려면 출판사나 저자에게 1138달러가 부과되며, 2~3달러인 책은 2845달러, 3달러 이상인 책은 그 비용이 3983달러이다.[16] 이 비용을 회

---

16   www.bookbub.com/partners/pricing 참조.

수하려면 전자책을 많이 팔아야 한다.[17] 그러나 구독 수가 적은 카테고리에서는 수수료가 상당히 낮아진다. 예를 들어 시간 여행 로맨스 소설에서 1달러 미만인 책에 대한 수수료는 248달러이고, 아프리카계 미국인의 관심 분야에서는 164달러이다. 홍보를 미국으로만 제한하면 1달러 미만인 시간 여행 로맨스 소설의 수수료는 198달러로 낮아진다. 이가격들은 해당 카테고리의 구독자의 수뿐만 아니라 각 카테고리의 성과와도 맞물려 있다. 어떤 카테고리는 전환율이 낮으므로 청구되는 수수료가 하향 조정된다.

북버브의 매출은 대부분 책을 소개해 준 대가로 출판사와 작가에게부과한 수수료, 소매업체에 부과한 판매 수수료이다. 북버브는 또한 일일 이메일 하단에 디스플레이 광고도 도입했다. 이것은 하나의 광고만을 위한 공간이며, 이 공간에 등장하는 책은 실시간 경매에 의해 결정된다. 독자가 이메일을 열 때마다 해당 독자의 익명 프로필을 둘러싸고실시간 경매가 열린다. 따라서 이 독자가 이러한 범주의 책을 좋아하고이 저자를 클릭했던 적이 있고 이 소매업체를 이용하고 이 지역에 산다는 것을 알고 있으면 모든 출판사와 작가 간에 실시간 경매가 실시될것이다. 이들은 그 독자에게 광고를 노출하기 위해 2차 가격 경매 방식(가장 높은 입찰가로 낙찰되지만 지불되는 가격은 두 번째로 높은 입찰가로진행되는 경매 방식)으로 특정 공간에 광고를 게시하는데, 이는 구글과페이스북에서 사용하는 것과 같은 방법이다.

---

17   2018년 데이터를 조사한 한 분석가는 99센트로 할인된 전자책의 평균 실적이 북버브 카테고
리의 69%(42개 중 29개)에서 이익을 내고 있지만 평균 수익률은 2015년의 35.9%에서 2018년
14.4%로 낮아졌다고 말했다. http://dankoboldt.com/bookbub-analysis-update-2018 참조.

출판사와 저자에게 부과되는 수수료, 소매업체에 부과되는 판매 수수료, 광고 수익의 조합으로 북버브는 할인을 활용하면서 도서의 가시성을 향상시키는 데 초점을 둔 수익성 있는 사업을 구축할 수 있었다. 북버브의 대규모 구독자 기반과 세심하게 선별된 일일 이메일 덕분에 이 사업은 자가 출판 작가와 전통적인 출판사 모두에게 특히 매력적인 마케팅 도구가 되었지만, 북버브의 홍보 대상으로 선택되는 것은 쉽지 않다. 많은 출판사는 아마존 같은 소매업체들이 했던 것처럼 자신들만의 일일 할인 행사를 시작했으나, 북버브는 자가 출판 커뮤니티를 포함한 다양한 출판사와 저자를 포함할 수 있었다. 물론 제한된 시간 동안 책을 대폭 할인하는 이 방법은 한계 비용과 배송 비용을 무시할 수 있는 전자책에서 잘 작동한다. 따라서 전자책, 그중에서도 전자책 판매율이 높은 로맨스와 장르 소설 범주에 적합한 반면, 아동 도서, 그림이 많은 책을 포함해 압도적으로 인쇄 기반으로 남아 있는 도서의 범주에서는 덜 효과적이다. 그러나 전자책으로 크게 이동한 범주의 책, 그리고 마음대로 사용할 수 있는 마케팅 도구가 제한된 자가 출판 작가에게는 북버브가 개발한 방법이 독자에게 다가가서 온라인 공간에서 가시성을 확보하는 강력한 새로운 메커니즘을 제공했다.

디지털 시대의 가시성

책은 자신이 속한 폭넓은 정보 및 통신 환경 내에 존재한다. 그리고 디지털 혁명은 이 환경을 변화시킴으로써 우리 생활 속에서 책이 유통되는 방식, 책이 우리에게 노출되는 방식, 책을 찾고 선택하는 방식, 책을 구매하고 일상생활에 통합하는 방식 또한 변화시켰다. 모든 책이 인쇄되고 대부분 서점에서 사고 팔리던 때에는 신문, 라디오, 텔레비전 같은 전통적인 매체와 함께 서점이 책이 노출되고 독자에게 발견되는 가시성의 핵심 공간이었다. 출판사는 이러한 공간을 어떻게 활용할지 알고 있었고 게임의 규칙도 알고 있었다. 그리고 비용을 계산해서 증가된 매출로 가시성의 효과를 측정할 수도 있었다. 그러나 서점의 쇠퇴, 아마존의 등장, 온라인 매체의 중요성 증가로 인해 전통적인 규칙과 관행은 혼란에 빠졌다. 이것은 오래된 방식이 더 이상 작동하지 않는다는 것이 아니다. 이런 방식은 지금도 작동하고 있다. ≪뉴욕타임스≫가 극찬하는 서평은 여전히 다른 무엇보다도 책의 판매를 유도할 수 있다. 그러나 전통적인 매체가 쇠퇴하고 출판되는 책의 수가 증가함에 따라 그러한 서평을 얻는 것이 그 어느 때보다 어려워졌으며, 많은 독자의 관심은 다른 곳으로 이동했다. 도서 슈퍼스토어의 전성기 때에는 보더스와 반스 앤 노블의 매장 전면 테이블이 독자의 눈을 사로잡기 위한 주요 전쟁터였다. 이러한 전쟁터는 온라인에서 관심을 끌기 위한 투쟁에 의해 점점 더 줄어들었다.

독자들은 다른 이들이 바삐 양떼를 돌보고 있는 새로운 초원으로 옮겨가고 있었는데 출판사들은 이 사실을 늦게 알아차렸다. 출판사들은 대지의 특성을 이해하기 위해 고전했으며, 새롭고 확인되지 않은 방법을 실험해야 한다는 것을 깨달았다. 무슨 일이 일어나고 있는지 알아차렸을 때는 아마존이 온라인 소매업체로서 난공불락의 위상을 구축하고 책을 검색해서 구입한 개인에 대한 엄청난 양의 데이터를 수집한 상태였다. 오래된 출판계에 파묻혀 있던 대부분의 출판사는 여전히 소매업체를 자신들의 고객으로 생각하면서 독자에게 별 다른 관심을 두지 않았다. 출판사들은 기존 출판계가 속한 정보 환경이 무너지고 있다는 것, 통신의 흐름이 더욱 유동적이고 데이터가 새로운 힘의 원천인 새로운 정보 환경에 의해 대체되고 있다는 것을 깨닫지 못했다. 출판사들이 그러한 현상에 대해 무언가를 시도하기에 너무 늦지는 않았지만 이미 약자의 입장이었고, 출판사들에게는 자신들의 장에서 지배적인 참가자가 되어버린 조직이 풍부하게 보유하고 있는 자원과 이점 둘 다 부족했다.

제 7 장

자가 출판의 폭발

500년 이상의 역사 동안 출판 사업은 항상 선별을 기반으로 했다. 그 어떤 출판사도 자신에게 주어진 대로 모든 것을 출판하지는 않았다. 그들은 가능성의 범위를 샅샅이 뒤져서 출판할 텍스트를 선택했다. 선별의 기준은 분야마다 그리고 출판사마다 달랐다. 출판 조직이 의사결정을 내리는 데 일정한 역할을 수행하는 요소에는 예상 비용 및 예상 매출 추정, 품질 및 중요성에 대한 판단, 목록의 적절성 및 적합성에 대한 고려 등이 있다.

출판사들이 출판할 책을 선별하는 방식은 매우 다양하다. 어떤 출판사는 상대적으로 비차별적이어서 빗장을 상당히 낮게 설정해 놓는다('스파게티를 벽에 던져서 무엇이 붙는지 확인'하는 식의 출판 철학이다). 반면 어떤 출판사는 훨씬 더 선별적이고 아주 적은 수의 서적만 맡는다. 후자의 극단적인 예는 아셰트의 임프린트 트웰브북스Twelve Books로, 각 책의 잠재력을 극대화하기 위해 1년에 12권만, 한 달에 한 권씩만 출판하는 것을 목표로 2007년에 시작했다. 선별의 기준과 범위가 분야나 출판사별로 다르긴 하지만 선별의 기능이 다른 것은 아니다. 모든 출판사는 어떤 책에 시간, 전문성, 내부 자원을 투자할지, 그리고 어느 책을 무시할지 결정함으로써 어느 정도 선별을 행사한다. 유명한 비유를 쓰자면 출판사는 문지기gatekeeper로서[1] 어떤 프로젝트가 책으로 만들어져 대중에게 공개될지를 결정한다. 그리고 시판용 출판의 세계에서는 출판사뿐만 아니라 대리인도 문지기 역할을 한다. 실제로 어느 프로젝트가 잠재적인 책으로 진지하게 받아들여져야 할지 말지를 처음 결정하는 것은 대리인이다. 말하자면 대리인은 출판계 문지기 집단의 바깥쪽 고리이다. 출판사와 대리인은 항상 상대적 희소성을 다루면서 이를 지속해 왔다. 그들은 가능한 범위의 책 가운데 일부만 선택해서 출판했고, 이로써 극히 일부분의 책으로 채워진 시장을 만들어냈다. 출판되는 책의 수가 해마다 크게 증가하고는 있지만 선별 메커니즘이 존재하지 않았다면 출판될 수 있는 책의 수는 이보다 훨씬 많았을 것이다.

하지만 디지털 혁명으로 모든 것이 변하게 될 것이다. 출판사와 콘텐츠 공급자가 선별적이라는 바로 그 사실은 오랫동안 문을 통과하지 못한 많은 수의 지망 도서가 있어왔다는 것을 의미한다. 작가 지망생의 길을 가로막는 많은 장애물 중 하나에 걸린 이 책들은 어떻게 되었을까? 의심할 여지없이 쓰레기통으로 버려지거나 서랍 어딘가에서 뒹굴다가 다른 종이에 덮인 채 결국 잊혔을 것이다. 그러나 지망 도서와 작가 지망생이 많다는 사실 자체는 출판 수요가 기존 출판 조직의 의지나 능력을 능가한다는 것을 의미했다(그리고 아마 읽기 수요도 이를 능가할 수 있다). 그리고 이 억눌린 수요는 자가 출판이 폭발하는 원동력이 되

---

1   문지기라는 개념은 1940년대에 시작되었다. 화이트가 신문 편집인에 대한 연구에서 미디어와 관련해 처음 사용했다. David Manning White, "The Gatekeeper: A Case Study in the Selection of News," *Journalism Quarterly*, 27, 4(1950), 283~289. 그 개념은 코저(Coser), 카두신(Kadushin), 포웰(Powell)의 출판업과 관련한 고전 연구에서 출판사에 적용되었다. Lewis A. Coser, Charles Kadushin and Walter W. Powell, *Books: The Culture and Commerce of Publishing* (New York: Basic Books, 1982). 이 개념은 출판업에 적용될 때 한계가 있긴 하지만(제12장 701쪽 참조. 또한 John B. Thompson, *Books in the Digital Age: The Transformation of Academic and Higher Education Publishing in Britain and the United States* (Cambridge: Polity, 2005), p.4 참조), 출판사들이 전통적으로 어느 책을 출판할지 결정하는 데서 어느 정도의 선별을 행사했다는 사실을 정확하게 지적하고 있다.

었다.

자가 출판은 그 자체로 하나의 세계, 즉 출판과 병행하는 세계가 되었다. 이 영역은 최근 몇 년 동안 엄청나게 확장되었으며, 극적인 성장이 둔화될 조짐이 보이지 않는 거대한 미지의 영역이다. 이는 '비전통적 출판'이라고 부를 수 있는 급성장하고 있는 영역의 핵심이다. 도서 출판의 전통적인 모델은 출판사가 작가나 대리인으로부터 콘텐츠를 획득하고 로열티 그리고/또는 선금을 지불하고 책의 생산과 마케팅에 투자하는 방식이었으나, 자가 출판은 이 모델에 맞지 않는 다양한 책 및 기타 콘텐츠에 대해 무엇을 어떻게 출판할지를 놓고 주요한 결정을 내린다. 비전통적 출판에는 다양한 형태가 있다.[2] 순수한 산출량 면에서 보면 오늘날 비전통적 출판 사업 중 가장 큰 회사는 비블리오바자르 Bibliobazaar, 제네럴북스General Books, 그리고 '로열티 없는 콘텐츠의 출판사'라고 지칭되며 공공 영역 저작물을 스캔하고 주문형 인쇄를 통해 제공하는 일을 전문으로 하는 케신저 퍼블리싱Kessinger Publishing이다.[3] 하

---

2   비전통적 출판의 여러 가지 포맷에 대한 유용한 검토를 보려면 Jana Bradley, Bruce Fulton, Marlene Helm and Katherine A. Pittner, "Non-traditional Book Publishing," *First Monday*, 16, 8(1 August 2001), at http://firstmonday.org/ojs/index.php/fm/article/view/3353/3030 참조.

3   비블리오바자르는 2010년에 146만 1918개의 ISBN을 차지했는데, 이는 당시 비전통적 출판물 수의 절반 이상이었다. 한편 비블리오바자르, 제너럴북스, 케신저는 266만 8774개의 ISBN 또는 전체의 96%를 차지했다. "Print Isn't Dead, Says Bowker's Annual Book Production Report," at www.bowker.com/index.php/press-releases/633-print-isnt-dead-says-bowkers-annual-book-production-report. 물론 이 서적들은 전통적인 개념으로는 '출판'된 것이 아니다. 이 조직들은 단지 공공 영역의 작품을 스캔하고, 텍스트와 표지 파일을 만들고, 서적이 주문에 따라 판매 및 인쇄될 수 있도록 ISBN을 획득하고 메타데이터를 생성한다. 더욱이 이러한 계산은 ISBN을 근거로 하기 때문에 많은 자가 출판 도서를 포함해서 ISBN 없이 출판되는 많은 책을 고려하지 않는다. 이에 대해서는 뒤에서 더 자세하게 다룬다.

지만 이러한 활동은 자가 출판과 아주 다르다. '자가 출판self-publishing'이라고 부르는 것은 비전통적 출판의 특정한 한 형태이다. 또는 그 용어를 어떻게 이해하고 얼마나 광범위하게 사용하느냐에 따라 좌우되는 다양한 형태이다. 비전통적 출판의 세계가 복잡하고 다양한 만큼 자가 출판의 세계도 복잡하고 다양하다. 자가 출판은 하나의 세계로 구성되어 있는 것이 아니라 이른바 자비 출판사vanity publisher[저자가 자신의 책을 출판하는 데 비용을 부담하는 출판사. 직역하면 '허영 출판사'이지만 우리나라 출판업계에서 이 같은 형태의 출판에 대해 자비 출판이라 칭하므로 이책에서는 자비 출판이라고 번역한다_옮긴이]에서부터 자가 출판 서비스 제공업체, 자가 출판 플랫폼에 이르기까지 많은 세계로 구성되어 있다. 각 세계는 내부적으로 차별화되어 있으며, 다양한 방식으로 일하는 많은 참가자와 자가 출판 서비스라는 신흥 경제의 그늘 속에서 근근이 생존할 공간을 찾는 수많은 프리랜서로 채워져 있다. 이 세계 또는 이들 세계는 오래된 참가자가 쇠퇴하거나 사업을 중단하고 새로운 참가자가 등장하면서 시간이 지남에 진화해 왔는데, 이 새로운 참가자는 종종 새로운 방식으로 책을 생산·유통할 수 있는 새로운 기술을 활용한다. 이 세계를 전체적으로 지도화하고 시간에 걸친 진화를 추적한 사람은 아무도 없다. 자가 출판의 올바른 역사는 아직 작성되지 않았다.[4] 그러

---

4 작가 지망생을 위한 자가 출판에 대한 안내서가 많지만 자가 출판이 출판계의 독특한 부문으로 부상하는 것에 대한 포괄적인 설명은 없다. 자가 출판에 대한 몇 가지 유용한 설명에 대해서는 Laura J. Miller, "Whither the Professional Book Publisher in an Era of Distribution on Demand?" in Angharad N. Valdivia and Vicki Mayer(eds.), *The International Encyclopedia of Media Studies*, vol. II(Chichester, UK: Wiley-Blackwell, 2013), pp.171~191; Sarah Glazer, "How to Be Your Own Publisher," *New York Times Book Review*, 24 April 2005, pp.10~11; Juris Dilevko and Keren Dali, "The Self-Publishing Phenomenon and Libraries,"

나 넓은 의미에서 이 역사는 세 가지 주요 단계 또는 파도로 특징지을 수 있다. 바로 자비 출판의 부상, 주문형 인쇄인 자가 출판의 출현, 독립 출판사의 성장이다. 각각에 대해 간략하게 살펴보자.

자비 출판에서 독립 출판까지

자가 출판은 저작물의 작가가 그 저작물을 출판하는 데 관여하는 주요 대리인이기도 한 출판의 형태로 이해될 수 있다. 작가가 주요 대리인이라고 해서 그가 유일한 대리인인 것은 아니다. 오히려 모든 형태의 문화적 생산에서와 마찬가지로 자가 출판 과정에도 관련된 중개자와 제3자가 많다. 그러나 이러한 중개자와 제3자는 주로 작가가 자신의 작품을 출판할 수 있도록 돕는 것을 목적으로 하는 촉진자, 조력자, 서비스 제공자로 간주되며, 스스로도 그렇게 간주한다. 그들은 작가가 쓴 저작물의 발행인이라기보다는 촉진자나 유통업자이다. 발행인은 작가이다. 자가 출판을 촉진하는 조직은 작가가 자신의 작품을 자신이 원하는 대로 출판할 수 있는 틀과 발판을 구축하는 것을 목적으로 하는데, 이를 통해 기존 출판사의 특징인 선별로부터 작가를 해방시키고 작가가 무엇을 어떻게 출판할지에 대한 주요 결정을 내릴 수 있도록 한다. 동시에 촉진 조직은 자신들이 제공하는 서비스에 대한 요금 또는 수수료를 청구함으로써 이 활동을 생존력 있는 사업으로 전환하고

Library and Information Science Research, 28(2006), 208~234; Timothy Laquintano, *Mass Authorship and the Rise of Self-Publishing* (University of Iowa Press, 2016) 참조.

자 한다.

자가 출판에서는 출판의 많은 역할과 책임이 뒤바뀌었다. 전통적인 출판 모델에서는 출판사가 저작물을 출판할지 결정하고, 출판권을 확보하고(종종 독점적으로 확보하며, 일반적으로 저작권의 법적 기간 동안 유지된다), 작가에게 출판권에 대한 로열티를 지불하고(때로는 선불이다), 작품의 생산과 마케팅에 투자하는 등 출판과 관련된 모든 주요 결정을 출판사가 내린다. 자가 출판에서는 작가가 출판할 내용과 출판 방법을 결정하고, 저작권을 보유하고, 저작물을 출판하는 데 필요한 서비스에 대해 출판 중개자에게 비용을 지불한다(직접적으로는 선불 수수료로, 간접적으로는 판매 수수료로 지불한다). 자가 출판에서 작가는 권리와 통제를 행사하지만 비용과 위험 또한 부담한다. 책이 잘되면 작가는 보상을 받지만 책이 안 팔리면 작가가 손실을 감당한다. 작가가 의사결정자이자 투자자이자 위험 부담자이다. 전통적인 출판과 달리 무엇을 어떻게 출판할지에 대한 주요 결정을 내리고 책 출판에 투자하고 최종 신용담보자 역할을 하는 제3자가 없다.

자가 출판의 성장은 20세기 초중반에 등장한 이른바 자비 출판(때로는 '보조금 출판subsidy press'이라고 불리기도 한다)으로까지 거슬러 올라갈 수 있다. 1920년 피츠버그에서 고든 도런스Gordon Dorrance가 설립한 도런스 퍼블리싱Dorrance Publishing과 1949년 뉴욕에서 설립된 밴티지 프레스Vantage press가 일반적으로 최초의 주요 자비 출판사라고 알려져 있다. 그들은 오프셋 인쇄기를 사용했으며, 제한된 수의 책을 인쇄하기 위해 작가에게 상당한 선불 요금을 청구했다. 인쇄된 책 중 일부는 작가가 소유하고 나머지는 출판사가 창고에 넣었다. 오프셋 인쇄는 비쌌고 설치 비용이 높았으므로 부수당 비용이 합리적이려면 상당한 양을 인쇄해야만 했다. 따라서 자비 출판사가 작가에게 책을 출판하기 위해 부과한 요금은 상당했는데, 인쇄한 수량과 제공한 서비스에 따라 5000달러에서 2만 5000달러, 또는 그 이상이 될 수도 있었다. 자비 출판에 허영 출판이라는 꼬리표가 붙은 것은 이 때문이다.

자비 출판은 기존 출판사에서 받아들이지 않은 작품을 작가가 출판할 수 있게 한 자가 출판의 한 형태였지만, 작가에게 부과되는 재정적 부담은 상당했다. 원고를 출판할 수는 있지만 그 특권을 누리기 위해서는 많은 비용을 지불해야 했고, 대부분의 재고가 팔리지 않은 채 차고에 남아 있을 수도 있었다. 당연히 이런 종류의 자가 출판은 많은 작가와 비평가에게서 나쁜 평판을 얻었고 '허영 출판'이라는 용어와 관련된 오명을 떼어내기가 어려웠다. 밴티지 프레스는 2009년 투자 은행에 매각되었고 2012년에 사업을 접었는데 60년의 역사 동안 2만 종 이상의 책을 출판했다. 도런스 퍼블리싱은 피츠버그에서 계속 운영하면서 자가 출판 서비스를 제공하는 방향으로 진화해 왔지만, 여전히 작가들에게 선불 요금을 부과하고 있어 많은 이에게 구식 자비 출판의 연속으로 비춰지고 있다.

1990년대 주문형 인쇄 기술의 발전은 자가 출판이라는 장에 들어오려는 새로운 참가자들을 위한 공간을 열었다. 주문형 인쇄는 인쇄라는 장에서 일어난 디지털 혁명의 초기 산물로, 소프트웨어 산업을 위한 매뉴얼과 문서를 생산·공급하는 사업으로부터 등장했다. 1990년대 초에 이르자 디지털 인쇄의 품질은 오프셋 인쇄와 경쟁할 수 있는 수준에 도달해서 단순 텍스트에서는 오프셋 인쇄와 디지털 인쇄 간의 품질 차이를 구별하기가 점점 어려워졌다. 더욱이 디지털 인쇄는 소량으로도 인쇄할 수 있다는 장점을 갖고 있었다. 오프셋 인쇄는 부수당 비용이 합리적이려면 500부나 1000부 또는 그 이상을 인쇄해야 했는데 디지털 인쇄는 10부나 20부를 인쇄할 수 있었고, 심지어는 특정 주문에 따라 한 번에 한 부씩 인쇄할 수도 있었다. 진정한 주문형 인쇄print-on-demand (POD)였던 것이다.

이를 통해 자가 출판 회사의 새로운 세대가 등장했고 작가에게 훨씬 낮은 비용으로 매우 다른 제안을 할 수 있게 되었다. 오서하우스Author House(원래는 퍼스트북스1stBooks로 불렸다), 아이유니버스iUniverse, 엑스리브리스Xlibris, 퍼블리시아메리카PublishAmerica 및 기타 많은 회사가 1990년 말과 2000년대 초에 등장했는데, 이들은 모두 훨씬 낮은 비용으로 출판할 수 있는 디지털 인쇄와 주문형 인쇄 기술을 사용했으므로 작가들은 훨씬 저렴한 비용으로 책을 출판할 수 있었다. 이것이 자가 출판의 성장에서 두 번째 국면이었다. 주문형 인쇄 방식으로 운영되는 많은 자가 출판 회사는 작가에게 선불 요금을 계속 청구했으며, 이런 면에서 구식 자비 출판과 비슷했다. 하지만 주문형 인쇄 방식의 자가 출판 회사가 작가에게 부과한 요금은 일반적으로 자비 출판사가 부과했던 요금보다 훨씬 적었다. 작가는 주문형 인쇄 방식의 자가 출판 회사를 통해 단돈 299달러에 자신의 원고를 페이퍼백 도서로 만들 수 있었다. 작가들은 주문형 식단처럼 다양한 추가 서비스를 구매할 수 있었는데, 이는 일반적으로 가격을 상승시켰지만 그래도 이전 세대의 자비 출판사에서 부과했던 종류의 요금보다는 여전히 훨씬 낮은 수준이었다.

그럼에도 불구하고 주문형 인쇄 방식의 자가 출판 회사 중 많은 수는 '허영 출판'이라는 꼬리표와 연관된 오명으로부터 완전히 벗어나기 어렵다고 느꼈다. 자가 출판 회사들은 작가에게 출판 서비스를 제공하기 위해 선불 요금을 부과했다는 단순한 사실만으로도 작가의 꿈을 먹잇

감 삼고 있다는 의심을 샀고, 지나치게 비싸고 제대로 처리되지 않는 서비스에 대한 작가들의 불만도 점점 늘어가고 있었다. 수만 종의 새 책이 이러한 자가 출판 회사에서 생산되고 있었는데, 오서하우스, 아이유니버스, 엑스리브리스를 합해서 2004년 한 해에만 총 1만 1905종의 신간이 생산되었다.[5] 그러나 다른 것에 대한 수요도 증가하고 있었다. 주문형 인쇄를 기반으로 사업을 일군 자가 출판 회사들은 가만히 있지 않았다. 그들은 기술이 변화함에 따라 진화했으며, 회사가 사고 팔릴 때 조직을 변경하거나 때로는 이름을 바꾸었다.[6] 그러나 2000년대 초부터 주문형 인쇄 기술을 기반으로 구축된 회사들과는 상당히 다른 새로운 종류의 자가 출판이 등장하기 시작했다.

자가 출판의 제3의 물결 또한 디지털 기술에 의해 가능했지만, 이는 작가와 작가의 저작물을 자가 출판하는 조직 간의 관계에 대한 매우 다른 개념에 기반을 두고 있었다. 자가 출판의 세 번째 단계를 이전 단계와 차별화하는 핵심 구상은 다음과 같았다. 즉, 자신의 저작물을 출판하기 원하는 작가는 그 혜택에 대해 비용을 지불하지 않아야 하며, 자가 출판을 촉진하는 조직은 작가에게 비용을 부과해 돈을 벌어서는 안

---

5   Glazer, "How to Be Your Own Publisher."

6   오서하우스는 2007년 캘리포니아 기반의 투자 그룹인 버트램 캐피털(Bertram Capital)이 인수했다. 버트램 캐피털은 아이유니버스도 인수한 바 있다. 오서하우스와 아이유니버스는 2009년 오서 솔루션즈(Author Solutions)라는 신생회사의 임프린트가 되었다. 2009년 오서 솔루션즈는 두 개의 주요 출판사 엑스리브리스와 캐나다의 자가 출판사인 트래퍼드 퍼블리싱(Trafford Publishing)을 추가로 인수했다. 2012년에는 펭귄의 모기업인 피어슨이 오서 솔루션즈를 1억 1600만 달러에 인수했다. 이 인수로 인해 많은 작가에게 이 회사들에 대한 평판이 나빠졌으므로 많은 사람들은 이 인수를 펭귄 측의 잘못된 판단이라고 보았다. 펭귄과 랜덤하우스의 합병에 뒤이어 2015년 12월 오서 솔루션즈는 비공개 금액으로 한 사모펀드에 매각되었다.

된다는 생각이었다. 반대로 모든 지불 구조가 뒤바뀌어야 했다. 작가가 자신의 저작물을 출판하기 위해 출판 촉진자에게 비용을 지불하는 것이 아니라, 작가의 저작물이 판매되면 출판 촉진자가 작가에게 비용을 지불하며 촉진자는 자신의 비용을 충당하기 위해 판매 수수료를 가져간다. 이 새로운 모델에서는 판매가 없으면 수수료도 없고 요금도 없다. 이것이 자가 출판을 혁신시킨 간단하고 급진적인 구상으로, 1990년대와 그 이전의 자비 출판 및 주문형 자가 출판과 2000년대 초에 등장한 자가 출판 조직의 새로운 물결을 구별지었다. 이로써 자가 출판은 드디어 자비 출판 시절부터 자가 출판을 오염시켰던 생각, 즉 작가가 자신의 저작물을 출판하는 특권에 대해 비용을 지불한다는 생각에서 해방될 수 있었다.

2000년대 초에 등장한 자가 출판의 새로운 물결은 자가 출판의 새로운 기풍, 즉 DIY 출판문화와도 연관되어 있었다. DIY 출판문화에서는 작가가 출판 과정을 장악하고 적극적으로 참여하도록 권장되었다. 이는 책을 출판하기 위해 엄청난 비용을 청구할 제3자의 중개인에게 자가 출판을 아웃소싱하지 말고 스스로 해결하라는 것이었다. 이를 해결하는 방법은 바로 자신이 책임을 지고 사업가가 되는 것이다. 자가 출판은 최후의 수단이 아니라 현명한 출판 방법이기 때문이다. 현재 일반적으로 '독립 작가'라고 불리는 사람은 자가 출판을 선호하는 옵션으로 적극적으로 선택하고, 자가 출판과 관련된 사항을 이해하기 위해 노력하며, 자가 출판이라는 꼬리표를 절망이나 실패의 신호가 아닌 영광의 배지로 착용하는 작가로 정의된다. 이 작가들은 '독립 작가'라는 용어를 받아들임으로써 이런 식으로 자가 출판하기로 한 자신의 결정이 긍정적인 선택이라고 인식하고 있다. 그들은 또한 이 결정을 내리는 데서 혼자가 아니라는 신호를 보내고 있다. 이러한 결정은 고립된 행동이 아니라 많은 다른 사람도 했던 결정이라는 것을 알고 선택했기 때문이다. 독립 작가가 되기로 결정하고 그 용어를 받아들임으로써 그들은 시대정신과 조화를 이루는 진보적이고 지적이며 미래지향적인 운동의 일부가 되고 있다. 자비 출판과 관련된 오명이 드리운 긴 그림자는 완전히 사라지지 않았을지 모르지만, 자가 출판이라는 제3의 물결과 독립 작가 운동의 등장으로 인해 자가 출판을 '독립 출판'으로 탈바꿈한 자가 출판의 새로운 문화가 등장했다. 그리고 많은 작가는 자가 출판의 가치에 대해 훨씬 더 자신감을 가지는 한편 자가 출판을 조금의 불안감이나 후회가 없는 결정이라고 느끼는 것으로 드러났다.

자가 출판의 이 새로운 단계는 이를 뒷받침하는 아이디어를 생각해 낸 새로운 중개인들의 집합에 의해 시작되었고, 이를 가능하게 하는 인프라를 개척했으며, 그와 함께 등장한 독립 작가라는 새로운 문화와 조화를 이루었다. 세 번째 단계로의 전환에서 초기에 중요한 역할을 했던 중개자는 루루Lulu였다. 루루는 이전에 오픈 소스 소프트웨어 회사인 레드햇Red Hat을 설립한 캐나다 사업가 밥 영Bob Young이 2002년에 세운 회사로, 자신의 저작물을 출판하기 원하는 작가 및 기타 창작자에게 편집 도구와 인쇄 서비스를 제공하는 것을 목적으로 설립되었다. 밥은 오픈 소스 사업 모델과 레드햇에서의 경험에 대해 『언더 더 레이더Under the Radar』라는 책을 썼고 인터내셔널 톰슨International Thomson사의 임프린트인 코리올리 북스Coliolis Books에서 출판했다. 그는 양장본으로 약 2만 5000부가 판매되었음에도 불구하고 그 책으로 번 돈이 거의 없다는 사실에 놀라고 실망했다. 밥은 "내가 배운 것은 출판계는 망가져 있으며 이를 고칠 기회가 있다는 것이었습니다"라고 말했다. "2만 5000권 이

하로 판매되는 모든 책에서는 판매 가치의 대부분이 이야기나 콘텐츠 또는 지식을 만든 사람에게 실제로 돌아가는 것이 아니라 출판사에게 돌아가고 있었습니다. 나는 가만히 생각했습니다. '잠깐만, 우리는 인터넷 시대에 있잖아. 왜 작가가 이 책을 독자에게 직접 팔 수는 없을까?' 하고 말이죠." 밥은 성공적인 오픈 소스 소프트웨어 회사를 설립한 상업적 배경이 있었고, 레드햇의 상장을 통해 벌어들인 현금도 많았다. 그래서 그는 루루를 오픈 출판 플랫폼으로 시작하기로 결정했다.

루루를 설립하는 데서 밥의 목표는 간단했다. 모든 출판사가 퇴짜 놓은 모든 작가에게 권한을 부여하자는 것이었다. 그는 오서 솔루션즈 Author Solutions, 아이유니버스, 트래퍼드 퍼블리싱 Trafford Publishing 등 작가에게 서비스를 제공하는 여러 자가 출판 회사가 있다는 것을 알고 있었다. 그러나 그가 염두에 둔 사업 모델은 완전히 달랐다. "그들의 모델에서는 출판하고픈 작가의 열망 때문에 출판사들이 대부분 돈을 버는 데 반해 우리 모델에서는 작가가 스스로 출판할 수 있도록 작가에게 권한을 부여했습니다." 루루의 플랫폼에서 자가 출판하기로 선택한 작가는 선불로 한 푼도 내지 않고 무료로 출판할 수 있다. 루루의 자가 출판 도구를 사용해 책을 만들면 페이지 수, 제본 형식, 사용자의 이익금 선택 같은 요소에 따라 가격이 결정된다. 각 권에 정해진 이익에서 80%는 작가가, 20%는 루루가 갖는다("이는 내가 『언더 더 레이더』에서 맺은 로열티 계약과는 반대입니다"). 고객으로부터 주문이 들어오면 책 한 권이 제3자 프린터 또는 라이트닝 소스 Lightning Source 같은 주문형 판매 회사에 의해 인쇄되고, 작가는 이익에 대한 자신의 몫을 분배받고 루루는 20%를 받는다. 한 권도 안 팔리면 루루는 아무것도 얻지 못한다. 주문형 인쇄 기술을 사용하는 이 모델은 모든 작가가 선금을 지불하지 않고 인쇄할 수 있도록 했다.

　루루는 2004년에 시작되었다. 자가 출판 플랫폼이 사업의 핵심이었지만 루루는 저자에게 유료로 다양한 추가 서비스를 제공했다. 여기에는 편집, 표지 디자인, ISBN 할당, 마케팅 및 아마존과 여러 온라인 소매업체를 통한 출판물 제공도 포함되었다. 첫 4년 동안 루루는 빠르게 성장했다. 2008년까지 약 100만 명의 작가가 루루와 함께 무언가를 출판했다. 루루를 통해 자가 출판된 많은 책은 매우 적은 부수가 팔렸지만, 많은 양을 파는 것이 요점은 아니었다. 밥은 "어떤 출판사는 10명의 작가가 각각 100만 권의 책을 판매하기를 꿈꿉니다. 루루는 100권의 책을 판매하는 100만 명의 작가를 원합니다"[7]라고 말했다. 루루는 자가 출판 조직(여기서는 루루)이 작가에게 일련의 도구와 서비스를 제공하는 촉진자 역할을 하는 새로운 종류의 자가 출판 조직을 개척했다. 여기에는 선불 수수료가 없었으며, (그 책이 판매되었을 경우) 판매된 부수에 대한 이익금 배분과 작가가 선택한 추가 서비스에 대한 요금만 있었다. 루루와 사업가 기질을 지닌 그 창업자는 새로운 형태의 자가 출판을 시작하는 데 도움을 주었지만, 다른 회사들이 곧 합류했고, 어떤 면에서는 비슷한 구상을 개발하는 다른 많은 회사에 의해 빛을 잃었다. 다른 회사 중 어떤 회사는 인쇄책에 초점을 두었고, 어떤 회사는 전자책에 초점을 두었으며, 어떤 회사는 둘 모두를 제공했다. 자가 출판이라는 장은 너무 많은 참가자들로 빠르게 채워졌다. 이 각각의 참가자는 디지털 기술이 제공하는 새로운 기회를 이용해서 작가가 자신의 책을

7　"Lulu Founder Bob Young talks to ABCtales"(14 March 2007), at www.abctales.com/blog/tcook/lulu-founder-bob-young-talks-abctales.

자체 출판할 수 있는 방법에 대한 자신만의 방식을 만들어냈고, 동시에 작가에게 선불 요금을 부과하지 않는 자가 출판 조직으로서 또는 루루 같은 중개자로서 비즈니스를 구축하려고 노력했다. 몇 가지 경로를 뒤쫓아보자.

전자책 시대의 자가 출판

마크 코커Mark Coker는 좌절한 작가였다. 그는 실리콘밸리에서 홍보 회사를 운영했는데, 이 회사는 벤처캐피털 자금을 지원받은 회사를 대리하고 있었다. 회사에서 광고문을 쓰는 데 도움이 필요하자 드라마 관련 잡지에서 기자로 일했던 한 여성을 고용했다. 그는 곧 그녀의 드라마 속 인기 배우들의 이야기에 매료되었다. 2000년 닷컴버블이 터졌을 때 그는 홍보 회사를 잠시 쉬면서 전직 직원과 함께 드라마 산업에 관한 소설을 쓰기로 결심했다. 그들은 캘리포니아 버뱅크로 내려가서 그 사업에 종사하는 수십 명을 인터뷰했고, 이야기를 허구로 꾸며 900페이지 분량의 초고를 만들었다. 그들은 출판에 대해 아무것도 몰랐지만 자신들의 책이 보석 같다고 확신하고 있었다. 그들은 대리인들에게 그 작품을 선보였고 몇몇 사람이 관심을 보여 그 중 한 회사와 함께하기로 결정했다. 그 대리인은 책에 대해 흥분해 그 책이 뜰 것이라고 확신했다. 그러나 결과적으로 어느 출판사도 그 작품을 사려고 하지 않았다. 그는 2년 동안 노력했으나 아무 소용이 없었다. 드라마를 주제로 한 책은 시장에서 성적이 좋지 않았으므로 돈을 잡아먹는 존재로 여겨졌을 것이다. 출판사들은 이전 성과가 전혀 없는 두 명의 무명작가가 쓴 이런 주제의 책에 대해 위험을 부담하기를 원치 않았다.

자가 출판을 고려하자고 제안한 것은 대리인이었다. 마크는 자가 출판의 바이블이라고 오랫동안 여겨져 온 댄 포인터Dan Poynter의 자가 출판 매뉴얼을 읽었지만,[8] 서점에 유통시키지 않으면 책을 많이 팔 수 없다는 것을 알고 있었다. 그리고 그들은 팔리지 않은 책으로 차고를 채우는 데에는 관심이 없었다. 마크는 서비스를 제공하는 많은 자가 출판 회사 중 한 곳에 연락하기보다는 책을 뒷전으로 미루고 작가의 저작물이 어떻게 출판되는지, 또는 자신들의 경우처럼 어떻게 출판되지 않는지에 초점을 맞추었다. "나는 출판사들이 모든 작가에 대한 위험을 감수할 의욕이 없고 능력도 없으며 관심도 없다는 것을 알게 되었습니다"라고 마크는 설명했다. "모든 사람에게 '예스'라고 대답하는 것은 그들의 사업에 적합하지 않습니다. 그들은 '노'라는 거절의 문화를 실천하고 있습니다. 출판사들은 대다수의 작가가 가치가 없다고 간주합니다. 그리고 나는 이것이 이 시대에 잘못된 것이라고 생각했습니다. 누구든 블로거나 언론인이 될 수 있는 시대에 이것은 잘못된 것입니다. 누구나 작가가 될 수 있어야 합니다."

---

8   Dan Poynter, *The Self-Publishing Manual: How to Write, Print and Sell Your Own Book* (Santa Barbara, Calif.: Para Publishing, 1979). 댄 포인터는 우연히 출판업에 발을 들였다. 항공산업에서 낙하산 디자이너로 일한 경험이 있는 그는 낙하산에 대한 기술 서적을 쓰기로 결심했으나 어떤 출판사도 이 책에 관심이 없을 것이라고 생각해 스스로 출판했다. 그 후 그는 핸드 글라이딩이라는 새로운 스포츠에 관심을 갖게 되었는데 그 주제에 대한 책을 찾을 수 없었다. 이에 그는 책을 써서 또 다시 직접 출판했다. 포인터는 본인의 경험을 바탕으로 자가 출판 매뉴얼을 집필해서 출판했는데, 이 책은 재쇄를 많이 찍으면서 작가 지망생들에게 핵심 안내서로 자리 잡았다. 포인터는 전자책 시대가 열리기 훨씬 전에 자가 출판을 시작했지만, 많은 사람들은 그를 현대 자가 출판의 아버지로 여기는 한편 독립 작가 운동이라는 명칭이 생기기 이전에 존재했던 이 운동의 임명되지 않은 지도자로 여긴다.

마크는 대부분의 직장 생활을 실리콘밸리에서 보낸 사람으로서 적어도 이 해법의 일부는 기술에서 찾을 수 있다고 생각하는 경향이 있었다. "기술은 소비자 욕구에 더욱 민감하게 반응하도록 만듭니다. 기술은 더 빠르고 더 작고 더 저렴한 것을 만들어냅니다. 이것이 기술이 무언가를 파고들 때 시작되는 진화입니다." 마크는 이 생각을 출판산업에 적용하면서 이렇게 생각했다. '그렇지, 인쇄책은 비싸고, 모든 인쇄책을 출판하거나 지구 곳곳에 유통하는 것은 경제적으로 가능하지 않지. 하지만 전자책은 그저 1과 0인 디지털 비트와 바이트이므로 전자책으로는 그렇게 할 수 있을 거야.' 그래서 2005년 전자책만을 위한 새로운 종류의 출판 사업을 어떻게 만들지에 대해 생각하기 시작했다. 이것이 스매시워즈Smashwords의 시작이었다. 다음은 그 이면의 생각에 대한 마크 자신의 설명이다.

내가 모든 작가에 대한 위험 부담을 감수할 수 있는 무료 온라인 출판 플랫폼을 만들면 어떻게 될까요? 나는 작품에서 아무런 상업적 잠재력을 보지 못했다는 이유로 출판할 기회를 갖지 못했을 전 세계 수십만 명의 작가를 그려보았습니다. 그것은 또한 책을 상업적 잠재력이라는 근시안적 프리즘을 통해 보게 되어 있는 출판의 잘못된 방식을 생각나게 했습니다. 그렇다고 해서 출판사들을 비난하는 것은 아닙니다. 그들은 사업을 운영하고 있고 불을 켜려면 돈을 벌어야 합니다. 그러나 그것은 아주 제한적인 사업 모델로, 기회가 주어진다면 베스트셀러나 문화적 고전이 될 수 있었던 많은 책을 거부하고 있습니다. 원고가 작가와 함께 죽었다는 이유로 우리 인류가 영원히 잃어버린 문화적 고전에 대해 생각해 보십시오.

그래서 나는 이 무료 온라인 출판 플랫폼을 상상했습니다. 내게는 스매시워즈가 무료인 것이 중요했습니다. 왜냐하면 최고의 출판사들이 따르는 최고의 관행을 모방하고 싶었기 때문입니다. 출판사는 작가에게 투자하고 작가에게 기회를 제공하며, 돈은 독자와 출판사에게서 작가에게로 흐릅니다. 그 반대로 흐르는 것이 아닙니다. 나는 책 판매가 아닌 작가에게서 돈을 받는 형태로 사업을 하는 자비 출판사라고 부르는 회사들이 있다는 것을 알고 있었습니다. 그래서 우리는 우리의 사업 모델이 작가의 이해관계에 맞추어져 있다는 것을 확실히 하려 했습니다. 즉, 우리는 책을 팔 때만 돈을 벌고, 서비스를 판매하지 않으며, 출판 패키지를 판매하지 않습니다. 나는 또한 보상 모델을 뒤집고 싶었습니다. 나는 조사를 통해 출판사들이 일반적으로 작가에게 인쇄책과 전자책에 대한 로열티로 정가의 4%에서 15~17% 사이를 지불하고 있다는 것을 알고 있었습니다. 나는 그 모델을 뒤집으면 어떨까 생각했습니다. 그래서 나는 순수익의 85%를 작가가 갖고 우리는 순수익의 15%만 갖기로 결정했습니다. 그것은 상당히 급진적인 아이디어였습니다.

나는 또한 편집 문지기가 되지 않기로 결정했습니다. 어느 것이 읽을 가치가 있고 어느 것이 그렇지 않은지 결정하는 책임을 지고 싶지 않습니다. 그것은 내가 해야 할 역할이라고 생각하지 않습니다. 그건 정말 아무나 할 수 있는 역할이 아닙니다. 그것은 독자들이 할 수 있는 역할입니다. 작가에게는 그들이 원하는 것을 출판할 자유를 주고, 독자에게는 그들이 원하는 것을 읽을 수 있는 자유를 주어야 합니다. 왜냐하면 나의 유토피아적 견해로는 그것이 더 큰 다양성과 더 나은 품질과 더 큰 선택의 자유를 만들어내기 때문입니다.

마크의 계획은 당시 자가 출판 세계의 다른 곳에서 벌어지고 있는 일과는 다른 두 가지 중요한 차이점을 갖고 있었다. 디지털 인쇄와 주문형 인쇄 기술을 사용하는 루루나 다른 자가 출판 조직과 달리, 마크는 전자책에만 초점을 맞추었고 인쇄는 완전히 배제했다. 이는 부분적으로는 인쇄책을 생산·유통하는 데 드는 비용을 피하기 위해서이기도 했다. 하지만 마크는 루루처럼 자가 출판의 오래된 수익 모델을 완전히 뒤집고 싶었다. 마크가 제공하는 서비스는 작가에게 자신의 저작물을 출판하는 데 대한 비용을 청구하는 것이 아니라 전적으로 무료이다. 마크가 돈을 벌려면 작가에게 서비스를 파는 것이 아니라 독자에게 책을 팔아야 한다. 마크는 판매에 대한 수수료를 뗄 것이지만 그 수수료는 적을 것이다. 벌어들인 수익의 가장 큰 몫을 가지는 것은 작가일 것이다. 작가는 순수익의 85%를 갖고 마크는 15%만 갖는데, 이는 대체로 전통적인 출판 모델에서의 보상 분배와 반대이다.

전자책에만 초점을 맞추면서 마크는 규모를 키우고 모든 작가에게 한 푼도 부과하지 않는 플랫폼을 만들 수 있다고 확신했다. 이는 자가 출판의 전통적인 수익 모델의 역전과 전자책을 자가 출판 도서를 위한 선택 매체로 삼은 선견지명 있는 초점을 결합한 대담한 비전이었다. 이는 글쓰기 과정 자체와 마찬가지로 파괴적이면서 동시에 흥미진진한 일종의 창조적 파괴였다. 강렬하면서도 불안한 느낌을 주는 '스매시워즈'라는 이름은 이 새로운 사업에 적절한 명칭처럼 보였다.

마크는 자신의 집을 담보로 돈을 빌리고 플랫폼을 구축하기 위해 프로그래머를 고용했다. 그들은 작가들이 사용하기에 아주 쉬운 시스템을 만들었다. 작가는 그저 계정을 만들고 MS워드 또는 애플 페이지 같은 표준 워드프로세서에서 스매시워즈용으로 책을 포맷하는 방법을 알려주는 스타일 가이드를 다운로드하기만 하면 되었다. 그런 뒤 원고가 준비되면 스매시워즈 사이트에 표지 그림과 함께 원고를 업로드한다. 제목과 짧은 설명을 입력하라는 메시지가 표시되고, 책을 분류할 수 있는 두 가지 범주를 선택하도록 표시되고, 두 개의 파일과 메타데이터가 변환 엔진으로 이동한다(마크는 이 변환 엔진을 '메타그라인더Meatgrinder'라고 부른다). 그러면 당신의 책은 PDF, 이펍, 모비 등 복수의 전자책 포맷으로 자동적으로 변환된다. "하나의 원고를 업로드하면 일곱 가지 다른 포맷으로 변환됩니다. 그것은 말 그대로 즉각적으로 이루어집니다. 5분 이내에 책의 각 포맷이 만들어지고 나면 당신의 책은 스매시워즈 홈페이지에서 즉시 판매에 들어갑니다."

스매시워즈는 2008년 5월에 시작되었는데 그 해 말까지 90명의 작가가 140종의 책을 스매시워즈 사이트에서 자가 출판했다. 새로운 사업이 진행 중이었으나 시작은 더뎠다. "판매가 잘되는 날에는 하루에 10달러 상당의 책을 판매했습니다. 우리는 스매시워즈 웹사이트에서만 책을 판매했기 때문에 10달러에 대한 수수료는 신용카드 비용을 제한 후 1.2달러였습니다. 사업은 대단히 생존력 있어 보이지 않았지만 작가들이 보인 반응은 대단했습니다!" 마크는 곧 많은 작가에게는 돈을 버는 것이 중요하지 않다는 사실을 발견했다. 돈을 버는 것은 작가들이 글을 쓰는 이유가 아니었던 것이다. "내가 배운 것은 대다수의 작가는 자가 출판을 통해 돈으로는 얻을 수 없는 환희와 기쁨을 느낀다는 것입니다. 이것은 나에게 전통적인 출판의 마음가짐과 작가의 마음가짐 사이의 단절을 보여주었습니다. 나는 작가들이 출판사들이 출판하는 것과는 다른 이유로 글을 쓰는 경우가 많다는 것을 깨달았습니다. 출판사는 상업적 잠재력이라는 근시안적 프리즘을 통해 비즈니스 모델을 따라 책을 평가하도록 강요받는 데 반해, 작가는 글쓰기로부터 오는 표현의 자유를 원할 뿐입니다." 많은 작가는 자신들의 책을 기꺼이 무료로 증정했고, 스매시워즈가 시작된 첫날부터 작가들은 자신의 책 가격을 무료로 책정할 수 있었다. 그들이 작가이므로 그들의 결정에 달려 있었다. 그러나 마크는 수익 수준을 상당히 빠르게 높이는 방법을 찾지 못하면 사업이 성공할 수 없다는 것을 잘 알고 있었다.

6개월 후인 2009년 중반에 돌파구가 열렸다. 마크는 처음에는 스매시워즈를 작가가 자신의 작품을 출판하는 수단이자 책을 판매하는 수단이라고 생각했다. 책은 스매시워즈의 플랫폼에서 출판되고 스매시워즈 사이트에서 판매될 예정이었다. 반스 앤 노블 같은 소매업체에 책을 유통시킬 필요가 없었다. 실제로 마크는 이들 소매업체를 경쟁자로 보았고 그들과 협력하는 것에 단호히 반대했다. 그러나 2009년 중반에 그는 다시 생각하기 시작했다. 그는 자신이 유통 문제를 깊이 있게 생각하지 못했다는 것을 깨달았다("유통은 내 사업 계획에서의 허점이었습니다"). 한 작가가 자신의 책이 왜 반스 앤 노블에는 없느냐고 질문함으로써 이 문제는 촉발되었고 반스 앤 노블과 논의를 시작했다. 놀랍게도 반스 앤 노블이 스매시워즈의 책을 취급하고 싶어 한다는 사실을 알게 되었다. 그것도 스매시워즈의 책 일부가 아닌 전부를 말이다. 소니와의 논의도 곧바로 이어졌는데, 소니 역시 스매시워즈의 모든 책을 원했다. 2009년 말에 마크는 아마존과도 유통 계약을 체결했다. 그러다가 2010년 초 애플이 태블릿을 내놓고 여기에 전자책 서점을 포함할 계획이라는 소식을 들었다. 마크는 애플에 연락해 아이북스토어를 책임지고 있는 사람과 만났다. 그 책임자는 마침 쿠페르티노로 가는 길에 매일 로스 가토스에 있는 스매시워즈의 사무실을 지나다녔다. 그는 마크에게 특정 조건을 충족하면 아이북스토어가 출시될 때 스매시워즈의 책을 넣을 수 있다고 말했다. 그래서 마크는 아마존과의 통합을 보류하고 애플에 집중했다. 마크는 보우커Bowker와 계약을 맺고 수천 개의 ISBN을 확보해서 스매시워즈의 책에 ISBN을 할당했다(그때까지 스매시워즈는 ISBN을 신경 쓰지 않았지만 애플이 ISBN을 요구했다). 그리고 2010년 4월 2일 아이패드와 함께 아이북스토어가 출시되었을 때 아이북스토어에는 2200종의 스매시워즈 책이 포함되었다.

마크는 사업의 초점을 유통에 맞추자 매출이 성장하기 시작했음을 알게 되었다. 그들은 여전히 손해를 보고 있었지만 손실은 줄어들고 있었다. 그럼에도 불구하고 마크는 사업이 흑자로 돌아서기 전에 현금이 바닥날 것이라는 사실을 알 수 있었다. "우리는 수익성을 내기까지 1년에서 1년 반 정도 남았다고 추정했습니다. 그때까지 살아남을 수 있는 충분한 활주로를 확보하면 우리는 스스로 살아남을 수 있다고 생각했습니다." 그는 도움이 필요하다는 것을 알았다. "그래서 자존심 강한 사람이 흔히 하듯이 내 어머니에게로 갔습니다." 그녀는 마크에게 20만 달러를 빌려주었다. 이것은 파고를 넘기에 충분했다. 매출은 계속 성장했고 2011년 9월 이익이 났다.

이제 마크는 프로그래머 외에 다른 사람을 채용할 수 있는 위치에 있었다. 그때까지 그는 사업 개발, 마케팅, 고객 서비스 및 심사 등의 일을 혼자서 모두 하고 있었다. 심사는 가장 시간이 많이 소요되는 일이었지만 스매시워즈가 성장하기 위해 필요한 유통 거래에서는 매우 중요했다. 작가가 원고를 업로드하면 스매시워즈에서는 즉각적으로 출판되지만, 스매시워즈에서 출판된 모든 책을 소매업체와 도서관에 보내는 것은 아니다. '프리미엄 카탈로그'에 있는 책만 소매업체와 도서관 파트너에게 보낸다. 따라서 마크와 그의 팀은 책이 일단 업로드되면 모든 책을 보고 프리미엄 카탈로그에 넣을 수 있는지 여부를 결정해야 했다. 대체로 이것은 형식에 관한 문제였다. "첫줄에 들여쓰기가 되어 있는가, 텍스트가 적절하게 나뉘어 있는가, 폰트가 전체적으로 일정한 가 같은 것을 확인했습니다. 업로드된 책 중에는 글자 크기를 50폰트 로 해놓은 작가도 있고, 실수로 책에 온갖 흉악한 짓을 해놓은 작가도 있기 때문입니다." 스매시워즈 스타일 가이드는 형식을 제대로 갖추려 면 어떻게 해야 하는지 작가에게 설명하지만 이를 주의 깊게 따르지 않 거나 워드를 올바르게 사용하는 방법을 모르면 엉망이 될 수도 있다.

하지만 형식에 대한 것만 검토하는 것은 아니다. "우리는 또한 불법 콘텐츠를 찾고 있습니다. 예를 들어 이미지가 포함된 포르노, 미성년 배우의 성애물, 적나라한 강간 성애물 같은 금지 데이터는 허용하지 않 습니다." 그들은 또한 저작권을 침해하는 콘텐츠를 찾고 있다. "몇 가 지 분명한 사실이 있습니다. 누군가 J. K. 롤링J. K. Rowling의 책을 업로드 하면 그 책은 허가받지 않은 책이기 때문에 심사 팀이 이러한 내용을 포착해서 허용되지 않은 콘텐츠를 제거합니다." 그들은 스팸 및 개인 상표권 콘텐츠를 포함한 일반 콘텐츠에 대해서도 경계한다. "한 달에 30달러가량 지불하면 수천 개의 기사로 구성된 엄청난 데이터베이스 에 접속할 수 있는 서비스가 있습니다. 이 데이터베이스는 101가지 가 정용 청소 팁, 101가지 다이어트 팁처럼 일반적인 주제입니다. 이 서비 스를 이용하면 사람들은 이 콘텐츠에 이름을 올리고 이 콘텐츠를 판매 할 수 있습니다. 하지만 우리는 이처럼 일반적이면서 차별화되지 않은 책을 원치 않습니다."

책을 프리미엄 카탈로그로 옮기고 소매업체에서 사용할 수 있게 하려면 이 모든 것을 찾아내서 심사 팀이 선별해야 한다. 이것은 엄청난 작업이다. 스매시워즈 사이트에는 매일 250종에서 300종의 책이 출판된다. 이 책들을 전부 읽을 수는 없으므로 마크가 '표시'라고 부르는 징표로 대략 훑어보고 나쁜 모양이나 냄새를 찾는다. 표지를 심사할 경우에는 전문적인 디자인인지를 본다. 영어와 책 설명을 검토할 경우에는 책 설명을 작성할 수 없으면 책을 쓰지 않은 것으로 간주한다. 태그에서 '미성년' 또는 '간신히 합법적' 같은 단어를 사용했을 경우에는 경고 신호로 간주한다. 그들은 또한 더 정밀한 조사가 필요한 책을 알려주는 자동화된 시스템을 사용하고 있다. "그래서 우리는 이것에 능숙합니다. 이 작업을 수행하려면 사람들이 필요합니다. 의심스럽게 보이는 항목만 집어낸 다음 파고들어서 텍스트 흐름을 검색하고, 해당되지 않는 항목을 식별합니다." 징표를 찾고 자동화된 시스템을 사용해서 프로세스를 단순화하더라도 이 새로운 콘텐츠를 모두 심사하는 것은 큰일이다. 스매시워즈는 25명의 정직원 중 총 직원의 1/4이 넘는 7명이 검토원이다.

그렇다면 이것은 스매시워즈가 결국 문지기로 기능한다는 것을 의미하는가? 전통적인 출판사보다 훨씬 덜 제약적이긴 하지만, 그럼에도 불구하고 문지기인가? 이것은 민감한 주제이다. "우리는 불가지론자입니다. 우리는 책의 품질이나 상업적 성공 가능성을 판단하는 편집 문지기가 되고 싶지는 않습니다. 그러나 우리가 매우 엄격하게 준수하는 몇 가지 기준이 있습니다. 무엇보다 불법으로 간주되는 콘텐츠는 없애려 합니다. 이런 책은 우리 사이트에 있을 권리가 없으며, 우리 생각에 어디에도 있을 권리가 없습니다"라고 마크는 설명했다. 그러나 경계선에 있는 경우는 어떻게 할까? 엄밀히 말하면 불법은 아니지만 어떤 의미로는 받아들일 수 없는 것으로 판단되는 경우가 있지 않은가? 물론 그런 경우가 있다고 마크는 말한다. "다수의 경계가 있고 그러한 경계 중 일부는 헷갈립니다." 아슬아슬하게 합법인 성애물이 그러한 예이다.

이런 수용 가능한 경계를 넘지 않는 주류 성애물은 많습니다. 우리는 그 작가들과 출판사를 사랑하고 그 책을 사랑하며 그들과 함께하게 되어서 기쁩니다. 그러나 작가와 출판사가 수용 가능한 한계를 뛰어넘으려 할 때가 문제입니다. 따라서 거의 합법적이지 않은 것은 한계를 넘어선 하나의 예입니다. 이것은 수용 가능성의 가장자리에 있습니다. 만약 이 출판사가 미성년자와의 성적 환상으로부터 성적 자극을 받는 사람을 목표로 한다고 의심된다면, 그 출판사가 모든 등장인물이 18세 이상이라고 주장하더라도 선을 넘었다고 판단되면, 이런 출판사와 엮이고 싶지 않다는 결정을 내릴 것입니다.

강간과 극단적인 폭력에 초점을 둔 책도 선을 넘을 수 있다. 이러한 책은 단지 극단적인 성적 콘텐츠뿐 아니라 정치적인 자료일 수도 있다. 예를 들어 반무슬림 또는 반유대주의인 텍스트일 수도 있다. 이 시점에서 대화에 참여한 마크의 동료 한 명은 이렇게 설명했다. "이런 내용은 대부분 책보다는 블로그에 더 적합합니다. 왜냐하면 그것은 단지 누군가의 의견일 뿐이고, 그들은 자신이 전달하고 싶은 견해와 일치하는 내용을 온라인에서 끌어오기 때문입니다." 만일 진짜 판단하기 어렵고 심사하는 사람이 확신을 할 수 없으면 심사 팀의 다른 사람들에게 의견을 구하기 위해 콘텐츠를 돌려볼 수도 있다. 심사 팀이 합의에 이르지 못하는 아주 드문 경우에는 마지막 결정이 마크에게 맡겨진다.

만일 텍스트를 바꿔서 이 저작물을 살릴 수 있다고 생각하면 작가에게 이 사실을 말한다. "어떤 때에는 이 콘텐츠는 블로그에 더 적합하다고 얘기하기도 합니다. 또는 출판을 취소해 달라면서 우리는 당신에게 좋은 파트너가 아니라고 말하기도 합니다." 그럴 경우 작가들이 반발한 적이 있을까? "네, 항상 그렇습니다. 그들은 때때로 아주 화난 반응을 보였고 우리가 검열을 한다고 주장하기도 합니다." 그러나 마크와 그의 동료들은 여기에 대해 자신감이 넘친다. "우리는 전문 작가와 전문적인 관계를 형성하기를 원합니다. 누군가가 고의로 규칙을 어기려 하거나 우리나 소매업체를 위험에 빠뜨린다고 느끼는 경우, 특히 작가가 이런 일을 몰래 하려고 할 경우, 그들과는 일하고 싶지 않습니다. 다행히 이런 경우는 드물지만 비윤리적인 사람들이 많기 때문에 항상 경계하고 있습니다."

따라서 자가 출판의 세계라고 해서 문이 없는 것은 아니다. 플랫폼이 문지기가 된다. 비록 자신은 원치 않더라도 말이다. 왜냐하면 결국 플랫폼은 자신의 이미지에 대해, 그리고 다른 사람에게 보이는 방식에 대해 관심을 갖기 때문이다. 이미지는 중요하다. 이미지는 경쟁적인 장에서 이러한 조직이 생성·축적·보호하는 데 관여하는 상징적 자본의 일부이다. 그러나 자가 출판의 문이 전통적인 출판 세계의 문보다 훨씬 덜 제약적인 것은 분명한 사실이다. 문지기의 엄격함과 선별 면에서는 비교가 되지 않는다. 스매시워즈 같은 자가 출판 플랫폼은 자유방임 출판에 가깝다. 그들은 플랫폼을 운영하는 사람들이 어떻게 생각하는지에 상관없이 길을 벗어나 가능한 한 많은 작가가 원하는 것을 출판하도록 최선을 다하고 있다.

"이런 쓰레기 같은 쓰나미에 대한 (아마존을 제외하면) 세계 최대의 조력자라는 게 나는 대단히 자랑스럽습니다"라고 마크는 조금도 거리낌 없이 말했다. "저질의 책을 가능케 한다는 부정적인 측면이 우리에게 있지만 동전의 다른 면은 우리가 그 어느 때보다 더 다양하고 더 높은 질의 책을 가능케 하고 있다는 것입니다. 우리는 모든 작가에게 기회를 주는 한편 독자에게 읽고 싶은 것을 결정할 기회와 자유를 주고 있습니다. 어떤 책이 완전 쓰레기이고 이성적인 의미에서는 끔찍하게 쓰여졌다고 생각할 수 있겠지만 그 책이 어느 한 사람에게 만족을 가져다준다면 그 책은 가치가 있다고 나는 생각하기 때문입니다." 자가 출판의 문지기가 문을 닫는 경우는 비교적 드물긴 하지만, 문을 닫는 경우에도 상업적인 이유 때문은 아니다. 자가 출판 조직은 전통적인 출판사와 달리 잘 팔릴 것이라 생각하는 서적을 고르거나 잘 팔리지 않을 것을 거절하는 일을 하지 않는다. 오히려 자가 출판 문지기가 문을 닫을 때는 기술적 이유(예를 들어 형식이 잘못된 경우), 법적 이유(책이 법에 위배될 수 있는 경우), 또는 규범적 이유(문지기가 콘텐츠를 공격적이거나 어떤 식으로든 수용 불가한 것으로 간주하는 경우, 그리고/또는 콘텐츠가 조직이 육성하고 투사하려는 정신과 반대되는 경우) 때문에 문을 닫는 경향이 있다.

스매시워즈는 2011년 이후 거의 매년 이익을 냈으며, 2015년에는 사업 규모가 2000만 달러에 달했다. 마크는 전자책 기반의 자가 출판 사업을 지속 가능한 사업으로 바꾸는 데 성공했다. 서적 생산의 성장은 굉장했다. 사업 첫해인 2008년 스매시워즈는 140종의 서적을 내놓았는데, 6년 후인 2014년에는 11만 2838종의 서적이 스매시워즈에 업로드되었다. 2019년 말에는 사이트에 업로드된 책이 52만 6800종이었는데, 이는 전년도의 50만 7500종에서 4% 증가한 것이었다.[9] 그리고 14만 6400명의 작가가 출판 중이었다. 실리콘밸리 남쪽 끝 로스 가토스의 평범한 거리에 있는 2층짜리 목조 건물 2층의 작고 초라한 사무실에서 시작한 스매시워즈는 빠르게 세계 최대의 자가 출판 플랫폼 중 하나가 되었다. 마크는 또한 활발하고 정보가 많으며 방문객이 많은 블로그를 통해 자가 출판을 거침없고 명료하게 지지하는 사람으로서 명성을 얻었으며, '독립 작가 성명'을 쓸 정도로 독립 작가 운동을 강력하게 옹호하는 사람으로서도 명성을 얻고 있었다.[10] 그러나 로스 가토스 가에서 모든 것이 좋았던 것은 아니다. 자가 출판이라는 장에서 경쟁 세력이 등장했는데, 이는 스매시워즈의 앞날에 짙은 그림자를 드리웠다. 이에 대해 알아보기 전에 실리콘밸리의 반대편으로 가서 자가 출판이라는 새로운 물결에서 또 다른 중요한 참가자가 등장하게 된 과정을 되짚어보자.

나만의 아름다운 책 만들기

에일린 기틴스Eileen Gittins는 기술 업계에서 우연히 일하게 된 열정적인 사진작가였다. 그녀는 25년간 샌프란시스코에서 웹 기반 소프트웨어 사업을 운영하고 있었는데, 이러한 사업을 함께 일군 동료 사업가들의 사진을 찍는 개인 프로젝트를 진행하기로 했다. 총 40명 정도였는데, 그녀는 그들 각자에게 사진의 전 세트를 주고 싶었다. 그러나 인쇄본 한

9   https://blog.smashwords.com/2019/12/2020.html. 순 증가된 수는 1만 9300종인데, 이는
     총 신간 수보다 적은 수치이다. 이는 신간이 출시될 때 일부 책은 미출간 상태인 점과 일부
     책은 이전의 미출간 도서를 재활성화하는 카탈로그의 변동성을 고려했기 때문이다.

10   https://blog.smashwords.com/2014/04/indie-author-manifesto.html.

세트를 제작하는 데 하루가 걸렸다. "이들은 좋은 친구이자 좋은 동료이지만 내년 한 해를 이 맞춤 인쇄를 하는 데 허비하고 싶지는 않았어요." 그래서 그녀는 '그냥 책 한 권을 만들고 나서 복사본을 만들면 되지. 안 그래?'라고 생각했다. 그것이 2004~2005년이었다. 하지만 조사에 착수한 그녀는 그것이 그렇게 쉽지 않다는 사실을 알게 되었다. 40부만 판매되는 시장에는 어떤 출판사도 관심을 갖지 않았다. 출판사들은 자신들의 투자를 회수할 만큼 충분한 물량의 책을 팔 수 있다고 생각하는 경우에만 관심을 보였다. 문제에 봉착한 에일린은 기술 사업가로서 기술을 사용해 해결책을 찾을 수 있는지 따져보기 시작했다. 투자에 대해 만족할 만한 수익을 얻으려면 책을 몇 권이나 팔아야 하는가라는 전통적인 출판계의 질문 대신 다른 질문이 있는지 궁금해졌다. "책 한 권만으로 돈을 벌 수 있는 사업은 없는가라는 질문이면 어떨까요? 그리고 이것은 회사의 전체 기반이 되었습니다." 작가든 다른 누구든 책 한 권만 구입하더라도 책으로 돈을 벌 수 있는 길을 찾아낼 수 있다면, 그리고 그 책의 가격이 지나치게 비싸지 않다면, 이것은 출판에 대한 전혀 새로운 사고방식을 열어줄 것이었다.

에일린은 자신의 아이디어를 벤처투자자들에게 소개하기 시작했다. 벤처캐피털로부터 지원을 받은 적 있는 두 회사의 전직 CEO로서 그녀는 샌프란시스코의 기술 세계와 잘 연결되어 있었다. 그럼에도 불구하고 쉽지는 않았다. "2005년이었고 모든 것이 온라인으로 가고 있었습니다. 여기서 나는 '좋은 아이디어가 생각났어요, 여러분. 모든 사람이 사진을 찍을 때 디지털카메라와 카메라가 달린 전화기를 사용한다는 것을 알고 있죠? 나는 산더미 같은 디지털 콘텐츠를 다시 아날로그로 가져와서 책으로 인쇄할 겁니다. 멋지지 않나요?'라고 말하고 있었습니다. 그들은 내가 미쳤다고 생각했어요." 회의적인 반응에도 불구하고 그녀는 200만 달러를 모금했고 2005년 블러브Blurb를 설립했다. 그녀는 소규모 소프트웨어 기술자 팀을 고용했고, 그들은 한 권의 책으로 사업을 구축할 수 있는 제품 플랫폼을 만들기 시작했다.

에일린은 기술 사업가였고 이곳은 2000년대 초 하이테크 창업 문화의 심장인 샌프란시스코였지만 블러브는 인쇄물을 기반으로 구축되었다. "사람들이 하기 힘든 일이었기 때문에 우리는 인쇄물로 시작했습니다. 사람들은 웹사이트를 만들고 플리커Flickr에 사진을 게재할 수 있기 때문에 화면을 기반으로 공유하는 것은 어렵지 않았습니다. 진짜 어려운 것은 오프라인에서 책 한 권을 만드는 일이었습니다." 그녀는 본인이 겪은 개인적인 문제 때문에 회사를 시작했다. 그녀는 사업 친구 40명의 고화질 디지털 사진을 갖고 있었지만 이 사진을 디지털 파일로 보내거나 웹사이트에 링크하고 싶지 않았다. 그녀는 그들에게 책을 주고 싶었다. "내가 하려 했던 본래의 책이 진짜 선물이었습니다. 링크를 선물하는 것은 아주 어렵습니다. 나는 누군가에게 물리적인 무언가를 주면서 '고마워. 근사했어'라고 말하고 싶었습니다." 그녀는 이런 생각을 자기 혼자만 하는 것이 아니라는 것을 직관적으로 느꼈다. 너무 비싸거나 복잡하지만 않다면 자신만의 책을 만들고 싶어 하는 사람들이 많을 것이라고 에일린은 생각했다. 그리고 책을 팔기 위해 책을 만들고 싶어 하는 사람들도 있을 것이다. 그녀는 그 사람들을 돕고 싶었다.

도전 과제는 디자이너가 아닌 사람, 그리고 출판에 대해 아무것도 모르는 사람이 책을 만들 수 있도록 하는 방법을 찾는 것이었다. 그것도 그냥 책이 아닌 정말 아름다운 책을 말이다. 인쇄와 디지털은 책을 만들고 콘텐츠를 공유하는 두 가지 다른 방법이었다. 하나가 다른 하나보다 더 나은 것이 아니라 그 둘은 단지 서로 달랐고 서로 다른 목적에 쓰였을 뿐이었다. 에일린은 인쇄란 마치 슬로푸드 같다고 설명했다. 때로는 칼스 주니어 매장에서 햄버거를 먹고 싶을 때가 있다. 그때는 당신이 바로 그것을 원하는 것이다. 그러나 최상의 재료로 만든 제대로 된 식사를 하기 위해 세심하게 계획을 짜서 천천히 음미하면서 음식을 만끽할 때도 있다. 디지털은 어떤 목적에는 대단하다. 하지만 때로는 아름답게 제작된 인쇄책의 페이지를 넘기다가 어떤 페이지에 머물면서 (사진인 경우) 사진을 응시하고 그 페이지를 몇 번이고 다시 보고 싶을 때도 있다. 그렇다고 블러브가 디지털 책을 만들지 않을 것이라는 의미는 아니다. 만들 것이다. 그러나 기기가 고급 수준의 이미지를 재생산할 정도로 품질이 충분히 향상될 때까지 기다려야 했는데, 이러한 개발은 결국 아이패드와 함께 제공되었다. 에일린이 만들고 싶은 종류의 책을 고려하면 그 중간 시기는 인쇄를 시작하기에 적절한 출발점으로 보였다.

마크와 마찬가지로 에일린은 자신이 채워지지 않은 욕구를 갖고 있다는 것을 알기 전에는 출판에 대해 아는 것이 없었지만, 자신의 욕구를 깨닫자마자 해야 할 일들을 시작했다. 그녀는 자비 출판사라고 불리는 자가 출판 회사가 이미 많다는 것을 곧 알게 되었지만, 이들은 전혀 매력적이지 않았다. "나는 소리를 지르며 최대한 빨리 도망쳤습니다. 왜냐하면 그 회사들은 너무 끔찍했기 때문입니다. 그들은 베스트셀러 책을 꿈꾸는 사람들, 그리고 그것을 믿고 싶어 하는 사람들의 열망을 먹이 삼고 있었습니다." 자가 출판의 새로운 물결 속에 있는 다른 창업 회사들과 마찬가지로 블러브는 이런 오래된 모델을 명백하게 거부하는 토대 위에 구축되었다. "그래서 우리는 탄생했을 때 '좋아, 우리는 그런 것은 원치 않아'라고 말했습니다. 블러브를 사용하는 데는 요금이 필요 없습니다. 우리의 모든 도구는 무료입니다. 우리가 제공하는 모든 도구를 사용할 수 있으며, 우리에게 한 푼이라도 지불하는 것은 단지 책을 구입할 때입니다. 아, 참고로 구매의 최소 단위는 한 권입니다. 차고에 책 더미를 둘 필요도 없습니다. 단 한 권도요."

에일린을 놀라게 한 또 다른 사실도 있었다. 전통적인 출판사와 자비 출판사 모두 텍스트가 매우 많았다. 그들은 모두 단어 중심의 책을 생산했다. 그러나 사진 경력을 가진 에일린이 보기에 이것은 이미지가 점점 더 만연하고 있는 세상과 맞지 않는 것처럼 보였다. 그녀의 눈에 새로운 공통어는 이미지이다. 모든 사람은 스마트폰으로 사진을 찍은 뒤 페이스북, 플리커, 인스타그램을 통해 이미지를 교신하고 있다. "그래서 나는 책에 왜 이미지가 거의 없는지, 왜 더 멋있게 디자인되지 않는지, 왜 컬러가 없는지를 생각했습니다. 오늘날의 책은 1950년대의 텔레비전처럼 보입니다. 우리 삶의 다른 어느 부분에서 우리가 그것을 받아들일까요?" 사람들이 이미지를 원치 않는 것은 아니다. 그들은 이미지를 원한다. 그러나 출판업계에서 사용하는 전통적인 모델로는 책에 많은 이미지를 포함하는 것과 아름답고 저렴한 방식으로 이를 수행하는 것이 어려웠다. 그러나 블러브는 새로운 모델을 실험하는 새로운 창업회사로서 이것을 다른 방식으로 수행하기 시작했다. 블러브는 작가들이 아름답게 그림을 그린 책을 컬러로 제작할 수 있는 도구를 만드는 데 목적을 두었다. 또한 사진을 중심으로 브랜드를 구축하고 품질에 대한 명성을 확립하려고 했다. "우리는 사진이 사물의 그림이 아니라 사물 자체인 사람들에게 색상 관리, 제본 등의 품질에서 인정받고 작품 그 자체로 인정을 받으면 티파니가 언젠가 전화할 것이라는 사실을 알고 있었습니다. 그리고 그들은 그렇게 했습니다."

에일린과 그녀의 동료들은 사람들이 책을 만들고 디자인할 수 있는 도구 모음을 구축했다. 그들은 사진집을 만드는 세 가지 도구를 설계했다. 부키파이Bookify라는 도구는 온라인 책 만들기 도구로, 이 도구를 이용하면 누구나 간단하고 쉽게 책을 만들 수 있었다. "책으로 만들 이미지가 20개라면 페이지당 하나씩 이미지를 넣고 왼쪽에 캡션을 다는 식으로 1시간 반 동안 작업하면 됩니다. 그런 후 업로드 버튼을 누르면 완료됩니다. 그게 다입니다. 이것은 누구든 할 수 있는 매우 간단한 책 만들기 도구입니다." 북스마트BookSmart라는 두 번째 도구는 페이지당 하나씩 이미지를 넣는 것보다 조금 더 복잡한 책을 위한 것이다. 북스마트에는 이미지와 텍스트를 끌어다 넣을 수 있는 템플릿과 레이아웃이 있다. 부키파이보다는 다소 복잡하지만 여전히 매우 단순하다. 세 번째 도구인 북라이트BookWright는 텍스트와 이미지를 가지고 인쇄책뿐만 아니라 전자책도 만들고 싶은 사람들을 위해 설계되었다. 템플릿과 레이아웃은 있으나 모든 것을 수정할 수 있고 사용자가 지정할 수 있으므로 매우 유연하다. 그들은 또한 텍스트로만 된 책을 위한 도구도 설계했다. 바로 작가가 워드프로세스를 사용해 책을 쓰고 PDF로 출력한 후 시판용 도서에 업로드할 수 있는 PDF업로더이다. 마지막으로 어도비의 인디자인InDesign 사용자를 위한 도구를 개발했다. 즉, 이미 인디자인을 사용하고 있는 그래픽 디자이너를 위한 도구였다("우리가 가장 원치 않았던 것은 매일 사용하는 도구를 쓰지 못하도록 강제하는 것이었습니다"). 그들은 인디자인에서 작업한 다음 이 응용 프로그램에서 직접 업로드하고 인쇄책과 전자책 양쪽으로 출력할 수 있는 플러그인을 구축했다.

모든 도구는 무료로 사용할 수 있다. 블러브는 1부이든 20부이든 2000부이든 주문하는 수량에 관계없이 사용자에게 값을 매겨서 수익을 창출한다. 그리고 인쇄 비용에는 블러브의 마진, 즉 인쇄와 제조에 드는 실제 비용에 대한 내부의 이윤이 포함된다. "책을 살 때마다 그 부수에 약간의 마진이 포함되어 있어 한 권의 책으로도 돈을 벌며, 사업의 가장 초기로 거슬러 올라갑니다. 왜냐하면 모든 사본에서 돈을 벌수 없다면 우리는 수량에 의존하는 출판사와 같을 것이고 우리는 만 권씩 판매할 서적을 찾는 게 좋겠다고 생각할 것이기 때문입니다."

그러나 그림이 많이 들어 있는 책을 아주 소량(아마도 한 부만) 인쇄하면 한 권의 비용이 엄청나지 않을까? 에일린은 "그것은 당신의 의도가 무엇인지에 달려 있습니다"라고 설명했다. 당신이 첫 아이의 탄생을 찍은 사진으로 책을 만들어서 양가 부모님께 드리기를 원한다면 이 책은 가격에 지나치게 민감하지 않을 것이다. "가격에 어느 정도 민감하더라도 그 책이 한 권에 50달러라면 이는 최상의 선물일 것입니다." 이것이 처음에 개인적으로 책을 만드는 사람에게 초점을 둔 이유이다. 그들은 합리적인 가격으로 고품질의 이미지 책을 만들 수 있는 서비스에 대한 잠재적 수요를 내다볼 수 있었다. 다른 한편 당신의 의도가 좀 더 상업적이라면 더 까다로워진다. 이 경우에는 책을 만드는 사람에게 권당 가격이 매우 중요한 고려사항이 될 것이다. 그러나 당신이 300부, 500부, 또는 1000부 이상을 사려고 한다면 디지털 인쇄가 아닌 오프셋을 사용하기 때문에 권당 가격이 낮아질 것이다.

블러브는 2006년 3월 말에 시작했는데 그해 말까지 100만 달러의 사업을 했다. 책 한 권에 대략 30달러라면 처음 아홉 달 동안 3만 권 이상을 판매한 셈이다. 18개월 만에 이익이 났고 그 이후 계속 이익을 내고 있다. 그들의 시스템을 통해 산출되는 새로운 서적의 양은 매우 빠르게 높은 수치에 도달했다. 특히 크리스마스를 앞두고 많은 사람이 선물로 책을 만드는 시기에는 최고조에 달했다. 에일린은 "가장 절정기에는 1.5초마다 우리 서버에 새로운 서적이 나왔습니다"라고 회고했다. 그들이 사업을 시작한 지 겨우 4~5년 후인 2010년 말, 그들은 이미 대략 35만 종의 서적을 출판했다. 중소 규모의 출판사가 1년에 200~300종의 서적을 출간하므로 4년 동안 1000종 정도의 새로운 서적을 출판한다는 것을 감안하면, 이 작은 자가 출판 창업회사에서 산출되는 새 책의 양은 꽤 놀라웠다. 그러나 이렇게 생산된 책은 대부분 출판계에서는 보이지 않았다. 왜냐하면 블러브로 책을 출판하는 대부분의 사람은 자체 유통 채널을 이용했으므로(또는 가족과 친구에게 주었으므로) ISBN이 필요하지 않았고 ISBN을 원하지도 않았기 때문이다.

블러브를 통해 자가 출판된 책은 블러브 사이트에 있는 서점에서 구매할 수 있다. 블러브는 주문을 받으면 책을 인쇄해서 고객에게 직접 배송한다. 그러나 어떤 작가는 자신의 책을 아마존, 반스 앤 노블, 그리고 기타 서점에서도 구할 수 있기를 원했다. 그래서 블러브는 아마존과의 관계를 구축했고 테네시에 기반을 둔 도매업체이자 유통 그룹인 잉그램Ingram과도 관계를 맺었다. 그 결과 블러브를 통해 자가 출판된 책들을 더 넓은 유통 네트워크에 제공할 수 있게 되었다. 아마존의 경우 블러브는 단순히 제3자 판매인으로 등록했다. 이를 통해 블러브의 책을 아마존 사이트에 올릴 수 있었고 아마존은 그 대가로 판매액의 일정 비율을 가져갔다. 작가는 또한 더 광범위한 유통을 선택해서 자신의 책이 다른 서점(온라인과 오프라인 모두)에 들어가도록 선택할 수도 있다. 이 경우 블러브는 자신들 책이 잉그램의 목록에 올라가도록 준비한다.

그러면 서점은 잉그램을 통해 블러브의 책을 주문할 수 있으며, 주문은 블러브에게 전달되어 책을 인쇄해서 서점에 보내준다. 잉그램은 유통 업체로서 수수료를 받는다. 실제로 블러브는 주문형 인쇄 공급업체로 운영된다. 수요에 따라 주문을 수행하므로 물리적 재고를 보유할 필요가 없다.

그렇다면 에일린은 작가가 블러브 사이트에서 하는 콘텐츠에 대해, 특히 시각적 콘텐츠와 사진에 중점을 둔 콘텐츠에 대해 걱정을 했을까? "처음 회사를 시작했을 때는 이것에 대해 걱정을 많이 했습니다. 온갖 종류의 혐오스러운 자료나 불쾌한 포르노 등등이 올라오면 어떡하나 하고 생각했어요"라고 에일린이 말했다. 그러나 실제로는 이는 에일린이 걱정했던 것보다 훨씬 작은 문제인 것으로 판명되었다. 그들은 콘텐츠를 감시하고 싶지 않았고 누드와 음란물 사이에 선을 긋는 일에 관여하고 싶지 않았다. 그들은 또한 자신의 시스템을 거치는 책들을 실제로 보지도 않았다. 수백 권의 책이 항상 들어오지만 그 책들을 모니터링하거나 확인하지 않았다. 그들이 실제로 한 일은 인쇄 파트너와 협정을 맺어서 의아할 만큼 선을 넘는 무언가가 있으면 블러브에 전화를 걸도록 하는 것이었다. 그러면 그들 양쪽이 파일을 보고 결정을 내린다. "10년이 넘는 기간 동안 우리가 고객에게 가서 '미안합니다. 다른 데서 인쇄해야 할 거 같아요. 우리는 이 책을 인쇄하지 않습니다'라고 말한 것은 모두 20번도 되지 않습니다. 놀랍도록 적습니다." 때로는 어떤 사람이 블러브에 연락해서 웹사이트에 적절해 보이지 않는 콘텐츠가 있다고 말할 수도 있다. 그러면 그 콘텐츠를 본 뒤 그 의견에 동의하면 그 콘텐츠를 삭제할 것이다. "우리는 최종 사용자에게 연락해서 '이 콘텐츠에 대해 약간의 우려가 제기되어 이것을 내리려고 합니다'라고 이야기할 것입니다." 그렇지만 이런 일도 거의 일어나지 않는다. "우리가 우려했던 측면에서는 이런 일이 구체화된 적이 없습니다."

기술 회사로 출발한 블러브의 주요 성과는 작가와 창작자가 자신의 작품을 자가 출판할 수 있는 사용자 친화적인 플랫폼을 만드는 것이었다. 블러브에서 자가 출판된 모든 책은 디지털 파일로 존재했지만, 책 자체는 블러브의 처음 몇 년간 인쇄책으로 출판되었다. 2006년과 2007년에는 이것이 이해할 만한 일이었다. 당시에는 전자책 리더기의 기술이 그리 뛰어나지 않았는데, 특히 블러브의 영업자산인 시각적으로 풍부한 그림책의 경우에는 더욱 그랬다. 그러나 독서기기의 기술이 향상되고 아이패드 및 기타 태블릿이 시장에 등장하면서 2010년경부터 블러브는 인쇄책뿐 아니라 전자책까지 내놓을 수 있도록 플랫폼을 조정했다. 그들은 기능 향상 전자책도 실험했다. "당시 우리는 기능 향상 전자책이 이전보다 더 큰 사업이 될 것이라고 생각했으며 블러브가 전자책 영역에서 가장 큰 가치를 제공할 수 있다고 생각했습니다. 그러나 사람들은 적어도 그때까지는 그것을 원치 않았습니다. 사람들은 다른 매체로부터 방해를 받지 않는 책 경험을 원했습니다." 블러브는 작가와 창작자에게 자신의 책이 전자책과 인쇄책 양쪽으로 출판될 수 있는 옵션을 제공했지만 대부분의 사람은 인쇄책을 계속 구매했고 이것이 블러브의 주요 사업이었다.

그러나 사업은 다른 방식으로 바뀌었다. 초기에는 많은 사람이 개인적인 이유로 블러브를 이용했다. 그들은 졸업이나 아이의 탄생 같은 중요한 일을 기념하기 위해 책을 만들고 있었으며, 또는 자신이 하고 있는 작업을 책으로 만드는 아마추어 사진가나 예술가 같은 열성 팬이었다. 그러나 페이스북, 인스타그램, 핀터레스트Pinterest 같은 소셜 미디어의 등장으로 이미지와 사진을 친구 및 가족과 공유할 수 있는 다른 많은 옵션이 생겼다. 이것은 잘 만들어진 책을 만드는 데 필요한 동기부여 수준의 기준을 높였다. 블러브를 사용하는 사람들은 점점 더 창조적인 전문가이자 에일린이 '프로슈머prosumer'라고 부르는 전문가 고객이 되었다. "우리에게 프로슈머는 정말 열광적인 사람들입니다"라고 에일린은 설명했다. "그들은 요리 애호가일 수도 있고, 자녀를 위해 동화책을 쓰거나 다른 친구 및 가족을 위해 책을 쓰고 있을 수도 있습니다. 그리고 그들은 그 일에 매우 진지합니다. 아마 사업을 위한 책일 수도 있는데, 이때에도 그들은 분명 그 일에 진지할 것입니다. 따라서 우리의 성장은 이제 프로슈머 및 창조적인 전문가의 범주에 있습니다. 우리의 사업은 점점 더 이 범주로 이동했습니다." 사실 이 범주에는 다양한 종류의 개인이 있다. 어떤 이는 사업을 시작하거나 운영하는 사람으로, 자신의 사업을 육성하기 위해 책을 이용한다. 예를 들어, 잠재 고객에게 제공할 수 있는 일종의 포트폴리오를 만들려는 사진작가, 또는 컵케이크 사업을 막 시작해서 더 많은 고객을 유치하기 위해 좋아하는 컵케이크 책을 만들려는 사람 같은 이들이다. 어떤 이는 특정한 기술이나 전문지식을 갖춘 지식인으로, 훌륭한 책을 만들어서 진지하게 판매하기를 원한다. 그들은 그 책이 성공해서 자신에게 얼마간 수익을 가져다주기를 바라며, 때로는 앨더 애로Alder Yarrow의 사례처럼 정말로 그렇게 되기도 한다.

앨더 애로는 와인에 대한 열정을 지닌 샌프란시스코의 전문 디자이너이다. 그는 2004년에 시작한 와인 블로그 바이노그래피닷컴vinography. com에 와인에 대한 블로깅을 몇 년 동안 하고 있었다. 출판사들이 종종 책을 쓰라며 접근해 왔지만 앨더는 그들의 권유를 수락하지 않았다. 그러나 그는 와인에서 발견되는 다양한 각각의 향과 풍미를 이야기와 사진으로 탐구하는 그림이 많은 책을 만들겠다는 구상을 떠올렸다. 앨더는 훈련된 사진작가였지만 자신이 이 책에 필요한 종류의 사진을 찍을 수 없다는 것을 알고 있었다. 그의 전문 분야는 흑백 풍경 사진이지, 풀컬러의 아름다운 음식 사진이 아니었다. 그래서 샌프란시스코에 있는 음식 사진작가 레이 베이시Leigh Beisch를 꼬드겨 책 제안서를 작성했고, 자신에게 와인 책을 쓰도록 설득하려던 출판사들에게 그 제안서를 보냈다. 그러나 아무도 관심이 없었다.

출판사들은 이 책은 제작하기에 너무 크고 비용도 너무 많이 들 것이라고 생각했고, 그 책을 충분히 팔 수 있는 방법을 알지 못했다. 전통적인 출판계의 문은 굳게 닫혀 있었다. 앨더는 매우 우연히 에일린을 알게 되었고 그녀와 그 구상에 대해 논의하기로 결정했다. 에일린은 이 프로젝트에 열광했고, 블러브에서 만들어놓은 플랫폼이 특히 앨더가 구상하고 있는 이런 그림 많은 사진 책 종류에 매우 적합하다고 설명했다. 단 하나의 문제는 가격이 저렴하지 않을 것이라는 점이었다. 앨더가 원하는 책의 페이지 수와 형식을 감안할 때 블러브의 표준 일회용 인쇄를 사용하면 권당 197달러가 들었다. 합리적인 가격에 책을 판매하려면 부수당 비용을 25달러 근처로까지 훨씬 낮게 내려야 했는데, 그렇게 하려면 1000권 또는 그 이상을 인쇄해야 했다. 그러나 이를 위해서는 2만 5000달러의 지출이 필요했으며 혼자서는 이 돈을 감당할 수 없었다.

그래서 앨더는 킥스타터Kickstarter 모금을 시작하기로 결정했다. 왜냐하면 그는 킥스타터 모금을 성공적으로 운영한 사람들을 알고 있었고 그들은 앨더에게 지침과 조언을 줄 수 있었기 때문이다.[11] 앨더는 1만

8000달러를 모으는 목표를 세웠다. 이 기금은 전문 편집자와 디자이너에게 비용을 지불하고 고품질의 아름다운 삽화가 들어간 150페이지 분량의 양장본을 제작하는 데 사용될 예정이었다. 잠재적 후원자들은 책을 70달러에 선주문하도록(또는 저자 서명된 책과 전자책을 150달러에 구입하도록) 초대되었다. 유명한 와인 블로거인 앨더는 자신의 네트워크와 소셜 미디어를 통해 그 프로젝트를 성공적으로 홍보할 수 있었는데, 이는 크라우드펀딩의 성공에 매우 중요했다. 결국 183명의 후원자로부터 2만 4240달러를 모금했는데, 이는 프로젝트를 시작하기에 충분한 금액이었다.

앨더는 책을 쓰고 레이는 사진을 찍었다. 그리고 전문 디자이너와 협력해서 책 내부를 디자인했다. 앨더는 750권을 주문해서 모두 팔았고 다시 1000권을 인쇄해서 거의 모두 팔았다. 앨더의 책『와인의 정수 The Essence of Wine』는 2015년 루이 로드레르Louis Roederer 국제 와인 작가상에서 회장상을 수상했다. 『와인의 정수』는 자가 출판의 성공 사례로, 이는 전통적인 출판사에게 거절당했던 작가가 블러브 같은 자가 출판 플랫폼을 통해 출판에 대한 대체 경로를 찾을 수 있음을 증명했을 뿐 아니라, 전통적인 출판사의 후원을 받지 못하는 작가가 직면한 재정적 장애물을 극복하기 위해 자가 출판을 크라우드펀딩에 활용할 수 있는 방법에 대해서도 설명한다.

2016년에 이르자 블러브는 110명이 넘는 직원과 8500만 달러의 매출을 보유한 자가 출판 세계의 주요 기업이 되었다. 기술 경력과 사업

---

11 킥스타터에 대해서는 제8장에서 더 자세히 다룬다.

가 자질을 가진 에일린은 지엽적인 문제 해결에 대한 과제(동료들에게 나눠주기 위해 자신의 사진 모음을 40부 복사하는 방법)를 10년 이내에 수백 수천만 달러 규모의 사업으로 바꾸었다. 이런 종류의 대부분의 성공 사례가 그러하듯 운도 좋았고 타이밍도 시기도 좋았다. 에일린은 일찍이 자가 출판 플랫폼의 잠재력을 보았고 그 격차를 메우기 위해 재빨리 움직였다. 무엇보다 그녀는 중대하고도 그녀와 그녀의 회사에 큰 도움이 되는 몇 가지 전략적 결정을 내렸다. 그중에서도 특히 네 가지 결정이 중요했다. 첫째, 에일린은 전문가 고객이 주요 고객이 될 것임을 일찍 알아차리고 이 고객들에게 제대로 서비스하는 방법에 초점을 맞추었다. 둘째, 주로 전문가 고객을 다루기 때문에 품질이 중요하다는 것을 알고 있었다. "그래서 우리는 품질을 높여야 했습니다. 그렇게 고품질을 제공하면 사람들은 반응을 보입니다." 셋째, 자신들이 집중하고 있는 책의 종류와 고품질의 시각적 콘텐츠가 많은 책을 고려해서 인쇄에 초점을 맞추는, 현명하지만 반직관적인 결정을 내렸다. 그들은 기본적으로 실리콘밸리에 있는 기술 창업회사였기 때문에 이것은 반직관적이었다. 그리고 2000년대 초였던 당시에 아름다운 인쇄책을 생산하는 기술 회사로 자신을 내세우는 것은 시대정신과 매우 거리가 멀었다. 그러나 에일린은 그림이 많은 책이 텍스트만 있는 책보다 더 오래 지속된다는 것을 감지했다(그리고 이것은 제대로 본 것으로 판명되었다). 그녀가 말했듯이, 이는 "물체 자체가 가치가 있기 때문입니다. 책의 내용뿐 아니라 책 자체도 물체로서 가치를 갖고 있습니다. 책은 아름답습니다. 소장해서 살펴보기에도 좋습니다. 그래서 사람들이 '어째서 글로 된 책 대신 그림책에 집중하나요?'라고 물으면 나는 '우리의 특징인 인쇄본에서는 이런 책들이 아주 오랫동안 곁에 있을 것이고 사라지지 않을 것이기 때문입니다'라고 대답합니다." 그녀는 인쇄본에 내기를 걸었고 그녀가 이겼다.

에일린이 내린 네 번째 주요 결정은 최대한 빨리 수익을 내는 것이었다. 에일린은 사업에 정통했다. 블러브는 그녀가 시작한 첫 회사가 아니었으므로 벤처캐피털의 세계가 어떻게 작동하는지 잘 알고 있었다. 처음에 그녀는 벤처캐피털 자금을 끌어왔지만 시장이 곧 바뀔 수 있다는 것을 알았다. 그리고 그녀는 돈을 더 구해야 하지만 돈을 구할 수 없는 그런 상황에 자신을 처하게 만들고 싶지 않았다. 그녀는 회사가 계속해서 수익을 내지 못하고 벤처캐피털 자금에 의존하면 위험하다는 것을 알고 있었다.

우리 얘기가 소설처럼 들릴 수도 있다는 것을 압니다만, 우리는 사람들이 지갑을 열어 우리에게 돈을 내는 사업을 만들려고 합니다. 이것은 나중에 광고 전략을 통해 광고 노출도를 높여서 수익을 창출하려는 사업에 대한 이야기가 아닙니다. 우리는 현금 흐름 면에서 매우 수익성이 좋은 사업을 만들려고 합니다. 왜냐하면 우리는 사야 할 재고도 없고 사야 할 기계도 없기 때문입니다. 우리는 인쇄된 책에 이윤을 더해 수익을 보장했고 인쇄 파트너에게는 지불 기간을 30일 또는 45일로 보장했습니다. 따라서 현금 흐름 면에서 보면 매우 훌륭한 모델이었습니다. 모든 것이 주문형이기 때문에 우리는 상품을 사거나 무언가를 제조할 필요가 없었습니다. 책 제작 비용은 고객들이 부담했습니다. 왜냐하면 그들은 방금 만든 책에 대한 비용을 지불했기 때문입니다.

그 사업 모델은 잘 작동했다. 블러브는 빠르게 수익성을 달성했고 그 이후 계속 이익이 나고 있었다. 물론 벤처투자 지원을 받은 회사라서 퇴로는 항상 열려 있으며, 벤처캐피털은 언제라도 블러브를 더 큰 회사로 매각하거나 IPO를 통해 회사를 공개해서 자신들의 투자금을 회수하려 할 수 있다. 그러나 블러브는 수익성을 보장하고 강력한 현금흐름을 제공하는 건전한 사업 모델을 개발했고, 이를 통해 현금이 고갈되면 다른 분야로 옮겨가는 벤처투자 시장의 추위 속에 버려지는 위험을 최소화했다.

에일린은 고품질 그림책으로 정평이 나 있는 자가 출판 세계의 거대한 참가자 중 한 명으로서 경쟁에 대해 지나치게 걱정하지 않았다. 최근 몇 년 동안 생겨난 많은 다른 자가 출판 회사 중 다수는 소설, 특히 장르 소설에 중점을 두고 있었다(에일린은 이를 '말 많은 책'이라고 불렀다). 또한 그 회사들은 많은 경우 전자책에만 초점을 맞추고 있었다. 이것은 블러브가 운영하고 있는 영역이 아니었으며, 알려진 종류의 출판도 아니었다. 이것이 블러브가 자기만의 장을 가지고 있다는 것을 의미하지는 않는다. 오히려 그것과 거리가 멀었다. 자가 출판을 하는 회사가 여럿이지만 실제로 중요한 것은 하나뿐이다. 에일린은 "경쟁자는 하나뿐입니다. 바로 아마존입니다. 그들은 유력자입니다. 그러나 그림책 분야에는 아마존이 없습니다. 아마존은 글로 된 책 사업을 하려고 하며, 인쇄를 한다면 양장본이 아니고 컬러 책도 아니고 무선본일 것입니다"라고 말했다. 하지만 그것은 적어도 지금에 국한되는 이야기이다. "우리는 항상 그들이 하는 것을 보고 있습니다. 그들은 언제라도 마음을 바꿀 수 있습니다. 그들이 바로 아마존입니다."

자가 출판이라는 장에 진입한 아마존

마크와 에일린이 새로운 사업을 꿈꾸고 있을 때도 자가 출판의 세계
는 여전히 대체로 자비 출판과 관련되어 있었다. 루루 같은 새로운 시
도가 등장해 자비 출판과는 매우 다른 새로운 모델을 개척했으나 이 장
에서 지배적인 위치를 점하고 있는 주전 선수는 없었다. 아마존이 자가
출판이라는 장에 진출하기로 결정하기 전까지는 말이다.

2005년 아마존은 북서지BookSurge와 커스텀플릭스 랩스CustomFlix Labs
라는 두 개의 회사를 인수했다. 북서지는 주문형 기술을 사용하고 작가
들에게 다양한 맞춤형 출판 패키지를 제공하는 자가 출판 회사로 2000
년에 설립되었다. 커스텀플릭스는 2002년 독립 영화 제작자들이 더 쉽
게 영화를 배급할 수 있도록 주문형 DVD를 만들던 네 명의 동료에 의
해 시작되었다. 2007년 아마존은 커스텀플릭스의 이름을 크리에이트
스페이스CreateSpace로 바꾸었다. 그리고 2009년 10월 아마존은 북서지
와 크리에이트 스페이스를 합병해 크리에이트 스페이스라는 이름으로
통합형 주문형 서비스를 만들었다. 이 서비스를 통해 작가, 영화 제작
자, 음악가들은 주문형으로 인쇄된 페이퍼백 책을 포함해 자신의 작품
을 만들고 제공할 수 있었으며, 이러한 작품은 아마존에서 재고나 착수
비용, 최소 주문 없이 판매되었다.[12]

이러한 개발과 병행해 아마존은 또한 킨들 출시의 일환으로 2007년

---

12 "CreateSpace, an Amazon Business, Launches Books on Demand Self-Publishing Service
    for Authors," 8 August 2007, at www.createspace.com/Special/AboutUs/PR/20070808_
    Books.jsp.www.createspace.com/AboutUs.jsp도 보라.

11월 자가 출판 전자책 플랫폼을 시작했다. 킨들 디지털 텍스트 플랫폼Kindle Digital Text Platform이라고 불린 킨들 자가 출판 도구를 통해 작가와 출판사는 자신들의 글을 아마존에 직접 업로드하고 킨들 스토어에서 판매함으로써 전자책을 자가 출판할 수 있었다. 제목, 작가 이름, 텍스트, 그리고 표지만 있으면 되었다. 작가/출판사가 99센트와 200달러 사이의 아무 가격이나 정하면 책이 몇 시간 안에 킨들 스토어에 게시되었다. 아마존은 판매 수입의 65%를 갖고 35%를 작가 또는 출판사에게 넘겼다. 2010년 1월에는 이 배분이 30 대 70으로 바뀌었는데, 일정 조건이 충족될 경우 미국과 영국에서의 매출에 대해 30%는 아마존이 갖고, 70%는 작가/출판사에 전달되었다.[13] 2011년 1월부터 킨들 디지털 텍스트 플랫폼은 킨들 다이렉트 퍼블리싱Kindle Direct Publishing(KDP)으로 이름이 바뀌었고 70% 로열티 조건은 캐나다 판매로까지 확대되었다.

아마존이 전자책 시장의 가장 큰 몫을 빠르게 차지하면서 KDP는 자신의 작품을 자가 출판하려는 작가들에게 매우 매력적인 선택이 되었다. KDP 자가 출판 도구는 사용법이 간단했다. 그리고 텍스트가 업로드되고 변환되어 킨들 스토어에서 사용할 수 있게 되면 압도적인 전자책 플랫폼과 유통 시스템을 갖춘 곳에서 국제적으로 판매될 수 있었다. 더욱이 크리에이트 스페이스에서도 업로드를 하면 아마존을 통해 전자책과 인쇄책 모두에서 즉각적으로 우수한 로열티를 제공받을 수 있었다. 이것은 영어권 세계에서 인쇄책과 전자책 모두에서 빠르게 성장한 최대 소매업체의 매우 매력적인 제안이었다. KDP의 유일하고도 중

13   제5장, 255쪽 참조.

요한 단점은 이 플랫폼을 통해 출판된 전자책은 아마존 킨들에서만 사용할 수 있다는 것이다. 따라서 아이패드, 누크, 코보 같은 다른 기기에서 전자책을 이용하려면 다른 플랫폼 및 유통업체에서도 자가 출판을 해야 했다. 똑똑한 작가들은 그렇게 했다. 즉, KDP에서 자가 출판하고 자신의 책을 스매시워즈, 누크, 아이북스토어, 또는 다른 자가 출판 플랫폼 및 유통업체에도 업로드했다. 가능한 한 많은 플랫폼에서 자가 출판을 하지 않을 이유가 없었다. 그렇게 하려고 충분히 마음먹고 있고 번거로움을 개의치 않는다면 많을수록 좋았다.

그러나 작가들이 사용할 수 있는 선택 구성이 바뀌기 시작했다. 2011년 12월 아마존은 KDP 셀렉트KDP Select를 시작했는데, 이는 KDP 작가가 자신의 책을 최소 90일 동안 킨들 스토어에 독점을 주면 작가가 새로운 렌딩 라이브러리Lending Library 기금의 일부를 얻고 다양한 홍보 수단과 상품화 이점에 접근할 수 있는 새로운 옵션이었다.[14] 아마존은 매월 기금의 규모를 결정하며(2011년 12월에는 50만 달러였다), 각 KDP 셀렉트 도서에 대한 월별 지급은 킨들 오너스 렌딩 라이브러리Kindle Owners' Lending Library에 있는 모든 KDP 도서의 총 대여 수에서 해당 책이 차지하는 몫을 기준으로 한다.[15] KDP 셀렉트를 선택한 작가에게는 자신의 전자책을 무료로 증정할 수 있는 5일간의 무료 홍보 기간이 주어진다. 또

---

14 "Introducing "KDP Select" – A $6 Million Fund for Kindle Direct Publishing Authors and Publishers"(8 December 2011), at http://phx.corporate-ir.net/phoenix.zhtml?c=176060&p=irol-newsArticle&ID=1637803.

15 킨들 오너스 렌딩 라이브러리는 아마존 프라임의 회원인 킨들 보유자들이 쓸 수 있다. 프라임 회원은 렌딩 라이브러리에서 매달 한 권을 무료로 빌릴 수 있다. KDP 셀렉트가 2011년 출시되었을 때 아마존 프라임 회원권은 연 79달러였으며, 여기에는 배송비 할인과 일부 무료 실시간 동영상이 포함되었다.

한 그들의 책은 아마존에 의해 활발하게 상품화되기도 하는데, 예를 들면 쇼핑 카트 추천 상품, '고려할 만한 아이템', '이 아이템을 구매한 고객은 ○○도 구매했습니다' 등에 노출된다. 작가는 90일 후에 탈퇴를 선택할 수 있지만 탈퇴하지 않으면 등록이 자동적으로 갱신된다. 문제는 KDP 셀렉트에 등록된 책은 킨들 스토어에서만 독점적으로 판매되며 이 기간 동안 다른 소매업체를 통해 판매 또는 유통될 수 없다는 것이다. 따라서 아이북스토어, 반스 앤 노블, 코보 같은 다른 소매업체 및 유통업체를 통해 책을 구할 수 있는 경우 작가와 출판사는 KDP 셀렉트에 등록되어 있는 기간 동안 이 모든 소매업체 및 유통업체에서 해당 책을 내려야만 한다.

많은 자가 출판 작가에게 KDP 셀렉트는 매력적인 선택이었다. KDP 셀렉트는 새로운 잠재적 수익 흐름을 만들었으므로 작가들은 아마존이 킨들 오너스 렌딩 라이브러리를 위해 따로 만든 기금에 접근할 수 있었고, 일정 기간 동안 판매를 촉진할 수 있는 무료 홍보를 이용할 수 있었으며, 아마존 사이트 및 아마존의 판촉 데이터에서 자신의 책이 더 잘 보이게 할 수 있었다. 더욱이 많은 자가 출판 작가들은 킨들의 높은 시장 점유율과 전자책 시장에서 아마존이 차지하는 압도적인 우위를 감안하면 다른 소매업체와 유통업체로부터 자신의 책을 제거하는 대가로 판매 손실을 겪는다 하더라도 KDP 셀렉트를 통해 수익과 가시성이 증가해 이 손실이 보상될 것이라고 합리적으로 가정했다. 아마존이 전자책 시장에서 더 우세해질수록 많은 작가에게는 아마존 사이트에서 책의 가시성을 높이고 킨들에서의 판매를 극대화하기 위해 무엇이든 하는 것이 더욱 합리적으로 보였다. 판매의 큰 몫은 어차피 킨들에서 비롯되기 때문이었다.

하지만 다른 자가 출판 플랫폼, 소매업체, 유통업체에게는 아마존의 독점이 그다지 좋아 보이지 않았다. 어떤 사람에게는 이것이 이 장에서 지배적인 사업자의 매우 공세적인 시도로 보였으며, 이로 인해 다른 자가 출판 플랫폼이 작가들을 붙잡는 것이 훨씬 어려워졌다. 스매시워즈의 마크는 이를 경쟁자들을 무너뜨리려는 아마존의 위험한 구상이라고 인식했고 매우 놀랐다.

　2011년 12월이었습니다. 나는 그 사실을 선명하게 기억하고 있습니다. 당시 나는 휴가 중이었지만 그걸 본 순간 매우 경악해서 블로그에 글을 남겼습니다. 나는 이것이 미래를 위해 정말, 정말 나쁘다고 생각했습니다. 왜냐하면 세상을 보는 내 견해로는 자가 출판은 출판의 미래이기 때문입니다. 매출 면에 보면 전체 출판계에서 자가 출판이 그다지 중요하지 않았지만 장기적으로는 출판 권력이 출판사에서 작가에게로 옮겨질 것이라고 나는 확신하고 있었습니다. 내가 보기에 자가 출판하는 독립 작가들은 출판의 미래입니다. 아마존이 많은 작가를 끌어들이는 이런 독점적인 프로그램을 만들면 결국에는 아마존의 모든 경쟁사가 가장 중요한 작가들을 잃게 될 것입니다. 작가만 잃는 것이 아니라 독자도 잃을 것입니다. 왜냐하면 독자가 어느 작가의 책을 읽고 싶은데 그 책을 아마존에서만 구할 수 있다면 결국 그의 모든 책 구매 습관은 아마존으로 옮겨갈 것이기 때문입니다. 그렇게 되면 독자들은 반스 앤 노블, 코보, 그리고 기타 모든 소규모·대규모 소매업체를 떠나 아마존에서 책을 구매하게 될 것입니다. 따라서 아마존은 다른 소매업체들을 굶게 해서 결국에는 폐업하게 만들 것입니다. 이것은 아마존이 독점에 성공할 경우 어떻게 될 것인지에 대한 논리적인 전개입니다.

여기서 마크는 위협을 과장하고 있는지도 모른다. 자가 출판 도서라는 커다란 풀이 소비자의 구매 습관을 그가 말하는 것만큼이나 근본적으로 바꿀지는 의심스러울 수 있다. 그러나 KDP 셀렉트는 작가가 자신의 책을 어디에서 어떻게 자가 출판할지, 아마존 이외의 사이트에서 자신의 책을 내릴지 여부를 결정할 때 확률의 균형이 아마존에게 유리하게 기우는 데 결정적인 역할을 했을 것이다. "2011년 12월 아마존이 KDP 셀렉트를 시작하자 하룻밤 사이에 수천 종의 책이 스매시워즈에서 사라지는 것을 보았기 때문에 충격을 받았습니다. 그리고 그 현상이 지속되는 것을 보아왔습니다. 매달 수천 종의 책이 KDP 셀렉트에 등록되기 위해 스매시워즈에서 사라졌습니다. 한편 수천 종의 책이 스매시워즈로 돌아오기도 합니다. 그 책들은 순환하는 것입니다. 그러나 아마존은 3개월마다 약 95%의 갱신율을 제공한다고 주장합니다. 지금 벌어지고 있는 일은 작가들이 KDP 셀렉트에 책을 넣고 거기에 두고 있다는 것입니다. 그것은 늪과도 같아서 작가들은 한 번 그곳에 들어가면 절대 떠나지 않습니다"라고 마크는 말했다. 자가 출판 플랫폼의 또 다른 창업자는 이런 비유를 하기도 했다. "아마존은 세계에서 가장 큰 랍스터 덫을 만들고 있습니다. 아마존에 들어가면 절대 나오지 않습니다."

아마존은 2014년 7월 월 요금 9.99달러에 많은 양의 전자책과 오디오북을 볼 수 있는 전자책 구독 서비스 킨들 언리미티드Kindle Unlimited를 출시하면서 그 입지를 강화했다.[16] 킨들 언리미티드를 구독하는 사용

---

16 킨들 언리미티드에 대해서는 제9장에서 더 자세히 논의한다.

자는 원하는 만큼 많은 책을 읽을 수 있고 원하는 만큼 오래 보관할 수 있다. 그리고 아마존 프라임의 회원이 아니어도 된다. 자가 출판 작가의 경우 킨들 언리미티드는 KDP 셀렉트를 제공한다. 자가 출판 작가는 KDP 셀렉트에 등록해야만 자신의 책을 킨들 언리미티드에 넣을 수 있으며, 자신의 책이 KDP 셀렉트에 있으면 자동적으로 킨들 언리미티드에 포함된다. 이것은 KDP 셀렉트의 독점 요구에 동의하지 않으면 킨들 언리미티드에 자신의 책을 넣을 수 없다는 것을 의미한다. 이것은 또한 킨들 언리미티드에 자신의 책이 포함되기를 원치 않으면 등록 기간이 끝날 때 KDP 셀렉트에서 책을 제거해야 한다는 것을 의미하기도 했다.

마크가 보기에 이것은 그가 가졌던 최악의 두려움을 확인시켜 주었을 뿐이다. 아마존은 KDP 셀렉트와 킨들 언리미티드를 사용해서 자가 출판 작가를 독점적인 킨들 환경 속으로 끌어들이는 울타리를 치고 있었다. 이로써 작가들은 아마존에 전적으로 의존하게 되었다. 아마존의 많은 혜택을 누리는 동시에 그 혜택에 의존하게 되는 것이다. 마크는 거침없이 말했다. "아마존에 대한 내 견해는 그들이 모든 작가를 아마존이라는 땅을 경작하는 소작인으로 바꾸려고 한다는 것입니다. 아마존이 토양, 토지, 그리고 고객에 대한 접근권을 소유하면서 작가까지 소유한다면, 작가 수익의 100%를 아마존의 선의에 의존한다면, 작가는 독립성과 통제권을 잃게 됩니다. 작가는 소작인일 뿐입니다."

아마존에 대한 마크의 거리낌 없는 비판과 KDP 셀렉트 및 킨들 언리미티드 프로그램의 독점성은 자가 출판 작가들 사이에서 활발한 논쟁을 불러일으켰다. 일부 작가는 마크에게 동의하고 일부 작가는 동의하지 않았는데 어떤 경우에는 매우 강하게 동의하지 않았다. 많은 작가가 지적했듯이 KDP 셀렉트가 선택사항이라는 사실을 고려하면 소작이라는 비유는 들어맞지 않는다. 자가 출판 작가는 KDP 셀렉트에 가입할 의무가 없으며, 한번 가입해 보기로 결정하더라도 90일의 등록 기간이 끝나면 언제라도 탈퇴할 수 있다. 따라서 자가 출판 작가가 아마존 땅의 소작인이라면 이 소작인은 매우 예외적인 수준의 자유를 갖고 있는 셈이다. 그들은 더 매력적으로 보이는 땅이 나타나면 다른 땅을 경작하러 자유롭게 짐을 꾸릴 수 있으며, 원할 경우 양쪽 땅을 동시에 경작할 수도 있다. 또한 아마존 땅에 독점적으로 남기로 선택한다면 아마존 땅이 꽤 비옥하며 앞으로 무슨 위험이 닥치더라도 당분간은 자신에게 도움이 된다고 느끼기 때문일 것이다.[17]

아마존 독점 조건의 장점과 위험이 무엇이든 간에, 이런 신랄한 논쟁은 자가 출판의 세계가 전통적인 출판 세계와 똑같이 대단히 경쟁이 심한 영역이 되었다는 사실을 보여준다. 자가 출판의 세계에는 다양한 종류의 서비스를 공급하는 수많은 제공업체가 있는데 이들은 자신의 장

---

17 이 점에 대해서는 KDP 셀렉트에 대한 마크의 블로그 게시물에 댓글을 단 한 작가가 잘 반박했다. "마크, 당신의 지적을 이해하지만 아마존이 작가들에게 이에 대해 강요하고 있다는 당신의 평가에는 동의할 수 없습니다. 모든 것은 선택입니다. 이 프로그램에 한 권, 또는 몇 권, 아니면 작가의 책 전부를 넣을 수 있습니다. 맞아요, 그러면 독점이지만 90일 동안만입니다. 아마존은 갱신 2주 전에 작가에게 옵트아웃(opt-out, 특정 서비스에 대한 거부 의사를 표시하는 것)하지 않으면 서비스가 갱신된다는 이메일을 보낼 것입니다. 이것은 한번으로 끝나는 결정은 아니지만 당신은 그렇게 묘사했습니다. 이것은 작가들이 자신의 작품을 홍보할 수 있는 매우 좋은 방법이라고 생각합니다. 개인적으로 KDP 셀렉트에 제 작품 세 개를 올렸고 스매시워즈에서는 내렸습니다. 불행하게도 스매시워즈를 통해 얻는 매출과 유통 대상은 아마존에 비해 매우 적으므로 앞으로 90일 동안 나 자신에게 큰 피해를 주지는 않을 것입니다. 이것은 내 의견일 뿐이며, 다른 작가들이 완전히 동의하지는 않을 것임을 알고 있습니다." Smashwords(8 December 2011), at http://blog.smashwords.com/2011/12/amazon-shows-predatory-spots-with-kdp.html.

에서 자신의 위상을 강화하거나 방어하기 위해 가용할 수 있는 모든 권한을 사용한다. 그리고 이것은 제공업체가 확대되더라도 한 참가자가 압도적으로 우세한 세력으로 부상해서 자신에게 유리하도록 업계를 형성하고 재구성할 수 있는 장으로, 종종 틈새시장을 개척하려는 소규모 참가자들을 희생시킨다. 자신의 작품을 자가 출판하려는 많은 작가에게 이 모든 것은 혼란스러워 보일 것이다. 이것은 전통적인 출판 세계 못지않게 혼란스러울 것이며, 모든 업무를 아웃소싱할 대리인도 없으므로 아마도 더 혼란스러울 것이다.

출판 서비스의 스펙트럼

마크는 이 현상을 보는 데 도움이 되는 방법을 알고 있다. 마크는 매직펜으로 칠판에 선을 그리면서 이렇게 설명했다. "나는 출판 서비스 시장을 스펙트럼으로 봅니다. 스펙트럼의 한 쪽 끝에는 포괄적 서비스가 있고 다른 쪽 끝에는 셀프 서비스가 있습니다." 전통적인 출판사는 작가에게 교열, 조판, 본문 및 표지 디자인, 제작, 인쇄에서부터 마케팅, 판매 및 유통, 부차권 및 회계에 이르기까지 포괄적인 범위의 서비스를 제공한다는 의미에서 '포괄적 서비스'이다. 작가는 일단 책을 쓰고 나면 더 이상 많을 일을 할 필요가 없어진다(실제로는 많은 사람이 상당히 많은 일을 스스로 하고 있긴 하지만 말이다). 전통적인 출판사들은 스스로 서비스 제공자라고 생각하지 않을 수도 있지만, 그럼에도 불구하고 본질적으로 그들은 서비스 제공자이다(마크의 설명은 전통적인 출판사가 투자자이자 위험 부담자이기 때문에 하고 있는 일의 일부만 포착하는데,

이 점에 대해서는 제12장에서 자세히 다룰 예정이다).

마크는 "스펙트럼의 다른 쪽 끝은 셀프 서비스입니다"라고 말했다. 이는 작가가 자가 출판사이고 플랫폼이 셀프형인 자가 출판 형태를 말한다. 여기서는 작가가 출판을 위해 원고를 준비하고 표지를 디자인하고 원고와 표지를 플랫폼에 업로드하는 여러 단계를 수행한 다음, 책을 출판하는 데 필요한 메타데이터를 제공해야 한다. 스매시워즈와 KDP 둘 다 스펙트럼의 셀프 서비스 끝 쪽에 있다. 이 두 극단 사이에는 작가에게 다양한 기능과 패키지를 제공하는 수많은 서비스 제공업체가 있다(〈그림 7.1〉은 차이점을 설명하기 위해 이러한 서비스 제공업체 가운데 극히 일부만 언급하지만 실제로는 더 많이 있다. 이 제공업체들은 전자책 전문 회사인지, 인쇄책 전문 회사인지, 또는 전자책과 인쇄책을 결합한 회사인지에 따라 다르다). 스매시워즈와 KDP는 전자책 전문이고, 2012년에 설립된 오클라호마 기반의 자가 출판 플랫폼 드래프트2디지털Draft2Digital도 마찬가지로 전자책 전문이다. 크리에이트 스페이스는 인쇄 전문 제공업체이고(또는 인쇄 전문 제공업체였고[18]), 블러브는 우리가 보았듯이 다양한 전자책 옵션을 제공하지만 주로 인쇄 기반이다. 루루, 북베이비Bookbaby, 아웃스커츠Outskirts, 오서 솔루션즈 같은 회사는 전자책과 인쇄 서비스 둘 다 제공한다. 스매시워즈, KDP, 크리에이트 스페이스, 드래프트2디지털, 블러브, 북베이비, 루루는 셀프 서비스 쪽 스펙트럼에 가

---

18 크리에이트 스페이스와 KDP 둘 다 아마존의 자가 출판 서비스로 구축되었는데, 하나는 인쇄용이고(크리에이트 스페이스), 다른 하나는 전자책용이다(KDP). 이 두 서비스는 10년간 별도의 서비스로 병행 운영되었다. 하지만 2018년 크리에이트 스페이스는 KDP에 합병되었다. 크리에이트 스페이스의 모든 도서와 계정의 세부 정보는 KDP로 이전되었으며, KDP는 자체 출판 인쇄 및 디지털 책을 위한 아마존의 단일 통합 플랫폼이 되었다.

그림 7.1 | 출판 서비스의 스펙트럼(1)

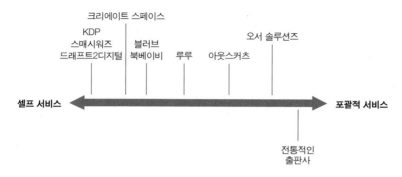

까운 편이지만, 오서 솔루션즈와 오서 솔루션즈의 많은 임프린트 및 부서(오서하우스, 아이유니버스, 트래퍼드 퍼블리싱, 엑스리브리스 등), 아웃스커츠는 제공하는 서비스에 대해 작가에게 요금을 부과하므로 포괄적 서비스에 가까운 편이다.

저자에 대한 서비스 비용의 관점에서 출판 서비스 스펙트럼을 보면 스펙트럼이 좀 더 그래프처럼 보이기 시작한다고 마크는 설명한다. 그는 칠판에 또 다른 그림을 그린 후 x축에는 '서비스', y축에는 '비용'이라고 표시한다(〈그림 7.2〉).

그래프의 왼쪽 밑에는 낮은 서비스, 낮은 비용의 제공업체 조합이 있는데, KDP, 스매시워즈, 드래프트2디지털 같은 셀프 서비스형 자가 출판 회사이다. 오른쪽으로 올라갈수록 더 많은 서비스를 제공하고 작가에게 더 많은 비용을 부과하는 자가 출판사인데, 오서 솔루션즈가 비용이 많이 드는 자가 출판 서비스 제공업체 중 하나이다. 다시 말하지만 이것은 현존하는 많은 자가 출판 제공업체 중 일부에 불과하다. 전통적인 출판사는 높은 서비스를 제공하면서 작가에게 낮은 비용을 부과하

그림 7.2 | 출판 서비스의 스펙트럼(2)

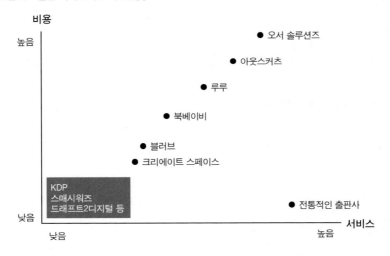

므로 이 그래프의 오른쪽 하단에 자리 잡을 수 있다(하지만 저자의 로열
티 지분 측면에서 보자면 저자에게 돌아가는 수익은 전통적인 출판사가 자가
출판 플랫폼보다 훨씬 낮은 경향이 있다). 독립성을 자랑하고 스스로 할 수
있는 능력을 자신하는 독립 작가는 이 그래프의 왼쪽 하단에 끌리는 경
향이 있다. 이것은 작가에게 자신의 작품을 선불 비용 없이 그리고 비
교적 적은 판매 수수료로 자가 출판할 수 있는 무료 셀프 서비스 플랫
폼이다. 이러한 플랫폼은 그래프의 왼쪽 하단 모서리에 음영 처리된 상
자 안에 있다. 다른 사람이 자신을 위해 출판 작업을 해주는 것을 좋아
하는 작가나 그 작업을 스스로 할 지식 그리고/또는 자신감이 없는 작
가는 포괄적 서비스를 지향하는 경향이 있다. 전통적인 출판사나 작가
에게 다양한 서비스와 패키지를 저렴한 가격으로 제공하는 자가 출판
조직이 이러한 서비스를 수행한다. 그러나 독립성을 자랑스럽게 생각

하는 독립 작가들의 눈에는 오서 솔루션즈 같은 자가 출판 서비스 제공 업체가 매우 혐오스럽다(자가 출판의 세계에 대해 잘 알고 있는 한 평론가는 "자존심 높은 독립 작가는 그런 업체를 이용하지 않습니다"라고 말했다).

이 그림이 그다지 복잡하지 않을 때에는 자가 출판의 붐이 자가 출판 플랫폼과 함께 지하 경제로 존재하는 지원 서비스의 실질적인 2차산업을 낳았다. 실제로 포괄적 서비스 출판사에서 제공하는 다양한 출판 서비스는, 전통적인 출판사이든 오서 솔루션즈 같은 포괄적 서비스의 자가 출판 조직이든 모두 묶음 서비스가 아닌 프리랜서 및 소규모 회사가 작가에게 하나씩 제공하는 개별 서비스로 전환되었다. 본질적으로 이러한 개별 작가 서비스는 세 가지 범주로 나뉜다. 바로 편집 서비스, 디자인 서비스(본문 디자인, 재킷 디자인, 원고 준비 포함), 그리고 마케팅 서비스(홍보 포함)이다. 작가는 추천 지원 서비스 목록을 제공하는 자가 출판 플랫폼을 통해 이러한 지원 서비스로 이동하거나 친구나 동료가 추천한 서비스로 전환할 수 있다. 일부 프리랜서는 자영업 편집자나 디자이너로 혼자 일한다. 어떤 경우에는 전통적인 출판사에서 정규직으로 일하면서 저녁과 주말에 이 일을 한다. 다른 경우에는 작가가 되려는 야망을 추구하면서 생계를 꾸리기 위한 방법으로 이 일을 하기도 한다. 많은 프리랜서는 안정된 일거리를 얻기 위해 뉴욕 북 에디터즈New York Book Editors 또는 런던에 기반을 둔 리지Reedsy 같은 출판 서비스 대행사에 의존하기도 한다. 이러한 대행사는 작가와 프리랜서를 연결하는 허브 역할을 한다. 작가가 대행사에 연락하면 대행사는 작가가 원하는 바를 평가한 다음 적절하게 자격을 갖추고 심사를 거친 프리랜서에게 작업을 아웃소싱하며, 작가가 지불한 비용은 대행사와 프리랜서가 나눠 갖는다.

뉴욕 북 에디터즈는 2013년 나타샤 레킥Natasa Lekic이 설립했다. 애틀라스 앤 코Atlas & Co라는 소규모 비소설 출판사에서 편집자로 일했던 나타샤는 편집의 중요성을 이해하고 있었는데, 그녀는 애틀라스 앤 코를 떠나면서 자가 출판을 계획하고 있는 작가들에게 편집 서비스를 제공하는 회사를 차리기로 결정했다. 당시에는 자가 출판에 대한 많은 이야기가 있었고 나타샤는 자신이 제공할 편집 서비스 종류에 대한 작가들의 수요가 있을 것이라고 생각했다. 그러나 그녀는 스스로 편집을 하고 싶지는 않았다. 그녀는 애틀라스에서 두 권의 책을 편집했으나 이 일을 잘할 수 있는 기술과 자질이 자신에게 있다고 느끼지 않았다. 그래서 같이 일할 다른 편집자들을 데려오기를 원했다. "우리의 구상은 전통적인 출판 방식과 매우 유사한 편집 과정을 따르기 원하는 자가 출판 작가들과 함께 일하는 것이었습니다."

작가들은 자신이 원하는 편집 유형에 따라 다양한 패키지를 제안받았다. '구조적 편집' 옵션은 텍스트 구조, 구성, 캐릭터 개발 등과 관련된 커다란 문제를 다룬다. 작가는 구조적 문제에 대해 논평하면서 취약한 부분을 수정하고 텍스트 개선 방법을 제시하는 편집자의 편지 또는 메모를 받게 된다(추가 요금을 내면 한 시간 동안의 전화 통화로 보완할 수도 있다). '라인 편집' 옵션은 문장에서 문장으로, 문단에서 문단으로 언어의 명확성과 흐름에 주의하면서 텍스트를 한 줄씩 살펴보는 것이다. 좀 더 단순한 '교열'은 문법, 철자, 구두점 등을 수정하는 것이다. 각 옵션은 서로 다르게 가격이 책정되어 있고 단어 수에 따라 가격이 달랐다. 텍스트 편집을 원하는 작가가 양식을 작성하고 시놉시스와 견본 자료를 제출하면 나타샤는 어떤 프로젝트를 편집할지, 원고의 상태를 고려할 때 어떤 패키지가 적절한지를 결정한다. 그런 다음 프리랜서 편집자에게 외주를 주고 프리랜서와 수수료를 나누었다. 프리랜서는 대부분 전통적인 출판사에서 훈련된 이들로, 부업으로 추가 작업을 찾거나 회사를 그만두고 전업 프리랜서를 하려는 사람들이었다. 경우에 따라서는 실제로 그렇게 실행해서 출판 서비스의 번창하는 지하 경제의 일부가 되기도 했다.

나타샤는 주로 자가 출판을 계획하는 작가에게 편집 서비스를 제공하려는 생각으로 뉴욕 북 에디터즈를 설립했지만 실제로는 계획대로 되지 않았다. 그녀는 자가 출판을 계획하는 많은 작가로부터 제안서를 받았지만 제안의 가장 많은 부분은 전통적인 방식으로 출판하려는 작가들이 차지했다. 대략 50%는 전통적인 방식으로 출판하기를 원했고, 25%는 자가 출판을 원했으며, 25%는 어떻게 해야 할지 모른 채 열린 마음으로 있었다. 전통적인 방식으로 출판하기를 원한 많은 작가는 대리인과 도서 계약을 맺기를 원했지만, 그들은 자신의 원고가 더 많은 작업이 필요하며 원고가 더 좋아지면 대리인을 확보하고 좋은 계약을 맺을 가능성이 크게 향상될 것이라는 조언을 들었다. 따라서 그들이 꿈꾸는 종류의 출판 계약을 확보할 수 있는지는 불확실하더라도 뉴욕 북 에디터즈와 접촉해서 편집 패키지에 투자하는 것은 합리적인 일이었다.

리지는 2014년 이매뉴얼 나타프Emmanuel Nataf, 리카르도 파예Ricardo Fayet, 매슈 코브Mathew Cobb, 빈센트 듀랜드Vincent Durand에 의해 런던에서 시작되었다. 나타샤와 달리 리지의 공동 창업자들은 출판업에서 일해본 적이 없었다. 이매뉴얼과 리카르도는 파리에 있는 경영대학원을 졸업하고 사업을 시작할 기회를 찾고 있었다. 그들은 아마존이 KDP를 통해 자가 출판을 매우 쉽게 할 수 있도록 만들었다는 것을 알고 있었지만 자가 출판되는 많은 책이 제대로 편집되거나 디자인되지 않았다는 것도 알게 되었다. 그래서 자가 출판하려는 작가를 편집자, 디자이너, 마케터와 연결해서 높은 수준의 책을 만들고 생산하는 데 도움을 줄 수 있는 온라인 시장을 만든다는 아이디어를 생각해 냈다. 그들은 런던에 기반을 둔 유럽 창업 펀드 시드캠프Seedcamp를 통해 일부 자금을 조달했으며, 독립 작가가 프리랜서 출판 재능에 접근할 수 있도록 개방형 시장 역할을 하는 플랫폼을 구축·출시했다. 업워크Upwork, 피플퍼아워People per hour 같은 종류의 다른 시장이 온라인에 존재했지만 이매뉴얼과 그의 동료들은 출판에 맞춤형이며 우수한 편집자를 끌어들이는 시장을 만들기 원했다. 그들은 모든 이가 입찰 전쟁에 참여해서 가장 저렴한 사람이 이기는 시장을 만들고 싶지 않았다. 그러면 최고의 편집자를 끌어들이지 못할 것이기 때문이다. 그래서 그들은 저자가 편집 작업을 위해 연락하고 싶은 사람을 다섯 명까지 선택해서 입찰에 초대할 수 있는 시스템을 고안했다. 이들 중 두 명이 입찰을 거절하면 작가는 두 명에게 더 연락할 수 있다. 편집자가 응찰하면 작가는 각 편집자와 이야기를 나눈 후 누구를 선택할지 결정할 수 있다. 이것은 최저 가격이 우세해지는 일반화된 경매를 피하는 제한된 경쟁의 공간을 만드는 동시에, 작가에게 결정을 내리기 전에 선택된 수의 프리랜서와 소통할 수 있는 기회를 제공한다.

　이런 온라인 시장이 작동하기 위해서는 고객(이 경우에는 작가)이 자신이 구매할 서비스가 진짜이고 돈을 지불할 만한 가치가 있다는, 달리 말하면 사기가 아니라는 신뢰를 가져야 한다. 따라서 프리랜서를 심사하는 것이 리지가 하는 업무의 핵심 부분이다. 리지는 자사에서 서비스를 제공하기 원하는 모든 이에게 자격, 분야, 전문으로 하는 언어, 업무 경험, 포트폴리오 등을 포함한 프로필을 채우도록 한 다음 이 모든 것을 검토한다. 판타지나 로맨스 같은 장르를 프로필에 적으려면 그 장르와 일치하는 책이 포트폴리오에 적어도 한 권 이상 있어야 한다. 리지는 업무 경험에 대해 말한 내용이 포트폴리오의 책과 관련 있는지 확인한다. 그리고 의문이 들면 책의 헌사를 보고 거기에 언급되어 있는지 확인한다. 그것은 상당히 철저한 절차로, 서비스를 제공하려는 사람 중 3%만 리지에 뽑힌다. 리지의 공동 창업자 중 한 사람인 리카르도는 "자칭 편집자나 디자이너라고 하는 사람, 즉 작가에게 서비스를 제공하는 사람 중에는 우리 기준에 미치지 못하는 경우가 많습니다. 그것도 꽤 많습니다"라고 설명했다. 그들은 편집자가 최소한 5년의 경험을 가지고 있고 적어도 여섯 권의 책을 편집했을 것으로 기대한다. 하지만 그 책이 반드시 전통적인 출판사에서 출판된 책일 필요는 없다(그것이 도움이 되긴 하겠지만).

리지를 통해 프리랜서를 찾으려는 작가는 자신이 찾고 있는 조건을 지정된 양식에 구체적으로 쓰고, 원고의 한두 장 또는 전체를 업로드하고, 요구 사항에 맞는 프리랜서를 검토해서 다섯 명까지 선별한 후 응찰하도록 초대한다. 작가는 응찰을 검토하고 응찰자들과 소통한 후 누구를 받아들일지 결정한다. 그들은 일정과 지급 계획에 대해 합의하고 나서 작업을 시작한다. 리지는 거래의 각 당사자로부터 10%의 수수료를 받는데, 작가가 지불하는 금액에서 10%를 차감하고 프리랜서가 받는 금액에서 10%을 차감하므로 리지는 총 지불액의 20%를 갖는다. 따라서 편집자가 예를 들어 1000달러를 청구하면 작가는 1100달러를 지불하고 그중 100달러는 리지가 갖는다. 또한 리지는 편집자 요금에서 100달러를 차감하므로 편집자는 900달러를 받는다. 리지는 작가와 프리랜서가 서로 소통하는 자체 메시징 인터페이스를 가지고 있으므로 모든 커뮤니케이션은 리지의 플랫폼과 시스템 안에서 이루어진다. 이렇게 하면 때때로 분쟁이 생길 경우 리지가 작가와 프리랜서 간 소통에 대한 모든 기록을 확실히 보유할 수 있다. 모든 것을 리지의 시스템 안에 두는 것은 작가와 프리랜서가 리지로부터 멀어져서 미래의 프로젝트에서 직접 협력할 수 있는 위험을 줄인다.

리지는 독립 작가가 프리랜서 출판 서비스에 접속하도록 돕는 시장을 만드는 것을 목표로 시작했지만, 그들의 플랫폼은 다른 고객도 끌어들였다. 바로 자신의 책에 대한 전통적인 출판사를 찾기를 희망하는 작가와 전통적인 출판사 양쪽이었다. 2020년 초까지 리지는 매달 1000건의 새로운 공동작업을 관리하고 있었다. 공동작업의 약 70%는 편집 서비스에 대한 것이었고, 15%는 디자인에 대한 것이었으며, 나머지는 마케팅, 홍보, 그리고 대필로 나뉘어 있었다. 작가들의 절반 정도는 자신의 책을 자가 출판하려 했고, 약 30%는 전통적인 출판사를 찾고 있었으며, 나머지 20%는 아직 입장을 정하지 않고 있었다. 일부 전통적인 출판사 또한 프리랜서를 찾기 위해 리지를 방문했으며, 리지는 블러브 같은 일부 자가 출판 플랫폼과 파트너십을 발전시키고 있었다. 블러브는 작가에게 리지를 추천했고, 리지는 작가가 완성 도서를 블러브로 내보내기 쉽게 만들었다. 즉, 자가 출판 중개인 간의 협력이었던 것이다. 리지의 공동 창업자들은 출판 경력은 없었지만, 자가 출판이 폭발적으로 증가함에 따라 독립 작가가 점점 늘어나고 이로 인해 전통적인 출판사에서 더 이상 제공하지 않는 전문적인 출판 서비스에 대한 수요가 증가하는 것을 보았다. 그래서 이들은 이러한 서비스를 사고 팔 수 있는 실질적인 온라인 시장을 만들었다. 이 온라인 시장은 작가에게는 적합한 자질을 갖춘 프리랜서를 찾도록 돕는 한편, 프리랜서에게는 안정된 일자리를 찾도록 도와주었다.

이 그림자 경제에서 일하는 사람들에게 프리랜서 작업은 지속력 있는 생계를 제공했으며 전문가로서의 보람도 느낄 수 있게 해주었다. 캐럴라인은 뉴욕의 한 대형 출판사에서 2년 반 동안 편집 보조로 일했지만 좌절했고 성취감을 느끼지 못했다. 그녀는 주로 상급 관리자를 위해 프로젝트를 관리하고 있었는데 원고를 직접 편집할 기회를 거의 갖지 못했다. 그리고 실제로 편집을 할 때도 그녀는 이것이 업무의 중요한 부분으로 간주된다고 느낄 수 없었다("편집은 누구에게도 우선순위의 일이 아니었습니다. 그것은 집에서나 하는 일이었습니다. 사무실에서는 편집을 할 시간이 전혀 없었습니다"). 그녀는 여가시간 동안 프리랜서 편집 일을 조금 했는데 그 시간이 즐거웠다. 그래서 그녀는 이것이 선택 가능성이라는 것을 깨달았다. 2년 반 후 캐럴라인은 5개 대형 출판사 중 하나인 직장을 그만두기로 하고 홀로서기를 시작했다. 일부 저자는 편집프리랜서협회를 통해 그녀를 찾았다. 그러나 캐럴라인은 뉴욕 북 에디터즈 리지에 대해 들었고 두 조직 모두에 프리랜서로 등록했다. 이 두 조직은 그녀에게 안정된 일감을 제공했고 18개월 만에 그녀는 조금 더 선택적으로 일감을 거절할 수 있는 위치에 서게 되었다. 그녀는 편집 보조로 버는 것보다 두 배 이상을 벌었고, 이제 더 많은 개인 고객을 수용하고 다른 프리랜서에게 일부 작업을 하청해서 자신의 편집 서비스 대리인으로 전환하는 계획을 세웠다. 이를 통해 그녀는 자신이 좋아하는 저자의 원고를 계속 작업하면서 동시에 사업을 구축할 수 있었다. "지금 나는 생각했던 것보다 더 많은 편집을 하고 있으며, 그 일을 사랑합니다. 결국에는 그것이 내가 좋아하는 일입니다"라고 캐럴라인은 말했다.

사업이 성장하면서 좀 더 사업 지향적으로 되고 있지만, 나는 여전히 내가 편집하고 싶은 만큼 편집할 수 있습니다. 그리고 나는 저자와 직접 작업하는 것, 텍스트로 직접 작업하는 것, 상업적인 것에 크게 걱정하지 않으면서 원고를 가능한 한 최상의 상태로 만드는 것이 좋습니다. 나 역시 마케팅과 독자 같은 요소를 고려합니다. 하지만 내용에 대해서는 별 관심이 없으면서 매출에만 목을 매는 출판사와는 다른 점이 있습니다. 그들은 몇 권이나 팔 것인가 하는 데만 관심을 둡니다. 그 사업적 정신은 이해하지만, 원고에 대해 먼저 신경 쓰고 나서 팔리거나 선택될 수 있도록 만들어야 합니다.

캐럴라인은 현재 출판 서비스의 그림자 경제에서 일하고 있는 수천 명 중 한 사람에 불과하다. 캐럴라인 같은 일부는 전업 프리랜서로 괜찮은 삶을 살고 있고, 일부는 여가 시간에 프리랜서 일을 해서 다른 직장에서 얻는 수입을 보충하고 있으며, 일부는 작가가 되거나 다른 목적을 이루려는 야망을 추구하면서 버틸 만큼만 돈을 벌고 있다. 물론 전통적인 출판사들은 오랫동안 프리랜서라는 그림자 경제에 의존해 왔는데, 특히 교열, 교정, 색인, 표지 디자인 같은 작업과 관련해서 더욱 그랬다. 더욱이 뉴욕 북 에디터즈, 리지 같은 서비스에 의존해서 프리랜서 편집자를 고용하는 저자들의 상당수는 우리가 보아왔듯이 전통적인 출판사와 함께 출판하기를 희망하고 있다. 그러나 자가 출판 플랫폼이 등장하고 저자가 자신의 작품을 자가 출판할 수 있는 기회의 범위가 엄청나게 확장됨에 따라 출판 서비스의 그림자 경제가 성장해 왔으며, 이로 인해 자신의 텍스트를 수정·개선하고 책을 구성·디자인·마케팅하는 데 도움을 구하는 저자의 수가 크게 증가했다는 데에는 의문

그림 7.3 | 출판 서비스의 새로운 생태계

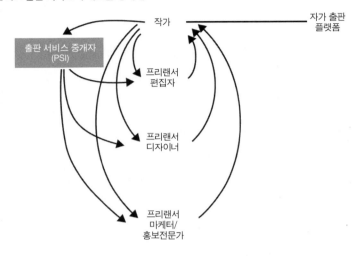

의 여지가 없다.

　자가 출판 플랫폼의 등장 및 이와 관련된 출판 서비스의 확산은 21세기 초반 출판의 풍경을 의심의 여지없이 바꾸어놓았다. 자가 출판이 새로운 것은 아니지만 이런 진전은 이전의 어느 것과도 질적으로 다르다. 또한 이는 전통 출판계와 나란히 존재하면서도 전통 출판계와 구별되고 한편으로는 여러 면에서 전통 출판계와 복잡하게 겹치는 완전히 새로운 자가 출판의 생태계를 만들어냈다. 이런 새로운 생태계에서 저자가 자가 출판을 하기로 했다면 이제 그 저자는 자가 출판 방법, 사용할 플랫폼, 가용한 다양한 출판 서비스의 이용 여부를 결정해야 한다. 그리고 이 서비스를 이용하기로 했다면 프리랜서 편집자, 디자이너, 마케터/홍보전문가에게 직접 연락할지 아니면 뉴욕 북 에디터즈나 리지 같은 출판 서비스 중개자(PSI)에게 연락할지를 결정해야 한다(〈그림 7.3〉).

저렴한 비용으로 셀프 경로를 택하고 싶은 저자는 자신이 원하거나 필요로 하는 지원을 어느 정도 결정하고 편집자, 디자이너, 마케터/홍보 전문가와 직접 계약을 맺는다. 또는 이러한 서비스를 생략하고 타인의 전문적인 도움 없이 스매시워즈나 KDP 같은 자가 출판 플랫폼에 원고를 있는 그대로 업로드한다. 아니면 저자가 전문적인 도움을 원하지만 누구에게 도움을 청해야 할지 모른다면 출판 서비스 중개자를 이용할 수 있는데, 이 중개자는 몇 가지 검증된 옵션을 제공하면서 정보에 입각해서 제대로 된 결정을 내리도록 도와줄 것이다. 자가 출판을 원하고 전문적인 도움도 원하지만 스스로 준비하는 번거로움은 원하지 않는 저자는 출판 서비스 패키지를 제공하는 자가 출판 플랫폼을 선택해서 필요한 패키지를 구매할 수도 있다.

자가 출판의 폭발적인 증가로 인해 자가 출판 플랫폼과 나란히 존재하면서도 전통적인 출판계로부터 대체로 독립적인 그림자 경제가 출판 서비스의 확장된 형태로 만들어졌지만 우리는 여전히 자가 출판의 세계가 얼마나 큰지 제대로 알지 못한다. 이 세계들은 겹쳐 있으면서 복잡하게 상호작용한다. 여기서 말하는 규모란 무엇인가? 디지털 혁명의 물결 속에 등장한 자가 출판이라는 이 새로운 세계의 규모를 측정할 수 있는 방법이 있는가?

숨겨진 대륙

사실상 자가 출판의 크기를 정확하게 측정하는 것은 놀라울 정도로 어렵다. 자가 출판은 출판 세계의 숨겨진 대륙이다. 2012년부터 서지정보 제공업체 보우커Bowker는 2007년부터 2018년까지 미국에 있는 자가 출판사의 결과물을 추정하기 위해 일련의 보고서를 작성했다.[19] 보고서에 따르면 이 기간 동안 자가 출판 도서는 가파르고 지속적인 성장을 보여주고 있는데, 인쇄책과 전자책의 총 수는 2010년 15만 2978종에서 2018년에는 167만 7781종으로 8년 동안 11배 증가했다. 이러한 보고서는 이 분야의 급속한 성장을 나타내는 유용한 지표이긴 하지만, 두 가지 이유로 자가 출판계에 대한 설명이 심각하게 제한되어 있었다. 첫째, 보우커의 수치는 해당 연도에 출간된 '신간 도서' 또는 '신간 타이틀'의 수를 보여주지 않는다. 이 수치는 보우커의 북스 인 프린트Books in Print 데이터베이스에 등록되어 있고 미국에서 출판되거나 유통된 ISBN의 수를 보여준다. 하지만 앞서 언급했듯이 저자와 출판사는 하나의 '도서' 또는 하나의 '타이틀'에 대해 여러 개의 ISBN을 등록할 수 있다. '하나의 책'과 '하나의 ISBN' 사이에는 반드시 일대일로 대응하는 것이 아니다. 예를 들어 출판사는 일반적으로 인쇄 양장본에 대해 하나의 ISBN을 부여하고, 인쇄 페이퍼백에 대해서는 또 다른 ISBN을 부여하며, 각 전자책 파일 포맷(이펍, 모비, PDF 등)에 대해서도 또 다시 별도의 ISBN을 부여한다. 따라서 하나의 새로운 타이틀은 복수의 ISBN을 가질 수 있다. 출판사들 사이에서는 이것이 일반적인 관행이지만 자가 출판 작가가 자신이 출판하는 하나의 책에 하나 이상의 ISBN을 사용하는 정도는 분

---

19   최근의 보고서로는 "Self-Publishing in the United States, 2010~2015, Print vs. Ebooks" (Bowker, 2016); "Self-Publishing in the United States, 2011~2016, Print and Ebook" (Bowker, 2017); "Self-Publishing in the United States, 2012~2017, Print vs. Ebooks" (Bowker, 2018); "Self-Publishing in the United States, 2013~2018, Print and Ebooks" (Bowker, 2019) – all at www.bowker.com을 보라.

명하지 않으며, 일부 독립 작가는 ISBN 취득에 전혀 신경 쓰지 않기도
한다. 가족과 친구에게 주기 위해 자가 출판을 한다면 무엇 때문에
ISBN을 가지려 하겠는가?[20] 보우커의 수치가 보여주는 것은 자가 출판
사와 서비스 제공업체가 등록한 새로운 ISBN의 수일 뿐, 이 기간 동안
자가 출판된 신간 도서나 신간 타이틀의 수는 아니다.[21]

보우커 보고서가 제한적이라는 둘째 이유는 이 수치에는 최대 자가
출판 플랫폼인 아마존의 KDP가 제외되어 있기 때문이다. KDP는 ISBN
등록을 요구하지 않는다. 아마존은 ASINAmazon Standard Identification Number
이라는 10자리로 된 고유한 식별번호를 부여하는데, 이 식별번호는 전
자책에만 부여하며 아마존에 있는 전자책을 식별하는 역할을 한다. 따
라서 자가 출판 활동의 많은 양이 보우커의 수치에서 포착되지 않는다.
이는 KDP에서 자가 출판된 책뿐 아니라 ISBN 없이 자가 출판된 모든
책에 대해 그러하다.

이러한 중요한 결격사유에도 불구하고 보우커의 수치 중 일부를 간

---

20 보우커는 독립 작가들에게 ISBN을 제공하는 비용을 청구한다. 단일 ISBN의 경우 최대 125
    달러, 10개 묶음의 경우 250달러이다. 출판사들은 일반적으로 ISBN당 1달러 이하의 대폭 할
    인된 가격으로 1000개 이상의 ISBN을 구매하기 때문에 독립 작가들은 종종 자가 출판 플랫
    폼에서 1달러 또는 무료로 ISBN을 살 수 있다. 그러나 일부 독립 작가는 자기 작품을 많은
    플랫폼에서 자가 출판하는 데 실제로 ISBN이 필요치 않기 때문에 크게 신경 쓰지 않는다.
21 포터 앤더슨(Porter Anderson)은 등록된 ISBN과 보우커의 임원 비트 바블랜(Beat Barblan)
    에 의해 계산된 서적 간의 불일치 문제를 해결했다. 앤더슨은 바블랜에게 2015년 자가 출판
    으로 등록된 72만 7125개의 ISBN 가운데 실제 책, 즉 개별 서적은 몇 개인지 물었다. 바블랜
    은 72만 7125개의 ISBN이 62만 5327개의 개별 서적을 표시한다고 답했다. 이 계산이 정확
    하다면 대부분의 자가 출판 작가들은 자신의 작품에 대해 하나의 ISBN만 등록한다는 것을
    의미한다. 이 문제에 대한 더 자세한 논의는 Porter Anderson, "Bowker Now Cites at Least
    625,327 US Indie Books Published in 2015," *Publishing Perspectives* (October 4, 2016), at
    http://publishingperspectives.com/2016/10/bowker-indie-titles-2015-isbn/#.WGaOf_krK
    Uk를 보라.

단히 살펴보기로 하자. 〈표 7.1〉, 〈표 7.2〉, 〈표 7.3〉은 2010~2018년 동안 주요 자가 출판 플랫폼에서 인쇄책(〈표 7.1〉), 전자책(〈표 7.2〉), 그리고 인쇄책과 전자책 모두(〈표 7.3〉)에 대해 산출된 ISBN 수량을 보여준다. 이 수치는 인쇄책과 전자책의 총 산출량도 보여주는데, 이 합계에는 이 표에 올라 있지 않은 다른 많은 자가 출판 플랫폼의 산출량 (일부는 그 수가 매우 작을 수도 있다)도 포함되어 있다.[22] 〈표 7.1〉은 아마존의 크리에이트 스페이스/KDP 프린트KDP Print가 자가 출판 플랫폼에서 단연 선두임을 보여준다. 2010년에는 아마존의 점유율이 30%를 겨우 넘었으나, 2018년에는 자가 출판 인쇄 도서에 부여된 ISBN의 90% 이상을 아마존의 자가 출판 플랫폼이 점하고 있다. 루루, 블러브, 오서 솔루션즈의 임프린트 모두 상당한 수의 ISBN을 차지하지만 아마존 플랫폼에 비하면 왜소하다. 〈표 7.2〉는 스매시워즈가 ISBN 수로 볼 때 전자책의 선두 자가 출판 플랫폼임을 보여주지만, 여기에서는 KDP 가 ISBN 등록을 요구하지 않기 때문에 자가 출판 전자책 시장에서 아마존이 차지하는 점유율이 나타나지 않는다. 아마존의 KDP 플랫폼에서 자가 출판된 전자책의 수가 스매시워즈에서 자가 출판된 수보다 훨씬 많다는 데에는 의문의 여지가 없는데 정확히 얼마나 더 많은지는 아마존만 알고 있다.[23] 인쇄책과 전자책을 합한 수도 비슷한 양상을 보인

---

22 전체 목록은 "Self-Publishing in the United States, 2010~2015"와 "Self-Publishing in the United States, 2013~2018"을 보라. 2013년, 2014년, 2015년의 겹치는 연도에 대한 두 보고서 간에 차이가 있는 경우 나중의 보고서 수치를 이용했다. 가장 최근의 보우커 보고서에는 총 45개의 자체 출판사, 15개의 별도 임프린트, 오서 솔루션즈의 부문들을 열거하고 있지만, 많은 소규모 자가 출판사와 드래프트2디지털 같은 일부 중요한 자가 출판 플랫폼은 누락되어 있다.

23 아마존 사이트가 제공하는 놀랍도록 풍부한 데이터를 사용해서 아마존의 수치를 확인하는

다. 크리에이트 스페이스가 표에서 크게 앞서 있으며(KDP도 이 표에 있었다면 틀림없이 크리에이트 스페이스를 훨씬 앞섰을 것이다), 스매시워즈, 루루, 블러브, 오서 솔루션즈의 임프린트가 그 뒤를 따르고 있다. 자가 출판 플랫폼 및 회사들이 많지만 ISBN의 95% 이상을 다섯 개 조직이 차지하고 있으며, KDP가 포함된다면 그 집중도는 훨씬 더 높을 것이다. 크리에이트 스페이스, 스매시워즈, 루루, 블러브 모두 이 기간 동안 ISBN 측면에서 상당한 성장을 보였지만 오서 솔루션즈와 아웃스커츠는 ISBN의 수가 줄어들었다. 그러나 크리에이트 스페이스의 경우 성장이 지속되어 해마다 증가하는 데 반해 스매시워즈, 루루, 블러브는 2014~2015년에 정점을 찍고 그 후에는 다소 감소한다. 보우커는 이 기간 동안 10개 이하의 ISBN을 제작한 자가 출판사를 '소규모 출판사'로 분류했는데(이들은 자신의 책을 자가 출판하고 ISBN을 자신의 이름 또는 회사 이름으로 등록한 저자일 것이다), 이 범주 역시 누적하면 상당한 수의 ISBN을 차지하며(2018년 5만 8902개), 상당한 성장을 보인다(2010년 이후 141% 증가). 2010년과 2018년 사이에는 자가 출판에 부여된 ISBN의 총 수가 10배 이상 증가하면서 전반적인 상향 추세는 분명했는데, 이는 대부분 저자에게 요금을 부과하거나 자비로 출판하는 오래된 방식의 자가 출판이 아마존과 스매시워즈, 루루, 블러브 같은 셀프 자가 출판으로 대체되었기 때문이다.

데 많은 시간을 소비한 미국 도서 시장의 한 분석가는 2017년 매년 약 100만 종의 새로운 전자책이 KDP에서 출판된 것으로 추정했다. 이 추정치가 얼마나 정확한지는 알 수 없지만, 2018년 아마존의 인쇄용 자가 출판 플랫폼에 140만 개 이상의 ISBN이 배정된 것을 보면 KDP에서 매년 100만 종의 전자책이 새로 자체 출판된다는 수치는 터무니없지 않다. 실제 수치는 이보다 상당히 더 높을 수 있다.

표 7.1 | 미국 자가 출판 플랫폼의 ISBN 수: 인쇄책(2010~2018)   단위: 개

회사	2010	2011	2012	2013	2014	2015	2016	2017	2018	2010~2018 증가분
크리에이트 스페이스[1]	35,686	58,857	131,456	187,846	293,436	425,752	517,705	929,290	1,416,384	3689.02%
루루	11,681	25,461	27,470	40,895	45,761	46,972	41,907	36,651	37,456	220.66%
블러브	0	0	0	752	15,943	31,661	21,365	19,223	17,682	n/a
오서 솔루션즈[2]	11,915	18,847	18,354	28,290	25,529	20,580	19,270	15,667	16,019	33.44%
독립 출판 서비스[3]	3,689	3,272	2,566	2,115	2,037	2,289	2,150	2,126	2,245	-39.14%
아웃스커츠	1,576	1,489	1,824	1,931	1,802	1,968	1,523	1,157	1,186	-24.75%
소규모 출판사[4]	19,081	24,366	29,755	33,948	36,131	39,698	43,755	45,649	44,426	132.83%
합계[5]	114,215	158,972	235,639	305,160	429,240	577,213	657,062	1,060,821	1,547,341	1254.76%

1. 아마존이 2018년 크리에이트 스페이스를 KDP에 흡수해 크리에이트 스페이스와 KDP 프린트를 포함하고 있다.
2. 오서 솔루션즈의 여러 부문 및 임프린트인 엑스리브리스, 오서하우스, 아이유니버스 등을 포함한다.
3. 독립 출판 서비스는 자가 출판사에게 서비스와 상품을 제공하는 바코드 그래픽스의 하나의 부문이다. 특히 출판사 이름을 등록자로 해서 단일 ISBN를 부여한다.
4. 소규모 출판사는 총 10개 미만의 ISBN을 출판한 곳이다.
5. 합계는 이 표에 열거되지 않은 많은 다른 출판사들의 ISBN을 포함한다.
자료: Bowker, "Self-Publishing in the United States, 2010~2015"; "Self-Publishing in the United States, 2013~2018."

표 7.2 | 미국 자가 출판 플랫폼의 ISBN 수: 전자책(2010~2018)   단위: 개

회사	2010	2011	2012	2013	2014	2015	2016	2017	2018	2010~2018 증가분
스매시워즈	11,787	40,614	90,252	85,500	112,483	97,198	89,041	74,290	71,969	510.58%
루루	8,597	12,544	30,061	33,892	37,126	38,465	33,336	30,747	30,021	249.20%
블러브	51	264	2,091	2,090	1,531	1,527	1,592	1,433	1,416	2676.47%
오서 솔루션즈[2]	11,915	18,847	18,354	16,627	8,635	4,007	11,018	10,304	10,565	-11.33%
독립 출판 서비스[3]	132	285	306	380	344	603	389	335	387	193.18%
소규모 출판사[4]	5,328	12,528	13,458	12,706	11,161	10,645	10,451	10,749	14,476	171.70%
합계[5]	38,763	88,238	158,493	156,278	173,156	154,236	148,769	131,524	130,440	236.51%

표 7.3 | 미국 자가 출판 플랫폼의 ISBN 수: 전자책과 인쇄책(2010~2018)   단위: 개

회사	2010	2011	2012	2013	2014	2015	2016	2017	2018	2010~2018 증가분
크리에이트 스페이스[1]	35,686	58,857	131,456	187,846	293,442	425,752	517,707	929,295	1,416,384	3869.02%
스매시워즈	11,787	40,614	90,252	85,500	112,483	97,198	89,041	74,290	71,969	510.58%
루루	20,278	38,005	57,531	74,787	82,887	85,437	75,243	67,398	67,477	232.76%
블러브	51	264	2,091	2,842	17,474	33,181	22,957	20,656	19,098	37347.01%
오서 솔루션즈[2]	41,304	52,548	49,885	44,917	34,164	24,587	30,288	25,971	26,584	-35.64%
독립 출판 서비스[3]	3,821	3,557	2,872	2,495	2,381	2,892	2,539	2,461	2,632	-31.12%
아웃스커츠	1,576	1,489	1,824	1,931	1,802	1,968	1,523	1,157	1,186	-24.75%
소규모 출판사[4]	24,409	36,894	43,213	46,654	47,292	50,343	54,206	56,398	58,902	141.31%
합계[5]	152,978	247,210	394,132	461,438	602,369	731,449	805,831	1,192,345	1,677,781	996.75%

순수한 산출물 측면에서 보면 그 수치와 성장은 놀랄 만하다. 특히 이러한 수치가 자가 출판 활동의 일부만 포착하고 있다는 점을 감안하면 더욱 그렇다. 그러나 이것은 포괄적인 숫자일 뿐이다. 이 수치가 출판되고 판매되는 책의 종류도 대변할 수 있을까? 스매시워즈의 마크는 2015년 3월부터 2016년 2월까지 12개월 동안의 자신들의 매출을 도서 범주별로 나누어 분석했고 그 결과를 자신의 블로그에 올렸다.[24] 하나의 플랫폼을 기준으로 일반화할 수는 없지만(자가 출판된 책의 종류는 플랫폼에 따라 크게 다를 수 있다) 마크의 분석은 분명한 지표를 제시한다. 스매시워즈의 매출은 소설이 우세했다. 매출의 89.5%가 소설인데, 그중에서도 로맨스 소설이 큰 차이로 우세한 범주이다. 로맨스 소설(영 어덜트 로맨스물 포함)이 전체 매출의 50%가량을 차지한다. 성애물 또한 중요한 범주로 10% 정도를 차지한다. 비소설(모든 범주의 비소설 포함)은 매출의 11%에 불과하다. 베스트셀러 면에서는 로맨스 소설이 압도적으로 우세하다. 〈그림 7.4〉는 스매시워즈의 상위 200대 베스트셀러를 범주별로 분류한 것이다. 로맨스 소설은 상위 200대 베스트셀러 매출의 77%를 차지하며, 영 어덜트물은 11%를 차지한다. 따라서 이 둘을 합치면 로맨스 소설과 영 어덜트물이 상위 200대 베스트셀러 매출의 88%를 차지한다. 로맨스 소설은 상위 10개 베스트셀러 중 9개를, 50대 베스트셀러 중 78%를 차지한다. 스매시워즈는 소설 중심, 그중에서도 로맨스 소설 중심인 출판 플랫폼이다.

많은 외부 관찰자는 자가 출판이 새로 출판되는 서적의 양적인 측면

---

24 https://blog.smashwords.com/2016/04/2016survey-how-to-publish-and-sell-ebooks.html.

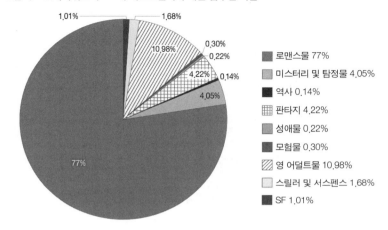

그림 7.4 | 스매시워즈의 200대 베스트셀러에 대한 범주별 비율

■ 로맨스물 77%
▨ 미스터리 및 탐정물 4.05%
■ 역사 0.14%
▦ 판타지 4.22%
▨ 성애물 0.22%
■ 모험물 0.30%
▨ 영 어덜트물 10.98%
□ 스릴러 및 서스펜스 1.68%
■ SF 1.01%

에서는 엄청나지만 매우 소수의 서적만 잘되고 대다수는 매우 소량으로 팔리는 세계라고 의심할 수 있다. 그들이 완전히 틀린 것은 아니다. 자가 출판의 세계는 힘의 논리가 지배하고 안 팔리는 서적들은 꼬리가 매우 길다. 스매시워즈의 마크가 제공한 일부 데이터는 이 사실을 매우 명백히 보여준다.[25] 2013년 스매시워즈의 도서 판매로 인한 전체 매출액의 절반은 상위 1000개 서적에서 발생했는데, 이는 출판된 서적의 0.36%에 불과하다. 매출의 나머지 절반은 남아 있는 27만 4000개의 서적에 분배되었다. 〈그림 7.5〉는 2012년 5월 1일부터 2013년 3월 31일 사이에 스매시워즈에서 판매된 상위 500대 베스트셀러 서적의 판매 분포 곡선을 보여준다. 이 그림은 고전적인 힘의 법칙 곡선을 보이는데,

---

25   Mark Coker, "Smashwords Survey Helps Authors Sell More eBooks"(September2013), at
      https://blog.smashwords.com/2013/05/new-smashwords-survey-helps-authors.html.

그림 7.5 | 스매시워즈의 500대 베스트셀러 판매 분포 곡선(2012년 5월 1일~2013년 3월 31일)

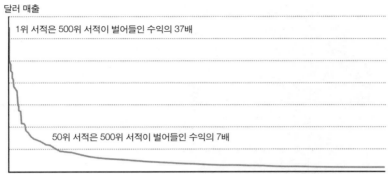

왼쪽의 적은 수의 서적이 판매의 큰 양을 차지하고 있고 서적의 순위가 내려갈수록 곡선이 빠르게 떨어진다. 베스트셀러 1위인 서적은 500위 인 서적이 벌어들인 수익의 37배를 벌었고, 50위인 서적은 500위인 서 적 매출액의 7배를 벌어들였다. 현재 목록에 있는 27만 5000개의 서적 으로 인해 긴 꼬리는 오른쪽으로 550배 더 확장되었다. 실로 매우 긴 꼬리이다. 2016년의 유사한 분석에 따르면, 스매시워즈에서 최고의 수 익을 올린 저자는 500위에 랭크된 저자보다 73배를 벌었고, 50위에 랭 크된 저자는 500위에 랭크된 저자보다 9.5배를 더 벌었다. 마크는 세 로축에 대한 값을 제공하지 않았으므로 이 모든 서적의 저자들이 얼마 나 벌었는지는 알 수 없다. 그러나 실제 값이 없더라도 힘의 법칙 곡선 은 이 특정 자가 출판 플랫폼의 경우(아마 다른 플랫폼도 비슷하게 작동할 것이다) 적은 수의 서적과 적은 수의 저자가 매출의 커다란 부분을 차

지하며 자가 출판 서적의 대다수는 매우 적은 양만 팔린다는 것을 보여 준다.

스매시워즈의 데이터는 자가 출판의 비밀 뒤에 숨겨진 어려운 현실에 대한 통찰력을 제공한다. 자가 출판가 성장한 것은 진정한 변혁이다. 이는 텍스트를 작성할 수 있고 비교적 간단한 절차를 거쳐 텍스트 포맷을 지정한 후 적절한 플랫폼에 업로드할 수 있는 모든 사람에게 출판의 기회를 열어주었다. 하지만 이는 극소수의 저자와 책은 매우 성공할 수 있지만 대다수는 대단히 긴 꼬리의 일부가 되는 대단히 편향된 결과의 세계로 남는다. 물론 많은 저자에게 이것은 중요하지 않을 수 있다. 그들이 글을 쓰고 작품을 출판하는 것은 상업적인 성공과 전혀 관계가 없을 수도 있다. 그들에게 중요한 것은 자신의 저작물을 읽고 싶은 사람 누구나 읽을 수 있도록 기꺼이 무료로 주는 것일 수 있다. 그러나 이것은 자가 출판이 지닌 광범위한 영향의 관점에서 볼 때 자가 출판이 여전히 한계적 존재로 남아 있음을 의미하는 것으로 해석할 수 있다. 자가 출판은 분명 흥미롭고 중요한 발전이지만 출판계의 가장자리에 머물러 있는 것이다. 많은 사람들은 잘 팔리는 책은 대다수의 경우 전통적인 출판사가 출판한 책이고 자가 출판된 책이 베스트셀러에 오르는 것은 극히 드문 예외라고 생각할 것이다. 그들이 옳을까?

이 질문에 설득력 있게 대답하기는 쉽지 않다. 가장 성공적인 자가 출판 도서들은 자가 출판 전자책일 가능성이 매우 높은데, 이는 한편으로는 전자책으로 출판하면 전통적인 출판사보다 낮은 가격을 책정할 수 있기 때문이고, 다른 한편으로는 자가 출판 작가에게는 전통적인 출판사가 지닌 유통력 및 유명한 소매 공간에 물리적 책을 갖다놓을 능력이 없기 때문이다. 그러나 자가 출판 전자책의 문제점은, 가장 큰 플랫폼은 KDP이고 최대 소매업체는 킨들 스토어인데 아마존은 판매 수치를 밝히지 않는다는 것이다. 따라서 자가 출판 전자책이 아마존에서 어느 정도 선전하고 있는지, 아니면 전통적인 출판사에서 출판한 전자책에 완전히 가려져 있는지 직접 확인할 수는 없다. 그렇다면 간접적으로는 그것을 확인할 수 있을까?

독립 작가의 규모 추정

지금은 아침 10시이고 나는 소마SoMa에 있는 카페로 가고 있는 중이다. 소마는 샌프란시스코의 옆 동네로, 현재 많은 하이테크 창업회사와 실리콘밸리에서 시내로 이주한 좀 더 자리 잡힌 기술 회사들의 사무실로 쓰이는 빈 창고로 가득 차 있는 곳이다. 나는 익명을 선호하는 한 소프트웨어 기술자이자 자가 출판 작가를 만나고 있다. 그 작가는 가명으로 소설을 쓰고 있으며, 나를 비롯해 자신이 하는 일에 관심을 보이는 모든 사람과 데이터 가이Data Guy라는 닉네임으로 교신한다. 운 좋게도 그는 익명성을 잠시 중단하고 나와 커피를 한잔하는 데 동의했다.

데이터 가이는 2010년 중반 두각을 나타냈는데, 아마존의 도움 없이 아마존의 매출을 계산하는 혁신적인 기술을 개발했기 때문이다. 이 기술을 이용해 그는 자가 출판 전자책이 아마존 밖에 있는 대부분의 사람이 생각했던 것보다 아마존 전자책 판매에서 훨씬 큰 중요한 비중을 차지한다는 것을 보여줄 수 있었다. 물론 데이터 가이의 계산이 정확한지는 알 수 없다. 이는 추정치로, 그가 고안해 낸 기술을 사용해서 계산한 것이다. 그러나 아마존 판매 데이터에 직접 접근할 수 없는 상태에서는 아마도 이것이 우리가 가질 수 있는 최선의 근사치일 것이다.

그가 이 기술을 이용해 생성한 판매 데이터는 오서 어닝Author Earning 웹사이트에서 사용할 수 있는 보고서 시리즈로 발표되었다.[26] 2014년 2월에 발표된 첫 보고서는 놀라웠다. 이 보고서에서는 자가 출판 책들이 아마존 전자책 장르 소설의 베스트셀러 목록을 대거 차지하는 것으로 드러났다. 자가 출판 책은 베스트셀러 목록 가운데 대략 35%를 차지했으며, 아마존의 전자책 장르 베스트셀러의 일일 총 매출에서 약 24%를 차지했다.[27] 이는 5개 대형 시판용 출판사에서 출판한 서적이 아마존 전자책 장르 베스트셀러 목록의 서적에서 28%만 차지하는 것으로 되어 있어 더욱 놀랍다. 이는 자가 출판 서적보다 상당히 적은 비중이다.

5개 대형 출판사가 출판한 서적은 전자책 장르 베스트셀러가 창출한 매출액에서 상당히 높은 비중을 차지하는 것으로 나타났다(독립 작가는 24%인 반면, 5개 대형 출판사는 52%이다). 그러나 독립 작가는 전자책 매출에서 훨씬 높은 비율의 로열티를 받는다는 사실을 감안하면(전통적인 출판사에서 출판하는 대부분의 저자는 실제 수입의 25%를 로열티로 받는 반면, 독립 작가는 일반적으로 구매 가격의 70%를 받는다), 전자책 장르 베스트셀러 판매에서 독립 작가가 얻는 소득 비율은 대형 5개사에서 출판하는 작가보다 상당히 높을 것으로 보인다(대형 5개사에서 출판한 작가에게는 32%가 돌아가는 반면, 전자책 장르 베스트셀러 작가에게는 47%가

---

26 http://authorearnings.com/reports. 이 웹사이트는 2017년 폐쇄되었고 데이터 가이가 시작한 새로운 구독 기반 데이터 서비스로 대체되었다. 이 서비스는 현재 일부 출판사가 북스캔이 다룰 수 없는 온라인 도서 시장 부문의 판매를 추적하는 데 이용하고 있다.

27 Hugh Howey, "The 7k Report"(12 February 2014). 소설 장르에는 미스터리와 스릴러, SF와 판타지, 로맨스 소설이 포함된다. 데이터 가이에 따르면 이 세 가지 장르는 아마존 베스트셀러 100위 가운데 70%를, 상위 1000종의 베스트셀러 가운데 절반 이상을 차지했다.

돌아간다). 따라서 이 보고서를 믿을 수 있다면 자가 출판 전자책의 많은 수가 아마존의 긴 꼬리에서 시들해지기는커녕 상당히 좋은 성과를 거두고 있으며 독립 작가 중 많은 수가 보상을 받고 있는 것이다. 이 보고서가 휴 하위에 의해 작성되었고 유사한 방법을 사용한 후속 보고서 또한 그가 썼거나 공동 집필되었다는 사실 때문에 일부 사람들은 이 보고서를 의심스럽게 보았다. 휴 하위는 대단히 성공적인 자가 출판 작가이자 독립 출판의 열렬한 지지자로, 전통적인 출판사들에게는 친구가 아니다. 독자들은 데이터가 독립주의를 옹호하기 위해 선택적으로 규합되거나 짜 맞춰진 건 아닌지 의심을 품을 만했다. 우리 모두는 통계가 곧잘 거짓말을 한다는 것을 잘 알고 있다. 그래서 데이터 가이를 직접 만나보는 것이 좋을 것 같았다.

데이터 가이는 게임 산업에서 일하는 소프트웨어 기술자이다. 그는 업무를 하던 중에 개발자들이 게임을 만드는 데 이용하는 게임 엔진을 구축하는 한 회사를 위해 데이터 분석을 수행했다. 그는 또한 꽤 성공적인 두세 권의 책을 자가 출판한 독립 작가여서 독립주의에 강력하게 동질감을 느끼고 있었다. 그것이 그가 휴 하위를 만난 경위이자 그들의 공동작업이 시작된 이유였다. 그 두 사람 모두 성공적인 독립 작가로 아마존 베스트셀러 목록에서 최상위를 다투는 책을 가지고 있었다. 그리고 이것이 그들 자신은 경험하고 있으나 아무도 실제로 논의하지 않는 현상에 대한 대화를 시작하도록 이끌었다. 이 현상이란 자가 출판을 통해 생계를 꾸리는 작가 및 출판산업의 전통적인 중개자를 건너뛰는 작가의 무리가 등장한 것을 말한다. 이는 데이터 가이가 말했듯이 "이전에 존재한 적 없는 완전한 전업 작가 중산층의 등장"이었다. 순전히 개인적인 이유로 데이터 가이는 아마존의 베스트셀러 순위에서 자료를 스크랩해서 자신이 관심 있는 장르에서 여러 출판사의 책이 얼마나 잘 팔리고 있는지 확인할 수 있는 소프트웨어를 개발했다. 그는 이미 게임 산업에서 이런 종류의 경쟁 분석을 하기 위해 앱 스토어에서 자료를 스크랩하고 있었으므로 아마존 사이트에도 같은 기술을 적용했다. 그는 스파이더[검색엔진의 색인에 들어갈 콘텐츠를 만들기 위해 웹 페이지를 읽어오는 프로그램_옮긴이]를 만들었는데, 이는 아마존 사이트를 크롤링해서 모든 베스트셀러 목록, 하위 베스트셀러 목록, 하위의 하위 베스트셀러 목록을 검색하고, 제목, 저자, 출판사, 가격, ISBN 또는 ISBN 없음 등을 포함한 책의 메타데이터를 수집하는 기능을 했다. 아마존에는 수천 종의 베스트셀러 목록이 있다. 각 목록은 로맨스, 역사 로맨스, 중세 등으로 재분류되고, 각각은 순위대로 상위 100종의 책을 순위대로 나열한다. 데이터가 다 있으므로 수집만 하면 되지만 그 양이 너무 많기 때문에 전산화된 기술을 통해서만 모을 수 있다. 스파이더를 실행할 때마다 50만 종의 책을 가져오는데, 이 중 약 20만 종은 전자책이다 (또 다른 25만 종은 인쇄책이며, 5만 종은 오디오북이다). 데이터 가이는 20만 종의 전자책 자료를 스크랩하면 그날 아마존 전자책 판매의 65%를 얻는 것이라고 계산한다. 이 기본 자료는 그가 계산한 수치의 데이터베이스를 형성한다.

그는 출판사들을 분류하는 것으로 시작한다. 대형 5개사는 5개 대형 시판용 출판사와 그들의 임프린트이므로 식별하기 쉽다. 중소 규모의 출판사들 역시 크게 어렵지 않다. 이들은 대형 5개사, 아마존의 자체 임프린트, 자가 출판사를 제외한 모든 출판사이다. 그러나 자가 출판 서적은 까다로울 수 있다. 출판사 이름이 없는 경우는 분명히 KDP이다. 그러나 많은 독립 작가는 자신의 책을 위해 출판사 이름을 만들기로 선택한다. 아마도 서니사이드 프레스Sunnyside Press 같은 이름이 될 것이다. 서니사이드 프레스는 이 저자의 책만 출판할 것인데, 그 수는 아마도 한 권이나 두 권, 또는 좀 더 많을 것이다. 그런데 그의 친구나 이웃, 또는 남편 역시 책을 쓰고 있다면 그는 서니사이드 프레스라는 이름으로 그 책을 출판하기를 원할 것이다. 그러면 이것은 여전히 자가 출판이지만 임프린트는 한 명 이상의 저자를 위한 도구가 될 수 있다. 따라서 서니사이드 프레스를 접하면 그것이 자가 출판사인지 소규모 출판사인지 어떻게 알 수 있을까? 조사를 좀 더 해야 한다. 데이터 가이 는 구글로 찾아보고 웹사이트를 확인해서 그것이 실제 독립 작가에 의 한 자가 출판 책인지 따져보려 했다. 그리고 그 사실이 분명해지면 그 는 이것을 '독립 출판'이라고 불렀다. 아무런 세부사항을 추적할 수 없 고 독립 작가가 자가 출판한 책이라고 확신할 수 없는 소수의 경우에는 '미분류 단일 저자 출판사'라는 잔여 범주에 넣었다. 아마도 이들 역시 자가 출판 서적일 테지만 신중함을 기하기 위해 미분류에 남겨두었다.

데이터 가이는 아마존의 베스트셀러 목록에 있는 20만 종의 전자책 데이터를 스크랩하고 자가 출판 도서와 전통적인 출판사들이 출판한 도서를 구분할 수 있도록 출판사를 분류했다. 그런 다음 아마존 베스트 셀러 목록의 특정 지점에 올라 있는 것이 실제로(즉, 판매 부수와 벌어들 인 수익 면에서) 무엇을 의미하는지 따져봐야 했다. 아마존 베스트셀러 목록 중 하나로 책이 올라와 있는 것과 실제 판매와 매출 면에서 이것 이 의미하는 바를 아는 것은 전혀 별개이다. 그러나 아마존이 베스트셀 러 목록에 순위를 매기는 방법을 모를 경우 어떻게 이 작업을 할 수 있 겠는가? 아마존의 순위는 여러 가지 요인을 감안하고 시간에 따라 지 속적으로 서적에 순위를 매기는 알고리즘에 의해 수행되며, 순위는 매시간 업데이트된다. 데이터 가이는 이 알고리즘이 무엇인지 모른다. 아마존 외부에서는 아무도 모른다. 그렇다면 그는 어떻게 순위를 매출로, 그리고 매출을 수익으로 바꿀 수 있었을까? 이를 위해 아마존의 순위 알고리즘을 '역설계'하는 방법을 찾아야 했다. 데이터 가이가 취한 방법은 다음과 같다. 그는 판매 수치를 공유한 여러 저자의 수백 종의 개별 책에 대한 정확한 일일 판매 수치를 이용해 실제 판매에 대한 데이터를 취했고, 그런 다음 이 데이터를 특정 시간대의 순위에 그려 넣었다. 이를 통해 순위-매출 전환 곡선을 생성할 수 있었고, 곡선을 만드는 데 사용된 적 없는 새로운 데이터 세트를 이용해서 테스트할 수 있었으며, 방정식으로 추정된 매출과 실제 매출을 비교할 수 있었다. 데이터 가이는 "두 매출 간 오차 범위는 일반적으로 2~4% 이내입니다. 가장 많이 벗어난 것은 6%였습니다"라고 말했다. 더 많은 데이터를 사용할수록 그 결과는 더 정확할 것이다.

데이터 가이는 시간을 두고 더 넓은 범위의 서적에 더 많은 데이터를 사용하면서 방정식을 개선했다. 그런 다음 스파이더를 때때로 실행해서 데이터를 처리하고 새로운 보고서를 작성했다. 그는 2016년 1월 10일 스파이더를 실행했는데, 〈그림 7.6〉부터 〈그림 7.9〉까지는 그 결과 중 일부를 보여준다.[28] 〈그림 7.6〉은 데이터 가이가 스파이더를 돌린 날(2016년 1월 10일) 아마존 전자책 베스트셀러 목록 가운데 27%가 자가 출판 또는 독립 출판된 전자책임을 보여준다. 또 다른 12%는 미분류된 단독 저자 출판사에서 출판한 책들이 차지했는데, 이 책들 역시

---

28   "February 2016 Author Earnings Report: Amazon's Ebook, Print and Audio Sales."

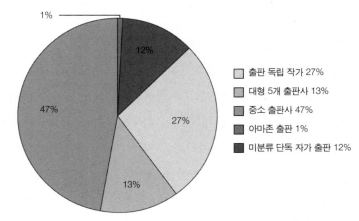

그림 7.6 | 출판사 유형별 아마존 전자책 베스트셀러에 오른 서적 비율*

- 출판 독립 작가 27%
- 대형 5개 출판사 13%
- 중소 출판사 47%
- 아마존 출판 1%
- 미분류 단독 자가 출판 12%

* 2016년 1월 소설과 비소설 가운데 19만 5000권은 아마존 전자책 판매의 58%를 차지함.

아마도 자가 출판된 책이었을 것이다. 여기서 가장 큰 범주는 중소 규모 출판사에서 출판한 전자책으로, 아마존 전자책 베스트셀러 목록에서 47%를 차지했다. 반면에 대형 5개사에서 출판한 전자책은 겨우 13%만 차지했는데, 이는 자가 출판 전자책보다 훨씬 적은 비중이다. 이 결과는 또한 아마존의 전체 베스트셀러 전자책 상위 10종 가운데 4종이 자가 출판 서적임을 보여준다. 또한 상위 20종에서는 10종이, 상위 100종에서는 56종이 자가 출판 서적이었다.

〈그림 7.7〉과 〈그림 7.8〉은 순위-매출 곡선을 적용해 만든 것으로, 아마존의 베스트셀러 목록에 있는 서적의 순위를 기반으로 매출을 추정하기 위한 것이다. 〈그림 7.7〉은 독립 출판 전자책이 전자책 베스트셀러 부수 매출의 42%를 차지하고, 대형 5개사의 전자책이 23%를, 중소 규모 출판사의 전자책이 19%를 차지하는 것을 보여준다. 이것이 맞

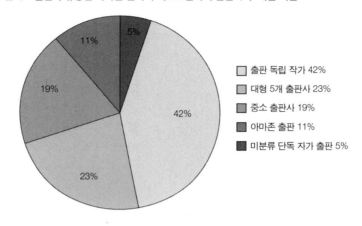

그림 7.7 | 출판사 유형별 아마존 전자책 베스트셀러의 일일 부수 매출 비율

□ 출판 독립 작가 42%
□ 대형 5개 출판사 23%
□ 중소 출판사 19%
■ 아마존 출판 11%
■ 미분류 단독 자가 출판 5%

다면 아마존 베스트셀러 전자책의 부수 매출에서 독립 출판 전자책은 전통적인 출판사들이 출판한 전자책과 동일한 비율을 차지한다. 일부 독립 출판의 부수 매출은 킨들 언리미티드에서 대여된 책이 차지하고 있다. 아마존의 순위 알고리즘은 킨들 언리미티드에서 대여된 책을 판매로 취급하는데, 2015년 킨들 언리미티드의 지불 금액은 대략 1억 4000만 달러에 달했으며 이 금액은 대부분 독립 작가들에게 돌아갔다. 그러나 아마존 베스트셀러 목록에는 킨들 언리미티드에 등록되지 않은 자가 출판 서적도 많다. 부수 매출을 달러로 환산하면 전통적인 출판사들이 출판한 전자책이 아마존 전자책 베스트셀러의 일일 매출에서 더 높은 점유율을 차지한다. 대형 5개사의 서적이 40%를, 그리고 중소 규모 출판사의 서적이 24%를 차지하며, 달러 매출의 23%는 독립 출판의 서적이 차지한다(〈그림 7.8〉). 이러한 비율의 반전은 전통적인 출판사에서 출판한 전자책이 일반적으로 독립 출판된 전자책보다 훨씬

그림 7.8 | 출판사 유형별 아마존 전자책 베스트셀러의 일일 달러 매출 비율

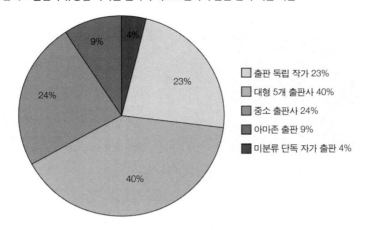

- 출판 독립 작가 23%
- 대형 5개 출판사 40%
- 중소 출판사 24%
- 아마존 출판 9%
- 미분류 단독 자가 출판 4%

비싸다는 사실로 설명될 수 있다. 자가 출판 전자책은 일반적으로 99센트에서 4.99달러 사이인 데 반해, 전통적인 출판사의 전자책은 종종 9.99달러와 14.99달러 사이이다.

마지막 원형 차트인 〈그림 7.9〉는 킨들에서 자가 출판하는 저자가 전통적인 출판사에서 출판하는 저자보다 더 높은 매출 수익을 가져간다는 사실을 고려할 때 어떤 일이 일어나는지를 보여준다. 독립 출판 서적은 전자책 베스트셀러 매출에서 저자에게로 돌아가는 수익이 44%인 것으로 나타난 데 반해, 대형 5개사에서 출판한 서적은 23%가, 중소 규모 출판사에서 출판한 서적은 20%가 저자에게로 수익이 돌아간다. 이는 전체적으로 볼 때 독립 작가가 전자책 베스트셀러 매출을 통해 전통적인 출판사가 출판한 저자와 거의 같은 수익을 올릴 수 있음을 시사한다. 이것이 사실이라면 놀라운 결과이다.

또한 데이터 가이는 2016년 1월에 생성된 데이터와 2014년 2월의 첫

428   도서 전쟁

그림 7.9 | 출판사 유형별 저자에게 돌아가는 일일 소득 비율

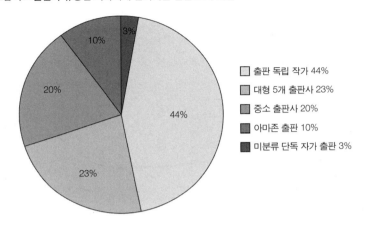

보고서 이후 정기적으로 수행한 유사한 내용을 합침으로써 시간이 경과함에 따라 패턴이 어떻게 변했는지 보여줄 수 있었다. 〈그림 7.10〉에서 〈그림 7.12〉까지의 그래프는 이러한 추세를 보여준다. 〈그림 7.10〉은 2014년 2월과 2016년 1월 사이에 전자책 부수 매출의 시장 점유율이 상당히 변했음을 보여준다. 본질적으로 독립 출판 전자책의 시장 점유율은 증가한 것으로 보이지만, 대형 5개사에서 출판하는 전자책의 시장 점유율은 감소한 것으로 보인다. 2015년 1월경에 두 개의 선이 교차했는데, 2016년 1월 독립 출판의 전자책은 아마존의 부수 매출에서 거의 45%를 차지한 데 반해 대형 5개사에서 출판한 전자책은 25% 미만을 차지했다. 달러 판매 측면에서 보면(〈그림 7.11〉), 대형 5개사에서 출판한 전자책은 계속해서 수익의 가장 큰 부분을 차지했으나 이 점유율은 시간이 지남에 따라 감소하는 것으로 나타났다. 저자 소득의 몫이라는 측면에서 보면(〈그림 7.12〉), 추세는 다시 한번 독립 출판 도서에 유리

그림 7.10 | 출판사 유형별 아마존 전자책 부수 매출의 시장 점유율 추이(2014~2016)　　단위: %

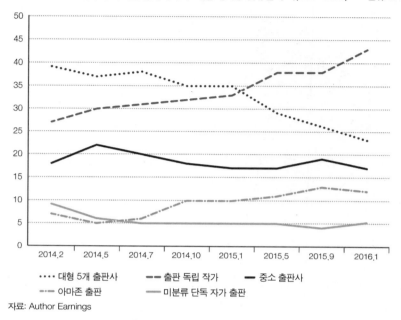

한 것으로 보이며, 두 개의 주요 선인 대형 5개사 출판과 독립 출판이 2015년 1월경 다시 한번 교차한다. 그리고 2016년 1월 독립 출판 전자책은 저자 소득이 45% 이상을 차지하는 데 비해 대형 5개사에서 출판한 전자책은 저자 소득이 25% 미만이다.

　데이터 가이의 계산은 아마존의 실제 매출을 기반으로 한 것이 아니라 앞에서 설명한 방법을 이용해서 계산한 아마존 매출 추정치를 기반으로 했다. 여기에는 독립 출판에, 특히 KDP 출판 책에 유리하게 수치를 왜곡할 수 있는 여러 가지 방법이 있었다. 킨들 언리미티드에 대여된 책은 아마존의 판매 순위 알고리즘에 따라 매출로 잡히기 때문에, 그리고 KDP에서 자가 출판된 책은 킨들 언리미티드에 불균형적으로

그림 7.11 | 출판사 유형별 아마존 전자책 달러 매출의 시장 점유율 추이(2014~2016)   단위: %

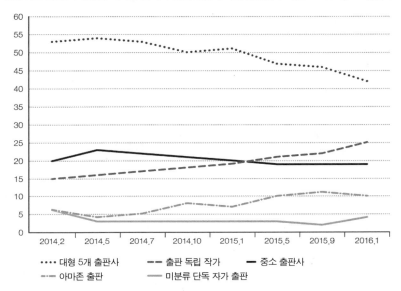

- •••• 대형 5개 출판사   - - - 출판 독립 작가   —— 중소 출판사
- -•- 아마존 출판   —— 미분류 단독 자가 출판

그림 7.12 | 출판사 유형별 아마존 전자책 저자 소득의 시장 점유율 추이(2014~2016)   단위: %

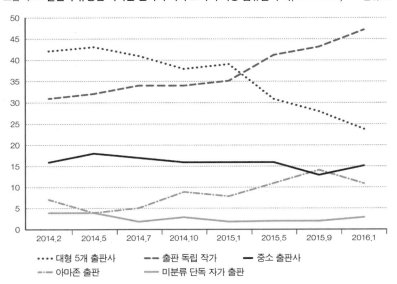

- •••• 대형 5개 출판사   - - - 출판 독립 작가   —— 중소 출판사
- -•- 아마존 출판   —— 미분류 단독 자가 출판

나타나기 때문에 아마존의 판매 순위 알고리즘을 역설계하려고 시도한 순위-매출 곡선은 이러한 KDP에 유리한 편향을 반영할 것으로 보인다. 더욱이 원형 차트는 아마존의 베스트셀러 목록에 초점을 맞추기 때문에 긴 꼬리에 대해 침묵하고, 긴 꼬리의 더 먼 곳에 떨어질 가능성이 출판사의 유형과 관련 있는지 여부에 대한 질문에도 침묵한다. 예를 들어 독립 출판된 책은 긴 꼬리의 먼 쪽에 떨어지는 비율이 훨씬 높고, 전통 출판사에서 출판한 책보다 훨씬 조금만 팔리며, 매우 적은 수익을 창출할 수 있다. 아마도 가장 중요한 것은, 저자의 소득에 대한 계산, 그리고 독립 출판 도서와 전통 출판 도서 간의 소득에 대한 분배가 전적으로 로열티 소득을 기반으로 하며, 전통적인 출판사들이 지불하는 선금은 고려하지 않는다는 것이다. 그리고 선금은 전통적인 출판사에서 출판된 가장 성공적인 작가들의 소득의 큰 부분을 차지하고 있고 선금의 상당 부분은 차후 정산이 아니기 때문에 이것을 간과해서는 안 된다.

데이터 가이의 방식과 계산이 여러 가지 이유로 의문스럽긴 하지만 그의 수치는 독립 출판 전자책이 많은 사람이 생각했던 것보다 아마존의 베스트셀러 목록에서 훨씬 더 두드러지게 올라와 있다는 것, 그리고 아마존에서 전자책 부수 매출과 달러 매출의 상당한 부분을 대표하고 있다는 것을 꽤 분명하게 보여준다. 독립 출판 전자책이 실제로 부수 매출의 40~45%이고 달러 매출의 25%인지는 확실히 알 수 없다. 그러나 이러한 추정치가 5~10%만큼 차이가 나더라도 이는 여전히 상당한 비율이다.

더욱이 아마존에서 독립 출판 전자책이 차지하는 점유율은 전통적인 출판사에서 출판한 전자책의 점유율—이는 정체되어 있거나 감소하고 있는 것으로 보인다—과 비교할 때 상당하고 증가하고 있는 것으로 보인다. 따라서 이는 전자책 시장에서 일어나는 일을 일반화할 수 있는 범위에 대해, 그리고 단지 전통적인 출판사에서 가져온 데이터만을 기반으로 한 인쇄책과 전자책 사이의 변화하는 관계에 대해 중요한 의문을 제기하게 만든다. 제1장에서 보았듯이 미국출판협회 및 BISG 같은 주요 산업의 자료와 전통적인 시판용 회사의 자료를 보면 전자책이 전체 도서 매출에서 차지하는 비율을 알 수 있는데, 전자책은 2008년부터 2012년까지 가파르게 성장했지만 2012년 이후 정체되었다. 그 비율은 책의 유형에 따라 크게 변하지만, 총 매출에서 전자책이 차지하는 비율은 모든 범주에서 2012년부터 성장이 멈추었으며 어떤 경우에는 감소한 것으로 보인다. 그러나 실제로는 총 매출에서 전자책이 차지하는 비율이 정체되거나 심지어 감소한 것이 아니라 독립 출판 전자책의 시장 점유율이 증가함에 따라 전통적인 출판사들의 전자책 시장 점유율이 감소했다고 가정해 보자. 이게 가능한 일일까?

독립 출판 전자책의 시장 점유율이 증가한 것(적어도 매출과는 별개로 판매 수량이 증가한 것)은 법무부가 2012년에 부과했던 '대리인 권리' 계약이 만료된 후 2014년 대형 5개사가 전자책에 대해 대리인 가격제로 전환한 데서 촉발된 듯하다. 이로 인해 출판사들은 자신들 전자책의 가격을 고정하고 아마존 같은 소매업체가 이 가격을 할인하지 못하도록 방지했고, 이는 대형 5개사에서 출판한 전자책 가격과 독립 출판된 전자책 가격 간 차이를 증가시켰다. 그리고 월 9.99달러에 킨들 언리미티드에 가입하면 KDP를 통해 자가 출판된 100만 권이 넘는 책에 무료로 접속할 수 있다는 사실을 고려하면 킨들에서 자가 출판된 책의 단위 독서당 비용은 전통적인 출판사에서 출판한 전자책의 단위 독서당 비용의 작은 조각일 뿐이다. 현재 가격 차이가 너무 크다는 사실은 전통적인 출판사들의 전자책 판매를 감소시키는 효과를 가져온 반면, 자가 출판 전자책이 전자책 시장에서 점점 더 커다란 몫을 갖게 만들었다.

그렇다면 2012년 이후 시판용 책의 전자책 판매가 명백히 정체된 것은 정확히 무엇을 의미할까? 이는 시판용 책의 전체 시장에서 전자책의 부수 매출과 전자책의 달러 매출 둘 다 인쇄책 판매에 비해 전반적으로 정체되고 있음을 의미하는가? 아니면 소비자들이 전자책 구매를 더 싼 독립 출판 전자책으로 옮겨가거나 킨들 언리미티드 같은 구독 서비스를 통해 접근하기 때문에 전자책 판매가 시판용 도서의 전체 시장에서는 적어도 부수 매출 면에서는 계속 성장하는데도 시판용 책을 출판하는 전통적인 출판사들 사이에서는 전자책의 부수 매출 및 달러 매출이 인쇄책 판매에 비해 정체되고 있음을 의미하는가? 그리고 후자의 경우라면 시판용 책의 총 매출에서 전자책의 부수 매출이 차지하는 비율이 여전히 성장할 수 있을까? 그리고 전자책 판매의 명백한 정체는 일반 시판용 책 전체 시장에서 전자책 판매가 전반적으로 정체한다는 것을 반영하는 것이 아니라 전통적인 출판사에 의해 포착된 전자책 판매의 시장 점유율이 감소한다는 것을 반영하는 것일까?

이러한 의문에 대해 단정적으로 답할 수는 없다. 정확하게 답하기 위해서는 아마존 및 기타 소매업체와 유통업체를 통해 이루어지는 실제 전자책 판매량을 알아야 하는데, 이러한 데이터가 충분하지 않기 때문이다. 전통적인 출판사들로부터 가져온 데이터는 기껏해야 전자책 시장에서 벌어지고 있는 현상의 부분적인 모습만 보여주는 듯하다. 아마존에서 일어나고 있는 일을 알 만한 위치에 있는 누군가는 아마존 전자책 사업에서 정체가 일어난 적이 없었다고 주장했다. "아마존의 전자책 사업은 출판사들이 자신들의 사업이 축소되었다고 말하던 매년 성장했습니다. 만일 누군가가 책의 세계를 전통적인 출판사에서 출판된 것으로 정의한다면, 그는 오늘날 존재하는 책의 실제 세계와는 다른 결론에 도달할 것입니다."[29] 주류 산업계에서는 판매 데이터를 전통적인 출판사에 의존하거나 전자식 판매시점 정보관리Electronic Point of Sale(EPOS)에 의존하는데, 이들에게는 자가 출판의 세계가 대체로 보이지 않는 숨겨진 대륙이다. 이 숨겨진 대륙이 정확히 얼마나 큰지, 그리고 이 대륙을 구성하는 책의 종류는 무엇인지 아무도 모른다. 킨들, KDP, 크리에이트 스페이스/KDP 프린트의 중요성을 감안하면, 아마존은 이 숨겨진 대륙이 어떻게 생겼는지에 대한 완전한 그림을 갖고 있을 것이다. 비록 그 그림이 부분적이고 불완전하더라도 말이다.

스매시워즈 같은 다른 출처를 통해 우리는 소설, 특히 로맨스 소설과 기타 장르 소설의 범주에서는 자가 출판이 도서 판매의 커다란 부분을 차지하고 있다는 것을 알고 있다. 따라서 이 분야에서는 자가 출판의 숨겨진 대륙이 특히 클 가능성이 높아 보인다. 아마존 베스트셀러 목록에 대한 데이터 가이의 분석은 이런 견해에 힘을 보탠다. 〈그림 7.13〉은 광범위한 범주에 대해 전자책 베스트셀러의 달러 매출을 분석한 결과를 보여준다. 그는 전통적인 출판사를 대형 5개사와 중소 규모 출판사, 두 가지로 분류했다.[30] 대형 5개사는 거의 모든 범주에서 확실히 우세하다. 단, 비소설은 매우 고르게 분포되어 있다. 하지만 독립 출판사

---

29   아마존의 전자책 사업은 지속적으로 성장해 왔을지 모르지만, 2012년 이후에는 2008년부터 2012년까지의 고속 성장 단계보다 얼마나 성장했을지 알 수 없다.

30   Data Guy, "2016 Digital Book World Keynote Presentation"(11 March 2016).

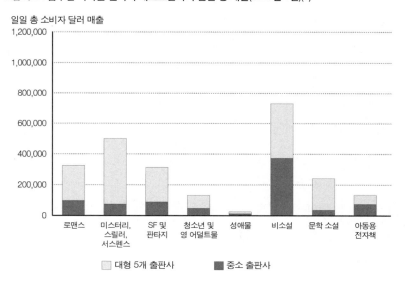

그림 7.13 | 범주별 아마존 전자책 베스트셀러의 일일 총 매출(2016년 1월)(1)

일일 총 소비자 달러 매출

그림 7.14 | 범주별 아마존 전자책 베스트셀러의 일일 총 매출(2016년 1월)(2)

일일 총 소비자 달러 매출

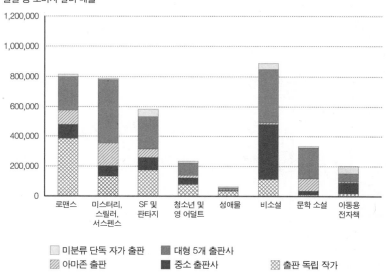

를 감안하면 그림이 극적으로 바뀐다(〈그림 7.14〉). 자가 출판이라는 숨은 대륙이 아래에서부터 솟아올라온다. 이것은 모든 범주에서 그렇지만 특히 소설 장르에서 두드러진다. 로맨스 소설을 예로 들면, 자가 출판 독립 작가와 아마존 임프린트가 출판한 전자책은 아마존 베스트셀러 목록에 있는 전자책 달러 매출의 절반 이상을 차지하는 것으로 보인다. 그리고 미스터리, 스릴러 및 서스펜스, SF 및 판타지, 청소년 및 영 어덜트물, 성애물 같은 장르 소설의 다른 범주에서도 상당한 부분을 차지한다. 이러한 수치는 만일 우리가 자가 출판이라는 숨은 대륙을 정확하게 설명할 수 있다면 전자책 판매의 실제 추세 및 전자책과 인쇄책 사이의 관계 변화에 대해 그림을 그릴 수 있을 것이며, 그 그림은 전통 출판사에서 가져온 자료만을 기반으로 그린 그림과는 다를 것이라는 견해를 뒷받침한다.[31]

공존하는 세상, 다수의 통로

2000년대 초반 이후 자가 출판이 극적으로 성장함에 따라 영미 시판용 출판은 심오하면서 덜 이해된 방식으로, 그렇지만 여전히 진화하는 방식으로 변화되었고, 이는 활발하지만 거의 보이지 않는 자가 출판의 신세계와 전통적인 출판사가 함께 존재하는 새로운 종류의 출판 환경

---

31   데이터 가이는 전자책 시장이 2008~2012년의 대규모 확장 시기보다는 훨씬 느리지만 계속 성장하고 있다고 믿는다. 그러나 대형 출판사들이 전체 전자책 판매에서 차지하는 점유율은 감소하고 있다. 2019년 대형 5개 출판사는 전체 전자책 부수 매출의 24%, 달러 매출의 39%를 차지했다.

을 만들고 있다. 때때로 이러한 성장은 전통적인 출판사로부터 '탈중개화'하는 가능성에 대한 논의에 불을 붙였고, 작가들, 특히 확고한 팬을 보유한 성공적인 작가들이 자신의 책을 자가 출판함으로써 전통 출판사들을 버리고 홀로서기를 한다면 수익의 더 많은 몫을 가질 수 있다는 제안을 불러일으켰다. 아마존 또는 다른 자가 출판 플랫폼에서 자가 출판해서 70~80%의 수익을 올릴 수 있다면 왜 전자책에 대해 25%의 로열티만 지불하는 것을 수용할 것인가? 하지만 실제로는 그렇게 되지 않았다. 실제로 전통적인 출판사에서 자가 출판으로 이동해 자가 출판의 장점에 대해 열렬하게 지지한 작가도 있지만, 다른 쪽으로 이동해 주류 출판 세계의 문이 자신에게 열리고 그 업계에 받아들여진 것을 기뻐한 작가들도 있다. 통행은 한 방향이 아니었다. 전통적인 출판사들이 베스트셀러 작가 몇 명을 자가 출판 플랫폼에 빼앗길까 두려워했던 것과 마찬가지로 자가 출판 역시 가장 성공적인 작가 일부를 전통적인 출판사들에게 뺏길 수 있다는 사실을 알고 있다. 실제로 일어난 일은 이 두 세계, 즉 전통적인 출판계와 자가 출판계가 거의 직접적으로 겹치지 않는 두 개의 평행 우주처럼 발전하고 공존하면서 일부 작가는 때때로 특정 도서나 자신의 경력에 따라 이 두 세계 사이를 오가는 것이었다.

작가의 관점에서 보면 자가 출판의 성장과 제3의 물결 동안 발생한 새로운 플랫폼의 확산으로 인해 선택의 폭이 엄청나게 늘어났다. 이제는 출판하기가 그 어느 때보다 쉬워졌다. 책을 출판하고 싶은 사람은 누구나 컴퓨터에 접속할 수 있으며 기술적 전문성의 기본 수준만 갖추면 비용이 전혀 또는 거의 들지 않고도 최소한의 수고로움으로 책을 출판할 수 있게 되었다. 자가 출판 운동에서 활발하게 활동하는 한 인사가 말했듯이 이것이야말로 진정한 '출판의 민주화'이다. 그러나 전통적인 출판과 자가 출판이 공존하는 이 새로운 출판 환경은 출판된 책이 어떻게, 누구에 의해, 어떤 종류의 자원으로 출판되었는지에 따라, 그리고 그 책을 지원하기 위해 어떤 노력과 전문성을 투자했는지에 따라 성공 확률이 매우 다른 구조화된 공간이다. 작가는 전자책 판매로 더 높은 로열티를 받더라도 결국 책을 거의 팔지 못한다면 자신에게 돌아올 소득이 많지 않다는 것을 알고 있다. 따라서 결국 중요한 것은 수익의 지분이 아니라 전체적인 수익금이다. 자가 출판의 세계에서 매우 성공한 작가는 거의 없으며, 자가 출판 작가의 대다수는 적은 돈을 벌고 있다.[32]

그러나 상황이 변하고 있다. 자가 출판 작가들은 더욱 기업가적으로 바뀌었으며, 자신의 책을 보다 효과적으로 마케팅하고 판매하는 방법처럼 특히 어렵다고 생각하던 분야를 포함해 출판의 모든 면에 대해 보다 잘 알게 되었다.[33] 그리고 상업적으로 성공한 독립 작가는 여전히 매

---

32 2011년 자가 출판 작가들을 대상으로 실시한 한 설문조사에 따르면, 자가 출판 도서로 2만 달러 이상의 로열티를 벌고 있는 작가는 7%에 불과했다. 절반 이상은 500달러 이하의 수익을 올렸고, 모든 자가 출판 도서의 1/4은 책을 제작하는 데 지출한 금액을 충당하기에 필요한 수익도 내지 못할 것 같았다. Dave Cornford and Steven Lewis, *Not a Gold Rush: The Taleist Self-Publishing Survey*(Taleist, 2012). 이 설문조사는 조사 참여 요청에 응답한 1007명의 자가 출판 작가를 근거로 한다. 응답자는 자발적이었으므로 전체 자가 출판 집단을 대표하지 않을 수 있다. 예를 들어 좀 더 헌신적이고 성공한 독립 작가들이 조사에 더 기꺼이 응했을 수 있다.

33 다수의 웹사이트, 팟캐스트와 코스들은 자가 출판 작가들에게 자신의 책을 마케팅하는 법, 보다 효과적으로 홍보해서 판매를 늘리는 법에 대한 가르침을 주고 있다. 예를 들어 https://6figureauthors.com; http://selfpublishstrong.com 참조. 그러나 이 중 어느 것도 쉽지 않으며 많은 비용이 소요된다. 자신의 작품을 자가 출판하는 많은 작가들은 자신의 마음과 영혼을 쏟아부은 책이 마침내 세상으로 출시되었을 때 눈에 띄기가 매우 힘들다는 사실을 알게 될 것이다. "그로 인한 실망을 극복하려면 굳세어야 합니다"라고 한 작가가 말했다. 그녀는

우 작은 비중을 차지함에도 불구하고 점점 더 많은 독립 작가들이 글쓰기를 통해 상당한 금액의 돈을 벌고 있다. 더욱이 개인은 다양한 이유와 다양한 목적으로 책을 출판하고 있다. 돈을 버는 것이 전부는 아니다. 어떤 사람에게는 돈을 버는 것이 중요한 이유일 수 있지만, 다른 사람에게는 그것이 중요하지 않을 수 있다. 그들은 단순히 친구와 가족에게 주기 위해 책을 출판하기를 원할 수도 있다. 아니면 자신이 항상 해보고 싶었던 일이기 때문에 책을 출판하기를 원할 수도 있다. 어떤 사람에게는 작품을 만들고 전자책으로든 인쇄책으로든 또는 둘 다로든 책을 출판함으로써 개인적인 만족감을 얻는 것이 충분한 보상이 될 수도 있다.

따라서 이 새로운 출판 환경이 작가들이 성취하고자 하는 것과 다양한 시점에서 사용할 수 있는 선택 여건에 따라 전통적인 출판에서 자가 출판으로 또는 그 반대로 왔다 갔다 하는 유동적인 공간이 되었다는 것은 놀랍지 않다. 스스로를 작가라 생각하고 그 선택이 열려 있기만 하다면 일부 작가는 항상 전통적인 출판사에서 출판할 것이다. 전통적인 출판사가 그들이 선택한 출판사이며, 이러한 작가 중 다수에게는 자신의 작품을 자가 출판한다는 것이 전혀 매력적이지 않을 것이다. 그것은 그들이 가고 싶어 하는 길이 아니다.

다른 한편으로는 스스로를 독립 작가로 강력하게 인식하는 작가도 일부 있다. 자가 출판의 세계는 그들의 세상이 되었으며, 이들은 자가

여러 해 동안 일련의 SF 책을 작업했지만 자신을 받아줄 전통적인 출판사를 찾지 못했다. 그녀는 "작가=출판사는 돈 있는 사람을 위한 것입니다"라고 회상했다. "눈에 띄려면 돈을 많이 써야 하는데 나는 돈이 없습니다."

출판을 자랑스러워하고 전통 출판사와 출판하는 것 또는 전통 출판사에서 다시 출판하는 것을 진지하게 고려하지 않는다. 일부 독립 작가는 전통적인 출판사에 대해 원칙적으로 반대한다. 그들은 전통적인 출판사를 작가의 창작품에 의지해서 살아가는 기생충으로 보고 그들과 관계없이 살기를 원한다. 이들에게는 자가 출판이 유리하다. 만일 어떤 사람이 전통적인 출판사에서 자신의 책을 출판하기 원한다면 그건 그들의 일이다.

그리고 이 두 극단 사이 어딘가에는 거대하고 커져가는 작가 집단이 위치해 있다. 이들은 선택 사항이 무엇인지 그리고 자신이 쓰고 싶은 책의 종류가 무엇인지에 따라 다양한 시점에 다양한 선택을 기꺼이 활용하려는 혼합형 작가이다. 성공한 학자이자 학술 출판사에서 몇 권의 비소설 책을 출판한 적 있는 한 작가는 취미삼아 로맨스 소설을 쓰기로 결정하고, 로맨스 소설을 쓰는 가장 좋은 방법은 가명으로 자가 출판을 하는 것이라는 입장에 도달했다. 그녀는 자신의 선택에 따라 혼합형 작가가 되어 비소설 책은 전통적인 학술 출판사에서 계속 출판하면서 로맨스물 작가로 활동할 때에는 자가 출판이 열어준 기회를 활용했다. 주요 일반 출판사와 몇 권의 스릴러물을 출판했던 또 다른 작가는 이전에 자신에게 열려 있던 문이 이제는 닫혀서 어느 출판사도 자신의 새 책을 출판하려 하지 않자 이 단계에서 최적의 방법이 자가 출판이라고 결정했다. 그는 선택이 아닌 필요에 따라 독립 작가가 되었다. 또한 『마션』의 작가 앤디 위어처럼 블로거 및 자가 출판 작가로 집필 경력을 시작했다가 자가 출판의 세계를 전통적인 출판사의 R&D로 보려는 편집자나 대리인의 눈에 띈 사람도 있다. 이러한 작가들은 전통적인 출판사에서 책을 출판하는 것을 반길 수 있으며, 전통적인 출판사에서 책을 출판함으로써 자가 출판 세계에 계속 있었다면 벌었을 돈보다 훨씬 많은 수입을 올릴 수도 있다. 그러나 그들이 자가 출판이 열어준 새로운 기회를 먼저 활용하지 않았다면 전통적인 출판 세계의 문 또한 그들에게 결코 열리지 않았을 것이다.

제 8 장

크라우드펀딩 도서

자가 출판은 출판 경로에 대한 접근을 통제하는 전통적인 문지기(즉, 대리인, 편집자, 전통적인 출판사)를 우회하기 위해 새로운 기술을 이용하는 데 대한 것이다. 한편 크라우드펀딩은 필요한 재정 자원에 대한 접근을 통제하는 문지기(즉, 자본)를 우회하기 위해 새로운 기술을 이용하는 데 대한 것이다. 이 재정 자원은 재정적 투자가 필요한 프로젝트를 개발하고 실현시키는 데 필요한 자금이다. 출판 세계에 문지기가 있는 것처럼 자본에도 문지기도 있다. 이들은 은행 관리자, 앤젤투자자, 벤처투자자, 기부재단 등등이다. 당신이 아이디어를 가지고 있어서 새로운 모험에 착수하거나 새로운 제품을 만들거나 새로운 사업을 시작하려고 한다면 돈이 필요할 것이다. 그렇다면 어디서 돈을 구할 것인가? 저축한 돈이 약간 있을 수도 있고 부모나 형제가 빌려줄 수도 있지만, 개인 또는 가족의 자원에 의지할 수 없다면 자본 문지기의 문을 두드려야 할 것이다. 그들이 당신의 아이디어를 좋아해서 돈을 빌려주거나 당신의 프로젝트에 투자할 수도 있지만 투자를 하지 않을 수도 있다. 어쩌면 그들은 그 아이디어가 너무 위험하고 시시하고 어리석고 성급하다고, 어쩌면 자신들이 지원하고 싶은 종류의 일이 아니라고 생각할 수도 있다. 그러면 어떻게 할 것인가? 당신은 포기할 수도 있지만 다른 자금 출처를 찾아볼 수도 있다. 크라우드펀딩은 전통적인 자본 문지기에 의존하지 않고도 자본에 접근할 수 있는 길을 제공하고 있다. 크라우드펀딩은 다른 사람들, 즉 군중에게 의존한다.

크라우드펀딩은 자금을 모으는 것에 대한 것이기도 하지만 다른 사람들, 즉 군중에 대한 것이기도 하다. 첫 단어인 '크라우드'가 진짜 핵심이다. 당신은 다른 사람들과 관계를 맺고 그들이 당신을 지원하도록 설득해야 한다. 물론 전통적인 자본 문지기들로부터 자금을 얻는 것 역시 다른 사람이 당신을 지원하도록 설득해야 하는 일이지만, 여기에는 중요한 차이가 있다. 크라우드펀딩과 전통적인 자본 조달 방식의 차이점은 다음과 같다. 크라우드펀딩은 당신이 제안하는 일에 개인적으로 관심이 있는 많은 수의 사람으로부터 적은 금액의 돈을 걷는 데 반해, 전통적 형식의 자본 조달은 당신의 프로젝트에 개인적인 관심은 없지만 투자를 통해 수익을 얻으려는 적은 수의 사람으로부터 많은 금액의 돈을 얻는 것이다. 차이는 숫자뿐 아니라 목적에도 있다. 크라우드펀딩에서는 당신이 하고 싶은 일을 할 수 있게끔 적은 금액의 돈을 투자하도록 많은 사람을 설득해야 한다. 그들이 투자를 하는 것은 횡재를 기대하기 때문이 아니라 당신과 당신이 하고 있는 일을 믿기 때문이다. 그리고 당신이 제안하는 것이 무엇이든 간에 그것을 갖거나 즐기거나 단순히 돕기를 원하기 때문이다. 한 크라우드펀딩 내부자가 말했듯이 "이것은 일을 처리하고 만드는 매우 이타적인 방법"이다.

그러나 군중에 대한 또 다른 중요한 사실이 있다. 군중은 단순히 자금의 원천일 뿐만 아니라 당신이 만들려고 하는 모든 것의 미래 시장이기도 하다. 이것이 크라우드펀딩이 은행에서 돈을 빌리거나 벤처투자자에게서 자금을 얻는 것과 매우 다른 또 다른 이유이다. 은행의 관리자 또는 벤처캐피털은 당신의 제품(또는 당신이 만들려는 것이 무엇이든지 간에)을 사지 않을 테지만 크라우드(군중)를 구성하는 사람들은 당신의 제품을 살 것이다. 사실상 그들은 당신의 제품을 구매하기로 선약하고 있다. 돈을 거는 것은 선주문을 하는 것이고, 서약은 선주문이다. 따라서 크라우드펀딩 모델은 그 성격상 위험을 감소시키는 방법이다. 즉, 새로운 것을 만드는 데 수반되는 위험을 감소시킨다. 일반적으로 이 모델은 더 진행하기 전에 일정 수준의 서약 한계값에 도달하거나 선주문을 하도록 요구한다. 따라서 당신은 프로젝트를 시작하기 전에 당신이 제안하는 것에 대해 사람들이 충분히 관심이 있는지, 그리고 프로젝트를 실행시킬 수 있도록 다수의 지지자가 충분한 현금을 약속하는지 알 수 있다.

상당한 금액의 투자가 필요한 야심찬 프로젝트에 자금을 대는 방법으로서 크라우드펀딩이 유용한 이유는 매우 알기 쉽다. 예를 들어 단편 영화를 만드는 데에는 1만 달러가, 장편 영화를 만드는 데에는 10만 달러 이상이 들 수 있다. 그러나 현재 사용 가능한 많은 자가 출판 플랫폼 중 하나를 이용해서 자가 출판을 하기로 결정한다면 책을 출판하는 데에는 그다지 많은 비용이 들지 않는다. 그렇다면 도서의 세계에서 크라우드펀딩의 요점은 무엇일까? 책 한 권을 쓰고 출판하는 데에도 돈이 많이 드는 일이 넘친다. 책에 대한 조사를 하기 위해 해외로 나가고 싶을 수도 있고, 책을 전문적으로 편집·디자인·조판하고 싶을 수도 있고, 고품질 삽화를 많이 넣고 싶을 수도 있고, 다소 독창적인 작품을 만들기 위해 예술가에게 돈을 지불하고 싶을 수도 있고, 디지털 프린터보다 고급인 오프셋 인쇄로 인쇄하고 싶을 수도 있고, 선주문은 없지만 서점에서 판매할 수 있는 여분의 책을 인쇄하고 싶을 수도 있고, 진지한 마케팅과 홍보 캠페인을 하고 전문 마케터나 홍보 담당자를 고용하고 싶을 수도 있다. 이 모든 것은 많은 비용이 추가될 수 있다.

전통적인 출판사에서 출판하기를 원한다면 이러한 비용의 일부 또는 전부를 출판사가 감당할 수도 있다. 이것은 결국 출판사가 하는 일의 일부이다. 전통적인 출판사들은 선급금을 지불하고 생산비, 마케팅비 등을 감당할 재정 자원을 만드는 출판계의 은행이다. 그러나 이것은 출판사들이 단순히 출판계의 문지기일 뿐만 아니라 자본 문지기이기도 하다는 것을 의미한다. 출판사들은 당신의 프로젝트를 맡을지, 당신과 계약을 맺을지를 결정할 때면 그 일이 수행하는 데 필요한 재정적 자원을 지원할지 여부를 결정하고 있는 것이다. 출판사들이 당신의 프로젝트에 관심이 없다고 가정해 보자. 그들이 당신의 프로젝트에 기회를 주거나 당신의 책에 돈을 걸기를 원하지 않는다고 가정해 보자. 당신은 무엇을 할 수 있겠는가? 물론 최소한의 비용이 드는 자가 출판을 추구할 수 있다. 그러나 더 많은 비용이 요구되는 무언가를 하고 싶다고 가정해 보자. 돈이 없다면 이 일을 할 수 있는 자원을 어디에서 얻을 수 있겠는가? 그곳에서 크라우드펀딩이 등장한다.

모든 크라우드펀딩 도서가 자가 출판되지는 않는다. 일부 도서는 자가 출판되지만 일부 도서는 전통적인 출판사에서도 출판된다(실제로 어떤 전통 출판사는 크라우드펀딩을 받은 작가를 열심히 찾아 그 책을 출판하자고 제안한다). 그리고 일부 도서는 크라우드펀딩 원칙에 입각한 새로운 출판 조직 중 하나에서 출판되는데, 이 조직은 출판 모델에 크라우드펀딩이 내장된 곳이다. 그러나 크라우드펀딩이 자가 출판과 동일하지 않고 이 둘 사이에 필연적인 관계가 없음에도 불구하고 크라우드펀딩과 자가 출판 사이에는 깊은 연관성이 있다. 이 둘 모두 디지털 혁명 때문에 가능해진 DIY 문화의 일부이자 디지털 혁명이 만들어낸 문화 민주화의 일부이다. 이제 당신은 문화 문지기를 통할 필요가 없고 그들의 은혜에 의존할 필요가 없다. 스스로 할 수 있다. 잠재 독자에게 직접 가서 그들에게 호소하라. 문지기는 잊고 독자들이 결정하게 하라.

출판산업에서 크라우드펀딩이 하는 역할을 이해하기 위해서는 두 가지 측면을 살펴봐야 한다. 첫째는 크라우드펀딩의 부상 및 창조 산업에서 중요한 역할을 하게 된 대형 크라우드펀딩 조직 인디고고Indiegogo와 킥스타터의 출현이다. 이 크라우드펀딩 조직들은 특별히 책에 중점을 두고 있지 않다. 도서 프로젝트에 자금을 대기도 하지만 이것은 그들이 하는 일의 작은 부분에 지나지 않는다. 더욱이 그들은 단순히 돈을 건다는 의미에서 '순수한' 크라우드펀딩 조직이다. 대중으로부터 자본을 걷는 플랫폼인 것이다. 자본이 모이면 실제로 당신의 책을 출판하지는 않는다. 책을 출판하려면 당신은 전통적인 출판사와 함께든 자가 출판을 통해서든 별도의 준비를 해야만 한다. 따라서 크라우드펀딩은 그 자체로 출판(또는 자가 출판)의 한 형태가 아니다. 이것은 단순히 자금을 모으는 하나의 형태이다. 인디고고와 킥스타터 같은 크라우드펀딩 조직은 책을 쓰고 출판하기 위해 돈을 모으는 데 도움을 줄 수는 있지만 당신을 위해 책을 출판하지는 않는다. 당신이 할 수 있는 한 최선을 다해 출판을 준비하는 것은 당신의 책임이다.

그러나 도서 및 출판에 특화되어 있고 크라우드펀딩의 원칙이 출판 모델에 구축되어 있는 크라우드펀딩 조직도 일부 있다. 출판계에서 이러한 종류의 크라우드펀딩 출판사 가운데 어느 정도 의미를 지닌 것은 런던의 언바운드Unbound, 캘리포니아 오클랜드의 잉크셰어Inkshare, 두 곳이다. 인디고고, 킥스타터와 달리 언바운드 및 잉크셰어는 출판사이며, 크라우드펀딩 메커니즘은 프로젝트의 진행 여부를 결정하기 전에 도서 프로젝트를 위해 자금을 모으는 방법으로 사용된다. 임계값에 도달하면 프로젝트는 진행되고, 임계값에 도달하지 않으면 진행되지 않는다. 따라서 이 경우에는 크라우드펀딩이 출판 과정에 내재된 것이다. 그리고 출판 모델로서 이것은 몇 가지 실질적인 장점을 갖고 있다. 책을 출판하는 데 필요한 자금을 출판하는 회사가 아닌 대중이 제공하기 때문에 출판과 관련된 위험의 커다란 부분을 제거할 뿐 아니라 독자들의 관심을 측정하는 매우 효과적인 메커니즘을 제공한다. 이것은 출판산업이 효과적인 시장 조사 형태에 도달한 것과 거의 유사하다.

크라우드펀딩의 성장

크라우드펀딩의 원리는 새롭지 않다. 1885년 미국의 자유의여신상위원회가 자유의 여신상 받침대를 만들 자금을 모으는 데 실패한 뒤 조지프 퓰리처Joseph Pulitzer는 ≪뉴욕 월드New York World≫라는 자신의 신문에 자유의 여신상을 위한 자금을 모금하기 시작했다. 그러자 많은 평론가들은 자유의 여신상이 대중으로부터 부분적으로 자금을 지원받았다고 지적했다. 퓰리처는 5개월 만에 16만 명 이상의 기부자로부터 10만 1091달러를 모금했는데, 이는 동상을 완성하는 데 필요한 10만 달러를 감당하기에 충분했다. 그러나 1990년대와 2000년대에 이루어진 인터넷의 성장이 크라우드펀딩의 발전에 강력한 새로운 매체를 제공했다는 데에는 의문의 여지가 없다. 이제는 많은 수의 잠재적인 후원자에게 연락해서 쉽고 저렴하고 빠르게 그들과 소통할 수 있게 되었다. 크라우드펀딩을 위해 인터넷이 초기에 활용된 것은 음악과 영화의 세계에서였다. 1997년 영국의 록밴드 매릴리언Marillion은 미국 투어 자금을 마련하기 위해 팬 기반의 이메일 캠페인을 통해 6만 달러를 거두었다. 그들은 이러한 성공에 자신감을 얻어서 자신들의 매니저를 해고하고 자신들의 데이터베이스에 있는 6000명의 팬에게 이메일을 보내 차기 앨범을 미리 구매할 의향이 있는지 물어보았다. 그들은 1만 2000건의 선주문을 받아 곡을 쓰고 녹음하는 데 그 자금을 사용했다.[1] 당시에는 '크라우드펀딩'이라고 부르지 않았지만 인터넷 크라우드펀딩이 시작되었던 것이다.

많은 사람들로부터 돈을 모으기 위해 웹 기반의 플랫폼을 활용하는 방식은 2000년대 초반에 견인력을 얻었다. 2003년 보스턴의 음악가이자 컴퓨터 프로그래머인 브라이언 카멜리오Brian Camelio는 음악가들이 팬들로부터 기부금을 받아 디지털 녹음을 할 수 있는 웹사이트인 아티스트셰어ArtistShare를 시작했다.[2] 그들의 첫 번째 프로젝트인 마리아 슈나이더Maria Schneider의 재즈 앨범 「정원에서의 음악회Concert in a Garden」는 팬들이 더 많이 기부하도록 장려하기 위해 계층화된 보상 시스템을 사용했다. 이른바 보상 기반이라 불리는 시스템은 그 후 크라우드펀딩 세계에서 표준 관행이 되었다. 웹 기반의 크라우드펀딩이 실제로 존재했지만 '크라우드펀딩'이라는 용어가 만들어진 것은 마이클 설리번Michael Sullivan 때문인 것으로 알려져 있다. 그는 2006년 8월에 시작한 펀다블로그Fundavlog라는 사이트와 관련된 자금 계획을 설명하면서 이 용어를 사용했다.[3] 이 사이트는 영상 블로그와 연관된 프로젝트 및 행사를 위

---

1   "How Marillion Pioneered Crowdfunding in Music," at www.virgin.com/music/how-marillion-pioneered-crowdfunding-music.

2   David M. Freeman and Matthew R. Nutting, "A Brief History of Crowdfunding"(2014~2015), at www.freedman-chicago.com/ec4i/History-of-Crowdfunding.pdf.

3   Daniela Castrataro, "A Social History of Crowdfunding"(12 December 2011), at https://

해 인큐베이터를 만들기 위한 시도였다(나중에는 실패했다). 2000년대 초반에는 다양한 크라우드펀딩 플랫폼이 출시되었는데, 그중 가장 눈에 띄는 것이 인디고고와 킥스타터였다.

인디고고Indiegogo는 2008년 대니 린젤만Danae Ringelmann, 슬라바 루빈Slava Rubin, 에릭 셸Eric Schell에 의해 설립되었다. 세 사람 모두 여러 가지 목적으로 자금 모으기의 어려움을 경험하고 목격했다. 대니는 영화사에서 일했고 에릭은 극단의 이사였으며 슬라바는 아버지가 암으로 사망한 후 자선 사업을 시작했다. 에릭과 슬라바는 오랜 친구였으며, 에릭과 대니는 버클리에 있는 하스 경영대학원에서 MBA를 하면서 만난 사이였다. 2007년 그들은 돈을 모으기 위한 새로운 디지털 도구 모음을 만드는 아이디어를 떠올렸다. 그들은 처음에는 영화에 초점을 맞추었는데, 한편으로는 대니와 슬라바가 영화에 열정이 있었기 때문이고, 다른 한편으로는 자금을 모으기 위해 디지털 도구를 사용하는 면에서 영화가 제대로 서비스되지 않고 있다고 느꼈기 때문이다. 그리고 2008년 1월 선댄스 영화제에서 인디고고를 출시했다. 영화가 출발점이었지만 그들의 계획은 언제든지 영화를 넘어 사람들이 하고 싶은 모든 창작 프로젝트(슬로바의 표현대로 "원인이 되는 어떤 것, 창조적인 어떤 것, 사업적인 어떤 것"[4])에서 자금을 조달할 수 있는 좀 더 일반적인 서비스를 제공하는 것이었다. 그리고 2009년 12월 모두에게 문을 개방했다.

킥스타터Kickstarter의 출발은 2002년으로 거슬러 올라간다. 당시 뉴올

socialmediaweek.org/blog/2011/12/a-social-history-of-crowdfunding.

4   "Wake Me Up Before You Indiegogo: Interview with Slava Rubin," *Film Threat* (5 October 2010), at http://filmthreat.com/uncategorized/wake-me-up-before-you-indiegogo-interview -with-slava-rubin.

리언스에 거주하면서 그곳의 음악계에 종사하던 젊은 뉴요커인 페리 첸Perry Chen은 뉴올리언스 재즈 페스티벌이라는 공연을 기획하고 싶었다. 그리고 그 공연에 어떻게 돈을 댈 수 있을지 궁리했다. 쇼에 오고 싶은 모든 사람이 한마디씩 보태면 어떨까? 그리고 얼마나 많은 사람이 쇼에 오고 싶어 하는지 알 수 있다면 그것을 기준으로 쇼를 제작할지 여부를 결정하면 어떨까? 그 쇼는 이루어지지 않았지만 그 구상은 계속되었다.[5] 3년 후 페리는 뉴욕으로 돌아와 얀시 스트리클러Yancey Strickler, 찰스 애들러Charles Adler와 함께 팀을 만들었다. 그들은 2006년과 2007년에 일부 종자돈을 조달해서 웹사이트를 개발했으며, 2009년 4월 킥스타터를 시작했다.

인디고고와 킥스타터의 모델은 기본적으로 동일하다. 프로젝트(영화, 음악 앨범, 책, 기술 제품, 새로운 사업 창업, 사회적 목적, 개인적 목적 등 무엇이든 간에)를 위해 돈을 모으기 원하는 사람이라면 누구든지 펀딩을 위한 페이지를 만들 수 있다. 그리고 펀딩 목표(목표 수준이 다양할 수 있다) 및 마감일(캠페인 기간은 1일에서 60일까지 다양할 수 있지만 30~40일이 일반적이다)을 정할 수 있다. 프로젝트에 대한 프레젠테이션을 작성하고, 목표를 설명하는 짧은 동영상을 만들고, 사람들에게 기여하도록 초대하고, 다양한 수준의 기여에 대한 특전 또는 보상 목록을 구체화한 후에 소셜 미디어 캠페인을 시작한다. 이 사이트는 성공적인 캠페인을 위해 5%의 수수료를 뗀다. 인디고고와 킥스타터의 차이점 중 하나는 킥스타터는 모 아니면 도라는 것이다. 마감일까지 목표를 달성하지 못

5   "How I Built This with Guy Raz: Kickstarter: Perry Chen," *NPR* (31 July 2017), at www. npr.org/podcasts/510313/how-i-built-this.

하면 카드요금이 청구되지 않고 자금이 수금되지도 않으며 거래가 발생하지도 않는다. 반면에 인디고고를 이용하면 이용자는 처음부터 목표에 도달한 경우에만 기여금을 갖는 '고정 펀딩' 모델을 채택할지 아니면 목표에 도달했는지와 상관없이 모금된 돈을 갖는 '신축적 펀딩'을 채택할지 결정할 수 있다(후자의 경우 인디고고는 9%의 수수료를 뗀다). 신축적 모델이 예술 분야의 많은 프로젝트에서 잘 작동한다. 왜냐하면 많은 창작자들은 1만 달러가 있으면 좋긴 하지만 더 적은 비용으로도 프로젝트를 수행할 수 있다는 것을 알고 있기 때문이다.

누구든지 인디고고 또는 킥스타터에 가입하고 캠페인을 시작할 수 있지만 이 두 조직 모두 캠페인 활동가를 모으는 데 열성적이다. 그들은 잠재적인 캠페인 활동가에게 연락해서 자신들의 사이트에서 캠페인을 시작하도록 적극적으로 격려하는 전담 직원을 여러 분야에 두고 있다. 이러한 모집인 또는 그들이 부르는 식으로 '자원 담당'은 영화제, 작가 행사, 기술 컨퍼런스에 참석하거나 잠재적인 활동가들이 모이는 기타 행사에 참석해서 여러 크라우드펀딩의 현실성에 대해 충분히 이야기를 나누면서 새로운 인원을 모집하려고 한다. 그들은 또한 효과성을 극대화하도록 캠페인을 만들어내는 데서 전문가이기도 하다. 그들은 무엇이 되고 무엇이 안 되는지를 알고 있다. 그들 중 많은 사람은 스스로 성공적인 캠페인을 운영해 보았으므로 개인적인 경험을 끌어올 수 있다. 그들은 또한 효과가 있었던 캠페인과 그렇지 않은 캠페인에 대한 많은 독점 데이터에 접근해서 그들에게 조언을 제공하는 데 사용할 수 있다. 크라우드펀딩 조직 중 한 곳에서 일하기 전에 본인의 캠페인을 여러 번 성공적으로 운영했던 직원 톰은 "나는 사람들의 캠페인을 최선을 다해 돕습니다"라고 말했다. 그는 "내가 말하는 대로만 하면 성공할 것입니다"라고 덧붙였는데 과장이 아니라는 확신이 들 정도로 자신감에 차 있었다.

인디고고와 킥스타터는 거의 누구든지 자신이 활동하는 분야에서 캠페인을 시작할 수 있는 공개된 플랫폼이지만 완전히 자유방임적인 것은 아니다. 그들 각각은 규칙과 심사 절차를 갖고 있다. 그들 역시 문지기이지만 자금의 전통적인 자본 수호자와는 매우 다른 종류의 문지기이다. 그들은 프로젝트를 후원할지 여부를 결정하지 않는다. 그 결정은 대중의 지혜에 맡긴다. 그러나 그들은 게임의 규칙을 정하고 있으며, 특정 프로젝트가 이러한 규칙을 준수하고 자신들의 사이트에서 합법적으로 캠페인을 시작할 수 있는지 여부를 결정하고 있다. 특정 유형의 캠페인은 명시적으로 제외되며(예를 들어, 사용자는 불법적인 활동을 위한 기금을 모을 수 없으며, 다른 사람에게 사기를 치는 목적으로 캠페인을 만들 수 없다. 또한 킥스타터는 자선단체 또는 대의를 위해 자금을 모금하는 프로젝트를 제외한다), 특정한 유형의 언어와 형상은 허용되지 않는다(증오나 학대를 조장하는 것, 노골적으로 성적이거나 음란물인 것 등). 그리고 특정한 특전은 금지된다(금전적 보상, 마약, 알코올, 무기, 살아 있는 동물, 인간의 사체 등).

킥스타터는 이런 면에서 더 규제적이라고 알려져 있다. 초기에는 킥스타터에서 시작된 모든 프로젝트를 실제 사람이 검토했지만 이제는 초기 검사는 알고리즘이 수행하고 위험하다고 판단된 프로젝트만 대응팀이 검토한다. 대부분의 경우 프로젝트가 규정과 맞는지 확인하는 작업인데, 규정에 맞지 않으면 누군가가 프로젝트 제작자에게 연락해서 문제를 바로잡기 위해 무엇을 해야 하는지 알려준다. 그러나 이것은 또한 사기와 속임수를 탐지하고 그 사람들이 실제로 존재하는 사람인지 확인하기 위해서이기도 하다. 결국 전체 크라우드펀딩 기업은 신뢰를 바탕으로 한다. 후원자들이 돈을 뜯길 가능성이 높을 경우 또는 캠페인 활동가가 자신이 제안을 이행하지 못할 가능성이 높을 경우라면 사람들은 캠페인 활동가를 개인적으로 알지 못하는 프로젝트에 후원하는 것을 꺼릴 것이다. 알지도 못하고 만난 적도 없는 누군가가 추진하는 프로젝트에 대해 단순히 그의 영상이 좋고 그가 하는 일에 흥미를 느낀다는 이유로 후원을 한다는 것은 맹신이다. 그리고 그 프로젝트가 사기가 아니며 캠페인 활동가가 자신의 말을 지킬 것이라고 확신한다면 사람들이 맹신할 가능성은 훨씬 더 높다. 톰은 "신뢰는 크라우드펀딩을 작동하게 만드는 것입니다. 신뢰를 잃으면 끝입니다"라고 설명했다.[6]

성공적인 크라우드펀딩 캠페인을 운영하는 핵심은 올바른 커뮤니티를 활용해서 당신에게 돈을 주어야 하는 이유에 대해 그 커뮤니티를 설득하는 방법을 파악하는 것이다. 이는 다른 말로 하면 군중에 대한 것이다. 톰은 "그것은 제품에서부터 책, 영화, 그리고 대의명분에 이르기까지 모든 크라우드펀딩의 유일한 상수입니다. 좀 더 많은 기부를 기반으로 하는 대의명분까지도 여전히 올바른 커뮤니티를 활용하고 돈을

---

6   실제로 약속한 결과를 내지 못하는 경우는 상대적으로 드물다. 2012년 7월까지 자금제공자들에게 명확한 결과를 내겠다고 약속한 설계 및 기술 분야에서 성공적으로 자금을 지원받은 킥스타터 프로젝트에 대한 한 연구에 따르면, 381개 프로젝트 가운데 14개만 완전 실패였는데, 3개의 프로젝트는 새로 자금을 조성했고 11개 프로젝트는 후원자들에게 연락을 끊었다는 것을 확인했다. 직접 실패율로 따지면 3.6%에 불과하다. 하지만 약속한 결과를 지연하는 경우는 일반적이다. 프로젝트의 75%는 지연되었고, 33%는 2013년 6월까지도 아직 전달되지 않았다. Ethan Mollick, "The Dynamics of Crowdfunding: An Exploratory Study," *Journal of Business Venturing*, 29(2014), 11~12 참조.

주어야 하는 설득력 있는 이유를 그 커뮤니티에 제공해야 합니다"라고 이어갔다. 따라서 군중에게 초점을 맞추어서 군중에 대한 캠페인을 만드는 것, 그리고 군중에게 흥미로울 수 있는 것이 핵심이다. 좀 더 정확하게 말하면 군중을 두 종류의 집단으로 나누어야 한다고 톰은 설명했다. 그중 첫째는 캠페인 활동가인 당신이 플랫폼으로 데려오는 군중이다. 여기에는 당신이 아는 군중, 즉 당신의 가족 및 친구, 당신의 독자, 당신의 영화 팬, 당신의 페이스북 친구, 트위터 팔로어 등등이 있다. 당신은 캠페인을 계획할 때 당신의 군중부터 시작해야 한다. 그들을 먼저 데려와야 하기 때문이다. 대부분의 캠페인에서는 당신의 가족 및 친구, 팬과 팔로어가 첫 30%를 차지한다. 톰은 말했다. "나는 활동가를 처음 만나면 항상 '당신의 네트워크는 어떤가요? 당신의 이메일, 당신의 소셜 미디어, 당신의 사람들은 어떤가요?'라고 묻습니다. 왜냐하면 나는 이 사람들을 먼저 데려와야 한다는 것을 알기 때문입니다." 그들은 당신의 프로젝트를 그다지 좋아하지 않을 수도 있지만 당신을 좋아하고 돕고 싶기 때문에 또는 당신이 그들을 지원해 주었기 때문에 당신을 지원할 것이다. "처음 30%를 3~5일 안에 데려올 수 있다면 당신의 캠페인은 캠페인 기간 동안 캠페인을 지속할 수 있는 엄청난 기술적 추진력을 갖게 될 것입니다." 하지만 처음 30%를 갖지 못하면 힘든 싸움이 될 것이다. "당신이 뭔가를 선보였을 때 10%의 자금밖에 받지 못하면 사람들은 실패하는 캠페인이라고 생각하고 '저기에 돈을 내지 않을 거야, 저건 안 될 거 같아'라면서 기부하지 않는다는 것을 보여주는 많은 실험을 했습니다."

둘째 군중은 당신의 프로젝트에 관심이 있기 때문에 당신의 프로젝트를 지원하고 싶어 하는 모든 사람들로 구성된다. 이들은 당신을 개인적으로 알지 못하며, 당신의 친구나 가족, 팔로어의 일부도 아니다. 당신은 온라인에서 이런 사람들을 찾고 이들과 소통을 시작해야 한다. 예를 들어, 특정 예술가에 대한 책을 쓰거나 영화를 만들겠다고 제안한다면 그 예술가에게 관심 있는 사람이 누구인지 고민해야 한다. 당신은 그들을 찾고 그들에게 연락하고 그들과 소통하면서 당신이 하려는 계획에 대해 이야기해야 한다. 그리고 그들에게 흥미로운 방식으로 캠페인을 구성해야 한다. 그들이 실제로 가치 있게 생각할 만한 종류의 특전도 제공하면서 말이다. 이 모든 일을 하려면 작업량이 상당히 많다. 당신은 프로젝트를 만들기만 하면 마술처럼 자금을 얻을 수 있을 것이라고 기대해서는 안 된다. 조사를 해야 하고, 당신이 하려는 일에 관심이 있을 만한 사람들을 찾아내 그들에게 연락해야 하며, 그들에게 당신이 누구인지, 무엇을 하고 있는지, 그것이 왜 흥미로울 수 있는지 알려야 한다. 톰은 "나를 여전히 괴롭히는 한 가지 일은 성공적인 캠페인을 운영하는 데 얼마나 많은 노력이 필요한지 사람들이 깨닫지 못하고 있다는 것입니다. 사람들은 그냥 '크라우드펀딩을 할 거야, 우리가 이걸 만들면 자금을 얻을 수 있을 거야'라고 생각합니다. 2010년에도 그런 일은 결코 일어나지 않았습니다. 2010년이라 하더라도 말이죠. 일을 해야 합니다. 이건 매달려서 해야 하는 아주 힘든 일입니다."

캠페인 활동가가 홍보 및 연락을 하는 활동도 중요하지만, 크라우드펀딩 조직 또한 큰 차이를 만들 수 있다. 크라우드펀딩 조직은 활동가에게 전문적인 조언을 제공하기도 하고 크라우드펀딩 플랫폼에 대한 가시성을 제공하기도 한다. 크라우드펀딩 플랫폼은 문지기 역할을 최소화하는 것을 목표로 하지만 사이트에서 프로젝트를 적극적으로 선별해서 제공한다. 출판 프로젝트를 전문으로 하는 또 다른 크라우드펀딩의 직원인 신디는 이렇게 설명했다. "우리 규칙에 맞는 한 누구나 어느 프로젝트이든 시작할 수 있다는 점에서 선별적이지는 않지만, 우리는 엄선합니다. 사이트를 방문해서 출판 카테고리로 이동하는 사람들이 출판 카테고리가 제공하는 것 중 가장 훌륭하고 가장 멋지고 가장 흥미로운 것을 볼 수 있도록 노력하고 있습니다." 킥스타터 같은 대형 크라우드펀딩 플랫폼에서는 출판 카테고리에서만 한 번에 500~600개의 프로젝트가 진행 중이다. 이는 엄청난 수로, 사이트를 살펴보는 사람은 몇 명 되지 않을 것이다. 따라서 이러한 프로젝트를 조직하는 것이 중요하다. 이것이 큐레이션 팀이 하는 일이다. 신디 같은 카테고리 관리자가 이 과정에 참여하기도 한다. "우리는 그 과정에 포함되어 있습니다." 신디는 세부사항에 대한 설명 없이 이렇게 말했다. 그녀는 큐레이션 팀에 이야기해서 자신이 좋아하는 캠페인을 추천한다. 그러나 큐레이션 팀은 사용자 참여(사용자 보기, 사용자 서약 등)를 감안한 알고리즘을 사용하기도 한다. 이 알고리즘은 사이트 및 각 카테고리 내에서 순위를 지정하는 데 도움을 준다. "우리가 좋아하고 후원을 많이 받은 프로젝트가 맨 위로 정렬되는 경향이 있습니다. 그리고 아래로 스크롤하면 후원을 덜 받은 프로젝트를 볼 수 있습니다"라고 신디는 설명했다. 이것은 자체 강화 패턴을 생성하는 경향이 있다. 후원을 많이 받은 프로젝트일수록 순위가 올라가고 사이트에서 더 많은 가시성을 얻으며 결과적으로 더 많은 후원을 받아 성공할 가능성이 높아진다. 따라서 첫째 군중, 즉 대부분의 캠페인에서 처음 30%를 구성하는 친구, 가족, 팔로어를 참여시키는 것은 두 가지 이유에서 중요하다. 이는 프로젝트를 출발하도록 만들 뿐만 아니라 순위를 밀어올리고 사이트에서 알고리즘을 생성하는 데 필요한 초기 지원도 제공한다. 이 플랫폼은 또한 각 경우에 따라 100만 명이 넘는 회원을 보유하고 있으므로 회원들이 이전에 후원하고 살펴본 캠페인을 기준으로 또 다른 캠페인을 추천하는 개인화된 뉴스레터를 회원들에게 발송한다.

출판 카테고리 안에 한 번에 500개 이상의 프로젝트가 있는 경우, 성공률이 어느 정도일까? 성공을 계산하는 것은 간단한 문제가 아니다. 특히 인디고고와 킥스타터가 사용하는 모델이 다르다는 것을 염두에 두면 더욱 그렇다. 킥스타터는 전부 아니면 전무의 양자택일 모델을 사용하므로 성공은 간단한 문제이다. 목표에 도달하고 프로젝트가 계속 진행되는지 여부를 보면 된다. 그렇다면 목표에 도달하는 비율은 얼마일까? "성공률은 카테고리에 따라 다릅니다. 전반적으로 출판 카테고리에서의 성공률은 29% 정도입니다." 킥스타터의 한 관계자가 설명했다. 따라서 킥스타터에서 시작한 대략 70%의 출판 프로젝트는 목표에 이르지 못하고 자금을 얻지 못할 것이다.[7] 이는 끔찍할 정도로 높은 실패율처럼 보일지 모르지만, 각 프로젝트가 매력이나 설득력, 설계 측면에서 엄청나게 차이가 있다는 점을 감안하면 아마도 덜 겁나는 일일 것이다. "출판 카테고리에 있는 500개 이상의 프로젝트 중 아마 150개 정도는 그냥 벽에 던져서 뭐가 붙는지 보려는 반신반의한 시도일 것입니다. 이들은 조사를 많이 하고 열심히 연구하는 사람들이 아닙니다." 이와 같은 150개의 불충분한 시도를 제외하면 성공률은 40% 이상일 것이다. 이는 훨씬 나아 보이지만 여전히 크라우드펀딩 프로젝트를 시작

---

7   모든 카테고리에 걸친 전반적인 성공률은 더 높을 수 있다. 2009년 시작 때부터 2012년 7월까지 출시된 킥스타터 프로젝트에 대한 몰릭의 연구에 따르면, 전체 성공률은 48.1%이다. Mollick, "The Dynamics of Crowdfunding," p.4.

하는 사람에게는 목표에 도달할 승산이 거의 없어 보인다. 인디고고가 사용하는 신축적 모델이 더 매력적으로 보이는 이유 중 하나는 이 때문이다. 인디고고에서는 성공이 모 아니면 도가 아니다. 목표에 도달하면 매우 좋지만, 목표에 도달하지 않더라도 프로젝트를 계속 진행할 수 있다. 인디고고에서 진행하는 대부분의 창작 캠페인은 신축적 모델을 사용한다. 따라서 목표 도달 여부와 관계없이 프로젝트 진행 여부로 성공을 정의할 경우 인디고고의 성공률이 훨씬 더 높다.

크라우드펀딩으로 책을 위한 자금을 모으는 것과 책을 출판하는 것은 별개의 일이다. 그렇다면 크라우드펀딩과 출판은 실제로 어떻게 연결될까? 크라우드펀딩에서 출판까지의 경로는 무엇일까? 인디고고와 킥스타터 같은 일반적인 크라우드펀딩 플랫폼에는 출판에 이르는 여러 가지 경로가 있다. 출판에까지 이르는 조치는 캠페인 활동가가 해결해야 할 문제이지, 크라우드펀딩 플랫폼이 할 일이 아니다. 각 프로젝트는 출판 계획이 얼마나 세심하게 고려되었는가라는 면에서 다양하다. 여기에는 작가가 이미 전통적인 출판사와 계약을 맺고 나서 그 책에 대한 조사를 하거나 삽화 비용을 충당하거나 특별 마케팅 및 홍보 캠페인 비용을 충당하기 위해 자금을 모으는 사례도 있다. 예를 들어, 서머 브레넌Summer Brennan은 프랑스 화가이자 모델인 빅토린 뫼랑Victorine Meurent 의 삶과 작품에 대한 책을 쓰고 싶었다. 빅토린 뫼랑에 대한 이미지는 마네의 가장 유명한 그림 「풀밭 위의 점심 식사」와 「올랭피아」로 남아 있지만 그녀의 삶과 작업은 대체로 잊혔다. 서머는 휴턴 미플린 하코트 Houghton Mifflin Harcourt 출판사와 자신이 '파리의 스핑크스The Parisian Sphinx' 라고 제목 붙인 책에 대해 계약을 맺었다. 하지만 파리에 가서 기록을 조사하고 싶었으므로 인디고고의 캠페인을 시작했다. 그녀는 2만 5000

달러를 목표로 세웠는데, 그 자금의 절반은 조사 및 저술 지원에 사용하고 나머지 절반은 특전을 제공하는 데 사용하려 했다. 35달러를 내면 후원자들은 『파리의 스핑크스』의 사인된 양장본을 받으며, 60달러를 내면 사인된 책 두 권과 파리에서 보낸 개인적인 우편엽서를 받을 수 있었다. 75달러를 내면 사인된 책과 작가가 '연구 자료와 컴퓨터, 그리고 파리 근처에서 식료품들을 나르는 데' 사용한 가벼운 여행 가방을 받을 수 있었으며, 1000달러를 서약하면 작가와 함께 파리에서 개인적인 도보 관광을 하면서 빅토린 뫼랑이 살고 일했던 장소들을 방문할 수 있었다(여행 및 숙박 비용은 여기에 포함되지 않는다). 서머는 이틀 만에 목표에 도달해 4만 달러와 6만 달러로 목표를 확장해서 걸었다. 결국에는 총 5만 3130달러에 도달해 확장한 첫 번째 목표를 달성했고, 빅토린 뫼랑에 대한 팟캐스트를 만들 수 있었다. 서머는 이미 출판 계약을 맺었으므로 조사해서 책을 집필하는 일만 남았다(이는 물론 작은 일이 아니지만 말이다). 이 시점부터 출판까지의 길은 전통적인 경로를 따랐다.

『파리의 스핑크스』는 일반적인 크라우드펀딩 출판 프로젝트가 아니다. 대다수의 경우 작가는 전통적인 출판사와 이미 계약을 맺고 있지 않다. 일부 작가는 주류 출판사의 흥미를 끌려고 노력하기도 하고, 다른 일부 작가는 블러브, 루루, 크리에이트 스페이스 같은 자가 출판 플랫폼을 통해 자가 출판을 계획하기도 한다. 그러나 주류 출판사의 관심을 끌기를 바라는 것은 캠페인 발표의 일환으로서 그다지 설득력 있지 않기 때문에 이 사실은 크게 신경 쓰지 않는 편이 좋다. 출판을 전문으로 하는 크라우드펀딩 직원인 신디는 이렇게 말했다. "나는 주요 출판사의 선택을 받기 위해 책을 쓰고 있다고 말해야 한다는 조언을 어느 누구에게도 한 적이 없습니다. 왜냐하면 프로젝트의 후원자들은 자신들이 그 일을 할 수 있다는 확신을 얻고 싶어 하기 때문입니다. 그래서 나는 대부분의 경우 자가 출판할 계획인 것으로 제안하곤 합니다. 더 많은 독자에게 이 책을 보여줄 수 있는 대리인이나 편집자의 관심을 끌지 않을까 하는 희망을 가지고 말이죠.”

때때로 크라우드펀딩 프로젝트는 대리인이나 편집자의 관심을 끌어 전통적인 출판사에 의해 선택되기도 한다. 그러한 예로는, 린다 리우카스Linda Liukas가 아동용 책『헬로 루비Hello Ruby』를 쓰기 위해 진행한 프로젝트를 들 수 있다. 이 프로젝트는 아동에게 친숙한 활동을 통해 4~7세 아이들에게 컴퓨터 프로그래밍의 기초를 가르치는 것을 목표로 한다. 린다는 편집, 디자인, 폰트 구매, 제작 및 배송 비용을 충당하기 위해 1만 달러를 모으는 목표를 세웠다. 10달러를 서약하면 전자책을, 20달러는 전자책과 연습장을, 40달러는 양장본 도서와 연습장을, 60달러는 추가로 루비와 친구들의 포스터를 증정하는 식이었다. 린다의 캠페인은 대단히 성공적이었다. 30일 만에 그녀는 9258명의 후원자로부터 38만 747달러를 거두었다. 이 프로젝트는 출판사들의 관심을 끌었고, 린다는 맥밀런의 아동용 책 임프린트인 페이웨이 앤 프렌즈Feiwel & friends와 계약을 맺어 2015년 책을 출판했다.

물론 『헬로 루비』는 예외적이었다. 대부분의 도서 프로젝트는 이 정도의 후원자를 끌어들이지 못하고 이런 수준의 자금을 전혀 창출해 내지 못한다. 기금을 모은 대부분의 도서 프로젝트는 자가 출판 경로를 따르게 될 것이다. 이것은 작가가 줄곧 하고 싶었던 일이기 때문이기도 하고 전통적인 출판사가 그 책을 선택해 주지 않았기 때문이기도 하다. 앞 장에서 언급한 앨더 애로의 『와인의 정수』가 성공적으로 크라우드펀딩되고 작가 계획의 일환으로 자가 출판된 책의 좋은 사례이다. 똑같이 성공적이었으나 다른 길로 간 또 다른 예로는 마고 앳웰Margot Atwell 의 『더비 라이프Derby Life』를 들 수 있다.

　마고는 롤러 더비[롤러스케이트를 신고 트랙을 돌면서 격렬한 몸싸움을 하는 일종의 격투 스포츠_옮긴이]에 열성적인 인물이다. 그녀는 '고담 걸 즈Gotham Girls'[고담 시티의 여성 캐릭터들에게 초점을 맞춘 미국 플래시 애니 메이션 웹 시리즈_옮긴이]에 7년간 속했으며, WFTDA-챔피언십[롤러 더 비 리그의 주요 대회_옮긴이]의 '고담 올스타즈Gotham All Stars'를 네 개 시즌 동안 참여했다. 그녀는 또한 2011년 더비라이프닷컴Derbylife.com이라는 웹사이트를 만들어서 여러 해에 걸쳐 사이트를 편집하기도 했다. 그녀 는 이 스포츠의 역사를 설명하면서 게임의 장비와 전략을 소개하고 실 제 선수 및 선수가 되고 싶은 이들에게 조언을 제공하는 롤러 더비에 대한 책을 쓰기로 했다. 이 책은 롤러 더비 스케이터와 그 팬들을 위한 책이 될 것이었다. 마고는 또한 뉴욕에 있는 작은 독립 출판사인 보퍼 트 북스Beaufort Books에서 7년 동안 일하기도 했으므로 출판에 대해 약간 알고 있었다. 그녀는 『더비 라이프』를 직접 인쇄하고 출판할 수 있다 는 정도는 충분히 알고 있어서 전통적인 출판사에 갈 필요가 없었다. 그러나 교열, 조판, 인쇄, 배송을 위한 자원은 필요했다. 그녀는 또한 책에 넣을 수 있도록 더비 세계에서 겪은 경험에 대한 이야기를 들려주 는 스케이터에게 소정의 수고료를 줄 수 있기를 원했다. 그리고 돈을 조금 더 모을 수 있다면 흑백 사진 몇 장도 넣고 싶었다. 그래서 그녀는 7000달러를 모으는 목표를 세웠다. 이 중 2600달러는 교열·조판 비용 으로, 1100달러는 이야기에 대한 수수료로, 2200달러는 인쇄·배송 비 용으로, 500달러는 예비금으로 쓰일 예정이었다. 이 금액을 초과해서 확장된 목표인 8000달러를 모으면 10~15장의 흑백 롤러 더비 사진을 책에 넣을 예정이었다. 8달러를 서약하면 전자책과 책에 담긴 감사인사를, 25달러는 페이퍼백, 전자책, 그리고 감사인사를, 40달러는 페이퍼백 두 권, 전자책 두 권, 그리고 감사인사를, 50달러는 저자가 사인한 페이퍼백, 전자책, 감사 인사, 그리고 한정판 더비라이프 병따개 열쇠고리 등을 받을 수 있었다.

그녀는 2014년 9월에 킥스타터 캠페인을 시작해서 4주 동안 운영했으며, 254명의 후원자로부터 9183달러를 모금했다. 출판 지식을 바탕으로 그녀는 본인의 회사를 시작했고 것펀치 프레스Gutpunch Press의 임프린트로 『더비 라이프』를 자가 출판했다. 그녀가 전자책, 페이퍼백, 그리고 기타 특전을 발송하자 그녀의 후원자들은 책과 병따개 사진을 트위터에 올리고 페이스북에 사진을 게재하기 시작했다. 후원자들은 또한 아마존과 굿리즈에 서평을 실었으며 친구들에게 그 책에 대해 이야기했다. 이처럼 그녀의 254명 후원자는 잠재적인 독자를 확장시키는 네트워크의 중심이 되었다. 그리고 이러한 잠재적인 독자들이 네트워크의 중심에 있는 후원자들과 연결되어 있었기 때문에 그들 중 많은 사람이 이 책의 주제에도 관심을 보였다. 이것이 바로 크라우드펀딩 모델의 중심에 있는 독자 구축 메커니즘이다. 마고는 "나는 결국 1200권을 인쇄했고, 인쇄를 끝낸 지 9개월도 채 되지 않아 첫 인쇄분을 거의 모두 팔았습니다"라고 말했다.

마고가 출판업에서 일했었고 출판 과정에 대해 많이 알고 있다는 사실은 그녀를 독특한 위치에 두게 했으며 자신의 책을 자가 출판하는 회사를 설립할 자신감을 주었다. 실제로 출판산업에 대한 지식은 그녀가 현재 일하고 있는 킥스타터의 출판 연락 책임자로 채용된 이유 중 하나였다. 크라우드펀딩 플랫폼에서 캠페인을 시작하는 대부분의 작가는 그다지 지식이 풍부하거나 자발적이지 않다. 따라서 앨더 애로처럼 출판과 출판 작업의 일부를 다른 사람들에게 외주할 수 있도록 블러브나 루루 같은 자가 출판 플랫폼을 통해 출판을 계획한다. 그러나 작가가 어떤 출판 경로를 선택하는지와 관계없이 출판 관점에서는 크라우드펀딩 모델이 매우 효과적이다. 왜냐하면 성공적으로 자금을 모은 프로젝트는 미리 돈을 받고 선주문을 받는 것이기 때문이다. 물론 돈도 중요하지만 그만큼이나 중요한 것은 후원자의 수가 사람들의 흥미 수준과 잠재적인 수요에 대한 지표라는 사실이다. 실제로 이것이 크라우드펀딩 플랫폼에서 작가뿐만 아니라 출판사들도 함께 출판 프로젝트를 시작하거나 작가와 출판사가 함께 작업하는 이유 중 하나이다. 가끔 작가와 출판사 간에 이러한 크라우드펀딩 협력이 일어나는 이유는 작가가 출판사가 재정적으로 지원할 수 있는 수준 이상의 작업을 하고 싶어 하기 때문이다. 그래서 작가는 추가 자금을 마련하기 위해 출판사의 지원을 받아 캠페인을 시작한다. 예를 들어 출판사는 세 개 도시를 여행할 수 있는 예산밖에 없는데 작가는 전국을 여행하고 10여 개 도시에서 도서 행사를 하기 원하는 경우를 들 수 있다.

그러나 출판사들이 크라우드펀딩 캠페인을 시작하거나 활발하게 지원하거나 심지어는 열망하는 더 근본적인 이유는 크라우드펀딩의 핵심인 독자 구축 메커니즘의 가치를 인식하고 있기 때문이다. 출판사에게 필요한 것은 돈이 아닐 수 있다. 특히 디지털 기술로 많은 비용이 크게 감소된 오늘날에는 특히 책을 출판하는 것이 그다지 비싸지 않다. 출판사에게 돈보다 더 필요한 것은 청중이다. 즉, 출판사가 출판하는 책에 충분히 관심을 갖고 책을 사는 데 기꺼이 돈을 지불하는 독자들이다. 영리한 출판사들은 크라우드펀딩이 돈을 모으는 것 이상의 무언가를 한다는 것을 알고 있다. 크라우드펀딩은 책을 위한 네트워크와 독자를 만든다. 크라우드펀딩은 선주문이자 청중을 구축하는 기계이다. 크라우드펀딩은 출판사들이 항상 비즈니스를 수행해 왔던 전통적인 방식을 뒤집어놓았다. 전통적인 모델에서는 출판사가 책을 계약하고 나서 독자를 어떻게 찾을지 알아보려고 노력한다. 크라우드펀딩을 통하면 책에 대한 청중을 얻게 된다. "바로 거기에서 청중을 갖게 됩니다. 그리고 그 시점부터 이 진정한 지지자를 핵심으로 해서 더 많은 청중을 만들 수 있습니다"라고 신디는 설명했다.

출판 모델의 구조에 크라우드펀딩을 구축한 혁신적인 출판 조직인 언바운드와 잉크셰어의 설립자가 파악한 것은 바로 이 지점, 즉 크라우드펀딩의 숨겨진 탁월성인 독자 구축이라는 메커니즘이었다. 언바운드와 잉크셰어가 인디고고와 킥스타터와 다른 점은 다음과 같다. 즉, 인디고고와 킥스타터는 일반적인 크라우드펀딩 플랫폼으로서 창작자가 기술에서부터 예술에 이르기까지 다양한 종류의 프로젝트를 위해 돈을 모을 수 있는 곳이다. 자금이 조달되면 프로젝트를 진행하고 자신이 생산하기로 약속한 것을 생산하는 것은 창작자의 몫이다. 요컨대, 완성은 창작자에게 달려 있다. 반면에 언바운드와 잉크셰어는 전적으로 출판에만 초점을 둔 크라우드펀딩 조직이다. 크라우드펀딩 목표를 달성하면 이 조직들은 출판사 역할을 담당해서 책의 제작 및 출판을 완수한다. 인디고고와 킥스타터는 작가와 출판사에게 크라우드펀딩 프로젝트를 시작할 수 있는 플랫폼을 제공하는 순수한 크라우드펀딩 조직인 데 반해, 언바운드와 잉크셰어는 크라우드펀딩을 자금 조달 및 청중 구축을 위한 메커니즘으로 사용하는 출판 조직이다. 언바운드와 잉크셰어는 성공적인 크라우드펀딩을 출판 조건으로 만듦으로써 전통적인 출판사에서 탈피한 출판 조직이다.

소비자에게 직접 판매하는 크라우드펀딩 출판

존 미친슨John Mitchinson, 댄 키런Dan Kieran, 저스틴 폴러드Justin Pollard는
출판산업 및 그 주변에서 수년 동안 일했으며 전통적인 출판사들의 한
계를 잘 알고 있었다. 존은 하빌 프레스Harvill Press와 카셀 앤 컴퍼니
Cassel & Co의 전무이사로 취임하기 전 워터스톤스의 마케팅 이사였다.
1998년에 오리온이 카셀을 인수했고 아셰트는 오리온을 인수했기 때
문에 존은 출판계를 떠나 작가가 되기 전에 업계의 성장하는 합병을 눈
앞에서 경험했다. 댄과 저스틴 역시 작가였다. 댄은 여행 책을 썼고 잡
지 ≪아이들러The Idler≫를 공동 편집해서 몇 권의 책을 성공적으로 펴
냈다. 저스틴은 인기 있는 역사책을 썼고 텔레비전과 영화의 시나리오
작가로 일했다. 2008년 금융위기의 물결 속에서 댄은 출판사에서 새
책에 관심을 갖기가 대단히 어렵다는 사실을 깨달았다. 출판사들은 과
도하게 조심스러워졌고 선금 제도는 무너졌다. "나는 바닷가에서 바다
를 바라보면서 점심을 먹고 있던 도중 문득 깨달았습니다. 전 세계 사
람들에게 내 책을 40만 권 이상 팔았지만 내 책을 산 사람들에 대한 이
름이나 주소를 단 하나도 갖고 있지 않다는 사실을 말이에요. 나는 이
독자들을 얻는 데 이 모든 중개자를 이용해 왔습니다. '그래, 이건 말도
안 되는 일이야'라고 생각했습니다."

그는 자신의 책에 대한 영상을 만들어 웹사이트에 올리고 페이팔을
통해 사람들에게 돈을 모금하는 아이디어가 떠올랐다. 만일 그에게 돈

을 기부하는 사람이 충분히 많으면 책을 쓸 수 있을 것이었다. 그는 그 생각을 저스틴 및 존과 상의했다. 당시 그들은 BBC의 퀴즈 프로그램인 〈QI〉에서 함께 일하고 있었다. 그들은 그것이 대단한 아이디어라고 여겼지만 댄의 책으로만 국한되어야 한다고 생각하지 않았다. 그들은 댄과 같은 문제를 가지고 있는 작가가 많다는 것을 알고 있었던 것이다. 존은 당시 생긴 지 1년 정도 된 킥스타터에 대해 알고 있었는데, 킥스타터에서 출판의 초기 유형과 유사한 점을 발견했다. "킥스타터는 인터넷만 사용할 뿐 18세기의 구독 모델과 매우 비슷하다고 생각했고 이 점이 나의 심금을 울렸습니다. 알다시피 킥스타터는 매우 효율적이며 작가와 독자들에게로 더 많은 힘을 이동시키고 있습니다." 2010년 초 런던의 한 선술집에서 맥주 한 잔을 놓고 시작한 그 대화가 언바운드Unbound의 시작이었다.

공동 창업자들은 처음부터 책을 출판하는 사업을 만들고 싶었다. 하지만 전통적인 출판사와는 매우 다르게 하고 싶었다. 존은 "출판에서 나를 짓누르기 시작한 것은 내가 나쁜 업보라고 부르는 것입니다. 바로 '노'라고 말하면서 시간을 낭비하는 것이죠"라고 회고하면서 다음과 같이 자세히 설명했다.

그리고 출판사가 '노'라고 말하지 않는다면 그 출판사는 일종의 거짓말을 하고 있는 것이었습니다. 출판사들은 작가에게 그의 책이 이전보다 더 잘되고 있다거나 다음에는 더 잘될 것이라고 말하고 있었습니다. 그것은 나쁜 업보 위에서 운영되는 산업이었습니다. 내가 책을 팔면서 좋았던 것은 누군가에게 책 한 권을 추천하면 1주일 후에 그 사람이 다시 와서 그 책은 믿을 수 없이 좋은 책이라고 이야기해 주는 것이었습니다.

이것이 내가 언바운드를 하게 된 결정적인 이유입니다. 나는 전통적인 출판 사업의 진정한 문제는 독자와 아무런 접촉이 없는 것이라는 사실을 깨달았습니다. 출판사들은 독자를 위해 그 일을 하고 있다고 생각하지만 실제로는 소매업체들을 위해 그 일을 하고 있습니다. 출판사들은 워터스톤스와 아마존의 R&D 부서입니다. 출판사들은 워터스톤스와 아마존이 판매할 물건을 찾고 있는 것입니다.

언바운드의 창업자들이 스스로 설정한 도전은 중개자를 건너뛰고 독자들과 직접 연결할 수 있는 새로운 모델을 가져오는 것이었다. "해야 할 일은 작가 머릿속에 있는 구상에서부터 손에 책을 들고 있는 독자에 이르기까지 전 과정을 다루는 모델을 시도하고 만드는 것이었습니다."

그들은 킥스타터와 인디고고가 개발한 인터넷 기반의 크라우드펀딩 모델이 여기에서 대단히 유용할 것임을 확인했다. 왜냐하면 독자들로부터 자금을 조달할 수 있고 전통적인 출판 문지기를 건너뛸 수 있기 때문이다. 하지만 그들은 책을 위해 돈을 모으는 것이 시작에 불과하다는 것 또한 알고 있었다. 자신들의 사업에는 전통적인 출판사에서는 제공했지만 킥스타터 같은 크라우드펀딩 플랫폼에서는 제공하지 않았던 편집 및 제작에서부터 판매 및 마케팅에 이르기까지 완전한 범위의 출판 서비스가 있었다. 그것이 간극을 만들었다. 언바운드는 작가와 독자를 목표로 하는 크라우드펀딩 플랫폼을 만들어서 작가가 책을 쓰고 독자가 인쇄된 책을 얻는 사이의 모든 단계를 채울 수 있을까? 독자는 킥스타터에서처럼 어느 프로젝트를 후원할지 결정하고 어떤 책을 진행할지 결정하지만, 자금 조달이 임계값에 도달하면 책을 제작하고 출판하는 데 관련된 모든 노력과 전문 지식은 언바운드가 처리한다. 언바운드는 포괄적 서비스를 제공하는 출판사가 되는 것, 그리고 고품질의 도서를 생산하는 것을 목표로 했다.

이것은 디지털로만 운영되는 작업이 아니었다. 존, 댄, 저스틴은 잘 디자인되고 잘 제작된 아름다운 책의 가치에 너무 애착을 갖고 있어서 물리적인 대상도 포기하고 싶지 않았다(하지만 이후에는 첫 책을 출판하려는 소설 작가를 대상으로 낮은 펀딩 목표를 설정할 수 있도록 디지털 전용 목록도 출시했다). "우리 모두는 품질에 대단한 관심을 갖고 있어서 개방형 플랫폼과 디지털 방식으로 수행한다는 아이디어가 결코 편하지 않았습니다. 우리는 그것을 민주화하고 싶었지만 수문을 완전히 열면 매우 빠르게 쓰레기들로 꽉 막힌다는 것이 내 생각이었습니다"라고 존이 설명했다. 그래서 그들은 목록을 엄선하고 책을 전통적인 방식으로 만들어냈다. 작가들은 책에 대한 아이디어를 언바운드 편집진에 제출했으며, 편집자들은 두 가지 기준을 기반으로 프로젝트를 평가하고 어느 프로젝트에 자금 모으기를 진행할지 결정했다. 두 가지 기준이란 프로젝트의 본질적인 흥미 여부, 그리고 작가가 자금을 모을 네트워크가 있는지 여부였다(간단히 말해 "아이디어의 품질과 네트워크의 품질인데, 이 두 가지를 모두 가지고 있으면 이상적입니다"). 군중은 일정 금액을 서약함으로써 이러한 프로젝트 중 실제로 자금을 조달할 프로젝트를 결정했다. 어느 프로젝트가 자금 조달 기준을 통과하면 언바운드는 책을 출판하기로 약속하고 아름답게 디자인된 종이에 인쇄된 책으로 제작했다. 이것이 엄선된 크라우드펀딩 모델이었다. 따라서 언바운드는 문지기 역할을 했다. 이것은 설립자들의 마음속에 의심의 여지가 없었다. 큐레이션은 모금 단계로 진행되는 프로젝트의 수를 줄이고 진행 중인 크라우드펀딩 캠페인의 성공 가능성을 향상시켰다. 그러나 그들은 크라우드펀딩을 자신들의 모델에 넣음으로써 독자들에게 의사결정 과정에서 발언권을 주었고 이를 통해 "문을 더 활짝 열 수 있기를" 희망했다.

언바운드는 작가들이 설립한 출판 벤처였으므로 작가에게 좋은 계약을 할 수 있는 출판 모델을 제시하는 것이 창업자들에게 중요했다. 그래서 언바운드의 출판 모델은 작가와의 합작으로 설계되었다. "작가들이 돈을 벌지 않으면 우리도 돈을 벌 수 없습니다." 언바운드는 언바운드 구독 특별판을 인쇄하는 데 필요한 최소한의 부수를 뽑아내고(일반적으로 350~1000부 정도) 이 책을 제작하는 비용을 감당하기 위해 모금해야 하는 비용을 뽑아낸다(일반적으로 인쇄본은 8000~1만 2000파운드이며, 디지털판은 더 저렴해서 일반적으로 4000파운드 정도이다). 그런 다음 필요한 자금을 모으려면 얼마나 많은 사람이 어느 수준에서 서약을 약속해야 하는지 작가와 함께 계산한다.

캠페인은 일반적인 크라우드펀딩 캠페인으로 시작된다. 프레젠테이션을 작성하고, 영상을 만들고, 여러 수준에서 서약할 의향이 있는 사람들을 위한 특전 내용을 정하고, 책 뒤에 모든 서약자가 열거될 수 있는 특전을 추가한다. 자금 조달 수준이 달성되면 50 대 50으로 이익을 공유한다. 언바운드는 각 책에 대해 전통적인 로열티 계약이 아닌 손익계산서를 만들어낸다. 언바운드는 제작비와 간접비를 고려하고, 그 외의 모든 것은 작가와 50 대 50으로 공유한다. 실제로 자금을 받는 대부분의 책은 목표치 이상으로 자금을 모으는데, 언바운드와 작가가 돈을 버는 것은 바로 이런 추가 자금("우리가 슈퍼 펀딩이라고 부르는 것")에서이다. 댄은 "100%만 모금하고 멈추는 책은 없습니다. 대개 120~130%를 모금합니다. 따라서 인쇄하는 데 5파운드가 드는 책에 35파운드를 서약받으면 당신은 추가 자금을 받은 것이므로 작가는 권당 15파운드를 받게 됩니다. 자금이 조달되면 계산은 극적으로 변합니다. 이것이 우리가 자금을 300%까지 끌어올릴 수 있도록 슈퍼 펀딩을 돕는 팀을 보유하고 있는 이유입니다. 그 지점에 이르면 작가들은 정말 많은 돈을 벌게 됩니다"라고 말했다.

크라우드펀딩 활동은 자금을 서약한 개인에게 직접 발송하는 구독자 특별판을 위한 돈을 모으는 데 초점을 두고 있지만, 책이 출판되면 책은 정상적인 소매 채널을 통해 일반 판매로 유통되고 판매될 수도 있다. 언바운드는 자신들이 출판한 책이 이런 방식으로도 유통될 수 있도록 다른 영국 출판사들과 계약을 맺었으며, 뒤이어 펭귄 랜덤하우스와의 합작을 통해 이를 좀 더 조직적으로 수행했다. 이 경우 언바운드는 펭귄이 일반 시판용으로 인쇄할 수 있도록 인쇄용 파일을 펭귄에 제공하며, 일반 시판용 편집본 판매에 대해 언바운드가 펭귄으로부터 받는 돈은 저자와 50 대 50으로 나눈다. 그러나 대부분의 작가는 크라우드펀딩을 통해 펀딩 목표를 달성하거나 초과하기 때문에 서점 판매를 통해서 버는 것보다 더 많은 돈을 벌고 있다. 이는 언바운드도 마찬가지이다. 언바운드 수익의 2/3는 직접 판매에서 나오고 1/3만 서점 판매에서 나온다. "언바운드에서 유일하게 고통스럽고 불쾌했던 것은 책을 서점에 넣으려고 한 일이었습니다. 우리가 마술 지팡이를 흔들어 그 짓을 안 할 수 있다면 그렇게 하지 않았을 것입니다. 그러나 작가에게는 서점에 자신들의 책을 두는 것이 여전히 중요합니다"라고 존이 설명했다. "하지만 규모가 커질수록 서점에 덜 의존하게 될 것이라고 항상 느꼈습니다."

언바운드의 웹사이트는 2011년 5월 29일에 시작되었고 그 해 말에

그림 8.1 | 언바운드의 서약금 성장(2011~2017)

총 수익(단위: 백만 파운드)   연간 수익(단위: 천 파운드)

주: 선은 누적 수익을 의미함.

처음으로 자금 모으기 캠페인을 시작했다. 그들은 런던에 기반을 둔 작은 창업회사로, 그들 세 명(그 중 한 명만 이 창업회사에서 전업으로 일했다)과 한 명의 직원으로 구성되어 있었다. 처음 몇 해 동안은 성장이 대단치 않아서 2012년과 2014년 사이에 모금한 총 서약금은 연간 25만 파운드에서 32만 파운드 사이였다. 그러나 2014년 이후 빠르게 성장하기 시작했다. 〈그림 8.1〉은 2012년부터 2017년까지 서약된 금액의 성장과 언바운드의 누적 총수익을 보여준다. 서약금은 2014년의 32만 파운드에서 2017년에는 약 160만 파운드로 증가했는데, 이는 3년 만에 4배가 증가한 것이었다. 언바운드는 첫 6년 동안 총 400만 파운드 이상을 모금했다. 2017년 중반까지 언바운드는 265종의 책을 성공적으로 지원해 약 110종을 출판했다. 그들은 매달 15~20개의 캠페인을 시작하고 매달 5~10개의 자금을 조달했다. 펀딩 성공률은 뛰어나게 높았는데, 이는 부분적으로는 그들의 큐레이션 모델 덕분이었다. 대략 60%가 목록에 올라간 지 12개월 이내에 자금을 거두었다. 2013년에는 또한 포워드 인베스트먼트 파트너스Forward Investment Partners, DFJ 에스프릿DFJ Esprit, 케임브리지 앤젤스Cambridge Angels로부터 창업 자금 120만 파운드를 모았다. 그들은 성장을 지원하기 위해 더 많은 직원을 뽑았기 때문에 이익을 내기가 어려웠다. "우리는 이익을 내고 싶었습니다. 하지만 출판의 본질이 비용은 기간도서가 지불하고 이익은 신간 목록이 내는 것인데 우리에게는 기간도서가 없습니다"라고 댄이 설명했다. 창업 자금에 힘입어 그들은 이 단계에서는 수익성보다 성장에 초점을 두자고 의도적으로 결정했다. 따라서 회원 기반을 늘리고 서적 생산량을 늘리기로 했으며, 수익성은 차후에 걱정하기로 했다. 이것은 투자 커뮤니티의 일반적인 시대정신과 궤를 같이하는 것이었지만 그들은 규모를 키워야 했으므로 일리가 있기도 했다. 2017년까지 그들은 13만 명의 사용자를 갖게 되었다. 그리고 사용자를 100만 명으로 늘릴 수 있다면 어떤 책이든지 자금을 조달할 수 있고 자신들이 야심차게 만들려는 책의 대안적인 생태계를 만들 수 있을 것이라고 생각했다.

이런 대안적인 생태계의 핵심은 소비자에게 직접 판매하는 관계를 만드는 것이다. 크라우드펀딩 모델은 모든 새로운 작가가 수백 명의 새로운 사용자, 즉 그들의 친구, 가족, 그리고 그들이 쓰려고 하는 책에 특별히 관심 있는 사람들을 시스템으로 데려오는 것을 의미한다. 이들 중 상당수는 책을 사랑하고 귀하게 여기는 사람들이다. 그들은 어떤 면에서 문학 축제에 가는 사람들과 비슷하다. 문학 축제에 참여하는 사람들의 목적은 단지 책을 둘러보고, 작가가 자신의 책에 대해 이야기하는 것을 듣고, 다른 독자와 좋아하는 책에 대해 이야기하는 것이다. 크라우드펀딩 모델은 문학 축제의 에너지를 자신의 구조 속에 구축한다. 존은 "이것은 당신의 책을 더 많이 쌓아달라고 계속해서 소매업체에 부탁하지 않고 업계에서 대체 에너지원을 찾은 것과도 같습니다"라고 이야기했다. 언바운드는 크라우드펀딩을 통해 헌신적인 독자, 즉 일종의 가상 문학 축제 참가자들의 네트워크를 구축할 수 있었고 작가를 독자와 직접 연결시킬 수 있었다. 이로써 전통적인 출판업계가 항상 무시해 왔던 하나의 관계, 즉 소비자 직접 판매를 기반으로 하는 출판 모델을 만들 수 있었다.

언바운드는 크라우드펀딩 모델을 통해 선불로 돈을 모금함으로써 책 출판과 관련된 위험을 거의 0으로 줄였을 뿐 아니라 언바운드가 시작하는 모든 캠페인에 새로운 사용자 집합을 등록시키고 그들의 관심사, 선호도, 서약 행태에 대한 데이터를 모을 수 있었다. "이것이 진짜 황금 밭입니다." 그런 다음 그들은 이 데이터를 분석해서 왜 사람들이 이 일에 지원하는지, 일반적으로 얼마나 많이 지원하는지, 어떤 종류의 프로젝트를 지원하는지 이해하고자 노력했다. 그런 다음 지속적으로 확장되는 이 네트워크의 일부인 사람들에게 다가가는 적절한 방식을 개발했다. 책 프로젝트나 작가를 지원하기 위해 일정 금액을 서약하는 것은 서점에 들어가 책을 사는 것과 같지 않다. 책을 사는 것은 거래이지만 서약은 일종의 후원으로, 그 일이 일어나도록 하기 위해 무언가를 지원하는 것이다. 따라서 이것은 나름 창작 행위이자 독자를 창작 과정 자체의 일부로 만드는 행위이다. 이 행위가 충분하지 않으면 책은 만들어지지 않을 것이다. 그래서 언바운드는 독자와 작가 사이에 새로운 종류의 관계를 만들고 있다. 독자는 단순한 구매자가 아니라 오히려 공동 창작자인 것이다.

독자는 작가에게 무엇을 써야 하는지 이야기하고 싶어 하는 것이 아니다. 대부분의 경우 독자는 작가가 쓰고 싶은 책을 쓸 수 있도록 작가에게 창작의 자유를 제공하는 것을 기뻐한다. 그러나 많은 독자는 책의 아이디어에 대한 대화의 일부에 참여하고 싶어 하며, 책을 쓸 수 있도록 얼마간 돈을 지불할 용의가 있다(때로는 상당히 많이 지불하기도 한다). 언바운드는 책 프로젝트를 지원할 의향이 있는 공동 창작자의 데이터베이스를 지속적으로 확장하고 있다. 이는 문학 축제 참가자가 이전에 들어본 적 없지만 흥미로울 것 같은 작가의 행사에 참여하는 것과 똑같은 방식이다. 언바운드는 독자에게 창작 과정에 대한 지분을 주는 동시에 출판의 미래가 펼쳐질 곳인 소비자 직접 판매 관계를 만들어가고 있다. "우리가 시작했을 때에는 작가들이 자신의 캠페인을 위해 자금의 90%를 끌어왔지만 점차 변하고 있습니다. 지금은 작가가 2/3의 돈을 끌어오고 네트워크가 나머지 1/3을 가져옵니다." 언바운드가 구축할 수 있는 네트워크가 더 클수록, 그리고 네트워크의 일부인 개인에 대해 더 많이 알수록 작가의 가족이나 친구 같은 작가의 개인적인 네트워크가 아닌 잠재적인 지원자들과 더 많이 연결할 수 있으며, 독자의 열정을 더 많이 활용할 수 있게 될 것이다.

그리고 이 모든 것은 아마존과 관련 없이 일어난다. 대부분의 출판사처럼 언바운드도 자신들의 도서가 아마존 같은 소매업체를 통해 판매되는 것을 기쁘게 생각하지만, 이것은 그들 활동의 초점이 아니다. 그들은 아마존이나 또 다른 대형 소매업체에 의존적인 출판 사업을 경계한다. 그들은 아마존이 하는 일이 대단히 훌륭하다는 것을 인정하지만 아마존은 인간의 구매 활동을 속도와 비용이라는 두 가지 요소로 축소시킨다. 이 두 가지 요인에서 아마존은 무적이다. 아마존은 다른 누구보다도 빠르고 저렴하게 책을 제공한다. 그러나 여기서 중요한 것은 속도와 비용이 아니다. 전통적인 출판사들은 아마존을 주요 소매업체로 점점 의존하게 되면서 자신들의 산소 공급선을 천천히 끊고 있다. 전통적인 출판사들이 이 채널에 더 의존할수록 채널은 소매업체에 더 유리한 조건으로 협상할 수 있는 힘을 갖게 된다. 그러면 출판사의 마진이 줄어들고 출판사의 귀중한 자산인 콘텐츠의 가격을 통제하기 어려워진다. 동시에 전통적인 출판사들은 중개자를 통해 책을 판매함으로써 자신들의 미래가 의존해야 하는 자산, 즉 고객으로부터 단절되고 있다. 댄은 이렇게 회고했다. "고통스러운 역설은 우리가 실제로 한 일은 아마존이 출판계에 가르친 두 가지 사실이라는 것입니다. 그것은 바로 고객에게 직접 가서 고객을 소유해야 한다는 것과, 완전히 새로운 시장을 만들어야 한다는 것입니다. 아마존은 이 일을 킨들로 했고 우리는 크라우드펀딩을 통해 했습니다." 전통적인 출판사들이 점점 더 아마존에 의존하게 되고 아마존이 출판사 사업의 더 많은 부분을 차지하게 되어 출판사들이 접근하지 못하는 모든 고객의 데이터를 갖는 동안, 언바운드는 아마존을 우회해서 작가가 크라우드펀딩을 통해 독자와 연결할 수 있는 네트워크를 구축하고 있다. 이를 통해 언바운드는 아마존이 고객 데이터를 쓸어가도록 놔두지 않고 이 데이터를 포착하고 있다.

언바운드는 책 제작에 필요한 자금을 조달하고 출판과 관련된 위험을 감소시키며 소비자 직접 판매 관계를 구축하기 위해 크라우드펀딩을 이용했고, 이로써 이후에 실리콘밸리 북쪽 끝에 설립된 또 다른 크라우드펀딩 출판 벤처와 공통점을 공유했다. 그러나 이후 설립된 실리콘밸리의 이 창업회사는 할리우드 스튜디오와의 관계를 구축함으로써 독자들에게 새롭고 독특한 반전을 주었다.

독자 큐레이션

나는 잉크셰어의 두 명의 공동 설립자 태드 우드먼Thad Woodman과 애덤 고몰린Adam Gomolin을 캘리포니아 웨스트 오클랜드의 오래된 공업단지에 있는 그들의 사무실에서 만났다. 대화하는 도중 잉크셰어와 관계를 구축하고 있던 할리우드 스튜디오 레전더리 엔터테인먼트Legendary Entertainment의 임원인 알렉스가 합류했다. 사무실은 오클랜드 포인트로 가는 기찻길 옆 작은 막다른 골목길에 위치한 19세기 빨간 벽돌 건물의 2층이었다. 그곳은 델몬트 통조림 공장이 있던 곳 바로 길 건너였다. 오래된 공장들은 건물을 개조해서 다양한 소규모 사업 및 창업회사에 세를 주었는데, 임대료가 샌프란시스코에 비해 훨씬 낮았으므로 그 지역은 붐볐다.

태드는 잉크셰어에 대한 아이디어가 브루클린에서 가진 저녁식사 자리에서 나왔다고 설명했다. 태드는 리드 컬리지Reed College에서 철학과를 졸업한 나긋한 목소리의 소유자로, 그의 부모는 출판업에서 일을 했었다(태드의 부모는 1990년대에 벤타나 프레스Ventana Press라는 컴퓨터 도서출판사를 설립했다). 2012년 말, 태드는 부유한 예술 후원가들과 함께 저녁 만찬을 가졌는데, 그들은 장문 저널리즘의 몰락과 출판계 진출의 어려움에 대해 한탄했다. 태드는 그들이 이 문제에 대해 얼마나 관심이 많은지에 감명 받았고, 그들이 관심 있는 프로젝트에 자금을 지원하고 작가와 직접 관계를 맺을 의향을 가지고 있을 수도 있겠다고 생각했다. 그것이 아이디어의 씨앗이었다. 그 저녁 만찬은 출판 크라우드펀딩의 작은 축소판이었다.

물론 인디고고와 킥스타터는 이미 존재하고 있었고, 태드도 이에 대해 알고 있었다. 그렇다면 크라우드펀딩을 그들에게 맡기면 왜 안 되었을까? 언바운드를 만든 사람들처럼 태드 또한 순수한 크라우드펀딩 플랫폼은 자금을 모으는 데는 훌륭하지만 많은 사람들이 필요로 하는 인프라, 즉 자금을 확보하는 데서부터 책을 출판해서 독자의 손에 넘기기까지의 인프라는 작가에게 제공하지 않는다고 느꼈다. "일부 작가는 매우 기업가적이어서 많은 돈을 들여 훌륭한 책을 만들 수 있습니다. 하지만 많은 사람에게는 이것이 매우 어려운 일입니다. 돈으로 책을 만들고 반스 앤 노블까지 이동시키는 것은 매우 어렵고 거의 불가능합니다. 출판에는 필요한 인프라가 있으며, 이것은 아무것도 아닌 것이 아닙니다." 태드의 생각은, 크라우드펀딩의 요소들이 작가의 원고를 책으로 만들어야 하고 이 책을 기존의 도서 유통 시스템에 편입시키는 전통적인 출판 방식과 좀 더 결합해야 한다는 것이었다.

태드가 여기에서 혁신하기를 원하는 또 다른 방식도 있었는데, 그것은 바로 도서 프로젝트에서 지분을 판매하는 것이었다. 저녁 만찬 자리로 돌아가 보면, 그날의 아이디어는 도서 프로젝트에 관심 있는 사람들이 단지 자금을 조달하기 위해 약간의 돈을 투자한다는 것이 아니라 프로젝트의 지분을 구매한다는 것이다. 태드는 "따라서 단순히 후원자가 되는 대신 책의 미래 수익금 가운데 일정 지분을 살 수 있습니다"라고 설명했다. 로열티는 분배될 것이며 모든 후원자는 책이 성공하면 경제적 지분을 갖게 될 것이다. 그리하여 그 명칭을 잉크셰어Inkshare로 정했다. 지분식 크라우드펀딩이라는 구상이 새로운 것은 아니다. 이것은 크라우드펀딩 업계에서 잘 알려진 모델이었지만 도서와 관련해서는 활용된 적이 없었다. 따라서 그것은 독창적인 시각으로, 도서출판을 위한 지분식 크라우드펀딩 모델을 개발한 뒤 이 모델을 원고를 가져와 책으로 만들고 소매 공급망에 집어넣을 수 있는 조직적 인프라와 결합하는 것이었다.

태드는 회사를 시작하기 위해 또 다른 공동 설립자 래리 레비츠키Larry Levitsky와 함께 샌프란시스코로 이사했다. 래리는 증권 일을 하던 기업 변호사 애덤 고몰린을 태드에게 소개했는데, 계획은 애덤이 크라우드펀딩의 지분 쪽을 담당하는 것이었다. 2012년 4월 JOBS 법Jumpstart Our Business Startups Acts[크라우드펀딩을 통해 진행한 사업이 투자자에게 수익을 배당하지 않는 행위 등을 규제하는 법안_옮긴이]이 입법되었는데, 이 법의 제3조는 기업이 크라우드펀딩으로 증권을 발행할 수 있는 방법을 만들었다. 이는 이전에는 허용되지 않았던 것이다. 태드, 래리, 애덤은 제3조를 활용해 지분식 크라우드펀딩 모델을 구체화할 계획이었다. 그러나 미국 증권거래위원회(SEC)가 실제로 입안한 규칙은 매우 복잡하고 비실용적이어서 태드와 그의 동료들은 이 아이디어를 포기해야 한다는 결론에 다다랐다. 태드는 "그걸 하기에는 시작이 너무 길었습니다. 제대로 하려면 각 프로젝트마다 유한 책임회사 주식을 발행해야 하고 작가는 이 모든 감사를 수행해야 했는데, 그렇게 되면 작가를 참여시키기가 너무 어렵기 때문입니다. 그러면 투자하려는 사람도 감사를 받아야 하는데 이는 너무 많은 작업이 필요한 방식이었습니다"라고 설명했다. 이런 실질적인 문제에 봉착하자 그들은 지분 모델을 포기하고 독자가 책을 선주문한다는 아이디어로 대체했다.

태드와 그의 동료들은 지분 문제로 씨름하는 동시에 새로운 사업을 위해 자금을 마련하려 했다. 이 일은 생각했던 것보다 훨씬 어려운 것으로 판명되었다. 이 단계에서 태드, 래리, 애덤에게 네 번째 멤버인 제러미 토머스Jeremy Thomas가 합류했다. 제러미는 소프트웨어 개발 경력을 갖고 있었으므로 최고기술경영자CTO로 팀에 합류했다(제러미는 후에 회사를 떠났다). 그들은 자신들의 아이디어를 실리콘밸리에 있는 벤처 투자자들에게 발표하기 시작했지만 잘되지 않았다. "우리는 168번 거절당했습니다. 처참했습니다. 책을 출판한다는 개념, 그리고 물리적 실체를 가진 책을 출판한다는 개념은 실리콘밸리의 창업 투자 주제로는 저주 같았습니다"라고 제러미가 회고했다. 애덤은 이렇게 덧붙였다. "실리콘밸리의 누구도 책을 좋아하지 않습니다. 책은 그들에게 단지 골동품 같은 것이라서 섹시하지 않다고 생각했습니다. 그들이 우리에게 '책 없이 그렇게 하면 어떨까요?'라고 물으면, 우리는 '그럼 우리는 무엇을 해야 할까요?'라고 되물었고, 그들은 '그냥 프런트 엔드front end [사용자와 직접 상호작용하는 것을 일컫는 말_옮긴이]이죠'라고 말했습니다. 마치 쇼를 하는 것 같았습니다. 거기에 앉아서 '도대체 이 사람들이 뭐라고 하는 거야?'라고 생각했죠."

투자금의 10배 이상을 되돌려 받으려는 실리콘밸리의 벤처캐피털들에게 책을 출판하는 것은 재미없는 일이었다. "산업이 작으며 흥미롭지 않습니다. 이 업종이 앞으로 10년 내에 10배로 성장할 수 있는 방법은 없습니다." 태드가 벤처캐피털의 견해를 정리해서 이야기했다. 도서출판은 실리콘밸리 벤처캐피털의 맥박을 빠르게 뛰게 만드는 종류의 사업이 아니었다. 이런 실망스러운 반응에도 불구하고 그들은 친구 및 가족으로부터 35만 달러를 모금했다. 또한 그들은 86만 달러의 종자돈도 모금했는데, 여기에는 몇몇 기관 투자자도 있었지만 대부분 앤젤투자자들로부터 모금한 것이었다. 따라서 그들은 사업을 시작하기에 충분한 100만 달러 이상을 모았다.

잉크셰어는 2013년에 공식적으로 설립되어 2014년 5월에 운영을 시작했다. 그들이 정착한 모델인 선주문 모델은 다음과 같이 작동한다. 책에 대한 아이디어를 가진 작가 지망생은 자신의 아이디어를 20자 내외로 묘사함으로써 도서 프로젝트를 시작할 수 있다. 여기에는 누구나 참여할 수 있으나, 명예훼손인 콘텐츠, 차별적인 콘텐츠, 음란하거나 외설적인 콘텐츠, 폭력을 조장하는 콘텐츠를 제외하는 서비스 약관을 준수해야 한다. 이 아이디어에는 고유의 URL을 가진 고유의 페이지가 부여되며 사람들은 이를 팔로우하거나 코멘트를 달 수 있다. 팔로어를 얻으면 사람들이 이 아이디어에 얼마나 관심이 많은지를 알 수 있다. 어느 시점에 이르면 다음 단계로 갈 만큼 충분히 관심이 있다고 느낄 수 있을 것이다. 그러면 '초안 작성'이라는 버튼을 누르고 작업 중인 원고의 일부를 올린다. 아마도 서문이나 1장의 일부일 것이다. 그 원고의 일부를 강조 표시하거나 댓글을 달거나 트위터 또는 페이스북에 공유할 수 있는데, 이는 더 많은 피드백을 줄 수 있는 더 많은 독자를 끌어들인다. 잉크셰어에서 100명의 독자가 팔로우하면 끝까지 해보자고 결정하게 될 것이다. 그러면 '선주문 판매'라는 다른 버튼을 누른다. 이 작가 지망생은 아직 책을 완성하지 않았더라도 독자들에게 그들이 사려는 것이 무엇인지 파악하기에는 충분할 만큼 글을 썼을 것이다. 더욱 중요한 것은 지금 선주문하면 그 책이 집필되고 출판되는 데 도움이 될 것이라는 감각이다. 이것은 모든 크라우드펀딩 플랫폼에 내장된 후원 심리이다.

잉크셰어는 처음에는 선주문 한 권당 10달러의 가격에 1000권으로 설정해서 서적당 1만 달러를 모으는 것을 목표를 정했다. 그러나 그들은 이것이 충분치 않다는 것을 곧 깨달았고, 목표를 20달러에 750권으로 설정해서 서적당 1만 5000달러를 모으는 것으로 변경했다. 어느 작가가 선주문 수에 도달하면 잉크셰어는 그 책을 승인해 준다. 이 시점에 이르면 잉크셰어는 사실상 '이 책의 수요에 대한 증거가 충분하므로 우리는 당신의 출판사 역할을 하고 당신의 책을 출판할 것입니다'라고 이야기하는 것이다. 그 시점부터 잉크셰어는 많은 면에서 전통적인 출판사처럼 움직인다. 책을 프로젝트 관리자에게 맡기는데, 이 관리자는 작가와 납품일에 합의하고 편집, 디자인, 조판, 교정, 인쇄 등등의 작업을 준비한다. 잉크셰어는 전통적인 출판사가 할 수 있는 모든 일을 하지만, 이 모든 작업을 스스로 수행하지 않는다는 점이 전통적인 출판사와 다르다. 그 일들은 대부분 다른 곳에 외주한다(그 시작으로 걸 프라이데이 프로덕션Girl Friday Productions이라는 독립 제작회사에 외주했다). 마침내 책이 인쇄되면 선주문한 책에는 작가가 사인을 하고, 나머지 책은 유통업체 잉그램과의 계약을 통해 일반 소매 채널로 유통된다.

잉크셰어는 어떤 면에서 전통적인 출판사와 같은 방식으로 운영되지만 한 가지 큰 차이가 있다. 커미셔닝 편집자Commissioning editor[책 제작과 관련한 모든 부분을 주도적으로 진행하는 편집자_옮긴이]가 없다는 것이다. 선주문 크라우드펀딩 모델은 독자들이 선주문을 통해 어떤 책을 진행할지를 결정한다는 것을 의미한다. 제러미는 "독자들이 우리의 확보 편집자Acquisitions editor[콘텐츠 개발을 책임지는 편집자_옮긴이]입니다. 우리의 아이디어는 독자들이 원고 확보 편집자처럼 책을 잘 고르는 일을 할 수 있다는 것입니다. 우리는 또한 출판계에서 어떤 책이 뜨고 팔릴지 실제로 아는 사람은 아무도 없다고 믿고 있습니다"라고 말했다. 여기에 대해서는 그가 옳다.

그는 예를 들어 자세히 설명했다. 잉크셰어의 베스트셀러 중 하나는 『더 쇼The Show』라는 책으로, 구글에서의 경험에 영감을 받은 전 구글 직원이 쓴 소설이다. "그것은 본질적으로 월스트리트의 늑대가 실리콘 밸리를 만나는 것입니다." 잉크셰어에 있는 그 누구도 이 책에 기대를 걸지 않았다. 그 작가는 플랫폼이 없었고 선주문 역시 시원치 않았지만 책을 승인하기에는 충분했다. 그런데 그 책이 출판되자 《비즈니스 인사이더Business Insider》와 몇몇 다른 잡지에 실렸고, 갑자기 유럽 스튜디오는 TV쇼를 사겠다고 했으며, 주요 시판용 출판사들은 오디오북 저작권을 사겠다면서 관심을 보였다. 잉크셰어는 이 두 군데에 상당한 금액을 받고 이 책의 관련 권리들을 팔았다. 이 책은 다른 매체로 파생될 수 있는 잠재력을 가진 매우 성공적인 책으로, 사실상 독자들에 의해 주도되었다. 잉크셰어의 직원들에 의해 주도되었다면 이 프로젝트는 잘되지 않았을 것이다. 그러나 독자들은 이 일을 가능하게 했다. 이것이 바로 독자 큐레이션이다.

처음 750권 선주문으로 모금된 자금은 잉크셰어가 고정비를 충당하고 책 출판에 관련된 위험을 줄이는 데 사용했다. 시작부터 수익 배분이 작가에게 유리했다. 751번째 책부터는 수익을 작가와 분할한다. 처음에는 이러한 수익 배분이 작가에게 매우 너그러웠다. 잉크셰어의 설립자는 군중이 선주문을 통해 착수 비용을 대체로 감당하고 자본 비용이 전통적인 출판사들보다 훨씬 적기 때문에 위험이 매우 낮다고 예상했다. 따라서 로열티를 관대하게 감당할 수 있었다. 초기 모델에서는 처음 750권 이후에 판매된 모든 책에 대한 총 수익(즉, 입금된 총 수익)은 인쇄책 판매에서는 50 대 50으로, 전자책 판매에서는 작가에게 유리하게 70 대 30으로 배분했다. 따라서 잉크셰어가 소매업체로부터 인쇄책에 대해 10달러를 받으면 작가가 5달러, 잉크셰어가 5달러를 갖고, 전자책 판매로 5달러를 받으면 작가가 3.5달러, 잉크셰어가 1.5달러를 갖는다. 인쇄책에서는 잉크셰어가 5달러 중에서 인쇄 비용과 유통 비용을 지불해야 했다. 하지만 잉크셰어는 선주문을 통해 모은 자금이 실제 제작비보다 종종 적었기 때문에 자신들에게 남는 것이 거의 없으며 사실상 자신들이 대부분의 책에 보조금을 지급하고 있다는 것을 깨달았다. 많은 창업회사처럼 그들은 실험을 하고 있었다. 그들은 재정 모델을 설정했고 시행착오를 통해 그 모델이 작동하는지 확인했다. 그러나 작동되지 않았다. 그들은 자본금을 축내고 있다는 것을 알았고("우리는 물에 잠기고 있었습니다. 매우 깊이 잠겨 있었지만 여전히 떠 있긴 했습니다") 2016년 내부의 의견 차이가 일부 있긴 했지만 모델이 변해야 한다는 결론에 이르렀다.

애덤이 2016년 7월 글쓰기 플랫폼 미디엄Medium에 쓴 글에서 제시한 새로운 모델은 매우 달랐다.[8] 작가 로열티는 더 이상 총 수익이 아닌 실제 수입을 기준으로, 즉 일정 비용을 차감한 후의 순수익을 기준으로 계산한다(인쇄책의 경우, 직접 주문이라면 인쇄 비용, 배송 및 포장 비용, 결제 처리를 공제하고, 도매 주문이라면 인쇄 비용, 유통 비용, 결제 처리를 공제한다. 그리고 전자책의 경우, 유사한 공제가 있지만 인쇄 비용은 없다). 이러한 비용을 공제한 후 남은 금액은 잉크셰어에 65%, 작가에게 35% 배분된다. 즉, 작가는 이제 실제 수입의 35%를 갖게 된 것이다. 따라서 총 수익이 10달러인 책의 경우 작가는 (초기 모델에서의 5달러가 아닌) 약 2.2달러를 받게 된다. 이것은 큰 변화였고 일부 작가는 이를 잘 받아들이지 못했다. 그들이 모금 캠페인 중일 때 특히 그러했다.[9] 다른 한편

---

8   Adam Gomolin, "Restructuring Royalties," *Medium* (31 July 2016), at https://medium.com /@adamgomolin/restructuring-royalties-38e7c566aa02.

인쇄책을 생산하고 유통하는 실제 비용에 대해 조금이라도 아는 사람이라면 누구나 잉크셰어의 초기 모델이 비현실적이라는 것을 알 수 있었다. 따라서 그 잘못의 책임을 묻는다면, 뒤늦게 초기 모델을 바꾸기로 결정한 것이 잘못된 게 아니라 초기 모델의 설계 자체가 잘못이었던 것이 거의 확실했다.

잉크셰어 설립자들에게는 재정 모델을 변경하는 것이 심판의 순간이었다. 그들은 자신들의 모델이 잘못되었음을 인정해야 했고 회사를 좀 더 지속 가능한 기준에 올려놓을 수 있도록 엄격한 조치를 취해야 했다. 그러나 그 모델은 또한 잉크셰어의 독특하고 혁신적인 특징에 초점을 맞추는 데 도움을 주었다. 선주문 크라우드펀딩 모델을 통해 생각해 낸 것은 항상 시장조사를 일축해 오던 산업에서 모든 책 프로젝트에 대해 시장 조사를 하는 메커니즘이었다. 선주문 시스템은 책을 계속 진행할지 여부에 대한 결정을 내리기 전에 수질을 시험해 보는 방법이었다. "사이먼 앤 슈스터에서 출간되는 것과 잉크셰어에서 출간되는 것 간의 차이는 잉크셰어에서는 최소한 750명이 이미 손을 들었다는 사실입니다." 이제 막 우리 대화에 합류한 레전더리 엔터테인먼트의 임원 알렉스가 말했다. "따라서 거기에는 뭔가 확실한 것이 있습니다. 이것은 '우리는 메아리 공간 안에 있어' 같은 것도 아니고 '오, 이것은 나를 위한 책이야' 같은 것도 아닙니다. 이것은 여기에 대한 청중이 있다는 것을 보여주는 데이터인 것입니다." 잉크셰어는 엄선된 목록을 만들고 있었지만 큐레이션은 편집자가 아닌 독자가 했다. 독자 큐레이션이 핵

9   예를 들어 http://jdennehy.com/my-experience-with-inkshares-a-cautionary-tale을 보라.

심이었다.

할리우드와 연계된 것은 우연이 아니었다. 영화 산업은 도서산업과 매우 유사한 문제에 직면해 있었지만 그 규모가 훨씬 컸다. 그들은 만들 수 있는 영화는 많았지만 그 범위를 적은 수로 줄여야 했다. 할리우드는 투자의 규모가 훨씬 크기 때문에 도서산업보다 그 수가 훨씬 적어야 했다. 이런 의사 결정 과정을 도박이 아닌 다른 것으로 바꿀 수 있을까? 사람들이 실제로 영화를 보기 전에 사람들이 무엇을 보고 싶어 하는지에 대한 체계적인 증거를 수집할 수 있다면 매우 도움이 될 것이다. 이를 수행하는 한 가지 방법은 영화화되기 전인 시나리오에 대한 독자가 있는지 확인하는 것이다. 그러려면 그 시나리오를 소설화하고, 잉크셰어가 그 소설을 시장에 출시해야 했다. 이렇게 생성된 데이터를 참고하면 그 시나리오를 영화로 만들지 여부를 결정하는 데 도움을 줄수 있었다. 영화 스튜디오는 영화 시스템의 지식재산권을 찾고 검토하는 방법으로 잉크셰어의 출판 시스템을 활용함으로써 이 작업을 반복해서 수행할 수 있었다. 이것이 잉크셰어가 레전더리 및 다른 할리우드 스튜디오와 파트너십을 맺게 된 경위이자 알렉스가 그곳에서 우리의 대화에 참여하게 된 이유이다.

이러한 파트너십은 잉크셰어에도 실질적인 이점이 있다. 무엇보다도 이러한 파트너십은 새로운 작가와 새로운 사용자의 귀중한 원천이자 잉크셰어 성장의 결정적인 추진체였다. 레전더리는 너디스트Nerdist, 긱 앤 선드리Geek & Sundry, 스마트 걸즈Smart Girls 같은 여러 매체를 인수했는데, 이들 브랜드는 때때로 자신의 팔로어들에게 잉크셰어 플랫폼에 와서 원고를 제출하고 선주문 수집을 시작하도록 요청한다. 그러면 잉크셰어는 최상위 세 개를 출판한다. 평균적으로 잉크셰어에서 자금을 모으기 시작하는 각 새 책에는 142명의 새로운 독자가 추가된다. 이는 단순히 잉크셰어가 작가를 대신해서 지원활동을 수행하기 때문이다. 이러한 종류의 각 경쟁은 잉크셰어 시스템으로 상당히 많은 독자가 새로 유입되도록 만든다. "이것은 아마도 이제까지 본 것 중 최고의 깔대기일 것입니다." 태드가 설명했다. 2017년 초 잉크셰어는 시스템 내에 대략 10만 명의 사용자를 보유하고 있었다. 이는 1년 전의 거의 두 배였다. 플랫폼에서는 약 5000개의 프로젝트가 시작되었으며, 2014년 11월 첫 번째 책 『고양이의 잠옷The Cat's Pajamas』이 나온 이후 약 60종의 책이 출판되었다. 또 다른 100여 종의 책도 승인받아 다양한 생산 단계에 있다. 누구라도 프로젝트를 시작할 수 있다는 점을 감안할 때 실제로 승인을 받는 비율은 매우 낮아서 열 개 중 겨우 하나이다. 그러나 승인을 받든 받지 않든 간에 작가는 자신의 네트워크로 새로운 사람들을 불러들이기 때문에 작가들은 여전히 가치를 더하고 있다.

잉크셰어가 어느 정도 일반화 가능한 독자 큐레이션 시스템을 만들기 위해서는 시스템에 있는 독자 수를 늘리는 것이 중요하다. 각 책의 모든 선주문이 해당 책의 작가가 시스템에 끌어온 사람으로만 이루어졌다면 그 책의 작가와 개인적으로 아무런 관련이 없는 독자에게는 해당 책의 매력에 대해 할 말이 별로 없을 것이다. 따라서 독자 큐레이션 시스템이 좀 더 일반적인 적용 가능성을 갖고 할리우드 스튜디오 및 기타 업체의 관심을 끌기 위해서는 애덤이 '유동성'이라고 부르는 것을 만드는 것이 필수적이다. "이것은 작가 주변에 모여 친구가 출판한 책을 보려는 한 무리의 사람보다 작가와 아무런 사회적 관계가 없지만 책에 대한 관심을 실제로 표명하는 객관적인 독자가 충분히 많다는 것을 뜻합니다." 많은 수의 사용자와 높은 수준의 유동성을 보유한 생태계를 만들 수 있다면 데이터를 가지고 몇 가지 흥미로운 작업을 시작할 수 있다. 태드는 자세히 설명했다. "플랫폼에서 이루어지는 각 사용자의 상호작용에 기반해 우리는 이제까지 보지 못했던 콘텐츠의 세계가 있다고 말할 수 있습니다. 그리고 우리는 그 콘텐츠의 순위를 매기고 가장 관련성 높은 이야기를 제공할 수 있습니다. 사용자는 이건 좋고 저건 좋지 않다고 말하면서 알고리즘을 다시 훈련시킵니다. 그리고 그 알고리즘은 사용자의 취향을 맞출 것이고 사용자가 흥미 있을 만한 것을 점점 더 제공할 것입니다." 그러나 여기서 중요한 점은 그들이 추천 알고리즘을 개발하고 개선할 수 있다는 것이 아니라, 그들이 독자의 결정을 활용해 선주문 여부를 결정할 수 있고(정보 측면에서는 무언가를 전달하는 것은 선주문을 결정하는 것만큼이나 의미 있는 일이다) 콘텐츠를 분류하고 필터링하는 근본적인 문제를 해결하는 데 도움을 줄 수 있다는 것이다. 산더미 같은 콘텐츠 속에서 어떤 콘텐츠를 선택해서 제품으로 바꿀지를 결정하는 문제는 콘텐츠를 다루는 모든 창조 산업에 근본적인 문제이다. "업계에서 콘텐츠를 분류하고 필터링하는 일을 하는 사람들이 10~15%만 더 효율적이라면 이는 그들에게 정말 가치 있는 일입니다."

잉크셰어의 설립자들은 더 대담한 비전을 표현하기도 했다. 애덤은 "우리는 독자의 흥미를 측정하고 추측이 아닌 측정을 기반으로 책을 출판하기로 결정한 다음 이를 활용해서 출판산업보다 약 10배 큰 전 세계 이야기 산업으로 이동할 수 있는 포털을 만들고 싶었습니다"라고 말했다. 책은 전 세계 이야기 경제의 상당한 버팀목이기 때문에 이 일을 시작하기에 좋은 출발점이다. 애덤은 계속해서 "할리우드에는 진행 중인 프로젝트가 약 4000개 있는데, 그중 3000개, 아마도 2500개는 일종의 지식재산권에 기반을 두고 있습니다. 그중 아마도 3/4은 책일 것이고 나머지는 비디오 게임, 그래픽 소설, 기존 영화의 속편 같은 것입니다"라고 말했다. 여기서 레전더리의 알렉스가 끼어들었다. "내 일의 큰 부분은 할리우드의 많은 크리에이티브 경영자와 마찬가지로 금을 캐는 것입니다. 우리는 모두 다음번 큰 건수, 다음번 큰 아이디어를 찾고 있는데, 그중 많은 부분이 출판계에서 나올 것입니다." 따라서 책에 효과적인 독자 큐레이션 시스템을 개발한다면 광범위한 엔터테인먼트 산업에 직접적인 영향을 미칠 수 있었다. 잠재적 시너지는 상당할 것으로 보였다. 그들은 영화, 텔레비전, 게임 등 다른 분야에 대해 유사한 사용자 큐레이션 시스템을 출시할 수도 있다.

잉크셰어의 설립자들은 야심찼으나 전 세계 이야기 산업의 중심으로 가겠다는 그들의 꿈은 약간 과장된 것처럼 보일 수 있었다. 2017년 초까지만 해도 그들은 여전히 틈새시장이어서 겨우 60종의 책을 출판했고 여전히 수익성을 확보하려고 고전 중이었다. 그러나 독자 큐레이션 시스템을 만들기 위해 크라우드펀딩을 이용하고 출판될 내용을 출판사가 아닌 독자가 결정하는 출판 사업을 구축한 것은 진정 혁신적이고 획기적인 방법이었다. 그들은 크라우드펀딩을 이용해서 전통적인 출판 모델—출판사가 판단과 직감, 다른 책에서 얻은 경험과 추측을 혼합해 어떤 책을 출판할지 결정한 다음 독자를 찾기 위해 그 책을 시장에 밀어 넣는 방식—을 완전히 뒤집었다. 이는 전통적인 출판사들, 그리고 실제로 창조 산업의 다른 분야에서 일하는 모든 사람이 교훈을 얻을 수 있는 획기적인 움직임이었다.

주류 출판사로의 이동

출판의 관점에서 보면 크라우드펀딩 모델에 우호적인 의견이 많다. 크라우드펀딩 모델은 책 제작과 관련된 위험을 감소시킬 뿐 아니라 결정적으로 책이 존재하기 전부터, 심지어 그 책을 출판할지 여부를 결정하기 전부터 책에 대한 시장을 창출한다. 이것은 출판산업에서 시장을 시험하는, 그리고 실제로 시장을 만들어내는 훌륭한 메커니즘이다. 출판산업은 500년 동안 효과적인 형태의 시장 조사 없이 독자의 선호보다 편집자와 출판사의 판단에 의존해서 운영되어 왔다. 하지만 작가들의 관점은 어떠할까? 작가로서 크라우드펀딩을 고려하고 있다면 이 구상이 매력적일까? 물론 이 질문에 대한 대답은 작가마다 다를 것이며, 심지어 작가 경력상의 시점에 따라서도 다를 것이다. 특히 다른 선택이 없는 것처럼 보이는 시점에서는 매력적이겠지만 다른 길이 열릴 수 있는 시점에서는 덜 매력적일 것이다. 이 질문에는 하나의 대답만 있는 것이 아니라 누구에게 언제 질문하느냐에 따라 여러 가지 대답이 있다. 크라우드펀딩이 많은 작가가 문지기─전통적인 출판산업의 통로를 통해 새로운 콘텐츠의 흐름을 통제하는─를 우회할 수 있는 효과적인 방법임은 의심의 여지없이 입증되었다. 작가는 문지기들이 거의 관심을 보이지 않거나 떠맡기를 거절할 경우 크라우드펀딩을 통해 자신의 책을 출판할 충분한 자금을 조달할 수 있다. 동시에 크라우드펀딩은 작가가 크라우드펀딩 경로를 밟을 때 부담스러울 수 있는 추가 과제를 수행하기도 한다. 대형 크라우드펀딩 조직 중 한 곳의 직원인 톰은 이에 대해 솔직했다. "일을 해야 합니다. 이건 매달려서 해야 하는 아주 힘든 일입니다." 만일 당신이 인디고고나 킥스타터 같은 일반 조직 중 하나와 크라우드펀딩을 하고 있다면 현금을 모으는 데 성공했더라도 자신의 책을 출판하기 위한 준비를 스스로 해야 한다. 언바운드나 잉크셰어처럼 출판을 전문으로 하는 크라우드펀딩 조직은 자금을 모으기만 하면 저자가 책을 출판하기가 훨씬 쉽다. 프로젝트가 자금 조달 기준을 넘으면 그들은 전통적인 출판사의 역할을 담당해서 최종 원고 제출에서부터 최종 인쇄와 책의 유통에 이르기까지 여러 제작 단계를 관리한다. 그러나 그들은 전통적인 출판사가 하는 작업보다 더 적은 작업을 제공할 수도 있다. 적어도 일부 작가의 눈에는 그렇게 보일 수 있다.

사라는 적극적인 트위터 사용자로, 시사 문제에 대한 재치 있는 논평을 정기적으로 올려 수천 명의 팔로어를 구축했다. 그녀의 트위터 팔로어 규모가 2만 명 이상으로 증가하자 언바운드의 편집자 중 한 명이 관심을 보였다. 그는 사라에게 연락해 그녀의 논평을 책으로 만들기 위해 언바운드에서 캠페인을 시작할 의향이 있는지 물었다. 사라는 흥미를 느꼈다. 이전에 사라는 책을 쓰는 것에 대해 생각해 본 적이 없었고 언바운드에 대해 들어본 적도 없었다. 하지만 언바운드에 대해 알아보고 약간의 조사를 한 뒤 그 구상을 굴려보았다. "생각할수록 언바운드는 내가 하고 있는 것과 정말 잘 맞는 것처럼 보였습니다. 우선 나는 처음부터 책을 쓸 의도가 없었고 모든 것은 트위터에서 나온 것이었습니다. 트위터에 있는 사람들에게 지금까지 이 무료 자료를 당신들과 나누어 왔으니 이제 당신들이 내게 호의를 베풀어 책의 형태로 구입해 주면 정말 감사하겠다고 말해야 했습니다. 그 뿌리를 고려하면 매우 근사한 짝 같았어요." 그래서 그녀는 시도해 보기로 결정했다. 언바운드에 있는 사람들은 그녀를 절차에 따라 안내했고, 목표와 보상이 조합된 펀딩 캠페인을 만들고 영상을 제작하는 데 도움을 주었다. 그리고 오래지 않아 출시할 준비가 되었다. 그녀는 팔로어들에게 트윗을 시작했고 크라우드 펀딩 페이지의 링크와 함께 세부사항을 알려주었다. 이 모든 일이 매우 빠르게 진행되었으며 그녀는 3일 만에 목표를 채웠다. 캠페인은 또 몇 달 동안 진행되었는데, 그녀는 목표 금액의 거의 세 배에 달하는 자금을 모금했다. 이 책은 생산에 들어가 아름답게 제작되었고 매우 잘 팔렸다. 천 명 이상의 후원자 외에도 시판용 도서가 양장본으로는 천 부, 페이퍼백으로는 수천 부가 판매되었다. 이것은 크라우드펀딩의 성공 이야기였다. 이 이야기는 행복한 작가, 행복한 출판사, 이 크라우드 펀딩 플랫폼과 이 책을 위해 일했던 직원의 주도 없이는 존재하지 않았을 책을 사서 읽을 수 있었던 수천 명의 독자로 마무리된다.

사라는 첫 번째 책의 성공과 언바운드와의 작업에 대한 긍정적인 경험에 자극받아서 곧 또 다른 책을 생각하기 시작했다. "언바운드와 함께 같은 종류의 또 다른 컬렉션을 낼 예정이었습니다." 그러나 그녀의 첫 번째 책이 꽤 좋은 성적을 거두자 대리인들이 그녀에게 연락하기 시작했다. "루시라는 대리인이 내게 편지를 보내 만나서 앞으로의 계획에 대해 이야기를 나누자고 제안했습니다. 내가 그녀를 만나서 '글쎄요, 나는 현재 하고 있는 것 외에는 아무런 계획이 없어요'라고 하자, 그녀는 '내 생각에 당신은 좀 더 야망을 가지고 지금 하고 있는 것 이상의 무언가를 쓰는 것에 대해 생각해야 합니다'라고 말했습니다. 그녀는 나에게 몇 가지 구상을 주었고 나는 그 구상들을 곰곰이 생각해 보았습니다." 사라는 생각할수록 루시가 한 말이 마음에 들어서 루시와 계약하기로 결정했다. 언바운드 역시 사라와 속편에 대해 접촉 중이었지만 사라는 이제 다른 방향으로 움직이고 있었다. 루시는 사라가 무엇을 출판해야 하는지, 그리고 누구와 출판해야 하는지에 대한 자신만의 구상을 갖고 있었는데, 언바운드는 루시가 선호하는 출판사 목록에서 낮은 편이었다. "처음부터 루시는 우리가 누구에게 접근할지에 대해 강력한 아이디어를 갖고 있었는데 특히 한 출판사에 대해 매우 열렬했습니다. 루시는 과거에 그들과 같이 일했고 그 팀을 좋아했습니다." 루시의 지도와 피드백으로 사라는 새로운 원고를 만들었고, 그들은 루시가 선호하는 출판사 '퍼시픽Pacific'에 일주일간 선택권을 주기로 했다. '퍼시픽'은 사라의 글을 좋아했고 다섯 자릿수의 높은 선급금을 제안했다. 그리고 그것으로 끝이었다. 사라는 이제 주류 시판용 출판사와 함께 출판을 하고 있다.

그렇다면 사라를 출판 세계로 들어오게 만든 관문이던 혁신적인 크라우드펀딩 창업회사에서 사라가 멀어진 이유는 무엇일까? 왜 그들과 또 다른 책을 작업하지 않았을까? 그들은 사라가 머물기를 원했고 50대 50이라는 크라우드펀딩의 이익 분배도 주류 출판사에서 제공하는 로열티보다 더 나은 것처럼 보였다. 사라는 자신에게 첫 번째 책을 출판할 기회를 준 언바운드에게 감사했지만, 대리인과 계약하고 주류 출판사로 이동하는 매력을 거부하기는 쉽지 않았다. 우선 그녀는 자신이 해야 하는 일에 대해 의견을 갖고 있고 자신에게 도움이 되는 피드백을 주고 자신의 글과 경력을 관리해 주는 대리인이 있는 것이 좋았다. 사라는 실제로 언바운드로부터는 편집 피드백을 많이 받지 못했다. 단지 몇 가지 제안뿐이었다. 반면에 루시는 사라에게 상당히 과감한 피드백을 주었다. "처음에는 매우 저항했어요. 하지만 생각을 거듭했고 '그래, 한번 해보고 어떻게 되는지 보자'라고 했더니 그녀가 정확히 옳다는 것을 깨달았습니다. 나 혼자서는 그곳에 절대 도달할 수 없었을 겁니다." 그녀는 또한 마케팅과 홍보에 진지한 노력을 기울이는 시판용 출판사와 출판하는 것도 좋았다. 그것은 언바운드와의 출판에서 그녀가 가졌던 유일한 불만이었다. "부정적인 측면 중 하나는 마케팅과 홍보에 관한 것이었습니다. 왜냐하면 내가 저자이자 마케터이자 홍보 담당자이고 다른 사람은 없는 것처럼 느껴졌기 때문입니다. 나는 그들이 상대적으로 작은 출판사였으므로 자원의 문제라고 생각합니다. 실제로 그들은 판매를 주도하기보다는 플랫폼을 가진 작가들에게 의존합니다. 마침내 책이 나왔을 때는 트위터 서클 이상으로 뻗지 않았습니다. 리뷰가 한두 개 있었는데 그저 그런 것이었습니다." 사라는 자신의 새 책에서 무언가 다른 것을 기대하고 있었다. 사라는 "나는 스스로 마케팅과 홍보를 하고 싶지는 않았습니다"라고 설명했다. '퍼시픽'이 더 큰 영향력을 갖고 있다는 데에는 의심의 여지가 없었다. "홍보 이사는 이 책에 열광했습니다. 그녀는 시판용 업계에서 꽤 강력한 홍보 담당자였습니다." 그리고 물론 출판사는 계약과 선급금도 지불했다. 언바운드에서 크라우드펀딩을 하던 첫 며칠은 신났다. 그렇게 많은 사람이 자신의 책에 긍정적으로 반응하는 것이 짜릿했고 자신의 책을 지원하는 것에 행복했다. 하지만 출판사에서 큰 금액의 선급금을 제안하고 책을 제작·출판하는 데 필요한 모든 자금을 작가의 모금 캠페인 없이 투자하는 거래를 제안하자 거절하기가 어려웠다.

그게 다가 아니었다. 단순히 편집 피드백, 홍보, 돈과 관련된 것만 있는 것이 아니었다. 거기에는 상징적인 요소, 즉 주류 출판사로 옮김으로써 문화계에서 어느 정도 인정받는다는 기분도 있었다. "이렇게 말하는 것은 조금 고통스럽습니다만, 아마도 다른 점은 합법성에 관한 것이라고 생각합니다. 언바운드가 합법적인 출판사가 아니라는 것은 아닙니다. 나는 그것에 대해서는 거리낌이 없습니다. 하지만 '퍼시픽'

은 더 큰 이름을 갖고 있습니다. '퍼시픽'에서는 한번 목록에 올랐던 작가들이 정기적으로 목록에 오릅니다. 나는 항상 다른 작가들과 엮이는 것을 피했지만 그곳에 들어가고 싶고 거기서 내 몫의 케이크를 먹고 싶은 마음도 일부 있었습니다." 인정하기가 내키지는 않았지만, 사라는 '퍼시픽'에서 출판함으로써 얻게 될, 그리고 목록에 있는 모든 위대한 작가들과 함께함으로써 얻게 될 인지도와 상징적 자산을 중시했다. 마치 엄선된 클럽에 받아들여지고 존경받는 다른 작가들과 함께 테이블에 앉도록 초대받는 것처럼, 사라는 단순히 자신이 그곳에 있다는 사실만으로도 자신에게 존경심이 스며들 것임을 알고 있었으므로 기분이 좋았다. 언바운드도 훌륭한 작가의 책을 많이 출판했지만 그들의 목록은 '퍼시픽'에 비하면 아무것도 아니었다. 이 점에서는 경쟁이 되지 않았다.

돌이켜보면 사라는 자신의 첫 번째 책을 언바운드에서 출판하게 되어 행복했지만 옮기는 것도 좋았다. "언바운드는 일종의 조력자였습니다. 하지만 그들의 모델은 위험 부담이 낮기 때문에 그들은 나 같은 사람과 함께 기쁘게 위험을 감수했습니다." 그것은 또한 그녀가 트위터에서 매우 활발하게 활동하고 거의 매일 무언가를 게시하던 당시의 일과 아주 잘 맞았다. "온라인 커뮤니티와 프로젝트의 결합은 완벽했습니다." 그러나 그녀는 삶의 다른 단계에 있었다. 그녀는 작가로서의 경력을 쌓고 싶었고 대리인 및 더 큰 출판사와 관계를 발전시키는 것이 옳은 일이라고 느꼈다. 그렇다고 해서 그녀가 앞으로 다시는 언바운드와 출판하지 않겠다는 의미는 아니다. 그것은 전반적으로 긍정적인 경험이었다. 그녀는 언바운드에서 일하는 사람들을 매우 존경했고 그들과 함께 또 다른 책을 작업하는 것이 합리적인 경우를 상상하기도 한다. 그것은 아마도 트위터에서 그녀의 삶을 둘러싸고 일어나는 일들일 것이다. "그래서 나는 그들을 완전히 배제했다고 말하지 않겠지만 당장 내 미래의 일부로 그들을 보지는 않습니다." 그녀가 지금 보고 있듯이 언바운드는 최종 목적지라기보다 디딤돌이었다.

물론 이것은 한 명의 작가, 하나의 이야기, 하나의 삶일 뿐이다. 다른 작가들은 다른 이야기를 할 것이다. 모든 작가가 사라만큼 성공적이지는 않은데, 실제로 그녀의 이야기는 원래보다 더 예외적이다. 그러나 그녀의 이야기는 몇 가지 중요한 고려사항을 알려준다. 첫째, 크라우드 펀딩이 어떤 작가에게는 책을 출판하는 효과적인 방법일 수 있지만 만일 그들에게 다른 기회가 있다면 반드시 선택하는 통로는 아니라는 것이다. 크라우드펀딩을 통할 경우 해야 할 일이 많으며, 이러한 일이 가능하려면 잠재적인 지원자들의 네트워크를 활용할 수 있어야 한다. 사라는 트위터 팔로어가 많았으므로 이를 수행하기에 이상적인 위치에 있었지만 사라조차도 기회가 생기자 주류 출판사로 옮기는 것을 선호했다. 둘째, 사라의 이야기는 작가가 내리는 선택은 그가 지금 삶과 경력에서 어느 위치에 있느냐에 달려 있다는 사실을 강조한다. 어느 단계에서는 합리적으로 보이는 선택이 다른 단계에서도 반드시 합리적이지 않을 수 있다. 출판이라는 장이 더욱 다양해지고 많은 새로운 참가자가 들어옴에 따라 작가는 더 많은 선택권을 갖게 될 것이다. 그리고 작가 스스로 그리는 궤적은 사라의 경우와 마찬가지로 서로 다른 시점에서 선택한 서로 다른 선택들을 보여줄 것이다. 그리고 마지막으로, 사라의 이야기가 상기시켜 주듯이, 이 새롭고 더 다양화된 장에서 작가가 움직이는 데에는 새롭고 혁신적인 출판 조직(이것은 언바운드나 잉크셰어 같은 크라우드펀딩 출판사일 수도 있고 스매시워즈나 KDP 같은 자가 출

판 플랫폼일 수도 있다)에서 '퍼시픽' 같은 좀 더 전통적이고 주류인 출판
사로 이동하는 것이 포함된다. 서로 다른 조직과 플랫폼은 서로 다른
것을 제공한다. 이들 각각은 장단점이 있으며, 선택할 수 있는 위치에
있는 작가는 이러한 요소를 평가한 뒤 해당 시점에서 자신에게 가장 중
요한 사항을 제공할 것으로 보이는 경로를 그리게 된다.

제 9 장

북플릭스

미디어 산업에서 일어난 디지털 혁명 덕에 개인과 조직은 새로운 방식으로 콘텐츠를 생산·배급할 수 있게 되었을 뿐만 아니라 콘텐츠 소비 측면에서도 새로운 가능성이 열렸다. 이와 관련해서 가장 중요한 발전 중 하나는 다양한 미디어 분야에서 인터넷 기반의 주문형 스트리밍[실시간 재생_옮긴이] 서비스가 등장한 것이다. 넷플릭스는 영화와 텔레비전에서 선도적인 혁신 기업 중 하나였다. 1997년 리드 해스팅스Reed Hastings와 마크 랜돌프Marc Randolf가 캘리포니아에서 설립한 넷플릭스는 DVD 판매 및 대여사업으로 시작했다. 넷플릭스는 미국 우편 서비스를 이용해서 DVD를 발송하고 반환함으로써 블록버스터Blockbuster와 직접 경쟁했다.[1] 1999년에는 구독 서비스를 도입했으며 2007년에는 인터넷을 통한 주문형 비디오 스트리밍을 시작했다. 스트리밍 비디오 사업은 빠르게 발전했다. 2011년 넷플릭스는 미국에서 2300만 명 이상의 가입자를 보유했으며, 2018년에는 미국에서 5800만 명이 넘는 가입자와 전 세계적으로 1억 3700만 명 이상의 가입자를 보유했다. 2000년대 초반 주요 경쟁자였던 블록버스터는 2010년에 파산했고, 훌루Hulu, 아마존 비디오 Amazon Video(모든 아마존 프라임 가입자에게 제공된다) 같은 다른 스트리밍 비디오 서비스가 넷플릭스와 경쟁하기 위해 등장했다. 스트리밍 서비

---

1   넷플릭스 역사 전체에 대한 설명은 Gina Keating, *Netflixed: The Epic Battle for America's Eyeballs* (New York: Penguin, 2013) 참조.

스는 고객에게 영화, TV 프로그램, 그리고 스트리밍 서비스 자체에서 제작한 오리지널 시리즈를 소비하는 새로운 방식을 제공했다. 월 구독료를 지불하면 소비자는 이들 콘텐츠를 원하는 시간에 원하는 만큼 TV, 컴퓨터 또는 이동식 기기에서 볼 수 있었다. 영화, TV 프로그램과 드라마를 소비하는 방식이 훨씬 유연해져서 소비자는 버튼만 누르면 어디서나 즉시 방대한 시청각 콘텐츠 모음에서 자신이 보고 싶은 것을 선택할 수 있다.

음악산업에서도 비슷한 양상이 일어났다. 애플의 아이튠즈는 2000년대 초반에 음악을 위한 디지털 다운로드 사업을 개척했다. 소비자는 아이튠즈를 통해 노래 한 곡을 99센트에 살 수 있었고 앨범을 자신의 기기에 직접 다운로드할 수 있었다. 그동안 다른 기업들은 음악을 위한 구독 기반 스트리밍 서비스를 개발하는 데 앞장섰다. 여기서의 핵심 참가자는 2006년에 두 명의 스웨덴 기업가 다니엘 에크Daniel Ek와 마르틴 로렌트존Martin Lorenzon이 설립한 음악 스트리밍 플랫폼 스포티파이Spotify였다. 냅스터와 함께 자란 에크와 로렌트존은 온라인으로 음악 컬렉션을 살펴볼 수 있는 방식의 이점을 잘 알고 있었다. 그들은 이런 경험을 불법 복제에 대한 합법적인 대안을 마련해 주고 음악가들과 음반 회사의 지원을 받을 수 있는 법적인 틀 안에 포함시키기를 원했다.[2] 스포티파이는 2008년 10월 사용자가 DRM[3]으로 보호되는 음반 회사, 미디어

2   Sarah Lacey, "How Daniel Became Goliath: An Interview with Spotify CEO Daniel Ek," Startups.co(12 March 2017), at www.startups.co/articles/how-daniel-became-goliath 참조.

3   DRM(Digital Rights Management) 기술이란 저작권 보유자가 지식재산권이 사용되는 방식을 지정하고 제어할 수 있게 하는 도구모음이다. 예를 들어 인증된 사용자만 콘텐츠에 접근할 수 있도록 하고 제한된 수의 기기에서만 사용하며 복사되지 않도록 한다.

회사, 독립 예술가의 콘텐츠에 접속할 수 있는 서비스를 만들었다. 사용자는 자신의 기기에 '프리미엄freemium' 모델을 통해 스트리밍되는 음악을 들을 수 있었다. 프리미엄 모델에서 기본 서비스는 광고로 무료 지원되며, 프리미엄 서비스에 가입하면 광고 없이 고품질로 음악을 들을 수 있었다. 스포티파이는 2011년 3월까지 유럽에서 100만 명의 유료 가입자를 확보했다. 2018년 11월에는 8700만 명의 유료 가입자와 전 세계 1억 9100만 명의 활성 사용자를 보유해서 가장 큰 구독 기반 스트리밍 음악 서비스가 되었다. 하지만 이제는 2015년 6월에 출시된 애플뮤직, 두 개의 스트리밍 구독 서비스를 제공하고 있는 구글, 아마존은 물론, 디저Deezer 같은 다른 음악 전용 스트리밍 서비스와의 심각한 경쟁에 직면해 있다. 넷플릭스와 마찬가지로 이러한 스트리밍 음악 서비스로 인해 사용자는 새로운 방식으로 음악에 접속할 수 있게 되었다. 사용자는 대규모 데이터베이스에서 음악을 탐색 및 선택해서 원하는 시간에 원하는 방식으로 들을 수 있다. 이처럼 개인이 듣는 음악과 개인 간 관계가 변하고 있다. 즉, 사람들은 음악을 소유하는 것이 아니라 접속하거나 빌리게 되었고, 따라서 음악을 당장 구매할 필요가 더 이상 없어졌다. 상당수의 사용자가 광고 없는 프리미엄 서비스에 접속하기 위해 기꺼이 구독료를 지불하기 때문에 이러한 서비스는 강력한 매출 흐름을 창출하는 데에도 성공했다.

스트리밍 서비스는 특히 영화나 음악 같은 콘텐츠에 매력적이다. 왜냐하면 스트리밍 서비스는 경제학자들이 '경험재'라고 부르는 것이기 때문이다.[4] 경험재는 사전에 속성을 알기 어려운 제품이나 서비스이다. 소비자는 선택을 하는 데 필요한 정보를 얻으려면 그 제품이나 서비스를 맛보거나 경험해야 한다. 물론 소비자는 명성, 신뢰하는 사람의 입소문(예를 들어 가족이나 친구), 제품 리뷰 같은 정보 소스를 활용할 수도 있지만 가장 믿을 만한 정보 소스는 제품이나 서비스를 실제로 경험해 보는 것이다. 일반적으로 경험재라고 묘사되는 제품 및 서비스의 유형은 식당, 술집, 미용실, 휴가 등이다. 하지만 많은 미디어 제품 역시 경험재라고 할 수 있다. 예를 들어 예고편을 보거나 몇 개의 트랙을 듣는 등 어떤 방식으로든 영화나 음악을 경험할 수 없다면 소비자는 자신이 영화를 보기 원하는지 또는 새로운 LP를 사고 싶은지 알기 어렵다. 미디어 상품의 이런 특성을 감안하면 스트리밍 서비스를 통해 그러한 상품에 접속할 수 있다는 것은 정말 의미 있는 일이다. 소비자는 스트리밍 서비스를 통해 많은 상품을 맛볼 수 있고 자신이 정말 좋아하는 것만 제대로(또는 반복해서) 보거나 들을 수 있다.

스트리밍 서비스는 소비자에게 제공하는 콘텐츠를 소유하지 않는다. 그렇기 때문에 서비스의 매력도와 지속가능성은 가치 있는 콘텐츠를 지속성 있는 조건으로 다량 확보하는 능력에 달려 있다. 두 가지 비즈니스 모델이 일반적으로 콘텐츠를 획득하는 데 사용된다. 그중 하나는 선불 정액 사용료 모델이다. 스트리밍 서비스는 콘텐츠 소유주에게 선불 사용료를 지불하고 그 대가로 정해진 기간 동안 가입자에게 콘텐츠를 무제한으로 제공한다(독점인 경우에는 사용료가 훨씬 높다). 이것이 넷플릭스와 여러 스트리밍 비디오 서비스가 사용하는 모델이다. 비디오 스트리밍 초기에는 넷플릭스가 비교적 저렴한 가격에 고품질 콘텐츠에 대한 라이선스를 확보할 수 있었다. 그러나 경쟁이 치열해지면서

---

4   Phillip Nelson, "Information and Consumer Behavior," *Journal of Political Economy*, 78, 2(1970), 311~329.

스튜디오와 미디어 회사들이 더 높은 가격을 고수하고 더 제한적인 조건을 추가하게 되었다. 선불 사용료 모델을 사용해서 콘텐츠를 확보하는 비용이 점점 비싸지자 넷플릭스와 여러 스트리밍 서비스 회사는 콘텐츠를 확보하는 비용을 더 잘 통제하기 위해 고유의 콘텐츠를 제작할 강한 유인이 생겼다.

둘째 모델은 고정 로열티 풀 모델이다. 이 모델에서는 선불 사용료를 지불하는 대신 스트리밍 서비스가 수익의 일정 부분을 로열티 풀로 연결해서 특정한 공식에 따라 콘텐츠 소유자에게 지불한다. 이것은 스포티파이와 기타 음악 스트리밍 서비스에서 사용하는 모델이다. 구독 서비스는 수익의 어느 만큼을 로열티 풀로 보낼지 결정하고(스포티파이의 경우 그 수치는 대략 70%이다) 각 음악가가 대표하는 연주 수나 재생 수의 비율을 계산한 다음 풀로 유입된 수익금의 해당 비율을 음반 회사에 지불한다. 음악가가 받는 금액은 음반 회사와의 계약에 따라 다르다. 로열티 풀에서 지불하는 금액은 총 재생 횟수에 비례하고 총 재생 횟수는 대단히 많을 수 있기 때문에(실질적으로 무제한이다) 재생당 지불되는 금액은 매우 작다. 스포티파이는 저작권 보유자에게 한 번 재생당 0.006달러에서 0.0084달러를 지불한다고 주장하지만, 다른 사람들은 일반적으로 한 번 재생당 0.004~0.005달러라고 추측한다. 이런 종류의 비례적 지불 모델은 주요 회사와 가장 인기 있는 음악가들에게 유리한 경향이 있다. 따라서 매우 인기 있는 음악가와 경쟁하는 틈새 음악가는 로열티 풀에서 매우 작은 몫만 벌고 있다. 주요 회사와 가장 인기 있는 음악가에게 유리하도록 지불금이 왜곡되었다는 사실과 각 지불금이 매우 작다는 사실이 합쳐져서 최근 음악가와 다른 사람들로부터 비난의 목소리가 커지고 있다. 이는 2014년 테일러 스위프트Taylor

Swift가 자신의 모든 음악을 평판이 나쁜 스포티파이에서 제거하기로 결정함에 따라 정점을 찍었다.[5]

스트리밍 서비스가 영화와 음악 소비자에게 인기 있는 것으로 판명되었다면 책의 독자에게는 왜 안 되겠는가? 전자책 판매가 기하급수적으로 증가하는 것과 동시에 스트리밍 서비스도 뜨기 시작했다. 영화나 음악 같은 방식으로 책도 전자적으로 접속될 수 있다는 것은 매우 그럴듯하게 들렸다. 왜 안 되겠는가? 영화나 음악처럼 책도 경험재이다. 특정 책을 읽기 전까지는 자신이 그 책을 좋아할지 알 수 없다. 물론 위험을 줄이는 방법에는 여러 가지가 있다(예를 들어, 스티븐 킹 또는 리 차일드Lee Child의 책을 좋아하는 사람이라면 그의 다음 책도 좋아할 것이라고 상당히 확신할 수 있다). 게다가 소소한 월 구독료로 마음대로 읽을 수 있는 기회는 책을 많이 읽는 독자에게 거부하기 어려운 경제적인 제안일 것이다. 이는 2010년 이후 디지털 도서 콘텐츠를 위한 구독 기반 서비스가 여럿 등장한 계기 중 하나였다.

스크립드가 감행한 도박

트립 애들러Trip Adler와 재러드 프리드먼Jared Friedman은 2000년대 초반

---

5   Hannah Ellis-Petersen, "Taylor Swift Takes a Stand over Spotify Music Royalties," *The Guardian*, 5 November 2014, at www.theguardian.com/music/2014/nov/04/taylor-swift-spotify-streaming-album-sales-snub. 예술가와 스포티파이 간의 논란에 대해서는 L. K. R. Marshall, ""Let's Keep Music Special. F---Spotify": On-Demand Streaming and the Controversy over Artist Royalties," *Creative Industries Journal*, 8(2015), 177~189 참조.

하버드에서 학생으로 만났다. 재러드는 컴퓨터 과학을 공부했고 트립은 물리학과 예술을 전공했다. 그들은 함께 회사를 시작하고 싶었지만 어떤 회사가 될는지는 확실치 않았다. 그들은 창업 환경과 인터넷의 현황을 느껴보려고 다양한 아이디어를 냈고 결국 스크립드Scribd로 바뀔 아이디어를 찾아냈다. 트립의 아버지는 스탠퍼드의 교수였는데 그는 방금 끝낸 의학 논문을 출판할 더 간단한 방법이 없다고 불평했다. 트립은 이렇게 설명했다. "그래서 우리는 아버지가 논문을 가져와 쉽게 출판하고 웹에서 공유할 수 있는 서비스를 만들겠다는 아이디어를 생각해 냈습니다. 그리고 우리는 이 아이디어가 의학 논문을 넘어 모든 종류의 문서 콘텐츠를 포함하도록 빠르게 확장시켰습니다. 그래서 이것은 기본적으로 우리가 문서용 유튜브라고 불리는 것이 되었습니다. 여기서는 모든 종류의 문서를 가져와서 웹에서 출판할 수 있습니다."

그들은 베이 지역으로 이사해서 와이 콤비네이터Y Combinator라는 기업 인큐베이터로부터 1만 2000달러를, 그리고 앤젤투자자로부터 4만 달러를, 그리고 얼마 지나지 않아 벤처투자자로부터 350만 달러를 모금했고, 2007년 3월 6일 스크립드를 시작했다. 스크립드는 당시의 많은 창업회사와 마찬가지로 사용자 기반을 구축해서 가급적 빨리 성장하고 나중에 이를 수익화하는 것이 모토였다. "그것이 구글과 페이스북이 사업을 시작했던 방식이었고 우리도 같은 마음가짐을 갖고 있었습니다." 핵심은 회사의 특성을 반영하는 지표에 집중하고 그 지표를 최적화하는 것이었다. "우리에게 그 지표는 업로드된 문서의 수와 이들 문서에 대한 트래픽이었습니다. 그래서 우리는 사람들이 문서를 업로드하고 문서가 트래픽을 일으키는 바이럴 루프viral loop[소셜 미디어를 통해 빠르게 확산시키는 고리_옮긴이]를 만들었습니다. 그러면 트래픽의 일부가 다시 자신의 문서를 업로드했습니다. 바이럴 루프는 그런 식으로 작동하기 시작했습니다."

스크립드는 초기에는 무료였다. 사용자들은 무료로 문서를 업로드하고 문서에 접속할 수 있었다. 트립과 재러드는 한두 해 동안은 매출에 대해 심각하게 생각하지 않았다. 많은 기술 창업회사들처럼 많은 것이 실험적이었다. 무언가를 시도해 보고 작동하는지 확인한 후, 작동하면 그것을 개발했고 작동하지 않으면 버린 뒤 다른 것을 시도했다. 2008년 그들은 사이트에 광고를 올려 소소한 수익 흐름을 창출했다. 그런 다음 콘텐츠를, 특히 책을 판매하려고 했다. "우리는 일찍부터 도서출판사들이 우리 서비스에 있는 발췌문을 공유해서 자신들의 책을 홍보하려 한다는 것을 알았습니다. 그래서 우리는 출판사들로 하여금 책을 팔도록 하는 것이 좋겠다고 생각했습니다." 트립과 재러드는 스크립드 스토어 Scribd Store를 시작했고 대형 5개사 모두 꽤 빠르게 여기에 가입했다. 스크립드 스토어는 전자책 소매업체의 역할을 하면서 대행 모델로 전자책을 팔았다. 그러나 잘되지 않았다. 사용자들은 콘텐츠에 대해 비용을 지불하기를 원치 않았고 지불하더라도 아마존으로 갈 가능성이 컸다. 그래서 이 실험은 중단되었다. "정말 아무것도 되지 않았습니다."

그들은 당시 유행했던 프리미엄 모델로 다음 실험을 시작했다. 그 계획은 무광고, 무제한 접속, 무제한 다운로드, 무제한 콘텐츠 출력 같은 몇 가지 프리미엄 기능에 월 구독료로 8.99달러를 부과하는 것이었다. 그들은 2010년에 이 모델을 실험하기 시작했다. 당시에는 월 방문자 수가 약 8000만 명이었다. 일부 사용자는 격분해서 이메일을 보내거나 인터넷 포럼에서 분노를 표출하는 등 심하게 반응했다. 많은 사용자가 떠났고 다시 돌아오지 않았다. 그러나 더 많은 사람들이 남아서 프리미엄 서비스를 선택했다. 트립은 이를 좋은 콘텐츠와 좋은 사용자 경험의 조합이라고 요약했다. "우리는 누구도 갖지 못한 콘텐츠의 도서관을 갖고 있었고 콘텐츠를 검색하고 볼 수 있는 독특한 경험을 구축했습니다." 수익 창출 메커니즘인 프리미엄 구독 모델은 광고보다 더 잘 작동했고 사이트에서 콘텐츠를 파는 것보다도 훨씬 더 잘 작동했다. 2012년에는 사업으로 이익이 났다.

그러나 수익성은 있었지만 매우 빠르게 성장하지는 않았다. 그들은 프리미엄 서비스에 좋은 품질의 콘텐츠를 더 많이 추가함으로써 구독 모델에 연료를 공급해야 했다. 그들은 넷플릭스와 스포티파이가 잘하고 있다는 사실과, 하나씩 개별로 콘텐츠를 판매하던 미디어 산업이 구독 기반 서비스로 바뀌었다는 사실을 알고 있었다. 스크립드는 스크립드 스토어에 팔리지 않는 전자책을 많이 보유하고 있었는데 콘텐츠를 판매하는 것보다 프리미엄 서비스를 제공할 때 콘텐츠를 통해 훨씬 더 많은 돈을 벌 수 있다는 것을 깨달았다. 그래서 그들은 도서출판사와 파트너 관계를 맺고 출판사의 책을 구독 서비스에 넣어 프리미엄 사용자들이 이용할 수 있도록 하면 자신들과 출판사 모두 더 많은 돈을 벌 수 있을 것이라고 생각했다. 스크립드는 넷플릭스가 영화와 TV에 대해 했던 일과 스포티파이가 음악에 대해 했던 일을 책에 적용할 수 있었다. 그들은 사용자가 월 구독료를 지불하면 서비스 내에 있는 책에 무제한 접속할 수 있는 전자책 구독 서비스를 제공했던 것이다. 스크립드는 이미 많은 요소를 갖추고 있었다. 독서 플랫폼이 있었고, 사이트 방문자가 많았고, 돈을 지불하는 구독자를 대거 보유한 구독 서비스가 있었고, 전자책에 대한 수요가 많았고, 그리고 대형 5개사를 포함해 많은 출판사와 이미 관계를 맺고 있었다.

이제 당면한 과제는 출판사들에게 전자책 구독 서비스를 허가하도록 설득하는 것이었다. 아무도 전자책을 위한 구독 서비스를 해본 적이 없었으므로 그 서비스가 어떻게 작동할지, 어떤 출판사가 그 권한을 줄지, 그들이 출판사에게 경제적으로 가치 있고 지속력 있는 조건으로 권리를 확보할 수 있을지 확실치 않았다. 그래서 출판사들과 대화를 나누었다. 넷플릭스와 스포티파이가 이미 존재한다는 사실이 출판사를 설득하기 쉽게 만들어주었다. 그들은 이러한 모델이 다른 미디어 분야에서도 작동했음을 보여주기 위해 넷플릭스와 스포티파이의 사례를 이용할 수 있었다. 그러나 여전히 쉽지 않았다. 그들이 이야기한 대부분의 출판사는 "안 됩니다. 절대 안 돼요. 전자책 구독 서비스는 절대 안될 겁니다"라고 말했다. 이렇게 생각하는 이유는 많았는데, 사람들은 음악을 듣는 만큼 책을 많이 읽지 않으므로 소비자 가치 제안이 책에 대해서는 그만큼 강하지 않다, 권리 문제는 극복 불가능하며 작가에게 공정한 방식으로 거래를 구성하는 것이 불가능하다, 구독 독서는 전자책 판매를 잠식해서 출판사가 더 악화될 것이다 등등의 이유였다. 한마디로 환영을 받지 못했다. "출판산업의 많은 사람에게 이야기했지만 열에 아홉은 그 구상이 결코 통하지 않을 것이므로 그만두라고 말했습니다"라고 재러드가 회고했다. 그러나 그들은 인내했다.

그들은 베이 지역에 있는 두 개의 작은 출판사 베럿 콜러Berret koehler와 이너 트래디션Inner Tradition이 이를 시도하기로 결정하면서 약간의 성공을 거두었지만, 이 일이 되려면 대형 주류 시판용 출판사를 참여시킬 방법을 찾아야 한다는 것을 알고 있었다. 많은 것은 출판사에게 대금을 지불하는 데 사용하는 재정 모델에 달려 있었다. 그들은 넷플릭스가 이용하는 선불 사용료 모델과 스포티파이의 로열티 풀 모델에 대해 알고 있었지만 이 두 모델 모두 전자책에는 맞지 않다는 것이 분명해 보였다. 선불 사용료 모델을 이용하기로 출판사를 설득하더라도(가능성이 낮지만) 이러한 방식에서는 사용 콘텐츠에 지불해야 하는 요금이 너무 높았다. 한편 주류 출판사들은 모든 위험을 콘텐츠 소유자에게 전가하는 로열티 풀 모델에는 매우 반대했다. 대형 5개사 중 한 곳의 고위 임원으로 일한 바 있고 그들의 관심사에 대해 잘 알고 있는 출판업계의 고문 중 한 사람은 다른 모델을 제안했는데, '임계값' 또는 '사용당 지불'이라고 부를 수 있는 모델이었다. 이는 사용자가 특정 임계값을 넘어서면 스크립드가 그 책을 구매한 것처럼 출판사에 비용을 지불하는 방식이다. 따라서 스크립드가 생각해 낸 제안은 다음과 같았다. 독자가 전자책의 20%를 읽으면 책 가격의 80%를 스크립드가 출판사에 지불하는 것이다. 임계값 자체는 변동 가능했는데, 출판사마다 다를 수 있지만 20%가 목표치이다.

임계값 또는 사용당 지불 모델은 출판사에게 명백한 매력을 갖고 있었다. 즉, 리스크를 출판사에서 서비스 제공업체로 이전해서 사용자가 책의 20%만 읽어도 책이 판매된 것처럼 출판사에 비용을 지불하도록 했던 것이다. 사용자가 책을 다 읽었든 다른 텍스트를 읽었든 관계없었다. 20%의 임계값에 다다르기만 하면 지불이 시작되었다. 이 모델에는 여전히 자기 잠식의 위험이 남아 있었는데, 독자들이 많은 책을 읽기 시작하기만 하고 20%의 임계값에는 도달하지 못할 수도 있기 때문이었다. 그러면 출판사는 이 임계값 미만의 독서 활동에 대해서는 아무런 비용도 받지 못했다. 그러나 리스크는 로열티 풀 모델에서보다 훨씬 낮았다. 그리고 더욱 중요한 것은 독자가 20% 임계값에 도달했을 때 출판사에 지불하는 금액은 출판사들이 정하기 때문에 그 금액이 훨씬 높고 출판사의 통제하에 있을 가능성이 높다는 것이었다. 그러나 임계값 모델은 서비스 제공업체(여기서는 스크립드)에게는 큰 리스크를 안겨주었다. 서비스 가입자가 평균적으로 아주 적은 수의 책만 읽을 것이라고 가정했기 때문이다. 만일 구독자 대부분이 매월 여러 권의 책을 읽거나 매월 여러 권의 책 중 20% 이상을 읽는다면 출판사에 지불하는 돈은 월정액 8.99달러의 구독료를 통해 버는 수익을 크게 초과할 것이다. 따라서 스크립드의 관점에서 이 모델의 생명력은 상대적으로 적은 독자가 책을 많이 읽을 것이라는 가정, 그리고 책을 많이 읽는 독자는 책을 거의 읽지 않거나 20%의 임계값을 거의 넘지 못하는 독자에 의해 보상될 것이라는 가정에 달려 있었다. 달리 말하면 이것은 헬스장 모델을 책에 적용한 것이었다. 매일 헬스장에 가는 열성 회원은 몇 명 되지 않지만, 헬스장 회원권을 끊는 사람의 상당한 비율은 헬스장을 매우 드물게 가거나 전혀 가지 않는다. 구독 비즈니스에서 적용되는 일반적인 경험 법칙은 1/3의 열성 회원을 보조하기 위해 2/3의 가벼운 사용자가 필요하다는 것이다. 만일 모든 사람의 사용 패턴이 무거운 쪽으로 기울면 헬스장이든 책 구독 서비스이든 운영할 수 없다.

스크립드는 이 위험을 잘 알고 있었다. 그들은 헬스장 모델이 책에도 적용될 경우에만, 그리고 대부분의 구독자가 헬스장에 등록만 하고 거의 가지 않는 사람들과 같다고 판명된 경우에만 이 모델이 자신들에게 경제적으로 도움이 될 것임을 알고 있었다. 그러나 그들은 선택의 여지가 거의 없다는 것도 알고 있었다. 그들이 주류 시판용 출판사들을 참여시키기 원한다면 이것이 유일한 모델이라는 것이 분명해 보였다. 그것은 도박이자 내기이자 계산된 돈 걸기였다. 이것이 잘될지 알 수 없지만 시도해 봐야 했다. 트립은 "그래서 해보기로 했습니다. 우리는 앞으로 최적화할 여지가 있다고 생각했습니다"라고 말했다. 첫째, 그들은 중소 규모의 출판사 다수와 계약을 맺었다. 또한 많은 자가 출판사, 특히 스매시워즈로부터 책을 추가했다. 그런 다음 대형 5개사 중 하나인 하퍼콜린스가 합류해서 1년 이상 된 전자책 기간도서 목록을 모두 제공했다. 하퍼콜린스가 합류하자 그들은 전자책 구독 서비스를 시작하기에 충분한 콘텐츠와 신뢰성을 가지게 되었다고 느꼈고 2013년 10월 1일 그 서비스를 시작했다. 2014년 5월 사이먼 앤 슈스터가 전자책 기간도서를 스크립드에 제공하기로 했고, 2015년 1월에는 맥밀런이 그 뒤를 따랐다. 그들은 이제 대형 5개사 중 3개사와 함께하게 되었다. 때로는 핵심 출판사의 참여를 독려하기 위해 상당한 규모의 선급금을 지불하기도 했다. 2014년 11월 스크립드는 3만 종의 오디오북을 추가했는데, 구독자는 동일한 8.99달러의 구독료로 여기에 무제한 접속할 수 있었다. 이 서비스는 엄청난 규모로 빠르게 확장되고 있었다.

하지만 얼마 지나지 않아 문제가 나타나기 시작했다. 문제는 임계값 모델의 중심에 있는 모순, 즉 가장 충성도가 높은 사용자는 가장 수익성이 없는 사용자라는 사실에서 비롯되었다. 그들이 더 많이 소비할수록 더 많은 비용이 든다. 따라서 이 서비스를 가장 많이 사용하는 사람이 가장 큰 부담이 된다. 이는 제공업체가 가장 많이 사용하는 사람의 사용을 제한하거나 억제하는 방법을 찾는 '역인센티브 구조'를 만든다. 전자책 및 오디오북 구독 서비스가 출시된 후 스크립드의 재정 상황이 빠르게 악화되었고 스크립드는 수익성 있는 사업에서 손실이 매우 큰 사업으로 바뀌었다. 그들은 손실을 막을 방법을 찾아야만 했다. 스크립드는 사용 패턴을 조사하면서 헤비 유저 패러독스heavy-user paradox가 특히 두드러지는 두 분야가 있음을 확인했다. 바로 로맨스 소설과 오디오북이었다. 트립은 "로맨스 소설의 독자는 다른 유형의 독자보다 훨씬 많이 읽는 것으로 드러났습니다. 그들은 한 달에 100권을 읽을 것입니다. 그들이 전체 사업을 망가뜨릴 것이므로 뭔가 조정이 필요했습니다"라고 설명했다. 그들은 2015년 6월부터 로맨스 소설의 90%를 내리기로 과감한 결정을 내렸다. "비싼 것은 모두 끌어내렸습니다. 우리가 할리퀸과 계약을 맺고 할리퀸의 거의 모든 목록을 가지게 되자 지불금이 기하급수적으로 늘어났습니다." 오디오북의 문제도 비슷했다. "청취 활동이 너무 높아서 몇 달 후에는 오디오북에서만 월 100만 달러의 손실이 발생했습니다." 그래서 이것도 바꾸었다. 8월에는 한 달에 오디오북 한 권으로 사용을 제한했다.

이 두 가지 변화는 차이를 만들었고 현금 출혈을 중단시켰다. 하지만 서비스는 여전히 수익이 나지 않고 있었다. 그 시점에서 그들은 무제한 사용 모델에 자금을 지원하기 위해 창업 투자 자금을 끌어올지, 아니면 서비스가 이익이 나도록 모델을 바꿔야 할지 결정을 내려야 했다. 그들은 후자를 선택했고 2016년 봄 한 달에 세 권 시스템으로 전환했다. 트립은 "우리가 알아낸 것은 로맨스 소설 외에는 한 달에 세 권 이상 읽는 사람이 구독자의 3%에 불과하다는 것이었습니다"라고 설명했다. 그래서 카탈로그를 더 줄이고 더 작은 카탈로그에 대해 무제한 접속을 계속 제공하기보다는 월 세 권의 책으로 사용을 제한하고 모든 사람에게 더 많은 카탈로그를 제공하기로 결정했다. 이는 일반적으로 더 많이 읽는 3%를 실망시킬 위험을 안고 있었다.

소셜 미디어와 언론은 서비스 면에서의 이러한 변화를 달가워하지 않았다. 한 사용자는 "나는 그들의 '유인 상술'에 대단히 실망했다. 나는 열렬한 소설 독자가 아니라 한 달에 1~3권 정도 책을 읽는다. 그러나 참고 목적으로 비소설 책을 즐겨 활용한다. 나는 더 이상 그들의 '서비스'를 이용하지 않을 것이며, 다른 사람에게 내 경험에 대해 경고할 것이다. 그러면 수익이 줄어들 것이다"라고 경고했다.[6] 또 다른 사람은 "나는 책을 많이 읽는 독자라서 가입했는데 결국 한 달 후에 이런 통지를 받았다. 정말 당황했다"라고 불평했다.[7] 트립은 이것이 잘못이었다고 인정한다. "이것은 사람들을 화나게 했습니다. 영상과 음악에서 벌어졌던 일을 고려하면 무제한 사용에 대한 기대가 있었기 때문입니다. 나는 장기적으로는 진정으로 무제한적인 모델을 만들고 싶지만 그렇게 하려면 출판사들의 참여가 정말 필요합니다." 즉, 트립의 견해로는 출판사가 로열티 풀 모델을 기꺼이 수용해야만 무제한 접속이 작동하며, 이를 통해 스크립드는 더 큰 통제력을 발휘할 수 있었다. 스크립드가 지불의 임계값 모델을 이용할 수밖에 없으면 사용을 제한하는 것이 서비스를 작동케 하는 유일한 방법처럼 보인다. 그리고 실제로 일부 사용자들의 불만에도 불구하고 취소 건수는 상대적으로 적었다. "실제 자료를 보면 성장이 더뎠고 취소가 이루어졌으며 가입이 감소했습니다. 하지만 성장이 크게 둔화된 것은 아니었습니다."

서비스 약관을 크게 조정한 후 스크립드는 수익성을 회복했고 콘텐츠를 추가하는 과제를 지속하면서 사용자 경험을 향상시키고 구독 기반을 키워나갔다. 문서, 도서, 오디오북 외에 2016년 11월에는 잡지를 추가해 사용자들에게 ≪타임≫, ≪포천≫, ≪피플≫, ≪블룸버그 비즈니

---

6 Glinda Harrison, "Scribd Adds New Content Limits," eBook Evangelist, at https://ebook evangelist.com/2016/02/16/scribd-adds-new-content-limits에 대한 제이(Jay)의 평.
7 미셰린 코퍼(Michelyn Coffer)의 평, 같은 글.

스위크》, ≪포린 폴리시≫, ≪뉴욕 매거진≫을 비롯한 다양한 잡지에 무제한 접속을 허용했으며, 이후에는 다른 잡지도 추가되었다. 그런 후 2017년 5월에는 ≪뉴욕타임스≫, ≪월스트리트 저널≫, ≪가디언≫, ≪파이낸셜 타임스≫, 미국공영라디오 NPR, 프로퍼블리카를 포함한 주요 신문과 인기 있는 뉴스 사이트의 기사를 추가했다. 그 목적은 사용자에게 하나의 구독료로 다양한 유형의 콘텐츠, 문서, 도서, 오디오북, 잡지, 신문 사설에 대한 접속을 제공해서 가시성을 높이고 사용자가 하나의 콘텐츠에서 다른 콘텐츠로 원활하게 이동할 수 있게 만드는 것이었다.

2017년 봄 스크립드는 50만 명 이상의 유료 구독자를 보유하고 있었고 구독자 기반이 1년에 약 50%씩 성장하고 있었다. 2년 후인 2019년 1월에는 구독자가 100만 명이 넘었다. 새로운 구독자를 모으기 위해 광고나 기타 방법을 사용해야만 했던 많은 구독 서비스와 달리 스크립드의 새로운 구독자 대다수는 스크립드를 둘러보는 월 1억 5000만 명의 방문자였다. 구독자가 무료 체험에 가입하면 이를 유지하는 것이 가장 중요한 일인데, 이를 위해서는 더 많은 콘텐츠를 추가하고 사용자 경험을 개인화해야 했다. 트립은 이렇게 설명했다. "그들을 붙잡기 위해서는 서비스를 이용한 첫 번째 세션에서 사용자에게 딱 맞는 콘텐츠를 제공해야 합니다. 그들이 서비스를 이용해 책을 읽을 때 구독자를 확보했음을 가장 확실히 알 수 있으므로 우리는 기본적으로 어느 달이든 서비스에서 책을 읽을 구독자 수를 최적화하려고 합니다. 특히 그들이 이용하는 첫 달이나 첫 주, 심지어 첫 날에 더욱 그렇습니다. 우리는 무언가를 찾아내서 읽는 방법에 대한 사용자 경험인 프런트 엔드, 그리고 우리의 추천으로 제공되는 콘텐츠인 백 엔드 양쪽 모두에서 최적화하려고 지속적으로 노력합니다." 모든 구독 서비스가 그러하듯, 추천 엔진에서 사용되는 알고리즘은 이러한 개인화의 중요한 부분이다. "우리는 추천을 하기 위해 다양한 방법을 이용하고 있습니다. 누군가가 어떤 책을 읽는다면 그 책을 읽은 독자들이 일반적으로 읽는 다른 책을 살펴봅니다. 텍스트 유사성을 살펴보는 것입니다. 이 책이 재생 에너지에 대해 이야기하고 있으면 다른 책 역시 재생 에너지를 이야기한다고 볼 수 있습니다. 그런 식으로 짝을 맞추는 것이지요. 다양한 시스템이 있으며, 우리는 지속적으로 최적화하고 있습니다." 트립이 이어서 말했다. 스크립드에서 큰 역할을 하는 기능 중 하나는 콘텐츠 간 추천이다. 즉, 당신이 어떤 문서를 읽고 있으면 스크립드가 관련된 책을 추천하고, 당신이 어떤 책을 읽고 있으면 관련된 기사를 추천하는 식이다. "이것이 우리가 독보적인 위치를 점하고 있는 콘텐츠 간 추천입니다."

스크립드는 넷플릭스와 스포티파이 같은 구독 서비스에 비하면 여전히 규모가 작았지만, 수익성 있고 잘 성장하는 전자책 및 오디오북 구독 서비스를 구축하는 데 성공했다. 스크립드는 대형 5개사 중 3개사를 포함한 많은 수의 출판사를 상대로 기간도서 전자책을 사용할 수 있게 설득했고, 임계값 모델이 작동할 수 있는 방법을 찾았다. 처음부터 완전히 형태를 갖춘 계획이 있었던 것은 아니었기에 시행착오와 지속적인 반복을 거쳐야 했다. "어떤 거대한 계획이 있는 것처럼 보일 수 있지만 꿈에 이르게 만든 것은 수많은 반복일 뿐입니다"라고 트립이 설명했다. 이런 창업회사에서는 기꺼이 일을 저질러야 하고 일을 작동시키려면 지속적으로 수정해야 한다. 스크립드는 좋은 타이밍, 결정적 순간에 내린 합리적인 결정, 약간의 행운 덕분에 적어도 지금까지는 잘해

냈다. 그러나 스크립드는 혼자가 아니었는데, 다른 회사들은 그다지 운이 좋지 않았다.

오이스터의 성장과 몰락

트립과 재러드가 문서에 대한 초창기의 구독 서비스에 전자책을 추가함으로써 구독 서비스를 확장할 방법을 모색하던 것과 거의 같은 시기에 대학을 졸업한 지 얼마 안 된 23세의 젊은이가 뉴욕에서 비슷한 생각을 하고 있었다. 듀크대에서 역사와 경제학을 전공한 에릭 스트롬버그Eric Stromberg는 추천 엔진 기술을 개발하고 있는 뉴욕의 헌치Hunch라는 기술 창업회사에 취직했다. 2011년 이 회사가 이베이eBay에 매각되자 에릭은 자기 회사를 시작하기로 결정했다. 당시는 전자책이 뜨기 시작할 때였는데, 에릭은 스포티파이에서 목격한 것으로부터 영감을 얻었다("스포티파이는 내가 음악을 듣는 방식을 바꾸었습니다"). 그래서 그는 전자책과 스포티파이를 합쳐서 어떻게 하면 전자책을 위한 구독 서비스를 개발할 수 있을지에 대해 생각하기 시작했다. 그가 스포티파이에서 특히 좋아했던 것은 추천 엔진을 청취 경험과 통합한 방식이었다. 그의 관점에서는 이것이 구독 서비스보다 훨씬 흥미로웠다. 에릭은 이렇게 회고했다. "구독은 흥미로운 것이 아닙니다. 진짜 흥미로운 것은 구독을 가능하게 하는 것입니다. 그것은 무언가를 찾고 추천을 받고 한 번의 클릭으로 시도하는 모든 것을 한 곳에서 해결하는 것입니다. 이 모든 것을 한 곳에서 한다는 것이 내가 구독 모델에서 진짜 감명 받은 지점입니다." 그가 전자책이라는 신흥 세계에서 모방하고 싶었던 것은 이 모든 것을 한 번에 하는 경험이었다.

2012년 2월, 에릭은 출판사, 대리인, 작가 등 출판산업에 종사하는 사람들과 대화를 시작하면서 업계가 어떻게 작동하는지, 전자책을 위한 구독 서비스라는 구상을 그들이 받아들일 수 있는지 알아보려 했다. 트립과 재러드처럼 에릭도 출판사들 사이에서 그 구상에 대한 열정을 발견하지 못했다. "2012년에도 많은 사람들은 여전히 디지털을 이해하려고 노력하고 있었습니다. 여기에 구독을 추가하는 것은 이미 복잡한 2차원의 체스판을 극도로 복잡한 3D 체스판으로 만드는 것이었습니다. 사람들은 더 복잡한 것을 원하지 않았습니다." 출판사들이 보인 초기의 열성 부족에 흔들리지 않고 에릭은 견뎌냈다. 두 명의 공동 설립자 앤드루 브라운Andrew Brown과 빌렘 반 랜커Willem van Lancker가 합류했고, 그들은 사업계획을 만든 뒤 투자자들에게 그 구상을 발표하기 위해 실리콘밸리로 갔다. 에릭은 이렇게 설명했다. "우리는 우리가 진짜라는 것을 증명해야 했습니다. 그리고 투자를 받아서 출판사들에게 적어도 몇 년 동안은 우리가 주변에 있을 것이라는 사실을 확인시키는 것이 핵심이었습니다." 2012년 10월, 그들은 파운더스 펀드Founders Fund 등으로부터 300만 달러의 종자 자금을 모금했다. 그들은 이 초기 자금을 바탕으로 앱을 구축하고 출판사들과 계약을 맺기 시작했다.

출판사들에게 전자책을 제공하도록 설득하는 것은 쉽지 않았다. 에릭은 여러 해 동안 출판업계에서 일했고 업계의 많은 사람에게 신임을 받고 있는 맷 샤츠Matt Shatz를 영입해 출판사에 연락하고 그들을 설득하는 것을 돕도록 했다. 그들은 출판사에 프레젠테이션을 하면서 크게 두 가지를 주장했다. 첫째는 매력적인 사업 모델이었다. 스크립드처럼 오이스터Oyster는 출판사들이 콘텐츠를 넘겨주도록 설득하기 위해 임계값 또는 사용당 지불 모델을 이용하기로 했다. 그들은 콘텐츠 라이선스에 선불 요금을 지불할 돈이 없었고 로열티 풀 모델을 제안한다면 대형 출판사들이 계약을 맺지 않을 것임을 알고 있었으므로 대형 출판사와 함께하려면 사용당 지불 모델이 유일한 현실적 선택이었다. 임계값이 될 수치는 각 출판사와 협상했는데, 비율이 고정되지는 않았지만 일반적으로 10~20%였다. 독자가 특정 서적에 대해 합의된 비율보다 많이 읽으면 오이스터는 출판사별로 해당 전자책의 가격에서 합의된 할인을 차감한 금액을 출판사에게 지불하는 것이었다.

그들이 했던 둘째 주장은 구독 모델에 참여하는 것이 발견 가능성 문제를 처리하는 좋은 방법이라는 것이었다. 그들은 출판사들이 이 점에 관심이 있다는 것을 알고 있었다. 보더스의 몰락, 오프라인 서점에 대한 지속되는 압력, 책에 대해 토론하고 검토하는 매체 공간의 감소로 인해 독자가 아직 모르는 책을 발견할 수 있는 공간이 점점 더 줄어들었다. 만일 이런 공간이 줄어든다면 독자는 출판사들의 책을 어떻게 찾을 수 있겠는가? 오이스터가 출판사에 제시한 비전 중 일부는 전자책 구독 서비스를 실시하면 독자들이 새로운 책을 쉽게 찾을 수 있기 때문에 출판사들에게 도움이 된다는 것이었다. 에릭은 "나를 흥분시킨 핵심 통계는 넷플릭스 콘텐츠 가운데 약 80%는 검색이 아닌 발견을 통해 찾은 오래된 콘텐츠라는 사실입니다. 스포티파이에서 듣는 음악의 약 80%는 새로 발표된 곡이 아닙니다. 반면 소매 플랫폼에서는 애플이든 아마존이든 관계없이 20%만 발견을 통해 찾고 80%는 검색을 통해 찾습니다. 따라서 구독은 실제로 사람들이 물건을 발견하도록 돕는 데 매우 좋습니다"라고 말했다.

고객은 자신이 원하는 것을 정확히 알고 검색 엔진을 이용하면 새로운 것을 찾을 수 있다(아마존은 당신이 원하는 것이 무엇인지 정확히 알고 있으면 그것을 찾도록 하는 일을 훌륭하게 수행한다). 또는 자신이 원하는 것을 정확하게 모르지만 '어떤 종류'의 무언가를 원한다는 것만 알더라도 새로운 것을 찾을 수 있다. 후자의 경우 '어떤 종류의 무언가를 원하는 것'과 '특정한 것을 원하는 것' 사이에는 차이가 있고, 이는 잘 설계된 추천 엔진이 진정한 가치를 발휘할 수 있는 곳이다. 더욱이 추천 엔진이 구독 모델과 연결되어 있으면 더욱 효과적일 수 있다. 이는 구독 모델이 구매 장벽을 없앤다는 단순한 이유 때문이다. 독자(또는 청자)는 원하는 책(또는 앨범)을 좋아하는 만큼 읽은 다음(또는 들은 다음) 이를 계속할지 결정할 수 있다. 계속하지 않기로 결정하면 다른 것을 시도하면 된다. 전체를 시도할 만큼 충분히 좋은지를 결정하기 위해 그 책을(또는 앨범을) 살 필요가 없다. 사람들은 구매 장벽 때문에 새로운 것에 대한 시도를 단념하므로 그 장벽을 없앤다면 좀 더 실험을 하게 될 것이다. "구독 모델은 세계 최고의 검색 경험을 만들고 있습니다"라고 에릭은 단언했다. 추천 엔진은 특히 기간도서 목록이나 베스트셀러 목록에 포함되지 않은 책 같은 오래된 책을 발굴하는 데 도움을 주어 이용자가 기간도서나 베스트셀러가 아닌 책에 점점 더 깊이 들어가도록 유도할 수 있다. 이는 서점과 서평 매체의 감소를 걱정하고 있던, 그리고 기간도서로부터 더 많은 가치를 뽑아내는 새로운 방법을 실험하는 데 열중하고 있던 많은 출판사의 귀에 음악과도 같았다.

처음 합류한 출판사는 소규모 출판사와 좀 더 전문화된 시판용 도서 출판사들이었다. 대형 5개사에게 참여를 설득하는 것은 훨씬 어려웠지만 이는 서비스의 규모와 신뢰성 면에서 매우 중요했다. 그들이 서비스를 시작하기에 충분할 만큼 콘텐츠를 갖게 되었다고 느낀 것은 하퍼콜린스가 자신들의 기간도서 목록의 10%를 제공하기로 동의했을 때였다. "우리는 모든 사람이 제일 먼저 '대형 5개사 중 누군가와 함께 일하고 있나요?'라는 물을 것임을 잘 알고 있었습니다. 그리고 '아니오'라고 답하는 것과 '예'라고 답하는 것 사이에는 큰 차이가 있었습니다." 하퍼콜린스가 함께하면서 오이스터는 스크립드가 서부 해안 쪽에서 전자책 구독 서비스를 시작하기 몇 주 전인 2013년 9월 5일 구독 서비스를 시작했다. 책을 위한 넷플릭스[8]라고 알려진 오이스터는 구독자들에게 월 9.95달러에 10만 종의 전자책에 대한 접속권을 주었다. 여기에는 하퍼콜린스뿐 아니라 휴턴 미플린 하코트, 워크맨, 로데일Rodale, 그리고 기타 더 작은 출판사로부터 제공받은 서적도 포함되었으며, 스매시워즈에서 출판된 많은 양의 자가 출판 서적도 추가되었다.

오이스터는 2013년 말부터 2014년까지 서비스를 지속적으로 확대해서 사용자 인터페이스를 개발하고 다른 플랫폼으로까지 확장해 구독자 수를 늘리고 더 많은 콘텐츠를 추가했다. 2013년 말 그들은 하이랜드 캐피털 파트너스가 이끄는 창업 투자사로부터 1400만 달러를 추가로 모금했다. 2014년 5월 하퍼콜린스와의 계약은 하퍼콜린스의 기간도서 타이틀을 100% 포함하는 것으로 확장되었고, 같은 달에 사이먼 앤 슈스터도 자신들의 기간도서를 모두 사용할 수 있게 했다. 2015년 1월 맥밀런은 오이스터에 1000종의 기간도서 서적을 넣는다고 발표했고, 그달 말에 오이스터는 포터모어Pottermore와 계약을 맺어 해리포

---

8   Steven Bertoni, "Oyster Launches Netflix for Books," *Forbes* (5 September 2013), at www.forbes.com/sites/stevenbertoni/2013/09/05/oyster-launches-netflix-for-books/#35c703f14ce1.

터 관련 서적 10종을 모두 구독 서비스에서 이용할 수 있다고 발표했다. 2015년 3월 맨해튼 미드타운에 있는 오이스터 본사에서 에릭을 만났을 때 뚜렷한 흥분을 느낄 수 있었다. 그들은 이제 100만 종의 책을 보유하고 있었고, 대형 5개사 중 3개사 및 10대 출판사 중 8개사와 함께하고 있었으며, 해리포터를 가져오는 대성공을 거두었다("그 계약을 맺은 것은 우리에게 믿을 수 없는 일이었습니다"). 그들은 호평 받는 제품을 만들었고 사업은 성장하고 있었으며 더 많은 인원을 고용하고 있었다. 이 창업회사는 부상하고 있고 전자책을 위한 구독 모델은 잘 작동하고 있는 것으로 보였다. 하늘을 찌를 듯했다. 또는 그래 보였다.

하지만 2015년 9월 21일, 오이스터는 서비스를 종료한다고 발표했다. 이는 우리가 대화를 나눈 지 6개월 만이자 오이스터가 시작된 지 2년 만이었다. 에릭과 오이스터 팀의 다른 임원들이 구글에 합류할 것이며, 구글은 투자자들에게 그 직원들 일부를 고용하는 권리의 대가로 1500만~2000만 달러를 지불할 것이라고 보도되었다. 즉, 서비스를 종료하고 구글이 직원 중 일부를 '채용'한다는 것이었다.[9] 구글이 그 사업을 인수하는 것이 아니라 자신들의 사업을 개선하기 위해 사내로 가져올 수 있는 제품과 기술, 편집 팀을 사들였던 것이다. 그렇다면 무엇이 잘못되었을까? 이제 막 도약할 것 같던 창업회사가 왜 갑자기 전복했을까?

외부 관찰자에게는 문제가 사업 모델이었음이 분명해 보였다. 임계

9   Mark Bergen and Peter Kafka, "Oyster, a Netflix for Books, Is Shutting Down. But Most of Its Team Is Heading to Google," Recode(21 September 2015), at www.recode.net/2015/9/21/11618788/oyster-books-shuts-down-team-heads-to-google.

값 또는 사용당 지불 모델이 분명 배를 침몰시킨 구멍이었다. 오이스터는 독자가 10~20%를 읽으면 책의 디지털 가격 전액을 출판사에 지불하기로 합의했는데, 이로 인해 구독료로 걷는 것보다 더 많은 돈을 출판사에게 지불하도록 의무화하는 사업 모델에 갇혀버렸다. 이는 현금 보유고를 고갈시켰고 수익이 날 것이라는 희망을 꺾어버렸다. 하지만 이것이 오이스터가 실패한 주된 이유는 아니었다. 오이스터는 어느 정도 수익성이 있었다. 가장 큰 문제는 오이스터가 구독 기반을 충분히 빠르게 증가시키지 않았고 신규 고객을 확보하는 데에는 비용이 너무 많이 든다는 것이었다.

모든 구독사업과 마찬가지로 오이스터의 생존 가능성은 고객에 대한 1인당 확보 비용cost per acquisition(CPA)과 평생가치lifetime value(LTV) 간의 비율에 달려 있었다. 1인당 확보 비용은 신규 고객을 얻기 위해 (광고 등의 방법을 통해) 매달 얼마나 쓰는지를 파악한 후 그 금액을 순 신규 구독자 수(가입한 구독자 수에서 취소한 구독자 수를 뺀 수)로 나누는 방식으로 계산된다. 평생가치는 각 사용자에게서 매월 얼마의 수익이 발생하는지 계산하고 평균 사용자가 머무르는 개월 수(실제 이탈률을 기준으로)를 곱해서 결정된다. 오이스터 같은 구독 사업의 투자자들은 일반적으로 1 대 3 또는 1 대 4의 비율을 추구하는데, 이는 새로운 구독자를 확보하는 데 1달러를 지출할 때마다 3달러 또는 4달러의 평생 가치를 만들어내야 한다는 것을 의미한다.

오이스터가 각 사용자에게서 실제로 거두어들이는 총 수익은 적었는데, 구독료 10달러당 약 8달러는 출판사에 지불되어 약 2달러의 적은 수익만 남았다. 오이스터는 추천 엔진을 꽤 효과적으로 사용해서 독자에게 똑같은 만족감을 주지만 비용이 덜 드는 책으로(예를 들어 9달러가 아닌 3달러인 책으로) 유도하고 있었다. 따라서 총 이익은 플러스였지만 이익이 작았다. 다른 한편으로 오이스터는 구독 기반을 구축하고 새로운 구독자를 확보하기 위해 많은 돈을 쓰고 있었다. 그들은 온라인에서, 주로 페이스북과 구글에서 광고를 했는데 그 비용이 비쌌다. 그들은 서로 다른 시간에 서로 다른 메시지를 광고하고 광고비용이 저렴한 달에는 더 많은 광고를 하는 등 현명하게 돈을 쓰느라 주의를 기울였지만, 새로운 사용자 한 명을 확보하는 데 여전히 40~50달러가 들었다. 그 결과 1인당 확보 비용 대 평생가치의 비율이 1 대 3 또는 1 대 4가 아니고 사실상 약간 마이너스였다. 오이스터의 한 전직 내부자는 "그것이 구독자가 수익성이 없다는 것을 의미하지는 않습니다. 그들은 수익성이 있었습니다. 그러나 그들을 가입시키기 위해 우리가 지출하는 돈은 여전히 과다했습니다"라고 설명했다. 그의 관점에서 보면 오이스터의 실수는 광고에 너무 많이 의존했고 '유기적 획득', 즉 고객 개개인을 구매하는 대신 사람들이 스스로 이야기를 공유하게 하는 입소문을 무시했다는 것이었다. 그들은 잠재적인 투자자를 만족시키는 1인당 확보비용 대 평생가치의 비율을 확실히 하기보다는 광고를 이용해서 가급적 빨리 구독자 기반을 키우는 데 초점을 두었다. 이 비율은 투자자에게 핵심적인 지표였다. 오이스터가 업계의 기대에 맞게 1인당 확보 비용 대 평생가치 비율로 구독자 기반을 키우고 있다는 것을 보여주었더라면 그들은 시리즈 B 자금 모금에 기꺼이 참여할 투자자들을 찾을 수 있었을 것이다. 그러나 시리즈 B 자금을 모을 수 없다는 것이 판명되었고, 그들은 또 다른 투자를 모금하지 않고는 사업을 계속할 수 있는 재정적 입장이 아니었다. 따라서 다음 단계는 완곡하게 '전략적 자금'이라고 불리는 것을 찾는 것이었다. 이는 자신들의 사업에 통합하기 위해 다른 사업을 인수하는 데 관심이 있을 만한 회사를 의미한다. 그래서 구글 거래가 나온 것이다.

이것은 스크립드는 살아남고 오이스터는 실패한 이유를 설명하는 것이기도 하다. 스크립드는 전자책 구독 서비스를 개발하기 전에 문서 사업을 했기 때문에 이미 월 1억 4000만 명가량의 방문자와 기존 구독 서비스를 기반으로 매우 커다란 기존 사용자를 보유하고 있었고, 이를 토대로 새로운 전자책 구독 서비스를 기존 사용자에게 마케팅할 수 있었다. 스크립드는 기존 사용자와 방문자 중 일부를 유료 구독자로 전환하는 데 초점을 두었기 때문에 새로운 구독자를 확보하는 데에는 사실상 아무런 비용이 들지 않았다. 반면에 오이스터는 새로운 구독자를 확보하기 위해 유료 광고를 이용했고 신규 구독자 1명당 40~50달러의 비용이 들었다. 성공한 대부분의 구독 서비스는 시작 단계부터 다른 서비스보다 앞서는 무언가를 가지고 있다. 넷플릭스는 DVD 플레이어에 무료 회원권을 넣기 위해 전자제품 제조업체들과 계약을 맺었고 월마트와는 월마트 고객을 넷플릭스로 안내하는 계약을 맺었다. 스포티파이는 페이스북과 계약을 맺어 수백만 명의 잠재적인 사용자에게 접근할 수 있었고, 스크립드는 기존의 문서 사업을 가지고 있었다. 하지만 오이스터는 바닥에서 시작했다. 한마디로 오이스터는 침몰하고 스크립드는 살아남은 이유는 오이스터는 1인당 확보 비용이 높고 스크립드는 1인당 확보 비용이 낮았기 때문이다.

오이스터의 높은 1인당 확보 비용은 오이스터가 몰락한 주요 원인이었지만, 전자책 구독 서비스에서 또 다른 주요 참가자가 등장한 것 또한 오이스터의 전망에 전혀 도움이 되지 않았다.

킨들 언리미티드의 등장

스크립드와 오이스터가 나온 지 9~10개월쯤 되었을 때인 2014년 7월 아마존은 전자책 구독 서비스인 킨들 언리미티드Kindle Unlimited(KU)를 출시한다고 발표했다. 킨들 언리미티드는 2011년에 출시된 킨들 오너스 렌딩 라이브러리Kindle Owner's Lending Library(KOLL)와는 다른 독립형 구독 서비스였다. 킨들 오너스 렌딩 라이브러리는 아마존 프라임 회원에 대한 특전으로, 아마존 프라임 회원에게 킨들 스토어에서 매달 한 권씩 전자책을 빌릴 수 있게 하는 것이었다(제5장 참조). 하지만 킨들 언리미티드의 구독자는 매달 9.99달러의 구독료를 지불하면 60만 종의 전자책과 2000종의 오디오북에 무제한 접속할 수 있다. 전자책은 킨들에서 읽거나 다른 기기에서 킨들 앱을 통해 읽을 수 있다. 아마존의 규모와 많은 독자가 이미 전자책을 읽기 위해 킨들을 사용하고 있다는 것을 고려하면 아마존의 이 새로운 상품은 두 개의 신생 구독 서비스 창업회사에게 심각한 위협이 될 것으로 보였다. 표면적으로 볼 때 킨들 언리미티드는 10달러 미만의 구독료, 무제한 서비스라는 점에서 스크립드나 오이스터와 매우 비슷하게 보였다. 하지만 사실은 근본적인 차이가 있었다. 특히 두 가지가 중요했다.

우선 킨들 언리미티드는 사업 모델이 매우 달랐다. 사실상 아마존은 혼합된 모델을 적용했다. 아마존은 『반지의 제왕』, 『헝거 게임』, 해리 포터 시리즈 같은 유명 콘텐츠를 확보해서 킨들 오너스 렌딩 라이브러리 및 킨들 언리미티드에서 제공하기 위해 몇몇 출판사와 특별 계약을 맺었다. 주류 출판사들에서 출판된 이런 예외적인 서적에 대해 아마존은 임계값 버전 또는 사용당 지불 모델을 적용하고 있었다. 그러나 킨들 언리미티드의 콘텐츠는 대부분 KDP와 아마존 자체의 임프린트에서 출판된 자가 출판 도서였다(KDP 셀렉트에 등록된 책은 자동적으로 킨들 언리미티드에 등록된다). 그리고 아마존이 이용한 모델은 고정 로열티 풀 모델이었다. 아마존은 킨들 언리미티드 풀 또는 기금을 만들었는데, 이는 누군가가 책의 10% 이상을 읽으면 작가가 킨들 언리미티드 풀로부터 비례적인 지불금을 받는 방식이었다(아마존은 킨들 오너스 렌딩 라이브러리를 위해 이런 종류의 계약을 이미 마련해 두었다). 풀의 금액은 매달 바뀌는데, 킨들 언리미티드가 2014년 7월 시작되었을 때 풀은 250만 달러로 설정되었다. 아마존은 로열티 풀 모델을 통해 스크립드와 오이스터가 할 수 없었던 방식으로 콘텐츠 비용을 낮출 수 있었다. 하지만 이는 콘텐츠 소유자들에게 돌아가는 전반적인 지불액 역시 훨씬 낮다는 것을 의미하기도 했다.

출시 1년 후인 2015년 7월 아마존은 지불 모델을 바꾸었다. 이제 아마존은 독자가 책의 10%를 읽을 때마다 작가에게 로열티를 지불하는 대신 읽은 페이지를 기준으로 로열티를 지불할 것이었다. 일부 평론가는 아마존이 킨들 언리미티드가 20~30페이지의 매우 짧은 책으로 넘쳐나는 것에 대한 대응으로 이렇게 변경했다고 시사했다. 10% 규정 아래에서는 독자가 2~3페이지만 읽어도 작가가 보상을 받는 데 반해 300페이지 책의 작가는 독자가 30페이지 넘게 읽어야 보상을 받았다. 원래의 킨들 언리미티드 모델은 작가들에게 많은 단편 소설을 자가 출판해서 풀에 올리도록 강한 인센티브를 제공했다. 자가 출판 작가 C. E. 킬고어C. E. Kilgore는 "길게 쓰는 작가는 떠나고 있는 반면 점점 더 많은 작가가 단편소설을 풀에 추가하고 있어 문제를 복잡하게 만들고 있다. 월 10달러를 내는 독자가 25페이지짜리 책 30권을 읽으면 킨들 언리미티드는 월 80달러에 가까운 대여료를 내야 하므로 가랑비에 바지가 젖는 것은 그저 시간문제이다"라고 언급했다.[10] 그러나 지불 면에서의 변경은 작가가 일반적으로 페이지당 0.5센트 미만의 매우 적은 요금을 받는다는 것을 의미했다. 따라서 250페이지짜리 책을 자가 출판한 작가는 누군가가 책 전체를 읽으면 대략 1.25달러를 지불 받고 독자가 다 읽지 않으면 그보다 덜 받는다(독자가 50페이지에서 멈추면 25센트만 받는다). 반면에 전자책을 3.99달러에 샀다면 독자가 실제로 그 책을 읽었는지 여부와 관계없이 2.79달러의 로열티를 받는다. 지불 조건 변경과 함께 아마존이 KDP 셀렉트에 책을 등록하는 작가에게 킨들에 독점권을 주도록 요구하자 일부 작가는 자신의 책을 킨들 언리미티드와 KDP 셀렉트에서 내렸다. 그러나 다른 많은 자가 출판 작가에게는 킨들 언리미티드가 아마존이라는 생태계 내에서 또 다른 수익원이었으므로 이들은 적어도 당분간 자신들의 책을 킨들 언리미티드에 등록하고 무슨 일이 일어나는지 보기로 했다.

두 번째 큰 차이는 자신들의 책을 킨들 언리미티드에 넣으려는 출판사가 주류 출판사 중에서는 극소수이고 대형 5개사 중에서는 아무도 없다는 것이었다. 주된 이유는 아마존의 로열티 풀 사업 모델에서는 책이 대여되거나 읽힐 때 출판사나 작가가 얼마나 받을지에 대한 통제권을 출판사에게 전혀 주지 않기 때문이었다. 아마존은 로열티 풀이 매달 얼마나 클지 단독으로 결정했다. 만약 250페이지인 책이 처음부터 끝

---

10   C. E. Kilgore, quoted in Kirsten Reach, "You Don't Get Paid Unless People Actually Read Your Book: The New Kindle Unlimited Royalties," *MobyLives* (16 June 2015), at www.mhpbooks.com/you-dont-get-paid-unless-people-actually-read-your-book-the-new-kindle-unlimited-royalties.

까지 읽힐 때마다 출판사가 1.25달러를 받는다면(끝까지 읽지 않았으면 더 적게 받을 것이다) 그 금액을 작가와 나눠야 할 것이다. 이 경우 출판사와 작가는 모두 직접 판매로 벌어들일 수 있는 것의 일부만 갖게 된다. 출판사의 입장에서 보면, 그리고 많은 작가의 입장에서 보더라도, 이 모델은 스크립드와 오이스터에서 사용하는 임계값 또는 사용당 지불 모델보다 훨씬 덜 매력적이었다. 따라서 대형 5개사를 포함한 대부분의 출판사는 아마존의 조건에 참여하기를 꺼렸다. 한편 일부 출판사는 다른 이유로 킨들 언리미티드에 참여하려 하지 않았다. 그중 일부는 아마존의 커져가는 힘을 경계하고 시장에서의 경쟁을 부추기고 싶었기 때문이고, 다른 일부는 단순히 구독 모델을 경계했기 때문이다. 그러나 아마존이 선호했던 로열티 풀 모델은 주류 출판사로 하여금 킨들 언리미티드에 참여할 의욕을 강력하게 저하시켰다.

그 결과, 킨들 언리미티드에 있는 대다수의 책은 KDP를 통해 자가 출판된 책과 아마존의 자체 출판 임프린트에서 출판된 책이었다. 즉, 콘텐츠 면에서 킨들 언리미티드는 아마존을 통해 출판되고 자가 출판된 책으로 심하게 치우쳤던 것이다. 따라서 콘텐츠 면에서 킨들 언리미티드는 스크립드나 오이스터와 매우 다른 입장이었다. 스크립드나 오이스터는 대형 5개사 중 몇 개사를 포함한 많은 주류 출판사들의 기간 도서 서적에 대한 접근권을 제공할 수 있다는 자부심을 가졌던 데 반해 킨들 언리미티드는 대체로 아마존을 통해 자가 출판된 책으로 제한되었다. 2018년 킨들 언리미티드에 있는 140만 종 이상의 책 가운데 92%에 해당하는 130만 종이 아마존 독점이었는데, 이는 이들 책이 아마존에서 자가 출판되었거나 아마존 자체의 임프린트 중 하나에서 출판되었음을 뜻한다. 그러면 비독점 책은 겨우 10만 종에 불과한데, 이들의 대다수 또한 자가 출판된 책이었다. 킨들 언리미티드에 있는 140만 종 책 중 극히 일부만 다른 출판사의 책이었으며 그것도 대부분 소규모 출판사의 책이었다.[11]

아마존을 통해 출판된 콘텐츠가 우세하고 주류 출판사의 서적이 없었음에도 불구하고 킨들 언리미티드는 하나의 구독 서비스로서 견인력을 얻고 있는 것처럼 보였다. 킨들 언리미티드는 가장 인기 있는 전자 독서기기였던(그리고 지금도 가장 인기 있는) 킨들에서 작동하는 유일한 구독 서비스라는 커다란 이점을 갖고 있었다. 언제나처럼 아마존은 자신의 수치를 철저히 숨기지만 로열티 풀의 규모가 변화하는 것을 보면 킨들 언리미티드의 성장을 어느 정도 짐작할 수 있다. 〈그림 9.1〉은 킨들 언리미티드가 출시된 2014년 7월부터 2019년 말까지 로열티가 지불된 킨들 언리미티드 글로벌 펀드를 보여주고 있다.

이 그래프는 로열티 풀이 2014년 7월 250만 달러에서 2016년 1월 1500만 달러로 처음 18개월 만에 6배 증가했음을 보여준다. 그 이후의 패턴은 더 불규칙했고 성장 속도는 더 느렸다. 그 다음 4년 동안 펀드는 2016년 1월 1500만 달러에서 2019년 12월 2620만 달러로 75% 증가했다. 이는 2016년 초부터 구독 기반의 성장세가 어느 정도 정체되었음을 시사한다. 아마존은 구독자의 수를 공개한 적이 없었지만 일부 평론가는 로열티 풀의 규모, 페이지당 평균 지불액, 구독자가 일반적으로 읽은 평균 책 수에 대한 데이터를 이용해 구독자의 총 수를 추정했는데

---

11   Dan Price, "5 Reasons Why Kindle Unlimited Isn't Worth Your Money," makeuseof.com (updated 7 January 2019), at www.makeuseof.com/tag/kindle-unlimited-worth-money-why.

그림 9.1 | 킨들 언리미티드 글로벌 펀드의 성장 추이　　　　　　　　　　　단위: 백만 달러

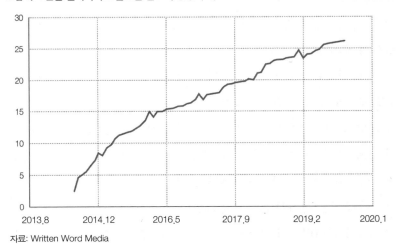

자료: Written Word Media

2017년에 대략 250만 명으로 추산되었다.[12] 이는 대략적인 추정치이지만, 2017년에 구독자 기반이 200만 명에서 300만 명 사이였다는 것은 아마도 무난한 추측일 것이다. 킨들 언리미티드 구독자는 킨들 언리미티드 구독자가 아닌 사람보다 책을 더 많이 읽는 경향이 있으며 상당한 비율이 한 달에 20권 이상의 책을 읽는다는 것을 암시하는 몇 가지 증거가 있다.[13] 킨들 언리미티드 구독자는 로맨스 소설을 주요 장르로 여

12　"How Do Kindle Unlimited Subscribers Behave (and How Does it Impact Authors)?" Written Word Media(13 April 2017), at www.writtenwordmedia.com/2017/04/13/kindle -unlimited-subscribers/#.

13　같은 글. 이것은 약 1000명의 독자를 대상으로 한 설문조사를 기반으로 하는데, 그들 중 일부는 킨들 언리미티드의 구독자였고 일부는 아니었다. 조사에 따르면, 한 달에 5권 이상의 책을 읽는 사람은 킨들 언리미티드 구독자의 경우 71% 이상인 반면, 비구독자는 57%였으며, 킨들 언리미티드 구독자의 20%는 한 달에 20권 이상의 책을 읽는다고 답했다. 그러나

기는 경향이 있다는 증거도 있다.[14]

킨들 언리미티드가 아마존의 주요 전자책 구독 서비스이지만 아마 존은 또한 자신의 대표적인 멤버십 프로그램인 아마존 프라임도 전자 책을 포함하는 것으로 확장시켰다. 2016년 10월 아마존은 프라임 리딩 Prime Reading을 출시했다. 이는 아마존 프라임 회원권을 가진 사람이라 면 누구나 1000종이 넘는 전자책, 만화, 잡지에 무료로 그리고 무제한 으로 접근할 수 있는 서비스이다. 서적의 선택은 지속적으로 바뀌고 업 데이트된다. 아마존이 또 다른 방식으로 전자책을 제공하자 독자들은 혼란스러워졌다. 프라임 리딩, 킨들 언리미티드, 킨들 오너스 렌딩 라 이브러리 간의 차이는 무엇일까? 프라임 리딩은 아마존 다중 혜택 구 독 서비스의 일부이다. 아마존 프라임 회원이 되면 자동적으로 프라임 리딩에 있는 1000종의 전자책, 만화, 잡지에 무료로 접근할 수 있는 권 한을 갖게 된다(또한 일부 영화, TV 프로그램, 음악에 대한 접근권도 얻는 다). 킨들 언리미티드는 완전히 독립된 별도의 단독 구독 서비스로, 전 자책과 오디오북 전용이며 별도의 구독료를 내야 한다(2019년 기준 킨 들 언리미티드는 월 9.99달러/7.99파운드였고, 아마존 프라임 회원권은 월 12.99달러/7.99파운드 또는 연 119달러/79파운드였다). 킨들 언리미티드에 는 전자책 카탈로그가 훨씬 더 많은데, 프라임 리딩에는 전자책이 1000

이것은 리튼 워드 미디어(Written Word Media)의 독자 기반에서 자체 보고한 결과로, 대표 적인 표본이 아닐 가능성이 있으며 킨들 언리미티드 구독자들의 독서 관행을 정확하게 반영 하지 못할 수도 있다.

14 같은 책. 조사에 따르면, 킨들 언리미티드 구독자의 35%가 로맨스 소설이 주요 장르라고 답 한 반면, 킨들 언리미티드 비구독자 가운데 로맨스 소설이 주요 장르라고 답한 사람은 25% 였다.

여 종인 반면, 킨들 언리미티드에는 14만 종이 넘는다. 아마존 프라임과 마찬가지로 킨들 오너스 렌딩 라이브러리 또한 아마존 프라임 회원이라면 무료로 이용할 수 있다. 킨들 오너스 렌딩 라이브러리는 독자들에게 80만 종이 넘는 훨씬 큰 카탈로그에 대한 접근권을 부여한다. 킨들 오너스 렌딩 라이브러리의 카탈로그는 킨들 언리미티드의 카탈로그와 여러 면에서 비슷하다. 그러나 킨들 오너스 렌딩 라이브러리에서는 매달 1종의 책만 빌릴 수 있는 데 반해 킨들 언리미티드에서는 140만 종의 서적에 무제한으로 접근할 수 있다.

도서 생태계에서의 구독

아마존이 전자책 구독 사업에 뛰어들면서 게임의 성격이 바뀌었다. 그전까지는 본질적으로 스크립드와 오이스터, 두 창업회사 간의 싸움이었다. 이 두 회사는 모두 창업 투자금으로 운영되었으며 매우 유사한 전략과 제안에 기초해서 구독자를 확보하기 위해 서로 경쟁했다. 이들 창업회사 중 한 곳의 고위 관리자는 이렇게 평했다. "킨들 언리미티드가 모든 것을 바꾸어놓았습니다. 우리는 언제나 스크립드와 오이스터가 매우 시끄럽게 만들기만 하면 아마존이 시장에 들어올 것이라고 예상하고 있었습니다. 우리는 늘 아마존이 자신의 사업을 위해 이 새로운 위협과 싸워야 할 필요성을 느낄 것이라고 생각하고 있었습니다. 우리 모두는 아마존이 얼마나 빨리 대응할 수 있었는지에 놀랐습니다. 대형 회사에게 9개월은 매우 짧은 시간입니다. 그리고 아마존의 대응이 얼마나 공격적이었는지, 그리고 스크립드와 오이스터로부터 발생할 잠재적 위협을 없애기 위해 자신들의 사업을 얼마나 기꺼이 희생했는지에 대해서도 우리 모두는 놀랐습니다." 이 창업회사들은 이제 규모에서 매우 다른 반열에 놓인 경쟁자와 직면하게 되었는데, 이 경쟁자는 적어도 게임의 성격을 바꿀 수 있는 규모와 자원을 보유하고 있었다.

아마존은 매우 불공평하게 보이는 싸움에서 많은 이점을 가지고 있었다. 우선 아마존은 전자책 시장의 지배적인 참가자였고 따라서 자신의 새로운 전자책 구독 서비스를 마케팅할 수 있는 매우 강력한 플랫폼을 가지고 있었다. 아마존은 킨들 언리미티드를 자신의 모든 주요 웹사이트에서 공격적으로 홍보했다. 킨들 언리미티드는 아마존의 홈페이지에 오랫동안 노출되었고, 처음 출시된 이후 여러 차례 홈페이지에 게재되었다. 그리고 킨들 언리미티드에 있는 모든 책의 킨들판은 킨들 언리미티드에서 무료로 볼 수 있다고 아마존 사이트에 언급되었는데, 이는 킨들 언리미티드에 강력하고도 대단히 눈에 띄는 홍보였다. 두 번째 큰 이점은 킨들 언리미티드만 킨들 독서기기에서 사용할 수 있다는 것이었다. 스크립드와 오이스터 둘 다 구독자에게 킨들에서 책을 읽는 선택권을 제시할 수 없었다. 킨들이 지배적인 독서기기였기 때문에 킨들 언리미티드와 킨들 사이의 배타적인 고리는 킨들 언리미티드에게 경쟁사를 제압하는 결정적인 이점을 주었다. 아마존은 킨들 언리미티드를 킨들 기기와 묶고 크리스마스 같은 중요한 시기에 특별 판촉을 함으로써 이를 활용했다. 세 번째 이점은 킨들 언리미티드에 있는 많은 콘텐츠가 아마존의 자가 출판 및 출판 프로그램에서 제공되기 때문에 이 콘텐츠를 확보하는 비용을 로열티 풀 모델을 이용해 통제할 수 있었다는 것이다. 이를 통해 아마존은 스크립드나 오이스터가 할 수 없는 방식으로 콘텐츠를 확보함으로써 평균 비용을 낮출 수 있었다. 즉, 아마존은 콘텐츠 확보 비용을 낮춤으로써 스크립드나 오이스터보다 킨들 언리미티드의 수익성을 높일 수 있었다.

그러나 이러한 장점은 킨들 언리미티드의 주요 약점이기도 했다. 킨들 언리미티드는 KDP를 통해 자가 출판되었거나 아마존 자체의 임프린트에서 출판된 많은 책을 읽는 데에는 좋았지만 주류 출판사들이 출판한 책을 읽고 싶으면 킨들 언리미티드가 거의 아무런 쓸모가 없었다. 아마존은 몇몇 출판사와 『해리포터』같은 유명한 서적을 킨들 언리미티드에 넣도록 특별한 거래를 맺었지만 대형 5개사를 포함한 대부분의 주류 출판사는 킨들 언리미티드에 참여하기를 거절했다. 스크립드의 창업자중 한 명인 재러드는 "킨들 언리미티드는 많은 자가 출판 콘텐츠를 갖고 있었습니다. 하지만 카탈로그의 수요 가중치 완벽도로 보면, 스크립드는 서비스 수요에 따라 가중치가 부여된 전 세계 책을 보유한 비율이 킨들 언리미티드보다 훨씬 높습니다"라고 말했다. 스크립드와 오이스터는 대형 5개사 중 3개사의 기간도서 서적을 포함해 많은 주류 출판사들이 출판한 전자책에 대한 접근권을 제공했기 때문에 독자에게 킨들 언리미티드에서 이용할 수 있는 책들과는 매우 다른 종류의 서적들을 제공할 수 있었다. 비록 오이스터가 높은 값을 치러야 했지만 말이다. 스크립드와 오이스터가 가졌던 또 다른 이점은 제품 디자인 분야였다. 사실 킨들 언리미티드는 킨들과 배타적인 고리를 가지고 있었지만 킨들이나 킨들 언리미티드는 양쪽 모두 스트리밍 서비스로 만들어지지 않았다. 재러드는 "스트리밍 서비스를 보면 제품 디자인 방식이 전자상거래 경험과는 매우 다릅니다. 아이튠즈와 스포티파이를 비교하면, 사용자가 청구서를 받는 방식에만 차이가 있는 것이 아니라 제품도 매우 다릅니다. 그리고 킨들 언리미티드는 킨들 스토어에서 돈을 내지 않고 책을 사는 방식으로 만들어진 데 반해 스크립드와 오이스터는 일류 스트리밍 경험으로 만들어졌습니다"라고 설명했다.

오이스터가 몰락하자 전자책 구독 서비스 공간은 두 가지의 주요 제안으로 양극화되었다. 한쪽에는 스크립드가 있고 다른 쪽에는 킨들 언리미티드가 있다(다른 아마존 제품인 킨들 오너스 렌딩 라이브러리, 프라임 리딩과 함께 말이다). 두 서비스 사이의 콘텐츠 차별화는 소비자가 상반된 선택에 직면하게 된다는 것을 의미했다. 주류 출판사들이 출판한 기간도서 서적을 볼 수 있는 구독 서비스를 원하면 스크립드로 가야 하고, 아마존에서 자가 출판되거나 아마존의 임프린트에서 출판한 수십만 종의 책 및 로맨스 소설을 볼 수 있는 구독 서비스를 원하면 킨들 언리미티드로 가야 한다. 킨들 언리미티드에 대한 주류 출판사들의 참여 거부 및 KDP 셀렉트의 독점 조건을 감안하면 두 개의 주요 구독 서비스에 있는 콘텐츠 간에는 겹치는 것이 거의 없다. 킨들 언리미티드는 스크립드보다 구독자가 2~3배 많을 것이 확실하지만, 스크립드는 자체 구독자를 보유하고 있으며 계속 성장하고 있다. 2018년 2월 스크립드는 대부분의 구독자에게 무제한 접근권을 제안하는 관행을 재개했으나, 소수의 다독 독자에게는 가장 비싼 서적에 대한 접근을 제한했다. 이 두 서비스 사이에서 전자책과 오디오북 구독 서비스에 접근하기 위해 매달 8.99달러 또는 9.99달러를 지불하는 사용자는 300만~400만 명 정도 될 것이다.

최근의 추세를 고려하면 전자책 구독 서비스는 계속 성장하겠지만 가까운 미래에 도서 소매 환경에서 상대적으로 작은 역할로 남을 것이다. 이 두 서비스를 합쳐 구독당 월 약 10달러를 지불하는 사용자가 300만~400만 명이라고 가정하면, 이는 미국에서만 2017년에 260억 달

러 이상의 수익을 창출하고 시판용 도서에서(즉, 전문 및 학술 서적은 제
외한 도서에서) 160억 달러의 수익을 창출한 산업의 연간 총 수익이 3억
6000만 달러에서 4억 8000만 달러 사이라는 것을 나타낸다. 이는 미미
한 수치는 아니지만 여전히 도서 시장에서 매우 낮은 비율로, 미국 시
판용 매출의 3%일 뿐이고 미국 전체 도서출판 수익의 2% 미만이다(그
리고 모든 구독자가 미국에 살고 있는 것이 아니라는 점을 고려하면 실제 비율
은 더 낮을 가능성이 높다). 음악과 영상 산업에서 구독 서비스의 중요성
이 증가하는 것과 비교할 때 도서산업에서는 구독 서비스의 역할이 제
한적이다(스트리밍 서비스는 2017년 미국 음악산업 수익의 거의 2/3를 창출
했고,[15] 2018년에는 미국 전체 가구의 69%가 넷플릭스, 아마존 프라임, 그리
고/또는 훌루의 주문형 비디오 구독 서비스를 이용했다[16]). 물론 책은 음악,
영화, TV만큼 대중적 인기가 폭넓지 않으므로 도서 전용 구독 서비스
의 시장 침투율은 음악과 영상 오락물에 초점을 둔 구독 서비스만큼 높
지 않을 것이다. 그러나 여기서 중요한 고려사항은 구독 서비스의 전체
적인 시장 침투가 아니라 도서산업 자체 내에서 구독 서비스로 생성된
수익이 전체 도서산업 수익의 작은 조각에 지나지 않는다는 사실이다.
그렇다고 해서 항상 이와 같지는 않을 것이다. 앞으로 바뀔 수 있을 것
이다. 앞으로 바뀔지 여부는 여러 가지 요인에 달려 있는데, 그중 가장
중요한 요인은 아마도 다음 네 가지일 것이다.

---

15   Joshua P. Friedlander, "News and Notes on 2017 RIAA Revenue Statistics," at www.riaa.
     com/wp-content/uploads/2018/03/RIAA-Year-End-2017-News-and-Notes.pdf.
16   "미국 가정의 69%가 구독 주문형 서비스를 이용하고 있다." Leichtman Research Group, at
     www.leichtmanresearch.com/wp-content/uploads/2018/08/LRG-Press-Release-08-27-18.
     pdf.

첫째이자 가장 확실한 요인은, 전자책 구독 서비스의 매력은 독자들이 물리적 책 대신 디지털 포맷의 책을 화면에서 읽으려는 정도에 달려 있다는 것이다. 이런 면에서 도서산업의 구독 서비스는 음악, 영화, TV 시리즈에 대한 구독 서비스와 직접 비교할 수 없다. 물리적인 종이 인쇄책은 음악, 영화, TV 산업과는 비교할 수 없을 만큼 많은 독자들이 선호하는 형식으로 남아 있기 때문이다. 오늘날 대다수의 소비자는 음악은 디지털 형식으로 듣고 있고(음반이 귀환해 새롭게 인기를 얻었으나 2017년 미국 음악산업 매출에서 차지하는 비율은 여전히 5% 이하였다) 영화와 TV 시리즈는 항상 화면으로 시청하고 있다. 따라서 음악, 영화, 텔레비전의 구독 서비스에서는 콘텐츠 전달 방식이 압도적으로 디지털 방식이며, 영화와 TV의 경우 화면을 통해 소비되는 시장을 활용하고 있다. 간단히 말하면 콘텐츠를 소비할 다른 방법이 별도로 없다. 하지만 책의 경우 여전히 인쇄가 우세한 영역으로 남아 있으며, 인쇄 매체를 선호하는 독자들에게 전자책을 위한 구독 서비스는 그다지 매력적이지 않을 것이다. 전자책 독서가 특히 우세한 분야와 장르(예를 들어, 로맨스, 판타지, 스릴러)는 구독 서비스가 호응을 얻었고 앞으로도 번창할 가능성이 높은데, 이는 이러한 장르의 e/pebook/print 비율이 전자책에 유리하게 편중되어 있기 때문이기도 하고, 이러한 장르의 다독 독자들은 구독 모델을 통해 콘텐츠에 접근하는 경제적 이점을 높이 평가하기 때문이기도 하다. 그러나 전자책 판매가 인쇄책에 비해 증가하지 않고 정체하거나 감소할 경우, 구독자 수가 상당히 증가할 가능성은 제한될 것이다. 즉, 전자책 판매에서 새로운 구독자를 모집하는 능력은 인쇄책을 읽는 많은 독자들의 지속적인 선호에 맞서는 지점에 도달할 것이다.

도서산업의 구독 서비스 발전에 중요한 역할을 한 두 번째 요인은 콘텐츠 소유자인 출판사들이 대부분의 경우 위험을 구독 서비스로 전가하는 사업 모델일 때에만 자신들의 콘텐츠를 쓸 수 있도록 했다는 것이다. 주류 출판사의 콘텐츠를 확보하기 원하는 구독 서비스에서는 음악과 영상산업의 구독 서비스에서 사용하는 사업 모델을 사용할 수 없었다. 이 서비스 업체들은 막대한 선불 사용료를 지불하는 데 필요한 자원을 갖지 못했고 또한 출판사들이 고정 로열티 풀 모델을 수용하지 않았기 때문이다. 스크립드와 오이스터는 주류 출판사의 도서를 확보하기 위해 임계값 모델 또는 사용당 지불 모델을 사용할 수밖에 없었는데, 이는 스크립드와 오이스터의 이익을 짜내고 경제적인 면에서 운영할 여유를 거의 남기지 않는 모델이었다. 아마존은 세간의 이목을 끄는 일부 콘텐츠를 확보하기 위해 특별 계약을 맺었지만, 킨들 언리미티드에 있는 대다수의 콘텐츠는 자가 출판이거나 로열티 풀 모델로 지불되는 아마존 브랜드의 콘텐츠이므로 아마존이 콘텐츠에 얼마를 지불할지 결정한다. 사업 모델의 이러한 두 갈래가 이 분야의 양극화 밑에 깔려 있어 두 주요 참가자 중 하나가 성장할 수 있는 범위를 제한한다.

이 분야의 성장을 가로막은 세 번째 요인은 사업 모델에 관계없이 일부 주류 출판사가 참여하기를 꺼린다는 것이다. 대형 5개사 중 3개사를 포함한 일부 출판사는 스크립드에(오이스터가 존재했을 때에는 오이스터에도) 자신들의 기간도서 서적을 제공했지만 다른 출판사들은 이를 거부했다. 그리고 대형 5개사를 포함한 대부분의 주류 출판사는 킨들 언리미티드에 참여하는 것을 거부했다. 아마존이 선호하는 로열티 풀 모델 및 시장에서의 아마존의 지배력을 고려하면 출판사들이 킨들 언리미티드에 참여하기를 꺼리는 것은 이해할 만하다. 그러나 책이 10~20%

읽힐 때마다 판매된 디지털 가격을 지불받는 스크립드 구독 서비스에 참여하기를 거부한 것은 어째서일까? 구독 서비스에 참여하지 않은 대형 출판사 중 한 곳의 고위 관리자는 다음과 같이 우려를 표명했다. "지금은 그 모델의 리스크가 그 모델이 제공하는 이점보다 크다고 생각하기 때문에 참여하지 않고 있습니다." 그는 어떤 구독 모델에서든 구독 서비스에 가입함으로써 가장 큰 이득을 보는 것은 다독 독자인데 다독 독자들이 구독 서비스로 더 많이 이동할수록 출판사들은 전반적으로 수익이 감소할 위험이 더 커질 것이라고 설명했다. "우리가 두려워하는 것은 산업 매출의 70~80%를 차지하는 다독 독자들이 책을 적게 읽는 독자들과 불균형하게 구독 모델에 끌려 들어가는 것입니다. 만일 내가 일 년에 한 권의 책만 산다면 왜 도서 구독 서비스에 가입하겠습니까? 따라서 이러한 역학을 고려하면 전반적인 매출 풀이 하락할 위험은 오늘날의 모델에서보다 구독 모델에서 더 크다고 생각합니다." 만일 다독 독자가 한 달에 4~5권의 책을 산다면 일 년 동안 책에 700~800달러를 지출할 수 있다. 하지만 모든 독서를 구독 서비스로 한다면 그의 연간 도서 지출은 120달러로 떨어질 것이다. 물론 책을 소비하는 이 두 가지 방식이 반드시 서로 배타적이지는 않다. 어떤 독자는 구독 모델을 통해 책을 읽지만 그 서비스에 없는 책은 직접 구매하기도 한다. 그러나 여기에는 다독 독자의 전반적인 도서 지출이 하락할 위험이 여전히 존재한다. 한편 여기에는 기회도 있다. 도서에 연간 120달러 미만의 비용을 소비하는 많은 독자를 구독 서비스에 가입하도록 설득한다면 다독 독자의 전반적인 소비 감소를 메꿀 수 있을 것이다. 그러나 지금으로서는 책을 적게 읽는 많은 독자들이 이렇게 해야 하는 이유를 알기 어렵다. "우리는 거기에서 많은 기회를 포착할 수 없으므로 위험이 기회보다 더 크다고 생각합니다." 그리고 아마존이 로열티 풀에서 지급하는 것보다 더 많은 금액을 출판사에 지불하더라도 그 금액은 여전히 출판사들이 직접 판매에 대해 지불하는 금액의 일부에 지나지 않을 것이다. "따라서 산업 전반의 관점에서 볼 때 그리고 우리와 플랫폼 간의 분리 관점에서 볼 때 우리는 이 모델을 극히 위험한 것으로 여깁니다."

대형 출판사의 모든 사람이 이런 신중한 견해를 가진 것은 아니다. 다른 출판사의 한 고위 관리자는 자신의 회사에서는 구독 서비스가 위험보다 기회로 여겨진다고 설명했다. 음악 같은 다른 미디어 산업의 소비자, 특히 젊은 소비자를 보면 많은 사람들이 소유권보다는 접근권을 원한다는 것을 알 수 있다. 따라서 그 공간에서 활동하는 것이 중요하며, 무엇이 효과가 있고 무엇이 효과가 없는지를 배우려고 노력해야 한다. "활동하지 않으면 배울 수 없고 발언권도 없습니다. 그리고 그 모델은 당신 없이 구축될 것입니다." 예를 들어 실제 서점의 감소로 기간도서 서적을 점점 더 보기 힘들어졌는데 구독 모델을 통해 더 많은 독자가 기간도서 서적에 접근할 수 있을 것이다. 따라서 그녀의 견해로는 구독 서비스가 임계값 모델 또는 사용당 지불 모델을 사용하고 있다면 어떤 것이 효과가 있는지 확인하기 위해 구독 서비스를 실험해 볼 만하다. 그녀는 위험이 있다는 것, 특히 다독 독자가 구독자로 바뀌는 것과 관련해 수익이 손실될 위험이 있다는 것도 잘 알고 있다. 그러나 그녀는 적어도 구독 모델이 진화하는 초기 단계에서는 잠재적 이득이 위험보다 더 크다고 생각한다. 출판산업에서는 이 문제에 대해 의견이 엇갈리고 있다. 다른 출판사가 이처럼 '실험과 상황을 지켜보는' 접근법을 채택하기로 결정할지, 그리고 이 경우 그들의 경험이 실험을 계속 유도할 만큼 충분히 긍정적일지는 여전히 두고 봐야 한다.

구독 서비스의 미래를 형성하는 데 큰 역할을 하는 네 번째 요인은 그 주체가 아마존이었다는 것이다. 스크립드의 성과가 아무리 인상적이었더라도(스크립드는 구독 기반을 상당한 속도로 성장시키면서 동시에 수익성 있는 사업을 영위해 기술 창업회사로서는 다소 이례적인 개가를 이루었다는 면에서 인상적이다) 여전히 틈새 산업일 뿐이다. 아마존은 활동폭이 훨씬 크기 때문에 아마존의 역할은 스크립드보다 훨씬 클 가능성이 높다. 킨들 언리미티드 자체는 상대적으로 작지만 스크립드보다 훨씬 많은 고객을 보유하고 있다. 이제까지 킨들 언리미티드의 성장은 그 콘텐츠가 대체로 KDP를 통해 자가 출판되었거나 아마존 자체 임프린트에서 출판된 책들로 구성되었다는 사실 때문에 제한적이었다. 지금까지 킨들 언리미티드는 책 생태계라기보다는 아마존 생태계의 일부였다. 그러나 그것은 바뀔 수 있다. 아마존이 킨들 언리미티드를 우선시하기로 결정하고 자신이 시장에서 갖고 있는 힘을 이용해서 출판사들에게 참여하도록 압력을 가하면 상황이 바뀔 수 있다. 그러면 킨들 언리미티드가 제공하는 전자책은 훨씬 풍요해지고 독자들에게 더욱 매력적이 되어 게임을 바꿀 수 있다. 그러나 출판사들이 거부할 수도 있지 않은가? 거부할 수도 있지만 이것은 힘의 게임이며 판매의 절반을 통제하고 있는 아마존은 손에 많은 카드를 쥐고 있다. 대형 출판사 중한 곳의 고위 임원 중 한 명은 "아마존은 '당신이 그렇게 하기로 한다면 우리는 당신 책을 팔지 않겠다. 플랫폼에서 당신의 책은 전혀 이용할 수 없다'라고 할 수도 있습니다. 그것이 아마존의 힘입니다"라고 털어놓았다. 그는 오랫동안 이 사업에 종사해 왔으며, 이는 피해망상이 아닌 시장 현실에 대한 냉정한 평가에 기반한 의견이었다. "아마존이 이것이 충분히 큰 우선순위라고 생각한다면 이런 일이 일어날 테지만 이것이 아마존에게 그만큼 높은 우선순위인지는 잘 모르겠습니다." 그러나 그가 이러한 가능성을 제기했다는 것은 많은 출판사들이 아마존이 지닌 소매 권력과 아마존이 산업을 진화시키는 데 이용할 수 있는 방법에 대해 불안함을 느끼고 있음을 증언하는 것이다.

아마존에게 열려 있는 또 다른 선택은 아마존 프라임 회원권을 더 매력적으로 만들기 위해 프라임 리딩을 늘리는 것이다. 즉, 아마존 프라임 회원권을 전자책을 통합시킨 다중 혜택 구독 서비스로 확장하는 것이다. 한 출판사 임원은 "프라임 리딩에서 책을 많이 읽는 사람이 프라임 리딩에서 책을 읽지 않는 사람보다 자신의 프라임 회원권을 훨씬 더 많이 갱신한다는 사실을 아마존이 알아냈다고 가정해 봅시다. 그러면 아마존은 이 제안을 더 매력적으로 만들고 싶을 것입니다. 왜냐하면 아마존은 아마존 플랫폼에 있는 다른 방법을 통해 사람들을 수익화할 것이기 때문입니다. 그런 다음 아마존은 출판사에게 더 좋은 품질의 책을 내도록 강요하는 데 자신의 영향력을 이용할 수 있습니다." 이는 다시 한번 가정적인 시나리오이긴 하지만 가능성의 범위를 벗어난 것은 아니다. 아마존이 이런 방향으로 움직이는 것은 이 회사를 포함해 많은 출판사들의 경각심을 불러일으킬 것이다. 왜냐하면 이런 환경에서 책은 고객을 다른 것에도 돈을 쓸 수 있도록 아마존 플랫폼으로 끌어들이는 미끼로 이용될 것이기 때문이다. 그리고 만일 고객들이 프라임 회원권의 부수적인 혜택으로 책을 무료로 얻을 수 있다면 특히 독서할 시간이 제한되어 있을 때 책에 돈을 쓰려 하지 않을 것이다.

아마존의 의도에 대한 출판사들의 의심, 그리고 구독 분야에서 아마존의 주요 대안이 여전히 틈새 참여자라는 사실을 감안할 때 구독은 영미 도서 생태계가 진화하는 데서 상대적으로 계속 작은 역할을 할 것으로 보인다. 책을 위한 넷플릭스가 도래할 것이라는 많은 발표에도 불구하고 도서산업에서의 구독 서비스는 음악, 영화 텔레비전 산업에서만큼 중요도를 확보하지 못했다. 그러나 이것은 바뀔 수 있다. 밀레니엄이 시작된 후 도서의 소매 환경이 바뀌었고 다가올 몇 년 그리고 몇십 년 동안 개인이 책을 구매하고 소비하는 방식에서 중요한 변화가 일어날 가능성이 매우 크다.

제 10 장

새로운 구술

마셜 매클루언의 제자이자 문학 비평가인 월터 옹Walter Ong은 1970년대에 라디오, 텔레비전, 그리고 기타 형태의 전자 기술이 자신이 '2차 구술secondary orality'이라고 부르는 새로운 시대를 열어가고 있다고 보았다. 옹에 따르면 2차 구술이란 구술이 전자적으로 처리되어 1차 구술 문화 때 존재했던 청중보다 훨씬 크고 더욱 분산된 청중이 사용할 수 있게 됨으로써 구술이 새로운 생명을 얻게 되는 시대를 의미했다.[1] 매클루언이 주장했듯이[2] 우리 문화의 많은 속성은 글쓰기와 인쇄로부터 많은 영향을 받아왔다. 하지만 전자 미디어는 구어가 현대 생활의 중심 특성으로 재정립되는 공간을 만들고 있다. 여기서 옹이 염두에 두었던 공간은 무엇보다도 라디오와 텔레비전이 만들어낸 공간으로, 여기에서는 과거의 웅변과는 다른 새로운 종류의 웅변이 생겨난다. 한 예로 텔레비전으로 치러지는 대통령 후보 간 토론은 1858년 링컨과 더글라스 간 토론과는 매우 다르다. 옛날 토론에서는 토론자들이 모여 있는 청중에게 자신의 목소리를 높여야 했다. 당시 청중은 소리를 크게 지르거나 야유하거나 박수를 침으로써 자신들의 존재를 부각시켰으나 오늘날의 텔

---

1 Walter J. Ong, *Rhetoric, Romance, and Technology* (Ithaca: Cornell University Press, 1971); *Interfaces of the Word* (Ithaca: Cornell University Press, 1977); *Orality and Literacy: The Technologizing of the Word* (London: Routledge, 1982), pp.135~140.

2 Marshall McLuhan, *The Gutenberg Galaxy: The Making of Typographic Man* (University of Toronto Press, 1962).

레비전에서 치러지는 대통령 후보 간 토론은 좀 더 통제되고 관리된다. 대부분 청중은 없고 후보들은 대본대로 하려 한다. 옹이 말했듯이 "그들의 자발적인 분위기에도 불구하고, 이러한 미디어는 인쇄의 유산인 폐쇄감에 의해 완전히 지배된다."[3] 옹의 관찰은 라디오와 텔레비전이라는 전자 매체에서 등장한 새로운 종류의 구술에 주로 초점을 두었지만, 2차 구술의 등장에 대한 그의 주장은 출판산업에서 디지털 혁명의 가장 놀랍고 예상치 못했던 특성 중 하나, 즉 오디오북의 인상적인 성장을 조명하는 데 도움을 준다.

물론 문어와 구어의 연관성에 대해서는 새로운 것이 없다. 고대 세계에서는, 그리고 중세와 18세기, 19세기까지도 직접 쓴 텍스트 및 인쇄된 텍스트가 종종 낭독되었다. 글을 읽고 쓰는 능력은 소수의 선택된 사람들이 소유한 드문 기술이었고 낭독되는 텍스트는 글을 읽지 못하는 사람들이 듣고 즐겼다.[4] 초기 종교 및 수도원 모임에서는 텍스트가 종종 더 고독하고 명상적인 방식으로 읽혔다. 하지만 그 당시에도 독서는 준구술 성격을 갖고 있어 웅웅대는 벌처럼 중얼대며 읽었다. 입술을 움직이지 않고 눈만 이용해서 조용하게 읽는 관행은 중세 후반부터 점차 일반화되어 근세 전반에 걸쳐 다른 형태의 독서와 나란히 존재하는 독서의 특정 형태가 되었다. 오늘날 우리는 인쇄된 텍스트와 구어가 서로 다른 것이라고 생각하는 경향이 있지만, 직접 쓴 텍스트 및 인쇄된

---

3   Ong, *Orality and Literacy*, p.137.
4   Guglielmo Cavallo and Roger Chartier(eds.), *A History of Reading in the West* (Cambridge: Polity, 1999); Alberto Manguel, *A History of Reading* (London: HarperCollins, 1996); Paul Saenger, *Space Between Words: The Origins of Silent Reading* (Stanford University Press, 1997).

텍스트의 역사에서는 직접 쓴 글 또는 종이에 인쇄된 글과 이러한 글을 말로 표현하는 것 간의 연관성이 훨씬 더 가까웠다.

그럼에도 불구하고 오디오북은 인쇄된 글과 말로 된 글 사이에 다른 종류의 관계를 생성한다. 오디오북에서는 사람들이 글을 서로 다른 시간과 장소에서 들을 수 있도록 종이에 인쇄된 글이 내구성 있는 매체에 녹음된 말로 바뀐다. 이것은 월터 옹의 용어를 빌리자면 특별한 종류의 2차 구술로, 다음 세 가지의 핵심 특성을 포함한다. 첫째, 이 경우 구술은 인쇄 문화에서 파생되며 인쇄 문화에 의존한다. 이런 면에서 문해력의 구술이거나 텍스트 기반의 구술이다. 이것은 단순히 텔레비전 토론과 같이 전자적으로 매개된 공간에서 글이 재생되는 것이 아니다. 오히려 한 매체에서 다른 매체로, 종이에 인쇄된 텍스트에서 전자적으로 녹음된 낭독으로 특정하게 변환하는 것이다. 즉, 인쇄된 텍스트에서 녹음된 음성으로 바뀌는 통제된 변형이다. 물론 인쇄된 텍스트와 녹음된 말 간의 특정한 관계는 고정된 것이 아니라 많은 가변성을 허용한다. 읽기의 모든 행위는 그 자체가 해석이며, 오디오북의 역사는 텍스트를 얼마나 정확하게 읽어야 하는지, 텍스트를 생략하거나 각색할 수 있는지, 서로 다른 목소리를 어떻게 표현해야 하는지, 구두점 및 여러 텍스트적 특성을 어떻게 다루어야 하는지 등등과 관련된 지침과 토론으로 가득하다. 이 장에서는 이 문제들 중 일부에 대해 다룰 것이다. 더욱이 오디오북이 발명되고 그 장르가 그 자체로 준산업으로 발전하면, 오디오북은 그 자체의 전문가 및 '오디스Audies'[미국 오디오출판사협회가 매년 최고의 오디오북에 수여하는 상_옮긴이] 같은 그 자체의 시상 제도를 보유한 하나의 예술 형태로 어느 정도 인정받을 것이고, 오디오북은 애초의 토대였던 인쇄책으로부터 어느 정도 독립성을 얻게 될 것이다.

오디오북 구술의 두 번째 특성은 오디오북은 내구성 있는 매체에 녹음됨으로써 대면 상황에서 발화된 구어가 가지지 못하는 영구성을 획득하며, 녹음된 말은 재생산될 수 있기 때문에 그 장소에 없었던 다른 많은 사람들이 이용할 수 있다는 것이다. 녹음된 말은 원래 글들이 발화된(리쾨르Ricoeur의 용어를 빌리자면[5] "거리두기화된") 맥락으로부터 벗어나 자체적으로 생명을 얻으며, 구어의 덧없음을 무색하게 만드는 방식으로 영구화된다. 음성이 녹음되는 매체의 특성은 오디오북으로 할 수 있는 것과 할 수 없는 것을 결정하는 데 중요한 역할을 하며, 오디오북 역사의 대부분은 레코드판 녹음에서부터 MP3에 이르기까지 다양한 포맷으로 행진해 온 이야기이다. 각각의 새로운 포맷을 통해 이전에는 가능하지 않았던 새로운 가능성이 열렸다.

세 번째 특성은 텍스트를 녹음된 음성으로 변환하는 데에는 목적이 있다는 것이다. 그 목적은 다양할 수 있다. 그리고 시간이 지남에 따라 그 목적은 변해왔다. 처음에는 이 목적이 책을 읽을 수 없는 특정 영역의 인구, 즉 맹인이나 시각 장애인에게 책을 읽을 수 있게 하는 것이었다. 그러나 기술이 발달하자 회사들은 책의 콘텐츠를 재포장해서 다른 형태로 판매함으로써 오디오북을 다른 목적으로 사용하기 시작했다. 오디오북을 제작하면서 인쇄로 출판되었던 원래 책은 '녹음된 소리의 매체'라는 또 다른 매체로 재상품화될 수 있었다. 이것이 오디오북 산업의 발전을 뒷받침하는 핵심 요점이다.

---

5   Paul Ricoeur, "The Hermeneutical Function of Distanciation," *Hermeneutics and the Human Sciences*, tr. John B. Thompson(Cambridge University Press, 1981), pp.131~144.

오디오북의 발전

책 읽기를 녹음한다는 구상은 녹음 기술의 기원으로까지 거슬러 올라가는 오랜 역사를 갖고 있다.[6] 토머스 에디슨이 1877년 축음기로 「메리의 어린 양Mary Had a Little Lamb」을 녹음한 이후 사람들은 읽지 않고 들을 수 있도록 책 전체를 녹음하는 가능성에 대해 추측하기 시작했다. 에디슨 자신도 각 책이 10인치의 네모난 금속판 위에 4만 개의 단어로 구성되어 있는 '축음기 책'을 통해 새로운 청중에게 다가갈 수 있다고 상상했다.[7] 그는 심지어 소설을 녹음할 목적으로 뉴욕에 출판사를 설립하기도 했지만 그의 목적은 이루어지지 않았다. 텍스트는 너무 길었고 당시 녹음장치 기술이 너무 제한적이어서 이를 실현할 수 없었다. 녹음된 책이라는 꿈이 실현되기까지는 또 다시 50년을 기다려야 했다.

오디오 개발의 주요 추진력은 맹인과 시각 장애인이 책을 이용할 수 있도록 하겠다는 관심에서 비롯되었다. 1930년대 초반 미국맹인협회와 기타 옹호 단체는 책을 점자가 아닌 다른 형태로 제공할 방법을 찾는 데 앞장서도록 의회를 압박했고 의회는 미 의회도서관의 성인 맹인을 위한 도서 프로젝트에 연간 10만 달러의 자금을 지원했다.[8] 이때까지 레코드 음반을 만드는 기술은 일반 소설을 대략 20장의 레코드에 녹음할 수 있을 정도로 충분히 개발되어 있었다. 레코드는 축음기와 유사

---

6 오디오북의 역사에 대한 자세한 설명은 Matthew Rubery, *The Untold Story of the Talking Book* (Cambridge, Mass.: Harvard University Press, 2016) 참조. 다음 몇 문장은 루베리 (Rubery)의 설명에서 빌려왔다.

7 같은 책, p.31.

8 같은 책, p.62.

한 형태의 특수한 '말하는 책 기계'에서 재생되었는데, 이 기계에서는 속도, 톤, 음량을 조정할 수 있었다. 1934년 의회도서관은 시각 장애인에게 독서 자료를 제공하기 위해 말하는 책 도서관talking book library을 최초로 설립했다. 1935년 6월까지 말하는 책 도서관은 고전 문학과 현대 문학을 모두 포함해 27종의 서적을 보유하고 있었고 그 수를 점차 확장했다.[9] 영국에서도 국립맹인협회와 맹인재향군인협회의 주도로 1935년 말하는 책 도서관이 설립되면서 이와 유사한 발전이 이루어졌다.[10]

말하는 책의 개발은 맹인과 시각 장애인의 복지를 전담하는 기관에 의해 개척되었지만 얼마 지나지 않아 상업적 야심을 가진 개인들이 녹음 기술이 제공하는 기회를 포착하기 시작했다. 이들 중에는 헌터대학의 졸업생인 바바라 홀드리지Barbara Holdridge와 메리앤 맨텔Marianne Mantell이 포함되어 있었는데, 이들은 출판 및 녹음 회사에서 신입 사원으로 지내는 것에 만족하지 못하고 1952년 1500달러를 모아 캐드먼 레코드Caedmon Records를 시작했다. 그들은 뉴욕의 92번가에서 진행된 딜런 토머스Dylan Thomas의 시 낭송을 듣기 위해 많은 청중이 찾아온 데 감명 받아서 상업적 기회를 포착했다. 그들은 딜런 토머스에게 선금으로 500달러를 제안했고 토머스가 시를 한 시간 낭독하는 데 대한 권리로 첫 1000장의 앨범을 판매한 이후부터 판매에 대한 10%의 로열티를 추가로 제안했다. 이 앨범은 1952년 4월 2일에 발매되어 엄청난 성공을 거두었고 1960년까지 40만 부 넘게 판매되었다. 캐드먼 레코드는 계속해서 윌리엄 포크너William Faukner, 예이츠W. B. Yeats, 엘리엇T. S. Elliot을 비

---

9   같은 책, pp.84, 109.
10   같은 책, pp.129~157.

556   도서 전쟁

롯한 많은 다른 작가와 책을 녹음했고 1959년 캐드먼 레코드는 연 수익 50만 달러를 달성했다.[11] 캐드먼 레코드의 성공 및 비슷한 시기에 시작된 미국의 오디오 북Audio Book, 영국의 아르고 레코드Argo Records 같은 경쟁사들의 성공은 부분적으로 오래 재생되는 LP 레코드의 개발에 기인한다. 1948년 컬럼비아Columbia에서 도입된 이 LP는 기존의 78rpm 레코드보다 재생시간이 길고 음질이 더 좋았다.[12]

LP 레코드가 오디오북 산업이 등장하는 조건을 만들었다면 콤팩트 오디오 카세트의 개발은 오디오북이 본격화하는 계기가 되었다. 콤팩트 카세트는 1962년 필립스가 발명한 자기 테이프 녹음 방식이었다. 카세트는 원래 받아쓰기용으로 개발되었지만 품질이 향상되면서 곧 음악에도 사용되었다. 카세트는 사용하기에 작고 쉬웠으며 콤팩트 기기에서 재생할 수 있었다.

카세트를 오디오북에 이용하는 아이디어는 로스앤젤레스에 있는 보험 회사에서 일하던 전 올림픽 조정 선수가 생각해 낸 것이다. 듀발 헥트Duvall Hecht는 뉴포트 해변에 있는 집에서 LA에 있는 사무실로 매일 출근했는데, 두 시간의 출근길이 지루했다. 라디오는 큰 도움이 되지 않았고 음악과 뉴스에도 진력이 났다. 그는 뭔가 더 자극적인 것을 원했다. 그러다 책을 듣는 것이 시간을 보내는 데 이상적이라는 생각이 떠올랐

---

11   같은 책, p.186; Shannon Maughan, "A Golden Audio Anniversary," *Publishers Weekly*, 249, 9(4 March 2002), at www.publishersweekly.com/pw/print/20020304/38379-a-golden-audio-anniversary.html; Ben Cheever, "Audio's Original Voices," *Publishers Weekly*, 252, 42(21 October 2005), at www.publishersweekly.com/pw/print/20051024/33210-audio-s-original-voices.html.

12   Andre Millard, *America on Record: A History of Recorded Sound, Second Edition* (Cambridge University Press, 2005), pp.202~207.

다. 단 하나의 문제는 1970년대 초에는 카세트에 담겨 있는 장편 책이 거의 없었다는 것이다. 그래서 그는 1974년 북스 온 테이프Books on Tape 를 시작했다.[13] 사업은 처음에는 헥트와 그의 아내 시그리드Sigrid가 집에서 운영했다. 그들은 통근자를 겨냥해서 그들에게 일정 기간 동안 카세트를 빌려주었다. 통근자들은 반송 우표가 붙은 상자에 카세트를 넣어 반환했다. 통근이 더욱 일상화되고 자동차에 더 많은 카세트가 설치됨에 따라 시장은 빠르게 확장되었다. 통근자들이 주요 고객이었는데, 1980년 소니의 워크맨이 출시되자 시장이 더욱 확장되었다. 오디오북은 이제 진정한 이동식이 되어서 이제는 자동차 안에서, 또는 헬스장이나 공원에서 뛰거나 걸을 때 들을 수 있었다. 카세트는 당신이 무언가를 하느라 바쁘지만 정신적으로는 묶여 있지 않을 때, 즉 눈과 손은 묶여 있지만 마음은 묶여 있지 않을 때 오디오북을 들을 수 있는 좋은 방법을 제공했다. 북스 온 테이프는 늘어나는 수요에 맞춰 성장했고 많은 다른 오디오북 출판사들이 이 경쟁에 합류했다. 1985년 9월 ≪퍼블리셔스 위클리≫는 오디오북 출판사가 21개라고 확인했다.[14] 1980년대 말까지 대형 출판사 중 많은 회사가 자체 오디오북 부서를 열었다. 랜덤하우스와 밴텀Bantam이 처음이었고 다른 회사들이 뒤를 따랐다. 초기 오디오북 부서 중 하나를 구축했던 한 출판인은 "흥미로운 시간이었습니다. 갑자기 우리는 작가의 글을 표현하는 다른 방식이 있고 독자들에게 다가가는 완전히 새로운 방식이 있다는 것을 알게 되었습니다"라고 회고했다.

---

13 Rubery, *The Untold Story of the Talking Book*, pp.217~221.
14 Virgil L. P. Blake, "Something New Has Been Added: Aural Literacy and Libraries," *Information Literacies for the Twenty-First Century* (G. K. Hall & Co., 1990), p.206, at https://archive.org/details/SomethingNewHasBeenAdded.

오디오북은 출판 사업의 뚜렷한 하위 부서가 되었다. 오디오북은 서점에서 판매되었고 도서관 컬렉션에서도 구할 수 있게 되었으며, 오디오북의 권리는 다른 부차권과 함께 매매되었다.

오디오북은 1980년대 말까지 잘 정립되었지만 초기 오디오북 산업은 이후 디지털 혁명에 의해 변모했다. 디지털 녹음은 음질을 크게 향상시켰고 녹음을 훨씬 간단한 포맷으로 저장·전송할 수 있게 만들었다. 1982년 필립스와 소니가 콤팩트디스크(CD)를 출시한 것은 이러한 방향의 첫 번째 주요 단계였다. 레코드 LP 및 콤팩트 카세트와 비교해 CD는 잡음 없이 매우 깨끗하고 간소하게 녹음을 할 수 있었다. 홈 안에 바늘이 표면을 긁지 않았고 플레이어의 헤드를 지나갈 때 쉭 하는 소리도 없었다.[15] 중요한 것은 CD는 LP나 카세트보다 더욱 견고해서 쉽게 망가지지 않았고 CD에 저장된 디지털 녹음은 시간이 지나도 성능이 저하되지 않았다는 것이다. CD 플레이어가 더 보편화되면서 오디오북은 음악을 따라갔고 콤팩트 카세트에서 CD로 옮겨갔다. 하지만 1990년대와 2000년대 초 인터넷의 성장과 함께, 그리고 데이터 압축을 통해 파일 크기를 크게 줄이는 MP3 파일 포맷의 개발과 함께 오디오북 출판사와 유통업체는 오디오북을 디지털 다운로드로 제공할 수 있는, 즉 오디오북을 청취기기에 다운로드하거나 인터넷을 통해 스트리밍할 수 있는 디지털 파일로 제공할 수 있는 길이 열렸다. 2001년 최초의 아이패드에서부터 2007년 애플의 첫 아이폰 출시에 따른 스마트폰의 확산에 이르기까지 고품질 오디오 기능을 가진 점점 더 작고 정교한 기기가 소비자 시장에

---

15 Millard, *America on Record*, pp.251~255.

표 10.1 | 오디오북의 서적 생산량 단위: 종

연도	출판된 서적 수
2004	3,430
2005	2,667
2006	3,098
2007	3,073
2008	4,685
2009	4,602
2010	6,200
2011	7,237
2012	16,309
2013	24,755
2014	25,787
2015	35,944
2016	42,960
2017	46,089

그림 10.1 | 미국에서 출판된 오디오북 서적 수(2004~2017) 단위: 종

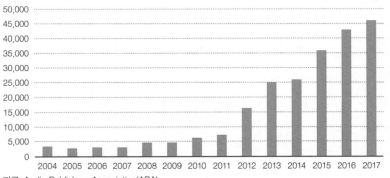

자료: Audio Publishers Association(APA)

도입됨에 따라 오디오북이 저장·유통·소비되는 방식을 획기적으로 바꿀 기술적 조건이 만들어졌다. 이제 오디오북을 더 이상 LP, 카세트, CD 같은 물질적인 기기에 저장하고 물리적 사물로 구매할 필요가 없어졌다. 이제는 오디오북을 레코드음악처럼 MP3 파일로 저장하고 청취기기로 다운로드하거나 바로 스트리밍할 수 있다. 소비자의 주머니나 가방 속에서 항상 켜져 있고 항상 연결되어 있는 스마트폰처럼 오디오북은 어디에나 있고 다기능인 것이 될 수 있다. 디지털 혁명 덕분에 오디오북은 드디어 청자의 귀로 마찰 없이 갈 수 있는 길을 찾았다.

이것이 2000년대 초 이후 오디오북의 놀랄 만한 성장을 뒷받침한 기술적 조건이었다. 2004년에는 미국에서 3000종이 넘는 오디오북이 출판된 반면 2017년에는 그 수가 4만 6000종 이상으로 증가했는데, 이는 13년 동안 13배 정도 증가한 수치이다. 2004년부터 2011년까지는 꽤 정체된 편이었지만 2011년 이후 출판된 새로운 오디오북의 수는 해마다 상당히 증가해서 2011년 7237종에서 2017년 4만 6089종으로 6년 동안 여섯 배 성장했다(〈표 10.1〉, 〈그림 10.1〉 참조). 매출 또한 성장했다. 2003~2012년 미국에서 오디오북에 대한 총 소비자 지출은 연간 8억 달러에서 10억 달러 사이로 추정되었다(〈표 10.2〉, 〈그림 10.2〉 참조[16]). 그러다가 2013년 오디오북에 대한 소비자 지출이 빠르게 증가해

---

16 이 표와 그래프의 수치는 평균 할인을 감안한 출판사의 수입과 보고하지 않는 출판사들이 감당하는 시장 규모를 근거로 추산한 소비자 총 지출에 대한 추정치이다. 이 추정치는 아마도 높은 편일 것이다. 2018년 오디오출판업자협회(Audio Publishers Association: APA)는 다른 도서산업의 통계 보고와 좀 더 가깝게 맞추기 위해 시장 규모에 대한 보고를 추정된 소비자 달러에서 출판사 수입에 응답하는 방식으로 바꾸었다. 오더블, 아셰트 오디오, 하퍼콜린스, 맥밀런, 펭귄 랜덤하우스, 사이먼 앤 슈스터를 포함해 20개의 출판사가 자료를 제공했다. 보고 방식을 바꾸자 총 매출과 서적 출판의 추정치는 상당히 하향 조정되었다. 기존 방식으로

2012년 11억 달러에서 2017년 25억 달러로 5년 동안 두 배 이상 증가한 것으로 추정되었다. 2017년에만 오디오북에 대한 소비자 지출은 전년 대비 거의 20% 상승했다. 미국 도서출판산업의 전체 매출액이 대체로 정체되어 있고 대부분의 주요 출판사에서 전자책 매출액이 감소하고 있을 때 오디오북에 대한 소비자 지출이 이처럼 강력하게 성장한 것은 정체된 시장에서 놀랄 만큼 긍정적인 추세였다. 많은 대형 출판사에게 디지털 범주에서 유일하게 성장한 부문은 오디오북이었다(〈그림 10.3〉 참조).

오디오북의 생산과 매출이 성장하자 오디오북의 포맷이 분명하게 변화했다. 콤팩트 카세트는 1990년대에 오디오북의 지배적인 포맷이 었지만 CD가 빠르게 잠식하고 있었다. 2003년에는 오디오북의 비율 면에서 보면 카세트와 CD가 거의 같았다. 하지만 그 시점 이후 CD는 카세트를 넘어섰고 카세트는 빠르게 감소했다(〈표 10.3〉, 〈그림 10.4〉 참조). 2003년부터 2010년까지 CD는 오디오북의 지배적인 포맷이었 지만 다운로드가 CD를 딛고 성장하는 시장 점유율을 가져갔다. 2007년 에는 CD가 오디오북 판매의 거의 80%였고 다운로드는 겨우 20% 미만 을 차지했다. 2016년에는 이 수치가 역전되어 다운로드가 오디오북 매

는 2017년 오디오북에 대한 총 소비자 지출이 15억 달러로 추정되었는데, 출판사 수입 보고 를 근거로 하는 새로운 방식을 적용하자 2018년 오디오북 판매가 9억 4000만 달러로 나타났 다. 9억 4000만 달러라는 수치는 전년 대비 24.5% 증가한 것인데, 이는 2017년 오디오북 매 출이 새로운 방식을 적용했을 때 (25억 달러가 아니라) 7억 5500만 달러가 된다는 것을 의미 한다. 마찬가지로 2017년 APA는 총 4만 6089개의 오디오북이 생산되었다고 보고했지만 2018년에는 4만 4685개의 오디오북 서적이 생산되었다고 보고했다. 이것은 전년 대비 5.8% 증가한 것으로, 2017년 서적 출판이 새로운 방식을 적용하면 (4만 6089종이 아니라) 4만 2334종이라는 의미였다. 2018년 이후 APA는 더 이상 총 소비자 지출 추정치를 산출하지 않 으므로 2018년 이후 APA 자료는 2016년 및 그 이전 연도의 APA 자료와 직접 비교할 수 없다.

표 10.2 | 미국 오디오북에 대한 소비자 지출 추정(2003~2017)　　　　　　　단위: 백만 달러

연도	총 소비액
2003	800
2004	832
2005	871
2006	923
2007	1,033
2008	1,000
2009	900
2010	900
2011	1,000
2012	1,100
2013	1,300
2014	1,470
2015	1,770
2016	2,100
2017	2,500

그림 10.2 | 미국 오디오북에 대한 소비자 지출 추정(2003~2017)　　　　　　　단위: 백만 달러

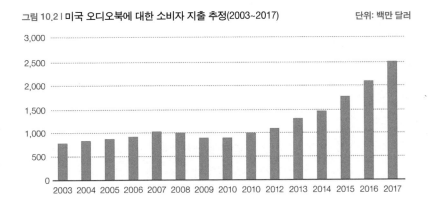

그림 10.3 | 2012년부터 2016년까지 미국 출판사의 포맷별 수익 성장률

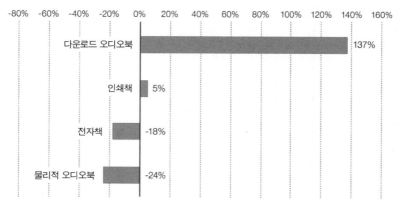

자료: Association of American Publishers(AAP); *Bloomsberg Businessweek*

출의 80%를 차지했으며 CD는 20% 미만을 차지했다. 2017년에 이르자 다운로드는 오디오북 판매의 거의 90%를 차지했다. 이것은 결정적인 포맷의 전환이었다. 하나의 물리적 포맷(카세트)이 또 다른 물리적 포맷(CD)에 의해 가려졌으며, 후자는 디지털 다운로드로 대부분 대체되었다. 대다수의 소비자에게 오디오북은 이제 다운로드되거나 스트리밍되는 디지털 파일로 접근되고 있으며, CD라는 물리적 포맷으로 판매되던 오디오북은 주로 도서관으로 판매되고 있다.

오디오북의 포맷은 분명히 변화했지만, 오디오북으로 출판된 책의 유형은 2000년 초반 이후 상당히 일정하게 유지되었다. 2013년과 2018년 사이에 판매된 오디오북의 70~80%는 소설이었고 20~30%는 비소설이었다. 2017년에 판매된 가장 인기 있는 장르는 미스터리/스릴러/서스펜스, SF와 로맨스 소설이었다. 이것은 2008년 이후 크게 변하지 않았다. 당시 가장 인기 있는 다섯 가지 오디오북 장르는 미스터리/스

표 10.3 | 오디오북 판매의 포맷별 시장 점유율(2003~2017)　　　　　　　　　　　　　단위: %

연도	카세트	CD	다운로드	기타
2002	58	35		
2003	49	45		
2004	30	63	6	2
2005	16.1	73.7	9.1	1
2006	7	77	14	1.4
2007	3	78	17	2
2008	3	73	21	4
2009	0.8	65.3	28.6	5.4
2010	0.6	58.4	36	4.6
2011	1	54	42	3.4
2012	0	43	54.4	2.6
2013	0	35.5	61.7	2.8
2014	0	29	69.1	2.1
2015	0	21.8	76.8	1.4
2016	0	16.2	82.4	1.4
2017	0	11.3	87.5	1.2

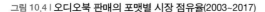

그림 10.4 | 오디오북 판매의 포맷별 시장 점유율(2003~2017)　　　　　　　　　　　　　단위: %

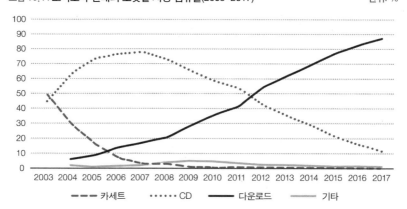

릴러/서스펜스, 일반 소설, SF/판타지, 전기/회고록, 고전 소설이라고 보고되었다.[17] 운전하면서 오디오북을 듣는 것은 지속적으로 인기 있었다. 2008년 실시된 설문조사에서는 오디오북 청자의 58%가 출퇴근하거나 장거리 운전을 하면서 오디오북을 들었으며 2018년에는 65%가 그러했다. 하지만 최근 몇 년 동안에는 가정에서 오디오북을 듣는 것이 점점 더 인기를 얻고 있다. 2018년 청자의 45%는 집에서 집안일과 허드렛일을 하면서 오디오북을 들었고 52%는 자기 전 휴식을 취하면서 들었다고 말했다. 또한 스마트폰으로 듣는 쪽으로도 강력하게 변화했는데, 2018년에는 청자의 73%가 스마트폰을 사용했으며, 47%는 이 기기를 가장 자주 사용하고 있었다. 이는 2017년의 29%, 2015년의 22%와 비교된다.[18] 많은 사람들이 항상 휴대전화를 갖고 있기 때문에 사람들은 출퇴근할 때, 헬스장에서 운동할 때, 집에서 휴식을 취할 때 자신이 멈춘 데서부터 다시 찾아서 들을 수 있다. 스마트폰을 사용하면 오디오북을 들을 때 카세트 플레이어, CD 플레이어, MP3 플레이어 같은 전용 오디오 기기가 더 이상 필요하지 않다. 오디오북을 듣는 것은 전화의 다기능성이 제공하는 또 하나의 기능이 되었을 뿐이다. 스마트폰 때문에, 그리고 항상 켜져 있고 항상 같이 있는 스마트폰의 특성 때문에 오디오북 청취는 일상생활의 실질적인 흐름으로 매끄럽게 통합되었다. 독서는 듣기가 되었고 인쇄 문화는 눈보다 귀를 통해 흡수되었다. 이는 중세와 현대 초기에 종종 그랬던 것처럼 청자에게 읽고 쓰는

---

17   Audio Publishers Association, Consumer Survey Results for 2008 and 2018, at www. audiopub.org.

18   같은 조사.

능력이 없기 때문이 아니라 다른 일을 하느라 눈이 바쁘기 때문이다.

오디오 파일을 압축하고 다운로드해서 간단한 이동식 기기에서 재생하는 능력은 2000년대 초반 일어나고 있었던 오디오북 산업의 구조적인 변화에 중요한 조건이었다. 이는 산업을 카세트와 CD 같은 물리적 사물의 제조와 유통에서 벗어나 플랫폼과 디지털 다운로드에 초점을 둔 산업으로 옮겨놓았다. 따라서 개인과 조직은 이러한 발전이 열어놓은 기회를 인식하고 잡아야 했다. 그리고 오더블Audible의 설립자 돈 카츠Don Katz는 이러한 변화를 가져오는 데서 특히 중요한 역할을 한 사람이었다.

오더블의 등장

돈 카츠는 1970년대에 뉴욕대학교에서 문학을 공부한 작가이자 언론인이었다. 그는 1990년대 초 미디어 세계를 바꿀 새로운 기술에 대한 책을 쓰고 있었는데 오디오북 회사를 시작하기 위해 집필을 중단하기로 결정했다. 그는 대학에서 랠프 엘리슨Ralph Ellison에게 배웠는데 미국 구술 전통의 힘을 강조했던 엘리슨의 가르침이 그 이후로 계속 그에게 남아 있었다.[19] 카츠의 아이디어는 단순하지만 급진적이었다. 바로 24시간 일주일 내내 열려 있는 방식으로 오디오북의 카탈로그에 거

---

19 Taylor Smith, "The Spoken Word with Audible Founder & CEO Donald Katz," *Urban Agenda Magazine* (February 2017), at www.urbanagendamagazine.com/audible-founder-ceo-donald-katz.

의 모든 사람이 접근할 수 있는 사업을 만들 수 있지 않을까 하는 것이었다. 그런 사업을 만든다면 오디오북이 서점 서가에 있는 책으로 제한되지 않을 것이며 물리적 시장의 모든 비용과 기능적 장애도 없앨수 있을 것 같았다. 이것이 카츠가 1995년에 설립한 오더블에 영감을준 아이디어였다. 그는 300만 달러의 자금을 모금해서 오디오북을 최종 사용자에게 보안 파일로 직접 전달하는 기술적 메커니즘을 구축하기 시작했다. 그는 많은 사람들이 출퇴근하면서 오디오북을 듣는다는것과 이것이 핵심 시장이라는 것을 알고 있었기 때문에 데스크톱 컴퓨터를 최종 목적지로 의존하는 데서 벗어나고 싶었다. 카츠가 생각하기에 오디오북은 이동식 환경에 있어야 했다. 그러나 당시는 스마트폰이등장하기 한참 전이었고 아이팟도 나오기 전이었다. 따라서 그는 전용오디오북 기기인 오더블 모바일 플레이어Audible Mobile Player(AMP)를 만들기 시작했다. 그 기기는 가격이 215달러였고 매우 낮은 품질로 2시간 분량의 오디오를 저장할 수 있었다. 하지만 오더블 모바일 플레이어는 2001년 출시된 아이팟 때문에 오래가지 못하고 사라졌다. 그러나아이팟의 확산은 오더블 단독으로는 결코 할 수 없었던 일을 해냈다. 즉, 오디오 파일을 다운로드하고 휴대하기 쉬운 이동식 기기로 그 파일을 듣는 대규모 시장을 만들어낸 것이다. 역설적이게도 오더블 모바일 플레이어의 짧은 삶과 빠른 죽음은 오더블의 끝이 아니라 진정한시작이었다. 이로 인해 오더블은 진정한 시장을 찾을 수 있었으며, 기기 사업을 훨씬 더 좋은 설비를 갖춘 다른 회사에 넘기고 자신의 에너지를 오디오 저작권을 확보하고 오디오 콘텐츠의 카탈로그를 구축하며 청자에게 매력적이고 가치를 인정받는 사용자 경험을 만드는 데 집중할 수 있었다.

초기에 오더블은 오디오북은 물론이고 강연, 연설, 공연 같은 다양한 종류의 오디오 콘텐츠를 확보하고 이 콘텐츠들을 음성으로 듣기에 최적화된 디지털 파일로 변환했다. 개인은 대략 8달러에 오더블에서 오디오북을 다운로드할 수 있었는데, 이는 오디오북 CD 한 권에 대해 일반적으로 부과되는 20달러보다 상당히 저렴했다. 그러나 카츠는 개인적 관점에서 오디오북의 수집 가치가 매우 제한적이라는 것을 알고 있었다. 오디오북은 물리적 책과 같지 않아서, 누군가는 이를 수집의 일종으로 간직하거나 집의 서가에 가치관과 취향의 증표로 전시하거나 나중에 다시 읽고 싶어 하지 않을 것이다. 또한 오디오북은 반복해서 재생하기 원하는 음악과도 같지 않아서 한번 듣고 나면 아마도 다시 듣기를 원하지 않을 것이다. 따라서 2000년에 오더블은 신용 기반의 구독 모델로 전환했다. 오더블은 오디오북을 개별 다운로드로 계속 판매하면서 월 구독료 회원제도 도입했다. 이 회원제에 가입한 개인은 한 달에 한두 권의 오디오북을 다운로드할 수 있는 특정 수의 신용한도를 갖게 되며, 신용한도가 소진되면 추가 신용한도를 구입할 수 있었다. 이를 통해 오더블은 보다 안정적인 수익원을 창출했을 뿐만 아니라 월 구독료를 통해 오더블에 연결된 고객들과 장기적인 관계를 발전시킬 수 있었다. 오더블에 오디오북을 제공한 출판사는 오디오북이 다운로드될 때 보수를 지불받았는데, 그 금액은 출판사마다 달랐고 오더블과의 계약 조건에 따라서도 달랐다.

20003년 오더블은 아이튠즈 스토어를 통해 판매되는 오디오북의 독점 공급업체로 애플과 계약을 체결했다. 이는 오더블에게 주요한 개가였다. 개인이 음악을 듣는 방식을 혁신할 이동식 기기인 아이팟에 독점적으로 액세스할 수 있게 되었기 때문이다. 이제 개인은 음악을 구매하

고 다운로드할 때와 동일한 온라인 환경에서 동일한 방식으로 오디오
북을 구매 및 다운로드할 수 있었으며, 이러한 오디오북을 작은 휴대용
기기에 넣을 수 있게 되었다. 오더블은 이제 진정한 대중시장에 접근할
수 있게 되었다.

오디오북 청취에 최적화된 플랫폼, 청자를 장기 유료 고객으로 전환
한 구독 모델, 아이튠즈에 공급하는 오디오북 독점 계약, 아이팟과 기
타 MP3 플레이어의 대중화를 토대로 오더블은 성장하기에 좋은 위치
에 있었고 실제로 성장했다. 수익은 2000년의 450만 달러에서 2004년
6300만 달러로 5년 만에 14배 증가했다.[20] 회사는 매출액 성장 면에서
가파른 상승세를 타고 있었지만 매년 손실을 입었다(2004년 한 해에만
200만 달러의 이익을 올렸지만 이듬해에 다시 적자를 냈다). 2006년 카츠는
회사의 작은 지분을 갖고 있던 아마존에게 자사를 매각하는 것에 대해
제프 베이조스와 이야기하기 시작했고 2008년 오더블은 아마존에 3억
달러에 매각되었다. 오더블을 인수하자 확장되는 오디오북 시장에서
선두주자였던 아마존의 위상이 더욱 공고해졌다(아마존은 이미 미국에
서 가장 큰 독립 오디오북 출판사인 브릴리언스 오디오Brilliance Audio를 2007년
에 인수한 바 있었다). 이를 통해 아마존은 오더블의 구독자, 출판 계약,
8만장 이상의 음성 녹음에 접근할 수 있었고, 오더블은 훨씬 많은 현금,
아마존의 커다란 고객 기반, 아마존 생태계로 통합되는 데서 발생하는
시너지 효과 및 성장 기회에 접근할 수 있었다.

오더블은 처음에는 다른 사람이 만든 오디오 콘텐츠의 용도를 변경

---

20   www.referenceforbusiness.com/history2/20/Audible-Inc.html.

해서 청취에 최적화된 파일 포맷으로 제공했지만 2007년에는 자체 녹음을 시작했다. 이는 부분적으로는 시장에서 오디오북의 가용성을 증가시켜야 하는 필요성 때문에 추진되었다. 왜냐하면 사람들이 흥미를 가질 만큼 생산되는 새로운 오디오북 콘텐츠가 많지 않았기 때문이다. 오더블은 콘텐츠 측면에서의 선택 가능성이 더 많다면 잠재 청자와 잠재 구독자가 더 많아질 것이라고 생각해서 오디오북 저작권을 구매해 스스로 출판사가 되었다. 처음에는 스튜디오에 제작을 아웃소싱했지만, 나중에는 자신들이 직접 녹음을 할 수 있도록 뉴저지주 뉴어크에 있는 자신들의 사무실에 스튜디오를 몇 개 지었다. 그런 다음 2011년 오더블은 오디오북 저작권 보유자들, 즉 작가, 대리인, 출판사가 내레이터 및 제작자와 연결해 새로운 오디오북을 만들 수 있는 새로운 온라인 플랫폼인 ACXAudiobook Creation Exchange를 출시했다. 작가 또는 기타 저작권 보유자는 ACX에 등록한 후 사이트에서 서비스를 제공하는 내레이터와 프로듀서를 선택할 수 있으며(또는 오디오북을 직접 낭독 및 제작할 수도 있다), 내레이션 및 제작 비용을 선불로 지불할 수도 있고 50 대 50의 로열티 분배를 선택할 수도 있다. 오디오북이 완성되면 오더블을 통해 배포할 수 있는데, 오더블과 독점 계약을 하는 경우에는 오더블, 아마존, 아이튠즈에서 판매되는 소매가격의 40%의 로열티를, 오디오북을 다른 곳에서도 배포할 수 있는 권리를 유지하는 경우에는 25%의 로열티를 받는다. ACX는 원래 출판사이든 작가이든 상관없이 저작권 보유자를 대상으로 했지만 실제로는 작가가 자신의 오디오북을 제작할 수 있는 플랫폼, 본질적으로 오디오북 자가 출판을 위한 플랫폼이 되었다. 자가 출판과의 연계는 아마존의 자가 출판 플랫폼인 KDP와 연결됨으로써 아마존 생태계에서 강화되었다. 시장에 오디오북의 흐름을 증가시키기 위해 개발된 ACX는 2013년에만 1만 개 이상의 ACX 서적을 생산함으로써 그 목적을 확실히 달성했다.[21]

오디오북의 일상화

오디오북 시장이 확장되면서 대형 출판사들은 오디오북 판권 판매를 점점 꺼리게 되었고 오디오북 창작을 책 제작 과정의 일상적인 부분으로 취급하기 시작했다. 2000년대 초반(여기서는 2007년을 말한다) 대형 출판사들은 여전히 어느 서적을 오디오북으로 생산할지에 대해 매우 까다로웠다. 뉴욕에 있는 대형 출판사인 '에베레스트Everest'의 오디오북 부서 책임자인 캐시는 2000년대 초반만 해도 오디오북 출판의 전통적인 경험법칙은 오디오북 판매가 인쇄책 판매의 10%를 넘지 않는다는 것이었다고 설명했다. 그래서 하나의 서적이 양장으로 10만 부팔리면 오디오북은 약 1만 부 팔릴 것으로 기대할 수 있다. 10% 규칙과 오디오북 제작 비용을 고려하면 '에베레스트' 같은 대형 시판용 도서출판사는 양장본으로 적어도 5만 부 이상 판매될 것으로 예측되는 경우에만 오디오북을 제작하기로 선택했다. 그 이하라면 오디오북을 만들 만한 가치가 없었다. 물론 항상 예외는 있었다. "어떤 책은 2만 5000부밖에 판매되지 않을 것이라고 예측하면서도 입소문이 나면 그보다 더

---

21   Shannon Maughan, "Audible's DIY Audiobook Platform Turns Three," *Publishers Weekly*
     (11 April 2014), at www.publishersweekly.com/pw/by-topic/industry-news/audio-books
     /article/61830-audible-s-diy-audiobook-platform-turns-three.html.

많이 팔릴 수 있다고 생각하기도 합니다. 그래서 우리가 예상한 것보다 더 좋은 성과를 거두기를 기대하는 책들도 분명히 있습니다"라고 캐시는 설명했다. 그러나 양장본으로 5만 부 미만을 판매한다면 오디오북을 만들 가치가 없다는 것이 일반적인 경험 법칙이었다. 따라서 그들은 그 책이 얼마나 많이 판매될까 하는 수치에서 시작했다. 그런 다음 오디오에서 잘될 만한 종류의 책인지와 같은 다른 사항을 고려했다. 매우 드문 경우를 제외하면 요리책, 다이어트 책, 그림이 많은 책, 참고서는 원칙적으로 배제했다. 구성이 탄탄한 상업 소설이 특히 오디오에서 잘 먹히며, 회고록과 일부 내러티브식 비소설(일반적인 관심사나 전기, 아이디어 관련 책 등등)도 괜찮았다. 이 모든 요소를 감안하면 오디오북으로 제작할 만한 새로운 서적은 얼마 남지 않았다. 캐시의 경우 오디오북으로 제작할 서적이 시즌마다 약 100종 또는 1년에 300종 정도였는데, 여기에는 다른 출판사로부터 오디오북 저작권을 구매한 서적이 포함되었다. '에베레스트'에서는 인쇄책으로 연간 5000종가량의 서적을 출판하므로 이는 총 서적 생산의 작은 부분일 뿐이었다. 다른 출판사로부터 오디오북 중 일부를 구매했다는 사실을 감안하면 전체의 5% 미만이었다. 이것은 2000년 초반의 대형 출판사에서 이상한 일이 아니었다. 오히려 이 정도는 높은 편이었다.

10년 후에는 상황이 매우 달라졌다. 캐시의 후임인 사라는 이제 오디오북 프로그램이 훨씬 커진 '에베레스트' 오디오북 부서의 책임자이다. 그녀는 이제(여기서는 10년이 지난 2018년을 말한다) 일 년에 1000~1100종의 서적을 작업하고 있다고 말했다. 즉, 전임자의 3~4배를 작업하고 있는 것이다. 사라는 "나는 하루에 세 종의 오디오북을 출판하고 있습니다. '에베레스트'가 출판하는 모든 것은 이 포맷에 적절합니다"라고 말했다. 오디오북 프로그램이 이렇게 확장된 이유 중 하나는 시장이 바뀌었고 스마트폰의 확산과 함께 오디오북에 대한 수요가 늘어났기 때문이다. 오디오북이 이제 훨씬 중요하고 성장하는 수익원이었다. 그러나 다른 이유도 있었다. 다른 출판사들과 마찬가지로 '에베레스트'는 책의 판권을 구매할 때 오디오 저작권이 포함되기를 원했다. 요즘은 오디오 저작권 없이 책의 판권을 구매하는 경우가 거의 없다. "이는 책의 판권을 사면서 페이퍼백이나 전자책의 저작권을 받지 않는 것과 유사할 것입니다. 그런 일은 일어나지 않을 것입니다"라고 사라가 말했다. 그러나 오디오에 대한 권리를 주장하려면 오디오북을 제작해야 한다. "오디오 권리는 매우 가치 있는 권리가 되었습니다. 그리고 대리인과 작가는 우리가 당신에게 저작권을 팔면 당신이 그 권리를 수행해야만 한다고 당당하게 말했습니다." 더욱이 10%라는 오래된 경험 법칙은 크게 신뢰할 수 없었다. 대략적인 지침으로는 괜찮았다. 하지만 시판용 출판은 행운이 많이 따르는 사업이며 책은 당신을 놀라게 할 수도 있다. 책은 당신이 생각하는 것보다 훨씬 더 좋을 수도 있고 훨씬 더 나쁠 수도 있다. 이는 오디오북도 마찬가지이다. 사라는 몇 년 전에 인쇄판으로 출판했던 어떤 책의 이야기를 들려주었다. 그 책은 잘되었지만 이 경우에는 대리인이 오디오 저작권을 보유했다. 오디오 저작권을 확보하는 것에 대해 생각했고 정확하게 계산을 수행한 끝에 그 책이 오디오 저작권을 확보할 만큼의 가치는 없다는 결론에 이르렀다. 그러자 다른 출판사가 그 책의 오디오 저작권을 인수했는데, 그 오디오북은 해당 범주에서 계속해서 1위를 차지했다. 이를 통해 얻은 교훈은 뼈아팠지만 명확했다. 그냥 모든 것을 다 해야 한다는 것이었다. "모든 것을 다 한다면 어떤 것은 판매량의 1%에 불과할 수도 있지만 판매량의 50%를 오디오북이 차지하는 서적도 갖게 될 것입니다." 이 새로운 환경에서 오래된 10% 원칙은 지침으로서 신뢰하기가 매우 어렵다.

전자책이 책 제작 과정에서 인쇄 가능한 파일이 있으면 하나만 더 출력하면 되는 표준 출력이 된 것과 마찬가지로, 오디오북 역시 이제는 대형 시판용 출판사들의 또 다른 표준 출력이 되었다. 적어도 오디오에서 잘 작동하는 종류의 책에 대해서는 그러하다. 물론 오디오북 제작은 전자책 파일을 제작하는 것만큼 단순하거나 간단치 않다. 오디오북 제작은 비용이 많이 들고 시간도 많이 소요되는 완전히 다른 생산 공정을 필요로 한다. 그러나 대형 시판용 출판사에게 오디오북 창작은 이제 책 제작 과정의 일상적인 부분이 되었다.

같은 시기에 일어난 또 다른 중요한 변화가 있었다. 2000년대 초반과 그 이전에는 대부분의 오디오북 출판사가 두 가지 다른 버전의 오디오북, 즉 개인 고객을 위한 요약 버전과 도서관 시장을 위한 비요약 버전을 생산했다. 오디오북 시장은 요약 버전과 비요약 버전 두 갈래로 나뉘었다. 사서들은 분명 비요약 오디오북을 선호했고 비요약 버전에 드는 추가 비용은 예산을 확보한 도서관에 장애물이 아니었다. 그러나 개인이 서점에서 상자에 든 CD 모음으로 오디오북을 구매하는 소매 시장에서는 가격이 민감한 고려사항이었다. 개인 고객은 요약 오디오북에 대해 29.95달러를 기꺼이 지불하지만 비요약 버전에 대해 80~90달러를 지불하는 것은 망설일 것이다. 따라서 '에베레스트'를 비롯한 많은 오디오북 출판사들은 도서관 시장을 위한 비요약 버전과 소매 시장을 위한 요약 버전이라는 두 가지 방식으로 녹음을 제작했다. 이것은 또한 두 가지의 생산 과정이 병행된다는 것을 의미하기도 했다. 요약 버전과 비요약 버전은 종종 서로 다른 스튜디오에서 서로 다른 내레이터에 의해 제작되었다. 그러나 점차 많은 사람들이 디지털 다운로드를 통해 오디오북에 접속하게 되자 요약 버전을 제작하는 것은 점점 덜 매력적이게 되었다. 오디오북 출판사는 점차 요약 버전의 제작을 없애거나 몇 종류만으로 그 수를 줄였다. 사라는 이렇게 설명했다. "요약본은 거의 사라졌습니다. 우리는 여전히 약간의 요약본을 만들고 있지만 아마 1000종의 책 중 10여 종도 되지 않을 것입니다. 디지털 파일에서는 문제가 되지 않기 때문에 디지털로 바꾸었습니다. 그리고 소비자들은 이야기 전체를 듣고 싶어 했습니다. 요약본은 원치 않았습니다." 그들이 여전히 요약을 하는 몇 가지의 경우는 CD로 요약된 버전을 원하고 낮은 가격대를 필요로 하는 특정 고객 때문일 수 있다. 그것은 일반적으로 오디오북을 항상 요약된 형식으로 제공하는 존 그리셤, 리 차일드, 스티븐 킹 같은 상업 작가들의 책이다. 그리고 월마트, 코스트코, 다른 대형 매장은 물량을 이동하기 위해 더 낮은 가격대를 필요로 하기도 한다. 그러나 이는 이제 드문 예외이다. 오늘날 대다수의 오디오북에서는 비요약 버전만 제작된다.

2000년대 초반 일부 대형 출판사는 오디오북을 제작하기 위한 스튜디오를 짓거나 인수했으며, 종종 오디오북의 일부는 자체 스튜디오에서 제작하고 나머지는 독립 스튜디오에 아웃소싱했다. 대부분의 미국 스튜디오는 뉴욕이나 LA에 자리했다. 왜냐하면 이곳에 배우들이 가장 많이 모여 있었기 때문이다. 대부분의 스튜디오는 녹음 과정에 배우를 활용하는 것을 선호했고 지금도 여전히 선호하고 있다. 오디오북 판매가 증가하고 출판사에서 오디오북 생산을 늘리기 시작하면서 출판사들은 더 많은 스튜디오를 짓거나 인수해서 생산 시설을 확장했고 오디오북 제작의 일정 부분은 여전히 다른 사람들에게 아웃소싱했다. 동시에 오더블과 경쟁하기 위해 다수의 새로운 참가자가 이 장에 뛰어들자 오디오북 공급망은 더욱 다양해지고 복잡해져 소비자들에게 오디오북에 접근하는 더 많은 길을 제공했다. 소매 참가자 중 하나인 오더블이 장악했던 소규모 가내 산업은 미로와 같은 복잡한 하위 장으로 빠르게 변하고 있었다.

오디오북 공급망

오늘날 오디오북 공간에는 다양한 참가자가 있으며, 이러한 플랫폼 중 다수는 다양한 역할을 수행한다. 이 공간은 새로운 참가자들이 장에 진입하고 오래된 참가자들이 서비스를 확장하고 새로운 역할을 맡으면서 끊임없이 진화하고 있다. 이 공간을 이해하는 가장 쉬운 방법은 오디오북 공급망을 이루는 핵심 역할을 구분한 다음, 많은 참가자들이 하나 이상의 위상을 차지하고 있음을 인정하면서 이 공급망 내에서 여러 참가자의 위치를 매기는 것이다. 〈그림 10.5〉는 오디오북 공급망에 대한 요약을 제공한다. 오디오북 공급망은 다섯 가지 핵심 역할로 구분할 수 있는데, 저작권 보유자, 출판사, 제작자, 유통업체, 소매업체/구독 서비스/집합자aggregator이다.

오디오북 저작권 보유자는 오디오북 권한을 소유하고 있는 작가, 대리인, 출판사이다. 작가는 출판사와 계약을 체결할 때 일반적으로 모든 부차권을 출판사에 맡기는데 이러한 부차권에는 일반적으로 오디오북 저작권도 포함된다(이전 계약에서는 오디오북 저작권이 명시적으로 언급되지 않아 이러한 권리의 위상이 불분명할 수도 있다. 이는 출판사들이 계약을

그림 10.5 | 오디오북의 공급망 체계

저작권 보유자	출판사	제작자	유통업체	소매업체
오디오북 저작권 보유자 (작가, 대리인, 출판사 등)	일반 도서출판사 (예: 펭귄 랜덤하우스, 하퍼콜린스, 아셰트 등) 오디오북 출판사 (예: 블랙스톤 오디오, 리코디드 북스 (RB미디어), 브릴리언스(아마존), 오더블(아마존) 등) 오디오 자가 출판 (예: ACX(오더블), 파인드어웨이, 보이시즈, 리슨업 등)	일반 도서출판사에서 자체 제작한 오디오북 오디오북 출판사에서 자체 제작한 오디오북 제작 스튜디오 (예: 존 마셜 미디어, 데얀 오디오, 리슨업, 모자이크 오디오, 드마크 등) 홈 스튜디오	- 오더블/ACX - 파인드어웨이 - 리슨업 - 오서즈 리퍼블릭 - 빅 해피 패밀리 - 드마크 - 지브럴루션 - 콘토 - 오버드라이브 - 잉그램 등	- 오더블(아마존) - 아이튠즈(애플) - 아마존 - 반스 앤 노블 - 구글 플레이 - 스크립드 - 플레이스터 - 코보(라쿠텐) - 다운포어(블랙스톤) - 오디오북스 닷컴 (RB미디어) - 오디오북스 나우닷컴(북랜더) - 심플리 오디오북스 - 이스토리즈 - 처브(북버브) - 스토리텔 - 넥스토르 - 북메이트 등 - 도서관 집합자 - 오버드라이브 - 후플라 - 비블리오테카 등

변경하기 전의 전자책 출판권의 사례와 비슷하다). 일부 대리인은 경우에 따라 오디오북 저작권을 보류해서 이를 별도로 판매할 수도 있다. 하지만 앞서 언급했듯이 오디오북 부서를 보유한 대부분의 주요 출판사는 오디오북 권한을 취득하지 않고는 책을 사지 않을 것이다. 출판사가 작가와의 계약의 일부로 오디오북 저작권을 획득하더라도 이 권리를 반드시 행사할 필요는 없으며 많은 경우에는 행사하지 않는다. 출판사는 오디오북 저작권을 수동적으로 보유하면서 오디오북을 제작할 조치를 취하지 않는다. 그러나 오디오북 출판사가 오디오북 제작에 관심이 있는 경우, 그 권리를 보유한 출판사로부터 오디오북 저작권에 대한 사용 허가를 받아야 한다.

오디오북 공급망에서 두 번째 핵심 역할을 하는 것은 오디오북 출판사이다. 본질적으로 오디오북 출판사에는 세 가지 유형이 있다. 첫째, 많은 주류 출판사는 또한 오디오북 출판사이기도 하다. 대형 출판사인 경우 펭귄 랜덤하우스, 하퍼 콜린스, 아셰트 같은 대형 5개사처럼 자체 스튜디오를 가진 오디오북 전담 부서를 갖고 있을 수 있다. 경우에 따라 이 출판사들은 오디오북 출판사를 인수해서 자신들의 출판 활동에 통합했을 수도 있다. 하퍼 앤 로Harper & Row(지금의 하퍼콜린스)가 1987년 캐드먼 레코드를 인수하고 랜덤하우스가 2001년에 북스 온 테이프를 인수한 것이 이러한 사례이다. 오디오북 부서를 가진 대형 출판사들은 인쇄물로 출판한 많은 책의 오디오북 버전을 제작하지만 이러한 부서는 또한 일반적으로 다른 출판사들의 인쇄물로 출판된 책의 오디오북 저작권을 획득하는 준자립 출판사로 운영되기도 한다. 다르게 말하면 그들은 오디오북 저작권 시장의 활발한 참가자들이다. 일부 소규모 출판사들 역시 자체 오디오북을 출판하기도 한다. 그들은 자기 소유의 스튜디오는 없지만 독립 스튜디오 또는 프리랜서 제작자 및 내레이터와 협력해서 자신들이 출판한 일부 책의 오디오북 버전을 제작한다.

오디오북 출판사의 둘째 유형은 오디오북 출판을 목표로 설립된 출판 조직으로 구성되어 있다. 그들은 출판 목록에 오디오북을 추가한 일반 출판사가 아니고 오디오북 제작을 주요 목표로 하는 전문 오디오북 출판사이다. 그들은 일반적으로 정해진 기간 동안 출판사 또는 기타 저작권 보유자로부터 오디오북 저작권을 취득한 다음 자신들의 임프린트로 오디오북을 제작 및 출판한다. 그들은 또한 공공 영역인 고전 책의 오디오북 버전을 제작 및 출판한다. 캐드먼 레코드와 북스 온 테이프가 이런 식의 오디오북 출판사로 시작했고, 리코디드 북스Recorded

Books, 블랙스톤 퍼블리싱Blackstone Publishing, 브릴리언스 오디오 및 기타 전문 오디오북 출판사도 마찬가지였다.

리코디드 북스는 1978년 방문 판매상인 헨리 트렌트먼Henry Trentman이 메릴랜드주 샬럿 홀에서 설립했다. 도로 위에서 많은 시간을 보내는 그는 오디오북을 라디오의 대체물로 보았다. 그는 우편 주문으로 대여할 수 있는 카세트에 요약되지 않은 녹음으로 제작하는 방안을 구상했는데, 이는 몇 년 전 듀발 헥트가 북스 온 테이프에서 개척한 것과 유사한 모델이었다. 리코디드 북스는 1980년대와 1990년대에 확장되었으며, 1999년 하이츠 크로스 커뮤니케이션즈Haights Cross Comminications에 인수되었다. 그 후 몇 차례 주인이 바뀌었다가 2015년 사모펀드 회사인 샘록 캐피털 어드바이저Shamrock Capital Advisors에 인수되었다. 리코디드 북스는 현재 RB미디어RBMedia의 임프린트로 운영되고 있다. RB미디어는 이제 세계 최대 오디오북 출판사 중 하나가 되었다. 2018년 샘록 캐피털 어드바이저는 RB미디어를 미디어와 기술 분야에 상당한 투자를 한 또 다른 사모펀드 회사 KKR에 매각했다.

블랙스톤 퍼블리싱은 1987년 오리건주 애시랜드에서 크레이그Craig와 미셸 블랙Michelle Black에 의해 설립되었으며, 원래 이름은 클래식 온 테이프Classics on Tape였다. 많은 오디오북 출판사와 마찬가지로 블랙스톤도 통근 경험에서 등장했다. 1980년대에 크레이그는 하루 3시간씩 매일 통근했다. 어느 날 그의 친구가 시간 때우기용으로 조지 오웰의 『1984』 오디오북을 주었을 때 그는 바로 잠재력을 알아차렸다. 애시랜드는 매년 셰익스피어 축제를 개최했는데, 크레이그와 미셸 블랙은 이 축제를 통해 오디오북을 녹음할 내레이터들을 확보했다. 그들은 첫 해인 1988년에 30종의 오디오북을 제작했고 30년 후인 2018년에는 매년 1200종을 제작해 미국에서 가장 큰 독립 오디오북 출판사 중 하나가 되었다.

브릴리언스 오디오는 1984년 마이클 스노그래스Michael Snodgrass에 의해 미시건주 그랜드 헤이븐에서 설립되었다. 아마존이 오더블을 인수하기 직전인 2007년에 아마존에 인수되었는데, 당시에는 CD를 기반으로 한 가장 큰 오디오북 제작업체 중 하나가 되어 있었다.

오디오북 출판사는 일반적으로 기존 출판사 및 기타 저작권 보유자들로부터 오디오북 저작권을 취득해서 오디오북을 제작·출판하는 조직으로 시작했지만 여러 해에 걸쳐 다각화했다. 경우에 따라 이러한 다각화는 고품질 콘텐츠 공급을 늘려야 하는 필요성에서 비롯되었다. 점점 더 많은 전통적인 출판사들이 자체 오디오북을 생산하기 시작하면서 오디오북 출판사를 위한 공급 라인은 고갈되기 시작했다. 오디오북 출판사들은 수십 년 전 전통적인 양장본 출판사들이 자체 페이퍼백 라인을 개발하기 시작했을 당시의 페이퍼백 출판사와 자신들이 같은 입장이라는 것을 알게 되었다. 그래서 대형 오디오북 출판사들 중 일부는 일반 출판사로 탈바꿈하기 시작해 모든 권리가 부착된 책을 계약해서 오디오북은 물론 인쇄본과 전자책까지 출판했다. 탠터 미디어Tantor Media는 2012년에 인쇄 라인을 추가했고, 블랙스톤은 2015년에 인쇄 임프린트를 시작했다. 더욱이 디지털 다운로드로 전환되자 일부 오디오북 출판사는 자체 플랫폼을 개발해서 자신들의 콘텐츠를 도서관과 소비자에게 직접 공급했다. 2013년 블랙스톤은 오더블의 직접적인 경쟁자로 자리잡은 온라인 오디오북 스토어 다운푸어닷컴Downpour.com을 시작했다. 이 스토어는 블랙스톤과 여러 오디오북 출판사의 오디오북을 월 12.99달러에 다운로드할 수 있는 구독 서비스를 제공했다. 2018년 리코디드 북스는 도서관 사용자가 스트리밍 서비스를 통해 오디오북과 영상 콘텐츠에 접속할 수 있는 도서관용 앱 RB디지털RBdigital을 출시했다. 그리고 오디오북 출판사로 시작한 조직이 하향으로 다각화되면서 새로운 시장 채널을 창출하는 소매 및 유통 사업을 구축한 것처럼, 소매 및 구독 서비스로 새 삶을 시작한 오더블 역시 오디오북 출판사로 사업을 상향으로 확장하면서 전통적인 출판사들로부터 오디오북 저작권을 확보하고 독자적인 오디오 콘텐츠를 제작하고 있었다. 오디오북 출판사, 제작자, 유통업체, 소매업체 사이의 경계가 점점 흐려지고 있는 것이다.

오디오북 출판사의 셋째 유형은 오디오북 자가 출판사이다. 오디오북 자가 출판사란 인쇄책 및 전자책 출판의 세계에서 자신의 책을 자가 출판하기로 선택한 많은 개인과 동일하다. 이제 전통적인 출판사를 거치지 않고 자신의 인쇄책과 전자책을 자가 출판하는 것이 가능한 만큼 기존의 오디오북 출판사를 거치지 않고 본인의 오디오북을 자가 출판할 수 있다. 기성 오디오북 출판사에 의존할 필요 없이 셀프로 할 수 있는 것이다. 오디오북의 경우 오디오북 저작권만 있으면 실로 완전한 DIY 오디오북을 만들 수 있다. 마이크를 잡고, 조용한 공간을 찾고, 디지털 녹음을 만들고, 오디오북을 적당한 유통 시스템에 업로드하면 된다. 자신의 오디오북을 낭독하고 제작하기 원하는 진취적인 작가는 온라인 및 인쇄물에서 많은 조언과 지침을 찾을 수 있다.[22] 그러나 텍스트

---

22 예를 들어 Chandler Bolt, "How to Make an Audiobook: What EveryAuthor Should Know," at https://self-publishingschool.com/creating-audiobook-every-author-know; Ricci Wolman, "How to Publish an Audiobook: Your Guide to Audiobook Production and Distribution," at www.writtenwordmedia.com/self-publish-audiobook-production-and-distribution; Michele Cobb, "Creating an Audiobook as a Self-Published Author," at https://

낭독을 녹음하는 것의 명백한 단순성은 고품질의 오디오북을 만드는 것과 관련된 복잡성을 감춘다. 텍스트를 낭독하는 것은 그 자체로 하나의 예술이며, 종종 오디오북을 직접 녹음하는 것보다 숙련된 내레이터를 찾는 것이 더 나은 경우가 많다. 또한 작가가 자신의 오디오북을 녹음하려 할 때에도 전문가의 도움을 받음으로써 품질을 향상시킬 수 있다. 인쇄책 및 전자책과 마찬가지로 작가가 자신의 오디오북을 자가 출판하는 데 이용할 수 있는 오디오북 자가 출판 플랫폼은 많다. 이들 중 가장 크고 유명한 것은 2011년 오더블이 만든 ACX이다(앞의 내용 참조). 이 플랫폼에서 오디오북을 만들기만 하면 ACX가 오더블, 아마존, 아이튠즈를 통해 유통한다. 그리고 더 낮은 로열티를 위해 다른 소매 채널을 통해 유통하도록 선택할 수도 있다. 그러나 ACX가 유일한 선택지는 아니다.

ACX의 주요 경쟁자는 2017년 7월 선도적인 오디오북 유통업체 중하나인 파인드어웨이Findaway가 출시한 파인드어웨이 보이시즈Findaway Voices로, 부분적으로는 소매업체에 제공할 수 있는 오디오북 콘텐츠의 흐름을 증가시키기 위한 방법으로 시작되었다. ACX와 마찬가지로 파인드어웨이 보이시즈도 주로 독립 작가와 자가 출판 커뮤니티를 목표로 삼았는데, 출판사들도 사용할 수 있었다. 파인드어웨이 보이시즈는 오디오북을 만들려는 사람에게 ACX가 제공하는 것과 대체로 유사한 일련의 선택을 제공했지만 몇 가지 면에서 ACX와 달랐다. 우선, ACX

blog.bookbaby.com/2018/06/creating-an-audiobook-as-a-self-published-author 등을 보라. 오디오북 제작에 대한 최상의 인쇄 가이드는 Jessica Kaye, *The Guide to Publishing Audiobooks: How to Produce and Sell an Audiobook* (Cincinnati, Ohio: Writer's Digest Books, 2019)이다.

는 미국, 영국, 캐나다, 아일랜드에 사는 사람들에게로 제한되는 데 반해, 파인드어웨이 보이시즈는 전 세계 작가에게 열려 있다. 둘째, ACX는 작가가 자신의 책에 적절해 보이는 내레이터를 검색할 수 있는 개방형 시장인 데 반해, 파인드어웨이 보이시즈는 작가에 관한 정보를 모아 프로젝트에 특히 잘 맞을 듯한 내레이터를 5~10명 제시한다. 셋째, 파인드어웨이 보이시즈는 작가와 출판사에게 오디오북의 가격에 대한 전면적인 통제권을 준다. 파인드어웨이에서는 작가와 출판사가 오디오북의 가격을 정하는 데 반해, ACX에서는 각 소매업체가 재량에 따라 가격을 정한다(오더블에서는 가격이 일반적으로 길이에 따라 정해진다). 넷째, 파인드어웨이 보이시즈는 많은 오디오북 소매업체 및 구독 서비스에 유통하는 데 반해, ACX는 오더블, 아마존, 아이튠즈를 통해서만 유통한다. 하지만 앞에서 언급했듯이 ACX와 비독점을 선택하면 파인드어웨이 또는 오서즈 리퍼블릭Arthur's Republic 같은 다른 소매 유통업체를 이용해 다른 소매 채널로 유통할 수 있다. 파인드어웨이 보이시즈는 자가 출판 커뮤니티에 매력적인 것으로 입증되었다. 이는 부분적으로는 ACX가 속해 있는 아마존 생태계에 대한 독립된 대안이기 때문이다. 따라서 스매시워즈, 드래프트2디지털을 포함한 다수의 전자책 자가 출판 플랫폼은 자가 출판 작가들에게 오디오북 제작 및 유통 서비스에 대한 통합된 접근을 제공하기 위해 파인드어웨이와 계약을 체결했다.

ACX와 파인드어웨이 보이시즈가 주요한 오디오북 자가 출판 플랫폼이지만, 독립 작가와 출판사에게 자신의 오디오북을 생산할 수 있는 다른 경로를 열어준 참가자도 있다. 리슨업ListenUp 오디오북은 2016년 조지아주 애틀랜타에 있는 오디오 생산 회사 리슨업에서 출시되었다. 리슨업 오디오북은 작가와 출판사들에게 감독, 내레이터 선택, 전문 스튜디오 녹음, 완벽한 편집, 최종 마스터링을 포함하는 풀 서비스 오디오북 솔루션을 제안한다. 또한 오더블을 포함한 광범위한 소매업체 및 도서관에 배포하는 유통 선택을 제공한다. 오서즈 리퍼블릭은 2015년 오디오북스닷컴Audiobooks.com이 만든 오디오북 유통업체이다. 오디오북 제작 서비스는 자체적으로 제공하지 않지만 저자에게 오디오북 제작 방법에 대해 단계별 안내를 제공하며 오디오북 창작 과정을 처리할 수 있는 여러 개의 제작 회사를 추천해 준다.[23]

오디오북 공급망에서 세 번째 핵심 역할을 하는 것은 오디오북 제작자(또는 제작 회사)이다. 여기서는 네 가지 유형의 오디오북 제작자를 구분하는 것이 도움이 된다. 첫째 유형은 오디오북 부문을 개발하고 맞춤형 오디오북 제작 스튜디오에서 오디오북 제작을 직접 수행하는 전통적인 도서출판사이다. 앞에서 언급했듯이 대부분의 대형 시판 도서 출판사는 이제 자체 오디오북 제작 시설을 갖추고 있지만 독립 스튜디오에 오디오북 제작을 외주하기도 한다. 둘째 유형은 많은 오디오북 출판사로, 이들 또한 자체 제작 스튜디오를 갖고 있으며, 오디오북의 전부(또는 일부)를 사내에서 제작한다.

하지만 출판사는 아니지만 고품질 오디오 제작을 전문으로 하는 오디오 제작 회사도 많다. 그들은 음악가에서부터 출판사에 이르기까지 다양한 고객에게 녹음 스튜디오와 오디오 제작 서비스를 제공한다. 이것이 오디오북 제작자의 셋째 유형이다. 오디오북 분야에서 가장 잘 알려진 오디오 제작 회사는 존 마셜 미디어John Marshall Media와 데얀 오디

---

23 www.authorsrepublic.com/creation을 보라.

오Deyan Audio이다. 존 마셜 미디어는 버클리 음대를 졸업한 오디오 기술자 존 마셜 치어리John Marshall Cheary에 의해 1995년 설립되었다. 뉴욕에 기반을 둔 존 마셜 미디어는 최고의 오디오북 제작업체 중 하나로 자리매김했으며, 스튜디오 대여에서부터 전체 캐스팅, 최종 전달에 이르기까지 모든 범위의 오디오북 제작 서비스를 제공한다. 데얀 오디오는 1990년 오디오북이 여전히 틈새 제품이었던 시기에 밥Bob과 데브라 데얀Debra Deyan이 오디오북 제작을 목표로 설립했다. 그들은 캘리포니아 반누이스에 있는 집에서 녹음을 시작했으며, 나중에 캘리포니아 타자나에 있는 스튜디오로 확장했다. LA에 기반을 둔 데얀 오디오는 내레이션 재능을 제공할 많은 배우 풀을 활용할 수 있었다. 존 마셜 미디어와 데얀 오디오는 오디오북 제작을 전문으로 하는 회사 중 가장 유명하지만, 모자이크 오디오Mosaic Audio, 드마크De marque, 에지 스튜디오Edge Studio, 베러티 오디오Verity Audio, 오디오 팩토리Audio Factory, 리스닝 북스Listening Books 등 다른 회사도 많다.

오디오북 제작자의 넷째 유형은 홈 스튜디오이다. 홈 스튜디오는 가정 공간, 즉 침실, 벽장, 또는 거실 구석을 녹음 스튜디오로 쓸 수 있게 개조한 것이다. 홈 스튜디오는 처음에는 음성 해설 작업 및 내레이션을 하고 있는 사람이면서 출퇴근에 오랜 시간을 보내고 싶지 않은 사람들에 의해 개발되었다. 어떤 경우에는 오디오 제작 회사가 홈 스튜디오 개조를 돕고 장비와 소프트웨어를 공급하기도 했다. 오디오북의 성장과 ACX 같은 오디오북 자가 출판 플랫폼의 등장으로 홈 스튜디오가 프리랜서 내레이터에게 점점 인기를 얻게 되었다. 그들은 자신의 녹음 스튜디오를 만들어서 집에서 일한다. 즉석 방음은 최소한의 비용으로 설치할 수 있으며, 예산에 맞춰 마이크, 랩톱, 편집 소프트웨어 같은 기본 장비로 스튜디오를 개조할 수 있다. 내레이터가 되려는 사람들에게 홈 스튜디오를 만드는 방법에 대해 조언하고 내레이션과 편집의 기본을 안내하는 온라인 자료도 많다.[24]

오디오북 공급망에서 네 번째 역할을 하는 것은 유통업체이다. 유통업체는 공급망에서 중개자이다. 유통업체의 역할은 공급업체가 자신의 콘텐츠를 다수의 소매 채널로 쉽게 보내도록 만들고 소매업체가 다수의 공급업체로부터 콘텐츠를 더 쉽게 획득하도록 만드는 것이다. 만일 공급업체와 소매업체가 하나만 있으면 공급업체는 소매업체에 직접 공급하면 되므로 유통업체는 필요 없다. 하지만 공급업체와 소매업체가 많다면 공급망에서 중개자로서 유통업체가 더욱 중요해진다. 유통업체는 공급업체가 가능한 한 많은 소매업체에게 접근할 수 있고 소매업체가 콘텐츠를 구매할 수 있는 원 스톱 상점을 제공한다. 오디오북 공급망은 오더블이 압도적으로 우세한 소매점이며 아이튠즈와 아마존에 직접 유통하는 주요 오디오북 출판사이자 제작자라는 사실 때문에 왜곡되어 있다. 이는 오더블이 오디오북 출판사와 제작자에서부터 유통업체와 소매업체에 이르기까지 전체 공급망에서 운영되며 오디오북 제작과 오디오북 판매에서 큰 비중을 차지한다는 것을 의미한다. 이는 오디오북 공급망에서 한 조직에 의해 통제되는 커다란 파이프라인을 생성한다. 여기서 하나의 조직이란 ACX를 오디오북 자가 출판 플랫폼으로 사용하는 아마존이 소유한 오더블을 뜻한다. 이 파이프라인은 2003년 이후 오더블이 아이튠즈의 오디오북 독점 공급자가 되었다는 사실, 즉 아이튠즈

---

24 예를 들어 ACX, at www.acx.com/help/setup/202008260에서 ACX의 홈 오디오북 내레이션에 대한 다섯 개의 영상 강의를 보라.

스토어에 접근하려는 모든 출판사는 오더블 파이프라인을 통해야만 한다는 사실 때문에 그 중요성이 더욱 증가했다. 독일출판서적상협회German Publishers and Booksellers Association에서 제기한 불만에 따라 이 같은 계약은 유럽위원회와 독일 반독점 규제기관인 연방담합청Bundeskartellamt의 조사를 받았다. 그 결과 2017년 1월 오더블과 애플은 아이튠즈에 오디오북을 공급하는 독점 계약을 중단할 것이라고 발표했다. 이 시점 이후 출판사들은 자신의 오디오북을 아이튠즈에 직접 공급하거나 자신의 콘텐츠를 다른 제3자를 통해 아이튠즈에 공급할 수 있었다.

오디오북 출판사와 제작자를 한쪽으로 하고 오디오북 소매업체를 다른 한쪽으로 하는 사이의 공간에 파인드어웨이, 오서즈 리퍼블릭, 빅 해피 패밀리Big Happy Family, 드마크, 콘토Kontor, 지브럴루션Zebralution 등 많은 오디오북 유통업체가 등장했다. 리슨업 같은 일부 오디오북 출판사와 제작자도 고객을 위한 유통 서비스를 제공한다. 이러한 각 유통업체들은 고유한 역사와 특별한 강조점을 갖고 있다. 오하이오주 솔론에 자리 잡은 파인드어웨이는 2000년대 초 디지털 오디오 플레이어인 플레이어웨이Playaway를 개발하면서 이름을 알렸고 디지털 유통으로 확장해 세계 최대의 오디오북 유통업체 중 하나가 되었다. 오서즈 리퍼블릭은 2015년 오디오북 구독 서비스인 오디오북스닷컴에 의해 시작되었으며 자가 출판 오디오북 창작자들이 자신의 작품을 배포하는 데 도움을 주었다. 빅 해피 패밀리는 2006년 중소 규모 출판사가 오디오북 소매점에 접근하는 데 도움을 주기 위해 오디오북 출판사 제시카 케이Jessica Keye가 설립한 회사이다. 유통업체들은 활동의 강조점과 자신들이 제공하는 시장에 따라 다양하지만 그 목적은 모두 동일하다. 즉, 크고 작은 출판사로부터 디지털 콘텐츠(이 경우 오디오북)를 가져오고, 이를 통합된 목록으로 합쳐서 가능한 한 많은 소매점, 구독 서비스, 다운로드 사이트, 도서관에서 사용할 수 있도록 하며, 그런 다음 로열티 지불 및 수익을 다시 출판사에게 보내는 중개자 역할을 하는 것이다. 이런 식으로 소매점은 수백 개의 다른 출판사와 제작자가 아닌 단일 공급업체와 거래할 수 있으며, 출판사, 특히 작은 출판사와 자가 출판사는 그들 스스로 도달할 수 없었던 소매점에 접근할 수 있게 되었다. 유통업체는 양쪽의 삶을 단순화하고 서비스 수익의 일부를 취할 것이다.

오디오북 공급망에서 다섯째이자 마지막 역할을 담당하는 것은 소매점이다. 최근 몇 년 동안 구독 서비스와 온라인 상점에서부터 도서관 집합자와 공급업체에 이르기까지 오디오북 소매점이 폭발적으로 증가했다. 2000년 초반 이후 오더블이 오디오북 공간에서 압도적으로 우세한 소매 참가자였다는 데에는 의심의 여지가 없다. 디지털 다운로드를 위한 신용 기반의 구독 서비스, 아마존과의 시너지 관계, 아이튠즈와의 독점 유통 계약으로 오더블은 오디오북을 소비하는 주요 매체로서 CD의 쇠퇴 및 디지털 다운로드의 증가를 최대한 활용할 수 있는 좋은 위치에 있었다. 2010년대 초까지 오더블은 적어도 미국의 많은 소비자에게 오디오북과 거의 동의어였다. 그러나 새로운 소매 참가자가 이 분야에 뛰어들었고 전자책 및 다른 디지털 콘텐츠를 판매하는 일부 소매점에서도 자신들의 제품에 오디오북을 추가하기 시작했다. 스크립드는 2015년 오디오북을 구독 서비스에 추가했으며, 토론토 기반의 구독 서비스인 플레이스터Playster 역시 마찬가지였다. 2014년 반스 앤 노블은 사용자가 자신들의 전자책 리더기 누크에서 오디오북을 구매하고 다운로드할 수 있는 새로운 오디오북 앱을 출시했다. 2017년 코보는 제품에 오디오북을 추가하고 오더블과 유사한 월 10달러의 신용 기반 구독 서비스를 도입했다. 2018년 월마트는 코보와 제휴해 월마트 전자책을 출시했는데, 여기에는 고객이 월 9.99달러의 구독료로 매달 한 권의 오디오북을 받을 수 있는 오디오북 구독 서비스가 포함되어 있었다. 그리고 2018년 구글은 구글 플레이스토어에 오디오북을 추가했다.

일부 오디오북 출판사 및 유통업체는 소비자와 직접 대면하는 소매점을 만들었고, 다양한 독립 오디오북 구독 서비스도 출시되었다. 이러한 구독 서비스로는 오디오북스닷컴(2012년 오더블과 경쟁하기 위해 설립되고 2017년 리코디드 북스의 소유자인 RB미디어가 인수한 신용 기반의 구독 서비스), 오디오북스나우닷컴AudiobooksNow.com(2000년 설립된 온라인 도서 대여 회사 북스프리Booksfree가 출시한 다운로드와 스트리밍 서비스로, 2016년 북랜더Booklender로 개명), 이스토리즈eStories(1990년대 말 시작된 온라인 음악 구독 서비스인 이뮤직eMusic이 2016년 출시한 온라인 오디오북 구독 서비스), 리브로에프엠Libro.fm(2013년 독립 서점들과 제휴하는 방식으로 출시된 오디오북 서비스), 처프Chirp(북버브가 2019년 출시한 서비스로, 소비자에게 제한된 시간 동안 오디오북 모음을 매일 제공하는 오디오북 서비스) 등이 있다.

오디오북 구독 서비스의 많은 회사는 대부분 미국에서 운영되고 있었지만 유럽 및 기타 지역에서도 몇몇 서비스가 개설되었다. 유럽에서의 선두주자는 스칸디나비아의 최대의 오디오북 구독 서비스이자 20개국에서 활동 중인 스웨덴 회사 스토리텔Storytel이다. 넥스토리Nextory (스웨덴 소재)와 북메이트Bookmate(런던과 모스크바 소재)는 북미 이외 지역의 오디오북 시장에서 중요한 참가자들이다. 오디오북을 모아서 도서관에 제공하는 일을 전문적으로 하는 몇몇 서비스도 있는데, 오버드라이브OverDrive는 여기서 지배적인 참가자이지만 후플라Hoopla와 비블리오테카Bibliotheca 같은 다른 참가자도 있다.

　소비자 대면 및 도서관 공급 오디오북 서비스의 과잉이 혼란스러운 그림을 만든다. 오디오북 판매가 증가함에 따라 점점 더 많은 참가자들이 오디오북 공간에 진입하거나 이 공간에서 활동을 확장하면서 지속적으로 변화하는 풍경을 만들어내고 있다. 그러나 소매점의 수가 최근 몇 년 동안 크게 증가하긴 했지만 많은 수는 여전히 소규모 업체이다. 미국의 오디오북 소비자 소매 시장은 오더블과 그 소유주인 아마존이 지배하고 있는데, 이들은 또한 자신들의 메인 사이트에서 오디오북을 판매하고 있다. 코덱스 그룹Codex Group에 따르면, 2019년 5월 미국 오디오북 부수 판매에서 아마존의 전체 점유율(오더블 포함)은 54%로, 전년도인 2018년 6월의 42%에서 증가했다. 즉, 이 추정치에 따르면 현재 전체 오디오북 부수 판매의 절반 이상이 아마존/오더블을 통해 이루어지고 있다는 것이다. 코덱스는 오더블 단독 점유율을 2019년 5월 34%로 예측했는데, 이는 전년도의 29%에서 증가한 것이다. 같은 기간 동안 오디오북 시장에서 반스 앤 노블의 점유율은 18%에서 11%로 감소했고, 기타 모든 디지털 오디오북 소매업체의 점유율은 26%에서 22%로 감소했다. 아마존/오더블의 시장 점유율은 경쟁자들을 딛고 증가하는 것으로 보인다.[25] 다른 분석에서는 오디오북 시장에서 아마존/오더블이 차지하는 시장 점유율이 이보다 훨씬 높다고 보는데, 한 보고서는

25　 *U.S. Audiobook Participation and Market Unit Share, May 2019*(New York: Codex Group, 2019). 코덱스의 시장 점유율 추정치는 2019년 4월 25일부터 2019년 5월 13일까지의 전국 온라인 소비자 조사를 근거로 하며, 연령과 지역에 따라 18세 이상의 성인 가운데 이전 달에 적어도 오디오북 1종을, 그리고 지난 12개월 동안 오디오북 3종 이상을 구매한 4151명을 대상으로 했다.

90% 이상이라고 분석했다.[26] 오더블과 아이튠즈 간의 독점 계약 만료로 인해 오더블의 시장 특권 중 일부가 축소되었을 수도 있지만, 오더블은 오디오북에서 가장 중요한 단일 소매 채널로 남아 있으며, 대부분의 대형 오디오북 출판사는 오더블을 통해 아이튠즈에 오디오북을 계속 유통하고 있다. 오디오북 공급망의 여러 단계에서 오더블의 중심성, 아마존과의 통합, 오더블만의 독창적인 콘텐츠(이른바 '오더블 오리지널'이라고 불리는) 창작에 대한 투자 증가는 가까운 미래에 오더블을 오디오북 공간에서 지배적인 참가자로 남게 만들 것이 확실하다.

특정 조직 또는 개인이 수행하는 작업의 종류는 오디오북 공급망 내의 위치에 따라 다르다. 오디오북 출판사가 하는 작업은 내레이터가 하는 작업과 다를 것이며, 유통업체는 소비자 대면 구독 사이트와 다르게 작업할 것이다. 몇 가지 다른 지점에서 이 공급망을 살펴보면 오디오북이 생산되는 방식을 어느 정도 이해할 수 있다.

오디오북 제작

리처드는 뉴욕에 있는 대형 출판사 '호라이즌Horizon'의 오디오북 부

---

26 폴 아바시(이전의 데이터 가이)는 북스탯(Bookstat)에서 2019년 미국에서 판매된 1억 3000만 종의 오디오북 가운데 95%는 오더블닷컴(Audible.com), 아마존닷컴, 애플 아이튠즈를 통한 오더블의 판매라고 추정했다. 이는 코덱스 그룹이 자신들의 소비자 조사를 근거로 추정한 54%보다 훨씬 높은 비율이었다. 아바시의 추정치는 데이터 가이로 개발한 것과 유사한 방식을 이용해서 베스트셀러 목록의 순위를 추적한 것을 근거로 했다(제7장 참조). 하지만 스크립드 같은 오디오북 매장과 오버드라이브 같은 오디오북 도서관 공급업체가 분석에 포함되지 않았기 때문에 이 수치는 높은 편일 수 있다.

서를 운영하고 있다. 그는 2000년대 초 같은 회사에서 오디오북 작업을 시작했으므로 카세트와 CD에서 디지털 다운로드로 포맷이 변화하는 과정과 오디오북 사업이 성장하는 과정을 모두 겪었다. 리처드는 "2000년대 초반에 이곳에서 일을 시작했을 때 우리는 일 년에 50~65종의 책을 출판하고 있었습니다. 그것은 전체 제작의 20~30%였는데 대부분 요약본이었습니다"라고 설명했다. "올해 우리는 700종의 책을 출판할 예정이며, 모두 비요약본이고 전체 양장본의 거의 80%에 해당합니다." 수익 측면에서 보면, 오디오북은 2018년 '호라이즌' 전체 수익의 5~10%를 차지했다. 이는 전자책이 차지하는 비율의 1/3에서 절반 사이였지만 전자책 판매가 정체되고 오디오북 수익이 늘면서 그 격차는 좁혀지고 있다. 디지털 판매의 수익 측면에서 보면 오디오북은 새로운 희망이었다.

리처드의 부서에서 현재 처리하고 있는 책의 수를 고려하면 그는 오디오북을 선별하고 제작하는 과정을 더 간소화해야 했다. 이는 더 이상 베스트셀러가 될 가능성이 있는 제품을 고르고 실행하는 문제가 아니다. 이제는 사실상 모든 것을 잠재적인 오디오북으로 고려해야 한다. 리처드는 다음해에 파이프라인을 통해 무엇이 나올지 살펴보고 세 그룹으로 나누는 것으로 시작한다.

초록색 등은 자동입니다. 빨간색 등은 요리책처럼 너무 작고 너무 틈새시장인 것입니다. 노란색 등은 주의해서 진행하는 것으로, 일정표에 노란색으로 강조하고 있습니다. 이것을 가지고 매우 깊게 파기 시작합니다. 마케팅 캠페인과 홍보, 그리고 작가 투어가 있는지를 살펴봅니다. 때로는 세분화해서 편집자와 이야기하면서 레이아웃을 보여달라고 샘플

페이지를 요구하기도 합니다. 인쇄 예산과 전자책 예산도 살펴봅니다. 이제는 더 이상 한 가지 형식만 보는 것이 아닙니다. 얼마나 많은 양이 디지털로 판매될지 알 수 없으므로 노란색 등에 포함되는 것이 훨씬 많습니다.

오디오북 제작으로 선택되지 않은 노란색은 부차권 부서로 넘어가 오디오북 저작권을 다른 출판사에 판매할 수 있는지 확인을 거친다. 그들은 그 저작권에 대한 비용을 지불했으므로 직접 오디오북을 만들지는 않더라도 이를 활용하기를 원한다.

작업할 오디오북을 결정하고 나면 각 프로젝트에 한 명의 제작자를 임명한다. 제작자는 책 또는 책의 원고를 읽어보고 캐스팅을 어떻게 할지 저자와 이야기한다. 즉, 내레이터가 한 명이어야 하는가, 여러 명이어야 하는가, 미국 영어 대신 영국 영어 같은 특정한 악센트를 가진 내레이터가 필요한가 등에 대해 대화를 나누는 것이다. 이러한 대화는 최종 원고를 받기 전에 나누는데, 이 단계에서는 초안 또는 '예비 스크립트'라고 부르는 원고를 가지고 이야기를 나눌 수도 있다. 그러나 최종 녹음할 수 있는 스크립트를 받을 때까지는 녹음을 시작할 수 없다. 그들은 오디오북이 인쇄책 및 전자책 출판과 동시에 출시되기를 원하기 때문에 시간이 빠듯하다. "오디오가 배의 돛대 역할을 하지 않던 시절에는 문제가 되지 않았습니다"라고 리처드는 설명했다. "사람들은 오디오북을 6개월 후에 출판했습니다. 하지만 이제는 대작가라면 인쇄본 및 전자책이 출시될 때 오디오북이 함께 있어야 합니다." 그래서 그들은 예비 스크립트를 이용해서 캐스팅을 수행하고 내레이터 배역을 위해 대리인에게 연락하고 스튜디오를 예약하는 등 가능한 한 미리 작업하고 있다. 작가는 이 과정의 일부로서 함께 상의하지만 실제 낭독에 개입하는 작가는 거의 없다. 작가가 자신의 책을 낭독하는 유일한 경우는 작가가 공적 인물이거나 연기자이거나 그의 목소리가 너무 유명해서 다른 사람이 그 책을 낭독하는 것을 상상하기 어려운 때이다. 이는 개인적인 이야기일 때 특히 더 그렇다. 당신은 빌 클린턴이 자신의 자서전 『마이 라이프My Life』를, 버락 오바마가 『내 아버지로부터의 꿈Dreams from My Father』을, 미셸 오바마가 『비커밍Becoming』을 직접 낭독하기를 원할 것이다. 그러나 대부분의 녹음에서 리처드와 그의 팀은 전문 연기자, 오디오북 낭독에 특화된 연기자를 내레이터로 쓰는 것을 선호한다. 리처드는 연극 훈련을 받은 전문 배우가 내레이터로서 특히 훌륭하다고 설명한다. 왜냐하면 그들은 훌륭한 낭독에 필요한 집중력, 주의력, 음성 훈련, 연기 훈련이 되어 있기 때문이다. 그들이 독서를 즐기는 사람이면 더 좋다. 하지만 모든 전문 연기자가 낭독을 잘하는 것은 아니다. 오디오북 낭독은 인내가 필요하며 대단히 힘들 수 있다. 오랜 시간 동안 스튜디오에 앉아서 휴식이나 중단 없이 연속적인 텍스트를 낭독할 수 있어야 한다. "당신은 훌륭한 텔레비전 연기자일 수도 있고 라이브 무대에서 단독으로 연기를 할 수도 있을 것입니다. 하지만 닷새 동안 고립된 부스에서 낭독을 하는 것은 쉬운 일이 아닐 것입니다."

리처드와 그의 팀이 이용하는 대부분의 내레이터는 전문 연기자들이지만 종종 유명인을 내레이터로 이용하기도 한다. 유명인을 이용하는 것은 마케팅과 판매 측면에서 이점이 있다. 그러나 리처드는 유명인 내레이터들은 추가 지불을 하는 만큼의 가치는 없다고 말했다. 더욱이 제작 측면에서 골칫거리가 될 수도 있다. "유명인을 내레이터로 고용했는데 갑자기 영화 계약을 제안 받아 그대로 떠나버리면 일이 매우 복잡해집니다." 따라서 오디오북 내레이션을 경력의 일부로 선택한 전문 연기자들이 훨씬 신뢰할 만하다.

'호라이즌'은 자체 스튜디오를 이용하지만 제작되는 양을 감안해 스튜디오를 빌리기도 한다. 모든 것을 사내에서 진행할 수는 없다. 리처드는 녹음이 진행되고 있을 때 내레이터가 떨어져 있을 수 있도록 유리로 감독과 기술자를 분리하기를 원했다. 감독이 하는 일은 녹음 과정에서 실수가 없게 하고, 한 줄도 빠뜨리지 않게 하고, 말이 불분명하지 않게 하고, 배후에서 잡음이 들리지 않게 하고, 캐릭터의 목소리가 장마다 변하지 않게 하는 것이다. "매끄러운 오디오북을 만들려면 거기에 누군가가 있어야 합니다"라고 리처드가 설명했다. 1시간짜리 최종본을 위해서는 스튜디오에서 대략 3시간이 걸리는데, 오디오북 사업에서의 경험법칙에 따르면 9300개의 단어가 오디오 최종본 1시간에 해당한다. 따라서 9만 개의 단어로 된 책의 최종 오디오본은 9.7시간이 될 것인데, 이는 대략 스튜디오 시간이 29시간 필요하다는 것을 의미한다. 즉, 하루 6시간씩 일주일 내내 스튜디오에서 작업해야 한다는 것이다.

비용 측면에서 내레이터는 오디오의 종료시간당Per Finished Hour(PFH)[오디오북 업계의 지불 계산법으로, 녹음이 완료된 시간을 기준으로 보상하는 방식_옮긴이] 돈을 받는다. 요금은 내레이터마다 다르지만 많은 전문 연기자는 미국텔레비전 및 라디오아티스트연맹(SAG-AFTRA)의 회원이며, 이들의 요금은 SAG-AFTRA가 여러 오디오북 출판사 및 제작자와 협상한다. 대부분의 출판사들에 대한 SAG-AFTRA 회원의 최저 요금은 약 200~250달러PFH이다. 따라서 9만 개의 단어로 된 책은 내레이터 비용만 2000~2500달러가 될 수 있다. 또한 편집과 교정에도 시간당으로 비용을 지불하는데, 이는 최종 오디오를 듣고 오류가 제대로 수정되었는지 확인하는 품질 관리이다. 자체 스튜디오를 이용하고 제작자, 감독, 기술자가 직원이면 비용이 얼마간 절약되겠지만, 스튜디오를 빌릴 경우 추가 비용이 든다. 뉴욕에서는 스튜디오 하나를 빌리는 데 시간당 100~150달러이므로 스튜디오 시간으로 30시간이면 3000~4000달러가 들 것이다. 따라서 오디오북을 제작하는 것은 저렴하지 않다.

리처드는 자체 스튜디오에서 직원들과 함께(내레이터는 제외) 오디오북을 만들 경우 최소 500~600부를 판매해야 재정적으로 작동할 수 있다고 설명했다. "500부 미만을 팔면 매우 걱정되는 상황입니다." 그러나 외부 스튜디오를 이용하고 일감의 일부를 아웃소싱한다면 "1000권 이하로 팔아서는 이익을 낼 가능성이 매우 적습니다." 리처드는 목록을 설정할 때 머릿속으로 이 모든 것을 계산한다. "나는 목록을 결정할 때 재빨리 손익 계산을 합니다. 제작비용과 판매를 나란히 놓으면 추가할 내용과 추가하지 말아야 할 내용을 알 수 있으며, 계속 진행할 가치가 있는지도 알게 됩니다."

'호라이즌'은 프리미엄 오디오북 서비스를 제공한다. 이 서비스는 특수 제작된 사내 스튜디오(또는 대여 스튜디오)에서 숙련된 직원과 전문 내레이터로 고급 오디오북을 제작하는 것이다. 하지만 오디오북은 더 저렴하게 제작할 수 있다. 이 스펙트럼의 다른 쪽 끝에는 ACX 셀프 모델이 있다. 이 모델에서는 내레이터를 50~100달러PFH로 고용할 수 있으며, 로열티 배분을 통해 선불 내레이터 비용을 완전히 없앨 수도 있다. 이 두 극단 사이에는 다양한 중간 모델이 있으며, 여러 오디오북 출판사와 제작자는 자신들의 고유한 관행과 시스템을 개발했을 것이다. 진화하는 오디오북 생태계에서 특히 중요한 것은 홈 스튜디오의 발전이다. 이를 통해 내레이터는 집에서 프리랜서로 일할 수 있게 되었고 출판사와 제작자는 전문 스튜디오를 제공할 필요가 없게 되었다. 기존 출판사를 위해 또는 자신의 오디오북을 제작하려는 작가를 위해 수행되는 낭독 작업의 많은 부분이 이제 집이라는 숨겨진 경제에서 일어난다.

오디오북 연기하기

스튜어트는 연기자로 훈련을 받았고 셰익스피어 극단에서 순회공연을 하면서 파트타임으로 연기를 가르쳤다. 그러나 뉴욕에 정착해서 가정을 꾸리기로 결정한 뒤 자신의 기술을 활용할 수 있는 또 다른 일이 필요하다고 느꼈다. 그는 상업용 카메라 작업을 했는데, 보수는 좋았지만 미래가 불확실했고 주단위로 예약이 이루어졌으며 정확히 얼마나 벌지 알 수 없었다. 그는 좀 더 안정적인 수입원이 필요했다. 그는 독서를 즐겼으며, 집과 대학원을 오가는 동안 오디오북도 종종 듣곤 했다. 그래서 그는 오디오북 낭독을 알아보기로 했다. 그는 관련된 내용과 이 일을 어떻게 시작하는지에 대해 더 알아볼 필요가 있었으므로 자신과 같은 상황에 처한 많은 사람들이 하는 것처럼 했다. "성공한 오디오북 내레이터인 대학원생 친구를 찾아 함께 커피를 마시면서 지혜를 구했습니다." 그의 친구는 오디오북의 세계가 연극, 영화, 텔레비전, 또는 성우의 세계와 유사한 선을 따라 구성되어 있지만 네트워크는 완전히 다르다는 것을 알려주었다. 이들 사이에는 겹치는 부분이 거의 없었다. 오디오북의 세계는 다른 산업보다 훨씬 규모가 작기 때문에 제작자 및 출판사와의 직접적인 일대일 관계가 특히 중요했다. 그의 친구는 이 세계에서 네트워킹을 시작하는 방법에 대해 몇 가지 팁을 알려주었다.

예를 들면 오디오출판사협회(오디오 출판사들의 이해를 대변하는 협회)가 주최하는 행사와 회의에 참석해서 술집이나 다른 장소에서 출판업자, 제작자, 다른 내레이터를 만나 이것저것에 대해 이야기하고 그들에게 좋은 인상을 주도록 노력하는 것이다("비법은 출판을 제외한 모든 것에 대해 이야기하면서 이 사람들과 진정한 인간관계를 맺는 것입니다"). 스튜어트는 장기전을 각오해야 한다고 말했다. "나는 그들을 위해 일하기 전까지 수년에 걸쳐 출판사 및 제작자와 만나 이야기했습니다. 이러한 관계를 발전시키고 이메일로 그들과 지속적으로 연락해야 하는데 너무 열심히 해서는 안 됩니다. 그러면 성가신 사람이 되니까요." 스튜어트가 주의를 주었다.

스튜어트의 친구는 내레이션 기술을 배우기 위해 누구에게 코칭을 받아야 하는지, 어떤 워크숍에 참석해야 하는지에 대해서도 몇 가지 유용한 제안을 해주었다. 오디오북 내레이션의 많은 기술은 사투리 훈련, 음성 유지(목청을 손상시키지 않고 오랜 시간 이야기할 수 있는 요령)처럼 연기 훈련에서 습득한 기술과 유사하지만, 워크숍이나 실습에서 배울 수 있는 오디오북 내레이션만의 특별한 기술도 일부 있다. 또한 스튜어트의 친구는 홈 스튜디오를 설치하고 기술적인 면에서 시작하는 방법에 대한 실질적인 충고도 해주었다. 당시 스튜어트는 작은 드레스룸이 있는 아파트에 살고 있었으므로 방해받지 않고 매일 오랜 시간 조용한 공간에서 일할 수 있도록 드레스룸을 개조했다. 이것은 방음의 문제가 아니었다. "방음이라는 개념은 실제로 존재하지 않습니다. 방을 개조한 것은 음향 처리 때문이었습니다"라고 그는 설명했다. 홈 스튜디오를 시작하려면 조용한 공간이 필요하며, 랩톱, 녹음 소프트웨어, 고품질 마이크 같은 특정 장비도 적절하게 배치되어 있어야 한다. 정확하고 깨끗하게 녹음을 제작하려면 어떻게 컴퓨터를 작동해야 하는지도 배워야 한다. 스튜어트는 이미 랩톱과 아이팟을 갖고 있었고, 마이크와 다른 장비는 친구에게서 빌렸다. 그는 기본을 갖추었으며 시작할 준비가 되었다. 그러나 이전에 일해본 적 없는 산업에서 프리랜서 내레이터로서 어떻게 시작해야 할까?

ACX는 처음 내레이션을 하는 다른 많은 사람에게와 마찬가지로 스튜어트에게도 하나의 길이 되어주었다. 그는 ACX에 제작자로 등록하고 프로필을 만들었다. 그는 몇 권의 책에 대한 오디션을 보는 식으로 시작했다. 그는 자신의 첫 번째 책에 얼마를 청구해야 하는지 확신이 없어 150달러PFH를 청구했으나 두 번째에는 당시 업계 표준이던 200달러PFH를 요구했다. 스튜어트는 ACX에서 네 종의 책을 작업한 후 오더블 스튜디오의 눈에 띄었고 행운의 기회를 얻었다. 오더블은 오디오북 컨벤션 한 곳에서 제작 워크숍을 운영하고 있었는데 스튜어트는 워크숍에 가서 오디션을 보았다. 오더블 제작자는 스튜어트의 목소리를 좋아했고("당신이 경험이 많지 않은 것은 분명하지만 당신은 자신의 음성을 정말 잘 알고 있어요") 그를 비소설 내레이터로 채용했다. 그는 집이 아닌 스튜디오에서 오더블과 10종의 책을 함께 작업했다. 이렇게 오디오북 내레이터로서의 그의 경력이 시작되는 것 같았다. 하지만 오더블 스튜디오가 장기간 수리를 시작하면서 많은 사내 스튜디오가 문을 닫았으며, 스튜어트는 다른 내레이터들과 함께 직장을 잃었다. 그는 ACX로 돌아가 내레이션 작업을 위해 다시 오디션을 보았다. 한편으로는 오디오출판사협회 행사에서 만났던 사람들이 자신을 채용하는 데 관심이 있을지도 모른다는 희망으로 연락을 취했다. 그는 책을 낭독한 후 그 책이 오디오북으로 만들어졌는지 확인했으며, 오디오북으로 만들어지지 않았다면 오디오북 저작권을 누가 갖고 있는지 찾아내 그들이 오디오북을 만드는 데 관심이 있는지를 출판사 또는 ACX를 통해 따로 이야기했다. 그는 공공 영역을 전문으로 하는 소규모 출판사를 통해 공공 영역인 책을 낭독하기도 했다. 이러한 여러 가지 일을 함으로써 그는 자신의 포트폴리오에 책을 계속 추가할 수 있었고, 자신을 필요로 하는 출판사가 있을 것이라는 희망으로 작업의 품질을 향상시켰다. 그러나 "매우 길고 느린 출발이었습니다"라고 스튜어트는 회고했다.

결국 스튜어트는 탠터 같은 몇몇 다른 오디오북 출판사에서 일하다가 오더블 스튜디오가 다시 문을 열자 오더블에서 다시 일하기 시작했다. 당시는 그가 홈 스튜디오를 업그레이드할 수 있도록 집을 이사한 시기와 우연히 맞아떨어졌다. 스튜어트는 브루클린에 있는 새 아파트의 작은 방 구석에 스튜디오브릭스 원StudioBricks One이라는 전문적인 녹음 부스를 설치했다. 이 같은 전문적인 녹음 부스는 대략 1만 달러가 들었지만 그의 작업 환경을 크게 향상시켰다. "나는 환기가 잘되는 조용한 전용 공간에 있습니다. 내가 만들어낼 수 있는 소리는 이전보다 음향적으로 뛰어납니다. 나는 사람들에게 '난 스튜디오브릭스를 갖고 있어요'라고 이야기할 수도 있습니다. 내가 출판사에 그렇게 말하면 그들은 내가 이 일에 진지하고 전문가라는 사실을 알게 됩니다." 스튜디오브릭스에 투자하기로 결정한 것은 오디오북 내레이션이 스튜어트 경력의 중심으로 들어왔다는 증표였다. 내레이션은 더 이상 추가 수입을 벌기 위해 개발하는 부수입이 아니었다. 그것은 그의 직업 생활의 주요 초점이었다. 스튜어트는 여전히 스스로를 연기자라고 생각하고 있고 TV 일을 할 수 있기를 바라지만 지금 그의 우선순위는 내레이터로서의 경력을 발전시키는 것이다. 일반적으로 TV 일은 오디션에 하루, 촬영에 하루 이틀이면 되기 때문에 가능하지만 연극은 훨씬 장기적이라서 연극을 하려면 출판사와의 계약을 파기해야 했다. 하지만 지금 그는 그렇게 하고 싶지 않았다. 스튜어트는 자신을 연기자라고 생각하지만 오디오북 내레이션은 그가 생계를 유지하는 길이자 가족과 경력을 지원하는 길이다. "만일 누군가가 나에게 무슨 일을 하냐고 물으면 '나는 연기자인데 오디오북을 낭독하는 일을 합니다'라고 말합니다. 작년에 TV에 여섯 번 출연했으니 TV 일을 소홀히 하지 않고 있으며, 언젠가 우리 아이들이 크면 연극을 다시 할 수도 있을 것입니다. 하지만 지금은 오디오북으로 가능한 한 많은 일정을 짜고 싶습니다."

풀타임 프리랜서 내레이터인 스튜어트는 신중하게 일정을 짜야 한다. 이상적으로는 이후 몇 달 동안 일정이 완전히 예약되어 두 달 동안 휴식을 갖기 원한다. 그는 새로운 프로젝트를 시작하기 전 책을 읽고 준비하기 위해 적어도 하루나 이틀은 빼놓아야 한다. 그런 다음 내레이션에 4~5일을 배당해 놓는다. 출판사가 스튜어트에게 예비 스크립트를 보내면 그는 그 스크립트를 읽고 아이어노테이트iAnnotate[PDF 문서를 수정하는 앱_옮긴이]로 주석을 단다. 어떤 인물이 처음 등장하면 파란색으로 강조 표시를 하고 그 인물을 묘사할 목소리를 결정하면 음성 메모를 하면서 그 인물이 나올 때마다 일정한 음성을 유지할 수 있도록 폴더에 넣어둔다. 그는 발음이 확실치 않은 특이한 단어나 구절에 대해서도 같은 작업을 수행해 온라인으로 찾아보고 나중에 참조할 수 있도록 음성 메모를 한다. 때로는 등장인물이 어떤 목소리로 표현되기를 원하는지 작가가 알려주기도 하지만 대부분의 경우 등장인물의 목소리는 묘사된 성격을 기반으로 내레이터의 결정에 맡겨진다. 목소리는 인물에 맞아야 하지만 또한 중요한 것은 청자가 차이를 알 수 있도록 다른 음성들과 충분히 달라야 한다는 것이다. 스튜어트는 "기준선은 누가 이야기하고 있는지 청자가 항상 확실히 알 수 있어야 한다는 것입니다"라고 설명했다. 대여섯 명의 인물이 있고 그중 세 명은 10대 소년인 경우 작업이 까다로울 수 있다. 따라서 샘플을 녹음한 후 샘플을 다시 들음으로써 각 인물에 부여한 음성을 상기하는 것은 일관성을 유지하고 혼란을 피하는 좋은 방법이다.

준비 작업이 끝나면 스튜어트는 녹음을 시작할 수 있다. 모든 내레이터는 책을 낭독함으로써 이루려는 바에 대한 자신만의 방식을 가지고 있다. 단락, 마침표처럼 시각적 신호로 인쇄된 텍스트를 구두 신호를 가진 말로 바꾸려면 셀 수 없이 많은 결정이 요구된다. 어느 인물에게 어떤 목소리를 부여할 것인가 같은 큰 결정도 있고, 쉼표나 콜론 또는 괄호를 어떻게 말로 전달할 것인가 같은 작지만 중요한 결정도 있다. 이 중 어느 것도 자명하지 않다. 내레이터가 단조로운 목소리로 책을 읽는다면 청자는 참을 수 없이 지루할 것이다. 읽기에는 특정한 리듬이나 억양이 있어야 하고 내레이터는 감정, 의도, 긴장, 의심을 표현하기 위해 특정 지점에서 자신의 목소리를 변화시켜야 하며 모든 변화는 신중하게 측정되어야 한다. 그 변화가 너무 작으면 내레이션이 청자의 관심을 끌지 못할 것이고 변화가 너무 많으면 과도하게 극적이라서 관심을 꺼버릴 수 있다. 너무 많지도 적지도 않은 완벽한 균형을 찾으려고 노력해야 한다. 오디오북 내레이션은 고유의 코드와 규칙, 고유의 예술 형태를 지닌 복잡한 관행이다. 그리고 오디오북 내레이션의 세계에는 내레이터라는 예술의 미묘한 측면을 다루는 방법에 대한 팁과 유명한 내레이터들의 동영상과 자료들이 풍부하다.[27]

오디오북 내레이션은 모든 공연과 마찬가지로 하나의 공연이며, 희

곡이. 연극 작품으로 바뀌거나 음악 작곡이 오케스트라에 의해 연주될 때와 마찬가지로 이를 실행하는 행위에는 창조성과 해석이라는 요소가 있다. 이것은 스튜어트 같은 훈련된 연기자가 무대에서 연기하는 것과 오디오북을 내레이션하는 사이에서 깊은 관련성을 발견하는 이유 가운데 하나이다. "텍스트를 손에 쥔 모든 연기자의 기본적인 목적은 그 텍스트와 인간적인 연결 및 감정적이고 지적인 연결을 만든 다음 그 텍스트를 해석하는 것입니다. 그리고 청중 또한 그 텍스트와 인간적인 연결을 가질 수 있도록 그 텍스트와 관계를 맺는 것입니다. 연기자는 종이 위의 텍스트와 청중 사이에 다리를 만듭니다." 오디오북을 내레이션하는 것도 근본적으로 이와 같은 일이다. "내가 책을 낭독하거나 어느 인물을 연기한다면 그 책 또는 인물과 공명하는 나 자신의 일부를 찾아야 합니다. 그러나 이와 동시에 감정적 또는 지적 관점에서 나오는 자유를 가지고 청자에게 명확하고 매력적인 방식으로 이야기할 수 있어야 합니다." 그러나 내레이터는 책을 내레이션하는 과정에서 명시적으로 또는 묵시적으로 수없이 많은 선택을 해야 하지만 그들 마음대로 할 수는 없다. 왜냐하면 그들은 다른 사람이 쓴 텍스트를 읽고 있는 것이기 때문이다. 그들은 페이지에 나오는 글을 읽고 쓰여진 텍스트에서 힌트를 얻어야 한다. 따라서 내레이터의 창의성은 항상 텍스트에 포함된 글과 단서에 의해 제한된다. 스튜어트는 이렇게 이야기한다.

내레이션은 작가와 나 자신 사이의 예술적 협업입니다. 나는 작가가 쓴 것으로부터 가능한 한 많은 단서를 취하지만 나 자신의 예술적 선택

---

27 www.youtube.com/watch?v=eMnIwAaFx3o를 보라.

과 해석을 더하기도 합니다. 작가가 전달하려는 이야기나 의도, 견해는 항상 존재하며, 나의 일은 그 관점을 이해하고 가능한 한 효과적이고 분명하게 그리고 흥미롭게 그 관점을 보여줌으로써 책의 콘텐츠를 청자에게 전달하는 것입니다. 나는 그 책에 적합하고 그 책을 최대한 독특하게 만드는 내레이션 음색을 찾으려고 노력합니다. 나는 텍스트에서 단서를 취하지만 그 단서를 믿을 만한 방식으로 실행해야 하는 사람입니다. 그래서 스스로 선택을 합니다. 그러나 작가의 선택에 따라 내 선택을 패턴화합니다. 어떤 경우에는 작가의 선택을 정교하게 하지만 결코 그 선택을 손상시키지는 않습니다. 이 둘을 합친 것이 오디오북입니다.

실제로 작가의 선택과 내레이터의 선택 간의 구분이 항상 명확한 것은 아니다. 일부 작가는 내레이터가 책을 낭독할 때 내리는 결정에 직접 간여하기 때문이다. 이것은 작가마다 달라서 어떤 작가는 전혀 간여하지 않는 반면, 어떤 작가는 이메일에 답하거나 전화로 이야기하는 등 열심히 참여하기도 한다. 일부 작가는 인물의 음성이 어떠해야 하는지에 대한 명확한 생각을 갖고 있어서 자신의 견해를 처음부터 출판사와 내레이터에게 알린다. 때때로 내레이터가 텍스트의 어떤 측면에 대해 확신이 없는 경우 작가에게 이메일로 문의하기도 한다. 이것은 종종 이상한 이름같이 발음에 관한 문제이다. 그러나 내레이터가 오류나 오타로 보이는 것을 우연히 발견하고 이 문장을 고칠 수 있는지 알고 싶어 하기 때문일 수도 있다. "작가에게 '오타를 봤는데 이렇게 고치면 맞나요?'라고 물으면 '좋아요. 여기 내가 원하는 수정사항이 있어요'라고 회신이 옵니다. 그러면 그것을 고쳐서 진행합니다." 그러나 어떤 때는 모든 선택을 조사할 시간이 충분하지 않으므로 내레이터가 결정을 내리고 진행하기도 한다. 스튜어트는 "따라서 이것은 서로 주고받는 상호 협력이 아닌 다른 종류의 협업일 뿐입니다. 그것은 단계적으로 진행되는 협력의 한 형태입니다. 하나를 기여하면 첫 번째 기여와 함께 두 번째 기여가 작동할 수 있습니다. 그 과정을 통해 최종 제품에 도달합니다"라고 설명했다. 최종 제품인 오디오북은 인쇄본과 밀접하게 연결되어 있긴 하지만 자신의 기반인 인쇄본과 같지는 않다. 왜냐하면 오디오북의 제작은 고유한 규약과 규율로 형성되는 별도의 과정이며 시각적 신호로 구성된 인쇄된 텍스트를 음성으로 된 확장된 연속물로 바꾸기 위해서는 내레이터의 수많은 결정이 필요하기 때문이다.

실용적인 측면에서, 스튜어트는 녹음을 위해 출판사의 스튜디오로 나가는 시간과 홈 스튜디오에서 녹음하는 시간으로 시간을 나누고 있다. 집에서 녹음하는 것과 스튜디오에서 녹음하는 것의 가장 큰 차이는 스튜디오에서는 자신에게 지시를 내리는 기술자와 제작자, 감독과 함께 일하는 반면, 집에서는 스스로 제작자이자 감독이 되어 장비를 직접 작동해야 한다는 것이다. 훈련된 연기자로서 스튜어트는 선택하는 데 익숙하다. 연기는 지시받기를 기다리기보다 끊임없이 선택을 하기 때문에 스튜어트는 내레이터로서 자신의 일을 감독하는 것이 어렵다고 느끼지 않았다. 그러나 일관성과 세부사항에 많은 주의를 기울이는 자율적인 업무 방식이 반드시 필요하다. 홈 스튜디오에는 녹음을 따라가며 "아, 이런 식으로 다시 해봅시다"라고 말해줄 사람이 없기 때문이다. "모든 인물에 대해 연기를 선택하는 것, 그것이 엉뚱한 판타지 상황일지라도 대화를 사실적으로 만드는 것, 비소설이라면 주어진 주제를 열정적으로 믿는 사람이 되는 것은 당신이 얼마나 집중하고 헌신하는가에 달려 있습니다. 그것이 내가 걸어 들어가는 인물입니다. 따라서 나는 그것을 유지해야 합니다. 그렇지 않으면 청자는 흥미를 잃게 될 것입니다." 그러나 스튜어트는 또한 자신이 제작자이기도 하다. 그는 일정을 스스로 정하고 시간을 관리하고 출판사와 합의한 생산 목표를 지켜야 할 책임이 있다.

녹음의 실질적인 측면에서는 녹음을 수행하는 두 가지 방법이 있다고 스튜어트가 설명했다. 하나는 '열린 길'이라고 부르는데, 일단 녹음을 끝까지 진행한 후 실수하거나 잘못된 선택을 하면 후에 오류를 편집하고 다시 내레이션하는 방식이다. 이 방식의 주요 문제는 녹음을 끝내면 수백 번의 편집을 해야 할 수도 있으므로 시간이 매우 많이 걸릴 수 있다는 것이다. 다른 방식은 '펀치 앤 롤'이라고 부르는 것으로, 녹음을 하면서 편집을 진행해 작업 속도를 높이는 것이다. 이 방식에서는 녹음하는 동안 실수를 하면 녹음을 멈추고 실수 이전으로 커서를 돌려 녹음한 속도와 목소리 톤을 들은 뒤 새로 녹음한다. 이렇게 하면 훨씬 완성도 높은 제품을 생산할 수 있지만 이 과정에 숙련되려면 약간의 연습이 필요하다. "이는 시간이 지나면서 점점 잘하게 되는 기술입니다. 나는 이제 이 과정에 익숙해져서 흐름이 더 원활해지고 실수가 줄어들었습니다."

내레이터는 일반적으로 완성된 시간에 따라 돈을 받지만 한 시간의 완성된 오디오를 생산하는 데에는 항상 한 시간 이상이 걸린다. 따라서 내레이터의 재정적 수입은 시간당 요율뿐 아니라 결정적으로는 내레이터의 작업 효율성에 달려 있다. 즉, 녹음 과정에 투자한 시간 대비 돈을 받는 완성 시간의 비율이 중요하다. 내레이터는 시간과 경험이 늘어남에 따라 이 비율을 낮출 수 있다. 스튜어트는 시간이 지남에 따라 훨씬 효율적으로 되었고 그의 정상적인 비율은 이제 2 대 1이다. 평균 2

시간 작업으로 1시간의 녹음을 끝내는 것이다. 만약 그가 점심시간을 포함해 10시부터 5시까지 녹음 부스에 있으면 이 6시간의 작업으로 3시간 분량의 완성된 녹음을 만들어낸다. 10시간 분량의 책을 하루에 3시간씩 녹음을 완성하면 그건 4일짜리 작업이다. 그러나 어떤 책은 그보다 길어서 12시간 또는 14시간 분량일 때도 있고 어떤 책은 조금 더 짧을 때도 있다. "따라서 나는 평균 4~5일을 할당합니다." 하지만 이는 준비 기간은 고려하지 않은 것이다. 준비 기간까지 넣으면 그 비율은 3 대 1에 가깝다. 따라서 스튜어트가 200달러PFH를 받는 일감을 받으면 대략 스튜디오 작업으로는 시간당 100달러이고 준비 기간을 포함하면 실제 작업으로는 시간당 67달러가 된다. 그가 250달러PFH를 받으면 스튜디오 작업으로는 시간당 대략 125달러, 준비 기간을 포함한 실제 작업으로는 시간당 83달러로 소득이 증가한다.

오디오북 내레이션이 TV 출연과 성우 작업만큼 수입이 많지는 않지만 스튜어트가 넉넉하게 생활할 만큼은 된다. 사실 그는 연극, TV 출연, 강의를 통해 수입을 얻던 이전보다 지금 훨씬 많이 벌고 있다. 하루 TV 출연이 4~5일의 내레이션으로 버는 것보다 노력을 훨씬 덜 하면서 더 많이 벌긴 하지만(오디오북 내레이션은 '시간당'으로 돈을 버는 작업이다) TV 작업은 본질적으로 앞을 예측할 수 없다. 언제 다음 일을 할 수 있을지 모른다. TV 출연과 성우 일로 하루하루 살아갈 때에는 계획을 세울 수 없었지만 내레이션 일을 하는 지금은 미리 계획을 세울 수 있다. 이제 스튜어트에게 주요 위험은 일정을 꽉 채울 만큼 오디오북 일감이 충분하지 않을 수 있다는 것이다. 따라서 일하는 회사의 범위를 다양화하기 위해 끊임없이 도전해야 한다. 즉, 그는 계속 네트워크를 형성해야 하고 제작자들과 연락을 유지해야 하고 오디오북을 제작하는 회사들의 문을 계속 두드려야 한다. 오더블이 건물 수리를 위해 스튜디오 문을 닫았을 때 일을 그만둔 경험은 쉽게 잊을 수 없는 학습이었다. "나는 가능한 한 더 많은 수의 출판사와 일하기를 원합니다. 더 많은 작업을 하기 위해 어느 한 회사에 의존하고 싶지 않습니다." 제작자 목록을 다양화하면 일정표를 꽉 채울 수 있고 한 출판사에 대한 의존도를 줄일 수 있다.

스튜어트는 타이밍이 좋았다는 사실을 잘 알고 있다. "나는 업계의 성장, 책의 풍부함, 내레이션 연기자의 수라는 측면에서 최고였던 순간에 이 업계에 들어왔기 때문에 운이 좋았다고 느낍니다." 그는 종종 같은 책을 놓고 다른 내레이터와 경쟁하기도 하지만 다른 작업을 할 수 있는 여유가 충분히 있으므로 때때로 경쟁에서 지더라도 신경 쓰지 않는다. 그러나 언제나 이렇지는 않을 것이라는 사실을 알고 있다. "우리는 항상 바람의 변화에 대비하고 있습니다."

시각과 청각이 혼합된 책들

오디오북의 급증이 얼마나 오래 갈지 궁금해 하는 사람은 스튜어트뿐만이 아니다. 업계에 있는 모든 사람이 이에 대해 궁금해 한다. 오디오북은 도서출판 분야에서 유일하게 해마다 두 자릿수의 성장을 기록하는 부문이라는 점에서 주목을 받고 있다. 그러나 업계 사람들은 이 현상이 오래가지 않을 것이라는 사실도 알고 있다. 지금은 오디오북 급증의 여전히 초기 단계이다. 오디오북은 2013~2014년에 뜨기 시작했으며, 많은 출판사가 생산을 늘리고 있기 때문에 이러한 급증은 한동안 지속될 것이다. 그러나 어느 시점에 이르면 전자책이 그랬듯이 성장 곡선이 분명 정체되기 시작할 것이다. 하지만 현재로서는 언제 어느 수준에서 그러할지 아무도 모른다. 오디오북의 미래를 예측하는 것은 2000년대 초반 전자책의 미래를 예측하려던 시도만큼이나 쓸모없다.

판매 측면에서 오디오북에서 벌어진 일과 관계없이 오디오북은 이미 책의 광범위한 문화 측면에서 인상적인 무언가를 달성했다. 즉, 오디오북은 인쇄 문화의 전형이었던 책을 디지털 시대의 시청각 문화로 통합하는 독특하고 유연하며 저렴한 방법을 제공했다. 물론 이를 수행하는 다른 방법도 있다. 책을 영화나 TV로 각색하는 것은 오랜 내력을 갖고 있다. 그러나 도서를 영화나 TV 시리즈로 만드는 것은 상당한 투자와 긴 제작 일정을 필요로 하는 돈이 많이 드는 사업이다. 책을 오디오북으로 바꾸는 것은 상대적으로 빠르고 저렴하다. 오디오북은 영화나 TV 시리즈 같은 시각적 요소는 없지만 시각적 요소가 결핍된 부분은 음향의 풍부함과 지속 시간, 인쇄본 텍스트에 대한 충성도 면에서 보완한다. 더욱이 시각적 요소의 부재는 한계이자 장점이기도 하다. 오디오북은 귀에만 관여하기 때문에 눈과 손, (부분적으로 뇌를 제외한) 신체의 다른 기관을 자유롭게 한다. 따라서 오디오북을 들으면서 운전, 달리기, 요리, 집안일, 휴식 등 다른 일을 할 수 있다. 스마트폰과 다른 디지털 기기 덕분에(예를 들어 아마존 에코, 구글 홈 같은 가정용 스마트 스피커) 책은 일상생활의 실제 흐름에 매끄럽게 통합되는 방식으로 디지털 문화에서 시청각 혼합체의 일부가 되고 있다.

그러나 책이 디지털 문화에서 시청각 혼합체의 일부가 되자 책 또한 모든 문화 상품이 디지털이라는 공간 안에서 당면하고 있는 가장 큰 도전에 직면하게 되었다. 바로 소비자 관심을 받기 위한 경쟁이다. 그리고 이 경쟁은 스마트폰이 오디오북을 듣는 데 가장 일상적으로 사용되는 기기가 되었다는 사실 때문에 강화되었다. 이제 스마트폰은 다양한 기능을 갖게 되었다. 스마트폰은 전화는 말할 것도 없고 인터넷 브라우저, 소셜 미디어 허브, 문자 메시지 장치, 이메일 장치로 기능하면서 개인 휴대용 음악 플레이어, 게임기, 영화관, 텔레비전, 라디오, 신문, 잡지, 전자책 독서기, 오디오북 플레이어로 작동한다. '에베레스트'의 오디오북 부서장 사라는 이렇게 말했다. "이것이 우리가 직면한 가장 큰 도전입니다. 소비자가 언제 어디서든 휴대할 수 있는 기기에 이렇게 많은 콘텐츠가 들어 있는 상황에서 어떻게 오디오북을 열도록 만들 수 있겠습니까? 어떻게 쇼타임에서 방영 중인 〈빌리언스Billions〉를 보는 대신 2시간 동안 책을 읽게 만들 수 있겠습니까? 어떻게 소비자를 당신의 제품에 머물게 하겠습니까? 이것은 우리에게 주어진 도전이자 오늘날 매체 산업에 있는 모든 사람에게 주어진 도전 과제입니다."

오디오 전용 부문에서도 오디오북은 소비자가 사용할 수 있는 많은 선택 중 하나일 뿐이다. 사람들은 스마트폰의 음악 라이브러리나 스포티파이 같은 스트리밍 서비스에서 음악을 들을 수 있다. 또한 온라인으로 실시간 방송되는 많은 라디오 방송을 들을 수도 있고, 광고 기반의 무료 팟캐스트 서비스를 들을 수도 있다. 오디오북의 미래는 디지털 문화의 시청각 혼합체에서 상당수의 사람에게 지속적인 존재감을 확립할 수 있는지, 그리고 그 존재감이 점증하는 시청각 콘텐츠의 홍수가 빚어낸 경쟁 앞에서 성장, 축소, 또는 정체되는지에 달려 있다.

제 11 장

소셜미디어에서의
스토리텔링

스토리텔링은 도서출판산업의 전유물이 아니었다. 이야기를 하는 것은 인간의 사회생활만큼 오래된 것으로, 태곳적부터 인간은 자신의 이야기를 공유하기 위해 도서출판산업이라는 구축된 기관과 채널을 통해 출판하는 것 외에도 많은 방법을 찾아냈다. 따라서 출판사를 우회하는 방식으로 이야기를 공유하는 것은 새롭지 않은 일이다. 출판사는 언제나 스토리텔링의 세계에서 상대적으로 작고 상대적으로 최근에 등장한 참가자 중 하나였을 뿐이다. 그러나 이야기를 공유하는 방법과 관련해서는 새로운 것이 있다. 디지털 혁명과 인터넷의 발달로 인해 이야기를 작성한 후 개인적으로 알지 못하고 일상생활에서 교류하지 않는 수백 명 또는 수천 명 또는 수만 명의 사람과 그 이야기를 나누는 것이 이전보다 훨씬 쉬워졌다는 것이다. 인터넷의 발달은 사이트와 온라인 공간을 확산시켰다. 사람들은 블로그와 개인 웹사이트에서부터 다양한 종류의 이야기를 호스팅하는 플랫폼에 이르기까지 다양한 공간에서 이야기를 게시하고 다른 사람이 그 글을 읽고 댓글을 달 수 있게 한다. 이러한 사이트 중 일부는 결국 주류 출판으로 들어올 새로운 콘텐츠를 창작하기 위한 탁아소가 되었다. 화성에 불시착한 우주인에 대한 앤디 위어의 블로그가 베스트셀러 소설이 된 것과 거의 같은 방식으로 말이다. 온라인 소설 사이트의 글이 베스트셀러로 전환된 가장 유명한 사례는 물론 『그레이의 50가지 그림자Fifty Shades of Grey』이다. 랜덤하우스의 선택을 받아 세계적인 베스트셀러가 되기 전 이 책은 팬픽

선넷FanFiction.net에서 『트와일라잇Twilight』의 팬픽 시리즈로 시작했다.[1]

물론 이런 류의 성공은 극히 드물며, 많은 온라인 사이트는 소수의 개인이 비슷한 생각을 가진 독자들과 이야기를 나누고 소설의 특정 장르에 대한 선호에 집착하는 틈새 장소이다. 그러나 모두가 그렇지는 않다. 어떤 사이트는 거대해서 수십만, 심지어 수백만 명의 개인을 고유의 코드와 관습, 스타를 지닌 온라인 스토리텔링 공간으로 끌어들인다. 이는 주류 출판의 세계와는 거의 완전히 단절된 세계이다. 이곳은 작가는 글을 쓰고 독자는 읽고 어떤 때는 자신이 읽은 것에 대해 논평하는 세계이다. 이 모든 활동은 전통적인 출판사가 조금도 기여하지 않은 채 일어난다.

이러한 세계의 또 다른 특징은 소셜 미디어의 발달과 더불어 어느 정도의 상호작용과 사용자 참여가 포함되어 있다는 것이다. 이는 일반적으로 도서출판 같은 전통적인 미디어 산업에서는 말할 것도 없고 인터

---

1   실제 이야기는 좀 더 길다. 40대 중반의 런던 시민인 에리카 레너드 제임스(Erika Leonard James)는 스테파니 메이어(Stephanie Meyer)의 흡혈귀 소설 시리즈 『트와일라잇』의 열성 팬으로, 2009년에는 그 시리즈로부터 영감을 받아 글을 썼다. 그녀는 그 글을 '우주의 주인(Master of Universe)'이라고 불렀고 팬픽션 사이트 팬픽션넷에 Snowqueen's Icedragon이라는 필명으로 올렸다. 그 글에는 『트와일라잇』에 나오는 인물인 에드워드 컬렌(Edward Cullen), 벨라 스완(Bella Swan)의 이름을 딴 인물들이 나온다. 그 글의 성적 내용에 대한 불평을 접한 후 제임스는 팬픽션 사이트에서 글을 삭제했고 자신의 사이트 50Shades.com에 올렸다. 후에 그녀는 그 글을 다시 썼는데, 주인공을 크리스천 그레이(Christian Grey), 아나스타샤 스틸(Anastacia Steele)이라고 다시 이름 지었다. 이 글은 2011년 5월 호주의 소규모 출판사인 라이터즈 커피숍 퍼블리싱 하우스(The Writers' Coffee Shop Publishing House)에서 『그레이의 50가지 그림자(Fifty Shades of Grey)』라는 제목으로 출간되었으며, 그 후 8개월에 걸쳐 두 권의 책이 추가로 출간되었다. 책의 출간이 SNS와 입소문으로 퍼지면서 주류 출판사의 관심을 끌었고, 랜덤하우스가 판권을 사서 2012년에 3부작으로 재출간했다. 2015년 이 책은 52개 언어로 번역되었고, 전 세계에 1억 2500만 부 이상 판매되었다. 이 3부작은 영화로 만들어져 비평가들의 혹평 속에서도 전 세계 극장에서 10억 달러 이상을 벌어들였다.

넷 초창기에도 가능하지 않았던 일이다. 독자는 단순히 독자가 아니다. 독자는 자신이 읽고 있는 텍스트에 댓글을 달아서 작가와 다른 독자 모두 자신의 의견을 보도록 만들 수 있다. 그리고 더욱 중요한 것은 독자도 작가가 될 수 있다는 점이다. 이러한 온라인 세계에서는 독자와 작가를 갈라놓았던 문이 활짝 열려 있으므로 그 문을 여는 데 열쇠가 필요 없으며, 하나의 역할에서 다른 역할로 넘어가는 데 특별한 권한이 필요하지도 않다. 그냥 문을 열고 자신의 이야기를 다른 사람이 읽도록 게재할 수 있다. 그것은 텍스트를 쓰고 '출판'이라고 된 버튼을 누르는 것만큼이나 쉽다.

소설을 온라인으로 읽는 사이트, 플랫폼, 저장소가 많지만[2] 젊은이들 사이에서 특히 성공적인 플랫폼으로 왓패드Wattpad가 있다. 2019년 8월 왓패드는 전 세계적으로 8000만 명이 넘는 월간 사용자를 보유하고 있으며 5억 6500만 개 이상의 이야기가 사이트에 업로드되어 있다. 그러나 깜짝 놀랄 만한 이 수치가 이 플랫폼이 무엇인지를 말해주는 것은 아니다. 왓패드 역시 저장소이고 소설을 다루고 있지만 단순히 온라인 소설의 저장소 가운데 하나가 아니다. 왓패드는 자가 출판과도 공통점이 별로 없는데, 대부분의 경우 왓패드는 작가가 책으로 출판해서 기존의 도서 유통 채널을 통해 독자에게 판매하고자 하는 완성된 작품을

---

2 일반 웹 픽션 사이트 중 일부를 보려면 https://medium.com/@axp/the-best-6-web-novel-sites-to-read-fiction-online-d901fbb3eec8 참조. www.fictionontheweb.co.uk/p/resources.html에서도 더 볼 수 있다. 팬 픽션 사이트는 https://ebookfriendly.com/fan-fiction-websites 참조. SF, 판타지와 공포물은 www.kirkusreviews.com/features/best-websites-read-free-and-good-science-fiction-f 참조. 시리즈화된 이야기를 전문으로 하는 최신 앱에 대해서는 www.nytimes.com/2017/05/12/books/review/new-apps-provide-a-world-of-literature-one-chapter-at-a-time.html 참조.

다루지 않는다. 왓패드는 완전히 다른 것이다. 왓패드는 독자와 작가가 이야기를 쓰고 읽는 공유된 활동을 중심으로 상호작용하는 소셜 미디어 플랫폼이다. 왓패드는 대체로 이동식 기기로 접속되는 소셜 미디어에 게재되는 연속된 스토리텔링으로, 연재되는 스토리텔링, 소셜 미디어, 이동식 기기라는 세 가지 속성이 왓패드를 정의하는 특징이자 성공의 핵심이다.

이야기를 위한 유튜브 만들기

왓패드는 이동 통신 전문가인 앨런 라우Allen Lau와 이반 위엔Ivan Yuen 두 명의 소프트웨어 기술자의 창작물이었다. 대학을 졸업한 후 앨런은 토론토에 있는 기술 인큐베이터에 들어가 노키아 휴대전화에서 작동하는 모바일 게임 전문 회사인 티라 와이어리스Tira Wireless를 차렸다. 하지만 그는 게임보다 독서에 더 흥미를 느껴 2002년 노키아 휴대전화에서 작동하는 이동식 독서 앱을 시험 제작했다. 그러나 노키아의 화면은 작아서 5줄밖에 읽을 수 없었으므로 그는 당분간 그 구상을 보류키로 했다. 몇 년 후인 2006년, 앨런은 자신의 집 지하실에서 그 프로젝트를 다시 시작했다. 거의 비슷한 시기에 티라 와이어리스에서 함께 일했고 당시 밴쿠버에 살고 있던 그의 친구이자 동업자인 이반 위엔은 앨런에게 문자 메시지를 보내 사람들이 이야기를 공유하고 휴대폰에서 읽을 수 있는 새로운 시제품을 개발했다고 말했다. 그것은 앨런이 여가 시간에 만들어왔던 것과 매우 비슷했다. 앨런은 밴쿠버로 가서 공항에서 이반을 만났고 2시간 후 그들은 왓패드를 함께 시작했다.

그들의 첫 제품은 모토로라 레이저Motorola Razr 폰을 위한 독서 앱인데, 레이저 폰은 스마트폰이 등장하기 이전인 2000년대 초반에 매우 인기 있었던 플립형 전화기였다. 화면은 작았지만 한 번에 여섯 줄의 짧은 텍스트를 보기에는 충분히 컸다. 그러나 그들에게도 역시 콘텐츠가 필요했다. 독자들이 읽을 무언가가 있어야 했던 것이다. 앨런과 이반은 출판에 대해 아무것도 몰랐고 출판사로부터 콘텐츠 사용허가를 받고 싶지 않았다. 그래서 처음에는 공공 영역에 있는 작품에 의존했다. 구텐베르크 프로젝트를 만들었던 마이클 하트는 찰스 디킨스의 『크리스마스 캐럴』, 제인 오스틴의 『오만과 편견』 같은 공공 영역 작품 약 2만 종을 수입하도록 도움을 주었다. 그러나 공공 영역 작품으로는 많은 독자를 끌어들이기에 충분치 않을 것이라는 사실을 알고 있었기 때문에 콘텐츠를 추가할 다른 방법을 찾기 시작했다. 당시인 2006년에는 유튜브가 커지고 있었고 구글에 인수되었으므로 그들은 '유튜브 방법론을 다른 무엇에 적용할 수 있을까?'라고 생각했다. "책을 중심으로 유튜브와 같은 모델을 만드는 것은 매우 합리적이었고 우리는 흥미로운 결과를 기대했다."[3] 그들은 점점 더 많은 사람이 이동식 기기를 통해 콘텐츠에 접속할수록 점점 더 많은 사람이 콘텐츠 창작자가 될 것이라고 생각했다. 그들의 목표는 이야기 쓰기와 읽기를 하나로 묶는 것이었다. 그래서 그들은 사람들이 이야기를 쓸 수 있는 웹사이트를 만들었고, 이 이야기는 다운로드해서 이동식 기기에서 읽을 수 있었다. 그들은 독자

3   Allen Lau, quoted in Sophie Rochester, "Wattpad: Building the World's Biggest Reader and WrCter community," *The Literary Platform* (October 2012), at http://theliteraryplatform.com/magazine/2012/10/wattpad-building-the-worlds-biggest-reader-and-writer-community.

와 작가를 연결해서 개인이 이동식 기기에서 사용자 생성 콘텐츠를 읽을 수 있는 네트워크를 만들기를 원했다.

그것은 굉장한 구상이었지만 처음 몇 년 동안은 고통스러울 정도로 성장이 느렸다. "성장을 하긴 했지만 100명의 사용자로 시작하면 상당히 힘듭니다"라고 앨런이 회고했다. 하지만 그들은 집요했고 2009년 중반에 이르자 거의 50만 명의 사용자를 확보하게 되었다. 낮은 시작점과는 매우 다른 대단한 성장이었다. 환경은 변화하고 있었다. 사람들은 소셜 미디어 사용에 점점 더 익숙해지고 있었고 2007년 아이폰의 출시로 이동식 기기에서 텍스트를 읽는 경험은 크게 개선되었다. 2010년 초 그들은 50만 달러라는 소액의 자금을 조달해서 작은 사무실을 임대했고 몇 명의 개발자를 채용해 프로세스를 가속화했다. 시작한 지 5년 후인 2011년 중반에는 월 사용자 수가 300만 명에 이르렀다. 그러자 그들은 첫 번째 창업 자금을 모금하기 위해 나섰다. 벤처캐피털에게 내놓은 그들의 제안은 간단하면서도 놀랄 만큼 야심적이었다.

전 세계적으로 읽고 쓸 수 있는 사람은 대략 50억 명이고 인터넷에 접속할 수 있는 사람은 30억 명이 넘습니다. 읽기와 쓰기는 인간의 핵심 활동 중 하나입니다. 영상 보기, 음악 듣기, 사진과 이미지 보기와 마찬가지로 쓰여진 글도 매우 큰 시장입니다. 하지만 이 미디어 유형을 위해 네트워크를 구축하는 사람은 없습니다. 사람들은 유튜브 같은 비디오용 네트워크를 만들고 인스타그램 같은 이미지용 네트워크를 구축합니다. 그러나 쓰여진 글을 위해 작업하는 사람은 없었고 스토리텔링에 맞는 네트워크를 구축하는 사람도 없었습니다. 우리가 유일했고 지금도 여전히 유일합니다. 그래서 우리는 읽기와 쓰기를 다루는 세계 최대의 네트워크를 구축하고자 합니다.

　창업투자자들은 그들의 말을 진지하게 받아들였다. 2011년 유니온 스퀘어 벤처Union Square Ventures로부터 350만 달러를 모금했으며, 2012년 코슬라 벤처Khosla Ventures와 야후의 공동 설립자인 제리 양Jerry Yang으로부터 1700만 달러를 추가로 모금했다. 이 자원으로 토론토의 더 큰 사무실로 이전해서 더 많은 직원을 뽑고 사업을 확장할 수 있었다.

　2015년에 왓패드는 사용자 기반을 2011년의 300만 명에서 4500만 명으로 늘렸다. 이는 불과 4년 만에 15배 성장한 것이었다. 2015년 앨런은 이런 빠른 성장세가 지속될 것으로 예상해 2020년에는 사용자가 5억 명에 이를 것이라고 내다봤다. 결과적으로 이 예상은 너무 낙관적이었다. 2019년 왓패드는 월간 사용자가 8000만 명이었다. 성장률은 상당히 느려졌다. 사용자 수는 2015년 이후 4년 동안 거의 두 배가 되었지만 이 증가율은 이전 4년 동안의 15배 증가보다 훨씬 적었고 전체 사용자 수는 5억 명에 한참 못 미쳤다. 그럼에도 그 수치는 놀랍다. 여러 대륙에 퍼져 있는 이 8000만 명의 사람은 왓패드 앱을 깔고 자신의 이동식 기기에서 이야기를 읽고 있었다. 미국은 1400만 명이 넘는 사용자를 보유한 최대 단일 시장으로, 전체 사용자의 대략 20%를 차지했다. 하지만 왓패드는 필리핀, 인도네시아에서 대규모 사용자 기반이 형성되고 인도, 터키 등에서 시장이 성장하는 등 아시아에서도 규모가 컸다.

　왓패드의 사용자 대부분은 젊으며 여성이다. 콘텐츠 제작을 총괄하는 왓패드의 직원 중 한 명인 소피는 "젊다는 것은 30대 이하를 뜻합니다. 13~18세가 약 45%이고, 18~30세가 약 45%이며, 나머지는 그보다 나이가 많습니다"라고 설명했다. 여성 대 남성의 비율은 60 대 40이다.

"우리는 10대 소녀에게 매우 인기 있습니다"라고 소피가 말했다. 다른 사용자 제작 콘텐츠 플랫폼과 마찬가지로 왓패드에 가입하는 대부분의 사용자도 작가가 되기 위해 가입하는 것이 아니다. 그들은 이야기를 읽기 위해, 그리고 온라인으로 친구 및 다른 사람과 연결하기 위해 가입한다. 가입은 100-10-1 규칙을 따르는 경향이 있다. 100% 사용자 기반 중에서 댓글을 달아 콘텐츠와 교류하는 사람은 약 10%이며, 새로운 콘텐츠에 적극적으로 기여하는 사람은 '슈퍼 사용자'인 1%라는 것이다. 나머지 90%의 사용자는 읽기만 할 것이다. 왓패드의 경우 활발한 작가의 비율이 통상의 1% 슈퍼 사용자 규칙보다 높은 경향이 있다. 8000만 명의 월간 사용자 중 5%에 가까운 약 400만 명이 활발한 작가이다. 왓패드에서 활동하는 작가 대부분은 이야기를 읽는 것으로 시작했다. 왓패드의 이야기는 일반적으로 연재물이다. 작가는 새 이야기를 업데이트한다. 그리고 독자는 이야기가 작성되는 동안 이야기를 따라갈 수 있다. 원할 경우 독자는 댓글을 달 수 있으며, 다른 독자는 이야기뿐 아니라 댓글도 읽을 수 있다. "글이 업데이트되기까지 자신이 읽고 싶은 것을 찾지 못할 수도 있는데, 그러면 일부 사용자는 자신이 직접 이야기를 쓰기도 합니다"라고 소피가 말했다. 그들은 몇 페이지만 게재한 뒤 반응이 어떤지 볼 수 있다. 이것은 책 전체를 쓰는 것보다 훨씬 덜 주눅 드는 일이고, 그것이 왓패드의 매력 중 일부이다. "글쓰기는 매우 고독한 행위입니다. 그러나 하나의 챕터를 올리고 그에 대한 피드백을 얻는 것은 글쓰기를 계속하는 데 힘이 됩니다. 누군가가 읽고 있고 반응하면서 즐기는 것을 볼 때면 말이죠."

왓패드에 글을 쓰는 사람들은 대부분 스스로 작가로서의 경력을 쌓는다고 보지 않는다. 대다수의 사람에게 글쓰기는 열망하는 직업이 아니라 즐기는 취미이다. 그들은 그저 자신의 이야기를 올리면 사람들이 그 이야기를 읽어주기를 원하는데, 왓패드가 그들에게 손쉬운 방법을 제공했다. 그들은 다른 사람이 자신의 작품을 읽고 반응하는 것을 보고 싶어 한다. 소셜 미디어가 별도의 추가 요소가 아니고 글쓰기 과정의 일부인 것이다. 그들은 또한 인기를 얻기 원하는데, 온라인에서는 자신의 이야기에 좋아요와 댓글을 받는 것이 인기를 얻는 방법이다. "그들은 누가 좋아요를 가장 많이 받는지, 누가 누구의 작품을 좋아하는지를 비교합니다. 이것은 소셜 화폐이자 인기의 척도입니다." 팔로어가 상당히 많고 자신의 이야기를 다른 곳에서 출판하거나 자가 출판하려는 극소수의 왓패드 작가에게는 왓패드 환경에서 자신의 이야기를 제거한다는 것 자체가 고통스러울 수 있다. 댓글과 좋아요가 그 이야기의 일부이기 때문이다. 댓글과 좋아요는 그들로 하여금 계속 글을 쓰게 하고 글을 쓰는 것이 가치 있는 일이라고 느끼게 만드는 하나의 인증이다. 인증이라는 이러한 형태를 없애는 것은 이야기에 활력을 불어넣어 준 독자 및 팔로어의 커뮤니티로부터 이야기를 떼어내는 것이다.

왓패드의 작가가 많은 사람이 생각하는 종류의 '작가'가 아닌 것처럼 왓패드의 많은 독자 역시 인쇄된 텍스트를 읽는 종류의 독자와는 조금 다르다. 왓패드의 대부분의 이야기가 연재물이고 많은 독자가 이야기가 진전됨에 따라 댓글을 달기 때문에 이들 독자는 인쇄된 글에서의 일반적인 경우와는 다르게 이야기에 투자한다. 왓패드의 독자는 댓글을 통해 인물들과 이야기에서 일어나는 일을 형성하는 데 도움을 줄 수 있다. 그들은 또한 작가와 직접 소통할 수 있다. 작가에게 사적인 메시지를 보내고 대화를 나눌 수도 있다. 인쇄책에서는 말할 것도 없고 킨들에서도 이렇게 할 수 없다. 따라서 소셜 미디어 요소는 왓패드에서 글을 쓰는 사람에게도 필수적이지만 왓패드에서 글을 읽고 이야기를 따라가는 많은 사람에게도 중요하다.

사용자 커뮤니티의 프로필을 고려하면 가장 인기 있는 이야기가 10대 소설, 팬픽션, 로맨스 소설 분야라는 것은 놀랍지 않다. "왓패드에서 우리는 실제 인물에 대한 팬픽션을 많이 봅니다. 팬픽션은 밴드 또는 유명인에 대한 소설을 말합니다. 우리는 대안세계Alternative Universe[하나의 캐릭터를 다른 세계에 넣는 것을 뜻하는 팬픽션 용어_옮긴이] 팬픽션 같은 것도 보게 되는데 '그레이의 50가지 그림자'가 바로 그런 것입니다. 알다시피 '그레이의 50가지 그림자'에서는 주인공이 흡혈귀가 아닌 사업가와 그 사업가를 인터뷰하는 여대생입니다"라고 소피가 설명했다. 또한 흡혈귀, 늑대인간, '크리피파스타'[4]를 포함한 초자연적인 장르 및 공포 장르뿐 아니라 10대 로맨스 소설도 많다. 누군가는 아마추어 수준의 글을 비웃을지도 모르지만 소피는 이런 종류의 규범적 판단을 내릴 시간이 거의 없다. 그녀는 확고한 불가지론 입장을 취한다. "우리는 판단을 내리려고 하지 않습니다. 대중이 결정하도록 합니다. 많은 사람이 읽고 싶어 한다면 어떤 면에서는 분명 좋은 것입니다. 기술적으로 우수한 글쓰기가 아닐 수도 있지만 인기 있는 이야기들을 보면 주로 매력적인 이야기입니다. 그 이야기들은 흥미로운 줄거리나 서사적 흐름

---

4   크리피파스타(Creepypasta)는 웹 기반의 공포 소설 장르를 의미한다. 이 용어는 원래 공포 이야기인 글 뭉치를 온라인에 복사해서 붙여 넣는 것과 관련이 있기 때문에 '복사와 붙이기'에서 파생되었다. 하지만 이제는 온라인에서 시작되고 믿을 만한 성격을 지닌 웹 기반의 공포 소설을 지칭하는 데 더 일반적으로 사용되고 있다. Lucia Peters, "What is Creepypasta? Here's Everything You Need to Know about the Internet's Spookiest Stories," Bustle(25 December 2015), at www.bustle.com/articles/130057-what-is-creepypasta-heres-everything-you-need-to-know-about-the-internets-spookiest-stories 참조.

을 갖고 있습니다." 그러나 불완전한 글을 올려도 괜찮다는 사실에 힘을 실어주는 무언가도 있다. 사람들은 다른 사람이 읽고 싶어 하는 글을 쓰는 데에는 창조적인 글쓰기 학위가 필요하지 않다는 것을 안다. 이곳은 자신을 작가라고 한 번도 생각해 본 적 없고 정식 교육도 받지 않은 사람이 글쓰기를 시작하고 글쓰기를 실험하며 다른 사람의 댓글과 격려를 받고 작가로서의 기술을 향상할 수 있는 공간이다. 이 모든 일은 출판사 없이, 문지기 없이, 그리고 돈이 왔다 갔다 하지 않은 채일어난다.

문지기는 없지만 규칙은 있다. 아무 거나 올려도 되는 건 아닌 것이다. 왓패드는 사이트에 게재할 수 있는 것과 게재할 수 없는 것을 구체적으로 명시한 콘텐츠 지침을 갖고 있다. 금지된 콘텐츠에는 저작권을 침해한 자료, 음란물, 합의되지 않은 성적 콘텐츠, 폭력이나 테러를 미화하거나 증오 그룹이나 극단주의 단체를 찬양하는 콘텐츠가 포함된다.[5] 이러한 지침을 강제하기 위해 두 가지 주요 방법을 사용한다. 첫째, 원하지 않는 콘텐츠를 차단하는 필터를 사용한다. "그 필터는 아마도 원하지 않는 콘텐츠의 90%를 걸러낼 것입니다"라고 앨런은 설명했다. 그런 다음 적절하지 않은 콘텐츠에 대해 경고하기 위해 사용자에게 의존한다. 그들은 다른 사람과 의사소통할 때 특정 종류의 언어와 표현을 장려하기 위한 엄격한 행동 수칙도 갖고 있다.[6] "우리는 긍정적인 커뮤니티를 만들기 위해 매우 열심히 노력합니다. 우리는 커뮤니티가 매우 긍정적이며 힘을 주는 분위기를 갖도록 많은 노력을 기울입니다. 공

5　https://support.wattpad.com/hc/en-us/articles/200774334-Content-Guidelines 참조.
6　https://support.wattpad.com/hc/en-us/articles/200774234-Code-of-Conduct.

격적인 댓글이 있으면 해당 댓글을 삭제하고 특정 사용자의 행동이 공격적일 경우 그를 차단합니다. 그들이 상습 가해자라면 그들의 계정을 삭제할 것입니다"라고 앨런이 말을 이었다. 콘텐츠의 품질에 대한 불가지론 견해에도 불구하고 콘텐츠 및 행위에 대한 이러한 지침을 정한 것은 왓패드에서 허용되는 한계가 합법적인 한계보다 훨씬 좁은, 규범적으로 통제되는 온라인 커뮤니티임을 의미한다. 불법이 아닌 특정 종류의 콘텐츠는 이 커뮤니티에서 부적절한 것으로 제외된다. "소리 지르고 악쓰는 것은 불법이 아닙니다. 모든 사람은 소리 지르고 외칠 권리를 갖고 있습니다. 그러나 내가 식당 주인이고 당신이 내 식당에 들어와서 소리 지르고 악을 쓰면 나는 당신을 내보낼 권리가 있습니다"라고 앨런은 말했다. "이것은 원칙을 세우는 일에 대한 것입니다. 기초가 제대로 구축되면 콘텐츠 지침과 문화는 스스로 강화됩니다." 다르게 말하면 왓패드에 누구나 자신의 이야기를 올릴 수 있다는 면에서는 문지기가 없지만, 이야기는 법적·규범적 특정 조건을 준수해야 하며 사용자는 특정 행동 수칙을 준수해야 한다. 이러한 조건을 지키지 않으면 콘텐츠가 제거될 수 있으며, 행동 수칙을 위반하면 사이트에서 배제될 수 있다. 이러한 규칙은 엄격하게 행사되며, 계정이 삭제된 경우 약간의 고통이 야기될 수 있다. 계정이 삭제되면 작가의 콘텐츠뿐만 아니라 작가와 일정한 유대를 형성한 다른 사람들의 댓글 역시 모두 삭제되기 때문이다. 즉, 커뮤니티에서 축출되는 것이다.[7] 따라서 문지기가 부재하더라도 어느 정도 제한을 둔다고 할 수 있다.

---

7   이것이 개인에게 얼마나 고통스러울 수 있는지에 대한 자세한 설명은 www.youtube.com/watch?v=HnbPxNLBsfQ&list=RDgRxxKVaR5u8&start_radio=1 참조.

무료로 이야기 나누기

왓패드의 놀라운 특징은 이러한 스토리텔링 활동의 대부분(지속적인 업로드, 이야기 읽기, 댓글 달기)이 무료라서 돈이 들지 않는다는 것이다. 왓패드에 가입하는 것은 무료이며, 가입하기만 하면 당신이 원하는 만큼 읽을 수 있다. 대부분의 왓패드 독자는 돈을 받지 않으며 이야기를 읽는 데 돈을 내지도 않는다. 어떻게 이것이 가능할까? 토론토에 있는 사무실에 160명의 직원을 채용하고 있는 회사가 어떻게 사용자들에게 한 푼도 부과하지 않은 채 살아남을 수 있을까?

많은 기술 창업회사와 마찬가지로 왓패드는 지금까지 대체로 창업투자금으로 살아남았다. 앨런과 이반이 회사를 시작했을 때 그들은 제품이 본격화되면 돈을 버는 방법을 찾는 것이 그다지 어렵지 않으리라고 가정했기 때문에 돈에 대해서는 그다지 걱정하지 않았다. "우리는 이것이 어느 정도까지는 새로운 행동을 만들 것이라고 믿었기 때문에 사업 모델에 대해 실제로 생각하지 않았습니다. 이 새로운 행동이 실제로 시작되고 수백만 명의 사용자를 확보할 수 있으면 우리가 돈을 벌수 있는 흥미로운 방법은 많을 것입니다. 따라서 제품이 제대로 작동하는지 확인하고 사용자들을 확보하기로 했습니다. 사람들이 이 제품을 사용하고 있다면 돈을 벌 수 있는 방법을 알아낼 수 있습니다." 이런 식의 생각은 대부분의 벤처캐피털의 사고방식과 매우 일치했다. 왓패드 같은 인터넷 기반 회사의 경우 성장이 핵심이었다. 성장에 집중해서 규모를 키우고 최대한 빨리 성장하고 나서 어떻게 돈을 벌지에 대해 걱정해도 된다. 어느 시점에서는 수익과 이윤율에 대해 생각하기 시작해야 하지만 그 시점이 너무 빠르면 실수일 수 있다. 사용자가 겨우 100만 명 또는 200만 명일 때보다 수억 명일 때 수익을 창출하기가 훨씬 쉽기 때문이다. 따라서 당장의 경제적 수익을 기대하지 않고 제품을 향상하고 사용자 기반을 구축하기 위해 투자하는 것이 장기적으로는 더 현명한 전략이 될 수 있다. 왓패드는 2011년에 350만 달러, 2012년에 1700만 달러를 모금한 후 2014년 4월에 4600만 달러, 2018년 1월에 5100만 달러를 추가로 모금했다. 후자의 자금은 중국의 기술 대기업 텐센트 Tencent로부터 받은 것이었다. 2011년 이후로는 모금된 총액이 1억 1700만 달러를 넘어섰다.

앨런은 사용자 기반을 4500만 명까지 확장한 2015년경, 사업 모델에 대해 진지하게 생각하기 시작했다. 향후 몇 년 동안 사업 모델은 세 가지 주요 분야, 즉 무료 사용자에게 광고를 통한 수익 창출, 돈을 기꺼이 지불하는 사용자를 통한 수익 창출, 플랫폼 밖 활동을 통한 수익 창출이라는 방향으로 진화할 것이었다. 이들 각각의 가닥을 간단히 살펴보기로 하자.

앨런의 견해로는 사용자가 플랫폼에서 이야기를 계속해서 무료로 공유하고 읽도록 허용하는 것이 중요했다. 이것이 전 세계 수백만 명이 왓패드를 사용하는 방법이었고 그는 이를 바꾸고 싶지 않았다. 그러나 사용자 기반이 성장하면서 왓패드의 광고는 기업들에게 더욱 매력적이 될 것이고 사이트는 사용자에게 플랫폼을 계속 무료로 유지하면서 얼마간의 매출을 창출할 수 있을 것이다. 왓패드는 사이트에 배너 광고를 도입했고 스토리에 동영상 광고를 삽입하기 시작했다. 동영상 광고는 챕터 사이에, 그리고 글을 읽는 동안 정해진 간격으로 나온다. 왓패드는 또한 독특한 유형의 '네이티브 광고'(광고가 나오는 플랫폼의 형태 및 콘텐츠를 모방하는 광고)를 개발하고 이를 왓패드 브랜드 파트너십Wattpad

Brand partnership이라고 불렀다. 여기에서 네이티브 광고는 영화 제작사나 소비자 제품을 만드는 회사에 접촉해 그들의 브랜드 스토리를 왓패드에서 이야기하도록 요청하는 모양을 취했다. 이렇게 되면 이야기가 브랜드 이미지를 만들고 홍보할 수 있다. 그들은 왓패드에서 작가에게 이야기를 쓰도록 맡길 수 있다. 따라서 이런 식으로 하면 작가는 돈을 벌고, 왓패드는 광고 수익을 얻고, 회사는 잘 표적화된 환경에서 브랜드를 구축한다. 앨런은 "그것은 모두에게 윈윈이었습니다. 광고한 회사는 홍보를 해서 원하는 브랜드 이미지를 구축하고 우리는 돈을 받고 우리 작가도 보상을 받습니다"라고 말했다. 그는 이런 종류의 암묵적인 상업주의에 애매한 윤리적 면이 있을 수 있다고 걱정하지는 않을까? 절대 그렇지 않았다. "우리는 매우 투명합니다. 우리는 사람들에게 이것은 AT&T에서 가져온 것이고 소니 피처에서 가져온 것이라고 말해줍니다." 더욱이 이것은 사람들의 시간과 관심을 빼앗는 전통적인 광고와는 다르다. "우리는 실제로 그 시간에도 사람들에게 즐거움을 드립니다." 게다가 물론 그 광고를 보지 않아도 된다. 회사가 후원하는 모든 이야기는 무시해도 된다.

사이트에 광고가 더 많이 등장함에 따라 사용자가 돈을 내면 광고를 보지 않아도 되는 프리미엄 서비스를 개발할 기회도 생겼다. 그래서 2017년 10월 왓패드는 선택형 구독 서비스를 도입했다. 월 5.99달러 또는 연간 50달러의 구독료를 내면 사용자는 광고 없는 환경에서 읽을 수 있고 구독자에게만 제한된 일부 기능에 접근할 수 있다. 왓패드는 또한 작가가 자신의 이야기를 통해 돈을 벌 수 있는 다양한 제도도 도입했다. 2016년 8월 왓패드 퓨처Wattpad Future 프로그램을 도입했는데, 이는 선발된 작가에 대해 사용자가 그의 이야기에 삽입된 동영상 광고를 볼 때 발생하는 광고 수익의 일부를 나누는 것이었다. 2018년 10월에는 왓패드 넥스트Wattpad Next 프로그램을 도입했는데, 이는 일부 작가의 이야기를 유료화해서 독자가 이야기를 보려면 왓패드의 가상 화폐인 '왓코인'을 구매하도록 한 것이었다. 2019년 3월 왓패드 넥스트 프로그램은 유사한 원칙을 따르는 페이드 스토리즈Paid Stories라는 새로운 프로그램으로 대체되었다. 페이드 스토리즈를 도입한 이유 중 일부는 더 많은 독자를 끌어들이기 위해서는 더 많은 콘텐츠가 필요하고 플랫폼에서 가장 인기 있는 작가를 유지해야 한다는 인식 때문이었다. "더 많은 콘텐츠를 가지고 작가들을 유지하려면 수익 창출 도구를 제공해야 합니다. 따라서 페이드 스토리즈는 왓패드만을 위한 것이 아닙니다. 우리는 수익의 대다수를 작가들과 나누고 있습니다"라고 앨런은 설명했다.

그러나 광고, 프리미엄 서비스 및 페이드 스토리즈는 왓패드 수익 창출 전략에서 좀 더 '지엽적'이며 플랫폼 기반 요소에 불과했다. 장기적으로 더욱 중요한 것은 아마도 플랫폼 밖의 가닥일 것이다. 왓패드가 진화하면서 왓패드에서 만들어지는 콘텐츠가 왓패드 생태계 바깥에서도 상업적 잠재력이 있다는 것은 점점 확실해졌다. 왓패드에게 도전과제는 그 잠재력을 발전할 수 있는 방법을 알아내는 것이다. 그리고 그 전개 과정에서 왓패드에 피해를 입히지 않고 왓패드 생태계 바깥으로 콘텐츠가 이동하더라도 콘텐츠의 힘을 약화시키지 않으면서 자신들의 몫을 갖는 것이었다. 왓패드에서 이야기를 만들어내는 작가는 자신의 이야기에 대한 저작권을 갖고 있다. 따라서 왓패드는 작가 또는 대리인과 계약을 체결할 때 콘텐츠를 활용할 수 있는 권리를 다양한 형태로 지녔던 전통적인 출판사들과 같은 입장이 아니다.

사우스 웨일즈에 사는 어린 10대 학생인 베스 리클스Beth Reekles는 2013년에 랜덤하우스와 세 권의 책을 계약했는데, 이때 왓패드는 처음으로 왓패드 생태계 바깥의 위험에 대해 알게 되었다. 베스는 왓패드에서 2011년 15살의 나이로 '키싱 부스The Kissing Booth'라는 이야기를 쓰기 시작했다. '키싱 부스'는 2011년 가장 인기 있는 10대 소설로 '와티 어워드Watty Award'를 받았으며 왓패드에서 1900만 번 읽혔다. 이 책은 랜덤하우스의 한 편집자의 관심을 끌었고, 그 편집자는 왓패드의 개인 메시지로 베스와 연락해서 런던에 있는 사무실에서 만나 세 권의 책에 대한 계약을 제안했다. 그러나 랜덤하우스는 작가와 계약을 한 후 '키싱 부스'를 왓패드에서 내릴 것을 주장했고, 왓패드는 가장 인기 있는 이야기 중 하나를 잃게 되었다. 소피는 "왓패드에 글을 쓰는 모든 사람은 자신의 작품을 소유하고 있으며 자신이 하고 싶은 일을 언제든지 할 수 있습니다"라고 설명했다. "우리가 전통적인 출판산업에서 겪는 문제는, 그들에게는 이 작품을 인수하는 것이 왓패드에서 그 작품을 제거해야 한다는 것을 의미한다는 것입니다. 우리는 이것이 다소 인위적인 제약이라고 지적했습니다. 이것 아니면 저것일 필요는 없습니다. 작가가 두 가지 모두 수행할 수 있는 다른 길이 있습니다. 작가는 자신이 쓴 내용을 바탕으로 새로운 작품을 만들 수도 있고, 다른 것을 쓰도록 다른 사람에게 위임할 수도 있고, 다른 작가가 쓴 소설을 가져와 각색할 수도 있습니다." 그리고 왓패드는 좀 더 적극적인 역할을 하기 시작했는데, 이것은 부분적으로 이 상황을 선점하기 위해서였다.

안나 토드Anna Todd는 또 다른 젊은 왓패드 작가로, 팔로어가 매우 많다. 2013년 4월 텍사스의 포트 후드에서 아들을 돌보면서 약간의 부업을 하고 있던 그녀는 왓패드에 '애프터After'라는 이야기를 게재하기 시작했다.[8] '애프터'는 테사라는 순진한 18세 여대생이 문신을 한 무례한 소년 해리를 만나면서 벌어지는 팬픽션으로, 해리는 영국의 보이밴드 원 디렉션One Direction의 리드 싱어인 해리 스타일스Harry Styles의 이름을 딴 것이었다. 2014년 초 왓패드의 직원은 안나가 많은 팔로어들을 끌어들이고 있고 그녀의 매력이 매우 빠른 속도로 가속화되고 있는 데 주목했다. 소피는 "그녀는 자신의 이야기를 읽으러 들어오는 사람들만으로 왓패드 총 트래픽의 약 5%를 만들고 있었습니다. 그녀는 처음부터 아웃라이어[평균치에서 크게 벗어나서 다른 대상과 확연히 구분되는 표본_옮긴이]였습니다. 그녀가 아웃라이어였으므로 외부 출판사들이 그녀에게 접근할 위험에 더 많이 노출되어 있다고 우리는 생각했습니다. 그래서 우리는 그녀와 관계를 만들고 싶었습니다"라고 회상했다. 다시 말해 그들은 그녀를 잃고 싶지 않았다. 그래서 안나에게 연락해 그녀의 목적과 야심이 무엇인지, 그리고 글쓰기를 통해 하고 싶은 일이 무엇인지 물었다. "그녀는 팬픽션 작가였으므로 출판에 대해서는 생각해 본 적이 없었습니다. 그녀에게 글쓰기는 그저 취미였습니다." 그러나 왓패드의 직원은 잠재력을 볼 수 있었고 위험 또한 볼 수 있었다. 그래서 적극적으로 나서기로 결정했다. 그들은 그녀를 위해 언론 인터뷰를 준비했고 출판사들을 만나기 위해 그녀를 뉴욕으로 데리고 갔다. 그들은 작가, 출판사, 왓패드 모두에게 득이 되는 거래를 중개할 수 있는지 확인하고 싶었다. 이는 부분적으로는 '애프터'를 왓패드 플랫폼에 남겨두

---

8 '애프터'의 배경에 대한 자세한 내용은 Bianca Bosker, "The One Direction Fan-Fiction Novel that Became a Literary Sensation," *The Atlantic* (December 2018), at www.theatlantic.com/magazine/archive/2018/12/crowdsourcing-the-novel/573907 참조.

기 위해서였다. 그들은 사이먼 앤 슈스터가 '애프터'를 네 권의 연작으로 만들고 싶어 한다는 것을 알아냈다. 그리고 사이먼 앤 슈스터는 기꺼이 원래의 이야기가 왓패드에 남도록 허락했다. 첫 번째 책은 2014년 10월에 출판되었고 ≪뉴욕타임스≫ 베스트셀러 목록에 올랐다. 이 책은 35개 언어로 번역되었고 프랑스와 스페인에서 1위를 차지했다. 작가는 수익성 있는 출판 계약을 맺었고, 왓패드는 상당한 수수료를 벌었으며, 사이먼 앤 슈스터는 베스트셀러를 얻었다. 그리고 '애프터'는 여전히 왓패드에 남아 있는데, 2019년까지 5억 7200만 번 읽혔으며, '애프터' 연재물 다섯 편은 누적 15억 번 읽기를 기록했다.

그러나 왓패드의 이야기를 베스트셀러 책으로 바꾸는 것은 이제 시작에 불과했다.

이야기를 스튜디오로

왓패드에서 만들어진 이야기가 베스트셀러 도서가 된다면 TV 프로그램이나 영화로 바뀔 수도 있지 않을까? 왓패드를 단지 이야기를 읽을 수 있는 이동식 기기의 앱으로 생각하는 것이 아니라 글을 쓰고 싶은 사람이라면 누구든지 다양한 미디어에서 즐길 만한 이야기를 창작할 수 있는 콘텐츠 인큐베이터로 생각할 수 있지 않을까? 모든 사람이 읽기라는 행위를 원하는 것은 아니다. 이야기는 글이 아닌 다양한 방식으로 공유될 수 있다. 그것이 지금 왓패드에서 나오기 시작한 새로운 모험들을 떠받치고 있는 직관이다. 앨런은 "왓패드 콘텐츠를 소비하는 방법이 확장되었습니다. 우리는 더 이상 읽고 쓰기만 하는 커뮤니티가 아닙니다"라고 말했다. "우리는 멀티 플랫폼 회사입니다. 우리는 읽고 쓰는 커뮤니티를 지렛대 삼아 원작 콘텐츠를 만들어낸 다음 그 콘텐츠를 플랫폼에서든 플랫폼 밖에서든 다양한 포맷으로 수익화할 수 있는 방법을 찾습니다."

이러한 방향으로 처음 시도한 것은 〈왓패드 프레젠트Wattpad Presents〉를 제작한 것이었다. 〈왓패드 프레젠트〉는 필리핀의 TV5 네트워크와 협력해 인기 있는 왓패드 이야기를 10대를 대상으로 각색한 주간 TV쇼였다. 왓패드는 필리핀에서 매우 인기 있었다. 필리핀은 인도네시아와 함께 미국 외 가장 큰 두 개의 시장 중 하나였다. 〈왓패드 프레젠트〉는 2014년 실험적으로 시작했는데 주당 200만~300만 명의 시청자를 끌어모으며 매우 성공적인 것으로 판명되었다. 왓패드는 TV5와 수익 배분 계약에 합의해 TV 광고 수익과 상품 판매의 일부 몫을 얻었다. 왓패드가 필리핀의 TV 방송국과 계약을 할 수 있다면 이 아이디어를 다른 곳에서도 복사할 수 있지 않을까?

이것이 현실적으로 가능할 수 있다는 초기 징후는 왓패드에서 성공한 두 개의 이야기, '키싱 부스'와 '애프터'가 영화로 각색된 데서 발견되었다. '키싱 부스'의 영화 판권은 2011년 한 작은 영화사가 작가로부터 구매했다. 이는 '키싱 부스'가 가장 인기 있는 10대 소설로 '와티 어워드'를 받은 해였다. 그 영화사는 5년 동안 아무것도 하지 않았지만 2016년 넷플릭스가 그 책을 발견하고 판권을 구매하자 영화에 파란불이 켜졌다. 2018년 5월 넷플릭스에서 이 영화가 출시되었는데, 이는 넷플릭스의 가장 성공한 영화 중 하나가 되었으며 2018년 가장 많이 본 영화 목록의 선두를 찍었다.[9] 이 영화는 평론가들에 의해 혹평을 받았고 로튼 토마토Rotten Tomatoes[영화 관련 정보를 제공하는 웹사이트_옮긴이]에서 비평가의 17%만 긍정적인 평가를 내렸다. 하지만 넷플릭스로서는 커다란 상업적 성공이었고 2019년 1월 속편을 만들 것이라고 발표했다.

'애프터'의 영화 판권은 처음에는 파라마운트 픽처스Paramount Pictures에 팔렸지만 파라마운트가 어려움에 처하자 왓패드에 판권을 돌려주었고, 왓패드는 그 영화에 자금을 조달할 독립 투자자를 찾았다. '애프터'의 사례에서는 왓패드가 칼 메이플 미디어Cal Maple Media, 오프스프링 엔터테인먼트Offspring Entertainment 등과 함께 영화 제작에 직접 참여했다. 왓패드는 각색에 간여하면서 영화를 찍고 있을 때 촬영장에도 나갔다. 영화는 2019년 4월 12일 개봉되었으며 곧바로 상업적인 성공을 거두었다. 5월 셋째 주까지 이 영화는 17개국에서 개봉한 후 국제 박스오피스에서 5000만 달러 이상, 미국에서 1200만 달러 이상을 벌어들였으며, 곧 속편이 제작될 것이라고 발표되었다.[10] 이 영화 역시 평론가들에게는 인기가 없어서 로튼 토마토에서 단 15%의 지지를 받았지만, 분명히 시장을 발견했다.

'애프터'의 영화화는 왓패드에게 왓패드 플랫폼에서 이야기를 쓰고 읽는 것 이상으로 콘텐츠 창작 활동을 확장할 수 있는 방법론을 제공했다. 2016년 4월 왓패드는 왓패드 스튜디오를 시작했다. 왓패드 스튜디오는 엔터테인먼트 산업에 있는 회사들과 파트너십을 구축해서 왓패드의 이야기를 영화, 텔레비전, 기타 매체로 공동 제작하는 과제를 담

---

9   Elizabeth MacLeod, "The Kissing Booth Tops Netflix's Most Re-Watched Films of 2018," *The Telegraph* (12 December 2018), at www.telegraph.co.uk/on-demand/2018/12/12/kissing-booth-tops-netflixs-re-watched-films-2018.

10   Leo Barraclough, "Sequel to Independent Movie Hit "After" Launches in Cannes," *Variety* (20 May 2019), at https://variety.com/2019/film/news/sequel-after-cannes-1203220820.

당했다. 그러나 영화 및 TV 스튜디오가 왓패드와 협력하는 데 관심을 갖는 이유는 무엇일까? 왓패드는 그들에게 다른 곳에서는 찾을 수 없는 무엇을 제공할 수 있을까? 그런 것으로는 세 가지가 있다.

우선, 왓패드는 낡은 콘텐츠가 아닌 원작 콘텐츠, 원작 지식재산권을 제공할 수 있다. 이것은 사전 테스트된 콘텐츠이다. 이야기는 왓패드에서 작성되었으며 모든 읽기와 댓글이 왓패드 플랫폼에서 이루어졌기 때문에 왓패드는 이 이야기들이 독자들에게 어떻게 받아들여졌는지에 대해 많은 것을 알고 있다. 독자들이 얼마나 많이 읽었는지뿐만 아니라 얼마나 많은 사람이 이야기를 팔로우했는지, 얼마나 많은 사람들이 댓글을 달았는지, 어떤 부분을 좋아했고 싫어했는지 등등에 대해 잘 알고 있는 것이다. 즉, 왓패드는 이러한 이야기가 독자들에게 어떻게 받아들여졌는지에 대해 많은 지식을 갖고 있다. 왓패드는 왓패드 생태계에서 '검증'되거나 '사전 테스트'되어 많은 팔로어를 지닌 이야기를 선택할 수 있으며 스튜디오에 제안할 때 "이 이야기들은 전부 입증된 것입니다. 이 이야기들은 구축된 독자를 가지고 있습니다"라고 확신을 갖고 이야기할 수 있다. 왓패드는 또한 선택된 이야기들이 TV쇼와 영화 같은 시청각 형식에서 잘 작동하는지 확실히 하기 위해 그 이야기들을 재검토한다. "따라서 우리는 이야기가 훌륭하면서도 시각적으로도 매력적으로 다가갈 수 있도록 할 것입니다"라고 앨런이 설명했다.

왓패드가 제공할 수 있는 둘째 기능은 화면을 위한 이야기로 각색하는 데 유리한 데이터 기반의 입력이라는 것이다. 왓패드가 선호하는 접근 방식은 영화나 TV 판권을 판매한 다음 스튜디오가 각색하게 내버려 두는 것이 아니다. 왜냐하면 왓패드는 각색 과정에서 이 이야기들이 독자에게 진정 가치 있게 받아들여질 수 있는 방법에 대한 지식을 자신들이 갖고 있다고 느끼기 때문이다. 앨런은 이렇게 말했다.

책을 원작으로 한 영화 가운데 "각색이 쓰레기야. 책이 훨씬 좋아"라고 말하는 영화를 얼마나 많이 봐왔습니까? 그 이유 중 하나는 일반적인 책은 400~500페이지인데 시나리오는 90페이지에 불과하므로 콘텐츠의 80%는 잘라내야 하기 때문입니다. 그러나 무엇을 잘라내야 할지 어떻게 알 수 있겠습니까? 시나리오 작가는 무엇을 잘라내야 하는지 알 수 있는 데이터를 갖고 있지 않습니다. 직관 같은 것이 없으므로 상상력에 기반을 두고 있습니다. 그러나 왓패드를 이용하면 시나리오 작가는 잘라내야 하는 것을 뒷받침할 수 있는 모든 수치와 모든 직관을 갖게 됩니다. 우리는 시나리오 작가에게 "1장, 5장, 7장은 유지하되, 7장에서는 처음 두 단락만 유지하십시오. 왜냐하면 우리가 받은 20만 개의 댓글을 근거로 하면 이 두 단락이 전체 이야기 중에서 가장 감동적인 단락이기 때문입니다. 그리고 전체 이야기에 대한 댓글을 근거로 하면 두 번째 주요 인물은 없애도 됩니다. 아무도 그를 좋아하지 않으니까요. 예산을 절약하세요"라고 말할 수 있습니다.

왓패드는 왓패드 생태계에서 수집한 데이터(독자의 댓글, 좋아요 및 싫어요 등등)를 사용해서 시나리오 과정에 정보를 주고 지도를 할 수 있다. 여기서 기계 학습을 이용하는 것은 중요해지고 있다. 어떤 이야기에는 수십만 개의 댓글이 달리기 때문에 직원 몇 명이 모든 댓글을 읽고 소화하는 것이 불가능하다. 앨런은 "사람에게 40만 개의 댓글을 수동으로 읽게 하는 것은 불가능한 임무입니다. 그러나 기계는 이 일을 1초 만에 할 수 있습니다"라고 말했다. 더욱이 기계는 댓글의 언어를 분석할 수 있다. 기계는 댓글을 분석하는 데 자연 언어 처리를 이용할 수 있으며 이야기의 감성적인 부분을 분석하는 작업을 수행할 수 있다. "그래서 우리는 이 이야기가 어떻게 전개되는지, 감성적 관점에서 이야기가 어떻게 구성되는지를 그래픽을 통해 시각적으로 볼 수 있습니다. 그리고 이 모든 정보는 이전에는 인간적으로 불가능했습니다. 따라서 이것은 우리의 비밀 소스입니다."

왓패드가 제공할 수 있는 셋째 기능은 마케팅을 위한 내부 트랙이다. 영화 또는 TV 시리즈로 바뀌는 왓패드 이야기는 이미 구축된 팬층을 확보하고 있다. 이미 이야기의 팬이고 나오기만 하면 영화든 TV 시리즈이든 보기를 열망하는 사람이 수십만 명, 어떤 경우에는 수백만 명이나 된다. 더욱이 왓패드는 스튜디오와 협력해서 타깃 마케팅 캠페인을 개발할 수 있다. 여기에는 왓패드 커뮤니티에 있는 사람들을 대상으로 하는 네이티브 광고도 포함된다(네이티브 광고의 이용자는 전 세계적으로 8000만 명이며 잠재적 독자가 상당히 많다). 왓패드에는 이러한 종류의 성공적인 마케팅 캠페인 사례가 몇 개 있다. 소니 픽처스는 2016년 〈오만과 편견 그리고 좀비〉라는 영화를 개봉했는데(이 영화는 제인 오스틴의 책을 패러디한 세스 그레이엄 스미스Seth Grahame-Smith의 2009년 소설을 각색한 영화이다), 당시 소니는 왓패드와 협력해서 작가에게 '애프터'의 좀비화된 팬픽션을 쓰도록 의뢰했다. '애프터'의 팬들은 왓패드의 이 이야기에 끌릴 것이고 이야기를 읽는 동안 〈오만과 편견 그리고 좀비〉의 예고편을 보게 될 것이라는 아이디어였다. 왓패드는 '애프터'의 팬 기반을 지렛대 삼아 영화를 위한 시장을 만드는 데 도움을 주었던 것이다. 이런 식으로 왓패드는 광고 수익을 얻고 팬픽션 작가는 돈을 벌고 소니는 잠재적 관객을 얻게 된다.

이 세 가지 요소—사전 테스트를 거친 원작 지식재산권, 각색 과정에 대한 데이터 기반의 입력, 마케팅—를 모두 제공함으로써 왓패드 스튜디오는 단순히 영화나 TV 판권을 판매하는 것보다 스튜디오와 훨씬 적극적인 협업을 제공할 수 있다. 앨런이 말했듯이 "이것은 완전하고 완벽한 사이클입니다. 우리는 그 과정의 모든 단계에 상업적으로 참여하고 있습니다." 왓패드 스튜디오가 2016년 4월에 시작했으므로 물론 아직은 초기이다. 그러나 〈키싱 부스〉와 〈애프터〉 둘 다 속편이 개봉되었다는 사실은 왓패드가 무언가 특별하다는 것을 시사하는 몇 가지 증거를 제공한다. 왓패드가 필리핀, 인도네시아, 싱가포르, 한국, 이탈리아, 독일, 프랑스 및 기타 여러 지역에서 여러 가지 시도를 하고 있다는 사실도 마찬가지이다(앨런은 "우리는 인도네시아에서 26편의 영화를 만들고 있어요"라고 조금도 머뭇거리지 않고 말했다). 또한 훌루가 왓패드에서 410만 번 읽힌 조이 아르센Zoe Aarsen의 10대 초현실 스릴러 '깃털처럼 가벼운, 통나무처럼 딱딱한Light as a Feather, Stiff as a Board'을 선택했다는 사실도 고무적이다. 이 작품은 2018년 10월 훌루에서 방영된 10부작 TV 시리즈 〈깃털처럼 가벼운Light as a Feather〉으로 제작되었다. 2019년 2월 왓패드는 이 시리즈를 16개의 에피소드로 구성된 두 번째 시리즈로 갱신한다고 발표했다. 이 사례에서는 왓패드가 '깃털처럼 가벼운, 통나무처럼 딱딱한'이 6개월도 채 되지 않아 100만 번 읽기를 달성한 것을 보고 그 플랫폼에서 뺐다. 왓패드는 이 사실을 스튜디오에 제시했고 훌루는 이것을 집어 들었다. 모델은 그들이 바라던 대로 정확하게 움직였다.

왓패드에게서 부분적으로 잘못된 것이 딱 한 가지 있었다. 왓패드는 TV 시리즈에 맞춰서 '깃털처럼 가벼운, 통나무처럼 딱딱한'의 도서 버전을 출시하기로 사이먼 앤 슈스터와 계약을 맺었다. 그러나 조직을 약간만 혁신하면 왓패드가 스스로 책을 낼 수 있는데 어째서 왓패드는 사이먼 앤 슈스터가 이 책을 내도록 했을까?

이야기를 책으로 만들기

앨런은 이러한 사고방식에 따라 2019년 왓패드 스튜디오 내에 도서출판 임프린트인 왓패드 북스Wattpad Books를 시작했다. 이야기를 쓰고 읽는 것을 기반으로 설립된 조직이 책으로 옮겨가기 전에 영화와 TV쇼로 먼저 옮겨갔다는 것은 어쩌면 조금 역설적이지만, 책으로의 이동은 왓패드의 주요 주제를 감안할 때 자연스러운 발전이었다. 비록 혁신의 사이클에서 늦긴 했지만 말이다. 이때까지 왓패드는 5년 동안 대형 5개 시판용 출판사를 포함한 출판사들과 협력하고 있었으며, 때로는 대리인으로, 때로는 공동 출판사로 많은 거래를 중개했다. 이런 과정에서 두 가지가 명확해졌다. 첫째, 전통적인 출판사들은 매우 느리고 매우 신중하다는 것이다. 앨런은 "그들은 우리만큼 데이터에 대해 호들갑을 떨지 않습니다. 많은 경우 그들은 창의적인 면을 크게 강조합니다. 매우 주관적입니다. 직감을 바탕으로 결정을 내립니다. 따라서 우리는 이 이야기가 잘 팔릴 것이라고 그들을 설득해야 했습니다"라고 말했다. 왓패드는 자신들의 이야기 중 몇몇이 사용자에게 매우 인기 있음을 보여주는 증거에도 불구하고 주류 출판사들로부터 거절을 많이 당했다. 그들이 목격한 둘째 사실은, 왓패드 작가가 왓패드 작가가 아닌 사람보다 선급금을 받을 가능성이 훨씬 높다는 것이다. 왓패드의 데이터에 따르면 왓패드 작가의 90%는 선급금을 받는 데 반해 업계 평균은 그보다 훨씬 낮다.[11] "따라서 우리는 우리의 타율이 업계 평균보다 훨씬 높다는 것을 알고 있습니다." 그리고 이는 왓패드 작가들이 더 많은 것을 인쇄할 수 있다면 다른 사람보다 더 나은 성과를 낼 수 있다는 것을 의미했다.

따라서 자체 도서출판 부서를 만들면 왓패드는 한 번에 몇 가지를 이룰 수 있었다. 첫째, 그들은 출판 결정을 스스로 내리기 때문에 훨씬 빨리 움직일 수 있고 자신들의 콘텐츠로 위험을 감수하도록 전통 출판사들을 설득하는 데 많은 시간과 에너지를 투자할 필요가 없다. 둘째, 각각의 도서 프로젝트에 대해 다른 출판사와 파트너 관계를 맺을 필요가 없기 때문에 더 많은 이야기를 책 형태로 만들 수 있다. 셋째, 대리인이나 동업자가 아닌 출판사가 되기 때문에 더 많은 가치를 포착할 수 있다.

그러나 그것은 또한 온라인 환경에서 일반적으로 휴대전화의 앱을 통해 작가와 독자가 이야기와 댓글을 공유하는 가상 커뮤니티로 항상 존재해 왔던, 그리고 물리적 제품을 생산해 본 적도 없고 물리적 제품을 생산하는 데 관심도 없었던 왓패드가 출판 바퀴를 재발명해야 하고 전통적인 출판사의 기반시설을 갖추어야 한다는 것을 의미했다. 앨런이나 그의 공동 설립자 이반 모두 도서출판 경험이 전혀 없었지만 왓패드에는 출판업계에서 일했고 출판업에 대해 어느 정도 알고 있는 직원이 몇 명 있었다. 콘텐츠를 확보하는 것은 그다지 어렵지 않을 것이었다. 왓패드 플랫폼에서는 이미 수천 명의 작가가 콘텐츠를 만들고 있었

---

11   업계 평균 추정치는 10~20%에서 30%, '절반 이하'까지 다양하다.

기 때문이다. 따라서 왓패드에 주어진 과제는 그 이야기의 인기에 대해 수집한 데이터를 의사결정 과정에 어떻게 활용할 것인가 하는 것이었다. 그리고 나면 편집 및 콘텐츠 개발을 해야 했는데, 여기에서도 왓패드는 다시 한번 출판 과정에 새로운 것을 도입할 수 있다. 왓패드는 독자들이 이야기에 어떻게 반응했는지에 대한 데이터를 편집 과정에 알려주고 안내할 수 있었다. 왓패드에서 인기 있는 대부분의 이야기는 일반 책보다 훨씬 길다. 왓패드에서는 이야기가 디지털로만 존재하므로 길이나 챕터 수를 제한할 필요가 없기 때문이다. 긴 왓패드 이야기를 300~400페이지의 책으로 바꾸기 위해서는 많은 콘텐츠를 잘라내야 한다. 하지만 무엇을 잘라낼지 어떻게 알 수 있겠는가? 여기서 그들은 독자 반응에 대한 데이터를 이용해서 유지할 내용과 잘라낼 내용을 결정할 수 있다. "따라서 우리가 하고 있는 작업의 결과물이 전통적인 콘텐츠와 비슷해 보일 수 있습니다. 극장에서 보는 영화처럼 보일 수도 있고 종이로 된 책처럼 보일 수도 있습니다. 그러나 그 이면에는 많은 데이터 과학이 있으며 그것은 모두 기계로 학습된 것입니다"라고 앨런이 설명했다.

한편 나머지 출판 요소들은 상당히 표준적이다. 그들은 사내 생산 관리자를 두고 있으며 많은 소규모 출판사와 마찬가지로 인쇄는 인쇄소에 아웃소싱하고 판매와 유통도 제3자에게 아웃소싱한다. 마케팅은 왓패드의 광고 캠페인과 스튜디오들과의 협업을 통해 발전시킨 마케팅 기술 및 노하우를 활용해서 자체적으로 진행한다. 따라서 도서출판 사업의 세부사항을 제외하면 왓패드 북스의 전략은 기본적으로 영화 및 TV 협업의 전략과 동일하다. 구축된 독자를 보유한 사전 테스트된 콘텐츠로 시작하고, 데이터와 기계 학습을 이용해서 콘텐츠 각색을 안

내한 다음, 그것을 마케팅하는 것이다. "이것은 완벽한 사이클입니다."

왓패드 북스가 처음으로 내놓은 여섯 종의 책은 2019년 가을에 출판되었는데, 모두 10대 소설(출판업계 용어를 쓰자면 영 어덜트물)이었다. 이 책들 중에는 미식축구에서 포지션이 쿼터백인 한 남자와 치어리더 사이의 로맨스를 다룬 테이 말리Tay Marley의 『쿼터백 배드보이와 나The QB Bad Boy and Me』가 있었다. 이 글은 왓패드에서 2620만 번 읽힌 2018년 왓패드 최고 인기 작품이었다. 또한 인기 있지만 행복하지 않은 남자아이 에베레스트와 부끄럼 많은 소녀 비벌리에 대한 이야기인 스카이 체이스Sky Chase의 『에베레스트 구하기Saving Everest』는 왓패드에서 1700만 번 이상 읽혔다. 그리고 로런 팔프레이먼Lauren Palphreyman이 쓴 10대 초현실적 로맨스 소설 『큐피드의 시합Cupid's Match』은 왓패드에서 4600만 번 이상 읽혔다. 이 이야기들이 책으로서 얼마나 성공적일지는 시간이 말해주겠지만 왓패드가 만들어낸 출판 모델에는 놀라운, 심지어 혁명적인 무언가가 있다. 지난 500년 동안 대부분의 도서출판이 기반으로 삼았던 모델을 뒤집어놓은 것이다.

일반적으로 도서출판, 특히 시판용 출판은 항상 요행 사업이었다. 출판사와 편집자는 무엇이 팔릴지에 대해 직감에 의존했다. 판단을 안내하는 데 도움이 될 증거를 일부 사용하기도 하지만(예를 들면 작가의 경력, 유사한 도서의 판매 현황) 대부분의 경우 그들의 직감은 그저 직감일 뿐이었다. 그런 후에는 도박이다. 그들은 다른 것들은 놔둔 채 일부 도서 프로젝트를 하기로 결정한다. 이때 그들은 자신들의 결정이 옳았기를 희망하지만 책이 출판되고 나서 실제로 벌어지는 일을 보기 전까지는 결코 완전히 확신할 수 없다. 도서출판, 특히 시판용 출판은 항상 하향식 사업이었다. 출판사는 시장에서 효과가 있을 것이라고 생각하는 것을 결정하고 투자하고 제작하고 시장에 내놓은 후 어떤 일이 일어나는지 보는 것이다. 물론 이 일반적인 원칙에는 예외가 많다. 예를 들어 저명한 작가는 자신의 다음 소설을 구매하려는 확고한 팬 기반을 갖고 있다. 이것이 바로 이러한 저자가 출판사에게 그토록 가치 있는 이유이자 콘텐츠 시장에서 높은 선급금을 요구할 수 있는 이유이다. 요행 사업에서 저명한 작가는 확실한 보증이나 다름없다. 그러나 대부분의 책과 거의 모든 초급 작가에게 출판은 도박이다. 어느 책이 얼마나 잘 될지는 아무도 모른다.

왓패드 북스에서 독창적이고 영리한 점은 이 같은 의사결정의 하향식 모델을 상향식으로 대체했다는 것이다. 왓패드에서 어떤 책을 출판할 것인지에 대한 결정은 왓패드 플랫폼에서의 실제 인기도를 근거로 정해진다. 왓패드는 플랫폼에서 누가 무엇을 읽고 있는지 추적하고 모든 댓글을 기록하기 때문에 어떤 이야기가 어떤 종류의 독자에게 인기 있는지 세밀한 그림을 그릴 수 있다. 그들은 어떤 이야기가 더 인기를 얻는지, 인기를 얻는다면 얼마나 빨리 얻는지를 알고 있으며, 또는 반대로 많은 독자가 어떤 이야기에 싫증내고 포기하는지도 알고 있다. 또한 그들은 댓글을 통해 많은 독자에게 통하거나 통하지 않는 이야기 속 챕터나 인물, 반전 등을 확인할 수 있다. 가장 인기 있는 이야기를 읽고 댓글을 다는 사람들의 수를 고려하면 이 모든 정보를 처리하기 위해 그들은 기계 학습이라는 전산화된 방법에 의존해야 한다. 이는 왓패드에게 상당히 강력한 데이터를 제공한다. 왓패드는 이 데이터를 어떤 이야기를 책으로 출판할지 결정하는 데, 그리고 이 이야기가 도서 형식에서 가장 효과적으로 작동하도록 어떻게 요약하고 각색할지를 결정하는 데 이용할 수 있다. 이러한 상향식 출판을 발전시키려고 하는 것은 왓패드뿐만이 아니다. 제8장에서 보았듯이, 언바운드, 잉크셰어 같은 크라우드펀딩 출판사도 유사한 사고방식을 발전시켰다. 그러나 왓패드와 크라우드펀딩 출판사의 가장 큰 차이는 규모이다. 잉크셰어를 이용하는 사용자는 10만여 명이지만 왓패드는 약 8000만 명으로 대략 800배이다. 이런 식으로 데이터를 사용해서 인기도를 평가하고 패턴을 분석할 때에는 크기가 중요하다.

왓패드의 상향식 출판 모델은 온라인에서 읽고 쓰는 커뮤니티를 구축하기 위한 네트워크 기반 접근방식에서 유기적으로 나타났다. 앨런과 이반은 도서출판에서 시작하지 않았다. 그들은 왓패드가 될 앱과 웹사이트를 만들기 시작했을 때 도서출판에 대해 전혀 몰랐다. 그들은 좀 더 기본적인 것, 즉 이야기를 만들어내고 공유하고 소비하려는 인간의 욕망에서 시작했다. 그것은 사람들이 온라인 환경에서, 특히 항상 휴대하는 이동식 기기에서 쉽게 이야기를 만들고 공유하고 댓글을 달 수 있도록 함으로써 이루어졌다. 그들은 지난 500년 동안 우리 문화에서 어떤 이야기가 공유되고 어떻게 공유되는지를 결정하는 데 중심적인 역할을 해온 기관의 가정과 관행에 의문을 던질 만한 플랫폼을 만들었다. 앨런은 "대부분의 변혁주도자가 공통적으로 가지고 있는 한 가지 특징은 변혁주도자는 상향식이지 하향식이 아니라는 것입니다. 그들의 출발점은 전통적인 산업이 아닐 것입니다. 그들의 출발점은 백지입니다. 우리를 봐도, 유튜브를 봐도, 넷플릭스를 봐도 마찬가지입니다. 넷플릭스는 스튜디오에서 출발하지 않았습니다"라고 회고했다.

물론 왓패드의 출판 모델과 좀 더 넓게는 왓패드 플랫폼 바깥의 발전 전략은 디자인 면에서는 급진적이지만 그 범위에서는 상당히 제한적이다. 왓패드에서 가져온 콘텐츠는 왓패드 커뮤니티의 인구통계적 프로필을 반영하고 있기 때문이다. 이들은 대부분 10대로 매우 젊으며, 주로 여성이다. 만일 당신이 영 어덜트 소설을 출판하고 있는 출판사라면 왓패드 북스는 주목해야 할 임프린트이다. 그들은 강력한 경쟁자일 수 있으며, 그들이 도서에서부터 영화, TV 시리즈에 이르기까지 미디어 산업 전반에 걸쳐 시너지를 발전시키는 능력은 당신이 할 수 있는 것 이상일 것이다. 그러나 나머지 출판업계의 경우, 왓패드가 훌륭하게 발전시킨 상향식 모델로부터 무언가를 배울 수 있는가, 배울 수 있다면 정확하게 무엇을 배울 수 있는가라는 질문을 던질 수 있을 것이다. 이것은 우리가 다시 돌아올 질문이다.

제 12 장

오래된 매체, 새로운 매체

오랫동안 자신의 일을 해온 기성 기업에게 기술 혁명은 무서운 일이다. 기술 혁명이 일어나면 그들은 자신들의 전통적인 관행이 갑자기 새로운 방식에 의해 사라질 수 있다는 전망에 직면한다. 좀 더 놀랍게는 새로운 기술이 밀어 넣는 새로운 경제 및 공급망 속에서 자신의 제품이나 서비스가 더 이상 필요하지 않게 될 수도 있다는 전망에 직면한다. 미래는 다른 곳에 있는 것처럼 보이더라도 대부분의 수익이 기존 경제로부터 계속 나오기 때문에 기존 경제에 서비스를 제공하는 한편 신흥 경제에서 다시 자리를 잡으려고 노력하면서 생존을 위해 빠르게 적응해야 할 수도 있다. 이것은 모든 산업에 해당되지만 디지털 혁명에 직면한 매체 산업 또는 창조 산업에 특히 해당된다. 앞에서 언급했듯이 이러한 산업은 대체로 디지털화되고 컴퓨터에서 처리되고 기기에 저장되고 전자적으로 전송되어 0과 1의 시퀀스로 변환될 수 있는 콘텐츠(기호 콘텐츠)를 다루고 있기 때문이다. 인쇄된 신문, 잡지, 레코드 LP, 종이 인쇄책 같은 물리적 매체는 시장에서 사고팔기 위해 기호 콘텐츠를 전통적으로 내장해 왔었다. 이제 이 같은 물리적 매체는 기호 콘텐츠를 내장하지 않고도 콘텐츠를 교환할 수 있는 새로운 기기와 새로운 채널에 의해 소외될 수 있다. 여하튼 디지털 허리케인이 해안을 강타했을 때 매체 산업 및 창조 산업에서 일하는 많은 사람들은 완벽하게 합리적인 두려움을 공유했다.

그러나 디지털 혁명의 첫 수십 년을 살아오면서 우리가 배웠거나 배

웠어야 하는 교훈이 하나 있다면 이 혁명이 어디에나 똑같은 영향을 미치지는 않는다는 것이다. 그리고 두 번째 교훈이 있다면 유익해 보이는 디지털 혁명의 결실들이 실은 이 혁명의 승자들이 우리에게 믿기를 바라는 것보다 덜 자비로운 요소들을 숨기고 있을지도 모른다는 것이다. 보이는 것만큼 실제로 좋은 것은 없다.

창조 산업에서의 디지털 파괴

디지털 혁명이 매체 및 창조 산업의 많은 부문에서 비슷한 결과를 초래할 것이라고 생각하고 싶지만 그것은 사실과 거리가 멀다. 그 이유는 간단하다. 새로운 기술들이 산업의 특정 부문이나 삶의 특정 영역에 미치는 영향은 기술 자체 및 기술이 할 수 있는 일(깁슨Gibson의 적절한 용어로는 기술의 '행위 유도성'[1])에만 달려 있는 것이 아니라 기술이 개발되고 실행되고 사용된 맥락에도 달려 있기 때문이다. 이러한 맥락에는 이 기술들을 촉진하거나 방해하는 데 관심이 있는 대리인 및 조직, 특정 시장이나 장에서 이러한 조직과 그 조직들의 상대적인 힘 간의 관계, 그리고 이 기술들을 자신의 삶에 넣기를 원하거나 원하지 않는 다양한 취향의 많은 개인이 포함된다. 사회적 맥락은 복잡하고 혼돈된 장소이며 매체 및 창조 산업의 각 부문마다 엄청나게 다르다. 하나의 맥락에서는 잘 작동하는 기술이 다른 맥락에서는 전혀 작동하지 않을 수 있는데,

---

1   James J. Gibson, "The Theory of Affordances," in his *The Ecological Approach to Visual Perception* (Boston: Houghton Mifflin, 1979).

이는 기술 자체의 문제라기보다는 그 기술이 발전되고 실행되고 사용되는(또는 경우에 따라서는 사용되지 않는) 맥락의 특성과 관련이 있을 수 있다. 마찬가지로 매체 및 창조 산업의 한 부문에서 디지털 혁신으로 인해 발생하는 파괴의 패턴은 다른 부문의 파괴 패턴과 매우 다를 수 있다. 이것은 기술 자체와 관련 있다기보다는 부문의 특성과 관련 있거나 그 기술이 전개되는 특정 영역에서 이 기술을 사용하기 원하거나 원하지 않는 다양한 취향의 개인과 더 관련 있을 수 있다.

도서출판산업에서의 디지털 변혁은 적어도 지금까지는 음악산업이나 신문산업 같은 다른 미디어 및 창조 산업에서 취했던 과정과는 매우 다른 과정을 걷고 있는데, 이런 식으로 본다면 이 사실은 처음에 보았던 것보다 덜 놀랍다. 우리가 이 책의 서론에서 보았듯이 미국 음반 산업의 수익은 LP와 CD의 판매에서 디지털 다운로드 및 파일 공유로 전환됨으로 인해 21세기의 처음 10년 동안 붕괴되었다. 2009년에는 미국 음반 산업의 총 수익이 10년 전의 절반 수준이었다. 신문산업 역시 21세기 처음 10년 동안 자산의 급격한 하락을 경험했는데, 미국의 일간신문 발행 부수는 1980년대와 1990년대에 6000만 부에서 2010년에는 4000만 부로 떨어졌고, 광고 수익은 2004년에 500억 달러에서 2012년 약 250억 달러로 10년 전의 절반 수준이다.[2] 이러한 전개를 커져가는 경고처럼 보고 있던 도서출판업계에서는 도서산업도 같은 운명을 맞을 가능성이 분명 있는 것처럼 보였다. 왜 아니겠는가? 음악산업과 마

---

2   Michael Barthel, "Despite Subscription Surges for Largest U.S. Newspapers, Circulation and Revenue Fall for Industry Overall," Pew Research Center(1 June 2017), at www.pew research.org/fact-tank/2017/06/01/circulation-and-revenue-fall-for-newspaper-industry.

찬가지로 도서출판사 역시 기호 콘텐츠의 통제와 상품화에 기반을 둔 산업이었다. 또한 음악산업이 디지털화로 인해 기호 콘텐츠를 통제하거나 가격 하락을 막기가 훨씬 어려워진 것처럼, 도서출판사도 자신이 통제하고 있는 기호 콘텐츠가 불법복제와 가격 하락이라는 강력한 압력에 직면하리라는 것을 알 수 있었다. 이러한 압력은 출판산업 내에서 일하고 있는 많은 사람들의 생계와 경력은 말할 것도 없고 산업이 기반을 두고 있는 가치 창출의 전체 모델까지 훼손할 수 있었다. 불확실성은 가라앉지 않았고 불안은 깊게 느껴졌다. 출판산업의 많은 이들은 두려움을 안고 아이팟의 등장을 기다리고 있었다.

2007년 11월 킨들이 출시되고 전자책 판매가 드디어 유행하기 시작했을 때 많은 사람들은 아이팟의 순간이 마침내 온 것으로 보았다. 킨들은 아이팟이 음악에 했던 일을 도서출판에 했다. 사람들은 작은 도서관만큼의 책을 넣을 수 있는 사용자 친화적인 휴대용 기기에 책을 디지털 파일로 다운로드해서 쉽고 합법적으로 책을 읽게 되었다. 상당히 많은 출판업계 사람들은 2008년부터 2012년까지 전자책 판매가 극적으로 성장하는 것을 지켜보면서 구식 인쇄책의 종말이 시작되었다고 생각했다. 그들은 전자책이 도서 판매의 다수를 차지하는 것은 시간문제일 뿐이며, 이것은 전통적인 인쇄 기반 공급망(판매량의 상당 부분을 잃게 될 오프라인 소매점을 포함해서)에 심각한 결과를 초래할 것이라고 생각했다. 산업 붕괴에 대한 두려움은 널리 퍼졌다. 그러나 우리가 보았듯이 전자책의 부상은 2013년 갑자기 멈추었다. 이는 많은 이들이 예상했던 것보다 훨씬 이르고 훨씬 급작스러웠다. 전자책이 전통적인 종이 인쇄책을 능가해서 종이 인쇄책이 구식 기술 박물관에 놓인 레코드 LP판 옆 자리로 격하될 것이라는 두려움은 적어도 당분간은 근거가 없는 것으로 판명되었다.

　종이에 인쇄된 책은 많은 사람들이 예상했던 것보다 훨씬 끈질긴 것으로 드러났다. 그뿐 아니라 지금까지는 도서출판산업이 음악산업보다 디지털 폭풍을 더 성공적으로 극복해 냈다. 서론에서 우리는 1998년과 2010년 사이에 미국 음반 산업에서 매출의 붕괴를 보여주는 그래프를 살펴보았다(〈그림 1〉). 이를 2008년과 2015년 사이의 미국 시판용 출판의 전반적인 매출을 보여주는 〈그림 12.1〉 및 더 넓게 미국 도서출판산업의 전반적인 매출을 보여주는 〈그림 12.2〉와 비교해 보라. 이들 수치가 보여주는 것은 미국 도서출판산업의 전체 매출은 대체로 이 기간 동안 정체되어 있었지만 미국 시판용 출판의 매출은 비록 소폭이긴 했지만 지속적으로 성장했다는 것이다. 전자책은 2014년까지 이 매출의 증가하는 부분을 차지하긴 했지만 여전히 인쇄책이 매출의 대부분을 차지했다. 이 기간 동안 미국 시판용 출판 매출은 2008년 132억 달러에서 2015년 158억 달러로 약 26억 달러 증가했다. 이는 8년 동안 약 20% 증가한 것이다. 반면 미국 도서출판 매출은 2008년 265억 달러에서 2015년 278억 달러로 13억 달러 증가했는데, 이는 같은 기간 동안 약 5% 증가한 것이다. 이를 2000년과 2010년 사이에 전체 매출이 138억 달러로부터 56억 달러로 감소한(즉, 전체 매출이 10년 전의 40%에 불과한) 미국 음반 산업의 경험과 비교해 보라. 디지털 다운로드 매출의 성장이 CD 판매 매출의 가파른 감소를 완전히 상쇄하지 못한 음악의 경우와 달리, 시판용 출판에서는 인쇄 판매 매출이 훨씬 적게 감소되었고 인쇄 판매에서 발생하는 매출 손실은 전자책 및 오디오북 판매의 매출로 상쇄되었다. 2015년 여전히 전체 시판용 출판 매출의 약 80%를 차지했던 인쇄 판매의 지속적인 견고함은 매출 붕괴를 막는 방어벽을 제

그림 12.1 | 미국 시판용 출판의 매출 변화(2008~2015)　　　　　　　　단위: 백만 달러

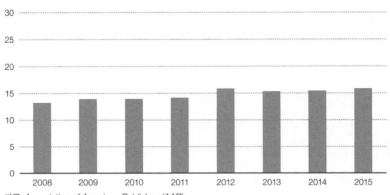

자료: Association of American Publishers(AAP)

그림 12.2 | 미국 출판산업의 매출 변화(2008~2015)　　　　　　　　단위: 백만 달러

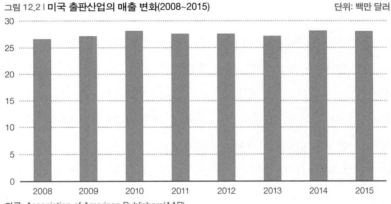

자료: Association of American Publishers(AAP)

공했다.

　더욱이 대부분의 출판사는 자신들의 전체 매출이 거의 일정하게 유
지되고 실제로는 매출이 향상되고 있음을 발견했다. 매출의 대부분을
여전히 인쇄책이 차지하고 있었지만 디지털로의 전환으로 인해 공급

망에서 일부 비용을 절감했으므로 수익성은 개선되었다. 〈표 12.1〉과 〈그림 12.3〉은 미국의 5개 대형 시판용 출판사 중 한 곳인 사이먼 앤 슈스터의 2008년부터 2018년까지의 총 매출, 영업 이익, 이익률을 보여주고 있다. 이 기간 동안 총 매출은 정체상태를 유지했는데, 2008년 부터 2009년까지는 7% 하락했으나 그 후 9년 동안은 큰 변화가 없었다. 한편 영업 이익과 이익률은 같은 기간 성장했다. 영업 이익과 이익률은 2008년부터 2009년까지는 감소했지만 2009년부터 2018년까지는 크게 증가했다. 2009년부터 2018년까지 영업 이익은 거의 3배 증가했으며 이익률은 2009년 6.2%에서 2018년 17.4%로 증가했다. 이것은 부분적으로 효율성 향상과 기간도서 서적의 판매 증가 때문이었지만, 2015년까지 디지털 제품(주로 전자책이지만 오디오북도 증가하고 있었다)이 사이먼 앤 슈스터 판매의 25%를 차지한다는 사실 또한 수익성을 향상하는 데 중요한 역할을 했다. 전자책은 생산 및 유통 비용이 낮고 반품이 없기 때문이다.

다른 대형 시판용 출판사들의 경험도 사이먼 앤 슈스터와 비슷했다. 2008년부터 2018년까지의 기간에는 전반적으로 매출이 정체하고 수익성이 성장했다. 전자책 매출은 증가분이라기보다는 대체로 대체분이었고(즉, 전자책 매출은 인쇄 판매에 추가되기보다는 인쇄 판매를 대체하는 경우가 많았다) 전자책은 일반적으로 인쇄책보다 가격이 낮게 책정되었기 때문에 2008년부터 전자책의 성장과 정체는 출판사 판매의 상당한 부분이 판매 부수당 적은 가치를 생성하고 있음을 의미했다. 이는 한 해에서 다음해로 갈수록 전체 매출을 정체시키거나 낮추는 데 영향을 미쳤다. 다른 한편 전자책 판매는 인쇄책 판매보다 판매 비용이 훨씬 낮고 반품이 없기 때문에 수익성이 더 높았다. 따라서 전반적인 매출이

표 12.1 | 사이먼 앤 슈스터의 총 매출, 영업 이익, 이익률 변화(2008~2018)

연도	매출(백만 달러)	영업 이익(백만 달러)	이익률(%)
2008	857	88	10.2
2009	795	50	6.2
2010	791	72	9.1
2011	787	85	10.8
2012	790	80	10.1
2013	809	106	13.1
2014	778	100	12.8
2015	780	114	14.6
2016	767	119	15.5
2017	830	136	16.4
2018	825	144	17.4

자료: *Publishers Weekly*

그림 12.3 | 사이먼 앤 슈스터의 총 매출, 영업 이익, 이익률 변화(2008~2018)

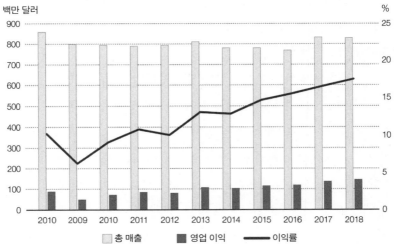

자료: *Publishers Weekly*

상당히 정체되었는데도 수익성은 성장했다. 이것이 디지털 시대 속 대형 시판용 출판사의 새로운 사업 양상이다. 이는 1980년대, 1990년대, 2000년대 초반과는 상당히 다르다. 당시 대형 출판사들은 회사 사장들의 압력하에 수익성의 안정된 향상과 함께 매년 10%를 목표로 상당한 성장을 달성해야 했다.[3] 이는 또한 작가가 출판사 이익에서 더 많은 몫을 받아야 한다는 새로운 요구에 기름을 부은 발전이기도 했다. 이는 예기치 않게 '디지털 배당'에 의해(즉, 디지털 혁명으로 인한 효율성과 비용 절감에 의해) 향상되었다.[4]

의문은 디지털 기술이 도서출판산업에 미치는 영향은 디지털 기술이 음악산업 및 기타 매체 산업, 그리고 창조 산업에 미치는 영향과 어째서 그렇게 다른가 하는 것이다. 이것을 어떻게 설명할 수 있을까? 이 질문에 대한 답은 어느 산업과 비교하느냐에 따라 다를 것이다. 왜냐하면 매체 산업에서 디지털 변혁의 과정을 만들어낸 요인이 산업마다 다르기 때문이다. 여기서는 음악산업과의 비교에 초점을 두겠다. 도서출판산업에서의 경험이 음악산업에서의 경험과 그렇게 달랐던 데에는 매우 많은 요인이 작용했다. 하지만 다음의 여섯 가지가 특별히 중요해 보인다.

---

3   Thompson, *Merchants of culture*, ch. 6을 보라.

4   예를 들어 Nicola Solomon, "The Profits from Publishing: Authors' Perspective," *The Bookseller* (2 March 2018), at www.thebookseller.com/blogs/profits-publishing-authors-perspective-743226; Alison Flood, "Philip Pullman Calls for Authors to Get Fairer Share of Publisher Profits," *The Guardian* (5 March 2018), at www.theguardian.com/books/2018/mar/05/philip-pullman-calls-for-authors-to-get-fairer-share-of-publisher-profits을 보라. 일부 대리인은 작가들이 전자책에 더 높은 로열티를 받도록 여러 해 동안 요청해 왔으며, 일부 출판사는 이런 사례가 있음을 (공개적으로는 아니더라도 비공개적으로) 인정하고 있다.

첫째, 전자책이 급증하기 몇 년 전 디지털 혁명은 음악산업에 심각한 영향을 끼치기 시작했다. 사용자가 MP3 파일을 공유할 수 있는 파일 공유 서비스인 냅스터Napster는 1999년 6월 시작해 2001년 7월 법원 명령에 의해 문을 닫기까지 운영을 계속했는데 당시 전 세계적으로 2600만 명의 사용자를 갖고 있었다. 애플은 2001년 1월 아이튠즈의 1차 버전을 출시했고 2003년 4월 아이튠즈 스토어를 열었다. 이로써 디지털 음악의 합법적인 시장을 만들었고 사용자가 디지털 음악 파일을 합법적으로 다운로드해서 들을 수 있게 되었다. 5년 후인 2008년 4월 아이튠즈 스토어는 월마트를 제치고 5000만 명 이상의 고객과 600만 곡 이상의 음악 목록을 보유한 미국 최대의 음악 소매업체가 되었다.[5] 2008년과 2009년에 전자책이 인기를 얻기 시작할 무렵에는 음악산업에서 디지털 다운로드로의 전환이 이미 상당히 진행되고 있었다. 그리고 도서출판산업의 경영진과 고위 관리자들은 5~10년 전에 디지털 혁명의 영향을 음악산업에서 경험했기 때문에 음악산업에서 벌어진 일로부터 배울 수 있었고 디지털 혁명이 출판산업에 둥지를 틀기 시작할 때 같은 실수를 반복하지 않으려고 노력할 수 있었다. 일종의 후발 주자의 이점이었다.

이런 후발 주자의 이점이 특히 의미 있는 두 가지 영역이 있었는데, 이것이 둘째 요인과 셋째 요인이다. 하나는 불법 파일 공유라는 영역이었다. 음악산업의 많은 사람들은 자신들의 음악이 다운로드 가능한 파일로 제공되는 것을 달가워하지 않았고 냅스터는 이를 매우 효과적으

---

5   "iTunes Store Top Music Retailer in the US"(3 April 2008), at www.apple.com/newsroom
     /2008/04/03iTunes-Store-Top-Music-Retailer-in-the-US.

로 악용해 억눌린 수요를 만들어냈다. 도서출판산업에서 일하던 고위 관리자들은 이 사실을 잘 알고 있었다. 합법적인 채널을 통해 원하는 콘텐츠를 사용할 수 없다는 것이 금지 품목의 불법 거래를 자극했던 것이다. 도서출판산업의 관리자들은 이로부터 교훈을 얻어서 다음을 보장하는 데 많은 시간과 돈을 투자했다. 1) 출판사 콘텐츠에 대한 디지털 저작권은 출판사가 갖는다. 2) 디지털 콘텐츠에 대한 수요가 발생하면 시장에 공급할 수 있는 위치에 서도록 적절한 디지털 형식으로 변환한다. 성공적인 독서기기가 도입되기 전인 2007년에 한 대형 시판용 출판사의 고위 관리자는 이렇게 설명했다. "우리는 그런 일이 일어났을 때 합법적으로 판매되는 산업이 아닌 불법복제가 장악하는 산업으로 끝나지 않도록 하기 위해 기기에 맞는 종류의 상품을 업계가 지원할 수 있는지 확인하고 싶었습니다." 부분적으로는 음악산업의 경험 덕분에 그는 출판사에서 자신의 콘텐츠를 적절한 디지털 형식으로 제공하기를 꺼리는 것이 장기적으로 자신들에게 나쁘게 작용한다는 것을 알고 있었다. 조류를 거슬러 헤엄치기보다 흐름과 함께 가는 것이 더 좋은 법이다.

도서출판산업의 관리자들이 음악산업의 경험으로부터 배운 둘째 영역은 가격이라는 걱정거리와 관련이 있었다. 일반적으로 콘텐츠의 디지털화는 가격에 하향 압력을 주기 마련이다. 이것은 정보 산업이 지닌 두 가지 특성의 결과이다. 첫째 특성은 정보를 처음 만드는 데에는 비용이 많이 들지만 정보를 재생산하는 데 드는 한계 비용은 0에 가깝다는 것이다. 정보를 만들어내고 적절한 디지털 형식으로 변환하기만 하면 그 정보를 재생산하는 것은 매우 쉽고 저렴하다. 둘째 특성은 콘텐츠를 온라인으로 유통하는 핵심 참가자들은 일반적으로 콘텐츠를 생산하지 않기 때문에 생산 비용을 부담하지 않는다는 것이다. 그들의 관심은 가능한 한 많은 사용자에게 유통을 극대화하는 것이자 유통의 지배적인 채널로서 자기 입지를 강화하는 것이다. 이들의 이익은 가격을 최대한 낮출 때 최대화되는 경우가 많다. 애플이 아이튠즈 스토어를 시작했을 때 대부분의 노래는 99센트였는데, 판매를 극대화하기 위해 가격이 1달러 문턱 바로 아래로 설정되었다. 그러나 음악이 더 낮은 가격으로 판매될수록 업계로 유입되는 전체 매출이 시간을 두고 감소할 가능성이 더 많아졌다. 물론 부수 매출이 부수당 매출의 하락을 상쇄할 만큼 충분한 비율로 증가할 경우에는 그렇지 않겠지만 말이다(낮은 가격 지지자들은 이런 일이 일어날 것이라고 종종 주장하지만 실제로는 많은 시장이 생각보다 덜 탄력적이다). 다르게 말하면 가격 하락은 어떤 경우에도 산업에서 가치의 출혈로 이어질 것이다. 음악산업에서 21세기 첫 10년 동안 디지털 혁명이 확고히 자리 잡으면서 이런 일이 정확히 벌어지고 있는 일처럼 보였다. 2007년 11월 킨들이 처음 출시되고 ≪뉴욕타임스≫ 베스트셀러와 많은 신간의 가격이 9.99달러에 책정되었다는 뉴스에 대해 도서출판산업의 고위 관리자들이 그렇게 강력하게 반응했던 것은 이 때문이었다. 애플과 마찬가지로 아마존도 가장 가치가 높은 콘텐츠를 상징적인 문턱 바로 아래(이 경우에는 10달러 아래)로 설정했는데, 이는 그 책의 인쇄본 가격보다 훨씬 낮았다. 또한 주요 시판용 출판사들이 전자책 판매에서 대행 모델로 옮기는 데 열중한 것도 이 때문이었다(제5장에서 보았듯이 소송 측면에서 비용이 많이 들긴 했지만 말이다). 주요 시판용 출판사들은 한 가지 단순한 이유로 대행 모델로 옮기기를 원했다. 즉, 그들이 볼 때 대행 모델은 콘텐츠 가격을 통제하고 할인을 막을 수 있는 유일한 방법이었고, 따라서 자신들의 전자책이 디지털 형식으로 점점 더 많이 판매되면서 일어날 가격 하락에 바닥이 있다는 것을 확실히 할 수 있는 유일한 방법이었다. 대행 모델을 도입하면 부수 판매당 수익은 더 적을 수 있지만 장기적으로 가격 통제권을 유지하고 음악산업에서 벌어졌던 가치 출혈과 같은 것을 방지하거나 최소한 줄이는 데서 더 강력한 위치에 있게 될 것이었다. 출판사들이 이 과정에서 어떤 잘못된 조치를 취했는지는 제쳐두고라도, 이런 면에서는 시판용 출판사들이 아마도 옳았을 것이다.

이러한 전략적 고려와는 별도로 음악산업과 도서출판산업은 매우 다른 종류의 기호 상품을 다루고 있다는 것 또한 사실이다. 이것이 음악산업에서의 경험과 도서출판산업에서의 경험이 달랐던 넷째 요인이다. 음악산업에서 앨범은 항상 인위적인 제품이었다. 앨범은 여러 노래를 모아 하나의 앨범으로 판매하는 것이 일반적이었지만 듣는 사람의 입장에서는 모든 노래가 동일한 가치를 지닌 것은 아니었다. 소비자들에게는 자신이 정말 좋아하는 한두 곡을 위해 앨범을 샀는데 앨범의 나머지 부분은 아무런 도움이 되지 않는 10~12곡으로 채워져 있었던 경험이 낯설지 않을 것이다. 아이튠즈 스토어의 최대 혁신 중 하나는 앨범을 풀어버리고 개별 곡을 99센트에 판매했다는 것이다. 이제 당신이 듣고 싶지 않은 다른 10~12곡을 더 이상 구매할 필요가 없다. 이것은 원치 않는 노래는 들을 필요 없이 자신만의 재생 목록을 만들 수 있다는 점에서 소비자에게 엄청나게 매력적이었다. 그러나 도서출판산업에서는 묶음 해체가 결코 비슷한 종류의 매력을 갖지 못할 것이다. 왜냐하면 대부분의 책은 각 장을 임의로 모은 것이 아니라 한 챕터가 다른 챕터를 구조화된 순서로 따라가는 통합된 텍스트이기 때문이다. 애거사 크리스티의 소설 한 챕터를 사고 나머지는 버리는 것은 의미가 없을 것이다. 물론 텍스트의 한 챕터나 부분을 분리해서 독자에게 샘플로 내놓는 것은 실질적인 장점을 지닌 도서출판산업의 일반화된 관행이다. 그러나 샘플링은 책 묶음을 해체해서 각 챕터를 개별적으로 판매하는 것과는 다르다. 도서출판산업에서 콘텐츠를 디지털로 해체하는 것은 음악산업에서와 같은 종류의 잠재력을 갖고 있지 않았다.

아마도 더 중요한 것은 음악을 듣는 이가 아날로그에서 디지털로 옮겨가는 것보다 도서 소비자가 인쇄에서 디지털로 옮겨가는 것에 단점이 더 많았다는 사실일 것이다. 레코드 LP를 듣는 것은 전용 플레이어가 필요했으며 듣는 이들에게는 우연성이 거의 없었다. LP는 쉽게 긁히고, 이동 중에는 들을 수 없으며, 듣고 싶지 않은 트랙을 쉽게 건너뛸 수도 없다. CD는 듣는 이에게 높은 음질과 더 큰 유연성 및 이동성을 주었다. 그리고 디지털 다운로드는 듣는 이에게 이보다 더 많은 유연성 및 이동성을 주는 동시에 앨범을 해체해 노래를 개별로 구매하거나 스트리밍 서비스를 통해 들을 수 있게 만들었다. 간단히 말해서 디지털 음악으로의 전환은 소비자에게 거의 단점 없이 많은 장점을 가져다주었다. 하지만 책의 경우 상황이 훨씬 덜 명확했다. 화면에서 긴 형식의 텍스트를 읽는 것은 분명 몇 가지 장점이 있었다. 책을 쉽게 구매하고 빠르게 다운로드할 수 있고, 가격이 일반적으로 낮고, 글씨 크기를 사용자에 맞게 조정할 수 있고, 많은 책을 단일 기기에 휴대할 수 있다. 그러나 몇 가지 실질적인 단점도 있었는데, 그중 가장 중요한 것은 많은 독자에게 긴 형식의 문장을 화면에서 읽는 경험은 인쇄된 페이지에서 읽는 경험만큼 좋지 않았다는 것이다. 이러한 단점은 로맨스 및 상업 소설의 독자에게는 덜 두드러졌을지 모르지만, 많은 문학 소설과 비소설, 집중을 크게 요하는 책, 삽화가 많은 책, 참고 서적으로 사용되는 책의 많은 독자에게는 화면보다는 인쇄된 페이지에서 읽는 것이 분명한 장점이 있었다. 눈에 편하고, 텍스트를 앞뒤로 왔다 갔다 하면서 보기에 좋으며, 특정 부분에서 더 깊이 들어가기 쉽다. 그리고 잘 디자인된 인쇄책을 들고 페이지를 넘기면서 읽는 것은 촉감적으로나 미학적으로나 즐거움이 있다. 물론 이런 장점 중 일부는 관습과 습관에 뿌리를 두고 있을 수도 있다. 특정한 방식으로 책을 읽는 데 익숙한 개인은 변하기 어렵겠지만 새로운 세대는 인쇄책과 함께 커온 사람들보다 관습과 관행에 덜 묶여 있을 수 있다. 그러나 인쇄책의 놀라운 회복력은 부분적으로 인쇄된 페이지의 책을 읽는 데서 도출되는 매우 현실적인 이점과 혜택으로부터 비롯되었을 가능성이 크다. 인쇄책은 화면에서 긴 형식의 텍스트를 읽는 경험보다 고품질의 독서 경험을 제공하는 훌륭한 도서 도구이자 그 자체로 가치 있고 즐거움을 주는 미학적으로 만족스러운 문화적 사물이다. 레코드 LP가 어떤 가치를 가졌든지 간에 (물론 레코드 LP의 표지 디자인이 그 자체로 하나의 예술 형태로서의 미학적 가치를 가지고 있다는 데에는 의심의 여지가 없다), 음악의 경우 장점과 단점의 균형이 디지털로의 전환에 심하게 유리하게 기울었던 데 반해 도서의 경우에는 장단점이 균등하게 균형 잡혀 있었고 어떤 종류의 책은 인쇄책 쪽으로 유리하게 기울어 있었다.

여기에 관련된 또 다른 요소가 있다. 바로 제1장에서 내가 책의 소장 가치라고 불렀던 것이다. 이것이 의미하는 바는 어떤 책은 개인이 그냥 읽고 싶은 책일 뿐만 아니라 소유하고 싶고, 보관하고 싶고, 서가에 놓고 싶고, 나중에 다시 보고 싶고, 거실에 기표로 전시하고 싶은 대상이자 자신이 누구인지에 대한, 자신이 좋아하고 가치 있게 생각하는 책의 종류(또는 자신이 좋아하고 가치 있게 생각한다고 남들이 생각하기를 바라는 책의 종류)에 대한 상징적 징표이다. 이 모든 것은 전자책보다 인쇄책으로 하기가 더 쉽다. 우리가 인쇄 도서를 한 권 사면 그 책으로 하고 싶은 대로 할 수 있지만(그 책을 읽을 수 있고, 전시할 수 있고, 공유할 수 있고, 선물로 줄 수 있으며, 심지어 되팔 수도 있다), 전자책을 한 권 사면 라이선스가 부여되며 라이선스 조건은 일반적으로 콘텐츠로 할 수 있는 일을 제한한다(예를 들면 읽을 수 있는 기기의 수를 제한할 수 있고, 공유를 허용하지 않을 수 있다). 따라서 책 한 권을 물리적 사물로 소유하는 것은 실질적인 혜택과 장점을 갖고 있다. 음악 역시 소장 가치를 갖지만 그 방식이 다르다. 개인은 아이튠즈 라이브러리의 형태로든 CD 모음으로든 레코드 LP로든 자신만의 음악 컬렉션을 갖고 있지만 CD와 LP는 책과 같은 방식으로 전시되지 않으며 음악은 쉽게 공유할 수 있고 디지털 형식으로(예를 들면 CD 형식으로) 선물할 수도 있다. 더욱이 스포티파이와 애플 뮤직 같은 음악 스트리밍 서비스의 인기가 높아지면서 많은 듣는 이에게는 소유권보다 접근권이 더 중요해지고 있다. 음악을 소유하는 것은 음악에 대한 지속적인 접속권을 갖는 것보다 중요하지 않을 수 있다. 인쇄책이 많은 사람이 소유하고 보관하고 다른 사람에게 선물하고 싶어 하는 문화적 사물이라는 사실, 즉 높은 소장 가치를 가졌다는 사실은 인쇄 도서의 회복력에 이바지했을 것이 틀림없다.

출판산업에 있던 사람들은 음악산업의 운명이 자신들의 운명이 될 것이라고 생각했으나 이 여섯 가지 요인은 음악산업과 비교해 도서출판산업에서는 왜 매우 다른 상황이 벌어졌는지를 설명하는 데 어느 정도 도움이 된다. 그리고 이 여섯 가지 요인은 또한 매체 및 창조 산업의 한 분야에서 벌어진 일이 다른 분야에서 벌어질 일에 대한 좋은 안내가 될 것이라고 가정하는 것이 대단히 위험하고 잠재적으로 오해의 여지가 있다는 것을 강조한다. 이런 식으로 일반화하기에는 각 장에서 일어나는 문화적 생산과 소비의 형태에 고유한 요인들이 너무 많다.

이러한 요인은 지난 몇 년 동안의 추세와 함께 앞으로 몇 년 동안 도서출판산업의 발전 방식이 음악산업 및 매체 산업과 창조 산업에서 진행된 방식과 전혀 다를 수 있음을 시사한다. 물론 미래를 예측하는 것은 쓸데없는 일이다. 우리는 얼마나 많은 해설자들이 도서의 미래에 대해 예측해 왔으며 그들의 예측이 얼마나 틀려왔는지 생각해야 한다. 우리는 지난 몇 년간의 패턴을 되돌아보고 그 패턴을 연장해서 미래를 추론할 수도 있지만, 미래에 대해 이런 식으로 견해를 갖는 것은 짐작 이상이 될 수 없다는 것을 인정해야만 한다. 미래는 알 수 없으며, 최근 몇 년 동안 나타난 패턴이 미래에도 계속될지 또는 아직 분명하지 않은 새로운 발전이 일부 개입해 사건의 과정이 변화될지 알 수 없다. 최근의 패턴을 기준으로 할 때 나의 견해는 도서출판의 미래가 적어도 앞으로 몇 년간은 인쇄에서 디지털로 일방적으로 전환하는 것이 아니라 인쇄와 디지털을 혼합한 경제가 될 것이라는 것이다. 우리는 도서출판 분야에서 인쇄와 디지털이 공존하는 문화를 보게 될 것이다. 디지털 시대의 책은 한쪽이 다른 쪽을 가리기보다는 인쇄와 디지털이 공존하고 있는 혼합형 문화에서 번성할 것이며, 인쇄와 디지털이 차지하는 판매 비율은 도서의 카테고리마다 다를 것이다. 제1장에서 내가 주장했듯이, 전자책은 책의 콘텐츠를 고정해서 독자에게 전달할 수 있는 또 다른 포맷으로 간주하는 것이 가장 좋다. 그런 면에서는 처음 도입되었을 당시 획기적인 혁신이던 페이퍼백과 다르지 않다. 페이퍼백과 마찬가지로 전자책 또한 출판사들이 사용할 수 있는 포맷 중에서 자신의 자리를 찾을 것이다. 그러나 가까운 미래에 전자책이 인쇄책을 밀어낼 것 같지는 않다. 인쇄책은 많은 독자가 선택하는 전달 도구로서 나름의 자리를 잡고 있을 것이다. 이것이 오늘날 우리가 서 있는 곳에서 가장 그럴듯한 시나리오로 보이지만, 내가 틀릴 수 있음을 먼저 인정하려 한다. 앞으로의 추세는 아직 알 수 없는 기술 혁신에서부터 독자의 습관과 취향에 이르기까지 수많은 요인에 따라 달라질 것이며, 이러한 추세가 앞으로 어떻게 전개될지 확실히 알 수 있는 방법은 없다.

데이터의 힘

디지털 혁명이 도서출판산업에 끼친 영향에 대한 논쟁의 많은 부분은 전자책 문제와 전자책이 인쇄책을 어느 정도 대체할 것인지에 초점이 맞춰져 있었다. 하지만 모든 관심을 전자책에 집중하는 것은 훨씬 더 크고 좀 더 근본적인 다른 발전을 간과하는 것이다. 이전 장들에서 이러한 다른 발전사항을 많이 고려했지만, 나는 이제 세부사항에서 물러나 이러한 발전사항을 더 넓은 맥락에서 설명하려 한다. 기술 변화는 진공 상태에서 일어나지 않는다. 기술 변화는 새로운 기술로 인해 증폭될 수도 있지만 약화되거나 망가질 수도 있는 더 넓은 사회적·경제적 과정과 불가분의 관계로 엮여 있다. 이제 나는 보다 광범위한 사회적·경제적 과정에 초점을 두려 한다.

디지털 혁명과 인터넷의 부상은 현대 서구 사회의 특징인 두 가지의 광범위한 과정과 엮여 있다. 한편으로는 개인 및 그 자신의 운명을 만드는 개인의 능력에 대한 강조가 커지는 것으로, 울리히 벡Ulrich Beck 등은 이를 '개인화'라고 불렀다.[6] 다른 한편으로는 자본주의의 확장과 변형이다. 자본주의가 확장 및 변형된 것은 1950년대와 1960년대 동안 자본주의를 제한했던 정치적·법적 구조로부터 해방되었기 때문이자 세계화와 디지털 혁명의 결합이 열어놓은 새로운 기회에 의해 활력을 얻었기 때문이다. 디지털 혁명이 1970년대 이후 속도를 내기 시작하면서 이 두 가지 광범위한 과정과 밀접하게 맞물릴 수밖에 없었다. 디지털 기술과 인터넷은 일상적으로 개인에게 권한을 부여하고 기회를 확장시키는 도구로 자리 잡았다. 이 둘은 개인으로 하여금 스스로 또는 다른 사람과 협력해서 일을 할 수 있도록 했고 전통적인 기관 및 하향식 권력 구조를 우회하도록 했다. 디지털 기술과 인터넷은 현대 사회에서 개인에 대한 강조의 핵심인 DIY 문화의 주요 추진력이 될 것이다. DIY 문화에서는 자기 자신이 반사적이고 개방적인 자기 창조 프로젝트가 되는 한편 자기 자신의 인생 프로젝트를 책임지는 셀프 전기biography에 대한 개인적인 시도가 격려되고 축복된다. 개인의 자유에 대한 강조와 자신의 삶과 미래를 만들어가는 개인의 힘에 대한 강조는 인터넷의 초기 발전을 형성한, 그리고 실리콘밸리 초창기의 사업가들에게 영향을 끼친 반문화적·자유지상주의적 사상의 공통적인 주제였다. 그 사업가들은 자신이 하고 있는 일을 대기업과 위압적인 국가에 직면한 개인에

---

6   Ulrich Beck, *Risk Society: Towards a New Modernity*, tr. Mark Ritter(London: Sage, 1992); Ulrich Beck and Elisabeth Beck-Gernsheim, *Individualization: Institutionalized Individualism and its Social and Political Consequences* (London: Sage, 2002); Anthony Giddens, *Modernity and Self-Identity: Self and Society in the Late Modern Age* (Cambridge: Polity, 1991); Zygmunt Bauman, *Liquid Modernity* (Cambridge: Polity, 2000).

게 권한을 부여하는 방식으로 종종 표현했다.[7] 다른 한편으로 디지털 기술과 인터넷은 또한 기존 활동을 확장하고 새로운 기회를 열기 위해 상업 조직, 그리고 상업 조직을 만들려는 사업가와 벤처투자자들, 정부 양쪽의 조직에 의해 개발되었다. 상업 조직, 사업가, 벤처캐피털에게 디지털 기술과 인터넷은 실험과 투자를 위한 새롭고 광대한 미지의 영역으로서, 많은 기존 규칙과 규정이 더 이상 적용되지 않고 새로운 형태의 수익을 창출할 수 있으며 제대로 하면 엄청난 부를 축적할 수 있는 곳이었다. 그러나 또한 엄청난 자본이 낭비될 것이었고 인터넷이라는 미지의 영역은 해당 영역에서 시작된 새로운 사업 대부분의 무덤이 될 것이었다.

1970년대부터 현재에 이르기까지 펼쳐진 디지털 혁명의 많은 과정과 핵심 참가자들에 대한 대중의 인식은 이 두 가지 광범위한 사회적 과정 간의 상호작용으로 이해될 수 있었으며, 이 두 과정은 인터넷 기반의 발전과 상호작용한 복잡한 방식으로 이해될 수 있다. 대형 기술 회사들이 창출하고 있던 부와 권력의 크기가 점점 더 명확해지고 권력의 남용이 표면화되기 시작하면서(에드워드 스노든Edward Snowden 등이 폭로했듯이 국가에 의한 남용이든, 또는 케임브리지 애널리티카Cambridge Analytica가 폭로한 스캔들로 밝혀진 것과 같이 기술 대기업 자체의 남용 또는 실수이든 간에) 디지털 혁명과 인터넷에 대한 초기의 견해 및 낙관적인 견해—해방적이고 반문화적인 성격, 권력의 수직적 관계와 반대되는 수평적 관계 등을 강조하던—는 디지털 혁명의 더 교활한 측면을 강조하는 어둡고 비관적

---

7   Fred Turner, *From Counterculture to Cyberculture* (University of Chicago Press, 2008)를 보라.

인 견해로 바뀌기 시작했다. 실리콘밸리 회사의 멋진 구호(구글의 "사악해지지 말자Don't be evil', 페이스북의 '서로 더 연결된 세상 만들기Making the world more open and connected' 등)의 이면에는 자신의 이익을 무자비하게 추구하고 그 설립자들과 주주들에게 전례 없는 부를 만들고 있는 강력한 기업 기계corporate machine가 있었다. 이런 자각이 점점 더 명확히 드러나면서 초기 인터넷 시기의 기술 낙관론은 기술 비관론으로 바뀌기 시작했고 실리콘밸리의 마구잡이 힘에 반대하는 비판적인 목소리가 더 커졌다. 기술 충돌이 시작된 것이다. 문화적·정치적 분위기는 바뀌고 있었지만 근본적인 역학 관계는 상당히 그대로 남아 있었다. 디지털 혁명이 처음부터 엮여 있던 광범위한 사회적 과정은 여전히 작동 중이며 인터넷 기반 경제의 발전을 만들어가고 있긴 하지만, 디지털 혁명이 낳은 거대 기업의 규모와 최근의 스캔들로 인해 그동안 감춰져 있던 운영 방식을 어렴풋이 엿볼 수 있게 되었으며, 이는 그들의 미덕과 악덕에 대한 우리의 문화적·정치적 인식을 바꾸어놓았다.

디지털 혁명이 도서출판산업에 자리 잡으면서 이 두 가지 더 광범위한 과정과의 관련성 또한 똑같이 분명해졌다. 많은 출판사가 처음에는 디지털 혁명을 경계하면서 그로 인한 변화를 두려워했지만 대부분의 출판사는 얼마 지나지 않아 변화하는 환경에 적응하고 새로운 기회를 활용하기 위해 조직을 재조직하고 작업의 일부를 재설계해야 한다는 사실을 인식하게 되었다. 동시에 특정 참가자 무리가 장악해 왔던 공간에서 개인과 조직이 새로운 종류의 활동을 생성하거나 촉진하기 위해 새로운 기술과 인터넷을 활용하려고 함에 따라 출판이라는 장에서 기업가적 활동이 확산되었다. 다른 분야와 다르지 않게 이런 기업가적 활동의 대부분은 실패로 끝날 것이다. 놀랄 만한 성공도 있을 수 있지만 기술 혁신의 역사는 성공을 과장하고 일반적으로 훨씬 더 많은 수의 실패를 흐리게 하거나 없애버리는 왜곡된 렌즈를 통해 과거를 보는 경향이 있다.[8]

이런 기업가적 활동의 일부는 또한 현대 사회에서 개인에 대한 강조가 커져가는 것과 맞닿아 있는 DIY 문화와도 잘 어울릴 것이다. 자가 출판이 폭발적으로 증가한 것은 도서출판이라는 장에서 이런 DIY 문화가 일어나고 있다는 데 대한 완벽한 예시였지만, 다른 많은 발전―도서 크라우드펀딩, 작가와 독자가 상호작용할 수 있는 소셜 미디어 플랫폼 생성 같은―도 이러한 강조에 반향을 불러일으키고 있다. 자가 출판 플랫폼의 발전과 함께 개인은 기존의 출판 기관에 의존하지 않고 자신의 책을 직접 출판할 수 있는 도구를 갖게 되었다. 그리고 이런 플랫폼 주변에서 자라난 독립 출판의 문화는 이러한 활동을 적극적인 선택으로 찬양한다. 이는 개인이 자신의 출판 결정과 작가로서의 운명을 장악하기 위해 적극적으로 선택할 수 있는 하나의 경로이다.

---

8 일반적인 통념은 인터넷 창업회사들의 90%는 실패로 끝난다는 것이다. 그러나 실제 상황은 '실패'를 어떻게 이해하는지에 따라 이 간단한 통계치가 제시하는 것보다 훨씬 더 복잡할 수 있다. 하버드 경영대학원(Harvard Business School)의 시카 고시(Shikhar Ghosh)의 연구에 따르면 미국 벤처 지원 기업의 약 3/4이 투자자들의 자금을 갚지 않으며, 30~40%는 모든 자산을 청산해서 투자자들이 모든 돈을 잃는다고 한다. 이들 수치는 2004년부터 2010년 사이에 벤처 자금을 지원받았던 2000개 회사에 근거를 두고 있다. Deborah Gage, "The Venture Capital Secret: 3 Out of 4 Start-Ups Fail," *The Wall Street Journal*, 20 September 2012, at www.wsj.com/articles/SB10000872396390443720204578004980476429190. 벤처캐피털인 호슬리 브리지 파트너스(Horsley Bridge Partners)가 1985년부터 2014년까지 이루어진 7000건 이상의 투자를 근거로 산출한 집계 데이터에 따르면, 모든 투자의 약 절반은 투자 금액보다 적은 수익을 낸 반면, 매우 낮은 비율인 6%는 적어도 10배 이상의 수익을 올리는 큰 성공을 거두었다. Benedict Evans, "In Praise of Failure"(10 August 2017), at www.ben-evans.com/benedictevans/2016/4/28/winning-and-losing. 고시는 "벤처 자본가들은 죽음을 매우 조용히 묻는다. 그들은 성공은 강조하지만 실패에 대해서는 전혀 이야기하지 않는다"라고 말했다.

도서출판이라는 장에서 일어난 일부 기업가적 활동은 현대 사회의 개인주의화에 반향을 일으켰지만, 자본과 권력의 새로운 형태가 출현함에 따라 디지털 기술과 인터넷이 촉진되고 결합된 방식과 더 조화를 이룬 다른 측면도 있었다. 현재까지의 영미 시판용 출판이라는 장에서 디지털 혁명이 이룬 가장 중요한 결과는 자가 출판의 폭발도 아니었고 (의미 있긴 했지만) 전자책의 부상이나 다른 형태의 디지털 콘텐츠의 확산도 아니었다(역시 의미 있긴 했지만). 오히려 그것은 소매 분야에서의 변혁적인 영향이었다. 무엇보다도 이는 전적으로 디지털 혁명의 산물이자 도서출판이라는 장에서의 강력한 새로운 참가자인 아마존의 등장으로 표면화되었다. 영미 출판계에서 아마존의 등장이 지닌 중요성은 아무리 강조해도 지나치지 않다. 오늘날 아마존은 미국의 모든 인쇄도서의 부수 매출 가운데 45%를 차지하고 있으며,[9] 모든 전자책 부수 매출의 75% 이상을 차지하고 있다.[10] 많은 출판사의 경우 매출의 절반

---

9   북스탯의 폴 아바시에 따르면, 2019년 NPD 북스캔(NPD Bookscan)[이전의 닐슨 북스캔 (Nielsen Bookscan)]은 미국 양장본 및 페이퍼백 판매량을 6억 9000만 부로 보고했는데 이 가운데 49%인 3억 3900만 부가 아마존닷컴을 통해 팔렸다. 이 6억 9000만 부라는 수치에는 도서관 판매, 출판사 직판 및 저자 직판, 최소 유통 채널을 통한 판매는 포함되지 않지만 아마존닷컴, 반스 앤 노블, 북스어밀리언(Books-A-Million), 허드슨 뉴스(Hudson News), 월마트나 타깃 같은 대형 판매상, 미국서점협회가 보고한 700개 이상의 독립서점은 포함된다. 이들은 모든 미국 인쇄책 판매의 85%를 대표하는 것으로 널리 인정되고 있다. 아바시는 NPD 북스캔에서 다루지 않는 추가 판매 15%를 감안하면 아마존이 미국 인쇄책 시장에서 실제 점유하는 비율이 대략 43~45%일 것으로 추산한다. 이것은 엄청나게 우세한 시장 점유율로, 아마존 다음으로 큰 소매업체가 차지하는 점유율의 두 배 이상이다(이는 반스 앤 노블로, 미국 인쇄책 판매의 약 21%를 차지한다). NPD 북스캔이 보고한 미국 인쇄책 판매에서 아마존의 시장 점유율은 2015년 38%에서 2019년 49%로 최근에 크게 높아졌다. 2020년 코로나 사태로 인한 봉쇄로 이 추세가 강화된다면 미국 인쇄책 판매에서 아마존이 차지하는 점유율은 2020년 다시 5~10% 증가할 수 있다. 잠정 봉쇄가 일부 서점의 폐쇄로 이어진다면 2020년의 이러한 증가는 아마존 시장 점유율의 영구적인 증가분이 될 수 있다.

10   제5장, 253쪽 참조.

을(때로는 그 이상을) 단일 고객인 아마존이 차지하고 있다. 500년 도서 출판 역사에서 이런 시장 점유율을 지녔던 소매상은 없었다. 그리고 이 시장 점유율에는 공급업체와 조건을 협상할 수 있는 권한과 독자의 관심을 모으는 권한이 포함된다. 더욱이 아마존은 도서 소매뿐 아니라 출판산업의 또 다른 신흥 부문에서도 지배적인 위상을 차지하고 있다. 즉, 아마존은 KDP를 통한 자가 출판의 지배적인 참가자이자 오더블 인수 등을 통한 오디오북의 지배적인 사업자이기도 하다.[11] 아마존의 힘은 반스 앤 노블 같은 전통적인 오프라인 도서 판매상의 위상이 약화되면서 더욱 커질 것이다. 한 대형 출판사의 CEO가 "오늘날 출판계의 가장 큰 이슈는 아마존이 가진 힘이다"라고 단언한 것은 놀랍지 않다. 그의 말이 맞았다.

그러나 아마존이 가진 힘의 기반은 무엇이며 아마존은 도서출판이라는 장에서 어떻게 난공불락의 위상을 구축할 수 있었을까? 물론 도서 소매업은 제프 베이조스의 출발점이었고 제5장에서 보았듯이 책은 그가 1990년대에 아마존을 설립했을 때 만들고 싶었던 인터넷 기반의 소매사업에 이상적인 상품이었다. 오프라인 서점이 제공할 수 있는 모든 것을 훨씬 넘어서는 방대한 범위의 책을 제공함으로써, 공격적인 할인과 누구에게도 뒤지지 않는 뛰어난 고객 서비스를 제공함으로써, 시장에서 가장 성공적인 전자책 독서기기를 개발한 뒤 킨들 스토어에서 판매되는 전자책과 폐쇄된 루프를 만듦으로써, 오더블과 브릴리언스를 인수해 오디오북에 강력한 발판을 구축함으로써, 책이 사용자와

---

11 오더블의 오디오북 시장 점유율에 대해서는 제10장, 591쪽 참조.

회원에게 실질적인 혜택을 주는 훨씬 더 큰 생태계의 일부인 플랫폼으로 이러한 제품 라인과 서비스를 통합함으로써 아마존은 도서 슈퍼스토어 체인 형태인 경쟁사들을 넘어설 수 있었다. 경쟁사들은 대부분 명품거리에 들어선 거대한 서점이 군중을 끌 수 있는 비즈니스의 성전 temple이라고 보던 인터넷 이전 시대에 붙잡혀 있었다. 그러나 책 구매자들이 온라인에서 더 많은 책을 더 좋은 가격에 찾을 수 있다는 것을 깨달음에 따라 이 성전은 빠르게 묘지로 변했다. 아마존은 점점 더 많은 도서 구매자가 선택하는 장소가 되었다. 이들은 종종 할인된 가격으로 책을 주문하고 책을 사러 서점에 가지 않아도 문 앞에 책을 무료로 배달해 주는 온라인 주문의 단순성을 선호했다. 게다가 이들은 오래된 기간도서 서적이나 더 전문적인 책은 서점에 없을 것이라는 사실을 알고 있었다.

그러나 아마존이 고객에게 매력적으로 다가간 것이 빠른 성장과 성공에 결정적인 역할을 하긴 했지만 이것이 그 힘의 진정한 원천은 아니었다. 1990년대 말과 2000년대 초에 인터넷 기반의 사업을 구축하고 있던 많은 다른 기술 회사와 마찬가지로 아마존은 곧 인터넷을 통해 사업을 매우 빠르게 성장시킬 수 있을 뿐만 아니라 서비스 사용자—이 경우에는 아마존 플랫폼에서 책과 다른 상품을 검색 및 구매하는 개인—에 대한 정보도 수집할 수 있다는 것을 깨달았다. 주소, 우편번호, 신용카드 정보와 같은 개인정보는 물론, 사용자의 취향, 선호도, 행태에 대한 세부정보까지 엄청나게 풍부한 독점 데이터를 대규모 저장소에 구축할 수 있게 된 것이다. 모든 클릭, 모든 검색, 모든 페이지 열람 같은 온라인에서의 개인의 행동은 대형 기술 회사들이 개척한 데이터 추출 활동에서 기초 데이터가 되었다. 이런 식으로 모인 데이터는 그 자체로 특별히 유용하지는 않았다. 데이터가 너무 많고 모든 데이터 기록이 너무 구체적이었기 때문이다. 그러나 알고리즘, 기계 학습, 고성능 컴퓨팅을 이용하면 이 데이터가 개인의 선호도, 욕구, 현재와 미래의 예상 행동에 대한 지식의 형태로 바뀔 수 있는데 이는 매우 가치가 있다. 대량의 기초 데이터를 이러한 종류의 행동 지식으로 변환하는 것은 마케팅 및 더 많은 상품을 기존 고객 기반에 더 효과적으로 판매하는 것을 포함해서 다양한 목적으로 활용될 수 있다. 그러나 기술 회사들은 이러한 지식 자체가 여러 회사가 자신의 상품과 서비스를 위한 고도의 타깃 마케팅을 개발하기 위해 기꺼이 돈을 지불하는 새로운 종류의 시장에서 거래될 수 있다는 것을 깨달았다.

이러한 '행동 선물 시장'은 쇼샤나 주보프Shoshana Zuboff가 '감시 자본주의'라고 적절하게 표현했던 것의 근거로, 상품의 생산과 판매보다는 인간 경험에서 추출한 데이터의 조작과 판매에 기반을 둔 새로운 형태의 자본주의 또는 자본 축적을 의미한다.[12] 행동 지식으로 적절히 변형된 이러한 데이터에 대한 접근권을 가지면 조직은 자신의 제품과 서비스를 전통적인 광고 형태보다 훨씬 세분화되고 효과적인 방식으로 표적화할 수 있으며, 이를 통해 개개인의 행동에 영향을 미칠 수 있다. 그 행동은 제품 또는 서비스를 구매하거나 소비하기로 하는 결정일 수도 있고 또는 다른 방식으로 행동하기로 하는 결정(예를 들면 특정 후보에게 투표하는 결정)일 수도 하다. 주보프가 보여주듯이 개인 데이터의 추출, 조작, 판매는 구글과 페이스북 같은 기술 거인들의 믿기 어려운 부의

---

12   Shoshana Zuboff, *The Age of Surveillance Capitalism: The Fight for a Human Future at the New Frontier of Power* (New York: Public Affairs, 2019).

바탕을 이루는 숨겨진 경제 논리이다. 이 회사들은 방대한 양의 개인 데이터를 행동 지식으로 변환한 다음 이 지식을 제3자가 자신의 제품과 서비스를 광고하기 위해 상당한 금액을 기꺼이 지불하는 행동 선물 시장에서 파는 것을 기반으로 세계에서 가장 가치 있는 회사가 되었다. 구글은 이 과정의 개척자였지만 페이스북, 트위터, 그리고 여러 기술 회사들은 한 가지 단순한 이유로 빠르게 구글을 뒤따랐다. 즉, 이것이 사용자에게 서비스를 이용하는 특권에 대해 직접 비용을 청구하지 않으면서도 커다란 매출을 창출하는 방법이기 때문이었다. 사용자는 한 가지 조건하에서 서비스를 무료로 사용할 수 있는데, 그 조건은 바로 그들에게 개인 데이터에 대해 접근권을 주는 것이다(실제로는 그 조건을 읽거나 그런 조건에 관심을 갖는 사람이 거의 없다). 별 망설임 없이 포기한 개인 데이터는 행동 지식으로 변환된 다음 행동 선물 시장에서 팔릴 수 있는데, 그 가격은 데이터의 양, 세분성, 네트워크의 크기에 달라진다. 가장 많은 데이터를 축적한 회사는 표적 마케팅을 가장 높은 가격으로 팔 수 있다. 따라서 경쟁자보다 더 많은 데이터를 모을 수 있도록 네트워크와 사용자 기반을 가능한 한 확장하는 것은 행동 선물 시장에서 자신의 위상을 극대화하는 최선의 방법이다. 인터넷 경제에서 '데이터는 새로운 석유'라는 말은 이제 일상화된 표현이다.[13]

---

13 이 구절은 수학자 클라이브 험비(Clive Humby)의 말에서 왔다. 이 말은 2017년 ≪이코노미스트≫에서 사용되었으며["The World's Most Valuable Resource Is No Longer Oil, but Data," *The Economist* (6 May 2017), at www.economist.com/leaders/2017/05/06/the-worlds-most-valuable-resource-is-no-longer-oil-but-data], 조너선 태플린(Jonathan Taplin)은 자신의 중요한 책에서 이 말을 이용했다[*Move Fast and Break Things: How Facebook, Google and Amazon Have Cornered Culture and What It Means for All of Us* (New York: Little, Brown, 2017)]. 물론 데이터와 석유는 매우 다른 종류의 자원이다. 다른 점 가운데 하나는 석

많은 대형 기술 회사에게 사용자 데이터는 여러 자산 중 그저 하나의 자산이 아니다. 사용자 데이터는 그들이 갖고 있는 가장 가치 있는 자산이자 권력의 주요 원천이다. 이 자산이 없다면, 그리고 이 자산을 자신의 영업 및 마케팅에 사용할 수 있는 행동 지식으로 전환하고 행동 선물 시장에서 광고용으로 판매할 수 있는 능력이 없다면, 수익 창출 능력과 힘이 훨씬 적어질 것이다. 이는 그만큼 간단한 사실이다. 인터넷 경제에서의 사용자 데이터의 중요성을 고려하면 이름을 부여하는 것이 도움이 된다. 나는 이를 '정보 자본'이라고 부르고 있으며, 정보 자본에 근거를 둔 특정한 형태의 권력을 지칭하기 위해 '데이터 권력'이라는 용어를 사용할 것이다. 앞서 설명했듯이, 정보 자본은 특정 목적을 추구하기 위해 수집·저장·처리·사용되는 정보 비트로 구성된 특정한 종류의 자원이다.[14] 디지털 형태를 취해야만 하는 것은 아니며 수백 년 동안 디지털 형태를 취하지 않았지만, 디지털 기술은 정보 자본의 가치를 크게 향상시키는 새로운 방식으로 정보 자본을 축적하고 활용할 수 있게 했다. 정보 자본은 경제적 자본(돈, 그리고 기타 재정 자원), 인력 자본(훈련되고 재능 있는 직원), 사회적 자본(확립된 사회적 관계 및 연결), 상징적 자본(축적된 권위, 인지도와 존경)과 같지 않으며, 데이터 권력은 경제적 권력, 정치적 권력, 상징적 권력과 같지 않다. 하지만 정보 자본은 상품과 서비스를 판매하는 데 사용되고 행동 선물 시장에서 거래됨으로써 경제적 자본으로 전환될 수 있다. 그리고 정보 자본의 소

유와 달리 데이터는 사용한다고 해서 반드시 고갈되지는 않는다. 또 데이터는 행동 선물 시장에서 거래될 수 있는 가치 있는 자원이 되려면 많은 조작이 필요하다. 그러나 일반적인 요점은 석유가 산업 자본주의에 중요한 만큼 데이터도 감시 자본주의에 중요하다는 것이다.

14   제6장, 281쪽 참조.

유권은 이 자본을 갖고 있지 않으나 이 자본에 접근하고 싶은 사람에 비해, 그리고 당신이 지금 가진 정보 자본의 기초 데이터인 개인 데이터를 준 수많은 사람에 비해 당신에게 특별한 종류의 권력을 준다.[15] 기술 회사들은 대량의 정보 자본을 축적함으로써 다양한 방식으로 이를 상품화하고 경제 자본으로 전환한다. 이로써 자신의 재정적 위상을 강화하고 회사의 가치를 높일 수 있다. 이것은 대부분의 기술 창업회사가 자신의 수익성에 대해 종종 낙관적인 이유를 설명하는 데 도움이 된다. 그들은 성장과 규모가 인터넷 경제에서는 주요 목표라는 것을 알고 있다. 사용자가 많을수록 사용자 데이터를 더 많이 만들 수 있고 사용자 데이터가 많을수록 행동 선물 시장에서 위상이 강화되기 때문이다. 더욱이 네트워크 효과로 인해 네트워크의 가치는 사용자가 추가될 때마다 증가하므로 더 큰 네트워크는 더 작은 네트워크를 몰아내고 승자 독식 경제가 발생한다. 기술 회사가 단기적으로는 수익성이 없더라도 승자 독식 경제에서 많은 양의 정보 자본을 축적했다면 중장기적으로는 엄청난 가치와 수익성을 얻을 수 있다.

구글과 페이스북이 데이터 추출과 정보 자본 축적을 기반으로 강력한 기업을 만드는 데 개척자였던 것처럼 아마존도 비슷한 방식으로 진행했다. 고객에 대한 데이터를 수집하는 것은 아마존의 당초 사업 계획의 필수적인 부분이었다. 데이터 수집 자체가 목표가 아니라 각 고객에게 더 효과적으로 판매하고 고객을 환금화해서 고객의 평생 가치를 극

---

15   여기에서 여러 가지 형태의 권력과 그 권력이 기반하는 자원에 대해 자세히 설명할 수는 없지만, 이 설명의 기본 요소는 다음에서 알 수 있다. John B. Thompson, *The Media and Modernity: A Social Theory of the Media* (Cambridge: Polity, 1995), pp.12~18; Thompson, *Merchants of Culture*, pp.3~10.

대화하는 것이 목표였다.[16] 이제는 아마존을 사용해 상품과 서비스를 온라인으로 구매하는 전 세계 수억 명의 사용자에 대한 대규모 독점 사용자 데이터 저장소가 구축되었다.[17] 이러한 상품들은 아마존이 공급할 수도 있고 아마존 시장에 입점해 있는 수십만 명의 제3자 판매자나 아마존이 소유하고 운영하는 전자 상거래 플랫폼이 공급할 수도 있다. 하드웨어 제조자이면서 회사와 소비자에게 다양한 서비스를 제공하는 온라인 소매업자인 아마존은 매우 다양한 포트폴리오를 보유하고 있다. 행동 선물 시장에서의 정보 자본 거래에만 전적으로 매달려 있는 것은 전혀 아니다. 그러나 아마존은 수집한 개인 데이터를 사용해서 웹사이트에서 광고를 판매하며, 광고 수익을 위해 구글, 페이스북과 직접 경쟁한다. 또한 이 데이터를 사용해서 자체의 상품과 서비스의 판매를 증가시키고, 책과 음악에서부터 기술, 장난감, 의류, 화장품, 가전 기기, 정원 도구, 애완동물용품, 식료품에 이르기까지 모든 것을 위한 온라인 소매업체로서의 위상을 강화하는 마케팅 도구를 개발하기도 한다. 더욱이 스마트 스피커 시스템인 에코Echo와 가상 비서 알렉사Alexa를 출시하면서 아마존은 구글 및 애플과 함께 사용자 가정에서 개인 데이터를 수집할 수 있는 가정 자동화 허브를 개발하는 데 동참하고 있다. 이러한 가정 기반 음성 제어기기가 중요한 이유는 사용자의 일상생

16 아마존은 처음부터 데이터 수집을 강조했다. 초기에 아마존에 근무했던 제임스 마커스는 1997년 슬리핑 레이디 리조트(Sleeping Lady Resort)에서 개최된 회사 연찬회에서 이 점이 얼마나 강조되었는지 회상했다. "데이터 수집도 아마존 사업 중 하나라는 것을 처음부터 분명히 했다. 사이트를 통해 흘러가는 모든 고객 행동이 기록되고 추적되었으며, 그 자체가 상품이라는 것을 우리에게 분명히 했다." James Marcus, "Amazon: What They Know About Us," BBC Panorama, 2020년 2월 17일 방송, at www.bbc.co.uk/programmes/m000fjdz.
17 사용자 수치에 관해서는 제6장, 각주1 참조.

활에서 새로운 데이터 스트림—예를 들어 우리가 듣는 것에 대한 데이터, 가정 내에서 일상적인 움직임과 상호작용에 대한 데이터, 연결된 가전 기기로부터 가져온 데이터 등 이른바 사물 인터넷이라고 부르는 것—을 활용할 수 있기 때문이다. 이러한 스마트 스피커 시스템을 사용하면 기술 회사들은 데이터를 수집하기 위해 우리의 관심을 끌려는 경쟁을 더 이상 할 필요가 없다. 그들은 일상생활의 실제 흐름에 끼어들어 연속된 데이터의 흐름을 끌어낼 수 있다.[18] 이제 아무것도 제한되지 않는다. 별다른 생각 없이 우리의 가정은 유리집이 되었고 우리 삶의 가장 친근한 공간은 데이터를 수집하기 위한 또 다른 영역이 되었다. 이는 아마존과 스마트 스피커 시스템을 공급하는 여러 기술 회사의 데이터베이스에 더 많은 기초 데이터를 추가하고 데이터의 범위를 새로운 방식으로 확장해서 이미 방대한 정보 자본을 더욱 증가시킨다.

아마존의 부상은 디지털 시대 자본주의 탈바꿈의 필수적인 부분이다. 아마존은 다른 기술 거인과 마찬가지로 정보 자본의 축적 위에서 자신의 힘과 부를 만들었으며, 현대 사회의 핵심인 개인에 대한 강조와 공명하면서 이를 축복하기도 한다. 소비자로서의 개인은 언제나 아마존 사업 철학의 중심에 자리 잡고 있었다. 베이조스는 "우리는 지구에서 가장 소비자 중심적인 회사이고 싶다. 우리는 우리 브랜드가 소비자에서 출발해 거꾸로 일하는 추상적인 개념으로 알려지기를 원한다"[19]라고 말했다. 사용 가능한 제품이 다양해지고 소비재의 새로운 영역이

---

18   Siva Vaidhyanathan, *Anti-Social Media: How Facebook Disconnects Us and Undermines Democracy* (New York: Oxford University Press, 2018), pp.98~105 참조.

19   Jeff Bezos, "Amazon: What They know About Us."

지속적으로 확장된 덕분에 사람들은 아마존에서 원하는 것을 무엇이든 찾을 수 있었고 이전에는 자신이 원하는지 알지 못했던 새로운 물건을 욕망에 흠뻑 젖어 발견할 수 있었다.[20] 그러나 개인적 자유라는 윤리와 DIY 문화는 아마존의 다른 면을 관통하고 있다. 아마존은 디지털 혁명으로 촉발된 자가 출판 폭발의 초기 참가자 중 하나였으며, 아마존의 자가 출판 플랫폼인 KDP의 확장을 주도한 아마존 내부의 사람들은 작가를 고객으로 대한다는 생각 및 출판산업의 기존 문지기를 통할 필요 없이 자신의 이야기를 할 수 있는 도구를 제공한다는 생각에 순수하게 전념했다. 한 아마존의 직원이 KDP를 "생산 수단의 민주화"라고 묘사했을 때 그는 정말 진심이었다. 그것이 바로 그의 견해였다. 개인적인 권한 부여와 창조성이라는 DIY 문화에 대한 강조는 아마존에서 필수적인 부분이며, 이는 그렇게 많은 독립 작가가 아마존과 KDP를 열성적으로 옹호하는 이유이기도 하다. 그러나 디지털 혁명이 낳은 많은 조직에서와 마찬가지로 이러한 강조는 세계적인 규모의 거대 기업을 구축하기 위해 가능한 모든 수단—정보 자본의 축적과 활용을 포함해—을 사용하면서 성장과 시장 지배력을 추구하는 간단명료한 전략과 궤를 같이한다. 물론 이 두 가지의 상호 보완적인 강조점이 항상 쉽게 함께하지는 않지만, 다양한 계열 회사와 분야를 지닌 사업을 발전시키는 일상적인 현실에서는 개인적인 권한 부여에 대한 강조와 기업 성장에 대한 확고한 초점 사이의 잠재적인 긴장감이 기업 문화의 불협화음 속에서 쉽게 소멸된다.[21]

---

20 마커스에 따르면 "임무는 '고객을 행복하게, 고객을 환희 속으로'였다. 이것은 제프가 목표로 하는 정신적 상태였다." James Marcus, "Amazon: What They Know About Us."

인쇄책과 전자책 양쪽 모두의 소매업체로서 아마존이 지닌 지배적인 위치와 정보 자본의 커다란 규모를 고려하면 출판사들은 점점 자신의 최대 고객과 악마적인 거래에 잡혀 있음을 알게 된다. 한편으로는, 아마존이 대부분의 출판사에게 가장 중요한 단일 소매 채널—어떤 경우에는 출판사 총 매출의 50% 이상을 차지하는—로 커졌기 때문에 출판사들은 아마존과 거래를 할 수밖에 없다. 아마존에 책을 공급하지 않으면 출판사는 판매가 붕괴되고 작가와 독자 모두로부터 신뢰도에 심각한 타격을 받을 것이다. 아마존은 단순한 소매 채널이 아니다. 많은 작가와 독자에게는 어떤 책이 아마존에 올라가 있지 않으면 그건 없는 책이다. 다른 한편으로는, 아마존을 통한 모든 판매는 아마존이 지닌 정보 자본의 양과 시장 점유율을 증가시킬 뿐이다. 따라서 이미 대단히 비대칭적인 관계에서 아마존의 힘을 더욱 증가시킨다. 아마존은 출판사들이 코가 꿰인 마약이며, 한번 걸리면 벗어나기가 매우 어렵다. 출판사의 매출이 아마존을 더 많이 통할수록 아마존은 도서 구매자와 고객의 취향, 선호, 검색 및 구매 행동에 대한 정보 자본을 더 많이 축적하게 된다. 그리고 아마존은 이 자본을 이용해서 더 많은 책과 상품을 고객에게 판매하고 출판사 등에 광고를 판매함으로써 시장에서의 위치를 더욱 강화할 수 있다. 아마존의 시장 점유율은 성장하고 있으며 출판사에게는 점점 없어서는 안 될 존재가 되고 있다. 출판사는 아마존에 책을 공급함으로써 책의 최종 고객과 독자를 소매업체 및 기술 회사에게

21 아마존에서 여러 해 동안 고위 관리자였던 나의 소식통 가운데 한 명은 이 점을 종종 강조했다. "많은 사람은 아마존에 대해 방향성과 사명감이 정교하게 조율된 뛰어난 전략적 괴물이라는 인상을 갖고 있지만 전혀 그렇지 않았습니다. 그것은 벽에 던져진 똥덩어리였습니다."

넘기고 있다. 이들 회사는 이들 독자에 대해 출판사보다 훨씬 많이 알고 있으며 책을 판매할 때마다 조금씩 더 많이 알게 된다. 출판사와 아마존 간 권력관계는 아마존에 크게 유리하게 편향되어 있으며 정보 자본 측면에서 비대칭은 거의 총체적이다.

아마존의 힘이 정보 자본을 장악한 데 기반을 두고 있다는 사실을 통해 왜 아마존의 힘이 과거 대형 도서 소매업체의 힘과 다르며 훨씬 더 큰지를 알 수 있다. 1980년대와 1990년대에는 미국의 반스 앤 노블, 보더스, 그리고 영국의 워터스톤스, 딜런스 같은 대형 도서 슈퍼스토어 체인이 가진 힘에 대한 염려가 많았다. 아마존이 도서 소매상으로서 우세한 것에 대해서도 이전 시대에 반스 앤 노블과 보더스가 우세했던 것과 다르지 않다고 여겨졌다. 그러나 이렇게 생각하는 것은 아마존이 지닌 힘의 본질을 잘못 이해하는 것이다. 1990년대 말 워터스톤스와 딜런스의 합병, 2011년 보더스의 파산으로 반스 앤 노블이 미국에서 유일하게 남아 있는 대형 도서 슈퍼스토어 체인이 된 이후 어떤 대형 도서 슈퍼스토어 체인도 아마존이 지금 누리고 있는 시장 점유율과 비슷한 점유율을 달성한 적이 없었다. 그리고 소매업체 중 전자책 독서기기 시장에서 열심히 경쟁하려 했던 유일한 소매업체인 반스 앤 노블의 누크는 이 시장에서 아마존의 우세에 지속적으로 도전하지 못했다. 그러나 그것이 다가 아니다. 더 근본적인 수준으로 보면 아마존이 도서 슈퍼스토어 체인을 포함한 이전의 모든 도서 소매업체와 구별되는 점은, 아마존이 이전에는 가능하지 않았던 규모로 정보 자본을 축적했다는 것이다. 도서 슈퍼스토어 체인을 포함한 과거의 모든 도서 소매업체는 주로 오프라인 서점이었기 때문에 인터넷 기반의 소매업체로서 아마존이 구축한 것과 같은 정보 자본을 축적할 수 없었다. 이것이 아마존에게 엄청난 경쟁 우위를 제공했다. 아마존은 출판사보다 고객과 독자에 대해 더 많이 알고 있을 뿐만 아니라 도서 슈퍼스토어 체인을 포함한 다른 소매업체보다 훨씬 더 많이 알고 있었다. 아마존은 부분적으로 코업을 통한 자금을 기반으로 전통적인 매장 내 전시에 의존했던 슈퍼스토어 체인보다 훨씬 더 효과적으로 광고를 판매하고 표적 마케팅을 할 수 있었다. 매장 내 전시는 사람들이 매장을 방문할 때만 효과가 있다. 온라인 마케팅과 광고를 통해 효과적으로 표적화된 독자들이 온라인 구매로 이동한다면 매장 내 전시는 점점 효과가 없어질 것이다. 도서 소매 사업이라는 경쟁의 장에서 아마존은 핵심 자원 및 그 자원을 축적하고 사용하는 방법을 가지고 있다. 이것은 오프라인 서점이 절대 아마존과 겨룰 수 없을 지점이다. 오프라인 서점은 아마존과 다른 방식으로 경쟁할 수 있지만 정보 자본의 불평등한 분배는 아마존에게 항상 경쟁 우위 요소를 제공할 것이다.

아마존과 다른 도서 소매업체 사이의 관계에 정보 자본의 불균형이 존재하는 것처럼 아마존과 그 고객 사이에도 불균형이 존재한다. 이것이 또 다른 악마와의 거래이다. 사람들이 만물상에서 여러 물건을 사는 매력을 알고 있듯이 모든 도서 구매자는 아마존에서 책을 사는 것의 매력을 매우 잘 알고 있다. 비교할 수 없는 다양성, 종종 할인된 좋은 가격, 우수한 고객 서비스, 빠르고 무료인 배송, 좋아하지 않을 이유가 무엇이겠는가? 그러나 사람들이 아마존에서 구매할 때마다 아마존은 더 많은 매출과 더 많은 데이터를 얻는다. 이는 한없이 작지만 누적될 경우 중요한 방식으로 아마존의 시장 점유율에 기여하고, 세계 최대 소매업체의 정보 자본을 증가시키며, 경쟁사들의 관에 못을 조금 더 깊이 박아 넣는 중요한 방법이다. 거래가 너무 간단하고 구매가 너무 편리해서 우리는 이 작고 평범한 매일의 행동을 통해 우리가 제공하는 것, 즉 우리의 데이터를 보지 않는다. 이러한 데이터는 자신의 취향, 선호, 관행을 반영해 잘 표적화된 이메일 형태로 우리가 사고 싶은 책이나 상품을 추천하기도 하고 또는 다음에 아마존 사이트를 방문할 때 맞춤화된 추천 형식으로 우리에게 돌아오기도 한다. 우리의 선택은 우리의 데이터를 기반으로 하는 프로세스와 알고리즘에 의해 교묘하게 안내되고 형성되지만 이러한 작업 방식은 완전히 불투명하다. 그리고 다시 한번 말하지만, 여기서의 불균형은 거의 총체적이다. 아마존은 플랫폼에서 우리가 수행한 모든 검색 및 행동을 알고 있으며, 우리가 킨들 언리미티드, 오더블, 프라임 비디오Prime Video 같은 아마존 서비스를 사용할 경우 이 서비스에서 수행하는 우리의 행동도 알고 있다. 하지만 사용자인 우리는 아마존에 대해 전혀 알지 못하며 아마존이 우리에 대해 무엇을 알고 있는지 역시 전혀 모른다. 사용자의 관점으로 보면 아마존은 수수께끼로 둘러싸인 블랙박스이다. 물론 이러한 불균형은 아마존에만 있는 것은 아니다. 이는 검색 자본주의의 구조적 특징이며 상업적 목적을 위한 정보 자본의 축적에 힘을 쏟는 모든 조직의 생존 조건이다.[22]

그렇다면 무엇을 할 수 있을까? 무엇을 해야 할까? 이러한 질문은 디지털 혁명이 도서출판산업에 미친 영향과 관련된 연구의 범위를 훨씬 넘어서는 복잡한 문제들을 제기한다. 이러한 질문은 디지털 혁명의 흔적 속에 나타난 새로운 형태의 권력에 대해 훨씬 폭넓은 각성을 요구한

---

22   Zuboff, *The Age of Surveillance Capitalism*, p.11.

다. 너무 만연하고 뿌리 깊어서 이제는 실질적으로 보이지 않는 변혁에 의해 우리의 사회적·경제적·정치적·문화적 삶이 얼마나 변하고 있는지, 이러한 변혁이 어떻게 새로운 참가자 무리, 즉 산업 시대의 거대한 기업을 뒷받침했던 자원과는 다른 종류의 자원에 기반을 두고 있으며 전례 없는 부와 권력을 가진 무리를 발생시켰는지 다시 살펴봐야 할 때이다. 정보의 축적과 통제가 기업 권력의 중요한 기반이 되는 새로운 시대에는 자본주의 초기에 만들어진 규제 정책을 재고해야 한다. 네트워크 효과는 가장 큰 참가자가 작은 참가자를 몰아내는 사실상의 독점을 구축할 수 있으며, 새로운 참가자가 이 장에 진입하는 것이 불가능하지는 않더라도 매우 어렵게 만드는 승자 독식 경제를 만들어내는 경향이 있다. 더욱이 가장 큰 참가자가 판매자 또는 구매자로서가 아니라 네트워크 경제의 플랫폼으로서 작동할 때 그 참가자는 자신의 중심적인 역할과 플랫폼에서 일어나는 모든 거래로부터 데이터를 수집하는 능력에서 비롯되는 새로운 형태의 권력을 얻는다. 지배적인 플랫폼은 네트워크 효과로부터 혜택을 받을 것이며 고객 데이터에 대한 특권적 접근권을 사용해서 경쟁 플랫폼이 경쟁하기 어렵게 할 수 있다. 그리고 지배적인 플랫폼이 사실상의 독점이 되면 상품과 서비스 공급업체들에 대해 상당한 시장 지배력을 가진 구매자 독점으로 쉽게 방향을 바꿀 수도 있다. 이 경우 이 공급업체들은 시장의 큰 몫을 통제하고 있고 이로 인해 대부분의 카드를 쥐고 있는 소매업체와 거래하는 것 외에는 선택의 여지가 거의 없는 시장 상황에 처하게 될 것이다. 소매업체가 공급업체를 필요로 하는 것보다 공급업체가 소매업체를 훨씬 더 필요로 한다면 소매업체가 협상에서 우위에 설 것이다.

도서출판산업이라는 장에서는 이러한 일반적인 고려사항이 몇 가지 실질적인 조치로 해석된다. 첫째, 반독점 법과 관련해서 아마존의 시장 지배력을 진지하게 검토할 때가 되었다. 제5장에서 살펴본 대로 1970년대 이후 미국 반독점 정책의 폭넓은 변화를 고려하면 아마존이 이제까지 법무부의 조사를 피해왔다는 것은 놀라운 일이 아니다. 주요 관심사가 대기업의 집중과 권력보다 소비자 복지라면 아마존은 규제 목록의 윗자리에 있지 않을 것이다. 그러나 과도한 권력을 가진 대기업은 시장 과정을 왜곡하고 경쟁을 감소시킬 수 있는 다른 방법을 가지고 있다. 즉, 소매 경쟁을 없애기 위해 사실상의 독점 위상을 이용하는 것, 그리고 공급자들에게 과도한 압력을 행사해서 자신에게 유리하도록 거래 조건을 바꾸는 것, 이 두 가지 방법이다. 하지만 단일 참가자가 단일 산업의 여러 소매 부문(이 경우에는 인쇄책, 전자책 및 오디오북)에서 지배적인 위상을 갖도록 허용해야 하는지는 의문이다. 아마존은 이제 이 모든 부문에서 압도적으로 우세한 시장 점유율을 가지고 있으며, 시장 점유율 면에서 아마존 근처에 있는 참가자는 없다. 이는 출판사와 독자를 연결하는 경로를 통제하는 데 대한 과도한 권한을 단일 참가자에게 부여하는 데 그치는 것이 아니다. 이는 디지털 시대에는 이 하나의 참가자가 도서출판산업의 여러 핵심 부문에서 소비자 활동으로부터 데이터를 모을 수 있고 그럼으로써 자신의 위상을 견고히 하는 방식으로 정보 자본을 늘릴 수 있다는 것을 의미하기도 한다. 이런 관점에서 구글, 페이스북, 아마존 같은 대형 기술 기업이 반독점 조사를 받게 하는 좋은 사례를 만들 수 있다. 힘의 불균형을 축소시키고 시장 과정의 왜곡을 시정하고 시장에서의 경쟁과 다양성을 키우기 위해 이들 회사에게 자신들이 인수한 회사 중 일부를 매각하도록 요구하는 것이다. 그러나 탈집중과는 별도로, 네트워크 경제에서 과다한 시장 지배력이 갖는 반경쟁적 효과—경쟁업체와 공급업체에 피해를 주는 약탈적인 가격 정책, 표적 할인, 배제 관행 같은—와 관련해서 다른 중요한 문제도 많으며, 이러한 문제는 반독점 관점에서 재고되어야만 한다.[23]

하지만 이것이 반독점법과 관련되어 있는 것만은 아니다. 이것은 또한 아마존과 악마와의 거래 관계로 묶인 다른 참가자들의 태도에 관한 것이자, 더 넓게는 우리가 지금 처한 새로운 데이터 왕국의 구조와 시사점에 대한 것이기도 하다. 도서 거래의 소매 채널에서 아마존의 중심성과 시장 점유율을 고려하면 대부분의 출판사가 아마존과 함께할 수밖에 없다는 견해를 갖고 있다는 것은 완벽하게 이해할 만하다. 그러나 이런 상황에 처한 출판사는 마약에 빠져서 마약 없이 살 수 없는 중독자처럼 이 하나의 소매 채널에 지나치게 의존하기 쉽다. 자신의 운명을 책임지는 조직으로서 출판사들은 대안적인 소매 채널을 찾아서 육성하고, 수익원을 다각화하며, 지나치게 높은 시장 점유율을 지닌 하나의 소매업체에 의존하지 않아야 할 의무를 갖고 있다. 실제로 출판사들이 이렇게 하는 것은 아마존의 관심사이기도 하다. 아마존의 시장 점유율이 더 이상 증가하면 반독점 조사를 받아야 할 위험이 증가하기 때문이다. 출판사들이 자신의 운명을 더 많이 통제하기 위해 할 수 있는 다른 일도 있지만(이에 대해서는 뒤에서 다시 다룬다), 대안적 소매 채널을 활발하게 구축하고 좀 더 다각화된 시장을 만들기 위해 다른 소매업체—독립 서점이든 대형 서점 체인이든 북숍Bookshop처럼 이제 막 시작한 새로운 소매 시도이든 간에—와 협력하는 것은 의심의 여지없이 중요한 조치이

---

23 대형 기술 회사들의 활동으로 인해 제기된 독점 금지 문제에 대한 귀중한 개요는 Baker, *The Antitrust Paradigm*, esp. chs.7~9를 보라.

다.[24] 마찬가지로 아마존의 다양성과 우수한 고객 서비스를 고려하면 아마존이 많은 독자와 도서 구매자가 찾는 서점이 된 것은 완전히 이해할 수 있지만, 아마존에서만 책을 구매하는 것은 아마존의 시장 위상을 강화하고 경쟁사를 약화시킬 뿐이다. 그럼으로써 하나의 온라인 거인이 장악하고 있는 시장과 점점 버려지는 번화가를 만드는 데 더욱 기여하게 된다. 동시에 아마존 사이트에서 이루어지는 모든 상업 행위는 개인 데이터를 추출하는 기계에 조금씩 기여하는 것이자 번화가를 질식시키는 밧줄을 더욱 잡아당기는 것이다. 따라서 아마존이 아닌 다른 소매업체에서 책을 구매하려는 모든 소비자의 결정은 규모는 작더라도 출판사들이 대안적 소매 채널을 구축하려는 노력만큼이나 중요한 시장 다각화 행위이다.

하지만 개인적 데이터의 수집 및 사용, 정보 자본으로의 전환과 관련된 구조적 불균형은 개별 사용자와 공급업체들의 결정만으로는 해결될 수 없다. 이러한 문제는 집단적으로, 그리고 궁극적으로 국가의 잘

---

24   북숍(Bookshop)은 2020년 1월 앤디 헌터(Andy Hunter)가 미국서점협회 및 도매업체 잉그램과 동업으로 런칭한 새로운 온라인 서점이다. 앤디 헌터는 독립 및 디지털 출판계에서 유명한 인물이다. 그는 일렉트릭 리터러처(Electric Literature)를 설립하고, 캐터펄트(Catapult)를 공동 창업했으며 리터러리 허브의 창립 파트너였다. 출판업계의 많은 사람들과 마찬가지로 그는 아마존의 우세와 많은 독립 서점의 역경에 자극을 받았다. 북숍은 독립 서점을 지원하는 동시에 아마존의 대안으로 고안되었다. 사업 모델은 간단하다. 책을 홍보하고 싶은 사람 누구나 Bookshop.org에 제휴사로 등록할 수 있다. 서점, 출판사, 작가, 평론가, 논평 미디어, 북 클럽 등의 제휴자는 모든 판매의 10%를 받는다. 또 다른 10%는 참여하는 독립 서점들에게 공평하게 분배되는 풀로 들어간다. 이런 소규모 창업회사에게 아마존 같은 거대 기술 기업이 장악한 시장에 발을 들여놓으려는 시도는 불가능한 미션처럼 보일 수 있다. 그러나 악마의 우연처럼 코로나 팬데믹 동안 이루어진 봉쇄 덕분에 북숍은 기대치 않았던 도움을 받았다. 2020년 1월 출시된 후 첫 해 판매 목표를 단 8주 만에 달성했으며, 2020년 6월까지 지역 서점들을 위해 443만 8970달러를 거두었다고 발표했다. 팬데믹이 끝난 후에도 이 추진력을 유지할 수 있을지는 두고 볼 일이지만 매우 좋은 출발이다.

조율된 행동에 의해서만 해결될 수 있는 디지털 시대의 개인 데이터 소유권과 이용에 대한 근본적인 쟁점을 제기한다. 기술 회사들은 너무 크고 강력해졌으며, 개인이나 개별 조직이 바꾸기에는 우리의 사회적·경제적 삶에 너무 깊숙이 심어져 있다. 사용자가 수억 또는 수십억 명에 달하는 조직에게 한 명의 사용자, 심지어 수천 명의 사용자를 잃는 것은 아무것도 아니다. 한 사업에서 하나의 공급업체, 심지어 그 산업의 중요한 공급업체를 잃는 것은 수십 개의 산업에서 수천 개의 공급업체와 일하는 조직에게 큰 차이가 없다. 결국 개인 데이터의 추출, 조작, 활용에 기반을 둔 이 새로운 경제의 핵심 문제는 보다 광범위한 사회적·정치적 수준에서 해결되어야만 하는 문제이다.

우리는 사조직과 국가 둘 다 개인 데이터를 수집하고 저장하고 자신의 목적을 위해 사용하도록 허용하는 법률적 틀에 대해 다시 생각할 필요가 있다. 여기서는 개인에 대한 보호가 거의 없으며, 이 데이터를 소유하고 통제하는 조직과 데이터를 제공하는 개인 사이에 지식, 부, 권력 측면에서 막대한 불균형이 존재한다. 미국과 유럽의 개인정보 보호 및 데이터 보안법 등은 디지털 혁명이 가져온 변혁보다 일반적으로 많이 뒤떨어져 있다. 2018년 5월 유럽연합에서 발효된 일반데이터보호규칙The General Data Protection Regulation(GDPR)은 옳은 방향으로 한 걸음 나아간 것이며, 2000만 유로 또는 전체 매출의 4% 중 더 높은 금액으로 부과하기로 한 상당한 벌금 위협은 의심할 여지없이 기업을 겨누었다. 하지만 이것이 대형 기술 회사들을 뒷받침하는 경제적 논리와 시장 지배력에 얼마나 많은 차이를 만들 것인지는 불분명하다.[25] 하지만 분명한 것은 대형 기술 회사들은 국가가 강제하지 않는 한 사용자의 개인적 데이터를 수집·처리·사용하는 방식을 크게 바꾸지는 않을 것이라는 점이다. 그들은 자신을 세계에서 가장 가치 있는 회사로 만들어준 관행을 지속함으로써 얻을 수 있는 것이 너무 많은 반면, 자신의 부의 기반인 개인 데이터에 대한 통제를 포기하고 관행의 근본적인 개혁을 수행할 경우에는 잃을 수 있는 것이 너무 많다. 결국 이것은 시민의 집단적 고려와 국가의 관련된 행동이 필요한 문제이다. 우리는 더 큰 연결성으로부터 이익을 얻기 위해 우리가 개인으로서의 사생활과 자율성, 민주주의의 건강 측면에서 지불하는 대가에 대해 종합적으로 생각할 필요가 있다. 그리고 이러한 연결성 위에서 힘과 부를 구축하는 조직들의 활동에 적절한 제약을 가하기 위해 민주적인 수단을 적절하게 사용해야 한다.

콘텐츠 육성, 문화 착취

출판사와 기술 회사 사이에 발생하는 긴장과 갈등은 부분적으로는 아마존이 시장 점유율과 정보 자본의 양을 기반으로 축적한 힘에서 비롯되지만, 여기에는 출판과 같은 오래된 매체 산업과 새로운 인터넷 기

---

25 유럽연합 개인정보보호 법령이 두 개의 최대 플랫폼인 구글과 페이스북에 재정적으로 도움이 되었다는 증거가 있다. 두 회사 모두 개인정보보호 법령을 도입한 다음 해에 유럽에서의 광고 수익이 크게 증가했으며, 유럽에서 그들이 거둔 매출은 유럽의 디지털 광고 시장 전체보다 더 많이 증가했다. Nick Kostov and Sam Schechner, "GDPR Has Been a Boon for Google and Facebook," *The Wall Street Journal*, 17 June 2019, at www.wsj.com/articles/gdpr-has-been -a-boon-for-google-and-facebook-1156078921. 단기적으로 보면 개인정보보호 법령으로 인해 일부 회사는 법을 위반할 가능성이 낮다는 기대감을 안고 디지털 광고 예산을 가장 큰 회사들에게 집중하는 것처럼 보인다. 하지만 장기적으로 어떻게 될지는 두고 봐야 한다.

반의 기술 회사를 지배하는 다양한 경제 논리와 연계된 또 다른 긴장도 하나의 원인으로 작용한다. 도서출판 같은 오래된 매체 산업에서 핵심 조직적 참가자(이 경우에는 출판사)는 기호 콘텐츠의 창조 및 선택과 필연적으로 관련되어 있으며, 그들의 주요 수익은 그 콘텐츠를 판매하는 데서 비롯된다. 콘텐츠 판매는 거래의 형태로 이루어질 수도 있고, 사용허가 계약 또는 부차권 계약(예를 들면 번역, 오디오북 출판, 연재에 대한 사용허가권 등)의 형태로 발생할 수도 있다. 즉, 출판사들은 콘텐츠 창작 사업에 종사하고 있는 것이다. 물론 이것이 출판사가 하는 일의 전부는 아니다(이에 대해서는 뒤에서 다시 다룬다). 그리고 도서 콘텐츠의 창작과 선택에 관심을 갖는 것은 출판사뿐만이 아니다(대부분의 도서 콘텐츠는 실제로 작가에 의해 창작되며, 대리인 같은 다른 참가자 역시 콘텐츠 창작에 간여한다). 하지만 출판사에게는 콘텐츠가 중요하므로 장기적으로 지속 가능한 콘텐츠 공급선이 있는지 확실히 하는 것이 중요하다. 출판사가 직접적으로(거래를 통해) 또는 간접적으로(사용허가권이나 부차권을 통해) 판매할 수 있는 책을 생산·출판하도록 새로운 콘텐츠를 지속적으로 공급하지 않으면 출판사의 수익원은 고갈될 것이며, 출판사들의 지불에 의존하는 작가와 대리인의 수익원도 고갈될 것이다. 다르게 말하면 도서출판산업의 핵심 참가자에게는 콘텐츠 창작을 지속할 수 있는 문화가 필수적이다.

하지만 출판에 영향을 미치는 대부분의 대형 기술 회사는 콘텐츠 창작 사업에 관여하지 않으며, 관여한다 해도 그들이 하는 일의 극히 작은 부분일 뿐이다. 그들은 다른 방법으로 돈을 벌고 있다. 예를 들면, 광고, 소매, 하드웨어 판매, 서비스 제공, 또는 이들의 조합을 통해 돈을 버는 것이다. 그리고 대형 기술 회사들은 인터넷 경제에서 운영되는 기술 회사로서 규모만이 네트워크 효과를 달성할 수 있기 때문에 규모가 커야 한다. 그리고 경쟁사를 압도해야만 승자 독식 시장에서 승자가 될 수 있기 때문에 빨리 커져야 한다. 그러나 빨리 커지기 위해서는 콘텐츠가 필요하며 그 수도 많아야 한다. 그들 입장에서는 사용자가 플랫폼에서 활동적이어야 하며, 검색, 댓글, 좋아요, 탐색, 구매 등으로 바빠야 한다. 왜냐하면 사용자가 플랫폼에서 뭔가를 할 때에만 회사가 더 많은 데이터를 수집할 수 있으며 이를 통해 가장 가치 있는 자원인 정보 자본을 늘릴 수 있기 때문이다. 따라서 많은 대형 기술 회사에게 콘텐츠는 그 자체가 목적이 아니라 또 다른 목적을 위한 수단이다. 대형 기술 회사의 목적은 사용자 기반과 독점 사용자 데이터를 구축하는 것이다.

따라서 많은 기술 회사의 경제적 논리는 플랫폼에서의 활동을 극대화시키기 위해 콘텐츠의 가격을 최대한 낮추는 것이다. 그러려면 사용자가 창출한 콘텐츠가 이상적이다. 왜냐하면 그러한 콘텐츠는 완전 무료이기 때문이다. 사용자가 콘텐츠를 만들면 다른 사용자가 읽고 보고 좋아하고 공유하지만 아무도 돈을 받지는 않는다. 사용자가 만든 콘텐츠가 다른 사용자를 끌어들이고 플랫폼에 참여하도록 유도하는 동안 플랫폼은 그들의 데이터를 수집해서 행동 선물 시장에서 수익을 창출하는 데 사용한다. 이것은 마술사의 완벽한 속임수이다. 모든 사람의 관심이 콘텐츠에 집중될 때 플랫폼은 아무도 보지 않는 다른 곳에서 돈을 벌고 있는 것이다. 만일 당신이 검색 엔진이라는 장에서 지배적인 회사가 되기 위해 노력하는 검색 엔진 회사라면 많은 양의 고품질 도서 콘텐츠를 누구에게도 돈을 내지 않은 채 당신의 서버에 넣고 검색 결과를 향상시키는 데 이용하는 것 또한 훌륭한 전략이다. 이는 조만간 검색 엔진 전쟁에서 경쟁자를 추월하려 할 때 당신에게 또 다른 중요한 경쟁 우위 요소를 만들어줄 것이며, 승자 독식의 시장에서 승자가 되기만 하면 행동 선물 시장에서 당신의 서비스에 대해 프리미엄을 청구할 수 있을 것이다.

하지만 당신이 소매업체라면 그렇게 간단치 않다. 소매업체로서 당신의 일은 다른 이의 제품을 재판매하는 것이므로 콘텐츠가 완벽히 무료가 아니다. 그러나 같은 논리를 적용할 수 있다. 이 경우에는 최대한 가격 하향 압력을 행사하는 것을 의미한다. 저렴할수록 좋다. 왜냐하면 온라인 소매업체로서 당신의 관심은 당신의 플랫폼에서 판매 활동을 최대화하는 것인데, 더 낮은 가격은 (더 좋은 서비스와 함께) 당신의 플랫폼으로 더 많은 고객을 유치할 것이고 플랫폼에서 더 많은 활동을 생성할 것이기 때문이다. 물론 소매업체로서 낮은 가격뿐 아니라 이익도 원하기 때문에 가격 하향 압력과 더불어 공급업체에게 거래 조건을 개선하기 위해 가능한 한 많은 압력을 가할 것이다. 공급업체로부터 더 높은 할인과 더 낮은 가격을 받아야만 소비자에게 가격을 낮추면서도 소매업체로서의 당신의 이익을 보호하거나 향상할 수 있다. 그리고 여기에서도 규모가 중요하다. 당신이 지배적인 소매업체이고 공급업체가 당신과 사업을 하지 않을 수 없을 만큼 공급업체들에게 매우 중요해졌다면, 당신은 공급업체들과 유리한 거래 조건을 협상하는 데서 상당한 영향력을 갖게 될 것이다.

출판 같은 오래된 매체 산업을 뒷받침하는 경제 논리와 인터넷 기반의 기술 회사 같은 새로운 매체 산업을 뒷받침하는 경제 논리는 서로 다른데, 이처럼 서로 다른 경제 논리는 출판사와 기술 회사가 왜 장기적이고 격렬한 논쟁에 갇히게 되었는지 설명하는 데 도움을 준다. 구글

라이브러리 프로젝트에 대한 논쟁, 그리고 법무부가 출판사들과 애플을 가격 담합 혐의로 고소하는 것으로 끝난 전자책 가격에 관한 아마존과의 대치 같은 것이 그러한 사례이다. 이러한 논쟁의 이면에 깔려 있는 핵심은 콘텐츠의 가치에 대한 매우 다른 사고방식이다. 구글 라이브러리 프로젝트의 경우 구글의 주요 동기는 검색 결과에 도서의 스니펫을 표시함으로써 검색 엔진을 개선시키는 것이었다(구글의 설립자들은 보편적인 도서관을 만드는 것에 대한 원대한 꿈을 꾸었지만 말이다). 만약 책의 콘텐츠가 인터넷에서 선별된 콘텐츠와 함께 구글 검색 결과에 나타날 수 있다면, 구글은 검색 엔진 전쟁에서 야후와 마이크로소프트보다 경쟁 우위를 갖게 될 것이다. 하지만 출판사들의 오래된 매체 산업 관점에서 볼 때 구글 라이브러리 프로젝트는 단순한 저작권 침해 사건처럼 보였다. 구글은 여전히 저작권하에 있는 수백만 종의 콘텐츠를 디지털화하고 있었으며, 콘텐츠 창작자(출판사 또는 작가)에게 아무런 비용을 지불하지 않고 허락을 구하지도 않은 채 자신의 상업적 목적을 위해 사용하고 있었다. 결국 미국 저작권법에 따라 공정 사용 원칙의 해석에 대한 소송이 시작되었지만, 더 큰 문제는 콘텐츠의 가치에 대해 서로 매우 다른 인식을 갖고 있다는 것이었다.

구글에게 도서 콘텐츠는 잡식성 검색 엔진이라는 정미소의 곡물이었다. 콘텐츠가 많을수록 검색 엔진이 더 잘 작동하고 콘텐츠의 품질이 높을수록 더 좋다. 이러한 콘텐츠가 더 나은 검색 결과를 제공하고, 더 많은 사용자를 확보하고, 더 많은 시장 점유율을 얻고, 더 많은 데이터를 수집하고, 더 많은 정보 자본을 생성하고, 행동 선물 시장에서 더 많은 돈을 벌게 한다는 논리이다. 도서 콘텐츠는 구글에 유용했지만 필수적이지는 않았다. 책이 있으면 좋았지만 없더라도 사업을 계속할 수 있었다. 반면 오래된 매체 산업인 출판사에게는 도서 콘텐츠가 전부였다. 출판사는 콘텐츠 창조 사업을 하고 있었으므로 콘텐츠를 가지고 가버리면(또는 온라인에서 무료로 사용할 수 있게 하면) 출판사에는 남는 것이 없다(또는 그들의 유일한 실제 자산이 심하게 훼손된다). 콘텐츠를 만들어 판매하는 것이 그들의 사업이기 때문이다. 물론 구글 라이브러리 프로젝트가 콘텐츠를 통제하고 판매하는 출판사의 능력을 어떤 식으로든 훼손하는지 여부에 대해서는 논쟁의 여지가 있다. 구글은 전체 문장이 아닌 스니펫만 표시하는 방안을 제안했으므로 스니펫이 온라인에서 무료로 제공되더라도 전체 문장은 여전히 가치를 가질 것이다. 그러나 프로젝트의 일환으로서 구글은 참여하는 라이브러리에 완벽하게 디지털화된 도서 사본을 제공할 것을 제안했고 디지털화된 책으로 라이브러리가 무엇을 하든 제한을 두지 않았으므로 출판사들이 보기에 자신들의 책이 스니펫이 아닌 전권으로 온라인에서 무료로 제공될 수 있다는 것은 매우 위험한 일이었다. 최종 분석에서 구글 라이브러리 프로젝트에 대한 오랜 논쟁을 뒷받침한 것은 바로 이런 차이, 즉 도서 콘텐츠가 구글에게는 정미소의 곡물이지만 출판사에게는 생명선이라는 차이였다.

콘텐츠의 가치에 대한 이와 유사한 견해 차이는 출판사들과 아마존 간의 전자책 가격에 대한 분쟁도 뒷받침했다. 2007년 11월 아마존이 킨들을 출시했을 때 아마존은 소매업체 및 하드웨어 제조업체로서 이 장에 진출하고 있었고, 아마존의 주요 목표는 킨들을 지배적인 전자 독서기기로 만드는 것이었다. 그리고 아마존만 킨들에 전자책 콘텐츠를 판매할 수 있다는 점을 감안하면 이는 폐쇄된 루프가 될 것이었다. 즉, 소비자가 선호하는 전자 독서기기로 킨들을 선택하고 나면 모든 전자책 콘텐츠에 대해 아마존에 묶이게 되는 것이다. 아마존은 결코 전자 독서기기를 처음으로 제조한 업체도 아니었고 마지막 업체도 아닐 것이었지만, 제프 베이조스의 오래된 경쟁자인 애플로부터 매우 빨리 다가올 위협을 피하기 위해서는 지배적인 위상을 구축해야 한다는 것을 알았다. 아마존은 애플을 흉내 내어 전자책 가격을 책정할 때 애플이 음악에 적용했던 것과 같은 전략을 채택했다. 즉, 소비자에게 군침이 돌 정도로 싸게 보이게 하기 위해 중요한 가격대 아래로 가격을 정했다. 노래의 경우 그 가격대가 99센트였고, 책의 경우 9.99달러였다. 아마존이 ≪뉴욕타임스≫ 베스트셀러와 신간의 많은 책에서 손해를 보고 있을지도 모른다는 사실은 별로 중요하지 않았다. 더 큰 목적을 이룬다면 이러한 작은 손실은 흡수할 수 있었다. 더 큰 목적이란 킨들을 지배적인 전자 독서기기로 만들고 아마존을 지배적인 전자책 소매업체로 만들어서 경쟁을 압도하고 장기적으로 난공불락의 위상을 창출하는 것이었다.

그러나 이 전략이 일부 전자책을 손실을 감수하며 판매하는 것을 의미한다 하더라도 아마존이 원하는 대로 콘텐츠 가격을 책정할 수 있을 때만 작동한다. 일부 출판사가 전자책 거래 조건을 도매 모델에서 대행 모델로 바꾼 결정이 아마존에게 위협적이었던 것은 이 때문이다. 대행 모델은 소매업체가 아닌 출판사가 전자책의 가격을 정하므로 출판사들이 더 높게 가격을 정하면 아마존은 더 이상 전자책 가격을 9.99달러로 책정할 수 없었다. 아마존에게 9.99달러라는 가격은 전자책 시장에서 지배적인 위상을 구축하기 위해 경쟁자들보다 저가로 팔려는 전략적 결정에 의해 정해진 것이었다. 많은 사람들은 디지털 콘텐츠의 재생산 비용이 0에 가깝다는 것을 고려하면 출판사들이 전자책 가격을 너무 높게 정하고 있다고 순수하게 생각했고(그리고 지금도 그렇게 생각하고 있다) 또한 전자책 가격을 훨씬 낮추면 아마존(및 다른 곳)에 더 많은 부수를 팔 수 있다고 순수하게 생각했다(그리고 지금도 그렇게 생각하고 있다). 그러나 9.99달러라는 가격을 결정지었던 주요 요인은 인기 있는 전자책의 가격을 10달러 미만으로 책정함으로써 킨들을 그 장에서 지배적인 기기로 만들고 아마존을 지배적인 전자책 소매업체로 구축하기 위해서였다. 하지만 많은 출판사의 관점에서 보면 아마존은 출판사들의 콘텐츠를 자신의 전략적 목적을 위해 이용하고 있었으며 그 콘텐츠를 진정한 가치가 반영되지 않은 가격에 팔고 있었다. 더욱이 그렇게 함으로써 소비자의 눈에 콘텐츠의 가치를 떨어뜨려 그 콘텐츠가 9.99달러짜리라는 인상을 주었다. 그리고 출판사들이 비용을, 특히 작가에게 지불하는 선급금을 회수하기 위해 의존하는 양장본을 저가로 팔게 만들었다. 기기를 판매하고 시장 점유율을 높이기 위해 전자책의 가격을 인위적으로 낮은 수준으로 정함으로써 아마존은 콘텐츠 창작 사업으로부터 가치를 빨아들이고 있었다. 여하튼 이것이 출판사가 인식했던 방식이다.

출판사가 이런 과정을 저지하는 유일한 방법은 전자책의 가격 책정에 통제를 가하는 것이었고, 가격을 통제하는 유일한 방법은 모델을 변경해서 대행 모델로 이동하는 것이었다. 애플과 함께 5개 대형 시판용 출판사가 전자책 가격 담합을 공모한 혐의로 피고석에 섰다는 사실은 출판사들이 가장 능숙한 방식으로 이러한 움직임을 취하지는 않았음을 시사하지만, 그렇다고 해서 출판사들의 입장에 대한 의문을 제기하지는 않는다. 출판사의 입장에서 보면 고품질의 콘텐츠를 만드는 것은 어렵고 비용이 많이 드는 사업이다. 따라서 소매업체와 기술 회사에게 콘텐츠의 가치가 얼마인지 결정토록 하는 것은 말이 되지 않았다. 따라서 합의문이 정한 임시 합의에서 방법이 정해지자 대형 5개 시판용 출판사 모두 대행 모델로 전환한 것은 놀라운 일이 아니다. 출판사들에게 가장 중요한 것은, 대형 소매업체들의 시장 점유율 전쟁에서 콘텐츠를 총알받이로 만드는 것이 아니라 콘텐츠의 가치를 보호해서 장기적으로 콘텐츠 창작의 지속가능한 모델을 갖추는 것이었다.

출판업 같은 오래된 매체 산업과 새로운 기술 회사 사이의 문제투성이인 관계를 특징지었던 많은 갈등의 중심에는 콘텐츠를 평가하는 방식의 이러한 근본적인 차이가 자리하고 있었다. 대부분의 경우 기술 회사들의 부와 권력은 콘텐츠 창작에 초점을 둔 오래된 매체 산업의 희생을 기반으로 커져갔다. 기술 거인들의 부상은 콘텐츠 창작 사업의 가치 출혈과 함께 진행되었다. 여기에는 조너선 태플린Jonathan Taplin이 제대로 관찰했듯이 두 개의 과정이 불가분하게 연결되어 있는데, 부분적으로는 기술 회사들이 자신들의 사업의 가치를 끌어올리는 수단으로 콘텐츠의 가치를 끌어내렸기 때문이다.[26] 도서출판산업은 음악산업 및 신문산업 같은 다른 창조 산업보다 이러한 가치 시소게임에서 덜 고전했던 것 같지만(지금까지는 적어도), 구글 및 아마존과의 투쟁이 보여주듯이 다른 오래된 매체 산업에서처럼 도서출판에서도 이러한 역학은 똑같이 강력하게 존재하고 있다.

그렇기 때문에 출판사 입장에서는 설령 비용이 많이 드는 법적 분쟁에 휘말리더라도 구글 라이브러리 프로젝트에 반대하고 대행 모델로

---

26   Taplin, *Move Fast and Break Things*, pp.6~8.

전환하는 것이 매우 합리적이다. 다른 많은 오래된 매체 산업 및 창조 산업과 마찬가지로 도서출판의 근본적인 사업도 콘텐츠의 창작과 큐레이션이기 때문에 이것은 타당하다. 장기적으로 지속 가능한 고품질의 콘텐츠에 대한 공급선이 있는지 확인하는 것은 출판사들의 관심사이고, 이를 위한 가장 좋은 방법은 업계로 들어오는 수익의 역류가 무너지지 않게 하는 것이다. 도서 콘텐츠 공급선의 핵심 참가자로서 출판사들은 콘텐츠 창작 과정과 고품질의 콘텐츠를 육성하고 지원하는 데 관심과 의무를 갖고 있다. 콘텐츠를 창작하는 데에는 출판사가 로열티와 선급금을 통해 지원하는 집필 비용과는 별도로, 특히 편집 작업, 디자인, 제작, 마케팅, 유통에 비용이 소요된다. 이러한 비용은 출판사가 지불하는데, 이 모든 비용은 콘텐츠가 디지털 방식으로 유통되더라도 사라지지 않는다. 이 비용 중 일부는 디지털 유통 때문에 줄어들거나 없어질 수 있지만 말이다(예를 들면 창고 비용, 물리적 책의 유통 비용, 반품 처리 비용). 그러나 제3자가 자신의 목적을 위해 대가를 지불하지 않고 콘텐츠를 도용하는 경우, 또는 콘텐츠 제작에 소요되는 비용이 얼마였는지에 상관없이 정보가 무료이기를 원하는 개인이나 조직이 콘텐츠를 무료로 제공한 경우, 또는 콘텐츠 제작에 소요된 실제 비용과는 관계없는 가격에 소매업체가 콘텐츠를 판매하는 경우라면, 콘텐츠 창작 과정은 위협을 받고 있는 것이자 다른 목적을 위해 문화가 착취되고 있는 것이다. 시간이 지나면서 고품질의 콘텐츠를 만들 수 있는 지속 가능한 창조 문화를 유지하는 것, 작가 및 기타 콘텐츠 창작자를 위한 지원환경과 콘텐츠를 효과적으로 개발·제작·마케팅하는 데 필요한 자원을 제공하는 것은 정원에 물을 주는 것 못지않게 지속적이고 상당한 수익 흐름이 필요한 일이다. 수익 형태가 만들어지지 않은 채 수익 원천이 고갈되거나 실질적으로 감소하면 모든 사람이—소비자뿐 아니라 창작자도—결국 더 나빠질 것이다.

디지털 시대의 출판

나는 출판사가 무엇보다도 콘텐츠를 만들고 큐레이팅하는 사업을 한다고 말했다. 하지만 콘텐츠가 풍요한 시대에 출판사가 존재해야 하는 이유는 무엇일까? 온라인에 자유롭게 콘텐츠를 올리는 것이 다른 어느 때보다도 쉬워진 오늘날, 글로 된 문장 형태의 콘텐츠이든, 노래, 영상, 또는 다른 형태의 콘텐츠이든 간에 누가 출판사를 필요로 하는가? 출판사 없이 할 수 없는 콘텐츠 창작 과정에는 무엇이 있는가? 이 것은 디지털 혁명이 출판산업 및 다른 매체 산업에 미친 영향에 대해 토론할 때 종종 배경에 어른거리는 질문이다. 일반적으로 '탈중개화'라고 지칭되는 것이다.

이 질문에 적절하게 대처하기 위해서는 출판사의 실질적인 일상 활동에서 한발 물러서서 그들이 일반적으로 수행하는 핵심 기능이나 역할을 분리해 볼 필요가 있다. 이러한 기능과 역할을 개념화하는 여러 가지 방법이 있지만 이는 본질적으로 네 가지로 압축된다(〈그림 12.4〉 참조).[27] 여기서는 그 각각에 대해 간단히 다루려 한다.

---

[27] 이들 기능 또는 역할 중 일부는 두 개 이상의 개별 역할로 나누어 다르게 이름을 붙일 수도 있고 좀 더 정교한 스키마를 만들 수도 있다. 하지만 여기에서 나는 필수적인 요소에 초점을 두기 위해 단순성을 선택했다.

그림 12.4 | 출판사의 핵심 기능

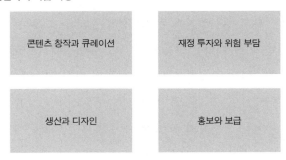

| 콘텐츠 창작과 큐레이션 | 재정 투자와 위험 부담 |
| 생산과 디자인 | 홍보와 보급 |

    첫째, 무엇보다도 출판사는 콘텐츠의 창작과 큐레이션에 관심이 많다. 출판사는 콘텐츠를 선택하고 필터링하는 메커니즘일 뿐만 아니라 콘텐츠를 창조하고 개발하는 조직적 기관이기도 하다. 출판사는 선택하고 필터링한다. 출판사는 일반적으로 자신이 출판할 수 있는 것보다 더 많은 제안과 원고를 받으며, 다양한 방법을 사용해 일부는 선택하고 다른 것은 거절한다. 이러한 점에서, 이런 종류의 문화적 중개자를 묘사하는 데 종종 사용되는 개념을 쓰자면, 출판사는 문화적 문지기이다. 그러나 '문지기'라는 용어는 많은 출판사가 콘텐츠의 창작과 개발에서 수행하는 적극적인 역할에 대한 정당한 대접이 아니다. 많은 경우 출판사는 책에 대한 아이디어를 적극적으로 제시하고 그 아이디어를 집필할 작가를 찾거나, 어떤 아이디어의 잠재력을 보고 작가가 그 아이디어를 실현하도록 도와준다. 책을 실제로 쓰는 것은 작가이지만 책 한 권을 만드는 것은 종종 편집자, 독자, 때로는 대리인을 포함하는 훨씬 더 협력적인 과정이다. 이런 협업 과정을 통해 작품의 품질이 종종 향상된다. 인물이 개발되고 언어와 스타일이 연마되며 줄거리나 주장이 정제된다. 출판사는 콘텐츠를 만드는 것 외에 콘텐츠를 큐레이팅하기도 한

다. 즉, 콘텐츠를 선택하고 조직해서 다른 콘텐츠와 관련해 확실한 관계로 만든다. 목록이나 선집을 큐레이션하는 것은 그 목록이나 선집을 조직하고 이를 위한 맥락을 만들고 다른 것과 연결해서 이해할 수 있게 만드는 것이다. 이는 큐레이터가 예술 작품의 전시를 준비하는 것과 같은 방식이다.[28]

하지만 '콘텐츠'란 정확히 무엇일까? 출판사들은 책을 만드는 일에 간여하고 있는 것 아닌가? 사실 생산되는 콘텐츠가 책인데 왜 '콘텐츠'를 이야기하는가? 여기서 '콘텐츠'에 대해 이야기하는 것은 논의를 보다 높은 수준으로 옮겨가는 데 도움이 된다. '책'이라는 단어가 갖고 있는 문제는 그 단어가 모호하다는 것이다. '책'이라는 단어는, 한편으로는 특정한 종류의 물질적 대상, 즉 종이에 인쇄된 책을 지칭한다. 다른 한편으로는 특정한 형태의 기호 콘텐츠, 즉 길이가 늘어난 일련의 챕터로 기호 콘텐츠를 구조화하는 특정한 방법을 지칭한다. 따라서 보다 정확히 하려면 다섯 가지 요소, 즉 콘텐츠, 형태, 장르, 매체, 포맷으로 쪼갤 필요가 있다. '콘텐츠'는 기호적 내용, 즉 의미를 표현하고 전달하는 콘텐츠를 뜻한다. 이렇게 폭넓은 방식으로 이해된 콘텐츠는 여러 다른 형태를 가질 수 있다. 의미는 단어, 이미지, 소리 등으로 표현되고 전달될 수 있다. '형태'는 콘텐츠가 조직되고 만들어지는 방식이다.[29] 영화

---

28 Michael Bhaskar, *Curation: The Power of Selection in a World of Excess* (London: Piatkus, 2016) 참조.

29 Michael Bhaskar, *The Content Machine: Towards a Theory of Publishing from the Printing Press to the Digital Network* (London: Anthem Press, 2013) 참조. 바스카는 출판에 대해 콘텐츠를 필터링하고 프레이밍하고 증폭하는 것으로 유용하게 개념화했다. 그러나 내가 보기에 프레임 개념은 너무 광범위하며, 형태, 장르, 매체, 포맷으로 구분되는 매우 다른 요소들을 함께 혼합한다.

가 시청각 콘텐츠를 조직하는 하나의 형태이고 노래가 음악적 콘텐츠를 조직하는 하나의 형태인 것처럼, 책은 텍스트로 된 콘텐츠를 조직하는 하나의 형태이다. 즉, 콘텐츠를 공유된 특정 관례와 문화적 규범에 따라 구조화하는 하나의 방법이다. 책이 이런 의미에서 하나의 형태라면, 나름의 특정 관례를 가진 이 형태에는 소설, 스릴러, 전기, 학술 논문 등의 많은 하위 변종이 있다. 이 하위 변종은 우리가 장르라고 부르는 것으로, 모든 장르는 나름의 관례를 갖고 있다. 이러한 관례가 무엇인지 아는 상태에서 작가는 쓰고, 출판사는 출판하고, 독자들은 읽는다. 이들은 모두 책이 무엇이고 어떻게 조직되는지에 대해 거의 동일한 일련의 관례와 가정을 가지고 기능하며, 이러한 관례와 가정이 장르마다 어떻게 차이가 나는지도 알고 있다(또는 어느 정도 눈치 채고 있다). 창작자는 형태와 그 하위 변종인 장르를 통해 다른 사람이 쉽게 이해할 수 있는 방식으로 창작할 수 있다. 우리는 기호 콘텐츠의 수신자로서 우리가 무엇을 얻고 있는지 아는데, 그것은 책, 영화, 노래이다. 그리고 우리는 그 하위 변종 역시 알고 있다. 그것은 스릴러, 로맨스 소설, 전기이다. 형태와 장르는 기호 콘텐츠가 매달려 있는 구조이다.

기호 콘텐츠는 형태와 장르에 의해 구조화되지만, 저장되어서 A에서 B로 옮겨져야 하는데 이것이 매체가 나타나는 곳이다. 매체는 저장의 양식이자 전달 또는 전송의 양식이다. 매체는 물리적 개체일 수 있다. 종이에 인쇄된 책은 이런 의미에서 매체이다. 인쇄책은 우리가 책이라고 부르는 특정 형태의 기호 콘텐츠를 담는 물리적 용기이다. 그러나 책은 다른 매체에 의해 전달될 수도 있다. 이것이 출판에서의 디지털 혁명이 준 첫 번째 커다란 교훈이었다. 종이에 인쇄된 책은 책의 기호적 콘텐츠가 내재되어 전달되는 하나의 매체일 뿐이므로 다른 매체에 의해 전달될 수도 있다. 책의 콘텐츠가 0과 1의 배열로 디지털 방식으로 부호화되면 물리적인 책이 아닌 디지털 파일로 전달될 수 있다. 물론 디지털 매체는 그냥 파일이 아니다. 파일을 전송하려면 네트워크가 필요하며, 파일을 디코딩해서 화면에 표시하려면 하드웨어와 소프트웨어 둘 다 필요하다. 디지털 매체는 인쇄 매체 못지않게 복잡하다. 어떤 면에서는 더 복잡하다. 디지털 매체는 디지털 파일을 생성, 저장, 전송, 디코딩해서 적절한 포맷으로 최종 사용자에게 표시할 수 있도록 하는 복잡한 기술적·조직적 인프라를 필요로 한다.

포맷은 매체와 별개이지만 매체에 의존한다. 포맷은 콘텐츠를 포장하거나 보여주는 방식으로 가장 잘 이해될 수 있다. 인쇄 매체를 생각해 보자. 책은 시판용 양장본, 시판용 페이퍼백, 대중시장용 페이퍼백 등 다양한 포맷의 종이 인쇄로 출판되어 전달될 수 있다. 이 모두는 인쇄 매체로 출판된 책의 서로 다른 포맷으로, 인쇄된 책을 포장하거나 제공하는 다양한 방법이다. 이러한 모든 포맷에서 콘텐츠는 본질적으로 같다. 바뀌는 것은 콘텐츠를 제공하는 방식과 포장이며, 이는 해당 콘텐츠가 출판사에 의해 상품화되는 방식이기도 하다. 마찬가지로 디지털 매체에서 책은 전자책, 기능 향상 전자책, 앱 등 다양한 포맷으로 전달될 수 있다. 더욱이 다양한 파일 포맷(PDF 파일, 이펍 파일 등)을 이용해서 디지털 매체에서 출판된 전자책은 다른 속성을 가질 수 있고(예를 들면 페이지 정지, 텍스트 되감기) 가격이 다르게 책정될 수 있다.

콘텐츠의 창작과 큐레이션은 출판의 핵심이지만 콘텐츠는 형태에 의해 모양이 잡힌다. 도서출판사와 작품을 출판하는 작가는 책이라는 형태로 콘텐츠를 만들고 큐레이팅한다. 이는 책은 무엇인지, 그리고 소설, 스릴러, 전기, 역사 작품 같은 특정한 종류의 책은 무엇인지에 대한 관례와 가정에 의해 책이라는 것의 모양이 잡힌다는 것을 의미한다. 그러나 콘텐츠는 또한 매체에 의해 모양이 잡히기도 한다. 종이책으로 출판된 책은 일정한 조건과 제약에 따라야 하지만 이러한 조건은 유연하며 시간이 지남에 따라 변한다. 가장 확실한 제약은 길이이다. 길이는 인쇄 매체에서 비용을 늘린다. 따라서 책을 대략 300페이지의 최적 길이로 만들려는 강력한 유인이 있다. 다양한 포맷의 인쇄책에서는 이 정도 길이가 제일 좋다. 그러나 물론 이는 유동적이라서 인쇄책은 다양한 모양과 크기로 제공된다. 반면, 디지털 매체에서는 길이가 더 이상 제약 요인이 아니다. 책은 더 짧을 수도 있고 더 길 수도 있다. 책이 수천 페이지와 수만 개의 단어로 계속될 수도 있고 페이지가 전혀 없을 수도 있다. 실제로 디지털 매체에서는 책의 형태 자체가 변할 수도 있고 적어도 원칙적으로는 디지털 시대에 맞게 혁신적으로 재창조될 수도 있다. 그러나 제2장에서 보았듯이 이러한 가능성은 매우 영리하고 창의적인 실험에도 불구하고 적어도 현재까지는 실현되지 않았다. 내가 이 책에서 사용하는 용어로는, 전자책은 인쇄 매체에서의 시판용 페이퍼백이나 대중시장용 페이퍼백에 비견할 만한 책의 또 다른 포맷으로 가장 잘 이해될 수 있다. 디지털 매체에서의 출판은 아직 책의 형태를 크게 바꾸지 않았다.

책의 형태로 콘텐츠를 창작하고 큐레이션하는 것이 출판사의 핵심 기능이지만, 이것이 출판사의 유일한 기능은 아니다. 출판사는 재정적 투자자이면서 위험 부담자이기도 하다. 출판사는 책을 만들고 출판하기 위한 재정 자원을 제공하는 은행이다.[30] 콘텐츠를 창작·생산·배포하는 데에는 비용이 들고 시간이 소요되며 자료가 사용되므로 어느 시점에 누군가가 비용을 부담해야 한다. 따라서 이런 경제적인 사항은 필수적이다. 물론 인쇄 매체에서는 인쇄업자에게 돈을 지불해야 하고 물리적 책을 제조·저장해서 물리적으로 운송해야 하기 때문에 비용이 일반적으로 더 많이 든다. 그러나 디지털 매체에서도 비용이 든다. 바로 최초의 사본을 창작하는 비용으로, 여기에는 작가의 시간과 창작 작업, 편집 작업 비용 및 디자인 비용뿐 아니라 유통과 마케팅 비용도 포함된다. 전통적인 출판 모델에서는 출판사가 이 과정을 가능하게 하는 돈을 마련하는 투자자이자 위험 부담자이다. 책이 잘되면 출판사가 보상을 받지만 책이 실패하면 부담을 안는 것도 출판사이다. 도서출판 체인에서 출판사는 마지막으로 기댈 전주이다.

출판사의 세 번째 핵심 기능은 생산과 디자인이다. 하지만 이 기능은 종종 간과되거나 비필수적인 것으로 취급된다. 도서 제작과 디자인의 많은 부분이 아웃소싱되기 때문이다. 편집, 조판, 표지 디자인, 인쇄는 모두 일반적으로 프리랜서와 인쇄업자에게 아웃소싱된다. 그러나 이 모두를 관리하고 조정하려면 시간이 들고 전문적인 지식이 필요하다. 이 작업을 아웃소싱하더라도 프리랜서에게 지시를 내리고 작업 조건을 합의하고 돈을 지불해야 한다. 그리고 이 모든 것은 관리 시간과 전문성을 필요로 한다. 마찬가지로 출판사의 재정적 생존에 중요한 가격과 인쇄 횟수에 대한 결정을 내려야 하며, 책의 수명주기 동안 재고를 관리해야 한다. 책이 디지털 파일로만 존재하더라도 그 파일은 일정한 방식으로 생산되어야 하고 적절한 유통 경로에 적절한 포맷으로 들

---

30 내 생각에 이 기능은 출판의 성격에 대한 바스카의 탁월한 설명에서 과소평가되었다. 그의
   설명에서 빠져 있는 것은 아니지만, 이 기능은 그 자체로 출판의 핵심 기능이라기보다 필터
   링, 프레이밍, 증폭 과정을 만드는 '모델'의 형태로만 등장한다.

어가야 하는데, 이 또한 어느 정도의 전문 지식과 전문성을 필요로 한다. 이러한 과정 중 일부는 어느 정도 자동화될 수 있다. 하지만 이를 가능케 하는 시스템을 만들고 유지하는 데에는 시간, 비용, 전문성이 필요하다.

네 번째 핵심 기능은 내가 느슨하게 홍보 및 보급이라고 부르는 기능이다. 이 기능에서는 '출판하다'라는 동사의 가장 기본적인 개념과 관련 있는 다양한 활동을 묶고 있다. 출판한다는 것은 공개하는 것이자 대중에게 알리는 것이다. 콘텐츠를 창작하고 큐레이트하는 것, 콘텐츠에 투자해서 책을 제작하는 것으로는 충분하지 않다. 창작자 외에 아무도 그 책에 대해 모른다면 책은 출판되지 않은 것이다. 책은 출판되지 않은 채 쓰여질 수는 있다. 즉, 작가의 책상이나 컴퓨터 하드 드라이브에 빛을 보지 못한 미출판 원고로 남아 있을 수 있다. 또한 책은 출판되지 않은 채 제작될 수도 있다. 즉, 출판사의 하드 드라이브에 남아 있거나 창고에 책 무더기로 남아 있다면 책은 출판되지 않은 것이다. 책은 대중, 즉 더 넓은 범위의 사람들에게 공개되고 다른 사람에게 알려질 때만 출판된 것이다. 이는 홍보, 마케팅, 보급, 판매와 관련한 다양한 활동이 추가 기타사항이 아니라 출판 과정에 필수적인 이유이다. 그러나 이러한 활동은 출판사가 인터넷 시대에 당면한 가장 어렵고 도전적인 과제에 속한다. 인터넷 시대에는 '대중에게 제공하는 것'과 '대중이 알 수 있게 하는 것' 사이의 미묘하지만 결정적인 차이가 그 어느 때보다도 중요해지고 있기 때문이다. 책을 대중에게 제공한다는 의미에서는 출판을 하는 것이 이전보다 오늘날 더 쉽다. 텍스트를 웹사이트에 게재하거나 전자책으로 자가 출판하는 경우, 대중에게 제공한다는 의미에서는 이것이 출판을 하는 것이다. 그러나 책을 대중에게 알리고 볼 수 있게 하고 그들이 책을 사거나 읽도록 독려할 만큼 대중의 관심을 충분히 끌어낸다는 의미에서 보면 출판을 하는 것은 완전히 다른 문제이다. 이것은 대단히 어려운 일이며, 그 어느 때보다 오늘날 더 어렵다. 지금은 소비자와 독자가 사용할 수 있는 콘텐츠의 양이 아주 많으며 자원 또한 풍부한 마케팅 캠페인마저 무너뜨릴 만큼 충분하기 때문이다. 좋은 출판사란 콘텐츠가 아닌 관심이 부족한 세상에서 시장을 만드는 존재이다.

이러한 다양한 기능을 수행하는 데서 출판사는 디지털 혁명에 의해 점점 더 분할되고 복잡해진 도서 공급망에서 비록 중요한 참가자이긴 하지만 하나의 참가자에 불과하다. 1980년대와 그 이전에는 이러한 공급망이 상대적으로 단순했다. 비록 포맷이 다양하긴 했으나 종이에 인쇄된 책이라는 단 하나의 기본 생산품만 있었기 때문이다. 그러나 디지털 혁명, 디지털 작업의 등장, 인쇄 매체로부터 콘텐츠의 해방이 이루어지면서 종이에 인쇄된 책은 이제 출판사의 디지털 작업을 통해 산출되는 다양한 매체의 다양한 생산품 중 하나일 뿐이다. 〈그림 12.5〉는 오늘날 많은 주류 시판용 출판사에 존재하는 도서 공급망을 간단한 시각적 표현으로 보여준다. 작가는 콘텐츠를 창작해서 출판사에 공급한다. 시판용 출판에서는 이 과정이 종종 대리인에 의해 중개되는데, 대리인은 자료를 선택해서 적절한 출판사에 그 자료를 보내는 필터로서의 역할을 한다. 출판사는 작가나 대리인으로부터 일련의 권리를 구매한 다음 편집 개발, 교열, 디자인 등 다양한 기능을 수행해서 출판사의 디지털 자산 저장소에 보관할 만한 적절한 포맷으로 파일 조합을 만든다. 인쇄 준비가 된 파일은 인쇄업체에 전달하고 인쇄업체는 그 파일을 인쇄해서 책으로 제본한 뒤 유통업체에 전달한다. 유통업체는 재고를

그림 12.5 | 주류 출판사의 도서 공급망

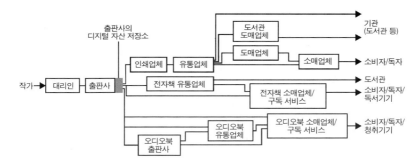

보관한 뒤 소매업체와 도매업체로부터 들어오는 주문을 소화한다. 소
매업체의 경우에는 개인 소비자에게, 도매업체의 경우에는 소매업체
및 다른 기관(도서관 같은)에게 책을 판매한다. 전통적인 도서 공급망에
서는 출판사의 고객이 개인 소비자나 독자가 아니라 공급망의 중개 기
관, 즉 도매업체와 소매업체이다. 독자와 직접 거래하는 것은 소매업체
(또는 도서관)이며, 이러한 조직이 대부분의 독자에게는 도서 공급망에
서의 유일한 접촉점이다. 이런 과정과 병행해 출판사는 전자책 파일을
적절한 전자책 파일 포맷으로 전자책 유통업체와 소매업체에게 공급
할 것이다. 출판사는 또한 자체 오디오북 에디션을 만들거나 오디오북
출판사에게 오디오북 저작권을 사용허가한 뒤 오디오북을 별도의 오
디오북 공급망을 통해 소비자와 듣는 이에게 공급할 수도 있다.

　이것이 여전히 지배적인 도서 공급망이며 주류 시판용 출판사에게
는 자신들의 세계를 정확하게 표현한 것으로 인식된다. 하지만 디지털
혁명은 이와는 매우 다른 새로운 공급망을 야기하는 많은 발전을 낳았
다. 자가 출판 도서 공급망은 이와는 사뭇 다르다. 자가 출판 모델에서

그림 12.6 | 자가 출판의 도서 공급망

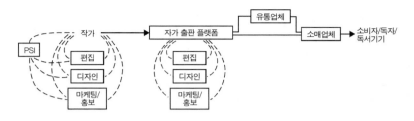

는 작가가 더 이상 전통적인 출판사(대리인)와 거래하지 않고 〈그림 12.6〉처럼 자신의 책을 자가 출판 플랫폼에 직접 올려 자가 출판하고 있다. 전통적인 출판사들의 문지기 역할은 크게 우회되었다. 자가 출판 플랫폼은 전통적인 출판사보다 훨씬 덜 선별적이고 대부분 개방 정책을 갖고 있다. 하지만 여기에서도 허용되는 항목에 제한이 있다. 어느 정도의 선별은 계속 작동하지만 전통적인 출판사의 선별 특성보다는 훨씬 덜 제한적이다. 편집, 디자인, 홍보/마케팅 같은 출판사의 다양한 기능이 이 모델에서 사라지지는 않았지만 다시 할당되었다. 이제 이러한 기능을 수행하는 것은 작가의 책임이고, 우리가 보았듯이 커져가는 수요를 위해 숨어 있는 서비스 경제가 생겨났으며, 출판사가 아닌 작가가 비용을 지불한다. 작가는 이러한 기능의 전부 또는 일부를 직접 수행할 수도 있고 이러한 기능을 수행하기 위해 프리랜서와 접촉할 수도 있다. 후자의 경우에는 프리랜서를 찾아내서 직접 접촉할 수도 있고, 출판 서비스 중개자(PSI)를 이용해서 이러한 과정을 편하게 진행할 수도 있다. 대안은 저자가 자가 출판 플랫폼에 수수료를 지불하고 이러한 활동을 다시 할당하는 것이다. 자가 출판 모델에서는 자금 투자의 역할과 위험 부담이 사라지는 것이 아니라 작가에게 전가된다. 그 대신

그림 12.7 | 크라우드펀딩 출판의 도서 공급망

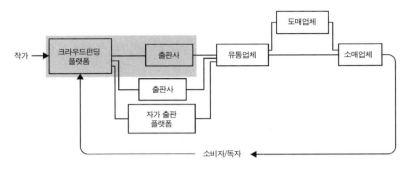

작가는 출판 결정에서부터 전반적인 출판 프로세스에 대해 훨씬 많은 통제권을 얻는다. 또한 판매 수익에서 훨씬 많은 몫을 차지하게 된다. 하지만 자비 출판과 달리 자가 출판의 작가는 출판된다는 특권에 대해 자가 출판 플랫폼에 돈을 내는 것이 아니다. 몇몇 플랫폼에서는 서비스 자체를 골라 살 수도 있지만 이는 선택사항이지 플랫폼에 접속하는 조건이 아니다. 자가 출판 모델에서는 전통적인 출판사를 우회하긴 했지만 출판사가 하던 기능이 사라지지는 않았다. 대부분의 경우 그러한 기능은 작가가 자가 출판사로서 감당하거나 또는 프리랜서, 맞춤형 서비스, 자가 출판 플랫폼에 외주되어 재할당되었다.

크라우드펀딩 출판의 경우 공급망은 또한 매우 중요한 면에서 다르다. 크라우드펀딩 출판의 진정한 혁신은 소비자/독자가 선별 과정에서 중요한 역할을 하고 있고 책 제작을 위한 재정적 자금도 제공한다는 것이다. 이것은 〈그림 12.7〉의 피드백 루프에 나와 있다. 이 모델에서 출판사의 선별 기능은 소비자와 독자가 표현한 선호도에 직접 근거를 둔다. 이들은 돈을 서약함으로써 어느 프로젝트를 후원할지 결정한다.

그리고 프로젝트가 자금 임계값에 도달해야 책이 진행된다. 책이 어떻게 생산되는지는 이용하는 크라우드펀딩의 유형에 따라 다르다. 킥스타터나 인디고고인 경우, 작가는 크라우드펀딩이 제공하는 자금과 독자를 기반으로 책을 출판할 의사가 있는 출판사를 직접 찾거나 자가 출판 플랫폼을 통해 자가 출판해야 한다. 하지만 잉크셰어 또는 언바운드 같은 도서출판 전용 크라우드펀딩 조직을 이용하는 경우, 도서 프로젝트가 펀딩 임계값에 도달하기만 하면 출판 작업이 크라우드펀딩 부서에서 동일한 조직의 출판 부서로 넘어간다.

그러나 이러한 모델의 중요한 혁신은 소비자와 독자가 선별 및 자금 지원 과정에 적극적으로 참여한다는 것이다. 어느 프로젝트가 진행되고 어느 책이 생산될지 여부는 자금에 대한 확실한 서약으로 그 프로젝트를 지원하려는 소비자와 독자의 의지에 달려 있다. 자금을 서약하는 것은 그 자체로 창조적인 행위이다. 자금이 없으면 책은 탄생할 수 없다. 이런 면에서 자금을 서약하는 사람은 인플루언서 이상이다. 그들은 책을 만드는 데 도움을 약속한 공동 제작자이다. 이것이 크라우드펀딩 플랫폼과 출판사가 선별 과정에서 아무런 역할을 하지 않았다는 의미는 아니다. 크라우드펀딩 플랫폼은 그 사이트에서 허용하는 프로젝트 종류에 대한 나름의 규칙과 지침을 갖고 있으며, 도서 프로젝트를 포함한 특정 종류의 프로젝트를 적극적으로 찾기도 하고, 창작자와 협력해서 그 프로젝트를 구상하는 데, 그리고 자금 모금 캠페인을 계획하고 실행하는 데 도움을 주기도 한다. 언바운드 같은 플랫폼은 특히 두드러진 큐레이션 역할을 수행하는데, 크라우드펀딩 단계로 진행할 수 있는 프로젝트를 적극적으로 선별해서 작가와 긴밀히 협력함으로써 성공 기회를 높인다. 더욱이 킥스타터나 인디고고에서 자금을 모은 작

그림 12.8 | 왓패드 도서의 도서 공급망

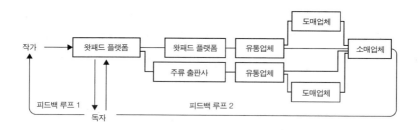

가가 주류 출판사와 함께 책을 출판하기를 원하면 그는 출판사의 선별 과정에 제안해야 한다. 이 경우에는 작가가 크라우드펀딩 자금을 보탠다는 것을 감안해 허용 임계값이 낮을 수 있다. 크라우드펀딩으로 재정적 자원을 확보할 경우 출판사가 감당해야 하는 위험은 그렇지 않은 경우보다 훨씬 낮다. 독자이자 확고한 구매자가 일정 정도 보장되어 있기 때문이다.

왓패드가 개발한 공급망에서는 다소 유사한 피드백 루프가 필수적이다. 이 경우 이야기 쓰기와 읽기를 위해 설계된 소셜 미디어 플랫폼에서 책 출판 작업이 분리되었다. 여기에는 피드백 루프가 하나가 아니라 두 개이다(〈그림 12.8〉). 한편으로는, 작가와 독자가 왓패드 플랫폼의 소셜 미디어 특성에 의해 직접 연결된다. 독자는 작가를 팔로우하면서 이야기가 쓰여지는 동안 그 이야기를 읽고 댓글을 달 수 있으며, 작가는 다음 챕터를 작업하면서 이러한 댓글을 고려할 수 있다(피드백 루프 1). 다른 한편으로는, 왓패드 플랫폼에 게재된 이야기의 인기도는 이러한 이야기가 책으로, 또는 영화나 TV쇼 같은 다른 문화 상품으로 바뀔 수 있는지에 대한 기준으로 사용된다. 더욱이 독자가 왓패드 플랫폼에서 이야기에 반응한 방식(즉, 독자가 좋아하는 부분과 좋아하지 않는 부분, 댓글 내용 등)은 콘텐츠 개발 과정에 반영되어 도서 제작(또는 영화/TV 제작)의 창의적이고 편집적인 측면이 독자의 의견에 따라 만들어진다. 크라우드펀딩 모델과 마찬가지로 이는 출판사의 위험(또는 영화/TV스튜디오의 위험)을 줄여준다. 이는 콘텐츠가 책의(또는 영화/TV쇼의) 잠재적 시장인 많은 수의 독자/소비자로부터 긍정적으로 평가되었다는 강력한 증거이기 때문이다. 반면, 크라우드펀딩 모델과 달리 출판사는 여전히 재정 자원을 확보하고 제작에 투자해야 하지만 실패할 위험은 상당히 줄어들었다. 그리고 왓패드에 이미 대규모의 팔로어가 구축되어 있으므로 출판사는 시장 창출에서 아주 유리한 지점에 서게 된다. 왓패드 플랫폼에서 나오는 책 가운데 일부는 왓패드 자체의 출판 부문인 왓패드 북스에서 출판하는 반면, 다른 일부는 사이먼 앤 슈스터 같은 주류 출판사를 통해 출판되며, 때로는 직접 라이선스 계약으로, 때로는 공동 제작으로 출판된다. 왓패드 플랫폼에 게재된 이야기를 읽던 원래 독자는 이 개발 과정(피드백 루프 2)에서 나오는 책에 대해 상당한 기존 시장을 제공하지만 책은 훨씬 많은 독자층에 마케팅되고 판매된다.

디지털 혁명에 의해 새로운 기회가 열리면서 우리는 새로운 도서 공급망의 확산 또는 로버트 단턴Robert Darnton의 적절한 용어로는 '커뮤니케이션 회로circuits of communication'의 확산을 본다.[31] 도서출판 생태계는

---

31 Robert Darnton, "What Is the History of Books?' Daedalus(summer 1982), reprinted in his *The Case for Books: Past, Present, and Future* (New York: PublicAffairs, 2009), pp. 175~206.

이전보다 복잡해졌기 때문에 어느 하나의 커뮤니케이션 회로로는 지금 작동하고 있는 다양한 시스템을 적절하게 포착할 수 없다. 따라서 나는 여기에서 몇 가지만 강조했다. 그러나 새로운 모델이 매우 명백하게 제시하는 한 가지 사실은 디지털 혁명으로 인해 전통적인 도서 공급망과는 전혀 다른 무언가가 가능해졌다는 것이다. 즉, 한쪽의 작가와 출판사, 그리고 다른 쪽의 소비자가 보다 가깝고 직접적인 관계를 맺는 것이 가능해졌다.[32] 디지털 혁명은 단순히 출판 같은 특정한 장에서 새로운 움직임들만 낳은 것이 아니라 다른 모든 매체 및 창조 산업과 함께 출판이 존재하는 정보 환경의 본질을 바꾸어놓았다. 이는 전통적인 출판사에게 수많은 새로운 도전과 경쟁자를 제공할 뿐만 아니라 새로운 기회도 제공한다.

독자를 진지하게 받아들이다

500년의 도서출판의 역사를 통틀어 출판사는 대부분 소매업체 같은

---

32 전통적인 도서 공급망에 대한 단턴의 원래 모델을 보면, 독자와 작가들 사이에 느슨한 피드백 루프가 있다. 이 루프는 그의 원본 그림에 점선으로 되어 있다(*The Case for Books*, p.182). 이 루프는 독자는 '저작 활동의 전후에 작가에게 영향을 미친다', '작가도 독자 자신이다'라는 이유에 근거하고 있다. 서로 다른 독자 및 작가들은 읽고 교류함으로써 장르와 스타일의 개념, 자신들의 텍스트에 영향을 미치는 문학적 기획이라는 일반적인 감각을 형성한다(p.180). 그러나 이것은 매우 약하고 분산되어 있는 루프로서, 앞에서 내가 발전시켰던 형태와 장르라는 견해로 가장 잘 이해될 수 있다. 나는 이것을 작가와 독자들이 특정한 사회적·역사적 맥락 속에서 공유하는 일련의 관습 및 배경으로 설명했다. 일부 작가는 자신들이 쓰는 대상 독자에 대한 개념 같은 것을 가질 수도 있다. 그렇다 해도 이것은 대개 매우 광범위하고 일반적인 개념이며, 실제 독자들의 선호도 및 관행과 거의 관련이 없을 수 있다.

중개자를 자신의 주요 고객으로 여겼다. 출판사는 소매업체나 도매업체에 자신의 책을 팔았으며, 독자에게 책을 파는 일은 소매업체에 일임했다. 출판사는 자신의 책을 최종 소비자인 독자에게 노출하고 수요를 유도하는 일을 서점에 의존했다. 이는 출판사가 독자와 직접적인 접촉이 거의 없음을 의미했다. 경영학의 전문용어를 쓰자면 출판사는 B2C 사업이라기보다는 주로 B2B 사업이었다. 이는 또한 출판사가 독자에 대해, 그리고 독자의 구매 및 독서 습관에 대해 거의 알지 못한다는 것을 의미했다. 출판사가 알고 있는 것은 소매업체에서 일하는 구매 담당과의 대화, 판매 수치, 리뷰, 우연히 마주치는 독자와의 대화, 독자로서의 자신의 경험에서 얻은 추론 등 모두 간접적이고 우연히 얻은 정보였다. 소매업체라고 해서 더 많이 아는 것도 아니었다. 물론 소매업체는 도서 구매자 및 독자와 마주칠 기회가 더 많았지만 대부분의 경우 이는 매우 무작위적이었고 고객의 문의에 달려 있었다. 물론 고객이 어떤 책에 관심이 있는지 예상하고 그에 따라 구매하는 것이 서점의 일이었고, 서점은 어떤 책이 잘 팔리는지 어떤 책이 서가에 박혀 있는지 볼 수 있는 위치에 있었다. 일부 소매업체는 일부 고객과 계정을 유지하면서 고객에 대한 일부 정보(주소나 신용카드 정보)를 보유하기도 했다. 일부는 서적 목록이나 다른 마케팅 자료를 만들어서 고객에게 직접 보냈다. 따라서 소매업체는 독자와 독자의 구매 습관에 대해 출판사보다 더 많이 알 수 있는 위치에 있었고 일부 소매업체는 고객에 대해 정보를 수집하고 보유하면서 고객에게 직접 마케팅했다. 그러나 실제로는 전통적인 도서 공급망의 어떤 참가자도 독자와 독자의 검색·구매·독서 습관에 대해 알지 못했다. 디지털 이전 세상에서는 이러한 정보를 조직적으로 수집하기 쉽지 않았고 고객과 소통하기도 쉽지 않았다. 하지만 디지털 혁명으로 이 모든 것이 바뀌었다.

고객이 온라인으로 책과 여러 상품을 검색해서 구매하기 시작하면 고객의 활동은 체계적으로 수집할 수 있는 디지털 흔적을 남겼고, 소매업체는 고객의 검색 및 구매 활동에 대한 폭넓은 기록을 제공받을 수 있었다. 소매업체의 플랫폼에서 이루어지는 모든 클릭은 실제 구매이든 단순한 페이지 열람이든 간에 추적·기록·보관되며, 소매업체는 시간을 거슬러 올라가 모든 고객의 온라인 행동에 대한 포괄적인 그림을 그릴 수 있게 된다.

더욱이 소매업체는 모든 고객의 이름, 이메일 주소, 우편번호, 신용카드 번호 같은 개인적인 세부사항을 갖고 있으므로 고객에 대해 더 많이 알게 되고 고객과 직접 그리고 쉽게 소통할 수 있다. 이러한 의사소통은 개인화될 수 있다. 이제는 표준화된 도서 카탈로그를 모든 고객에게 우편으로 보낼 필요가 없다. 각 이메일은 각 개인 고객의 기록에 따라 맞춤화될 수 있다. 알고리즘과 기계 학습을 이용함으로써 이 모든 것은 자동화되고, 각 고객은 이전 검색 및 구매 활동을 근거로 맞춤형 추천을 받을 수 있다. 이는 고객이 관심 있을 만한 것에 대한 소매업체의 예상을 반영한다. 소매업체는 또한 고객이 사이트를 방문할 때 각 고객의 홈페이지를 맞춤화하므로 고객은 자신의 관심사에 대한 소매업체의 예측을 반영한 도서와 기타 상품을 볼 수 있다. 또한 소매업체는 동일한 지식과 메커니즘을 사용해서 출판사와 기타 공급업체에 광고를 판매할 수도 있다. 이것이 도서에서 행동 선물 시장이 작동하는 방식이다. 그리고 1990년대 말과 2000년대 초에는 아마존이라는 소매업체가 시장을 장악했다. 디지털 혁명 덕분에 아마존은 이제 독자의 검색 및 구매 행태에 대해 다른 어떤 출판사가 알았던 것보다 측정할 수 없을 정도로 많이 아는 소매업체가 되었다. 출판 게임은 바뀌었고, 이제 대부분의 카드는 독자에 관한 정보 자본을 사실상 독점한 덕분에 이장에서 지배적인 위치에 있게 된 한 소매업체의 손에 들어갔다.

2000년대를 지나 2010년대로 들어서면서 많은 출판사에게는 이 장이 그들의 삶을 점점 더 힘들게 하는 방식으로 진화하고 있다는 것이 확실해졌다. 2011년 보더스의 파산은 오프라인 서점들의 위태로운 위상을 극명하게 보여주었다. 출판사들은 온라인 소매업체인 아마존에 점점 더 의존하게 되었다. 아마존은 시장 점유율을 빠르게 확보하고 있었고 독자에 대해 출판사들보다 훨씬 잘 알고 있었다. 정보 자본의 근거가 되는 독자는 새로운 출판 게임의 칩이었고 칩은 아마존 쪽에 압도적으로 쌓이고 있었다. 그러나 꼭 그래야만 했을까? 이것이 2010년 이후 주류 출판사의 고위 관리자들을 사로잡기 시작한 질문이었다. 아마도 출판사들은 스스로 B2B 사업이라고 이해했던 것에 대해 다시 생각해 보고 이전에 자신들이 해본 적 없는 일, 즉 독자와 직접 소통하는 경로를 구축하는 일을 할 수 있는지에 대해 확인해 볼 때가 되었는지도 모른다.

디지털 혁명 덕분에 이전에는 전혀 가능치 않았던 방식으로 이것이 가능해졌다. 디지털 혁명은 출판사의 콘텐츠를 디지털화했을 뿐 아니라 작업 과정을 디지털화했고 콘텐츠를 전달하는 새로운 디지털 채널을 만들었다. 다른 매체 및 창조 산업과 함께 출판도 광범위한 정보 환경을 바꾸고 있었다. 점점 더 많은 사람들은 온라인 환경으로 이동하고 있었는데, 이는 서점에서 물리적으로 공존할 필요가 없는 상호작용 및 의사소통의 새로운 기회가 부상하고 있음을 의미했다. 그런데 아마존이 이러한 새로운 형태의 상호작용과 의사소통을 활용할 수 있다면 출판사들이 이것을 하지 못할 이유가 무엇인가? 출판사들은 자신들의 책을 읽고 관심을 보이는 개인들과 직접 소통하는 채널을 열 수 있고, 그들에 대한 데이터베이스를 구축할 수 있다. 또한 그들의 관심사가 무엇인지, 어떤 종류의 책이 그들에게 매력적일지 알 수 있고, 그들에게 출판하려는 새 책에 대해 직접 알릴 수도 있다. 출판사들은 이런 일을 위해 아마존에게서 종종 광고 수수료의 형태로 그 특권을 구매해야 했는데, 이제는 아마존에 의존할 필요가 없었다. 출판사들은 독자와 직접 소통할 수 있었다. 그들은 독자에게 책을 판매할 필요도 없었다. 출판사들은 독자를 아마존, 반스 앤 노블, 워터하우스, 또는 독립 서점 같은 기존의 소매 경로로 안내하고 소매업체끼리 판매 경쟁을 하도록 할 수 있었다. 하지만 출판사들이 직접 판매할 수 있다면 소매업체 할인을 없애고 제3자 중개자에 대한 의존도를 낮추고 자신들의 이익 역시 개선할 수 있었다. 직접 판매하는 것과 소매업체를 우회하는 것이 핵심은 아니었다. 핵심은 출판사가 이제 이전에는 가능하지 않았던 방식과 규모로 책의 독자와 직접 소통할 수 있다는 것이다.

과거에는 출판사들이 자신을 넘어서서 작가와 소매업체, 창작자와 고객에게 관심을 집중하는 경향이 있었다. 출판사는 콘텐츠의 창작자(작가)와 콘텐츠의 소비자(독자)를 도서 공급망의 중개자를 통해 연결하는 서비스 제공자였다. 출판사는 창조적인 재능을 발견하고 키우고 유지해야 했기 때문에 작가(및 대리인)에게 집중했다. 이것이 사업에 필요한 콘텐츠의 원천이었기 때문이다. 그리고 출판사는 소매업체(및 도매업체)에도 초점을 두었는데, 이들은 책을 대중에게 제공하고 개별 소비자에게 판매하는 책무를 맡은 출판사의 직접적인 고객이었기 때문이다. 최종 소비자인 독자는 도서 공급망의 더 아래에 출판사의 손이 닿지 않는 곳에 있었다(그리고 대체로 출판사의 관심 밖이기도 했다). 이러한 모델은 다수의 소매업체와 책의 전시와 검색을 위한 다양한 물리적 공간을 제공하는 많은 수의 서점이 있는 경우 잘 작동했다. 그러나 물리적 소매 공간이 쇠퇴하고 전례 없는 규모로 고객 자료를 수집하는 하나의 온라인 소매업체 플랫폼으로 점점 더 많은 판매가 이동함에 따라 출판 세계에서 오랫동안 유행했던 구식 모델은 우리가 지금 살고 있는 새로운 세계에서 발을 떼고 있는 듯하다. 물론 출판사들은 여전히 작가에게 집중해야 하고 도서 공급망 내 자신들의 고객인 소매업체 및 도매업체와 좋은 관계를 유지해야 하지만, 이제 소매업체를 넘어 책의 최종 소비자인 독자와 직접적인 관계를 구축할 필요가 있다. 작가와 소매업체라는 두 가지 방향을 맞대고 있는 조직은 이제 세 번째 방향, 즉 독자 역시 직면해야 한다. 요컨대 출판사는 독자를 신중하게 대할 필요가 있다. 그리고 디지털 혁명 덕분에 이전에는 불가능했던 방식으로 이를 수행할 수 있게 되었다. 이제 출판사는 작가 중심이나 서점 중심이 아닌 독자 중심이 되어 독자와 직접 소통하고 독자에 대해 알고 독자에게 직접 마케팅하는 것이 가능해졌다. 일부 출판사에게는 이것이 디지털 혁명의 진정한 의미였다. 한 대형 시판용 출판사의 CEO는 이렇게 말했다.

디지털 변혁의 요체는 우리가 훨씬 더 독자 중심이어야 한다는 것입니다. 우리는 출판사로서 항상 B2B 지향적이었기 때문에 항상 서점에 봉사했고 서점에서 가장 눈에 띄게 우리 책을 전시하려고 노력했으며 서점은 수요를 일으키는 과제를 갖고 있었습니다. 하지만 이제는 훨씬 더 소비자 중심이 되어야 합니다. 디지털 변혁의 초기에 보더스가 망했을 때 우리는 하룻밤 사이에 800개의 매장을 잃었습니다. 그 시점에서 우리 모두는 더욱 독자 중심이 되어야 한다는 것, 출판사가 서점 기반의 B2B에서 독자 중심의 B2C로 사고방식을 전환해야 한다는 것을 알았습니다. 그것이 디지털 변혁의 요점입니다.

이것은 디지털 혁명이 요구한, 그리고 디지털 혁명이 가능케 한 초점의 근본적인 변화였다. 그리고 이는 다양한 방식으로 추구될 수 있었다.

가장 기본적인 수준에서는 출판사가 독자 및 잠재 독자의 이메일 데이터베이스를 그들의 관심사, 취향, 선호에 대한 정보와 함께 구축할 수 있고 이를 소비자에게 직접 마케팅하는 자원으로 사용할 수 있다. 이렇게 하는 것의 가장 큰 이점은 이메일과 인터넷 덕분에 출판사들이 이제 출판하는 책에 관심을 가질 법한 독자에게 직접 연락하는 비용 효과적인 방법을 개발할 수 있다는 것이다. 출판사들은 신문과 잡지처럼 전통적인 매체에서 일반적이고 비용이 비싸며 덜 표적화된 광고에 의존할 필요가 없고, 자신들의 책을 추천할지 여부에 대해 아마존에 의존할 필요가 없으며, 아마존, 구글, 페이스북 및 다른 플랫폼에서 구매한 인터넷 광고에 의존할 필요도 없다. 물론 이러한 일을 일부 수행할 수도 있지만 독자와 직접 소통하는 채널을 열어서 자신들만의 디지털 마케팅을 더 많이 통제할 수도 있다. 출판사들은 아마존이 자신들보다 먼저 매우 효과적으로 해왔던 일을 스스로 할 수 있다. 그들의 최종 소비자인 독자에 대한 데이터를 수집하고 이 데이터를 이용해서 관심과 목적이 자신들과 완전히 일치하는 않는 강력한 중개자에 의존할 필요 없이 독자에게 직접 마케팅한다. 다시 말해 자신들만의 작은 정보 자본을 모을 수 있다. 하지만 기술 회사들과 달리 출판사들은 행동 선물 시장에서 이 데이터를 거래하지 않으며 거래해서도 안 된다. 출판사들은 제 3자에게 광고를 판매하기 위해 고객 정보 데이터베이스를 구축하는 것이 아니다. 그들은 독자와 상호 소통하고 독자에 대해 배우고 이제 출판하는 책에 관심을 가질 법한 독자에게 새로운 책에 대해 알려주기 위해 독자에 대한 정보 데이터베이스를 구축하고 있다. 이것은 출판사가 출판하는 책에 관심을 표했던 독자 그룹을 기반으로 하기 때문에 매우 표적화된 마케팅이 될 수 있다. 독자들은 출판사의 뉴스레터를 구독 신청하거나 이메일 주소를 제공함으로써 출판사의 커뮤니케이션에 대한 관심과 개방성을 보여주었고 언제라도 이를 그만둘 수도 있다.

이메일 데이터베이스를 구축하는 것은 출판사에게 효과적인 마케팅 도구가 될 수 있지만 이메일로 마케팅하는 것이 쉽지는 않다. 독자는 출판사가 자신과 직접 소통할 수 있도록 뉴스레터에 가입하거나 이메일 주소 및 기타 세부사항을 제공해야 했다. 독자와 다른 소비자들은 아마존 플랫폼에 있는 책과 엄청난 범위의 상품을 사기 위해 개인적인 세부사항을 아마존에 기꺼이 제공한다. 하지만 출판사들은 아마존이 가진 이러한 커다란 이점을 갖고 있지 않다. 따라서 출판사는 독자가 목록에 가입하도록 설득하기 위해 다른 수단에 의존해야 한다. 다양한 종류의 인센티브를 제공하는 것이 하나의 방법이다. 예를 들어 경품에 독자를 참여시키거나, 출판사가 직접 판매를 할 경우 다음번 주문에서 무료 도서를 제공하거나 상당한 할인을 제공하는 등의 방법을 활용하는 것이다. 그러나 인센티브를 제공하더라도 개인 데이터에 관한 엄격한 법적 조건을 요구하는 지역(유럽연합 같은)에서는 이것이 시간이 걸리고 힘든 과정이다. 이메일 주소가 겨우 몇천 개에 불과하다면 노력할 가치가 없어 보일 수도 있다. 그러나 당신이 출판하는 책에 관심이 있고 당신으로부터 소식을 듣고 싶어 하는 사람들의 이메일 주소를 10만 개 수집할 수 있다면 어떻겠는가? 만일 당신이 100만, 1000만 명까지 이메일을 수집해서 당신의 새 책 및 앞으로 나올 책뿐만 아니라 관련 있는 기간도서 서적까지 그들과 직접 소통할 수 있다면 어떻겠는가? 그렇다면 당신은 적극적인 독자이자 취향, 관심사, 선호도를 알고 있는 수많은 사람에게 거의 무료이자 매우 표적화된 방식으로 다가갈 수 있는 매우 강력한 방법을 갖게 되는 것이다.

독자들의 데이터베이스를 구축하는 것은 중요한 단계이지만 이는 독자에게로 초점을 돌리는 방법 가운데 하나일 뿐이다. 출판사에게 진정한 도전과제는 더욱 독자 중심적으로 되는 것이 고객의 이메일 데이터베이스를 구축해서 독자에 대한 직접 마케팅을 더 잘하게 되는 것 이상의 의미가 있는지, 의미가 있다면 무엇을 의미하는지 따져보는 것이다. 예를 들어 그것은 독자의 관심과 선호를 출판사에 위임해서 출판 과정에 이를 좀 더 직접적으로 반영하는 것을 의미할 수 있다. 출판이라는 장의 변두리에 있는 일부 창업회사는 독자의 피드백을 고려하는 새로운 방법을 개발하는 데 특히 창의적이고 진보적이다. 크라우드펀딩 모델은 독자의 반응을 의사결정 과정에 조직적으로 넣었다. 책을 진행할지 여부에 대한 결정은 재정적 지원 서약을 통해 프로젝트를 기꺼이 후원하려는 사람이 얼마나 많은지에 달려 있기 때문이다. 이것은 전통적인 출판 모델을 완전히 뒤집는 것이다. 더 이상 '책을 출판하고 나서 시장을 찾는' 것이 아니라 '책을 위한 시장을 찾고 나서 책을 출판할지 결정'하는 것이다. 이것은 독자의 선호를 고려하고 출판사의 위험을 크게 줄이는 굉장한 모델이지만 시간이 많이 걸리고 행정적으로 복잡하며 일 년에 수천 종의 새 책을 내는 대규모 출판 운영에서는 확장하기 어려운 모델이었다. 왓패드의 소셜 미디어 모델은 독자의 피드백을 다른 방식으로 통합한다. 즉, 왓패드에서는 작가가 이야기를 쓰는 동안 독자들의 댓글을 감안할 수 있으며, 어떤 이야기를 책으로 그리고/또는 영화로 만들지 결정하고 그 개발 과정을 안내하는 데서 독자 수와 댓글의 특성에 대한 데이터를 사용할 수 있다. 왓패드는 이미 전 세계적으로 8000만 명 이상의 사용자와 5억 6500만 개 이상의 이야기를 가진 소셜 미디어로 대규모로 운영되고 있다는 점을 고려하면 이 출판 사업의 규모를 키울 잠재력은 상당하다. 여기서의 의문점은 왓패드가 특히 강한 팔로어를 개발해 낸 특정 장르(주로 10대 소설)를 뛰어넘어 이 모델이 일반화할 수 있는가 하는 것이다. 이 피드백 모델은 왓패드 소셜 미디어 플랫폼에 가입하기로 선택한 기존의 사용자 커뮤니티와 해당 플랫폼에서 그들이 벌이는 활동(그들이 팔로우하는 이야기, 그들이 쓰는 댓글 등)이 피드백 과정에 대한 기본 데이터를 형성한다고 전제한다. 왓패드에서 두드러지게 나타나는 이야기(10대 소설, 10대 로맨스 소설, 팬픽션 등)는 대규모 젊은이, 특히 10대 소녀들을 국제적으로 끌어들이는 이야기이다. 하지만 비소설은 말할 것도 없고 다른 유형의 소설 역시 왓패드가 플랫폼에서 수집하는 종류의 사용자 데이터를 만들어내기에 충분한 규모의 팔로어를 끌어들일 수 있을지는 확실하지 않다.

주류 출판사들은 크라우드펀딩 모델과 왓패드 소셜 미디어 플랫폼에 의해 개발된 피드백 과정을 직접 복제하기는 어려울 수 있지만 독자와의 소통 채널을 열기 위해 할 수 있는 다른 일이 있다. 만일 출판사가 이메일 주소 데이터베이스를 구축하기 시작했다면, 출판사는 이를 단순히 독자에게 관심이 될 만한 새 책을 알리는 데만 이용하는 것이 아니라 독자를 책의 소비자가 아닌 대화의 파트너로 대하는 대화를 시작하는 데 이용할 수 있다. 온라인 커뮤니케이션은 상호적이고 양방향적이며 다중 통신이므로 독자는 표적 마케팅 메시지의 잠재 수신자일 뿐만 아니라 대화 소통의 잠재 참여자이기도 하다. 독자를 상호 소통의 잠재 참여자로 대한다는 것은 출판사가 독자의 말을 경청하고 적극적으로 독자의 견해를 구하고 독자에게 대응하는 새로운 방식을 개발하는 방법을 배울 필요가 있음을 의미한다. 출판사는 독자에게 어떻게 효과적으로 마케팅할 수 있는가뿐만 아니라 어떻게 독자의 말을 경청할 수 있는지, 독자가 출판사로부터 무엇을 보고 싶어 하는지, 독자의 관심사가 무엇인지에 대해 스스로에게 더 많이 물어야 한다. 그리고 디지털 기술이 열어놓은 새로운 통신 채널, 즉 이메일, 소셜 미디어 등등을 출판하려는 작가와 이 작가의 책을 읽기 원하는 독자 간의 소통을 촉진하는 데 이용할 수 있는 방법에 대해 심사숙고해야 한다. 출판사는 책이 폭넓은 문화적 대화의 일부가 될 수 있도록 작가와 독자 사이의 통로를 만드는 문화적 교류 과정의 중개자에 불과하기 때문이다. 독자는 작가의 이야기에 관심이 있을 뿐, 출판사(또는 그 일에 관한 소매업체)에는 아무런 관심이 없다. 따라서 오늘날 출판사가 직면한 근본적인 질문은 온라인과 오프라인, 그리고 점점 온라인화하는 다양한 환경에서 벌어지고 있는 문화적 대화를 출판사가 어떻게 촉진할 수 있는지, 이 대화에 어떻게 효과적으로 참여할 수 있는지, 21세기의 변화하는 정보 환경에서 책이 계속해서 자리를 차지하려면 어떻게 해야 하는지 하는 것이다.

디지털 시대의 책

디지털 시대에는 책이 가망 없다고 생각하는 사람들도 있다. 그들은 문화적 형태로서의 책이 점점 온라인화되고 스크린을 기반으로 하는 디지털 문화와 근본적으로 조화를 이루지 못한다고 생각하거나, 책은 밝고 소란스럽고 끊임없이 변화하는 인터넷 세상—니컬러스 카르Nicolas Carr의 말을 빌리자면, 몰입형 독서의 깊이에서 사람들을 끌어내서 주의 산만한 얄팍한 곳으로 밀어 넣는 세상—과 근본적으로 맞지 않다고 생각할 수 있다.[33] 어쩌면 우리는 긴 포맷의 읽기에 필요한 지속적인 집중을 점점 더 못하게 되고 긴 포맷의 읽기에 덜 끌리게 된 것일 수도 있다. 정말 그렇게 된 것일까?

아마도 그럴 것이다. 오늘날 많은 사람은 책을 읽기보다 TV에서부터 컴퓨터, 이동식 기기에 이르기까지 다양한 화면에서 시청각 콘텐츠를 소비하는 데 훨씬 더 많은 시간을 쓰는 것이 사실이다. 미국의 최근 조사에 따르면, 미국인은 하루에 겨우 26분 독서하는 데 비해 TV 시청에 하루 평균 2.8시간, 컴퓨터 게임과 놀이를 위해 컴퓨터를 이용하는 데 47분을 소비했다. 즉, TV 시청 시간과 컴퓨터 사용 시간이 독서 시간보다 평균 8배 이상 많은 것이다.[34] 반면, 지난해에 적어도 한 권의 책을 읽었다고 말한 미국인의 비율은 대체로 최근 동안 크게 변하지 않았으며, 인쇄책이 전자책이나 오디오북보다 훨씬 인기 있었다.[35] 하지

---

33 Nicholas Carr, *The Shallows: How the Internet Is Changing the Way We Think, Read and Remember* (New York: W. W. Norton, 2010).

34 "American Time Use Survey - 2018 Results," released 19 June 2019, Bureau of Labor Statistics, at www.bls.gov/news.release/atus.nr0.htm 참조.

만 책을 읽는 데 소비하는 평균 시간이 TV를 시청하고 다른 스크린 기반의 활동에 묶여 있는 시간보다 훨씬 적은데도 불구하고 책, 특히 인쇄책은 점점 스크린 기반의 디지털 세상에서 많은 사람이 생각했던 것보다 견고한 존재감을 갖고 있는 듯하다. 이 같은 책의 완강한 지속성을 어떻게 설명할 수 있을까?

이 질문에 많은 답이 있다는 데에는 의심의 여지가 없다. 사람들은 많은 다른 이유로 책을 읽고 책을 가치 있게 여기기 때문이다. 그러나 오늘날 많은 사람이 책, 특히 인쇄된 책을 높이 평가하는 이유는 바로 스크린 기반의 디지털 문화와 다르기 때문이지 않을까? 사람들의 삶이 스크린 기반의 문화에 더 묶일수록 그 안에 완전히 흡수되지 않은 활동 형태에 더 많은 가치를 부여할 수 있다. 독일에서 수행한 한 최근 연구에 따르면, 사람들이 독서를 즐기는 주요 이유 중 하나는 일상생활에서의 압박 및 디지털 기기의 멀티태스킹에 대한 끊임없는 요구에 압도되었기 때문이라고 한다. 책을 읽는 것은 이러한 압박과 요구로부터 벗어나 잠깐이라도 또 다른 세상으로 몰입하는 기회를 제공한다는 것이다. 한 독자는 "나는 세상이 점점 정신없어진다고 느낀다. 좀 내려놓을 수 있는 공간이 필요하다"[36]라고 말했다. 어떤 사람에게는 독서가 자신의 일상생활을 점점 빨아들이는 세상, 빠른 응답을 요구하는 이메일과 문자가 쉬지 않고 울리고 자신의 관심을 끊임없이 여러 방향으로 끌어가는 세상으로부터 잠시 벗어나는 기회를 제공한다. 이를 통해 사람들은

35 Andrew Perrin, "Book Reading 2016," Pew Research Center(1 September 2016), at www. pewinternet.org/2016/09/01/book-reading-2016.

36 "Buchkäufer – quo vadis?," Börsenverein des Deutschen Buchhandels(June 2018), p.66.

얕은 곳에서 벗어나 더 깊은 또 다른 세상에 몰입할 수 있다.

이는 매일의 삶의 압박으로부터 단절해서 휴식을 취하려는 욕구 이상의 것일 수 있다. 이는 또한 시간에 대한 일부 통제를 다시 주관하려는 것일 수도 있다. 쉬지 않고 속도를 올리고 있는 세상에서(하르트무트 로자Hartmut Rosa는 이를 "가속 사회"라고 일컬었다[37]) 살고 있다는 느낌은 이 시대 서구 사회에 널리 퍼져 있는 감정이다. 많은 사람들은 그 어느 때보다도 급하고 초조하고 시간에 쫓긴다고 느낀다.[38] 이것은 단지 새로운 기술의 발전 때문만은 아니다. 여기서는 작업 패턴의 변화와 같은 다른 요인이 중요하다. 새로운 기술 자체가 반드시 일상생활의 속도를 높이는 것은 아니다. 그러나 새로운 기술의 전개로 인해 생산되는 상품, 완료해야 할 활동, 발송해야 할 통신 수 등이 상당히 증가할 경우 개인은 삶의 속도가 빨라지고 시간이 희소해지는 현상을 경험하게 된다.[39] 새로운 기술의 전개는 업무의 강도를 높이고 스트레스 수준을 높이기 때문에 사람들은 여가와 기타 활동을 위한 시간을 내기보다 같은 시간 동안 더 많은 일을 하려고 하게 된다. 시간 절약형 기술은 시간 소비형 기술로 전환되어 더 많은 시간을 흡수하고, 사람들은 자신을 위한 시간이 점점 더 줄어들고 있다는 느낌을 갖는다. 이것이 슬로푸드에서부터 슬로 패션까지, 느린 여행에서부터 느린 미디어에 이르기까지 느

---

37 Hartmut Rosa, *Social Acceleration: A New Theory of Modernity*, tr. Jonathan Trejo-Mathys (New York: Columbia University Press, 2013) 참조.

38 Judy Wajcman, *Pressed for Time: The Acceleration of Life in Digital Capitalism* (University of Chicago Press, 2015) 참조. 한 연구에 따르면 항상 다급하게 생활하는 것 같다고 느끼는 미국인의 비율은 1965년 25%에서 40년 후 35%로 늘어났으며 지금은 절반 조금 못 미치는 사람들이 자신만의 시간이 거의 없다고 말한다(Wajcman, p.64).

39 Rosa, *Social Acceleration*, pp.65~70.

린 삶을 위한 요구와 운동을 부채질하고 있다.[40]

이런 맥락에서 보면 책과 독서 활동은 새로운 의미를 지닐 수 있다. 많은 사람이 삶의 속도가 빨라지고 자신을 위한 시간이 점점 줄어든다고 느끼는 세상에서 책을 읽는 것은 가속 사이클에서 벗어나 통제력을 다시 발휘하는 하나의 방법이 될 수 있다. 대부분의 사람에게 독서는 속도가 빠른 활동이 아니다. 텍스트에 몰두하려면 여러 시간 동안 또는 아마도 여러 날을 따로 떼어놓아야 한다. 책 읽기를 선택하는 것은 상당한 시간 투자를 약속하는 것이다. 이는 지속적인 집중과 주의를 요구하는 특정 활동에 상당한 시간을 투자하기로 결정하는 것이자, 본질적으로 시간이 많이 걸리고 속도를 크게 높일 수 없는 활동에 참여하기로 선택하는 것이다. 독서는 매일의 삶에서 사람들의 시간과 관심을 빼앗는 많은 다른 활동과는 다른 템포를 가지고 있는데, 이는 독서의 단점이라기보다 매력의 일부일 수 있다. 독서는 시간이 점점 더 희소해지는 듯한 세상에서 자신을 위한 시간을 되찾는 방법이자 가속화되는 사회에서의 일상 차단기이다. 독서는 속도를 늦추는 것이라기보다는 일상생활의 흐름에서 덜 서두르고 덜 조급하고 끊임없이 빨라지는 세상의 요구에 덜 얽매이는 다른 종류의 균형을 찾는 것이다. 그것은 세상으로부터 도망쳐서 시간이 멈춘 '감속의 오아시스'로 가는 것이 아니지만, 세상과는 다른 존재의 방식을 정립하고 세상과의 관계를 덜 걱정스럽

---

40 Carlo Petrini, *Slow Food Nation: Why Our Food Should Be Good, Clean, Fair* (New York: Rizzoli, 2007); Carl Honoré, *In Praise of Slow: How a Worldwide Movement is Challenging the Cult of Speed* (New York: Harper Books, 2005); Wendy Perkins and Geoffrey Craig, *Slow Living* (Oxford: Berg, 2006); Jennifer Rauch, *Slow Media: Why 'Slow' Is Satisfying, Sustainable, and Smart* (New York: Oxford University Press, 2018).

고 덜 긴장하는 식으로 재정립하는 문제이다(이는 로자가 '공명'이라고 일컬었던 말로 특징지을 수 있는 종류의 관계이다). 이는 개인이 세상에 의해 괴롭힘을 당하거나 축출되거나 압도되기보다는 세상과 조화로움을 느끼면서 함께 존재하게 되는 방식이다.[41] 물론 책을 읽는 것이 개인이 세상에 존재하는 더 만족스러운 방식을 찾는 유일한 방법은 아니다. 음악을 듣거나 시골길을 산책하는 것부터 가족이나 친구들과 집에서 휴식을 취하는 것까지 다른 방법도 많다. 그러나 책을 읽는 것은 개인으로 하여금 세상에 존재하는 방식을 재설정할 수 있게 하고, 그 결과 스크린 문화가 그 전의 모든 것을 쓸어버릴 것이라고 예측했던(또는 두려워했던) 사람들이 가정했던 것보다 더 끈질기게 현대 사회의 문화적 믹스에서 자리를 잡고 있는 것으로 드러났다.

그렇다고 해서 아날로그의 귀환으로 디지털 문화가 사라지는 '포스트 디지털 시대'에 진입했다고 주장하는 것은 아니다. 전혀 그렇지는 않다. 우리 시대는 철저히 그리고 돌이킬 수 없는 디지털 시대이며, 출판을 포함해 미디어 및 창조 산업에서 디지털 혁명에 의해 근본적으로 변화되지 않은 분야가 없다. 그러나 이것이 모든 문화 상품이 디지털 제품으로 바뀐다는 말은 아니다. 또한 개인이 모든 문화 상품을 디지털 인공물로 소비하거나 스크린 기반의 문화 활동에만 집중할 것이라는 말도 아니다. 그럴 가능성은 절대 없다. 단지 디지털의 매력에 빚진 궁색한 상상력이 예상 밖의 시나리오를 우리에게 투영했던 것이다. 기술은 반드시 서로 순차적으로 계승하는 것이 아니라 때로는 공존한다.

---

41 Hartmut Rosa, *Resonance: A Sociology of Our Relationship to the World*, tr. James C. Wagner(Cambridge: Polity, 2019).

TV가 시청각적으로 훨씬 풍부함에도 불구하고 많은 사람들의 삶에서 라디오가 계속해서 한자리를 차지하는 것과 같은 방식으로 말이다. 종이에 인쇄된 책 역시 전자책 및 오디오북, 그리고 미래에 등장할지 모르는 어떤 새로운 매체와도 계속 공존할 수 있을 것이다. 우리가 점점 디지털화되는 시대에 살고 '있음에도 불구하고' 종이 인쇄책이 새로운 매체와 공존하는 것은 아니다. 우리가 이러한 시대에 살고 '있기 때문에' 그러한 것이다.

결론

유동적인 세계

　21세기의 처음 20년은 도서출판을 포함한 모든 매체 및 창조 산업에 엄청나게 어려운 시기였다. 이 산업들은 디지털화되고 0과 1의 배열로 바뀔 수 있는 특정 종류의 콘텐츠(기호 콘텐츠)를 취급하고 있기 때문에 이러한 콘텐츠의 디지털화가 열어준 모든 지대한 가능성과 함께 디지털 혁명의 변혁적인 영향에 독특하게 노출되어 있었다. 21세기가 시작될 무렵, 이러한 기술 변화로 인해 레코드 LP, 종이 신문, 종이 인쇄책과 같이 기호 콘텐츠가 심어져 있는 물질적 인공물을 생산하고 유통하는 사업을 기반으로 하는 매체 및 창조 산업의 종말이 시작되었다고 예견한 선각자들이 적지 않았다. 이들에 예측에 따르면, 이제 물리적 개체를 생산·저장·전송하는 데 돈을 들이지 않고도 기호 콘텐츠가 인터넷을 통해 전자적으로 만들어지고 유포되고 소비되는 새로운 시대가 탄생할 것이었다. 그리고 이전 세대에게 친숙했던 문화 상품은 지나간 시대의 물건이 되고 새로운 세대는 자신들의 세계로부터 점점 멀어지는 것처럼 보이는 세계를 어리둥절한 호기심 속에 뒤돌아볼 것이었다. 새로운 세대의 세계는 방대한 양의 콘텐츠를 쉽고 빠르고 저렴하게 화면 터치나 마우스 클릭 한번으로 이용할 수 있을 곳이었다. 구텐베르크여, 안녕! 그동안 좋았지만 이제 그 시간이 끝나고 있어.

기술이 자체적으로 변혁적인 힘을 갖고 있다는 생각에 기반을 둔 수많은 이야기와 마찬가지로, 디지털 혁명이 매체 및 창조 산업에 미칠 영향에 대한 이러한 전망은 엄청나게 복잡하고 다양할 과정을 지나치게 단순화한 것이었다. 이 과정은 매체 및 창조 산업의 각 분야마다 크게 다를 뿐만 아니라 도서출판산업을 포함한 각 특정 산업 내에서도 훨씬 복잡한 것으로 판명되었다. 이는 부분적으로는 기술이 스스로 작동하지 않기 때문이다. 기술은 자신이 만들어지고 사용되는 방식을 형성하는 기존의 제도와 관습 속에서, 기술에 대한 흥미, 목적, 욕망, 취향을 가진 실제 인간들이 존재하는 특정한 사회적·역사적 맥락 속에서 항상 개발되고 전개되며, 사용되거나 무시된다. 기술은 그 자체로 세상을 변혁할 수 있는 힘을 가진 돌연변이가 아니다. 기술은 특정한 사회적 맥락에서 가치 있다고 생각하는 무언가를 개발하기 위해 열린 기회를 포착하는 행위자에 의해 개발되고 전개되는 자원이다. 그러한 행동이 모두 성공하는 것은 아니다. 많은 경우 실제로 대부분은 실패한다. 일부 행동은 행위자가 다른 사람의 이해관계에 영향을 미치거나 다른 사람이 위협적이라고 인식하는 기회를 추구할 경우 다른 사람과의 갈등으로 몰아넣는다. 모든 산업에서, 특히 도서출판 같은 오래된 매체 산업에서는 새로운 기회를 추구하는 것이 종종 다른 사람의 희생을 대가로 하기 때문에 기술 변화는 권력 및 갈등과 불가분의 관계에 있는 복잡한 문제이다.

2007년 킨들이 도입된 후 처음 몇 년 동안 전자책이 급격하게 성장하자 당시 많은 사람들은 MP3와 아이팟이 음악산업의 길을 많이 바꾸어놓은 것처럼 킨들이 포스트 구텐베르크 시대를 여는 기술적 혁신일 수도 있다고 보았다. 하지만 이 역시 복잡한 현실을 지나치게 단순화한 것으로 판명되었다. 더욱 중요한 것은 디지털 혁명이 무엇인지에 대한 오해였다. 확실히 처음 몇 년 동안 전자책의 부상은 도서출판산업이 500년이라는 긴 역사에서 보았던 그 무엇보다도 놀라웠다. 가까운 곳에서 전자책을 관찰한 사람들에게는 전자책이 전환점이 될 수 있다고 생각할 만한 이유가 있었다. 하지만 그렇지 않았다. 전자책은 등장과 동시에 급격히 성장했던 것과 마찬가지로 급작스럽게 성장을 멈추었고, 우리가 알고 있듯이 책의 종말에 대한 많은 글은 항상 그래왔던 지나치게 단순화된 것으로 드러났다. 그러나 이러한 수치 아래에는 좀 더 복잡한 현실이 자리 잡고 있었다. 전자책은 특히 로맨스, 성애물, SF, 판타지, 스릴러 같은 특정한 종류의 책에 잘 맞는 포맷으로 밝혀졌다. 그러나 많은 유형의 비소설을 포함해 다른 많은 카테고리의 책에는 인쇄책이 놀라울 정도로 끈질긴 것으로 판명되었다. 전자책도 이 카테고리에서 판매되었지만 그 양이 훨씬 적었다. 요컨대 책이 인쇄 포맷에서 디지털 포맷으로 옮겨가는 정도에는 커다란 차이가 있었다. 장르 소설을 출판하던 출판사의 경우 자가 출판의 폭발과 겹쳐 디지털로 강력하게 이동했는데, 이는 이들 출판사에게 상당한 영향을 미치는 주요한 변화였다. 그러나 다른 분야, 특히 아동 도서 같은 전문 분야뿐만 아니라 문학 소설, 비소설 같은 주류 분야에 초점을 둔 출판사에서도 전자책의 등장은 그 중요성이 훨씬 낮은 것으로 판명되었다. 다시 말해 전자책은 많은 사람이 생각했거나 걱정했던 것처럼 과격한 파괴자가 아니었고 일부 평론가와 기업가들이 상상했던 것처럼 책이라는 형태를 재창조하는 매체도 아니었다. 실제로 전자책은 1930년대부터 페이퍼백이 출판사에게 사용 가능한 또 다른 포맷이 되었던 것과 다르지 않은 방식으로 출판사가 책을 포장해서 소비자에게 전달할 수 있는 그저 또 다른 포맷인 것으로 판명되었다.

그러나 디지털 혁명이 도서출판산업에 미친 영향은 전자책에만 국한되지 않았다. 이것은 이야기의 일부일 뿐이다. 전자책이 게임 체인저가 될 것이라고 생각했던 사람들은 착각했던 것이다. 실은 훨씬 더 근본적인 일이 진행되고 있었다. 디지털 혁명은 우리 사회의 폭넓은 정보 통신 환경을 빠르고 돌이킬 수 없게 변화시켰으며, 정보가 사회 및 정치 세계를 통해 흐르는 방식을, 그리고 사람들이 서로 소통하고 기호 콘텐츠를 소비하는 방식을 변화시켰다. 모든 매체 및 창조 산업과 마찬가지로 도서출판산업도 이처럼 변화하는 환경에 적응하는 것 외에는 다른 대안이 없을 것이다. 모든 위대한 기술 혁명처럼 디지털 혁명도 기술 자체보다 사회적 관계가 바뀌는 방식과 관련된 것이었다. 도서출판사들은 나침반도 지도도 없이 용감하게 새로운 세상을 항해하고 있음을 알게 되었다. 무엇을 만날지도 확실치 않았고 돌아서서 과거라는 익숙한 세계로 돌아갈 수도 없었다. 그들은 실험을 하면서, 자신보다 먼저 겪은 다른 산업에서 배우면서, 새로운 기회에 자신을 여는 동시에 지혜를 유지하면서, 언제라도 상황이 잘못될 수 있고 수십 년 심지어 수백 년 동안 구축해 놓은 모든 것이 매우 빠르게 없어질 수 있다는 것을 기억하면서 자신의 길을 찾아야만 했다. 출판사들은 도서출판 세계에서는 자신이 아무리 크다 하더라도 자신이 항해하고 있는 용감한 신세계에서는 매우 작은 참가자라는 사실을 발견했다. 이것은 주로 서부 해안에 근거를 두고 있고 대형 출판사 중 가장 규모가 큰 회사까지도 극도로 왜소하게 보이도록 만드는 자본력을 갖춘 대형 기술 회사들이 장을 움직이고 흔드는 세계였다. 이 기술 회사들 중 일부는 출판사들이 생산하고 있는 것에 대해 진지하게 흥미를 갖거나 출판사들이 수백 년 동안 꽤 편안하게 지내온 분야에 진지한 존재감을 확립할 경우 갈등을 일으킬 가능성이 항상 있었다. 하지만 갈등은 의도된 결과가 아니었으며, 대체로 갈등이 야기되지도 않았다. 의도는 종종 좋았고 심지어 감탄할 만했으며, 출판사들은 기술 회사들이 개발한 새로운 형태의 정보 처리 및 전자 상거래로부터 셀 수 없이 많은 혜택을 보았다. 아마존이 책 시장을 엄청나게 확장한 덕에 서점에 쉽게 갈 수 없는 독자들은 책을 쉽게 읽을 수 있게 되었고 공급망은 과거보다 훨씬 더 효율적으로 바뀌었다. 킨들은 전자책을 합법적으로 사고 팔 수 있고 독자 친화적인 기기에서 소비할 수 있는 안정된 환경을 만들어낸 선물이었다. 그러나 출판사의 이해관계와 기술 회사의 이해관계가 항상 일치하지는 않았으며, 이러한 이해관계가 가장 극명하게 갈리는 경우에 도서 전쟁이 발발했다.

이러한 갈등에서 문제가 된 것은 콘텐츠에 대한 서로 다른 사고방식과 권력을 만드는 서로 다른 방식이었다. 도서출판 같은 오래된 매체 산업의 경우에는 콘텐츠가 전부였다. 출판사는 콘텐츠 창작 사업을 하고 있었으므로 새로운 콘텐츠를 지속적으로 공급해야 했다. 사업으로서의 생존 가능성은 그 콘텐츠를 상품화하고 지속적으로 활용하는 능력에 달려 있었다. 반면에 기술 회사에게는 콘텐츠가 또 다른 목적을 위한 수단이었다. 그들은 콘텐츠 창작 사업에 종사하지는 않았다. 기술 회사의 주요 사업은 검색 엔진 사업 또는 소매 사업 또는 또 다른 사업이었으므로 그들에게 콘텐츠는 그 자체가 목적이 아니라 이러한 사업을 추진하거나 확대하거나 향상하는 하나의 방법이었다. 더욱이 기술 회사들은 자신들을 위해 활용할 수 있는 네트워크 경제의 중요한 특성을 발견했다. 바로 조건이 맞다면 독점 사용자 데이터를 특정한 종류의 자원인 정보 자본—매우 가치가 높고 행동 선물 시장에서 광고인들에게 판매할 수 있는—으로 바꿀 수 있다는 것을 알아낸 것이다. 사용자가 많을수록 사용자 데이터를 더 많이 만들어낼 수 있으며, 인터넷을 통해 점점 규모가 커지는 광고 수익 경쟁에서 당신의 위상은 더욱 강력해질 것이다. 기술 회사들은 콘텐츠가 많을수록 더 많은 사용자를 끌어들일 수 있고 더 많은 사용자 데이터를 생성할 수 있기 때문에 콘텐츠를 원했다. 그러나 콘텐츠의 가치는 그들에게 중요하지 않았다. 기술 회사들은 콘텐츠를 상품화하는 것이 아니라 사용자 데이터를 상품화하고 있었다. 그들은 콘텐츠의 가치를 높이 유지하는 데에는 관심이 없었다. 기술 회사의 경우 콘텐츠가 저렴할수록 더 좋다. 콘텐츠는 사용자를 끌어들이는 수단이었고 기술 회사의 진정한 자산은 사용자 데이터였기 때문이다. 이것이 도서출판 같은 오래된 매체 산업과 구글 라이브러리 프로젝트를 둘러싼 오랜 분쟁을 유발한 구글, 아마존 같은 새로운 기술 회사들 아래에, 그리고 전자책 가격 정책을 둘러싼 아마존과의 적대관계 아래에 깔려 있는 경제 논리이다. 이런 논쟁에서 문제가 되는 것은 콘텐츠의 가치에 대한 다양한 사고방식과, 이러한 회사의 힘이 기반으로 삼는 재정 자원을 창출하는 다양한 방식이었다.

표면적으로 보면 출판사들은 기술 거인과의 전쟁에서 지고 있는 것처럼 보인다. 구글 라이브러리 프로젝트의 경우 미국 법원은 결국 구글 승소를 판결하면서 구글의 저작물 사용이 미국 저작권법에 따른 공정 사용임을 확인했다. 그러나 이 판결이 발표될 시점에는 도서 콘텐츠에 대한 구글의 흥미가 시들었다. 2000년대 초반에만 해도 구글은 검색 결과를 향상시키고 검색 엔진 전쟁에서의 위상을 강화하기 위해 도서 콘텐츠를 서버에 추가하는 것이 좋은 아이디어라고 생각했지만 법원이 승소를 판결했을 당시에는 검색 엔진 전쟁이 끝났고 구글은 책의 도움 없이 이미 승리한 상태였다. 더욱이 출판사들은 저작권이 있는 자료에 대해 구글과 도서관이 할 수 있는 한계를 정하는 비공개 합의를 구글과 맺음으로써 저작권을 침해한다고 판단되는 당사자에 대해 법적 조치를 취할 준비가 되어 있음을 입증했다. 구글 라이브러리 프로젝트가 덫trap에 걸리게 된 법적 난국을 고려하면 다른 어느 누구도 조만간 비슷한 경로를 택할 것 같지 않다. 전자책 가격 논란의 경우 법무부는 애플과 5개 시판용 출판사가 미국 반독점법을 위반해 전자책 가격을 인상하고 경쟁을 제한하는 데 공모했다는 견해에 이르렀다. 그러자 출판사들은 길고 돈이 많이 드는 소송을 택하는 대신(패소할 경우 잠재적으로 파멸할 가능성이 있었다) 법무부와 합의해서 화해 법령의 징벌 조항을 받아들이기로 했다. 반면 대행 모델로 전환하기로 한 출판사의 결정으로 인해 가장 큰 손실을 입었고 법무부에 애플과 출판사들 간 거래를 조사하도록 촉구했던 아마존은 이 이야기에서 멀쩡히 나와 그 어느 때보다 강력한 위치에 서게 되었다. 그러나 화해 법령에 의해 부과된 임시 합의가 시행되자 5개 대형 시판용 출판사는 대행 모델로 전환해 전자책 가격에 대한 자신들의 통제를 다시 확인했다. 이것이 전자책 가격 논란에서 처음에 제기된 내용이다. 출판사들은 피할 수 있었고 피했어야 하는 반독점 조사에 끌려들어 감으로써 값비싼 비용을 치렀지만 결국에는 자신의 길을 찾아갔다.

구글 라이브러리 프로젝트와 전자책 가격 논쟁은 도서 전쟁에서 가장 눈에 띄고 심한 대립이었지만, 지금은 출판사들이 현재 걸어 들어가고 있는 복잡한 신세계의 많은 인화점 가운데 두 가지에 불과할 뿐이다. 이 신세계는 많은 오래된 규칙이 더 이상 적용되지 않는 세계이자 장기적인 전망을 하기 어려운 세계이다. 새로운 위험과 위협 요인이 있는 곳에는 새로운 기회도 있었다. 출판사의 도전 과제는 위험 부담을 최소화하기 위해 최선을 다하면서 새로운 기회를 붙잡는 것이었다. 그러나 이 과정에는 출판사들만 있는 것이 아니었다. 디지털 혁명은 외부인에게 상대적으로 폐쇄적이면서 내부의 논리를 따라 발전해 온 장의 경계를 무너뜨리고 있었기 때문이다. 이로 인해 진입장벽이 낮아지고 새로운 참가자들이 그 장에 들어와 기존 참가자에게 도전할 수 있는 조건이 만들어졌다. 중요한 것은 장 자체의 경계를 흐릿하게 만드는 것이었다. 그러면 새로운 활동 영역이 장의 경계에서 생겨나서 자체 참가자, 관행, 그림자 경제를 가진 새로운 생태계로 발전할 수 있었다. 이 생태계는 어떤 경우에는 오래된 장과 겹칠 수도 있고 어떤 경우에는 대체로 독립적으로 발전할 수도 있다.

출판산업에 가장 큰 영향을 미친 새로운 참가자는 물론 아마존이었다. 이 디지털 혁명의 아이가 지닌 중요성은 아무리 강조해도 지나치지 않는다. 1997년 시애틀의 한 차고에서 초라하게 시작한 아마존은 도서 사업의 소매 분야를 1980년대와 1990년대에 도서 슈퍼스토어 체인이 수행했던 소매 혁명보다 훨씬 더 광범위하고 근본적인 방식으로 혁신했다. 이 혁신은 아마존이 단지 실제 도서 판매에서 가장 큰 슈퍼스토어 체인이 전성기 때 달성해 낸 시장 점유율을 크게 초월했다거나, 아마존이 가장 성공적인 전자책 독서기기를 개발하고 전자책 시장에서 압도적인 위상을 구축했다는 데 그치는 것이 아니다. 이것은 아마존이 일찍부터 사용자 데이터의 중요성을 깨닫고 이전에는 전혀 시도되지 않았거나 상상해 보지도 않았던 방식과 규모로 사용자 데이터를 수집하는 방법을 개발해 도서출판 사업에 이용했다는 것을 의미한다. 아마존은 도서의 세계에서 정보 자본의 개척자였고 이는 아마존이 결국에는 출판산업에서 휘두르게 될 전례 없는 힘의 원천이었다. 아마존은 인쇄책과 전자책 양쪽의 소매업체로서 지닌 우세한 시장 점유율과 도서 고객에 대한 방대한 사용자 데이터(정보 자본)를 결합해 해당 장에서 지배적인 위치에 올랐고 이는 공급자들과 거래 조건을 협상할 때 상당한 영향력을 행사했다. 어떤 출판사도 자신들 판매의 절반 이상을 통제하는 한 소매업체의 분노를 일으키기 원하지 않았다. 이 장에서 아마존이 지닌 지배력은 소매업체로서의 역할에서만 비롯된 것이 아니었다. 아마존은 나름의 출판 사업을 개발할 준비가 되어 있었으며 자가 출판, 구독 서비스, 오디오북 등 그 장의 떠오르는 부문에서 지배적인 위상을 확보하기 위해 혁신적인 창업회사를 인수할 준비 역시 되어 있었다. 아마존은 도서 소매업체 그 이상이었다. 아마존은 (무엇보다도) 인쇄에서부터 전자책, 오디오북에 이르기까지 다양한 포맷의 책을 생산·보급·소비하는 전체 생태계였으며, 출판사들과 조화롭게 공존할 수 있지만 출판사들을 해칠 수도 있는 생태계였다. 출판사들은 이제 디지털 혁명으로 인해 그 어느 때보다도 훨씬 많은, 그리고 다른 종류의 힘을 가진 새로운 형태의 소매 조직이 탄생했다는 사실을 인정해야만 했다.

그러나 디지털 혁명은 출판이라는 장의 경계를 흐릿하게 만들고 자신들의 삶조차 앗아갈 새로운 활동 영역을 낳고 있었다. 빠르게 확장되는 자가 출판의 세계는 의심할 여지없이 이러한 영역들 중 가장 중요하다. 자가 출판은 출판이라는 장의 외곽에서 진화한 평행 우주와 다름없다. 이 우주는 그 자체로 엄청나게 복잡하며, 작가 지망생들에게 출판 세계의 전통적인 문지기들을 우회하는 다양한 출판 경로를 제공한다. 그러나 다른 새로운 활동 분야 역시 많다. 언바운드, 잉크셰어 같은 새로운 크라우드펀딩 출판 사업, 스크립드 같은 새로운 전자책 구독 서비스, 왓패드 같은 글쓰기와 읽기를 위한 새로운 소셜 미디어 플랫폼, 특화된 제도와 관행, 고유한 규칙과 포상 제도를 갖추고 나름의 준산업으로 진화한 오디오북이라는 세계가 있다. 디지털 혁명 덕분에 도서출판의 세계는 더 많은 참가자와 창업회사를 가진 훨씬 더 복잡한 곳이 되었다. 이들 중 일부는 해당 장에서 지속적으로 존재하면서 생존력 있는 사업이 될 것이고 다른 일부는 길옆으로 떨어져 미래를 위한 지속력 있는 경로를 굳히지 못하게 될 것이다.

디지털 혁명은 진입장벽을 낮추고 이 장의 경계를 흐릿하게 만드는 한편, 출판이 하나의 산업으로서 존재했던 폭넓은 정보 및 커뮤니케이션 환경 역시 변혁시키고 있다. 그럼으로써 출판사들이 정보 및 커뮤니케이션의 새로운 세계에 적응할 필요와 기회를 모두 만들어냈다. 수백 년 동안 출판사들은 중개 조직으로 이루어진 도서 공급망 내에 존재해왔다. 출판사들은 책을 존재하게 만들고 콘텐츠 창작자(작가)를 콘텐츠 소비자(독자)와 연결하는 역할을 해왔다. 하지만 서점, 도매업체를 포함한 다양한 중개자에게 의존해서 수백 년 동안 대체로 변하지 않은 채 남아 있었던 도서 공급망 내에서 최종 소비자에게 책을 전달했다. 소비자가 책을 볼 수 있도록 하고 독자들이 책을 찾아보고 발견할 수 있도록 물리적 공간을 제공하는 것은 서점에게 맡겨졌다. 이것은 출판사들이 문지기 역할을 하는 단선적인 소통 모델로, 편집자의 판단으로 출판할 책을 결정하고 출판 공급망의 중개자를 통해 시장에 출시하는 모델이었다. 출판사의 사실상의 고객은 독자가 아니라 그들이 가까운 사업 관계를 가꾸어놓은, 그리고 자신들의 책을 독자에게 제공하는 데 의존했던 서점과 도매업체 같은 중개자였다. 출판사들은 사업을 생존력 있게 영위할 만큼 충분한 양의 책을 판매하고 있는 한 최종 고객인 독자들에게는 많은 주의를 기울이지 않았다. 그러나 수백 년 동안 출판산업을 구성해 온 이 모델은 디지털 혁명에 의해 급격하게 붕괴되고 있다.

출판산업이 붕괴되고 있는 이유는 도서 공급망의 중개자가 이전의 오프라인 서점과 매우 다른 방식으로 운영되는 강력한 새로운 기술 회사로 점점 대체되고 있기 때문이다. 서점이 문을 닫기 시작하고 도서 슈퍼스토어 체인이 규모를 축소하기 시작하면서 출판사들은 전통적인 도서 공급망 내에서 중개자들이 항상 해왔던 일, 즉 독자가 책을 볼 수 있도록 하는 일을 물리적 서점에 더 이상 의존할 수 없다는 사실을 깨닫게 되었다. 독자들이 새롭고 다른 방식으로 책을 찾고 있다는 것이 점점 분명해졌다. 서점에 들어가 매장 앞의 매대를 살펴보는 일은 줄어들고 온라인으로 검색하거나 추천 서적의 목록을 이메일로 받는 일이 더 많아졌다. 그러나 출판사들은 자신들 책의 독자들에 대해 그다지 주의를 기울이지 않았으므로 그들에 대해 아는 것이 별로 없었다. 따라서 독자들이 디지털 혁명으로 인한 새로운 정보 및 커뮤니케이션 환경에서 출판사의 책을 찾거나 찾지 못하는 방식에 영향을 미칠 입장이 아니었다. 더 고약한 것은 출판사들은 이제 일찍부터 독자의 중요성을 깨닫고 독자의 검색 및 구매 행동에 대한 엄청난 양의 데이터를 부지런히 모아온 한 참가자의 처분에 맡겨졌다는 것이다.

출판사들은 이런 멋진 신세계에서 자신들의 미래를 확보하는 최선의 방법은 서점 중심 사업이라는 기존 모델을 버리고 콘텐츠 창작자(작가)와 콘텐츠 소비자(독자)를 책이라는 특정한 형태를 통해 연결하는 일을 하는 서비스 제공자로서의 역할에 대해 다시 생각하는 것임을 알게 되었다. 이를 위해서는 독자들이 읽기 원하는 매체가 무엇인지에 대해 불가지론적인 입장을 취하고 독자에게 매력적일 수 있는 새로운 매체에 콘텐츠를 싣는 데 적극적일 필요가 있었다. 이것은 가장 분명한 첫 번째 단계일 뿐만 아니라 출판사들이 이미 오래 전부터 알고 있던 단계이다. 출판사에게는 독자를 나중에 생각하는 것이 아니라 관심의 중심에 놓는 방식으로 사업을 수정하는 것이 어려울 수 있다. 하지만 작가 중심적이자 독자 중심적인 조직이 되어야 하고 작가와 독자에게 우수한 서비스를 제공해야만 조직으로서 번성할 것이라는 생각을 DNA에 집어넣어야 한다. 그렇다고 서점이 더 이상 출판사들에게 중요하지 않다는 것은 아니다. 서점은 중요하다. 실제로 서점은 그 어느 때보다도 중요하다. 왜냐하면 과거에 책을 볼 수 있었던 다른 많은 장소(신문의 서평 페이지, 책을 전문으로 다루는 TV 프로그램 등)가 쇠퇴하거나 사라졌기 때문이다. 그러나 서점은 독자들과의 관계—궁극적으로 훨씬 더 중요하지만 출판사들이 오랫동안 무시해 온 관계—를 대신해 주는 역할로 너무 오랫동안 한정되어 있었다.

다행스럽게도 디지털 혁명 덕분에 출판사들은 독자와의 관계에 대한 중요성을 인식하는 한편 그 관계를 규모 있게 개발할 수 있는 도구도 얻게 되었다. 출판사들은 디지털 혁명이 가져온 새로운 형태의 커뮤니케이션 및 정보 흐름을 활용해 독자와 직접적인 관계를 구축할 수 있다. 출판사들은 이 자원들을 마음대로 활용해 독자에게 직접 마케팅할 수 있으며, 더 중요한 것은 독자와 상호작용하고 독자의 말을 듣고 독자가 관심 있는 것에 대해 배우고 작가와 독자 사이의 대화를 촉진할 수 있다는 것이다. 전통적인 출판 모델이 단선적인 소통 모델에 뿌리를 두었다면, 이제 출판사들은 자신들의 사업을 디지털 혁명이 만들어낸 새로운 대화형 정보 및 커뮤니케이션 회로와 더욱 부합하는 방식으로 재구축할 수 있는 기회를 갖게 되었다. 또한 축적된 기술, 자원, 전문성을 활용해 책을 존재하도록 만드는 서비스 제공자로, 책이라는 형태를 통해 소통하고 싶어 하는 작가와 독자를 연결하는 서비스 제공자로 스스로를 다시 인식하게 되었다.

디지털 혁명의 잠재적인 파괴력과 세 번째 밀레니엄이 시작된 이래 도서출판산업을 특징지은 격동에도 불구하고 출판산업은 매체 및 창조 산업의 다른 많은 분야보다 훨씬 잘 대처해 왔다. 도서 매출은 붕괴하지 않았고, 인쇄책은 사라지지 않았으며, 심지어 오프라인 서점도 조금씩 회복하기 시작했다. 많은 예언자의 예언과 달리 도서출판의 종말은 아직(또는 적어도 아직) 오지 않았다. 책은 우리 삶에서 디지털 혁명처럼 급격하고 전면적인 기술 혁명에 의해서도 쉽사리 뽑히지 않을 자리를 갖고 있는 듯하다. 그러나 자만할 근거는 없다. 디지털 혁명은 출판이라는 장에서 전례 없는 힘을 휘두르는 조직 하나를 탄생시켰고, 반면 다른 많은 조직은 수익과 이익이 너무 적어서 주요 제재나 장기간의 경기 침체는 말할 것도 없고 경제가 조금만 하락해도 파산에 빠질 수 있을 정도이다. 전자책 판매는 정체될 수 있지만 전자책은 결코 출판산업에서 디지털 혁명의 본질이 아니었다. 전자책은 우리 사회에서 벌어지고 있는 훨씬 깊고 근본적인 변혁의 징후 가운데 하나였을 뿐이다. 디지털 혁명 덕분에 우리 세계의 정보 및 커뮤니케이션 구조는 유동적이다. 사람들은 다르게 소통하고 있고 시간을 다르게 쓰고 있다. 이전 시대에 잘 작동했던 오래된 관행은 디지털화된 정보 및 커뮤니케이션 회로가 지배하는 이 새로운 세상에서는 더 이상 효과적이지 않을 수 있다. 스크린 문화가 우리의 집중 능력을 파괴한다고 두려워하던 사람들과 달리, 나는 긴 글 읽기가 우리의 사회적·정치적·문화적 삶에서 앞으로도 몇 년 또는 수십 년 동안 계속해서 중요한 역할을 할 것이라고 생각한다. 우리는 상상 세계에 대한 풍요한 탐험과 실제 세계에 대한 지속적인 분석을 쉽게 포기하지 않을 것이다. 긴 글 읽기는 이를 촉진하기도 하고 가능케 하기도 한다. 그러나 출판사들이 긴 글 읽기가 이루어지는 커뮤니케이션 사슬의 일부로 계속 남아 있을지, 어떤 종류의 출판사가 될지 그리고 어떤 역할을 할지는 궁극적으로 그들이 우리 시대의 위대한 기술 혁명이 구축하고 있는 새로운 정보 및 커뮤니케이션 환경에 얼마나 효과적이고 상상력 풍부하게 적응할 수 있느냐에 달려 있을 것이다.

부록1. 미국 대형 시판용 출판사의 판매 데이터

'올림픽'은 2006년부터 2016년까지 전자책 판매에 대한 고유의 데이터를 내게 너그럽게 제공했던 한 미국 대형 시판용 출판사의 가명이다. '올림픽'의 데이터 분석가는 두 가지 범주, 즉 광범위한 범주(성인 소설, 성인 비소설, 청소년물)와 표준 BISAC 주제명 표목의 선택된 번호를 이용한 주제 범주로 데이터를 분류했다. 데이터는 부수 및 달러로 된 실제 판매가 아닌 비율로 표시했다. 즉, 이러한 범주에서 순 부수와 순 매출에 따른 총 매출의 비율로 전자책을 보여주었다. 예외적으로 많이 팔린 서적들은 이상치 효과를 최소화하기 위해 데이터에서 제외했다. 광범위한 범주에 대한 데이터는 제1장에서 보여주었다. 주제 범주에 대한 데이터는 〈표A.1〉과 〈표 A.2〉에 표시했다. 제1장의 〈그림 1.8〉과 〈그림 1.9〉는 이 표를 근거로 하고 있다.

표 A.1 | '올림픽'의 주제별 총 매출에서 전자책이 차지하는 순 달러 비율   단위: %

연도	전기/자서전	비즈니스/경제	요리	가족/대인관계	일반소설	건강/운동	역사	청소년소설	청소년비소설	미스터리	종교	로맨스	SF/판타지	자기계발	여행
2006	0	0.1	0	0	0.1	0	0	0	0	0.1	0	0.3	0.5	0.1	0
2007	0.1	0.1	0	0.1	0.1	0.1	0.1	0	0	0.2	0.1	0.5	0.5	0.1	0
2008	0.6	0.6	0	0.2	0.6	0.5	0.9	0.1	0	1.1	0.3	1.6	1.7	0.3	0.1
2009	2.9	3.2	0.2	1.3	3.9	1.7	2.9	0.4	0	4.9	1.4	6.7	5.8	2	0.5
2010	7.7	8.9	0.5	4.7	12.2	4.9	7.4	1.4	0.2	16.6	4.1	15.5	16	5.3	1.8
2011	25.8	13.9	2.7	12.4	24.9	17.1	17.3	5.5	0.7	33.5	10	44.2	30.8	11.3	4.7
2012	25.6	19.3	3.5	19.2	32.9	20.1	20.8	9	1.2	42.6	12.9	39.7	40.3	13.3	6.6
2013	24.7	18.9	4.8	19.4	33	17.2	21.7	9.7	1.5	40.7	16.7	55.7	39.7	16.6	6.8
2014	20.4	20.4	4.8	18.6	38.7	21.7	25.7	12.7	1.8	44.9	16.9	55.9	43.1	16.2	8.1
2015	27.2	15.7	5.1	15.3	35.1	24.3	27.7	7.6	2	38.1	16.3	45.4	29.6	16	11.2
2016	20.8	16.6	4	14.8	28.6	17.5	19.4	6	2.6	37.8	11.8	52.8	34.6	16.7	22.4

표 A.2 | '올림픽'의 주제별 총 매출에서 전자책이 차지하는 순 부수 비율   단위: %

연도	전기/자서전	비즈니스/경제	요리	가족/대인관계	일반소설	건강/운동	역사	청소년소설	청소년비소설	미스터리	종교	로맨스	SF/판타지	자기계발	여행
2006	0	0.1	0	0	0.1	0	0.1	0	0	0.1	0	0.3	0.6	0.1	0
2007	0.1	0.1	0	0.1	0.1	0.1	0.2	0	0	0.2	0.1	0.4	0.7	0.1	0
2008	0.6	0.6	0	0.2	0.6	0.4	0.9	0.1	0	0.9	0.3	1.4	1.7	0.2	0.1
2009	2.5	2.5	0.3	1.1	3.2	1.4	2.5	0.3	0	3.8	0.9	5.6	5.2	1.7	0.5
2010	7.2	7.2	0.7	3.8	10.4	4.5	7.3	1	0.1	13.6	2.9	14.8	15.8	4.5	1.9
2011	24.7	13.1	2.9	10.9	24	15	19.1	4	0.5	31.1	7.4	40.6	27.7	10.1	5.5
2012	27.5	19	4.7	16.7	31.1	20.3	23	5.9	1	39.5	10.2	40.1	33.8	11.8	7.6
2013	25	19.3	5.7	17.7	31.3	18.2	23.6	6.7	1.8	41.1	13.3	55.7	36.6	14.7	8.1
2014	22.4	18.9	6.7	16.4	36.8	21.9	26.8	8.3	2.1	40.7	14	57.1	38.6	14.2	9.4
2015	31.7	16.1	7.8	13.6	36.6	27.7	30.6	4.1	2.3	42.9	12.2	51.2	27.8	15.9	12.6
2016	26.4	18.9	10.5	14.2	31.8	23.3	21.9	3.5	1.8	42.1	12.7	56.2	36.7	18	24.6

부록2. 연구 방법에 대한 참고사항

    이 책은 미국과 영국에서 2013년부터 2019년까지 6년에 걸쳐 수행된 연구를 기반으로 한다. 앤드루 멜런 재단의 관대한 지원 덕에 뉴욕과 샌프란시스코에서 오랜 시간을 보낼 수 있었고 내가 조사하고 싶었던 회사들이 있는 미국의 다른 지역까지 갈 수 있었다. 이전에 1960년대부터 2000년대 초반까지 영미 시판용 출판의 진화를 조사한 적 있었으므로 나는 이 새로운 조사는 한 가지 특정한 질문에 초점을 두고 싶었다. 바로 영미 시판용 출판에 디지털 혁명이 미친 영향은 무엇이었는가 하는 것이다. 이를 위해서는 기존 출판사들 내부에서, 좀 더 넓게는 시판용 출판이라는 장에서 벌어지고 있는 일을 주의 깊게 살펴봐야 했을 뿐만 아니라 이 장의 바깥에서 일어나고 있고 출판산업에 영향을 끼치는 변화까지 살펴봐야 했다. 나는 그물을 넓게 펴서 디지털 기술을 통해 도서의 창작, 제작, 유통과 소비, 장시간 독서에 영향을 미치거나 디지털 기술을 실험하고 있는 크고 작은 많은 참가자를 광범위하게 감안해야 했다. 전통 출판사들의 경험을 이해하는 것은 중요했다. 출판업계에 있는 많은 평론가들은 출판사 내부에서 실제로 무슨 일이 일어나고 있는지 알려고 하지 않았지만 나는 그러한 실수를 피하려고 마음 먹었다. 그러나 나는 도서와 긴 글 읽기에서 진정한 의미를 가진 새로 운 변화들이 다른 곳에서도 일어날 수 있었기 때문에 나의 관심을 전통 적인 출판사에만 한정시킬 수 없다는 것 또한 알고 있었다.

이 책을 위한 대부분의 조사는 2013년과 2019년 사이에 이루어졌지 만 나는 또한 내가 이전에 도서출판산업에 대해 수행했던 조사에서도 자료를 가져왔다(이 연구는 2000년까지로 거슬러 올라간다). 따라서 나는 출판산업에 대해 20년에 걸쳐 이루어진 직접적인 현장 연구에 기댈 수 있었다. 이 20년은 결정적으로 출판업계에서 일하는 많은 사람들의 마 음속에 출판산업에서 일어난 디지털 전환 문제가 가장 중요했던 시기 이다. 이 기간 동안 최근의 변화를 더 넓은 맥락에서 볼 수 있었고 조직 들이 시간을 두고 어떻게 변하거나 변하지 않았는지에 대해 더 깊이 이 해할 수 있었다는 점에서 이 기간은 나에게 중요했다. 새로운 기술에 대한 모든 연구에서는 항상 단기주의가 위험하다. 우리는 단기적인 것 에 초점을 맞추고 긴 역사 속에서 작은 이야깃거리에 불과할 수 있는 반짝 하는 새로운 도구를 새로운 시대의 선구자로 보는 경향이 있다. 나는 도구에 집착하는 것을 넘어 대리인과 조직에 초점을 두려고 했다. 이들은 기술 변화에 의해 열린 기회를 포착하고, 새로운 아이디어를 제 시하고, 새로운 제품, 새로운 관행, 콘텐츠를 창작·조작·보급·소비하 는 새로운 방식을 개발하는 사회 활동가이다. 이들은 이러한 새로운 방 식의 일을 시간이 지남에 따라 지속 가능한 활동으로 바꿀 수 있는지 알아내려고 노력한다. 나는 이러한 혁신 활동이 어떻게 전개되었는지, 어떤 것이 효과가 있고 어떤 것이 그렇지 않았는지 확인하고 싶었으며, 혁신이 효과가 없는 경우에는 이것이 특정 매체 및 창조 산업에서 성공적인 혁신 조건에 대해 우리에게 무언가를 말해줄 수 있는지 알고 싶었다. 나는 이 과정을 자신의 아이디어가 실제로 작동할지, 자신의 노력이 성공할지 실패할지 확실히 알지 못한 채 종종 시행착오를 겪는 개혁가의 관점에서 바라보고 싶었다. 그리고 이 과정을 개혁가의 관점에서보려 한다면 실패 가능성을 저편에 놓아두어야만 한다. 기술 혁신에 관여하는 모든 사람은 성공이 보장되지 않는다는 것을 알고 있다. 단기주의의 위험을 최소화하려면 시간이 필요한데, 시간은 많을수록 좋다. 어떤 혁신이 우리 세계에서 자생력 있는 면모를 갖출 만큼 시장 견인력을얻을지 아니면 옆길로 빠져 실패한 위대한 아이디어라는 목록에 오를지는 시간만이 말해줄 수 있기 때문이다.

내가 주로 이용한 연구 방법은 반⁑체계화된 심층 면접이었다. 내가하고 있던 종류의 연구에서 이 방법의 커다란 이점은 조직 내부에 들어가 그들이 어떻게 일하는지 느낄 수 있으며 조직 내부에 있는 개인의시각에서 세상을 볼 수 있다는 것이다. 이러한 개인은 전통적인 출판사의 사장이나 고위 관리자일 수도 있고, 창업을 하고 성공하기 위해 노력하는 기업가일 수도 있고, 현장의 특정 위치에 위치하면서 자신의 관심과 목적을 추구하는 다른 많은 개인일 수도 있다. 나는 항상 인터뷰대상자들에게 그들이 동의하지 않는 한 그들 또는 그들 조직은 익명으로 처리될 것이며 그들이 이야기한 대외비를 지킬 것임을 확실히 했다.나는 인터뷰 대상자들이 인터뷰에서 내놓은 견해에 대한 책임을 걱정할 필요 없이 문제들에 대해 공개적이고 자유롭게 얘기할 수 있기를 원했다. 하지만 나는 또한 글에서 실명을 인용하는 경우에는 그들에게 나중에 내가 쓴 글을 보여주겠다고 말했다. 고유한 특정 조직에 대해 논의해야 할 경우 그들을 익명으로 처리한다면 이들이 하고 있는 일에 대해 풍부하고 근거 있는 설명을 제공하기가 불가능하다. 따라서 이런 선택을 열어놓아야 했다. 나는 인터뷰 대상자들에게 그들의 조직을 다룬 글을 보여준 후 그들로부터 기꺼이 허락을 받았다(때로는 일부 수정하거나 변경하는 일도 있었다). 머리말에서 밝혔듯이, 책을 쓰면서 익명인 개인 및 조직과 실명인 개인 및 조직을 구분하기 위해 다음과 같은 규칙을 적용했다. 개인의 가명을 사용할 때에는 톰, 사라처럼 이름만 썼으며, 실명을 사용할 때에는 처음 나올 때 이름과 성을 넣은 풀네임을 썼다(하지만 그 이후로는 이름만 썼다). 조직의 가명을 사용할 때에는 가명을 작은따옴표 안에 넣었으며, 조직의 실명을 사용할 때에는 따옴표 없이 그대로 사용했다. 이런 규칙을 통해 익명성을 지키는 것이 중요한 경우에는 익명을 유지하는 동시에 그들의 구체적인 특징을 정확하고 상세하게 평가함으로써 특정 조직의 궤적을 묘사할 수 있었다.

대부분의 경우 조직에 접근하고 핵심 인물들과 인터뷰를 주선하는 것은 어렵지 않았다. 이는 내가 이전에 시판용 출판이라는 장에 대한 연구를 수행한 까닭에 출판사에서 만난 사람도 많았고 출판사의 연락처도 많이 갖고 있었기 때문이다. 그러나 기술 창업회사와 작업하는 것은 내게 새로운 일이었으며 이 세계에 대한 연락처는 거의 없었다. 우선 그 장과 하위 장에 대한 지도를 그려야 했고, 내부의 참가자들을 확인하고 그들이 한 일과 그들의 배후를 파악하려 노력해야 했다. 운 좋게도 이전 연구에서 인터뷰했던 사람들 중 한 사람이 미국의 출판 관련 기술 창업회사 세계와 매우 잘 연결되어 있었다. 그는 모든 사람을 아는 것처럼 보였는데, 특정 창업회사의 누군가를 모르는 경우에는 알고 있는 다른 사람을 찾아주었다. 그는 핵심 자원이 되었다. 창업회사의 고위 인사에게 접근할 필요가 있을 때면 나의 핵심 인물과 접촉했고,

그는 대체로 도움을 주었다. 너무 큰 문제는 없었다. 그의 너그러운 협조와 따뜻한 개인적 소개 덕분에 문은 항상 열려 있었다.

출판 관련 기술 창업회사에 접근하는 것은 상대적으로 쉬웠지만 기술 대기업에 접근하는 것은 그렇지 않았다. 대형 기술 회사에 대한 연구를 수행하는 것은 어렵기로 악명 높은데 내 경험 역시 예외가 아니었다. 그런 역설은 당황스러울 만큼 아이러니하다. 이들 조직은 우리에 대해 많이 알고 있지만 우리는 그들에 대해 사실상 아무것도 모른다. 그들은 우리에 대한 데이터를 가득 담고 있는 블랙박스이다. 이들 조직에게는 자신들의 문제가 아닌 한 사생활 침해가 그리 중요하지 않다. 대형 기술 회사들은 바깥 세계와 폐쇄되고 격리된 매우 비밀스러운 조직이고 자신들에 대해 외부인이 알지 못하도록 정교한 절차를 수행하고 있다. 어떤 면에서 이것은 매우 이해할 만한 일이다. 첨단 기술의 세계는 경쟁이 치열해서 외부인과 정보를 공유하는 것은 조직의 위상을 약화시킬 수 있다. 더욱이 이들 조직의 규모 및 활동 영역에서 그들이 차지하는 지배적인 위상을 감안하면 법적 조치의 위험이나 반독점 조사는 그들의 관심사일 수밖에 없다. 외부인들에게 전달되는 메시지를 통제하는 것은 제도화된 자기 방어 메커니즘이다. 그러나 무언가 더 심오한 것이 있을 수도 있다. 대형 기술 회사는 대량의 개인 데이터를 체계적으로 수집하는 것을 기반으로 사업을 만든 조직이고 이 데이터가 그들이 지닌 권력의 주요 원천이다. 개인 데이터 없이는, 그리고 개인 데이터에 대한 독점적인 통제 없이는 그들이 하고 있는 일을 할 수 없다. 그들의 사업은 정보 자본, 즉 개인 데이터에 대한 사적인 소유권과 통제에 기반을 두고 있다. 대형 기술 회사에게는 데이터가 힘이므로 이러한 필수 자원이 새어나가지 못하도록 벽을 세우는 것이다.

내 연구에서 가장 중요했던 두 개의 대형 기술 회사는 구글과 아마존이었다. 구글의 경우 나는 운이 좋았다. 2000년대 초반부터 구글의 고위 관리자를 알고 있었는데, 그는 정보에 대해 많이 알고 있었고 언제나 기꺼이 이야기해 주었다. 우리는 뉴욕에 있는 넓은 구글 본사(8가에 있는 이전 항만청 건물)에서 정기적으로 만나 종종 구글의 유명한 무료 카페테리아에서 점심 식사를 하면서 많은 문제가 얽혀 있는 구글과 도서출판산업 간의 여러 가지 측면에 대해 이야기했다. 아마존은 좀 더 힘들었다. 나는 누가 아마존의 핵심 인물인지 알고 있었지만 그들에게 다가서려는 모든 시도는 내가 이야기하려는 사람과의 소통을 담당하는 홍보 담당자를 통해 이루어졌다. 인터뷰는 허락되었으나 엄격하게 통제된 조건하에서였다. 인터뷰는 전화로만 허용되었고 정확히 한 시간으로 제한되었으며, 현장을 방문할 수는 없었다. 홍보 담당자는 인터뷰를 참관하면서 엿듣다가 가끔 민감하다고 판단되는 주제가 나오면 논의를 돌리기 위해 때때로 끼어들었다. 나의 인터뷰 대상자들은 나와 기꺼이 이야기하려 했고 상당히 전향적이었지만 이처럼 조심스럽게 관리되는 커뮤니케이션의 기반에서는 아마존에 대해 알 수 있는 데 한계가 있었다. 운 좋게도 회사 사람들과의 인터뷰만이 나의 유일한 출처는 아니었다. 이전에 아마존에서 일했던 사람을 소개받기도 했는데, 그는 나를 비공식적으로 만나서 보통은 늦은 오후에 바에 앉아서 대형 기술 회사에서 일하는 것의 실제적인 현실에 대해 이야기해 주었다. 그가 말할 수 있는 면에는 한계가 있었지만(숫자는 엄격하게 제한되어 있었고 아마존의 힘을 건드리는 질문과 출판사들 간의 말썽 많은 관계에 관한 질문에 대해서는 눈에 띄게 신경을 썼다), 이것은 내가 아마존의 시각에서 세상을 보는 데 큰 도움을 준 귀중한 자료였다.

이 책을 위해 나는 총 약 180번의 인터뷰를 진행했다. 2019년에 현장으로 돌아와서는 나의 이전 작업을 보완하고 오디오북의 중요성 증가 같은 좀 더 최근의 전개를 고려했지만, 대부분의 인터뷰는 2013~2018년의 기간 동안 수행했다. 이 인터뷰들은 이전 책을 위해 수행했던 280번의 인터뷰에 추가되었으며, 도움이 될 경우 그 인터뷰들을 끌어다 썼다. 180번의 새로운 인터뷰 대부분은 뉴욕과 실리콘밸리에서 이루어졌지만, 일부는 런던, 보스턴, 필라델피아, 토론토, 그리고 영국과 미국의 다른 도시들에서 이루어졌다. 뉴욕과 런던에 심하게 집중되어 있는 전통 영미 출판산업과 달리, 출판 관련 기술 창업회사들은 지리적으로 분산되어 있다. 일부 인터뷰는, 특히 후속 인터뷰인 경우에는 전화나 스카이프로 진행했지만, 가능하면 항상 대면 인터뷰를 선호했다. 그래야 조직과 그 회사의 실체에 대해 느낄 수 있었고 그들과 신뢰 관계를 더 쉽게 구축할 수 있었기 때문이다. 어떤 회사에서는 회의에 참석할 기회도 있었는데, 그럴 때는 녹음기로 회의실에서 일어난 대화들을 녹음했다. 나는 인터뷰 환경을 기록하고 오디오 녹음으로 잡히지 않을 것들에 대해 언급한 여섯 권의 현장 노트도 갖고 있다. 대부분의 인터뷰는 한 시간에서 한 시간 반 사이에 진행되었지만 일부는 더 짧았으며 종종 두 시간 이상 진행되기도 했다. 사람들은 시간에 대해 대단히 관대했다. 나는 인터뷰를 옮겨 적은 후에는 그것을 읽어보고 공통 주제를 기록해서 정리한 후 글을 쓰기 시작할 때 다시 찾아보았다. 인터뷰에서 인용할 때에는 인터뷰에서 사용된 언어에 매우 가깝게 표현하도록 노력했지만 독자들을 방해한다고 느끼는 경우에는 구어의 특이점을 일부 없애기도 했다.

나는 특정 조직을 연구할 때면 그 조직을 여러 번 방문해서 한 번 이상 핵심 인물과 인터뷰하려고 했다. 이를 통해 이전 인터뷰에서 다루었던 요점을 더 자세하게 탐색할 수 있었으며, 또한 조직의 발전을 추적해 이전에 했던 예측(예를 들어, 매출 성장이나 가입자 수의 성장에 관한 예측)이 맞았는지 아니면 그저 희망사항이었는지 확인할 수 있었다. 어떤 경우에는 성공과 실패의 경로를 추적할 수 있었으며, 개혁이 실패로 끝난 경우에는 한때 열렬히 신봉했던 제품이나 서비스가 침몰하게 된 실패의 원인을 파볼 수도 있었다. 항상 행복한 이야기는 아니었지만 기술혁신 분야에서는 실패가 성공보다 훨씬 더 일상적이라는 것을 상기시켜 준 유익한 시간이었다.

인터뷰를 잘하는 기술은 그리 높게 평가되지 않는다. 겉으로는 쉬워보인다. 질문을 하고 사람들이 이야기하도록 하는 것이 뭐가 어려운가? 그러나 질문이 얼마나 수준 높고 정확한지, 인터뷰 대상자가 말하는 내용에 얼마나 빨리 대응하고 적절한 추가 질문을 던지는지, 인터뷰는 인터뷰 대상자와 어떤 관계를 형성하는지에 많은 것이 달려 있다. 준비도 잘해야 하지만 또한 유연하고 경계해야 하며, 예상하지 않았던 일이 일어나면 준비된 계획으로부터 기꺼이 벗어날 수 있어야 한다. 조직이 어떻게 작동하는지, 특정 분야에서 무엇이 위태로운지를 이해하는 데 도움이 된 가장 가치 있는 인터뷰 중 일부는 원고를 따르지 않은 인터뷰였다. 인터뷰 대상자가 대화 초반에 나의 관심을 끄는 이야기를 했고 나는 그/그녀에게 구체적으로 이야기해 달라고 요구했다. 그러자 내가 부지런히 준비했음에도 불구하고 전혀 예상하지 못했던 세계가 펼쳐졌다. 그런 것이 인터뷰의 장점이다. 상호 신뢰의 맥락 속에서 잘 진행되면 당신의 대화 상대자는 당신을 자신의 세계로 안내할 것이다.

인터뷰가 나의 주요 자료원이었지만 나는 또한 가능한 한 통계 및 판매 데이터도 수집했다. 이 중 일부는 미국출판협회Association of American Publishers(AAP), 도서산업연구그룹Book Industry Study Group(BISG), 영국출판협회Publishers Association(PA), 오디오출판업자협회Audio Publishers Association(APA)에서 만든 공공 영역 데이터였다. 이 조직들은 추가 데이터를 제공하는 데 매우 도움이 되었으며, 데이터가 불분명할 때에는 내 질문들에 답하는 데 대단히 도움이 되었다. 도서출판산업처럼 제멋대로 뻗어가는 산업에서 신뢰성 있는 데이터를 얻고 그 데이터가 정확히 무엇을 의미하는지 이해하는 것은 생각만큼 간단하지 않다. 특히 이 장의 많은 활동이 산업 전문 기관의 감시망하에서 일어나는 경우에는 더욱 그러하다. 나는 매우 운 좋게도 미국 대형 시판용 출판사 중 한 곳의 고유 데이터에 접근할 수 있도록 허락을 받아서 그들의 통계 담당자와 협력해 이 데이터를 분석할 수 있었다. 이를 통해 나는 2006년부터 2016년까지 중요한 10년의 기간 동안 전자책 및 인쇄책 판매에 대해 자세하고 철저하게 문서화할 수 있었다. 그 결과 나는 미국 대형 시판용 출판사가 지난 10년 동안 전자책 판매 면에서 경험한 바를 정확히 보여줄 수 있었다.

데이터를 수집하는 것과 그 데이터를 이해하는 것은 완전히 다른 문제이다. 나는 이 주제에 대해 더 많이 연구할수록 디지털 혁명에 의해 촉발된(또는 새로 활력을 찾고 다시 방향을 잡은) 도서출판산업의 새로운 활동과 새로운 발전의 다양성에 더욱 놀랐다. 이것은 훌륭하게 편성된 음악회가 아니라 셀 수 없이 많은 음악가들이 새롭고 다양한 악기로 자신의 음악을 고유한 방식으로 연주하는 거칠고 소란한 불협화음에 가깝다. 이러한 다양성 속에서 어떤 질서를 찾거나 잡음 속에서 어떤 멜로디를 구분해 내는 것은 쉽지도 않고 간단치도 않았다. 하지만 내 생각은 매우 중요한 하나의 아이디어, 즉 기술적 혁신과 변화는 항상 맥락과 연관되어 있다는 생각에 따라 안내되었다. 기술적 혁신과 변화는 항상 특정한 사회적·역사적 맥락에서 일어난다. 이러한 맥락은 특정한 방식으로 구조화되어 있으며 그 안에서 특정한 참가자들은 자신들 관할하의 자원을 이용해서 특정한 목적을 성취하고자 한다.[1] 출판산업에 대한 이 연구와 나의 이전 연구에서 나는 장field이라는 개념으로 사회적 맥락을 개념화했는데, 나는 이 개념을 프랑스 사회주의자 피에르 부르디외pierre Bourdieu에게서 빌려왔다.[2] 이 개념을 통해 우리는 사회적 맥락의 부분들을 분해하고 이를 구성하는 속성을 분석할 수 있다. 여기에는 개인과 조직이 자신의 이해와 목적을 추구하는 과정에서 축적하고 활용하는 다양한 종류의 자원 또는 자본 형태, 그 장을 구성하는 자원의 비대칭적 분포 및 힘의 관계, 그 장의 각 참가자들이 다른 참가자들과의 관계에서 자리 잡은 방식, 이러한 상황에 처한 참가자들의 활동이 만들어내는 협력, 경쟁, 갈등의 형태 등등이 포함된다. 이러한 관점으로 기술 혁신을 연구할 때 우리는 특정한 장에 자리 잡은 개인과 조직

---

1   과학과 기술에 대한 연구들은 기술이 그 용도뿐 아니라 설계와 생산에서도 사회적 요소들에 의해 영향을 받고 있다고 오랫동안 강조해 왔다(예를 들어 Donald MacKenzie and Judy Wajcman(eds.), *The Social Shaping of Technology*, Second Edition(Maidenhead: Open University Press, 1999) 참조). 나는 이런 넓은 방향에는 동의하지만 내가 사회적이라는 것을 개념화하는 방식은 이들 연구와 다르다.

2   Pierre Bourdieu, *The Field of Cultural Production: Essays on Art and Literature*, ed. Randal Johnson(Cambridge: Polity, 1993); Pierre Bourdieu, "Some Properties of Fields," *in his Sociology in Question*, tr. Richard Nice(London: Sage, 1993), pp.72~77; Pierre Bourdieu, *The Rules of Art: Genesis and Structure of the Literary Field*, tr. Susan Emanuel (Cambridge: Polity, 1996) 참조. 내가 출판계를 분석하기 위해 부르디외의 장 이론을 어떻게 이용했는지에 대한 설명은 Thompson, *Merchants of Culture*, pp.3~14 참조.

이 특정한 목적을 추구하기 위해 자신들 관할의 데이터, 지식, 자원을 마음대로 활용해서 수행하는 일련의 활동을 보게 된다. 달리 말하면 우리는 기술이 인간의 동기 부여 및 사회적 관계의 현실과 불가피하게 엮여 있는 것을 보게 된다. 기술 혁신은 진공상태에서는 결코 일어나지 않는다. 그것은 항상 사회적 삶이 지닌 복잡한 현실의 일부이다.

나는 장 이론이 사회적 맥락이 구조화되는 방식(특히 내 관심 분야인 문화 상품이 생산되는 맥락)을 알아보는 데 유용한 방법이라고 생각했지만, 내가 관심을 가진 문제를 풀기 위해서는 부르디외가 발전시킨 이 이론을 넘어서야 한다는 사실 또한 알고 있었다. 우선 부르디외의 연구에서는 기술이 그다지 중요하게 다뤄지지 않았다. 부르디외는 문학, 저널리즘, 텔레비전에 대해 통찰력 있게 썼지만 이러한 문화적 형태가 표현되고 전달되는 특정 매체에 대해서는 많은 관심을 기울이지 않았다. 나는 기술이라는 문제를 장 이론으로 가져가서 기술 혁신에 대해 자세히 살펴볼 필요가 있었다. 즉, 기술혁신이 특정한 장 내에서 다양한 형태의 실천을 가능케 하는지, 기존의 참가자와 신규 진입자 모두의 관행에 어떻게 적용되는지, 그 장의 성격과 경계를 어떻게 바꾸는지, 어떤 경우에는 진입장벽을 낮추어 외부인에게 대부분 닫혀 있던 장에 새로운 참가자가 들어올 수 있게 하는지 등을 살펴봐야 했다. 나는 또한 기술 혁신이 고유한 규범과 관습, 자신만의 문화 경제를 발전시키는 새로운 장 또는 하위 장의 등장을 도와줄 수 있다는 가능성을 열어놓을 필요가 있었다. 이는 어떤 경우에는 기존의 장과 겹치기도 했고 어떤 경우에는 기존의 장에서 떨어져 나와 자신만의 자발적인 공간을 만들기도 했다.

그러나 장 이론으로 통합되어야 하는 것은 기술뿐만이 아니었다. 나는 또한 조직을 장 이론의 중심에 넣고 시간 경과에 따른 궤적을 분석하고 싶었다. 즉, 조직과 기술을 기반으로 조직 변화에 대한 종적인 분석을 발전시킴으로써 움직이고 있는 장, 즉 기술 혁신으로 인한 혼란과 불확실성에 대처하기 위해 조직이 끊임없이 진화하고 있는 장의 역동적인 초상을 그리고 싶었다. 기술 혁신은 결코 한순간에 일어나지 않기 때문에 이것은 매우 중요했다. 이것은 종종 긴 시간이 필요한 사안이며 시행착오를 겪는 실험의 과정이다. 개인은 대부분 팀으로 작업하거나 다른 사람과 협력해서 일하면서 무엇이 '작동하는지' 무엇이 작동하지 않는지 알아내려고 노력하기 때문이다. 사람들은 대단한 아이디어를 가지고 있을 수 있지만 그 아이디어를 실제로 작동시키는 것은 그 아이디어를 수행할 수 있는 조직—회사처럼 돈을 끌어오고 직원을 채용하고 일을 끝낼 수 있는—을 만드는 데 달려 있다. 그리고 기술이 진화하는 것처럼 그 일을 수행하는 조직 역시 진화한다. 이러한 기술이 안정적이고 우리 삶의 지속적인 특성이 되는 정도는 이러한 조직이 살아남고 번성하는지 여부에 달려 있는 경우가 많다. 따라서 기술 혁신의 운명을 이해하는 것은 기술 혁신을 뒷받침하는 조직의 궤적을 이해하는 것과 분리될 수 없다.

마지막으로 내가 하는 설명이 그 분야, 기술, 조직에 초점을 둘 뿐만 아니라 실제 살아 있는 인간으로 채워져 있다는 것을 확실히 하고 싶었다. 즉, 나는 사람들을 다시 삽입해야 했다. 아니 오히려 사람들과 그들의 아이디어들이 처음부터 거기 있었으며 이야기의 필수적인 부분이었다는 것을 확실히 해야 했다. 기술에 대한 일부 학술 연구에서는 과정과 산출물에 초점을 두는 경향이 있어 이것만으로 혁신과 변화를 만들기에 충분하다는 듯이 보인다. 그러나 기술 혁신은 본질적으로 사람과 그들의 아이디어, 동기, 야망, 희망과 묶여 있다. 그것들은 이야기로부터 뽑아낼 수도 없고 우연한 부속물처럼 나중에 뚝 떨어질 수도 없다. 그들의 목적과 야심은 처음부터 거기에 있어야 했다. 물론 개인은 허투루 행동하지 않는다. 그들은 항상 어떤 것은 가능하고 다른 것은 불가능한 특정 상황에 위치하며, 그들의 인식과 야망은 사회적 공간을 통한 특정 궤도에 의해 만들어진다. 그리고 가장 결단력 있는 개인이라도 자신에게 불리한 카드가 쌓이면 실패할 것이다. 그러나 모든 역사와 마찬가지로 기술 혁신의 역사도 조직과 기술에 의해서뿐만 아니라 개인에 의해 만들어진다. 따라서 사람을 이야기에서 제외시키는 것은 지도자와 시민처럼 국가의 정치사를 만든 사람을 거론하지 않은 채 한 나라의 정치사를 쓰는 것만큼 편파적이고 일방적이다.

나는 오래되고 잘 구축되어 있는 매체 산업이 위대한 기술 혁명과 충돌하면서 시간을 두고 일어나는 일에 대해 설명함으로써 장, 기술, 조직, 개인 그 어느 것도 특별히 다루지 않고 각각에게 자신의 몫을 주면서 같이 엮어내려고 했다. 내가 이를 성공적으로 해냈는지 여부는 독자들이 판단할 일이다.

역자 후기

우리는 지난 수십 년 동안 엄청난 속도의 과학 발전을 경험하고 있으며 그 변화에 적극적으로든 소극적으로든 반응하고 있다. 특히 전자·통신 분야의 변화는 그 위력에 위기감을 느낄 정도이다. 실생활에서 직접 체험하는 사례를 시계열적으로 꼽자면 무전기, 라디오, 유선전화, 텔레비전, 데스크톱 컴퓨터, 텔렉스, 팩스, MP3, 전자책, 오디오북, 휴대전화, 스마트폰, 아이패드, 아이팟, 자율주행 등등을 들 수 있다. 메타버스, 가상현실, 인공지능, 로봇 등도 실용화되기 직전이다.

이 같은 새로운 기술은 실생활의 다양한 분야에 적용되면서 삶을 크게 변화시키고 있다. 우리는 이제 시간과 장소에 구애받지 않고 보고 싶은 콘텐츠를 마음껏 값싸게 향유할 수 있게 되었다. 그러다 보니 콘텐츠 간의 경쟁 또한 치열해졌다. 다수의 환호를 받으며 점유율이 늘어가는 콘텐츠는 무엇이고 그 배경은 무엇일까? 개인의 취향과 관련 있긴 하지만, 콘텐츠의 유형과 매체 속성 간의 적합성이 개인 선호의 기준이 되고 있다. 사람들은 사진, 게임, 음악, 영상은 화면을 통해 가볍게 접근하는 것을 선호하는 반면, 수식이 복잡하고 체계적인 논리를 바탕으로 하는 텍스트는 자신의 인지 능력과 교감하면서 이해하는 것을 선호한다. 따라서 이러한 경우에는 인쇄된 책 같은 물리적 실체를 더 가치 있게 여긴다.

이전에는 글을 배우고 나서 책을 보기 시작했으나 이제는 글을 배우기도 전에 매체를 통해 정보와 이야기를 접하게 되었다. 과거에는 지식이 많고 글을 잘 쓰는 사람이 경제 권력에서 우위를 차지했다면, 이제는 무엇이든 남들보다 탁월하게 잘하면 뛰어난 삶을 살 수 있게 되었는데, 이것은 전파력이 우수한 통신 및 컴퓨팅 기술 때문이다. 지금 시대는 기술에 대한 친숙도, 숙련도, 그리고 그 활용에 따라 삶의 질과 내용, 수준이 달라진다. 기술 발전의 영향을 가장 많이 받은 분야인 텔레비전, 음악, 영화, 게임, 신문 등은 사람들이 주로 정보와 여가 활동을 위해 시청각적으로 활용하는 매체이다. 게다가 지금은 그저 수동적으로 다양한 콘텐츠를 소비하는 데 그치는 것이 아니라 각 개인이 능동적으로 콘텐츠를 만들고 유통하게 되었다. 가히 문화 권력의 민주화라 할 수 있다. 기술 발전으로 여러 분야에서 민주화가 이루어진 덕분에 재능만능의 시대가 열린 것이다.

그러나 염려스러운 부작용 또한 만만치 않다. 가장 큰 문제는 각 가정까지 들어온 사물 인터넷 기기들로 인해 개인의 정보 자본이 기술 대기업으로 흘러들어가고 있는 것이다. 컴퓨팅 기술의 악용에 대한 우려도 만연해 아예 옛날로 돌아가 아날로그 방식의 수동으로 정보를 처리하거나 직접 만나 정보를 전달하려는 움직임도 있다. 편리함 때문에 인터넷 플랫폼에 묶여 살고 있지만, 이를 경계하는 목소리도 점점 커지고 있는 것이다. 조지 오웰이 소설 『1984』에서 이미 그려냈듯이 지금처럼 정보 자본 노출이 지속된다면 우리는 언젠가 누군가의 속민으로 전락해 교묘하게 조정당할 수도 있다.

영국의 저명한 사회학자인 존 B. 톰슨은 이 책에서 출판산업이라는 장Field에서 정보 자본을 독점하는 아마존의 권력 집중에 대해 심각하게 문제를 제기하면서 국가적 차원의 조치를 취해야 한다고 주장한다. 이 책의 핵심 주제는 디지털 혁명이 도서에 끼친 영향과 그 전개 과정을 추적하는 것이다. 톰슨은 이 흥미로운 주제를 탐구하면서 그간 막연히 추측만 하던 사항들에 대해 검증한다. 이 책은 주로 미국과 영국의 시판용 출판계에서 지난 20여 년 동안 벌어진 일을 구체적인 실증 자료들과 함께 다루고 있다. 톰슨은 수백 년 동안 구축되어 온 출판이라는 독특한 역학 구조에 디지털 기술이 어떤 작용과 반작용을 했는지, 그리고 21세기의 대략 20년 동안 출판산업은 이에 어떻게 적응하며 발전해 왔는지 추적한다. 이 책에서는 특히 구글, 애플, 아마존 같은 초거대 기술 기업이 단기간 동안 출판계에 취한 행동을 집중 추적한다. 또한 향후 출판계의 전개 방향을 예측하면서 인쇄책이라는 물리적 매체가 지속적으로 명맥을 유지할 수 있을지 진단한다. 한편 출판이라는 장 내에서 자가 출판, 크라우드 펀딩, 구독 서비스, 오디오북이 발달해 온 과정 및 그 참여자들을 관찰하는 한편, 사회관계망 속에서의 글쓰기와 읽기라는 새로운 유형의 스토리텔링에 대해서도 논한다.

콘텐츠의 홍수, 매체의 다양화, 거대 신참자의 등장, 창의적 기업들의 참여 속에서 출판산업은 우여곡절을 겪고 있다. 하지만 매체 기술과 콘텐츠의 급변에도 불구하고 책은 여전히 인쇄책이 핵심인 것처럼 보인다. 유통 경로가 오프라인 서점에서 온라인 서점으로 바뀌었을 뿐, 인쇄책이 여전히 대중의 마음속에 자리 잡고 있는 듯하다. 음악과 달리 출판에서 인쇄책이 끈질긴 생명력을 유지하고 있는 배경은 무엇일까? 출판산업의 미래는 앞으로 어떻게 변해갈까? 이 책은 이러한 출판산업의 역정 및 미래에 대한 담론을 추적하고 있다.

이 책은 출판산업의 최근 변화뿐 아니라 누구나 알고 있고 주목하는 기업과 신기술을 다루고 있으므로 매우 흥미롭다. 출판산업의 신기술과 신참자들의 활동, 그로 인한 성패를 장 이론을 기반으로 설명하고 있으므로 출판 관계자는 물론, 책의 미래에 관심이 있는 사람들에게 일독을 권하는 바이다.

이 책의 감수를 맡아준 출판유통진흥원의 박행웅 님, 김종수 님, 최성구 님께 감사를 전한다. 편집 과정에서 과감한 윤문으로 이 책을 보다 한국어답게 만들어준 신순남 팀장에게도 감사드린다. 또한 꾸준한 잔소리로 나를 일깨워주는 사랑하는 내자에게 고마움을 전한다.

지은이

존 B. 톰슨 John B. Thompson

영국의 대표적인 사회학자이자 케임브리지대학교 사회학과 교수이다. 1975년 영국의 킬(Keele)대학교에서 사회학 및 사회인류학 학위를 받은 후 1979년 케임브리지대학교에서 박사학위를 수여받았다. 현대사회에 매체가 미치는 영향을 전문적으로 연구하고 있다. 저서로는 『사상과 현대 문명(Ideology and Modern Culture)』, 『디지털 시대의 책(Books in the Digital Age)』, 『문화 상인(The Merchants of Culture)』 등이 있다.

옮긴이

전주범

서울대학교 경영학과를 졸업하고 대우그룹에 입사했다. 대우그룹의 특별 장학생으로 미국 일리노이 주립대학교 어바나-샘페인에서 MBA 학위를 취득했으며, 1997년부터 대우그룹 해체 직전까지 대우전자의 대표이사 사장으로 일했다. 이후 서울대학교 공과대학 기술정책 과정 초빙교수, 한국예술종합학교 예술경영학과 교수를 역임했다. 신기술, 기술 혁명, 도서 변천사 등에 관심을 갖고 있다.

한울아카데미 2375

도서 전쟁
출판계의 디지털 혁명

지은이 ㅣ 존 B. 톰슨
옮긴이 ㅣ 전주범
감수 ㅣ 출판유통진흥원
펴낸이 ㅣ 김종수
펴낸곳 ㅣ 한울엠플러스(주)
편집 ㅣ 신순남

초판 1쇄 인쇄 ㅣ 2022년 4월 15일
초판 1쇄 발행 ㅣ 2022년 5월 10일

주소 ㅣ 10881 경기도 파주시 광인사길 153 한울시소빌딩 3층
전화 ㅣ 031-955-0655
팩스 ㅣ 031-955-0656
홈페이지 ㅣ www.hanulmplus.kr
등록번호 ㅣ 제406-2015-000143호

Printed in Korea.
ISBN 978-89-460-7375-3 93300(양장)
      978-89-460-8182-6 93300(무선)